ANATOMY OF FITNESS™

Pilates

ANATOMY™ OF FITNESS

Pilates

Isabel Eisen

Published by Hinkler Books Pty Ltd 2013
45–55 Fairchild Street
Heatherton Victoria 3202 Australia
www.hinkler.com.au

hinkler

Created by Moseley Road Inc.
Editorial Director: Lisa Purcell
Art Director: Brian MacMullen
Photographer: Jonathan Conklin Photography, Inc.
Editor: Erica Gordon-Mallin
Designers: Danielle Scaramuzzo, Patrick Johnson
Author: Isabel Eisen
Model: Brooke Marrone
Nutrition writer: Cori D. Cohen, RD
Illustrator: Hector Aiza/3D Labz Animation India

ISBN: 978 1 7430 8008 5

Printed and bound in China

Always do the warm-up exercises before attempting any individual exercises. It is recommended that you check with
your doctor or healthcare professional before commencing any exercise regime. While every care has been taken in
the preparation of this material, the publishers and their respective employees or agents will not accept responsibility
for injury or damage occasioned to any person as a result of participation in the activities described in this book.

Contents

Fitness for life

Whether you focus on classical-style Pilates exercises or choose to explore new twists on the classics, Pilates offers you a rich and rewarding method to get fit and strong.

Welcome to *Anatomy of Fitness: Pilates* and to a rewarding and invigorating exercise program. The discipline of Pilates accomplishes wonders for a wide range of people, and it can also be practiced just about anytime and anywhere.

The Pilates method

The Pilates method is a balanced, safe, and effective approach to fitness conditioning that you can begin practicing it at any age. Pilates addresses both general and specific goals—whether these goals involve work or everyday activities, sports performance, injury prevention, or "just" the need for better overall health. As a student of Pilates, you'll experience that your mindful, precise, and fluid exercising will spur and support a rapid improvement in physical stability, strength, and flexibility. Pilates helps to keep your body and mind aligned throughout your lifetime. With regular practice, you'll look great and feel amazing.

This book is a comprehensive guide to practicing Pilates at home. Classical and "beyond the classics" exercises are described and explained through photos and anatomical illustrations, so that you can more fully understand each exercise, while forming mental images of how your muscles relate to what you're doing. This versatile yet concise information will support the correct mind-body execution of each exercise.

Before you plunge into your Pilates regimen, it's important to stop for a moment and gather some information about the roots and fundamentals of the method. As you begin to explore, you'll come to understand more deeply that the Pilates method is a marvelous fitness program that enables you to sculpt your body without adding bulk and strengthen your muscles without risking injury.

We'll look at the origins of Pilates, talk about the essential principles of the system, introduce you to some very useful terms, and talk about your "powerhouse," that core of muscles that is the central focus of all Pilates work. Food and drink nurture your muscles and bones and influence your daily activities and exercise routines, so we have also included a section on nutrition.

The history of Pilates

Joseph Pilates developed the Pilates system (originally called Contrology) during the early part of the twentieth century in Germany, where he was born, and then in New York City, where he taught from 1926 to 1966. Although he was a fragile child, he eventually became an accomplished gymnast, body builder, and physical trainer, and he designed rehabilitation equipment and exercises for bedridden prisoners of war during World War II.

Inspired by philosophies embodied by yoga, Zen Buddhism, Chinese martial arts, and the ancient Greek ideal of the perfect integrated human, as well as his studies of anatomy, Joseph Pilates developed a method of exercising grounded in the connection between the body and the mind. He built his method on six primary principles: centering, control, flow, breath, precision, and concentration (see pages 10–13). Pilates, then as now, consists of exercises that flow into each other at a controlled pace, that progress from smaller to larger movements, from lying on a mat to standing on it—always with an awareness of the correct alignment of the body in space.

A new generation of Pilates

Dancers and elite athletes have long been faithful students of Pilates. In the 1980s, however, the Pilates method exploded in popularity as developments in exercise science moved quite beautifully into alignment with the methodology of Joseph Pilates. The "pain makes gain" approach to exercising was reevaluated, did a flip, and landed on its feet facing a new direction. Qualitative processes were now considered at least as important as the once all-important quantitative results. More people needed to—*wanted* to—exercise. On top of all this, the exercising population had grown to include a broad spectrum of body types and ages.

The original Joseph Pilates system of exercising, which was handed down from one generation of students and teachers to the next, still exists in classical Pilates studios around the world. Within these studios, the exercises are taught exactly as Joseph Pilates taught them, and in the same order. New-generation Pilates systems still usually include a wide selection of the original exercises, though the instructor may modify a particular exercise, or order of exercises, and incorporate new moves from related fitness disciplines.

Health and fitness

Joseph Pilates' Contrology has long held a respected place among physical therapists and other healthcare professionals. Pilates helps the healthy to remain healthy, strong, supple, and physically alert. Targeted programs focus on athletic conditioning, post-rehabilitation conditioning, prenatal and postnatal conditioning, lower-back pain relief, and aging issues, as well as exercises for surviving an ordinary days spent in front of a computer or coping with too many hours stuck behind a steering wheel.

This book focuses on mat training. Pilates mat exercises require only a floor mat and are designed so that the body uses its own weight to create resistance. You can complement your mat work with special large and small apparatus that either assist movement or supply resistance. You can also easily take

Should you "reform"?

Enter almost any Pilates studio and you're bound to see rows of what look like medieval torture devices: bedlike frames, each with a moving platform attached to springs and pulleys and weights with foot bars and handles. Don't fear: this complex bit of machinery won't hurt you. It is known as the reformer—a piece of equipment Joseph Pilates designed himself.

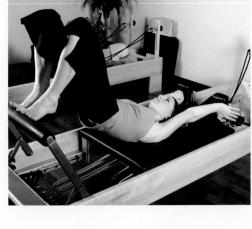

Just about any Pilates exercise performed on a mat can also be performed on the reformer. On a mat, you use your own body weight to create resistance; on a reformer, the pulleys and springs create resistance. Working against resistance is essential to Pilates. Although reformers and other specially designed Pilates equipment, like the Pilates chair, are great additions to a Pilates regimen, their size and cost (though home models are increasingly available) keep them out of reach of the typical home exerciser. But again, don't fear—you can reap great benefits whether you work on a simple mat or a complex piece of machinery.

advantage of small, portable pieces of equipment like exercise balls, stretch bands, and fitness circles, but you'll usually only find large pieces of equipment, such as the "Pilates reformer," in studios and commercial gyms.

Aligned and together

Those who practice Pilates regularly, whether at home or in a studio, usually find that they have better posture, and they feel more "aligned and together" when they leave the sanctity of the mat to tackle the activities in their daily lives. Pilates exercise also raises an awareness of the impact of deep lateral breathing, in which the breath is directed to the sides of the rib cage. This generates more efficient movement, better blood circulation, and greater energy, stamina, and vigor.

One important tenet of Pilates is that everyone should be able to benefit from it. Some of the following exercises include modifications that make them easier or more challenging, depending on your fitness level.

Remember: the quality of your movement while exercising is always more important than any quantitative striving you do along the way. Let's take a look at the Pilates Principles to understand why.

The Pilates Principles

Six concepts—centering, control, flow, breath, precision, and concentration—
are often invoked as the foundations of the Pilates approach to fitness.

Spend any time with Pilates students or teachers and you're bound to hear about "centering," "control," "flow," "breath," "precision," and "concentration," often called the Pilates Principles. Contrary to what many believe, Joseph Pilates didn't directly formulate any principles. Rather, later teachers of his method distilled them from close readings of his work. This is why peppery discussion concerning which areas are essential and make up the definitive building blocks of the Pilates method is common among Pilates practitioners.

The building blocks of a method

Different schools of thought may emphasize different aspects of the Pilates method depending on their points of view, but some version of the principles is found in every Pilates style. Let's start by taking a look at centering, control, flow, breath, precision, and concentration. These concepts are interdependent and focusing on one of them really means that the others are right there, too.

A working knowledge of the principles will help infuse your practice with a mind-body awareness and intelligence that will speed up the effectiveness of your training while also deepening your appreciation of the workout. Use the anatomical illustrations in this book, as these visuals supplement the text and make the information more tangible.

Centering

Just about all bodily movement radiates from the "powerhouse" of strong muscles around the lumbar spine—between the bottom of the ribs and the line across the hips—into our arms and legs (see pages 14–15). Centering means bringing your awareness to this powerhouse and performing movements from this central core: your abdomen, lower back, hips, and buttocks.

Control

Control is an awareness of the what, where, why, when, and how of an exercise. Faulty posture—a misalignment of body

The Classics

Since Joseph Pilates first developed the Contrology system that eventually became Pilates, the list of Pilates exercises and variations on them has grown, and the order of presentation has shifted. In 1954, Pilates published *Return to Life*, in which he demonstrated 34 moves that now make up the "classical" canon. Many Pilates studios still teach the classical exercises and perform them in the same order that Joseph first stipulated.

1. The Hundred
2. Roll-Up
3. Rollover
4. One-Leg Circle
5. Rolling Like a Ball
6. One-Leg Stretch
7. Double-Leg Stretch
8. Spine Stretch
9. Rocker with Open Legs
10. Corkscrew
11. The Saw
12. Swan Dive
13. One-Leg Kick
14. Double-Leg Kick
15. Neck Pull
16. The Scissors
17. Bicycle

18. Shoulder Bridge
19. Spine Twist
20. Jackknife
21. Side Kick
22. Teaser
23. Hip Twist
24. Swimming
25. Leg Pull Front
26. Leg Pull
27. Side Kick Kneeling
28. Side Bend
29. The Boomerang
30. The Seal
31. The Crab
32. The Rocking
33. Control Balance
34. Push-Up

Visual imaging

"Cueing," or using descriptive visual images of everyday concepts to stimulate correct practice, is a common Pilates teaching and learning tool, and enriches your understanding of the Pilates method during your exercise routine.

Visual imaging engages both mind and body, allowing for a better understanding of our complex human anatomical system. These images serve as metaphors that help us to use our muscles correctly with little more than a simple knowledge of muscle mechanics and function.

Some examples of these images: zipping up your front, plugging your shoulders down your back, moving from your hip creases, elongating your spine like a dart in space. As you work, you might very well find that you spontaneously think of your own visual image; don't hesitate to use it!

parts—results in stress and strain on bones, muscles, joints, and ligaments. Controlled exercising develops good posture, strength, stamina, flexibility, and ease of movement, and is a tool for reestablishing our physical equilibrium when we need to find it again as, for example, after an injury. Control means finding the correct starting position before beginning an exercise (or movement), and anchoring, or stabilizing, the body in space before moving any part of it through that space. Even though most Pilates exercises don't use momentum, those that do, such as rolling and jumping exercises, are still performed with complete control. When you control your movement, you must be strong and flexible enough to allow your movement and breath to flow, grow, and lengthen.

Flow

"Flow" is a word frequently used in dance, exercise, and sports practices. Although it sounds self-evident that movement should move, not all movement flows. It's all too easy, for instance, to disrupt your flow by either "forgetting" to breathe, or by breathing in a shallow, impractical way.

Flow relates to the quality of your movement, too. Pilates exercises emphasize lengthening the body, stretching away from the center, while keeping the body compact and strong. To help you better achieve that strong, lengthened, flowing body, think of your entire exercise routine—no matter how long your practice session lasts—as a challenge to keep the flow of movement going from one exercise to the next during the transitions.

Try to create a simple, short, sequential flow of movement from the end position of one exercise to the start position of the next one.

How do you know if you're "in" flow? If you feel awkward, if you feel any strain, then try again. One simple tip: let your head, your weightiest body part, follow through on a movement. Don't initiate movement with an impulse from your head and neck or you'll find yourself jerking as you pull yourself up to sitting or standing or back down to the floor. Enjoy the weight and relaxation of a heavy head, while keeping both sides of your neck long. Flow is directly connected to the breath.

Breath

A relaxed and full breathing pattern is beneficial for a healthy—efficient and energized—daily lifestyle, keeping you physically alert and generally feeling good. Most of us take breathing for granted and don't focus on how we breathe. We usually breathe shallowly, filling up the top of our lungs and not thinking about our true lung capacity. The expression of strong feelings, such as crying, laughing, and howling (try it!) uses the lungs' full capacity, and—not surprisingly—involves our powerhouse core muscles.

In the Pilates system, you breathe in deeply through your nose and expand your lower rib cage toward your sides (laterally) and fully into your back. When you exhale through your mouth, your rib cage relaxes downward compactly, as if you were snapping together two sides of a tightly fitting shirt. Your spine should remain flexible, though, with a sensation of lengthening all the time.

Each Pilates exercise has a specific breathing pattern. It can take time and repetitive practice before the coordination of the breathing with the actions of the exercise feels easy and natural. You'll just have to persevere and be patient; you'll get it sooner than you might think. Typically, exhalation takes place during the most arduous part of an exercise and inhalation on the preparation and return parts of the exercise. Never hold your breath because you're so busy focusing on the exercise sequence. Once you feel comfortable with an exercise, add the breathing pattern.

Precision

While performing exercises, precision makes it possible to move forward rapidly and develop an intuitive understanding of each one's purpose. Think about starting correctly and ending correctly and being able to trace in your mind (and later in your body, too) all those details of the small flowing segments that create the whole movement. The more you practice in a precise and mindful way, the more the Pilates method will fall into place as a natural second language.

Concentration

Concentration involves the vital mind-body connection. It's not enough to just execute a movement; you have to focus on what you're doing. You can create an image of yourself performing an exercise correctly, in proper alignment. You can build up a rhythm of sensing—with as much clarity

Pilates breathing

Take a look at the diagram of the human respiratory system at right, and you will notice a large dome-shaped sheet of muscle that sits beneath the lungs and extends across the bottom of the rib cage. This is the thoracic diaphragm, or simply the diaphragm.

The diaphragm separates the thoracic cavity, which shelters the heart, lungs, and ribs, from the abdominal cavity, and it also plays a major role in respiration. When we breathe, the diaphragm contracts, increasing the volume of the thoracic cavity so that air is drawn into the lungs. When the diaphragm relaxes, air is expelled.

Diaphragmatic deep breathing is a technique that helps you maximize the benefits of your Pilates practice by fully utilizing your diaphragm. Try the following exercise to learn this breathing method.

1. Lie on your back with your knees bent and one hand on your lower abdomen.
2. Inhale slowly through your nose, letting the air flow into your upper chest and then down your spine. As you inhale, you should feel your sides, lower ribs, and abdomen expand.
3. Exhale by letting the air out of your body in the opposite order in which you let it in: pull in your abdomen, ribs, and sides, and then let your chest drop as you push out the air from your nose.

During your breathing practice, be sure to keep your shoulders down and relaxed as you inhale, and concentrate on lifting your chest.

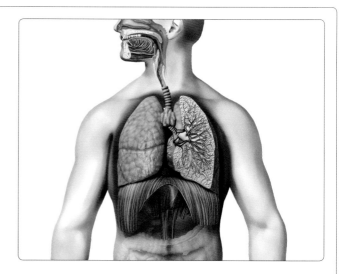

Another useful deep-breathing technique is known as lateral breathing. As the name suggest, its emphasis is sideways; in lateral breathing, you expand your breath into the back and sides of the rib cage. Directing your breath this way allows you to breathe deeply while contracting your abdominals, which gives your spine extra support during an exercise.

To practice lateral breathing, place your hands over your ribs, with your fingers pointing inward so that your middle fingers touch at your breastbone. Inhale through your nose in a deep controlled breath, allowing your rib cage to fill and expand outward, rather than upward as it would when you breathe normally. As you inhale, your fingers will part, but as you exhale, your fingertips will come together again.

as possible—the balanced muscular pathway that's going to carry that movement to completion in a strong yet melodious flow. This intertwined mind-body dialogue demands concentration. As in any performance, starting and ending correctly are no minor feats. Concentrate on start and finish precision when you perform these exercises.

Positioning

Let's concentrate for a moment on how to begin a Pilates exercise. Two basic supine positions are used in the Pilates method: neutral position and imprinted position. During any Pilates exercise, you can maintain the natural curve of your spine (neutral position), or lengthen your lumbar spine (imprinted position).

Neutral position is used during the many mat exercises, when you lie on your back in a supine position, with one or two feet on your mat. See One-Leg Circle (pages 36–37) for an example of an exercise with a neutral spine start position.

The imprinted position, on the other hand, provides extra support for your lumbar spine when you raise both feet off the mat. When imprinting, or "pressing the navel to the spine" (an image often used in Pilates teaching), the muscles of your lower back are both lengthened and strengthened and your abdominal wall is flattened. Your powerhouse is activated, muscle strength and muscle length working in collaboration and productive opposition. Both versions of the Hundred, a true Pilates classic (see pages 28–31), work from the strong imprinted position.

A quick guide to Pilates positioning

Form is all-important in Pilates, and certain positions will come up repeatedly during your workout.

neutral position: In neutral position, you maintain the natural curve of your spine—typically when lying on your back with one or both feet on the mat.

imprinted position: In imprinted position, you press your navel toward your spine. This move flattens your abdominal wall and lengthens and strengthens your lower-back muscles.

c-curve: C-curve describes the shape of your back and spine when you scoop in your stomach, stretching the muscles surrounding your spine in the process.

tabletop: Tabletop position is the starting point of several Pilates exercises. Lie on your back with legs raised, knees bent at a 90-degree angle. Your shins should be parallel to the ground.

stacking: Stacking in Pilates means aligning parts of your body, such as the hips, one on top of the other, while you are positioned on your side.

peeling the spine: Peeling the spine involves carefully rolling it vertebra by vertebra.

The Pilates powerhouse

Movement radiates from the "powerhouse" of strong muscles around your lumbar spine—between the bottom of your ribs and the line across your hips—into your arms and legs.

Long before the term *core stabilization* entered the fitness lexicon, Joseph Pilates was teaching his students about the "powerhouse." He recognized that all movement emanates from the center, or core, of the body and accordingly set the primary goal of his method as strengthening that area. Strengthening the powerhouse, in effect, stabilizing the core, and a stable core provides you with a solid foundation for any movement.

The Pilates method was developed in great part as an antidote to the sedentary ways of modern life. So many of us spend days sitting at desk jobs, and our recreational activities rarely effectively challenge us physically. Joseph Pilates carefully structured a comprehensive program of stretching and strengthening exercises that work together to challenge you physically, helping you create a strong, limber body, while also focusing your mind.

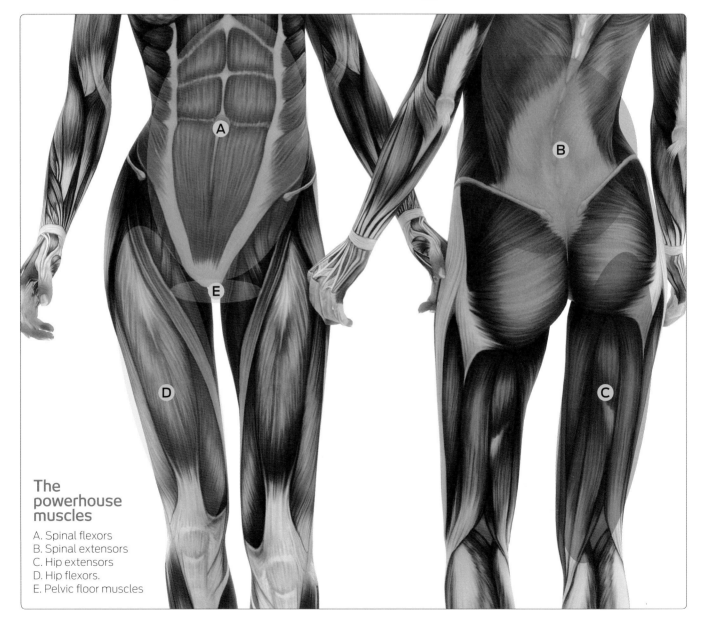

The powerhouse muscles

A. Spinal flexors
B. Spinal extensors
C. Hip extensors
D. Hip flexors.
E. Pelvic floor muscles

Anatomy of the powerhouse

Joseph Pilates never set down in writing the exact components of his conception of the powerhouse, but many Pilates teachers today would broadly define it as the muscles and joints ranging from the pelvic floor to the rib cage, and some would also include the major muscles of the thighs.

The powerhouse muscles can be divided into five major groups: spinal flexors, spinal extensors, hip extensors, hip flexors, and pelvic floor muscles. The components of the group are as follows:

A. Spinal flexors, also known as the anterior abdominals, include the rectus abdominis, transversus abdominis, obliquus internus, and obliquus externus.

B. Spinal extensors, also known as the posterior abdominals, include the erector spinae group (made up of the spinalis, longissimus, and iliocostalis), quadratus lumborum, and multifidus spinae.

C. Hip extensors include the gluteus maximus, gluteus medius, biceps femoris, semitendinosus, semimembranosus, and adductor magnus.

D. Hip flexors include the iliopsoas, sartorius, tensor fasciae latae, pectineus, adductor lingus, gracilis, adductor magnus, rectus femoris, vastus medialis, and vastus lateralis.

E. Pelvic floor muscles include the levator ani, coccygeus, puborectalis, pubococcygeus, and iliococcygeus.

Working the powerhouse

Adhering to the Pilates method can bring about real, positive changes to your body, most noticeably to your posture and to your core. Pilates pays a great deal of attention to

Powerhouse joints

Pilates workouts are easy on the joints, making it possible for anyone of any age to take up this low-impact regimen.

The powerhouse joints include the lumbar spinal joints, especially the lumbosacral joint between the lumbar spine and the pelvis, and the hip joints between the pelvis and the thighs.

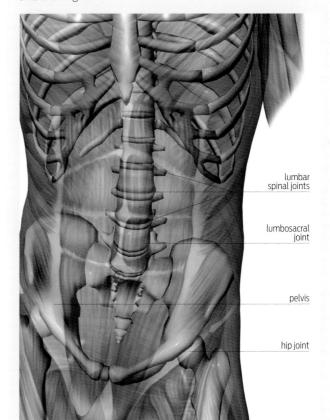

lumbar spinal joints

lumbosacral joint

pelvis

hip joint

pelvic posture, which also determines spinal posture. By concentrating much of its focus on strengthening the girding of muscles that support the pelvis, Pilates truly creates a powerhouse that supports the back.

Pilates exercises also focus on strengthening, stretching, and lengthening your spine. When performing them, think "in and up." This cue will serve as a reminder to straighten your lumbar spine, which also brings your thoracic spine into proper alignment. Better posture helps you look and feel fit—and may help to relieve back problems.

Getting trim

Pilates exercises really work your core, especially the abdominal muscles. By focusing on this crucial area, your core becomes stronger, forming a supportive natural corset for your trunk. A strong, stable core allows you to move with ease and power—and it also gives you a longer, leaner look. And who wouldn't want that?

pubococcygeus

coccygeus

levator ani

puborectalis

iliococcygeus

Pelvic floor muscles

Pilates at home

Think of the Pilates method as an ongoing education in body awareness; once you've started your home practice you'll soon feel—and see—how much smarter you're becoming.

We know that the Pilates method trains our body and mind to work together toward a goal of overall fitness and well-being. The goal of the mat work program, at any level, is to create a flow of movement, exercise to exercise, and then to gradually increase the dynamic of the routine while maintaining control of execution. A wonderful quality of the Pilates method is that once you physically and mentally understand its basics, you can carry them out just about anywhere.

Setting up a mat work program

An excellent place to start your study of Pilates is right in your home. It's certainly convenient; home practice can fit into any space or time constraints that you may have.

With mindful practice, you can safely train without an instructor looking over your shoulder, because you'll execute many of the exercises lying on your back in a supine position, lying on your stomach in a prone position, or from a sitting or kneeling start position. Another advantage of practicing at home is that you're not tempted to compare yourself to others in a class, studio, or gym. Instead, you compete with yourself and measure progress against where you've come from—and where you want to go. Yes, this does require self-discipline and motivation. The fact that you're reading these lines in this book, however, means that you're absolutely on the right track. Your exercise routine will soon become one of those indispensable positive habits that will build up your general sense of well-being.

A space of your own

Pilates is a perfect fitness regimen for anyone who likes to work out at home, in private. If you live in a large house or apartment, you may have the luxury of transforming an entire room into a personal Pilates studio, complete with a reformer or other pieces of mega-sized equipment, but even in smaller homes, you can still create a workout area. Basically, your space need not be much larger than your Pilates mat.

Set up your Pilates space away from the clutter of daily life; you want to fully concentrate on the mind-body connection of your exercises without being distracted by clocks, clothes that need folding, or the dog's water bowl that needs refilling. Your space should be clean: you're going to be close to the floor during your entire practice, so it's important that you feel comfortable there. The view of a broom or a vacuum cleaner shouldn't crowd out mental images of your muscles at work. It's also convenient to have a closet or shelf nearby, so that you can store your Pilates equipment and set it up without fuss.

Try to work out in the same place at regular times each week; you want your Pilates practice to become a habit. Creating an inviting sanctuary will further your effort to make it a habit. If simplicity appeals to you, keep your space spare and serene, but don't be afraid to bring in objects that inspire you. A large mirror or anatomical posters of the human skeleton and the major muscles of the back and front might make interesting additions to your space; although not

strictly necessary, these extra visuals can help keep you focused while also providing information that can enhance your exercise experience. A vase of fresh flowers may brighten your workout area and your spirits, which may also lift your energy. The more the space appeals to you, the more you will want to go there.

The Pilates mat

Although a folded blanket or towel will serve the purpose, surely the one must-have piece of equipment for just about anyone taking up Pilates is a mat. A mat provides cushioning for your body, especially between your back and the hard floor. Look for a mat that protects your back while still offering support so that you can properly balance and align your body.

Keep in mind that exercise mats are not one-kind-fits-all. A yoga mat, for instance, is thinner that a Pilates mat and slightly sticky so that you can grip the mat during certain poses.

When purchasing a Pilates mat, look for a firm one that is at least one-half inch (1.27 cm) thick. Check its length and width, too. You want one that is long enough for your height and wide enough for you to move easily and fluidly without worrying about shifting off the edges. The roll-up variety typically measures about 72 to 86 inches (180–220 cm), with widths varying from 20 or so inches to close to 40 inches (50–100 cm).

Keep your focus

Go easy on yourself when you begin your practice. At first, the mat work exercises might seem disconnected from your daily activities. Remain patient, and keep your focus on the exercise, on your mental image of the particular anatomical illustration that accompanies each exercise, and on the continuous flow of your breathing. It can be quite difficult to get the essence, the shape, and the breathing all beautifully packaged right from the start.

Exercise add-ons

Once you become comfortable with the basic form of the Pilates exercises, try bringing small pieces of exercise equipment into your home workout. These will make your workout more challenging, allowing you to tailor the exercises to your fitness level as your ability improves with time and practice. Crucially, these pieces of equipment can also lend variety to your fitness regimen.

Grasp it between your knees to engage the hard-to-tone muscles of the inner thighs or place it behind your back to lend extra support during mat work. Any small, soft ball can achieve this effect. A foam roller also provides cushioning. Available in a variety of sizes, materials, and densities, you can also use it for stretching, strengthening, balance training, stability training, and self-massage.

Hand weights can be incorporated into Pilates exercises to enhance strengthening and toning benefits—making an exercise that little bit more challenging.

The Pilates ball, a small inflatable ball, usually measuring about 9 inches (23 cm) in diameter, serves multiple purposes.

You can also look for other Pilates-specific equipment, such as the fitness circle. Also known as a magic circle, it is a flexible ring, usually made of metal, with pliable handles that adds resistance to a Pilates movement when you squeeze its sides together.

Learning new exercises is similar to learning new words in a foreign language. The sounds, structure, and meaning only become clear over time—and with practice. And it's only after you've picked up some vocabulary that you can begin to construct sentences (exercise sequences) and connect these sentences to form cohesive and fluid paragraphs (your exercise regimen). Remember, too, that no matter how many times you've performed the exercises in your fitness routine, there'll still be new elements and subtleties to discover, new layers of exploration to savor, and old images to spark your imagination and become useful with renewed force.

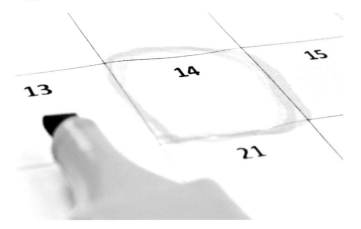

Making time for Pilates

Joseph Pilates suggested that anyone practicing Pilates should start out attempting a few of the exercises in sequential order for just 10 minutes a day, four days a week, for at least three months. His belief—which still rings true today—was that the positive results of your workout session should motivate you to increase the number of exercises you perform in subsequent sessions. This makes sense: the obvious rewards and benefits of the Pilates method will increase your desire to do more—and do it more often.

Set a realistic goal for yourself. Ten minutes a day for four days a week would be good; 20 minutes a day for two days a week would also be good. Stay realistic and commit to following your training schedule for three months, as Joseph Pilates suggested. After this period, you'll have enough perspective to reevaluate your training, your scheduling, and your level of skill, and then establish a new set of goals for the next three-month period.

Life happens, as the truism goes. If there are days when you can't roll out your mat and occupy your private exercise space for whatever reason, remember: it's okay! Do a 10-minute

Using a Pilates ball

Several of the exercises in this book feature the Pilates ball, and many others show its use in a modification or advanced version. In the classic exercise the Hundred (see pages 28–31), the ball serves as a physical reminder that your legs should always be dynamically active and strongly held together, even though the main action of the exercise may seem to be happening in your arms, which are moving rapidly and strongly up and down. Using the ball helps you to grasp the shape and dynamic of an exercise.

Remember—you shouldn't blow a Pilates ball up all the way; instead, there should be a little give on the surface.

exercise variation while stuck in traffic, holding onto an overhead pole in a rush-hour subway, or standing on a checkout line at the supermarket. Bring your Pilates training into your daily round of diverse activities.

Equipment

You actually have everything you need to start practicing Pilates right now, today. You have your body, your intelligence, and your ability to use mindful images to affect your movement patterns. That's quite a lot already, isn't it?

Joseph Pilates believed that his exercises could be performed either on the floor or on a mat. Nowadays, a so-called Pilates mat is considered to be an exercise essential because of the support and comfort it provides. Pilates mats are usually affordable and available in a variety of places, from mega sports stores to large bookstores, as well as online. If no mat is at hand, you can work directly on the (clean) floor, or use a blanket or towel to soften your contact with the hard surface.

Small pieces of equipment such as exercise balls, resistance bands, small hand weights, fitness circles, or foam rollers can all add variety and challenge to your home training.

What to wear

Any comfortable exercise clothes that allow you full range of motion are fine for your Pilates workout sessions. Avoid too much free-flowing fabric; it can easily get in the way of your movements. Pick close-fitting tops and bottoms streamlined to your body shape so that you don't have to fidget and readjust your clothes after every movement.

Like yoga, Pilates is best performed barefoot, so that you get the most traction possible. To protect your feet from exposure to foot fungi and other germs, which may occur in commercial fitness centers and studios in which numerous people use the same equipment, look for specially made Pilates socks or slippers. These are lightweight with slip-free soles. They'll also keep you firmly grounded if your feet tend to sweat during physical exertion.

How to use this book

Begin with "Best of the Classics," and practice just a few exercises at a time until you feel confident in your ability to perform them. For all of the exercises, you'll find a short overview of the move, photos with step-by-step instructions demonstrating how to do it, some tips on how to perform it, and anatomical illustrations that highlight key muscles. Some exercises have accompanying variations, shown in the modification box.

Alongside each exercise is a quick-read panel that features an at-a-glance illustration of the targeted areas, an estimate of the level of difficulty, and the average amount of time you'll need to complete the exercise.
The last category is a caution list: if you have one of the issues listed, it is best to avoid that exercise.

This information is here for you, but don't feel pressured to use it all at once. You should focus on the kind of information (visual or textual, for example) that best suits your learning style. There will always be things that you miss the first time around, so come back periodically to leaf through these pages in order to check up on your form and understanding of the exercises.

Pilates and nutrition

Eating a balanced, healthy diet is essential. Focus on fresh, high-quality foods that boost energy without adding toxins to your body.

The connection between fitness and nutrition has long been emphasized, and for good reason. Whether you are taking up Pilates to get it shape or to improve the shape you're in, eating the proper quantity and balance of nutrients is essential to achieving your goals. Consuming the right types and amounts of nutrients and fluid helps you to exercise for longer periods and at a higher intensity. It also aids in muscle recovery after workouts, improves strength, increases energy levels, helps to maintain healthy immune function, and reduces the risk of injury and heat cramps.

Fueling for fitness

Our bodies need fuel to function, and the harder we push ourselves the more fuel we require. Professional athletes and marathon runners utilize carbohydrate loading and require hundreds of excess calories to keep them performing at their peak. But for most of us, who work out less than four times a week at low to moderate intensity, it is not necessary to take these drastic measures. Instead, as you begin practicing Pilates, focus on consuming small meals with plenty of fruits, vegetables, whole grains, and nuts. Look to take in a healthy combination of carbohydrates and protein with small amounts of fat and fiber. For example, try eating a nut butter sandwich on whole-wheat toast with an apple or a serving of Greek yogurt with fruit and low-fat granola approximately three to four hours before exercising. Then, about one half hour to an hour before working out, eat a whole fruit like a banana or orange and drink a full glass of water. The proper timing and intake of these nutrients will enhance your workout and the benefits you receive from it.

After a workout, carbohydrates help to replenish muscle fuel lost during exercise, while protein aids in the repair of damaged muscle tissue and the development of new tissue. Aim to eat a meal or snack 15 to 60 minutes after engaging in physical activity. Some healthful meal suggestions include a chicken or vegetable stir-fry, whole-wheat pita with turkey, hummus, and salad, or a brown rice bowl with beans and steamed vegetables. If you are on the go and cannot prepare a healthful meal within the hour, stock your gym bag with nutritional supplements. A variety of bars on the market contain a balanced blend of carbohydrates, protein, and essential vitamins and minerals.

A little protein goes a long way

There is a common misconception that loading up on protein is the key to building muscle mass. Although protein plays an important role in the growth and repair of muscle tissue, most adults who live in developed countries already get more than enough from their typical daily diets.

For adults engaging in approximately one hour of exercise three (or fewer) times a week, the daily recommendation for protein is 46 grams for women and 56 grams for men. One ounce of meat, poultry, or fish, which is similar in size to a small matchbox, contains 7 grams of protein. This means that 6.5 ounces of meat, fish, or poultry provides the average woman with all the protein she needs in a day, and 8 ounces meets the daily protein requirement for most men. The portion of protein provided by one main dish at many restaurants comes close to meeting these needs all on its own! Many individuals, especially those who dine

A rainbow diet

Eating the colors of the rainbow may sound like an elementary school lesson plan, but its underlying message is important for adults and children alike. Choose from a varied palette of fruits and vegetables from red berries to green spinach to violet plums—and all the shades in between. Splashing your plate with different-colored fruits and vegetables is an easy and smart way to ensure that you are getting the vitamins and minerals you need.

out frequently, are exceeding their protein needs by more than just a few grams. In many cases, men with moderate-intensity workout regimens consume the same amount of protein that professional athletes consume. Exceeding the recommended amount of protein is unnecessary and can even prove harmful.

Popular animal proteins like eggs, beef, and pork are packed with saturated fat and cholesterol. An abundance of medium- and high-fat animal proteins in the diet increases risk of heart disease and can also place unwarranted burden on the kidneys. Too often, those of us who eat high-fat diets don't get enough of other kinds of food. These diets are typically lacking in fruits and vegetables, leading to an insufficient intake of important nutrients like vitamin C, vitamin E, and folate. The bottom line is that you are most likely getting enough protein in your diet, but you may be getting it from the wrong foods. Choose smarter sources of protein such as tuna, salmon, chicken, turkey, nuts, and beans, and complement them with a variety of fruits and vegetables. This will help you to achieve your physical fitness goals while also increasing your energy levels and keep your heart and internal organs healthier.

Eat your veggies

What's not to like about vegetables? They are generally low-fat, low-calorie foods with a high return in vitamins and minerals—especially the green, yellow, and orange ones, which are great sources of calcium, magnesium, potassium, iron, beta-carotene, vitamin B complex, vitamin C, vitamin A, and vitamin K. As an added benefit, most vegetables contain soluble and insoluble dietary fiber.

Aim to include about 5 to 7 servings of fresh vegetables

in your daily diet. Look for seasonal varieties in a rich array of colors. Look for fresh, whole vegetables that are bright in color and feel heavy for their sizes. Whenever possible, buy small quantities that you can consume in just a day or two.

Getting your vitamins

Vitamins C and E as well as iron are recognized as especially beneficial to physically active people. Each of these nutrients contains unique properties that contribute to aerobic endurance, immune system strength, and optimal recovery from exercise. Nuts, seeds, and plant oils like sunflower oil are great sources of vitamin E, while citrus fruits, blueberries, strawberries, red peppers, and broccoli supply vitamin C. Spinach,

kidney beans, and fortified grain products, such as breakfast cereals, contain iron, but our bodies are less able to absorb it from these foods than from animal sources such as meat and seafood.

Hydrate, hydrate

Consuming adequate fluid is another key factor in maximizing exercise performance and preventing injury. Proper hydration maintains optimal organ function and helps you feel your best during and after your Pilates practice. It is healthy to work up a sweat while exercising; sweating is your body's way of protecting you from overheating during periods of physical exertion. When you fail to replace fluids lost through perspiration, serious issues can present. Early signs of dehydration include thirst, flushed skin, premature fatigue, increased pulse rate and breathing, and decreased exercise capacity. These symptoms can give way to dizziness and severe weakness if dehydration is allowed to persist. Most nutrition authorities recommend drinking water before, during, and after low- to moderate-intensity exercise that lasts up to an hour. For anyone exercising for more than an hour at a higher intensity, it is beneficial to consume beverages that contain a combination of carbohydrates and electrolytes. A smart choice is 100 percent pure coconut

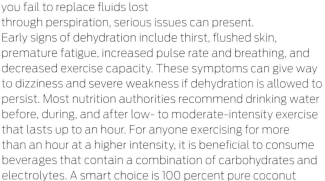

water, which contains fewer calories and less sugar and sodium than many popular sports drinks. Another healthy way to replace fluids and electrolytes lost during exercise is to eat a serving of fruit or vegetables after your workout.

Control your body's destiny

Maintaining a healthy diet requires the right mind-set and a sufficient dose of determination. Life happens: we get invited to parties, suffer stressful days, and succumb to the occasional overwhelming chocolate craving. Nobody said that it was going to be as simple as waving a magic wand and never wanting French fries again! If you initiate a healthier diet by making drastic changes, it is unlikely to last; eating lettuce and broccoli for lunch and dinner Monday through Friday and then topping off a pint of chocolate fudge ice cream every weekend on "cheat days" is an inefficient and unhealthy approach to meeting your health and weight-loss goals. Starting with smart, measurable goals and staying on a realistic and positive path is the best way to achieve long-term results.

Find a balance that works for you. Make sure that your daily diet includes foods you enjoy so that you do not enter the weekend feeling deprived. Find healthier substitutes for the less healthful foods you crave. Want chocolate? Some nutritional supplement bars deliver rich chocolate flavor to your taste buds while also providing you with 100 percent of the daily-recommended folate. They may even satisfy your sweet tooth equally well as your favorite candy bar (which contains three times the saturated fat)!

Leading a healthier lifestyle need not mean forfeiting your social life. Dining out with friends and attending dinner parties may present more of a challenge than before, but with the right navigation tools they can be just as enjoyable. The number one rule: never arrive at a restaurant or party

Exercising and energy

Should you take a bite of that apple? We're all quite different as human beings, and some of us feel that we have to eat something before our Pilates session so that our exercising isn't accompanied by stomach grumbles and dizziness. Others of us work better with little in our stomachs. Whatever works for you is—most probably—good for you. Your goal is to have the energy to carry out an intense, dynamic, and invigorating fitness workout, so make sure that you have enough nourishment for your body and mind to work in harmony—creating and maintaining a happy, vitalized, and healthy you.

Vitamins and supplements

It is always best to obtain nutrients from whole foods. If you find certain nutrient-rich foods unpalatable or they aren't readily available where you live, however, then it is crucial to take a multivitamin that contains at least 100 percent of the recommended daily value (DV) for the nutrients you need. This information can be found on the supplement package.

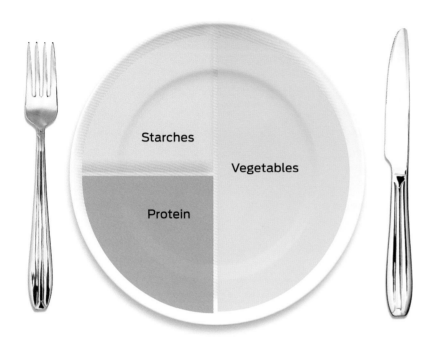

everyone at the table wants to share— a great way to ensure portion control while still enjoying a sweet ending to the night.

At a dinner party, serve yourself instead of letting other people dictate what goes on your plate. When you look at your blank plate, imagine it as a diagram cut into three sections. Designate the upper left corner for starches like pasta and rice, the lower left corner for protein like turkey, chicken, or fish and the entire right side of the plate for vegetables. This will help you to retain portion control and consume a balanced meal.

Do not eat quickly: scientific research has shown that it takes 20 minutes for your brain to process whether or not your stomach is full. Savor each bite and chew thoroughly to allow your brain to catch up to the state of your stomach. Once you have licked the last crumb off your plate, place your hands in your lap and make a conscious decision not to go back for seconds—at least not yet. Occupy your mind and mouth for 20 minutes by talking to friends, helping the host clear the table, or even visiting the bathroom and reciting a monologue in front of the mirror if need be! Once the 20 minutes are up you will have a better grasp on your level of satiation. If you are still hungry, go back for the vegetable choices and drink another glass of water. Use your willpower to avoid second helpings of starch and fatty proteins like beef or pork.

too hungry. Eat a whole fruit like an apple or orange and drink two glasses of water one half hour before mealtime. If you are in a rush, have your fruit and water en route to your destination. This small healthy snack will help you make better decisions and forgo nutritionally scanty starters like bread or chips and dip.

When dining out, order a healthy starter when you get to the table so that you are less tempted to pick at the contents of the bread basket. If possible, review the restaurant's offerings online beforehand to reduce the stress of finding healthy dishes on the spot. Do not be timid about asking your server to describe the contents of a sauce or how a main dish is prepared. She is there to help you and your desire to eat healthfully is something to be proud of. Avoid fried foods and cream-based sauces such as Alfredo or vodka sauce. Instead, opt for dishes made with light olive oil or marinara sauce. If you are really craving something sweet at the end of your meal, order a dessert that

Good news: you have already taken a step in the right direction by buying this fitness book and reading about better nutrition. More good news: you don't need to overhaul your life or refrigerator to achieve your goals. Initiating small changes, like substituting healthier choices for the less nutritious foods in your diet, can get you looking and feeling better as you move through your daily life.

Full-body anatomy

Front view
Annotation Key
* indicates deep muscles

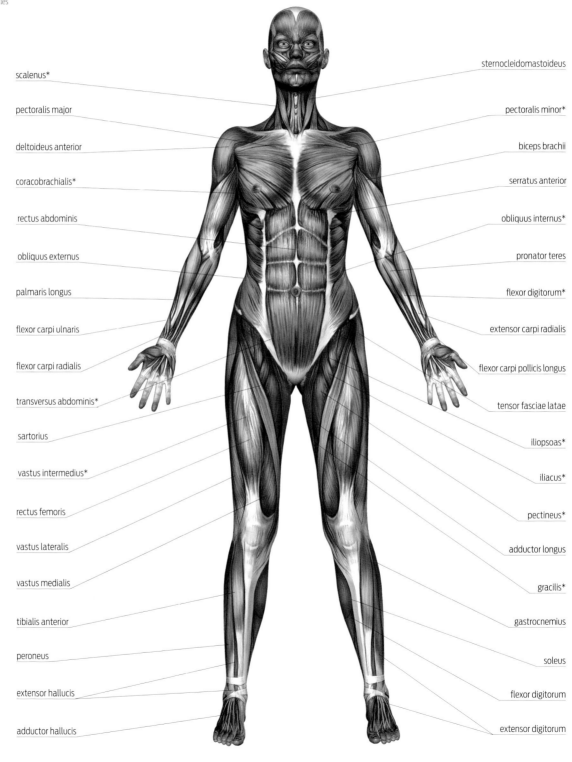

scalenus*

pectoralis major

deltoideus anterior

coracobrachialis*

rectus abdominis

obliquus externus

palmaris longus

flexor carpi ulnaris

flexor carpi radialis

transversus abdominis*

sartorius

vastus intermedius*

rectus femoris

vastus lateralis

vastus medialis

tibialis anterior

peroneus

extensor hallucis

adductor hallucis

sternocleidomastoideus

pectoralis minor*

biceps brachii

serratus anterior

obliquus internus*

pronator teres

flexor digitorum*

extensor carpi radialis

flexor carpi pollicis longus

tensor fasciae latae

iliopsoas*

iliacus*

pectineus*

adductor longus

gracilis*

gastrocnemius

soleus

flexor digitorum

extensor digitorum

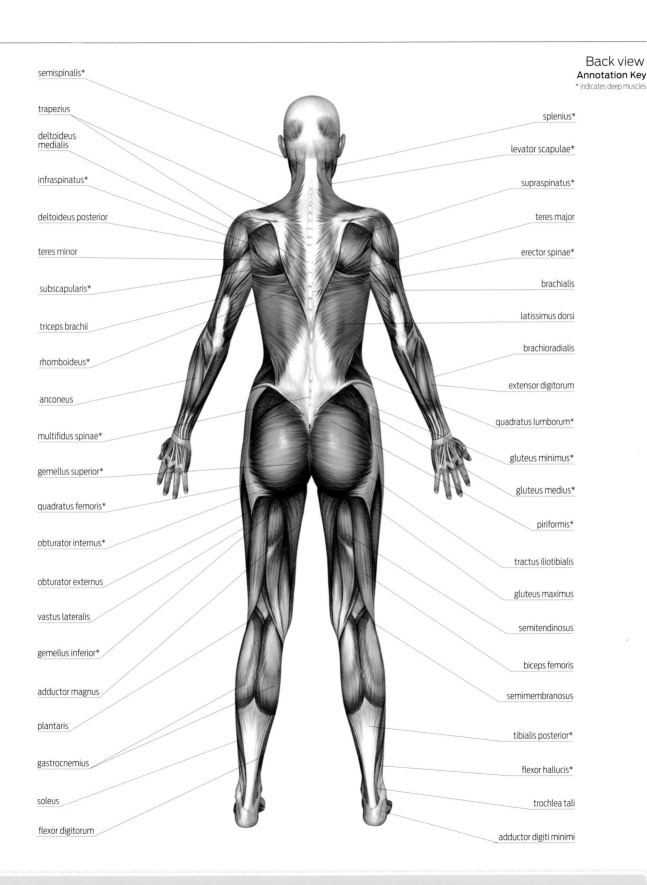

Back view
Annotation Key
* indicates deep muscles

semispinalis*

trapezius

deltoideus
medialis

infraspinatus*

deltoideus posterior

teres minor

subscapularis*

triceps brachii

rhomboideus*

anconeus

multifidus spinae*

gemellus superior*

quadratus femoris*

obturator internus*

obturator externus

vastus lateralis

gemellus inferior*

adductor magnus

plantaris

gastrocnemius

soleus

flexor digitorum

splenius*

levator scapulae*

supraspinatus*

teres major

erector spinae*

brachialis

latissimus dorsi

brachioradialis

extensor digitorum

quadratus lumborum*

gluteus minimus*

gluteus medius*

piriformis*

tractus iliotibialis

gluteus maximus

semitendinosus

biceps femoris

semimembranosus

tibialis posterior*

flexor hallucis*

trochlea tali

adductor digiti minimi

Contents

According to Joseph Pilates, "physical fitness is the first requisite of happiness," and he made it his life's mission to design a fitness regimen that addresses both mind and body. For nearly 40 years, Pilates taught his ground-breaking method, and a group of his students later continued his legacy, committing themselves to passing along his work just as he had taught it.

This method has since been labeled classical Pilates, and it features at its core the group of exercises first devised by Pilates himself. The following is a sampling some of the best of the classics.

Best of the Classics

Hundred I

The first of the classical Pilates exercises, Hundred I is effective for warming up the body. It's a breathing exercise that focuses your awareness on the area of your core stability— that powerhouse that consists of the abdominals, buttocks, lower back, and hips.

1 Lie on your back, with your legs in tabletop position—bent at the knees to form a 90-degree angle, the lower half of your legs parallel to the floor. Extend your arms along your sides, palms facing downward. Lengthen down the back of your neck, sliding your shoulder blades down your back. Feel as though you're sliding your rib cage down toward your pelvis, too. Your spine should be supported all along the floor. Breathe in as you press your navel toward your spine.

2 Exhale as you curl your head up from the floor until you are looking at your navel. Just the tips of your shoulder blades should be touching the floor now. Continue to press your shoulder blades down your back as you raise your extended arms a couple of inches off the floor. Point your toes.

3 Keeping your abs contracted, move your straight (though not locked) arms rapidly and smoothly up and down, breathing in for 5 counts and out for 5 more. Repeat, working up to 10 sets, totaling 100 counts.

Correct form
· Keep the back of your neck long and the front of your neck open.
· Press your shoulder blades down your back.
· Imagine an orange under your chin as you curl your head upward.
· Actively engage the muscles of your abdominals, buttocks, and legs.
· Keep your torso and legs stabilized.

Avoid
· "Popping" your abdominal muscles outward.
· Tensing the muscles in your neck.
· Allowing your shoulders to roll forward.
· Moving your upper body or legs during the exercise.

Annotation Key
Bold text indicates target muscles
Black text indicates other working muscles
* indicates deep muscles

Level
· Beginner

Duration
· 2–3 minutes

Benefits
· Strengthens and stabilizes core muscles
· Increases blood circulation
· Supports optimal breathing patterns

Caution ⚠
· History of cervical spine injury
· Neck pain or stiffness

rectus abdominis

pectoralis major

vastus lateralis

rectus femoris

vastus intermedius*

transversus abdominis*

tensor fasciae latae

obliquus internus*

obliquus externus

deltoideus anterior

triceps brachii

teres major

Front View
iliopsoas *
pectineus*
adductor magnus
sartorius
adductor longus

gracilis*
vastus medialis

Modifications
Harder: To add extra lower-body resistance and awareness, perform the exercise with a Pilates ball between your legs.

Hundred II

Hundred II is an advanced version of Hundred I. Attempt this version only after you begin to feel comfortable and confident with the basic exercise. Hundred II calls for you to work with your legs extended off the mat, which requires much more control of your core muscles. Your spinal imprint should remain constant throughout the exercise, too.

2 Exhale as you curl your head up from the floor until you are looking at your navel. Just the tips of your shoulder blades should be touching the floor now. Continue to press your shoulder blades down your back as you raise your extended arms a couple of inches off the floor. Point your toes.

1 Lie on your back, with your legs in tabletop position. Breathe in as you press your navel toward your spine and straighten your legs so that they form a 45-degree angle with the floor. Press your inner thighs together.

Correct form
· Keep the back of your neck long and your throat open.
· Hold your legs together as if they were a single leg.
· Keep your legs extended at a 45-degree angle from the floor.
· Press your shoulder blades down your back.
· Keep your arms and legs strong, though not stiff.
· Keep your coccyx firmly planted into the floor.
· Engage the muscles of your abdominals, buttocks, and legs.
· Keep your torso and legs stabilized.
· Keep your chest open.

Avoid
· Holding your breath.
· Letting your head bob up and down along with your arms.
· Lifting your shoulders.
· Locking your knees.
· "Popping" your abdominal muscles outward.
· Tensing the muscles in your neck.

Modifications
Harder: Perform the exercise while holding a Pilates ball between your knees or ankles.

3 Keeping your abs contracted, move your straight (though not locked) arms rapidly and smoothly up and down, breathing in for 5 counts and out for 5 more. Repeat, working up to 10 sets, totaling 100 counts.

4 Bend your knees to tabletop before releasing your arms, head, and shoulders back to the mat.

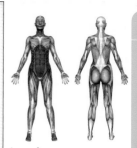

Level
· Advanced

Duration
· 2–4 minutes

Benefits
· Strengthens and stabilizes core muscles
· Strengthens legs
· Supports optimal breathing patterns

Caution
· History of cervical spine injury
· Knee injury
· Neck pain or stiffness

Annotation Key
Bold text indicates target muscles
Black text indicates other working muscles
* indicates deep muscles

Front View

iliopsoas *

pectineus*

adductor magnus

adductor longus

sartorius

gracilis*

vastus medialis

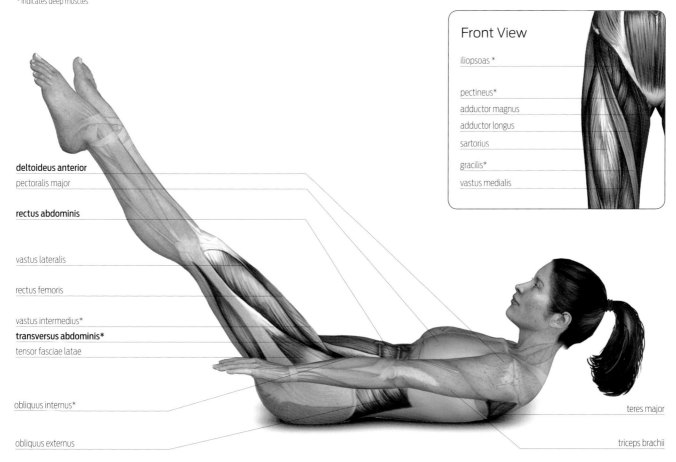

deltoideus anterior

pectoralis major

rectus abdominis

vastus lateralis

rectus femoris

vastus intermedius*

transversus abdominis*

tensor fasciae latae

obliquus internus*

obliquus externus

teres major

triceps brachii

Roll-Up

The classical Pilates Roll-Up will challenge your powerhouse muscles, flatten your abdominals, and strengthen your back. Let your breath guide you through the exercise, so that you use the same control rolling down as you do rolling up. Master this one and your abdominals and back will thank you.

1 Lie on your back, with your spine in neutral position and your ankles strongly flexed. Glide your shoulder blades down your back as you lift your arms overhead, extended slightly above the mat behind you. Press your shoulders and your rib cage downward.

2 Press your navel to your spine, and, in sequence, roll up each vertebra from the mat, reaching your arms forward into the space above your legs. It helps to really press your heels into the mat.

3 Reverse the movement, rolling back down to the mat vertebra by vertebra, resisting the urge to lift your shoulders and collapse your chest.

4 Complete 5 repetitions.

Correct form
· Keep your abdominals and rib cage strongly interlaced with your back.
· Keep pressing your legs and heels into the mat for stabilization.

Avoid
· Using shoulder or arm momentum to roll up or down.
· Bouncing or otherwise compromising the fluid steadiness of the movements.

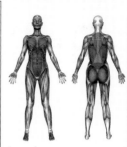

Level
· Intermediate

Duration
· 2–3 minutes

Benefits
· Challenges
  core muscles
· Tightens
  abdominals
· Strengthens back
· Mobilizes spine

Caution
· Herniated disc

Annotation Key
Bold text indicates target muscles
Black text indicates other working muscles
* indicates deep muscles

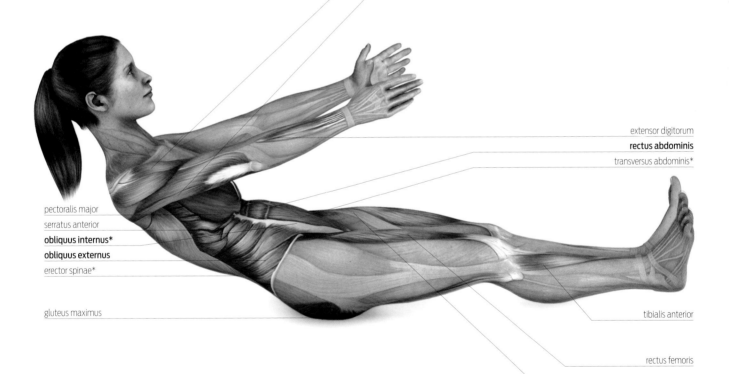

deltoideus anterior

triceps brachii

extensor digitorum

rectus abdominis

transversus abdominis*

pectoralis major

serratus anterior

obliquus internus*

obliquus externus

erector spinae*

gluteus maximus

tibialis anterior

rectus femoris

sartorius

Modifications

Harder: Grasp a Pilates ball as you
perform the exercise. Keep your arms
extended and the ball stable throughout
the exercise.

Rollover

Another Pilates exercise from the original canon, Rollover stretches and articulates your spine. It requires a high degree of core control and awareness.

Correct form
· Stabilize your head and neck on the mat.
· Keep your abdominals strongly engaged.
· Focus on fluidity of movement.

Avoid
· Using momentum to roll backward.

1 Lie on your back with your arms along your sides, palms down.

2 Lift your legs so that they form a 45-degree angle with the mat, and flex your ankles. Engage your abdominals, and make sure that your spine is stable on the mat.

3 Press your arms into the mat to help stabilize your torso and roll your extended legs back toward your head, carefully peeling your spine off the mat.

4 When you have reached the farthest position, open your leg slightly. With control, roll sequentially through your spine to return your legs to the starting position above your hips.

5 Complete 4 to 6 repetitions.

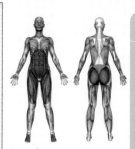

Front View

rectus abdominis

obliquus internus*

transversus abdominis*

tensor fasciae latae

iliopsoas*

pectineus*
sartorius
adductor longus
adductor brevis

rectus femoris

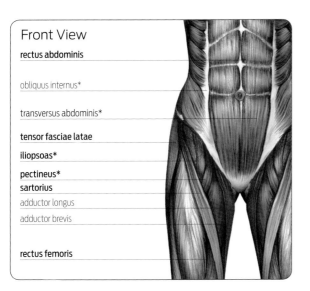

Annotation Key
Bold text indicates target muscles
Black text indicates other working muscles
* indicates deep muscles

Level
· Intermediate

Duration
· 2–3 minutes

Benefits
· Stretches and
  mobilizes spine
· Challenges core

Caution
· Cervical spine issues
· Herniated disc

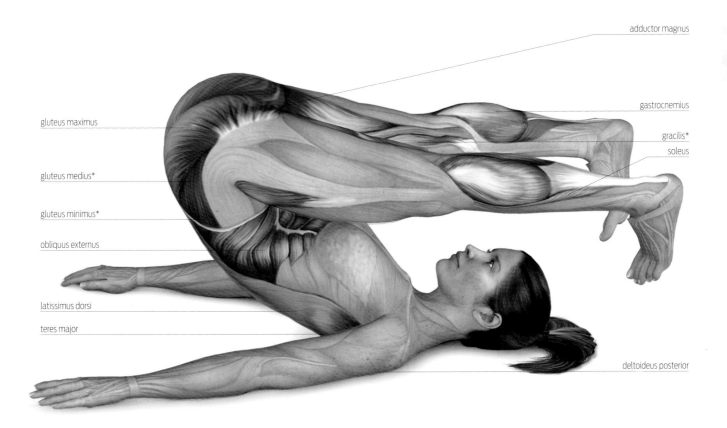

adductor magnus

gastrocnemius

gracilis*

soleus

gluteus maximus

gluteus medius*

gluteus minimus*

obliquus externus

latissimus dorsi

teres major

deltoideus posterior

One-Leg Circle

One-Leg Circle develops stability of the lumbar spine and pelvis, while increasing mobility in your hip joints and strengthening your anterior leg muscles. It improves your ability to initiate the movement of your leg from deep in your hip socket, independently of your pelvis.

1 Lie on your back with a neutral pelvis, your legs bent and parallel, feet planted into your mat and knees aligned with your hip bones. Your arms should be long by your sides, shoulder blades stabilized.

2 Extend your legs flat along the mat, and then reach one leg up to the ceiling to form a 90-degree angle with the floor, rotating it slightly outward in the hip socket.

3 From your hip socket, "draw" small circles with your leg: inhale for the first half of each circle as the leg crosses the midline of your body and then downward, and exhale for the second half as you move your leg sideward and up to the starting position again. Pause briefly at the top of each circle as a marker of control and completion.

4 Circle 5 times in one direction and then 5 times in the other direction. Switch legs, and repeat.

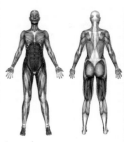

Back View

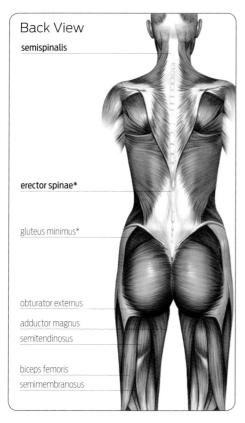

- semispinalis
- **erector spinae***
- gluteus minimus*
- obturator externus
- adductor magnus
- semitendinosus
- biceps femoris
- semimembranosus

Front View

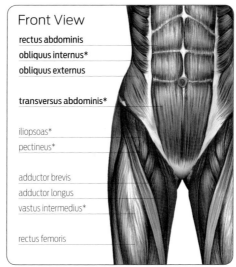

- **rectus abdominis**
- **obliquus internus***
- **obliquus externus**
- **transversus abdominis***
- iliopsoas*
- pectineus*
- adductor brevis
- adductor longus
- vastus intermedius*
- rectus femoris

Annotation Key
Bold text indicates target muscles
Black text indicates other working muscles
* indicates deep muscles

Level
- Beginner/ Intermediate

Duration
- 2–4 minutes

Benefits
- Articulates, stretches, and strengthens leg in hip socket

Caution
- Lower-back issues

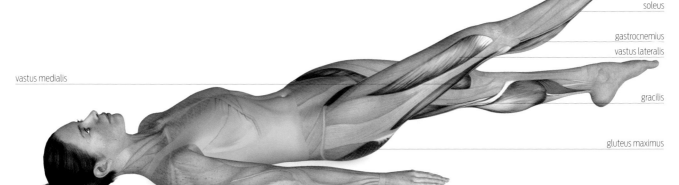

- vastus medialis
- soleus
- gastrocnemius
- vastus lateralis
- gracilis
- gluteus maximus

Modifications

Easier: Perform the exercise with one leg bent, with the foot flat on the floor as your other leg circles.

Correct form
- Keep your rib cage and shoulder blades stabilized throughout the exercise.
- Keep your pelvis level at all times.
- Think of engaging your buttocks to perform the movement.
- Make the circles small and fluid so that pelvic stability is never compromised.
- Keep the knee of your bottom leg straight and the whole leg engaged throughout the exercise.

Avoid
- Straining your neck or shoulders.
- Losing control of your neutral pelvis.
- Creating any movement in your lumbar spine.

Rolling Like a Ball

Rolling Like a Ball is one of the very few Pilates exercises that use momentum. The rolling dynamic works your abdominals, improves your sense of balance, and supports the flexibility of your spine. At the same time, this exercise challenges your ability to continually control your abdominals while rolling back and forth.

1 Balance at the front edge of your mat with your slightly turned-out knees tucked in toward your chest, your feet close to your buttocks, and your weight just behind your sit-bones. Place your hands on your shins, press your shoulders down your back, and hold your elbows slightly away from your body.

2 In this c-curve form, with abdominals pressing toward your spine, inhale, and roll backward.

3 Scoop your abdominals even more as you exhale, which will supply the momentum for you to roll forward to balance again.

4 Repeat 4 to 6 times.

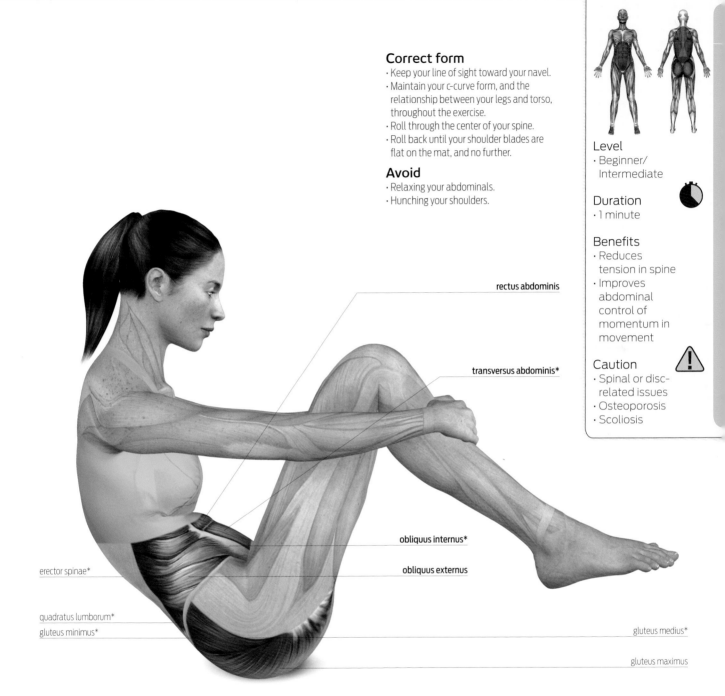

Correct form

- Keep your line of sight toward your navel.
- Maintain your c-curve form, and the relationship between your legs and torso, throughout the exercise.
- Roll through the center of your spine.
- Roll back until your shoulder blades are flat on the mat, and no further.

Avoid

- Relaxing your abdominals.
- Hunching your shoulders.

Level

- Beginner/ Intermediate

Duration

- 1 minute

Benefits

- Reduces tension in spine
- Improves abdominal control of momentum in movement

Caution

- Spinal or disc-related issues
- Osteoporosis
- Scoliosis

rectus abdominis

transversus abdominis*

obliquus internus*

obliquus externus

erector spinae*

quadratus lumborum*

gluteus minimus*

gluteus medius*

gluteus maximus

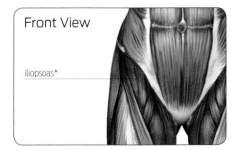

Front View

iliopsoas*

Annotation Key
Bold text indicates target muscles
Black text indicates other working muscles
* indicates deep muscles

Single-Leg Stretch

Single-Leg Stretch—the first of a group called the "stomach series"—improves your core stability while your arms and legs are moving (quickly). This exercise requires coordination, as well as control of your deep abdominal muscles. It's important to think of your powerhouse and precise positions as you perform this exercise, so that your legs and torso don't begin to tip and tilt like a rowboat in a storm at sea.

1 Lie on your back with your legs in tabletop position, your spine extended along the floor and your knees bent so that your legs form a 90-degree angle, feet flexed. Your neck should be long, your throat open, your shoulder blades stabilized, and your arms extended along your sides, palms down.

2 To prepare, inhale while curling the top of your head forward so that you are looking between your knees. Place your hands on the outsides of your calves.

Modifications
Easier: Keep your head on the mat throughout the exercise.

3 Exhale, and extend one leg diagonally to form a 45-degree angle with the floor, bringing your outside hand to your ankle and your inside hand to your knee.

4 Inhale, and begin to switch hands and legs.

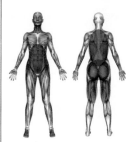

5 Exhale, and extend your other leg diagonally, bringing your outside hand to your ankle and your inside hand to your knee.

6 Repeat, alternating sides to perform 6 to 10 repetitions on each leg.

Level
· Beginner/ Intermediate

Duration
· 2–3 minutes

Benefits
· Strengthens and stabilizes core

Caution
· Cervical spine issues
· Neck strain

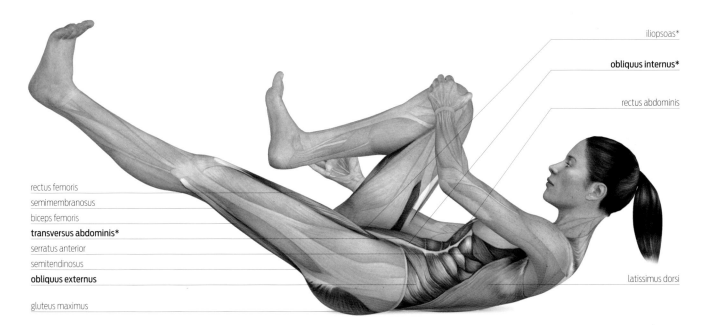

iliopsoas*

obliquus internus*

rectus abdominis

rectus femoris
semimembranosus
biceps femoris
transversus abdominis*
serratus anterior
semitendinosus
obliquus externus
gluteus maximus

latissimus dorsi

Correct form
· Engage your buttocks to maximize control over your legs.
· Keep your neck long and your shoulder blades pressed downward, away from your ears.

Avoid
· Losing control of your abdominals.
· Losing your imprinted pelvis position stability.
· Shortening the sides of your body while switching legs.

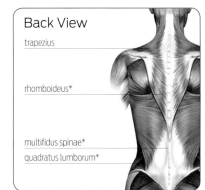

Back View
trapezius

rhomboideus*

multifidus spinae*
quadratus lumborum*

Annotation Key
Bold text indicates target muscles
Black text indicates other working muscles
* indicates deep muscles

Double-Leg Stretch

Double-Leg Stretch is the first of the classical Pilates stomach series. It works your powerhouse muscles, stretches your body, and develops coordination. Once you feel comfortable doing it along with Single-Leg Stretch, you will be able to easily flow between them. The closer your extended arms and legs are to the floor, the harder it is to stabilize your torso—so start by lowering only to the level that you can control comfortably.

1 Lie on your back in tabletop position, with your spine extended along the floor and your bent legs forming a 90-degree angle. Make sure your neck is long and your throat open. Your shoulder blades should be stabilized down your back. Extend your arms along your sides.

2 Inhale as you begin to peel your upper body off the floor and forward toward your knees. Place your hands on the outsides of your calves.

Correct form
· Keep your abdominals flat throughout the exercise.
· Extend your legs only to an angle at which you can maintain torso stability.
· Keep your chin slightly tilted toward your chest.

Avoid
· Arching your back.
· Rolling your shoulders forward.
· Straining your neck.

3 Engage your lower abdominals, exhale, and lengthen your torso, extending your arms overhead to a position parallel to your ears. At the same time, extend your legs to a 45-degree angle above your mat.

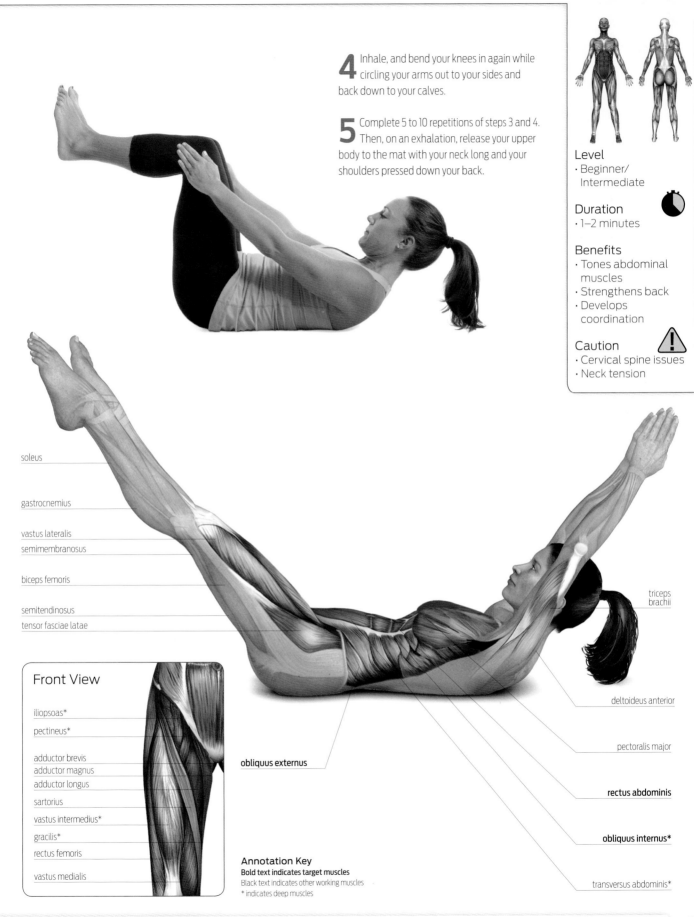

4 Inhale, and bend your knees in again while circling your arms out to your sides and back down to your calves.

5 Complete 5 to 10 repetitions of steps 3 and 4. Then, on an exhalation, release your upper body to the mat with your neck long and your shoulders pressed down your back.

Level
• Beginner/ Intermediate

Duration
• 1–2 minutes

Benefits
• Tones abdominal muscles
• Strengthens back
• Develops coordination

Caution
• Cervical spine issues
• Neck tension

soleus

gastrocnemius

vastus lateralis

semimembranosus

biceps femoris

semitendinosus

tensor fasciae latae

triceps brachii

deltoideus anterior

pectoralis major

rectus abdominis

obliquus internus*

transversus abdominis*

obliquus externus

Front View

iliopsoas*

pectineus*

adductor brevis

adductor magnus

adductor longus

sartorius

vastus intermedius*

gracilis*

rectus femoris

vastus medialis

Annotation Key
Bold text indicates target muscles
Black text indicates other working muscles
* indicates deep muscles

Spine Stretch Forward

Spine Stretch Forward increases the flexibility of your spine and stretches your hamstrings. It's one of those exercises where "less is more." If you don't feel an easy releasing sensation as you elongate your spine forward, take a moment to back up, adjust your alignment, and then try again.

1 Sit upright, with your arms down your sides, hands on the floor. Your legs should be extended in front of you, positioned hip-width apart with feet flexed. Inhale to prepare.

2 Exhale while pressing your navel to your spine and sequentially curling forward over your legs from your hip creases. Your arms should also move forward as your spine elongates over your legs.

3 Maintain this position for 20 seconds, breathing deeply into your back and laterally into your rib cage.

4 On your last exhale, roll sequentially upward, from your tailbone and up through the tip of your head, until you are once more sitting upright.

Correct form
- Press your shoulders down and away from your ears throughout the exercise.
- Keep both sides of your neck long.
- Engage your lower-abdominal muscles.
- Anchor your legs along the mat.
- If your hips or hamstrings are tight, try sitting on a rolled-up towel.

Avoid
- Altering the position of your pelvis.
- Letting your knees roll inward.
- Holding your breath.

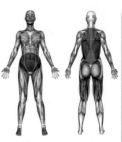

Modifications

Easier: Pressing your shoulder blades down your back, extend your arms up overhead, parallel to your ears. As you stretch your spine forward from your hip joints, lower your arms to shoulder height and hold. Imagine that someone is facing you, has taken your hands, and is gently pulling you toward them.

Annotation Key
Bold text indicates target muscles
Black text indicates other working muscles
* indicates deep muscles

Level
· Advanced

Duration
· 3–4 minutes

Benefits
· Improves spinal articulation
· Improves torso and leg flexibility
· Supports good posture

Caution
· Hamstring tightness
· Hip issues
· Knee issues
· Limited flexibility of the spine

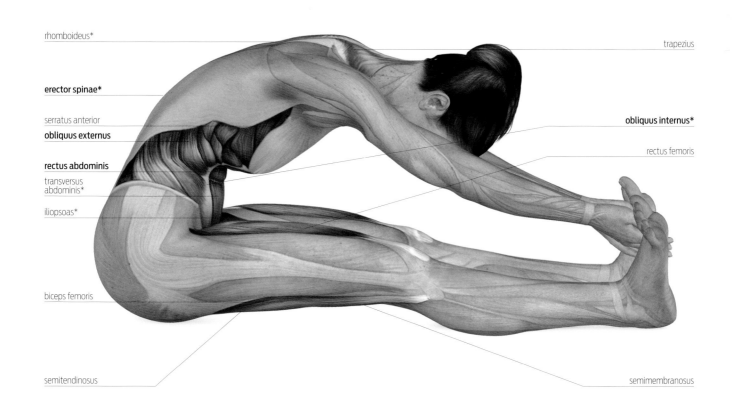

rhomboideus*

erector spinae*

serratus anterior

obliquus externus

rectus abdominis

transversus abdominis*

iliopsoas*

biceps femoris

semitendinosus

trapezius

obliquus internus*

rectus femoris

semimembranosus

Corkscrew

When practicing Corkscrew, it is important to keep your upper body perfectly stable while you describe precise circles in the air with your legs. Think of what you do when you use a corkscrew to open a bottle: you press down firmly (your torso) and rotate (your legs at your hip joints) simultaneously. The greatest challenge lies in keeping your shoulders pressed down your back and your pelvis anchored to the mat.

1 Lie on your back with your arms along your sides, palms downward for stability. Inhale to prepare.

2 While exhaling, imprint your spine, and lengthen your legs—one at a time—to the ceiling. Keep your legs parallel, firmly pressed together.

3 Stabilize your shoulder blades and your pelvis against the weight of your legs as you inhale and begin circling your legs to the right and down. Continue to circle your legs as you complete the circle on an exhalation.

4 Repeat, "drawing" a circle in the other direction. Complete 3 to 5 circles in each direction.

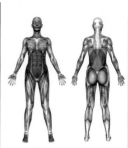

Front View

rectus abdominis

obliquus internus*

iliopsoas*

pectineus*

sartorius

rectus femoris

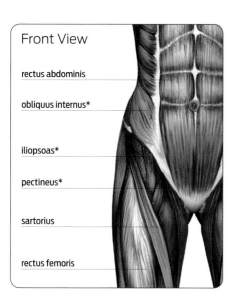

Level
· Intermediate/ Advanced

Duration
· 1–2 minutes

Benefits
· Strengthens deep abdominals
· Increases upper body stability
· Improves hip mobility

Caution
· Hip issues or previous surgery
· Neck issues

transversus abdominis*

soleus

vastus lateralis

gastrocnemius

obliquus externus

tensor fasciae latae

semimembranosus

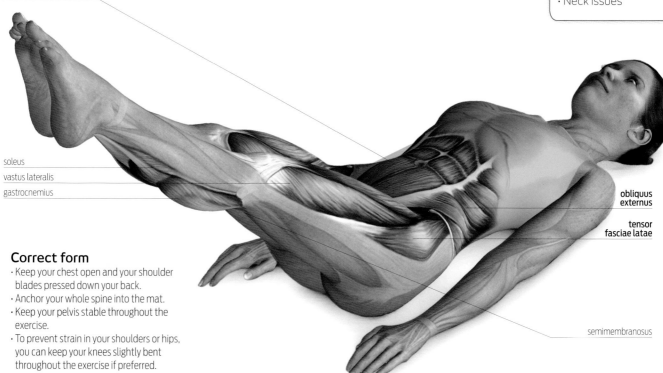

Correct form
· Keep your chest open and your shoulder blades pressed down your back.
· Anchor your whole spine into the mat.
· Keep your pelvis stable throughout the exercise.
· To prevent strain in your shoulders or hips, you can keep your knees slightly bent throughout the exercise if preferred.

Avoid
· Allowing your neck or back to arch.
· Rolling your shoulders forward.
· Releasing your abdominals.
· Losing energy in your legs.
· Making circles larger than you can control with your core muscles.
· Holding your breath.

Annotation Key
Bold text indicates target muscles
Black text indicates other working muscles
* indicates deep muscles

The Saw

The Saw is all about oppositions in space. You're twisting, flexing, and curving—all at once—while, of course, breathing calmly and fully. The goal of this exercise is to stretch your spine, sides, inner thighs, and hamstrings, while stabilizing your pelvis and shoulder blades. This is an exercise that feels great when you get the hang of it.

1 Sit upright, with your legs extended in front of you, a little wider than hip-distance apart. Flex your feet, pushing out through your heels to fully engage your legs. Extend your arms out to your sides so that they are parallel to the floor, palms down.

2 Pressing your navel to your spine, inhale while rotating around your vertical axis to the left, stretching your arms from under your shoulder blades and out through your fingertips.

Correct form
· Keep your navel pressing firmly toward your spine.
· Keep both buttocks anchored to the mat.
· Keep your neck long throughout.
· You can sit on a rolled-up towel if preferred.

Avoid
· Compromising the vertical position of your pelvis.
· Hunching your shoulders in an attempt to come farther forward.
· Forgetting to engage the muscles in your legs.

Level
· Intermediate/ Advanced

Duration
· 2–3minutes

Benefits
· Streamlines waistline
· Stretches hamstrings
· Enhances spinal rotation and flexibility

Caution
· Back issues
· Hip joint tightness
· Neck issues
· Shoulder issues

3 Exhale and rotate further to the left—and even further—in a twist out over your left leg, so that the pinky of your right hand "saws off" your little toe. At the same time, rotate your left arm—which is extending diagonally behind you—inward from your shoulder blade. Keeping both sides of your neck long, look toward that back arm.

4 As you inhale, roll up to your vertical twisted position again.

5 Exhale and face forward, returning to your starting position.

6 Repeat to the other side. Alternating, complete 3 to 5 repetitions to each side.

Annotation Key
Bold text indicates target muscles
Black text indicates other working muscles
* indicates deep muscles

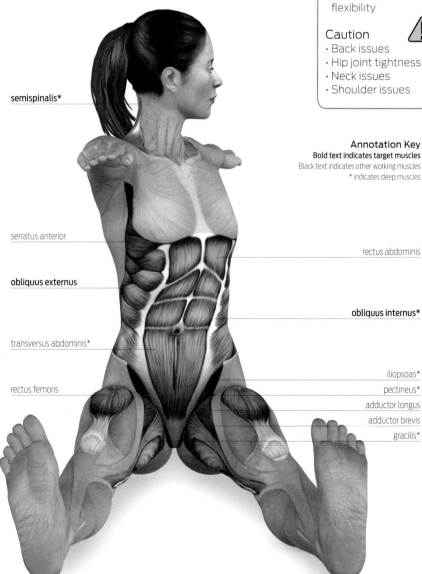

semispinalis*

serratus anterior

obliquus externus

transversus abdominis*

rectus femoris

rectus abdominis

obliquus internus*

iliopsoas*

pectineus*

adductor longus

adductor brevis

gracilis*

Back View

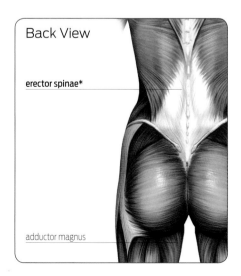

erector spinae*

adductor magnus

Neck Pull

Neck Pull works your abdominal strength, core stability, and spinal articulation while also stretching your hamstrings. The key to this exercise is to maintain a compact, stable, and anchored lower body.

Here's the challenge: your spine is going to roll, stretch, and hinge backward. Remain aware of what's going on with your back as you move through the positions.

1 Lie on your back, with your pelvis and spine in neutral. Place one hand on top of the other beneath the base of your head. Extend your legs in front of you, hip-distance apart. Flex your feet, engaging the muscles of your legs as you press your heels forward.

2 Inhale as you engage your abdominals, pressing navel to spine. Roll up from your mat one vertebra at a time, passing through the imprinted position to support this upward roll. Keep your legs firmly planted into your mat.

3 Exhale to lengthen your spine forward over your legs, keeping your elbows wide and your shoulders pressed down your back.

4 Inhale as you roll up to a strong upright sitting position, keeping your elbows wide and pointed out to your sides. Exhale.

Correct form
· Keep all movement smooth and elastic.
· "Button" both sides of your rib cage before beginning your upward roll.
· Engage your lower abdominal muscles when you curl up and curl down.
· Keep your neck long and throat open.
· Initiate all movement from your core, rather than from your extremities.

Avoid
· Tensing your neck, shoulders, or toes.
· Losing the position of your elbows.
· Losing connection with your legs.

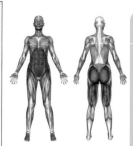

5 Inhaling, stabilize your pelvis and engage your legs strongly along your mat as you hinge your entire spine in a backward tilt.

6 Exhale as you roll back to the mat, initiating the downward curl with an imprinted pelvis. Roll down one vertebra at a time until you are back in your neutral starting position.

7 Complete 5 to 8 repetitions.

Level
· Intermediate/ Advanced

Duration
· 2–3 minutes

Benefits
· Develops abdominal strength
· Promotes spinal articulation, flexibility, and strength
· Improves posture

Caution
· Neck issues
· Spine issues

Annotation Key
Bold text indicates target muscles
Black text indicates other working muscles
* indicates deep muscles

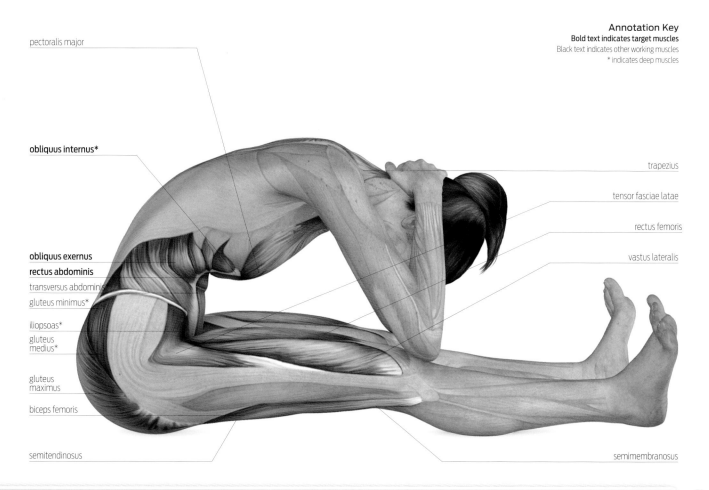

pectoralis major

obliquus internus*

obliquus exernus

rectus abdominis

transversus abdominis

gluteus minimus*

iliopsoas*

gluteus medius*

gluteus maximus

biceps femoris

semitendinosus

trapezius

tensor fasciae latae

rectus femoris

vastus lateralis

semimembranosus

The Scissors

In this exercise, your legs act as the blades of a pair of scissors. Use this image to perform precise, clear movements that cut through the air. Your core is the handle of the scissors that remains firmly in place, so that the blades are free to do their job.

Correct form
- Keep your core muscles compact and sleek.
- Stabilize your shoulders by pressing your shoulder blades down your back.
- Keep your buttocks firmly planted into your mat.
- Keep your legs lengthened.

Avoid
- Pulling your shoulders forward while grasping your leg.
- Bending your knees.
- Using your arms to pull your leg toward you, rather than using your abdominal muscles to lift your upper body toward your leg.

1 Lie on your back, with your pelvis in an imprinted position, your arms along your sides, and your knees folded in toward your chest.

2 Inhale as you curl your head and neck off your mat, extending your legs to the ceiling one at a time. Both buttocks should remain anchored to your mat throughout the exercise.

3 Exhale, and extend your arms toward your left leg so you can grasp it with both hands while the leg remains straight. At the same time, lower your right leg halfway to your mat.

4 Inhale and begin to switch legs by reaching both of them up to the ceiling so that they cross each other in mid-air.

5 Exhale as you take hold of your extended right leg, and lower your left leg halfway to your mat.

6 Alternating, complete 8 to 10 repetitions on each leg.

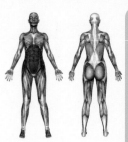

Level
· Intermediate

Duration
· 1–2 minutes

Benefits
· Increases abdominal control
· Improves stabilization through shoulder area
· Lengthens hamstrings
· Works hip flexors
· Improves coordination

Caution
· Knee pain
· Neck issues
· Shoulder issues
· Wrist weakness

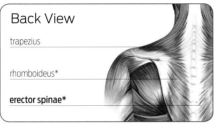

Back View
trapezius

rhomboideus*

erector spinae*

Front View
rectus abdominis

obliquus internus*

transversus abdominis*

iliopsoas*

pectineus*

sartorius

rectus femoris

Annotation Key
Bold text indicates target muscles
Black text indicates other working muscles
* indicates deep muscles

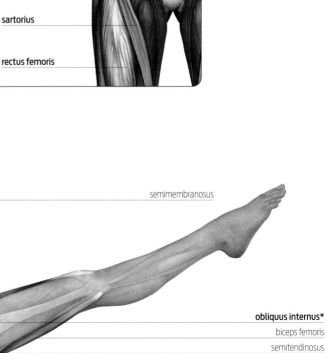

semimembranosus

obliquus internus*

biceps femoris

semitendinosus

serratus anterior

obliquus externus

gluteus maximus

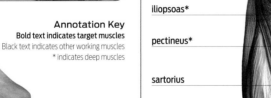

Shoulder Bridge

Shoulder Bridge is one of those exercises that you'll find included in a variety of fitness and health programs, ranging from meditative yoga to elementary school calisthenics. Before you throw yourself into it, take an extra moment to read through this page in order to understand the Bridge from a Pilates point of view.

1 Lie on your back, with your pelvis and spine in neutral and your legs bent with feet on the floor. Your knees should be aligned with your hips and feet. Your feet should be fairly close to your buttocks, and firmly planted on the mat. Extend your arms along your sides, palms downward, and press your shoulders down your back to stabilize your shoulder blades. Inhale to prepare.

2 Exhale and curl your hips upward from the mat, creating a stable bridge position from your shoulders to your parallel knees. Holding this position, inhale.

Modifications

Harder: Place a Pilates ball between your knees, squeezing it as you perform Shoulder Bridge. This modification increases lower-body resistance and enhances your awareness of the physical interconnections involved in the movement.

Correct form
· Maintain strongly engaged lower abdominal muscles.
· Keep your inner thighs active to maintain your parallel leg position.
· Keep your hips level.

Avoid
· Jamming your chin into your chest.
· Letting your rib cage "pop" forward and upward.
· Arching, and pushing into, your lower back while in the bridge.

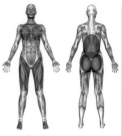

3 Exhale as you curl your spine back toward the mat, starting with your cervical vertebrae and rolling down your thoracic vertebrae and farther down to your lumbar vertebrae.

4 Repeat 3 times.

Level
· Beginner

Duration
· 2–3 minutes

Benefits
· Increases shoulder stability
· Strengthens powerhouse muscles
· Opens chest and pelvic area
· Works backs of legs

Caution
· Back injury
· Neck issues
· Shoulder issues

Annotation Key
Bold text indicates target muscles
Black text indicates other working muscles
* indicates deep muscles

Front View

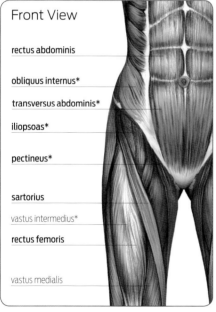

rectus abdominis

obliquus internus*

transversus abdominis*

iliopsoas*

pectineus*

sartorius

vastus intermedius*

rectus femoris

vastus medialis

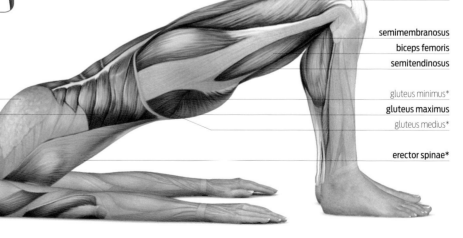

vastus lateralis

semimembranosus

biceps femoris

semitendinosus

gluteus minimus*

gluteus maximus

gluteus medius*

erector spinae*

pectoralis major

obliquus externus

semispinalis*

Side Leg Kick

Side Leg Kick is the first of a group of exercises done lying on your side. These exercises are quite tricky because you need to use your core stability and awareness of proper alignment in order to remain balanced.

1 Lie on your side with your head resting on your extended arm and your pelvis and spine in a neutral position. Extend your parallel, extended legs diagonally forward along the floor to form a 45-degree angle with the rest of your body. Let your top hand rest in front of your chest on the mat.

2 Inhale and lift your top leg to a point level with your pelvis. Flex your feet.

Correct form
· Keep your pelvis and spine in place at all times.
· Brush your leg backward and forward to the same degree.
· Keep your shoulder blades pressed down your back.

Avoid
· Lowering your top leg as you swing it forward and backward.
· Rotating your hips.
· Bending your knees.

3 Exhale and, hinging from your hip joint, kick your top leg forward with the foot flexed.

4 Inhale and, hinging from your hip joint, kick your top leg back with the foot extended.

5 Complete 8 to 10 repetitions. Switch sides and repeat with the other leg.

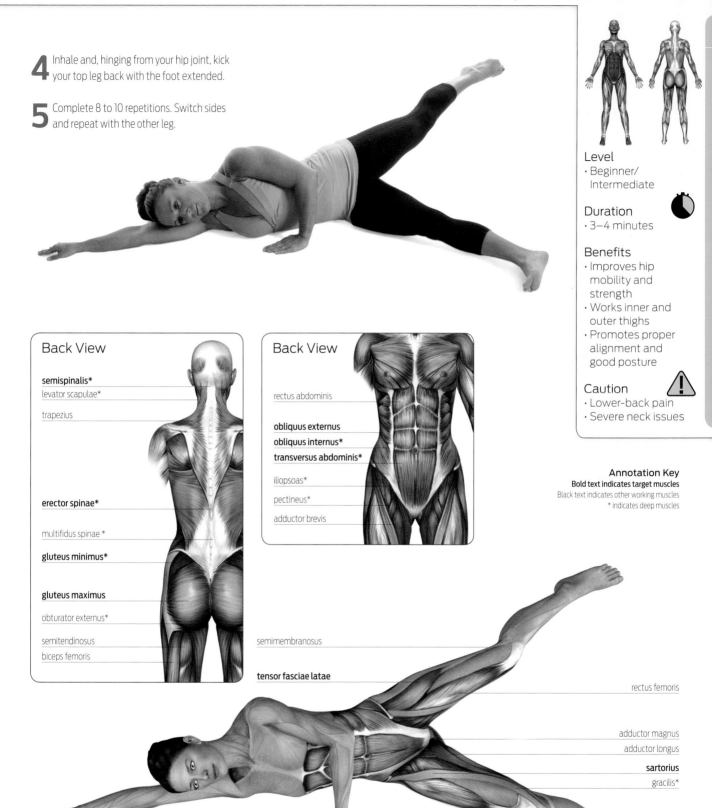

Level
· Beginner/ Intermediate

Duration
· 3–4 minutes

Benefits
· Improves hip mobility and strength
· Works inner and outer thighs
· Promotes proper alignment and good posture

Caution
· Lower-back pain
· Severe neck issues

Annotation Key
Bold text indicates target muscles
Black text indicates other working muscles
* indicates deep muscles

Back View

semispinalis*
levator scapulae*
trapezius
erector spinae*
multifidus spinae *
gluteus minimus*
gluteus maximus
obturator externus*
semitendinosus
biceps femoris

Back View

rectus abdominis
obliquus externus
obliquus internus*
transversus abdominis*
iliopsoas*
pectineus*
adductor brevis

semimembranosus

tensor fasciae latae

rectus femoris

adductor magnus
adductor longus
sartorius
gracilis*

Teaser Prep

Through regularly practicing Teaser Prep, you will find that your abdominal muscles become stronger, making the exercise's upward motion smoother and easier. It's a great way to prepare your core muscles, as well as the rest of your body, for the demands of the highly challenging Teaser (pages 60–61).

1 Lie on your back, with your arms extended over your head, hovering just above the mat behind you, palms up. Bend your knees and press them together. Anchor your feet into the floor.

2 Slowly and with control, extend one leg, straightening it from your hip and out through your foot.

3 Initiating the movement from your lower abdomen, raise your torso to form a 45-degree angle with the floor as you bring your arms up and over your head to reach forward.

4 With control, curl your spine down to the floor as you bring your arms up overhead and behind you again, keeping your knees pressed together.

5 Complete 2 more repetitions. Then, repeat on the other side.

Correct form
· Keep your neck long and your throat open.
· Maintain a tight core and a level pelvis.
· When balancing, your arms should be parallel to your extended leg.

Avoid
· Arching your back or rolling your shoulders forward.
· Relying on momentum to propel you up or down.
· Allowing your stomach to bulge outward.

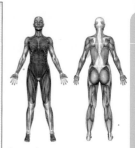

Front View

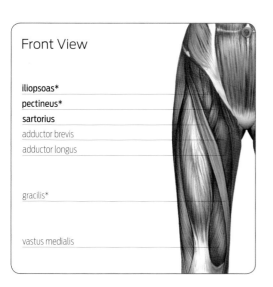

iliopsoas*

pectineus*

sartorius

adductor brevis

adductor longus

gracilis*

vastus medialis

Level
· Intermediate

Duration
· 1–2 minutes

Benefits
· Strengthens and
  tones abdominals
· Mobilizes spine

Caution
· Herniated disc
· Lower-back issues
· Osteoporosis

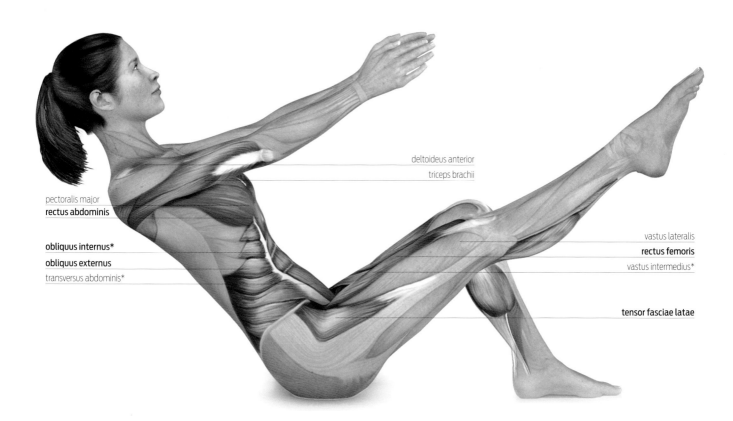

pectoralis major
rectus abdominis

obliquus internus*

obliquus externus

transversus abdominis*

deltoideus anterior

triceps brachii

vastus lateralis

rectus femoris

vastus intermedius*

tensor fasciae latae

Teaser

Teaser may be demanding, but it is also highly rewarding. Performing it successfully requires tuning in to your body's sense of balance, strength, coordination, and alignment. Don't worry if you find it difficult at first. With correct form, this exercise really works your powerhouse, effectively building your abdominal strength.

1 Lie on your back, with your arms extended over your head, hovering just above the mat behind you, palms up. Extend your legs on the mat in front of you so that your legs and torso form a straight line.

2 Initiating the movement from your lower abdomen, raise your torso to form a 45-degree angle with the floor as you bring your arms up and over your head to reach forward. Simultaneously, extend both legs forward to form a 45-degree angle with the mat. You should now be balancing on a point a couple of inches behind your sit bones.

3 Curl your tailbone under, press your legs firmly together, and roll down to your mat as your legs lower to the floor.

4 Repeat 2 times.

Correct form

· Keep your legs together as if they were attached.
· Initiate movement from your lower abdominals.
· Keep your neck long and throat open.
· Maintain a tight core and a level pelvis.
· When balancing, your arms should be parallel
  to your legs.

Avoid

· Arching your back or rolling your shoulders forward.
· Using momentum to propel yourself up and down.
· Allowing your stomach to bulge outward.

Front View

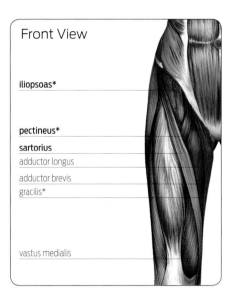

iliopsoas*

pectineus*

sartorius

adductor longus

adductor brevis

gracilis*

vastus medialis

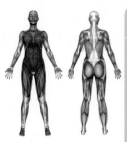

Level
· Advanced

Duration
· 2–3 minutes

Benefits
· Strengthens and
  tightens abdominals
· Mobilizes spine

Caution

· Herniated disk
· Lower-back issues
· Osteoporosis

Annotation Key
Bold text indicates target muscles
Black text indicates other working muscles
* indicates deep muscles

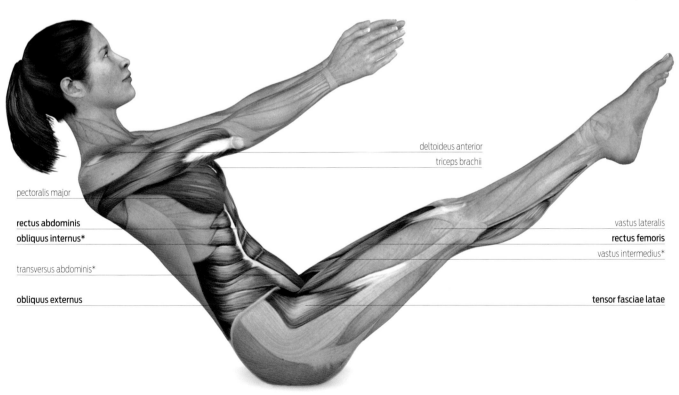

deltoideus anterior

triceps brachii

pectoralis major

rectus abdominis

obliquus internus*

transversus abdominis*

obliquus externus

vastus lateralis

rectus femoris

vastus intermedius*

tensor fasciae latae

Swimming

Swimming gets its names from the fluttering kicks in both legs and arms that resemble a body cutting through water. Like actual swimming, this exercise stretches and strengthens the muscles along your spine, and is good for your coordination, too.

1 Lie on your stomach with your pelvis and spine in a neutral position. Extend your legs so that they're parallel and hip-distance apart. At the same time, extend your arms on the mat in front of you with your palms facing down. Keep your neck long and your face directed toward the mat. Press your shoulder blades down your back.

2 Inhale, and then press your navel to your spine while extending your arms in front of you and your legs behind you.

3 Exhale while continuing to extend your arms and legs until they lift slightly off your mat.

4 As you inhale for 5 counts, reach one arm and the opposite leg higher while lowering your other arm and leg—switching on every count. This is the "flutter kick."

5 Exhale for 5 counts as you continue to flutter your arms and legs in opposition and out into the space.

6 Repeat to complete 4 sets, which gives a total of 40 counts.

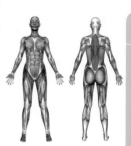

Back View

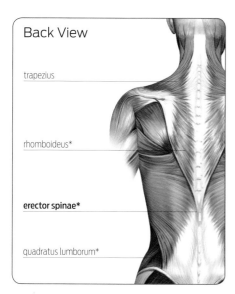

- trapezius
- rhomboideus*
- **erector spinae***
- quadratus lumborum*

Back View

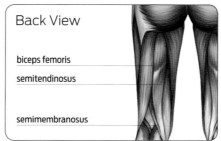

- biceps femoris
- semitendinosus
- semimembranosus

Annotation Key
Bold text indicates target muscles
Black text indicates other working muscles
* indicates deep muscles

Level
- Beginner/ Intermediate

Duration
- 2–3 minutes

Benefits
- Challenges core stability against dynamic movement of arms and legs
- Strengthens and stretches spine

Caution
- Cervical or lumbar spine curvature
- Lower-back issues
- Pregnancy

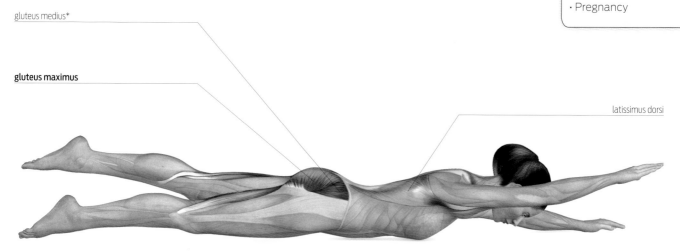

- gluteus medius*
- **gluteus maximus**
- latissimus dorsi

Correct form
- Stabilize your shoulder blades by pressing your shoulders down your back.
- Keep your neck long and in alignment with the rest of your spine.
- Use your powerhouse to stay lifted.
- Keep the movements small and controlled.

Avoid
- Dipping your torso up and down as you "swim."
- Losing control of your legs as you move your arms.
- Letting your head and neck involuntarily react to the movements of your arms.

Modifications
Harder: You can increase the challenge of Swimming by elevating your extended legs higher up from your mat. This vigorous modification means that you'll have to provide extra support to your lumbar spine by activating your abdominals down toward your pelvis and back toward your spine. If you feel a pinching sensation in your lower spine, or around your neck, lower your legs.

Leg Pull Front

Leg Pull Front is performed from a plank, or push-up, position, which is challenging to line up and maintain. Muscular length, strength, and movement flow are all worked thoroughly through this exercise.

1 Start in a push-up position with the front of your body facing the mat in one long line. Extend your arms directly under your shoulders with your fingers pointed forward. Extend your legs parallel and hip-distance apart, with your weight on the balls of your feet. Inhale to prepare.

2 Exhale as you push back on your heels while lifting your right leg, keeping your right ankle flexed.

Correct form
· Keep your pelvis at the same height throughout the exercise.
· Stay open across the front of your chest.
· Press your shoulder blades down your back for stabilization.
· Keep your powerhouse muscles engaged, sleek, and compact.

Avoid
· Letting your belly sag toward the floor.
· Raising your shoulders toward your ears.
· Arching your neck, or allowing your head to hang.
· Twisting your hips as you move your leg.

3 Inhale as you lower your leg.

4 Exhale as you lift your left leg, keeping your left ankle flexed.

5 Continue to alternate legs, completing 4 to 6 repetitions on each side.

Level
· Intermediate/ Advanced

Duration
· 1–2 minutes

Benefits
· Stretches Achilles tendon
· Strengthens upper limbs and shoulder girdle
· Stabilizes powerhouse muscles

Caution
· Elbow issues
· Toe joint stiffness
· Wrist weakness

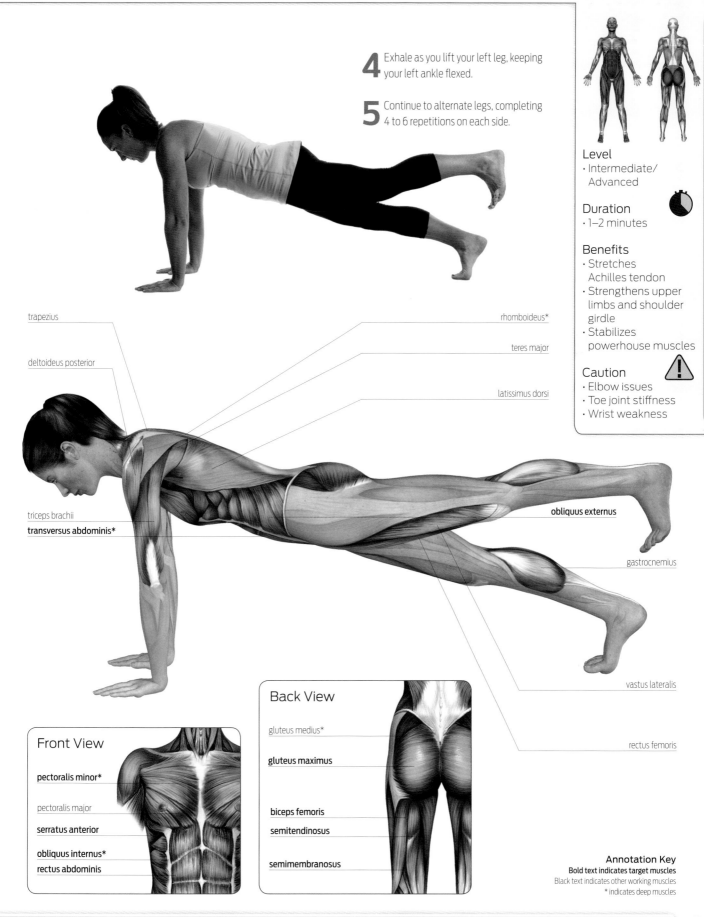

trapezius

rhomboideus*

deltoideus posterior

teres major

latissimus dorsi

triceps brachii

transversus abdominis*

obliquus externus

gastrocnemius

vastus lateralis

rectus femoris

Front View
pectoralis minor*

pectoralis major

serratus anterior

obliquus internus*
rectus abdominis

Back View
gluteus medius*

gluteus maximus

biceps femoris

semitendinosus

semimembranosus

Annotation Key
Bold text indicates target muscles
Black text indicates other working muscles
* indicates deep muscles

Side Leg Kick Kneeling

Side Leg Kick Kneeling is a more challenging variation on the Side Leg Kick exercise. It develops lateral strength in your torso and hip flexors, builds strength in your arms, and works your balance.

1 Kneel on your right knee on your mat. Make sure that your supporting right hand is on the floor directly under your shoulder. Extend your left arm to the ceiling. Extend your left leg, so that your foot is on the floor.

2 Inhale as you move your extended arm downward as your leg moves upward. Your leg and arm should meet precisely at the level of your hip.

3 Exhale as you reverse the movement to your start position.

4 You can either look forward or upward during the exercise. Choose the version that supports the elongation of your neck and an open position of your throat.

Correct form
· Keep both shoulders and your pelvis facing squarely forward.
· Lengthen away from your center.

Avoid
· Rolling your supporting arm forward.
· Locking the elbow of your supporting arm.
· "Popping" your rib cage forward.

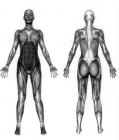

5 Complete 10 repetitions. Repeat 25 times at a quicker pace to make this more of a cardiovascular exercise, and then switch sides and repeat.

Level
· Intermediate/ Advanced

Duration
· 3–4 minutes

Benefits
· Develops torso stability
· Increases awareness of correct alignment
· Enhances ability to control legs from hip joints

Caution
· Knee issues
·Neck tension
· Shoulder injury

Back View
semispinalis*

trapezius

erector spinae*

Back View
gluteus minimus*

gluteus maximus

obturator externus*

Annotation Key
Bold text indicates target muscles
Black text indicates other working muscles
* indicates deep muscles

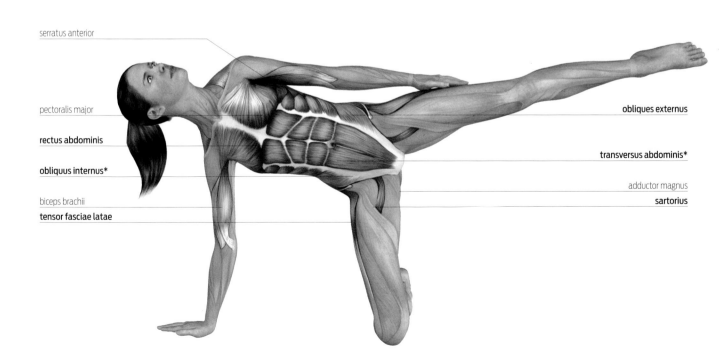

serratus anterior

pectoralis major

rectus abdominis

obliquus internus*

biceps brachii

tensor fasciae latae

obliques externus

transversus abdominis*

adductor magnus

sartorius

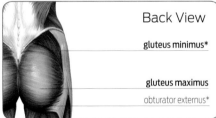

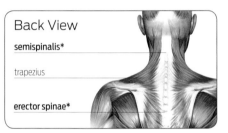

Side Bend

Side Bend is a great stretch that helps you to achieve a strong-as-steel powerhouse. Once you can do this exercise with relative ease, you know that you have truly come a long way!

1 Sit on your right hip with your right arm supporting your torso, slighter away from the side of your body. Bend your right leg on the mat in front of you. Bend your left leg so that your knee points to the ceiling, your left foot flat on the mat slightly forward of your sit-bones. Your left arm should be on the mat in front of your right hip for balance.

2 Inhale as you begin to lift your pelvis, circling your left arm overhead and simultaneously straightening your legs. Lift higher in your hips so that your body creates a rainbow-like shape.

3 Exhale as you reverse the movement, so that you end up in your starting position sitting on the mat.

4 Repeat 3 to 5 times on one side. Then, switch sides and repeat.

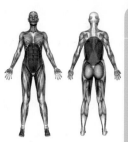

Correct form

· Adjust the distance of your feet to your pelvis while in the start position if you find that lifting to your side is difficult.
· Lift your hips high to reduce the weight on your supporting arm.
· Extend your arms and legs without locking either your elbows or knees.
· Keep your navel pressing to your spine.
· Use your abdominals and your breath to initiate movement.

Avoid

· Placing too much weight on your supporting arm.
· Sinking into your shoulders.
· "Popping" your rib cage forward.
· Rotating your hips.

Annotation Key
Bold text indicates target muscles
Black text indicates other working muscles
* indicates deep muscles

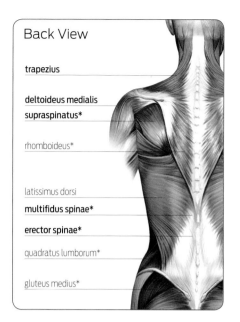

Back View

trapezius

deltoideus medialis
supraspinatus*

rhomboideus*

latissimus dorsi
multifidus spinae*

erector spinae*

quadratus lumborum*

gluteus medius*

Level
· Intermediate/ Advanced

Duration
· 3–4 minutes

Benefits
· Stabilizes spine in a neutral position
· Develops balance and proper alignment
· Strengthens torso, upper limbs, and oblique abdominal muscles
· Increases upper body flexibility

Caution
· Neck tension or stiffness
· Rotator cuff injury
· Wrist weakness

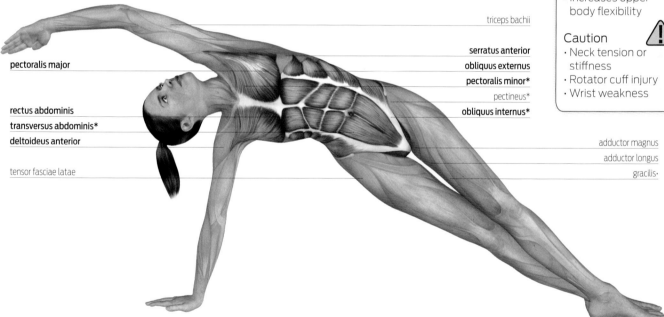

triceps bachii

serratus anterior
obliquus externus
pectoralis minor*
pectineus*
obliquus internus*

pectoralis major

rectus abdominis
transversus abdominis*
deltoideus anterior

tensor fasciae latae

adductor magnus
adductor longus
gracilis·

Modifications

Harder: Add an upper body twist to increase your thoracic spine rotation and stretch your rhomboid muscles. From your side bend extended position, rotate your upper torso to the right, so that your chest faces the mat—which will raise your hips even higher. Reach through with your left arm under your torso. Move through the basic side bend position from this rotation before returning to the start position again. Repeat on the other side.

Push-Up

Push-Up, also known as a press-up, is a well-known calisthenics exercise performed everywhere: school gyms, Pilates and judo studios, and military boot camps, too. The reason for this is its effectiveness—it's a basic exercise that really works your chest, shoulders, back, and core.

1 Start on your hands and knees, with your hands slightly wider apart than shoulder-width. Extend your legs backward to come into a high plank position.

2 With control, slowly lower the full length of your body toward the mat, bending your elbows.

3 Straighten your elbows and return to your plank position.

4 Start with 1 set of 8 repetitions. Work up to 3 sets of 12 repetitions.

Correct form
· Keep your shoulders pressed down your back.
· Imagine a straight line running from the top of your head to your heels.

Avoid
· Compromising the neutral alignment of your pelvis or spine.

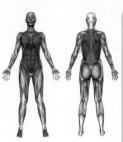

Front View

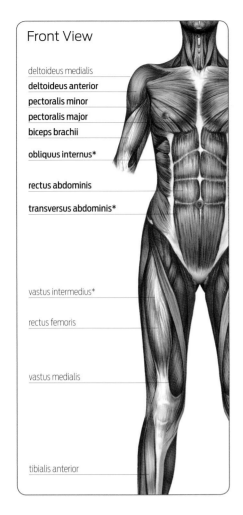

deltoideus medialis

deltoideus anterior

pectoralis minor

pectoralis major

biceps brachii

obliquus internus*

rectus abdominis

transversus abdominis*

vastus intermedius*

rectus femoris

vastus medialis

tibialis anterior

Modifications

Easier: Start on your hands and knees, with your hands slightly wider apart than shoulder-width. Lift your feet toward your buttocks until your calves and thighs form a 90-degree angle.

Level
· Advanced

Duration
· 2–3 minutes

Benefits
· Strengthens biceps, shoulders, chest, back, and core
· Tones abs

Caution
· Shoulder issues
· Wrist pain or other issues

Annotation Key
Bold text indicates target muscles
Black text indicates other working muscles
* indicates deep muscles

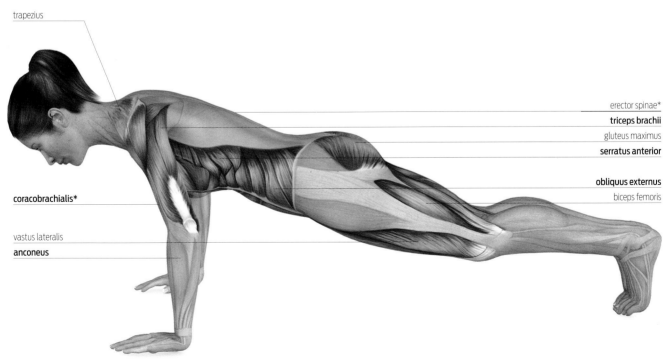

trapezius

erector spinae*

triceps brachii

gluteus maximus

serratus anterior

obliquus externus

biceps femoris

coracobrachialis*

vastus lateralis

anconeus

Contents

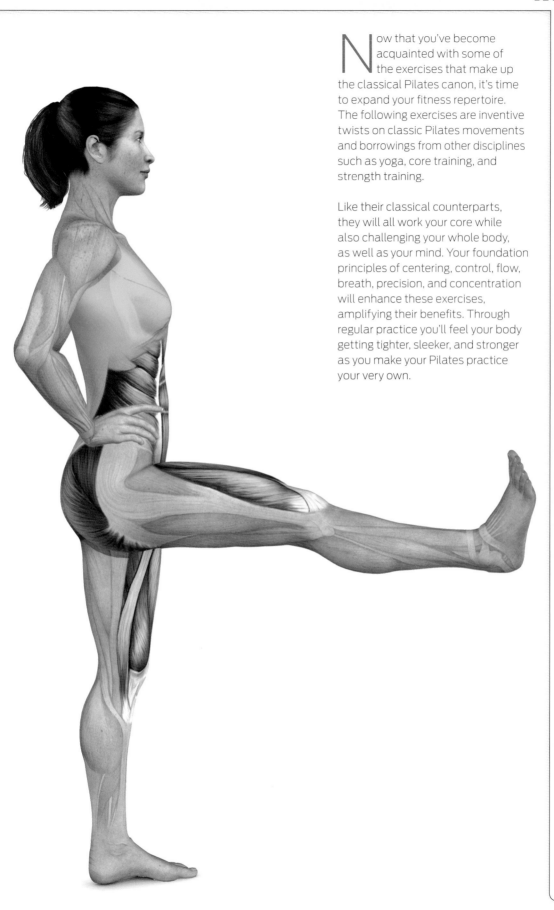

Now that you've become acquainted with some of the exercises that make up the classical Pilates canon, it's time to expand your fitness repertoire. The following exercises are inventive twists on classic Pilates movements and borrowings from other disciplines such as yoga, core training, and strength training.

Like their classical counterparts, they will all work your core while also challenging your whole body, as well as your mind. Your foundation principles of centering, control, flow, breath, precision, and concentration will enhance these exercises, amplifying their benefits. Through regular practice you'll feel your body getting tighter, sleeker, and stronger as you make your Pilates practice your very own.

Beyond the Classics

Cat-to-Cow Stretch

Also known as Cat and Dog, Cat-to-Cow Stretch is a great beginner's exercise, readying even the stiffest back for more strenuous activity. This is a feel-good exercise that warms up the entire spine.

1 Kneel on all fours, with your knees directly below your hips. Position your hands on the floor just beyond shoulder-width apart, slightly in front of your body, palms downward and fingertips facing forward. Inhale as you press your navel back toward your spine.

2 Exhale as you sequentially curl your spine from your tailbone to your head. Your line of sight is now toward your navel.

3 Inhale as you continue to expand the back of your rib cage, shoulders plugged down your back, and the sides of your neck extended long.

Correct Form
- Keep the sides of your neck long throughout the exercise.
- Engage your abdominals strongly and compactly.
- Maintain a parallel position of your arms and legs.

Avoid
- Lifting your shoulders toward your ears.
- "Popping" your rib cage.
- Closing your chest area.
- Arching primarily in your lower back.

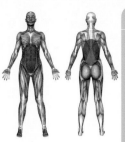

4 Exhale as you sequentially articulate your spine into a slight arch from your tailbone through the top of your head.

5 Repeat at least 4 times.

Level
• Beginner

Duration
• 1–2 minutes

Benefits
• Increases flexibility
• Improves balance and coordination
• Stretches spine, shoulders, hips, and abdominals

Annotation Key
Bold text indicates target muscles
Black text indicates other working muscles
* indicates deep muscles

Caution
• Knee issues
• Wrist issues

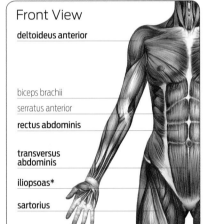

Front View

deltoideus anterior

biceps brachii

serratus anterior

rectus abdominis

transversus abdominis

iliopsoas*

sartorius

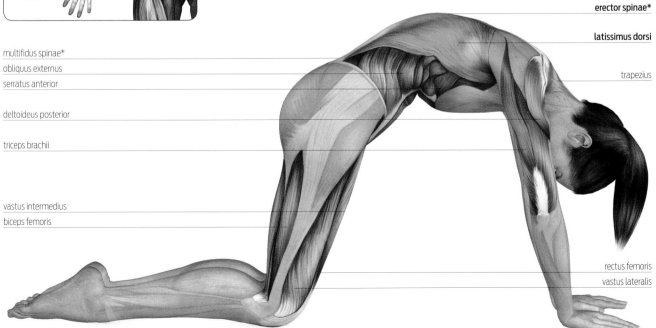

erector spinae*

latissimus dorsi

trapezius

multifidus spinae*

obliquus externus

serratus anterior

deltoideus posterior

triceps brachii

vastus intermedius

biceps femoris

rectus femoris

vastus lateralis

Child's Pose

Child's Pose is a resting position that you perform before, after, or while exercising. It's a back-releasing posture that elongates your spine and frees your shoulder blades from your rib cage.

1 Kneel on all fours, with your knees directly below your hips. Position your hands on the floor just beyond shoulder-width apart, slightly in front of your body, palms downward and fingertips facing forward. Inhale as you press your navel back toward your spine.

2 Sit back on your heels as you lower your chest onto your thighs with your arms extended in front of you on the mat. Your forehead rests on the mat and your knees and feet are together.

3 Breathe deeply into your pelvic area.

4 To come out of this position, exhale and use you abdominal muscles to uncurl your spine from your tailbone until you are sitting in a vertical position on your heels.

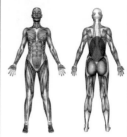

Correct form
· Keep your back rounded.
· Keep the sides of your neck long.

Avoid
· Compressing the back of your neck.
· Hunching your shoulders.

Modification

Same level of difficulty: With your feet still touching, widen your knees so your torso can release further down to the floor. Stay in this position for a while so that your body can deepen into a full stretch. The further apart your knees are, the greater the stretch in your inner thighs.

Level
· Beginner

Duration
· 5 seconds to 5 minutes

Benefits
· Stretches and relaxes the spine.
· Facilitates deep breathing into posterior ribs

Caution
· Knee issues

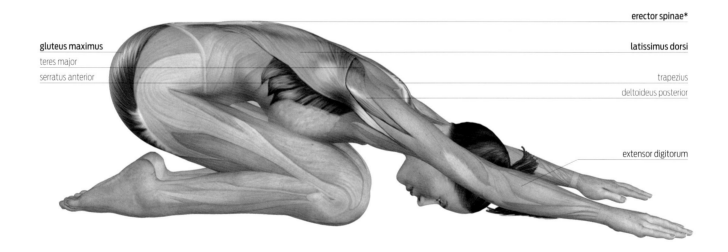

erector spinae*

gluteus maximus

latissimus dorsi

teres major

serratus anterior

trapezius

deltoideus posterior

extensor digitorum

Back View

semitendinosus

biceps femoris

semimembranosus

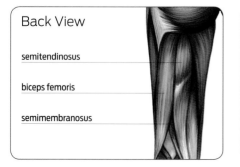

Front View

tibialis anterior

peroneus

Annotation Key
Bold text indicates strengthening muscles
Black text indicates stretching muscles
* indicates deep muscles

Pointing Dog

Pointing Dog, also know as Four-Point Challenge or Pointer, targets your abdominal muscles, buttocks, hamstrings, and lumbar spine. This exercise strengthens your lower back and the fronts of your thighs, and it is one of those "easier" exercises that challenges your balance, too.

1 Kneel on all fours, with your knees directly below your hips. Position your hands on the floor just beyond shoulder-width apart, slightly in front of your body, palms downward and fingertips facing forward. Inhale as you press your navel back toward your spine.

2 With control, extend one leg directly behind you while extending the opposite arm in front of you. Hold this strong, level position for 2 to 5 seconds.

3 Return to the starting position, and repeat on the opposite side.

4 Complete a total of 10 repetitions (5 per side). Work up to 3 sets of 10.

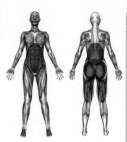

Back View

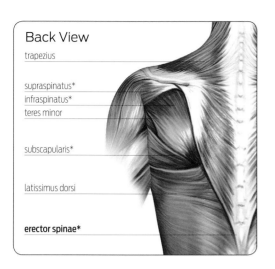

trapezius

supraspinatus*
infraspinatus*
teres minor

subscapularis*

latissimus dorsi

erector spinae*

Front View

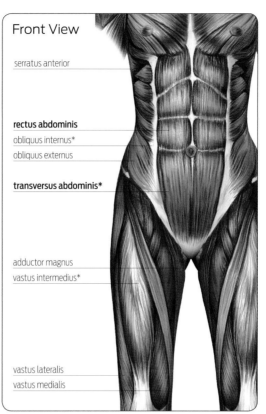

serratus anterior

rectus abdominis
obliquus internus*
obliquus externus

transversus abdominis*

adductor magnus
vastus intermedius*

vastus lateralis
vastus medialis

Level
· Intermediate

Duration
· 2–3 minutes

Benefits
· Strengthens
  abdominal,
  gluteal, and lower-
  back muscles
· Improves balance

Caution
· Back issues

Correct form
· Keep your abdominals fully engaged,
  navel pressing toward your spine.
· Press your shoulder blades firmly
  down your back.

Avoid
· Changing the level of your pelvis.
· Arching your neck.

Annotation Key
Bold text indicates target muscles
Black text indicates other working muscles
* indicates deep muscles

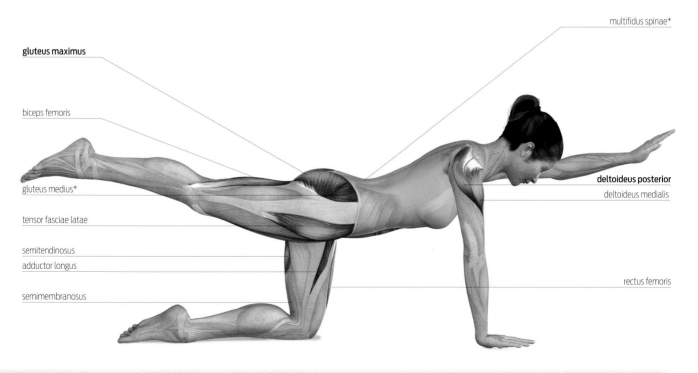

multifidus spinae*

gluteus maximus

biceps femoris

gluteus medius*

tensor fasciae latae

semitendinosus
adductor longus

semimembranosus

deltoideus posterior
deltoideus medialis

rectus femoris

Monkey Walk

Monkey Walk is a good gauge of your fitness level—it's a full-body stretch that really tests the limits of your flexibility. If you are a beginner, you might find it difficult to keep your knees and back straight, but with practice, you can learn to smoothly move from one phase of the exercise to the next.

1 From a standing, parallel position, peel your spine downward toward the floor until your palms are flat on the floor in front of you..

2 Slowly "walk" your hands out to a plank position with your wrists directly under your shoulders. Keep your body parallel to the floor, legs hip-width apart, navel pressing toward your spine and shoulders pressing down your back.

Correct form
· Widen your stance if you have trouble reaching the floor with your hands.
· Keep your abdominals sleek and compact.

Avoid
· Rushing through the exercise.
· Letting your stomach and spine sag while you're in the plank.

3 Pop your hips upward and push your weight back onto your heels. Your body should be in the shape of an upside-down V. Hold for a few seconds before slowly walking your hands back toward your legs.

4 Slowly release your spine upward, back to standing position. Pause, and repeat for 5 repetitions.

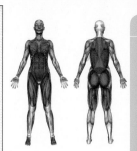

Level
· Intermediate

Duration
· 2–3 minutes

Benefits
· Stretches and warms up body
· Tones glutes and back

Caution
· Lower-back issues

Annotation Key
Bold text indicates target muscles
Black text indicates other working muscles
* indicates deep muscles

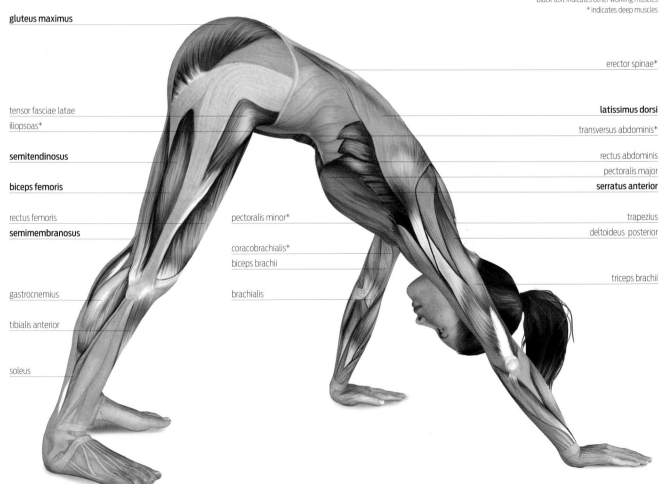

gluteus maximus

erector spinae*

tensor fasciae latae

latissimus dorsi

iliopsoas*

transversus abdominis*

semitendinosus

rectus abdominis

pectoralis major

biceps femoris

serratus anterior

rectus femoris

pectoralis minor*

trapezius

semimembranosus

deltoideus posterior

coracobrachialis*

biceps brachii

triceps brachii

gastrocnemius

brachialis

tibialis anterior

soleus

Low Plank

There are many versions of the plank, and they all work to tighten up your core and help you sense how interconnected and powerful your body actually is. Low Plank adds an extra challenge to your training because you have to maintain your core stability while you remain positioned just above your mat.

1 Lie facedown on your mat, and then push upward to bring your shoulders toward the ceiling until you are supporting your upper body on your forearms. Extend your legs parallel and hip-distance apart, with your weight on the balls of your feet. Keep both sides of your neck parallel to the floor too, and look toward the space between your arms.

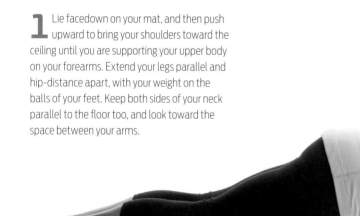

Correct form
· Lengthen through your neck.
· Stabilize your shoulders.
· Draw your rib cage down toward your pelvis.
· Lift up along your hamstrings.

Avoid
· Letting your stomach sag.
· Tensing your shoulders.
· Bearing too much weight on your elbows.

2 Inhale for 5 counts, and exhale for 5 counts as you keep your shoulders gliding down your back and your navel pressing back toward your spine.

3 Complete 3 to 5 sets before releasing out of the position.

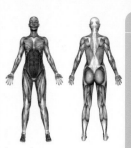

Front View

pectoralis major
serratus anterior
obliquus externus

rectus abdominis
obliquus internus*
transversus abdominis*

adductor longus

rectus femoris
vastus lateralis
vastus medialis

tibialis anterior

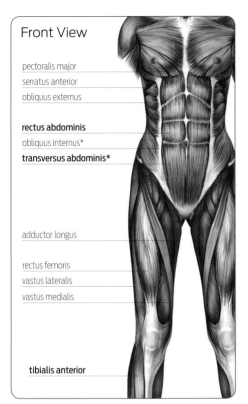

Back View

infraspinatus*
supraspinatus*
teres minor
subscapularis*

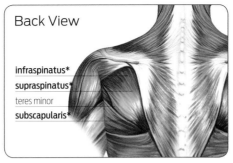

Annotation Key
Bold text indicates target muscles
Black text indicates other working muscles
* indicates deep muscles

Level
• Intermediate/ Advanced

Duration
• 2–3 minutes

Benefits
• Strengthens and stabilizes core
• Strengthens abdominals

Caution
• Elbow injury
• Shoulder issues

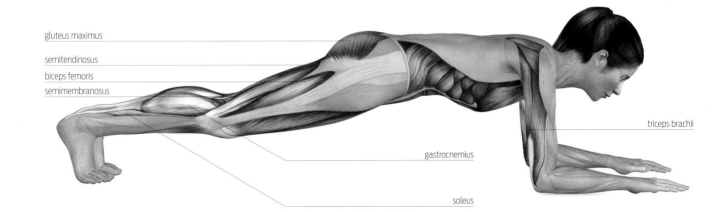

gluteus maximus

semitendinosus

biceps femoris

semimembranosus

triceps brachii

gastrocnemius

soleus

Modification

Harder: Keep your hips level and parallel to the floor. Flex your right knee toward the mat as you inhale and extend it again as you exhale. Alternate sides, performing 2 to 4 sets on each leg.

Low-to-High Plank

If you want to tone your abdominals and arms, then Low-to-High Plank will do the job. Focus on keeping your abdominals fully engaged as you move from low to high and back again.

1 Start in Low Plank, with your weight evenly distributed on your elbows and the balls of your feet. Take a moment to stabilize your hips in this position and really engage your abdominals.

2 Reposition one arm and then the other so that your hands are on the mat in front of your shoulders, lifting your body into High Plank.

Correct Form
· Keep your navel pressed toward your spine for strength throughout the exercise.

Avoid
· Letting your stomach or rib cage sag.
· Lifting your shoulders up and/or forward.
· Shifting your weight when you change levels.

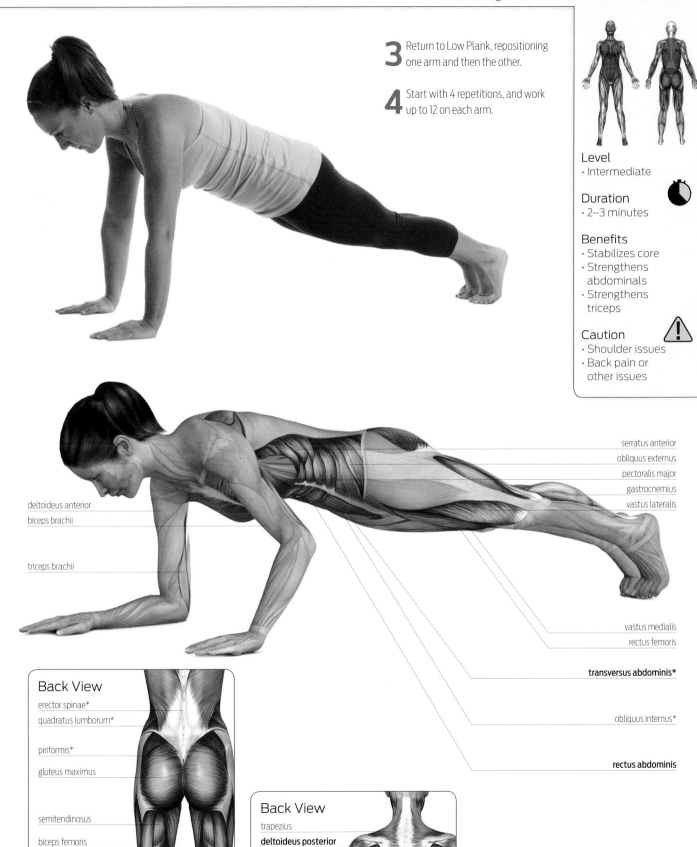

3 Return to Low Plank, repositioning one arm and then the other.

4 Start with 4 repetitions, and work up to 12 on each arm.

Level
· Intermediate

Duration
· 2–3 minutes

Benefits
· Stabilizes core
· Strengthens abdominals
· Strengthens triceps

Caution
· Shoulder issues
· Back pain or other issues

deltoideus anterior
biceps brachii

triceps brachii

serratus anterior
obliquus externus
pectoralis major
gastrocnemius
vastus lateralis

vastus medialis
rectus femoris

transversus abdominis*

obliquus internus*

rectus abdominis

Back View

erector spinae*
quadratus lumborum*
piriformis*
gluteus maximus
semitendinosus
biceps femoris
semimembranosus

Back View

trapezius
deltoideus posterior
teres minor
teres major

Annotation Key
Bold text indicates target muscles
Black text indicates other working muscles
* indicates deep muscles

85

High Plank Pike

High Plank Pike combines the strength of the high plank position with the yoga "downward-facing dog" stretch. It increases strength in your upper limbs, chest, and upper back and increases flexibility in your spine, hip joints, and hamstrings.

1 Start in high plank position, as if you were at the top of a Push-Up, with the front of your body facing the mat in one long line. Extend your arms directly under your shoulders with your fingers pointed forward. Extend your legs parallel and hip-distance apart, with your weight on the balls of your feet. Inhale to prepare.

2 Keep your hands and feet solidly planted into your mat as you exhale, lifting your hips toward the ceiling.

3 Inhale in this inverted V position, extending your heels downward as you stretch your torso, arms and legs downward into your mat.

4 Exhale as you return to the position.

5 Inhale into your back and maintain this compact and strong plank position for a few seconds before repeating the sequence 3 to 6 times.

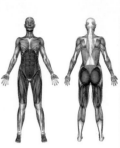

Correct Form

· Keep your shoulders plugged down your back.
· Maintain the length of your neck–and an open throat–throughout the exercise.
· Keep your body taut and your elbows close to your sides while in the plank position.
· Stretch your spine from your coccyx and out through the tips of your ears when you're in the inverted V shape.

Avoid

· Pressing into your lower back.
· Hunching your shoulders.
· Rolling your shoulders forward.
· Letting go of your abdominals.

Annotation Key
Bold text indicates target muscles
Black text indicates other working muscles
* indicates deep muscles

Level
· Intermediate

Duration
· 2–3 minutes

Benefits
· Works scapulae stabilizers
· Strengthens and stretches entire spine

Caution
· Shoulder issues
· Toe joint stiffness
· Wrist weakness

gluteus maximus

semitendinosus
iliopsoas*
tensor fasciae latae

biceps femoris
rectus femoris
semimembranosus

gastrocnemius

tibialis anterior

soleus

erector spinae*

transversus abdominis*
latissimus dorsi
serratus anterior
rectus abdominis

pectoralis major
pectoralis minor*
trapezius
deltoideus posterior
biceps brachii
triceps brachii

Low Side Plank

Low Side Plank develops your balance, and strengthens your torso, abdominals (especially the obliques), and upper limbs. Don't forget your legs, as they're the solid foundation that will make it possible to shift direction without losing control.

Correct Form
· Keep the sides of your neck long.
· Remain lifted out of your shoulder throughout the exercise.
· Raise your hips slightly to relieve pressure on your supporting arm.
· Pull up along the front of your hips and thighs.
· Keep your ankles strongly flexed.
· If you find it uncomfortable to turn your neck to face your extended top arm, gaze forward instead.

Avoid
· Lifting your shoulders.
· Letting your body weight sink into your supporting arms.

1 Assume a low plank position, with your body forming a straight line, your hands directly beneath your shoulders, and your feet planted hip-width apart. Place your weight on the balls of your feet, and inhale.

2 Exhale as you rotate your body to the left, extending your left arm toward the ceiling as your left leg comes to rest on top of your right. Turn your head upward to look toward your extended arm.

3 Lift your hips slightly higher as you press your navel to your spine. This will take some of the weight off your supporting arm. Inhale as you stabilize this position.

4 Rotate your body as you exhale, returning to your low plank again.

5 Complete 2 to 3 repetitions on one side, and then switch sides and repeat.

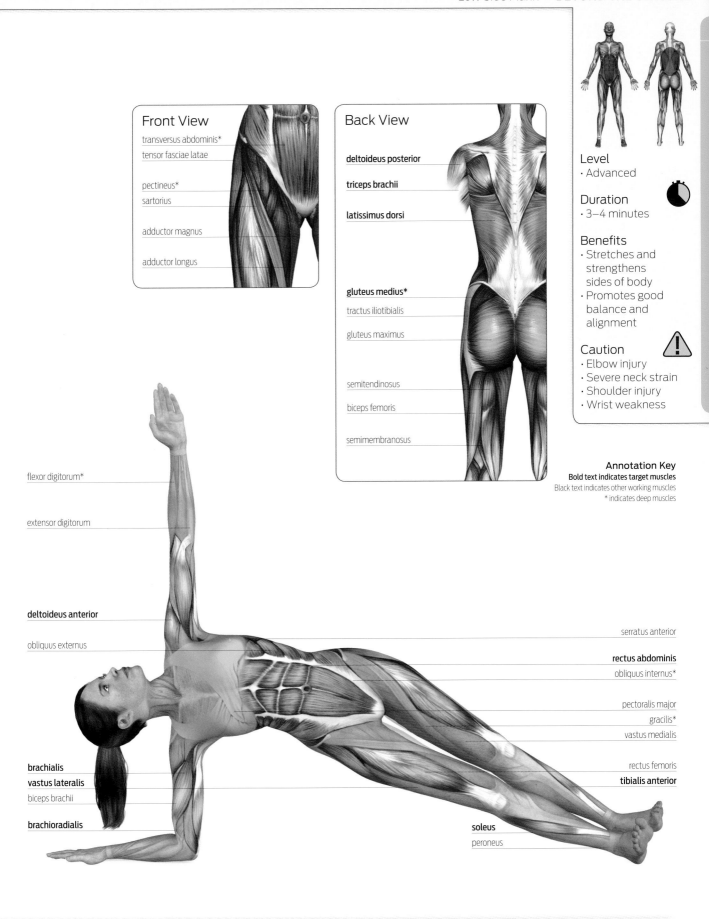

Front View

transversus abdominis*

tensor fasciae latae

pectineus*

sartorius

adductor magnus

adductor longus

Back View

deltoideus posterior

triceps brachii

latissimus dorsi

gluteus medius*

tractus iliotibialis

gluteus maximus

semitendinosus

biceps femoris

semimembranosus

Level
· Advanced

Duration
· 3–4 minutes

Benefits
· Stretches and strengthens sides of body
· Promotes good balance and alignment

Caution
· Elbow injury
· Severe neck strain
· Shoulder injury
· Wrist weakness

Annotation Key
Bold text indicates target muscles
Black text indicates other working muscles
* indicates deep muscles

flexor digitorum*

extensor digitorum

deltoideus anterior

obliquus externus

serratus anterior

rectus abdominis

obliquus internus*

pectoralis major

gracilis*

vastus medialis

rectus femoris

tibialis anterior

brachialis

vastus lateralis

biceps brachii

brachioradialis

soleus

peroneus

High Side Plank

High Side Plank is another variation on the plank exercise. In general, the plank exercises are great for increasing your endurance while challenging your powerhouse; if possible, try to include at least one variation every time you practice. This is a demanding exercise, so make sure that you are physically warm enough, as well as focused enough, to perform it properly.

Correct Form
· Lengthen through your neck.
· Lift up along the front of your pelvis and thighs.
· If you find it uncomfortable to turn your neck to face your extended top arm, gaze forward.
· Elongate your entire body.

Avoid
· Allowing your shoulders to move upward toward your ears.
· Letting your shoulders collapse into your shoulder joints.
· Twisting your neck.

1 Assume a high plank position, with your body forming a straight line, your hands directly beneath your shoulders, and your feet planted hip-width apart. Place your weight on the balls of your feet, and inhale.

2 Exhale as you rotate your body to the left, extending your left arm toward the ceiling as your left leg comes to rest on top of your right. Turn your head upward to look toward your extended arm.

3 Lift your hips higher as you press your navel to your spine. Inhale into your pelvic area.

4 Rotate your body as you exhale, returning to your high plank position again.

5 Complete 2 to 3 repetitions on one side, and then switch sides and repeat.

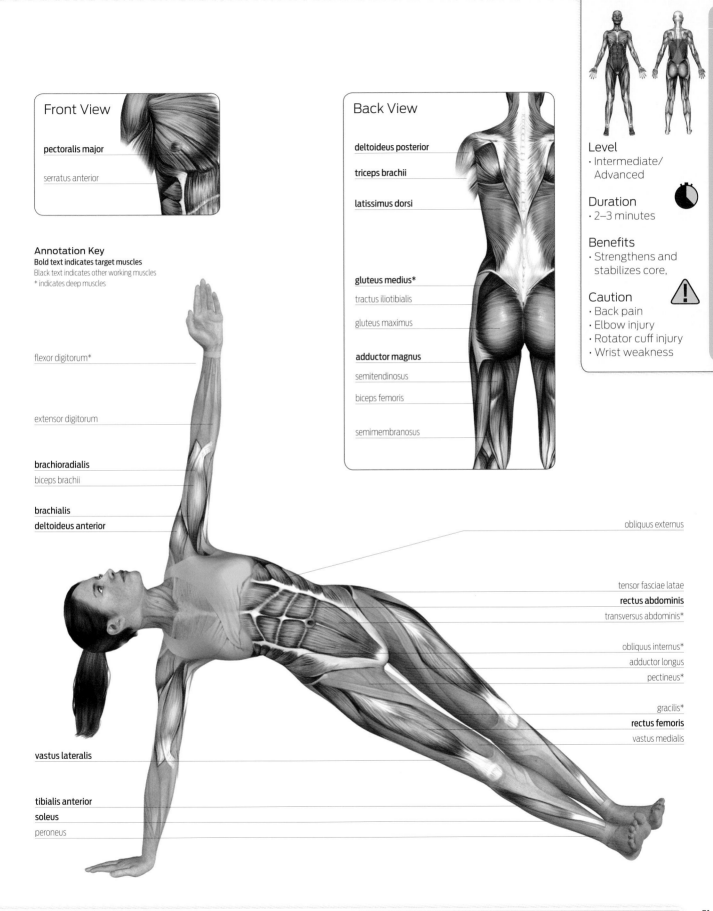

Front View

pectoralis major

serratus anterior

Annotation Key
Bold text indicates target muscles
Black text indicates other working muscles
* indicates deep muscles

flexor digitorum*

extensor digitorum

brachioradialis
biceps brachii

brachialis
deltoideus anterior

vastus lateralis

tibialis anterior
soleus
peroneus

Back View

deltoideus posterior

triceps brachii

latissimus dorsi

gluteus medius*
tractus iliotibialis

gluteus maximus

adductor magnus
semitendinosus

biceps femoris

semimembranosus

Level
· Intermediate/
  Advanced

Duration
· 2–3 minutes

Benefits
· Strengthens and
  stabilizes core,

Caution
· Back pain
· Elbow injury
· Rotator cuff injury
· Wrist weakness

obliquus externus

tensor fasciae latae
rectus abdominis
transversus abdominis*

obliquus internus*
adductor longus
pectineus*

gracilis*
rectus femoris
vastus medialis

Superman

Like Swimming (pages 62–63) and Back Burner (pages 94–95), Superman really helps to elongate your spine and strengthen your spinal extensors. Even though you perform this exercise lying on your stomach, be sure to keep your rib cage zipped back toward your spine and your lower abdominals strongly engaged.

1 Lie on your stomach with your pelvis and spine in a neutral position. Extend your legs down the mat in a parallel position and hip-distance apart. At the same time, extend your arms in front of you along the mat with your palms facing down. Keep the back of your neck long with your head facing the mat. Plug your shoulders down your back.

2 Inhale, and press your navel to your spine while extending your arms into the space in front of you. Exhale.

3 Inhale, and extend legs out into the space in behind your body.

4 Exhale while continuing to extend your arms and legs along your mat until they lift slightly upward.

5 Inhale and exhale in your full Superman position before releasing back down to your mat. Repeat 2 to 4 times.

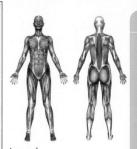

Back View

semispinalis*

splenius*

trapezius

infraspinatus*

deltoideus posterior

teres minor

teres major

rhomboideus*

latissimus dorsi

erector spinae*

quadratus lumborum*

Front View

sternocleidomastoideus

scalenus*

deltoideus anterior

deltoideus medialis

biceps brachii

flexor digitorum*

extensor carpi radialis

Level
· Beginner/ Intermediate

Duration
· 1–2 minutes

Benefits
· Strengthens spine and hip extensors
· Challenges stabilization of shoulder girdle
· Improves posture

Caution
· Lower-back issues
· Spinal curvature

Annotation Key

Bold text indicates target muscles

Black text indicates other working muscles

* indicates deep muscles

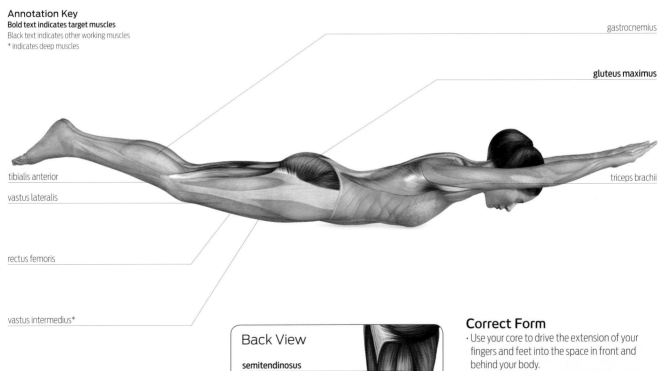

gastrocnemius

gluteus maximus

tibialis anterior

vastus lateralis

triceps brachii

rectus femoris

vastus intermedius*

Back View

semitendinosus

biceps femoris

semimembranosus

Correct Form
· Use your core to drive the extension of your fingers and feet into the space in front and behind your body.
· Engage your buttocks to support the full lift.
· Emphasize the horizontal length of your body.

Avoid
· Lifting your shoulders toward your ears.
· Tucking your chin into your chest.
· Arching your back.

Back Burner

In addition to strengthening your lower back, Back Burner strengthens all of your abdominal muscles. With regular practice, you'll build a sound core and improve your posture.

1 Lie on your stomach with your arms extended in front of you. Your legs should be weighted into the mat with feet pointed. Press your navel to your spine and your shoulders down your back.

2 Lift your extended arms off the mat and pulse them up and down 10 to 15 times.

3 Reposition your arms so that they are at 10:00 and 2:00 on an imaginary clock. Complete 10 to 15 more pulses from this position.

4 Keeping your shoulders down, move your arms to 3:00 and 9:00 position, and perform 10 to 15 more pulses

5 Bring both arms behind you, angled slightly with palms inward, and pulse 10 to 15 times, with the action originating from your shoulders. Work up to 10 repetitions.

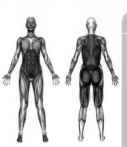

Back View

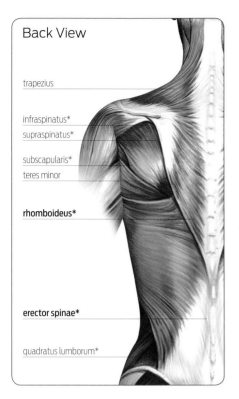

trapezius

infraspinatus*
supraspinatus*

subscapularis*
teres minor

rhomboideus*

erector spinae*

quadratus lumborum*

Front View

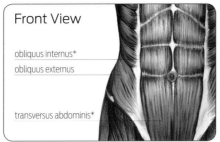

obliquus internus*
obliquus externus

transversus abdominis*

Annotation Key
Bold text indicates target muscles
Black text indicates other working muscles
* indicates deep muscles

Level
· Intermediate

Duration
· 2–3 minutes

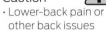

Benefits
· Strengthens lower-back and abdominal muscles
· Improves posture

Caution
· Lower-back pain or other back issues
· Shoulder issues

deltoideus posterior

gluteus maximus

semitendinosus

biceps femoris

semimembranosus

Correct form
· Keep your abdominals strong and your hips stable.
· Look toward the mat to elongate your neck.
· Keep your torso and legs still throughout.
· Move your arms from under your shoulder blades.

Avoid
· Hunching your shoulders.
· Lifting your feet off the mat.

Breast Stroke

Breast Stroke adds another level of challenge to the classic Pilates Swimming exercise. It's a great stretcher and strengthener for your lower back.

1 Lie on your stomach with your legs extended behind you and feet pointed. Keeping your core stabilized, engage your abdominals. Bend your arms, holding your hands palms down, and raise them a few inches off of the mat.

2 As if swimming the breast stroke, lift your upper chest off the mat as you bring your arms out to your sides and then behind you.

3 Bend your elbows close to your chest, and then extend your arms forward to return to the starting position.

4 Complete the entire sequence for 10 repetitions.

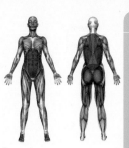

Back View

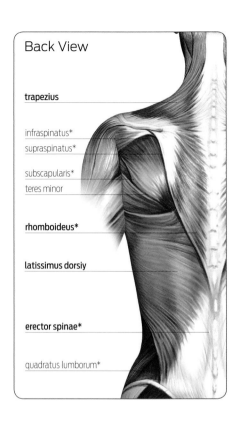

trapezius

infraspinatus*

supraspinatus*

subscapularis*

teres minor

rhomboideus*

latissimus dorsiy

erector spinae*

quadratus lumborum*

Correct form

· Keep your abdominals engaged throughout the exercise.

Avoid

· Rushing through the movement—imagine the resistance of water as you move.
· Lifting your feet off the mat.
· Hunching your shoulders to your ears.

Annotation Key
Bold text indicates target muscles
Black text indicates other working muscles
* indicates deep muscles

Level
· Intermediate/ Advanced

Duration
· 2–3 minutes

Benefits
· Strengthens upper-back muscles
· Tones core muscles

Caution
· Lower-back issues
· Shoulder issues

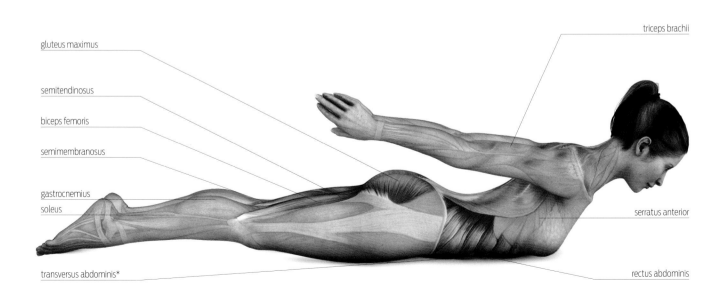

gluteus maximus

semitendinosus

biceps femoris

semimembranosus

gastrocnemius

soleus

transversus abdominis*

triceps brachii

serratus anterior

rectus abdominis

Extension Heel Beats

This exercise works your powerhouse, as well
as the backs and inner parts of your legs.
As with all exercises performed in a prone
position, keep your abdominals fully engaged.

1 Lie on your stomach, resting your forehead
on the back of your stacked hands and your
elbows at shoulder height. Slightly rotate your
legs from the hip joints outward and press the
inner sides of your legs and your heels together.
Fully engage your buttocks. Inhale to prepare.

2 Exhale as you slightly lift your extended legs
up from the floor.

3 Lightly beat your heels together as
you inhale for 5 counts and then
exhale for 5 counts.

4 Inhale as you flex your feet, extending
your legs to hip-distance apart.

5 With your feet stretched, press your
legs and heels together to begin
another set of heel beats.

6 Complete 3 to 5 sets.

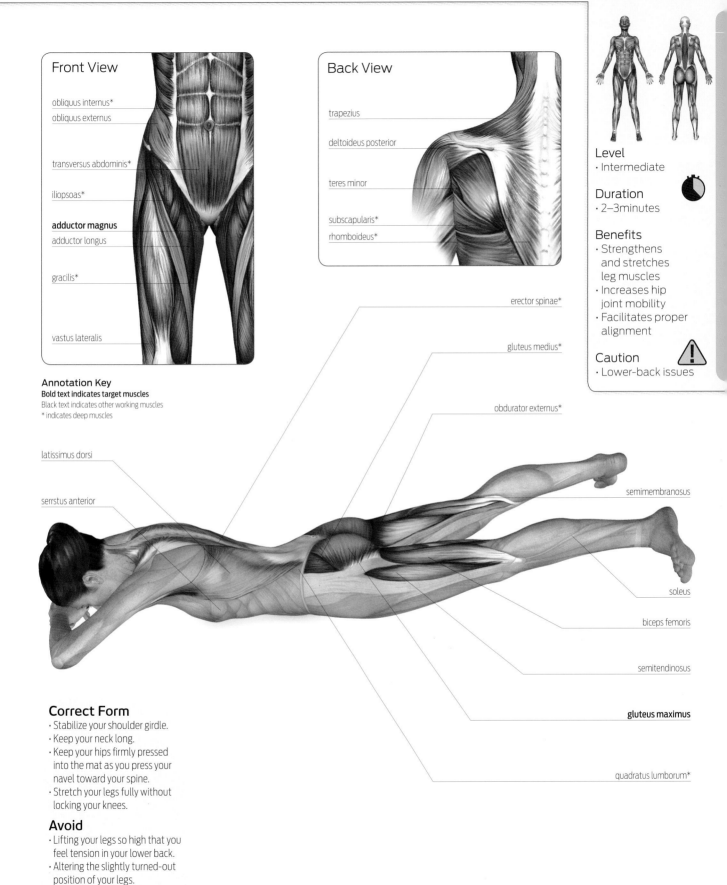

Front View

- obliquus internus*
- obliquus externus
- transversus abdominis*
- iliopsoas*
- **adductor magnus**
- adductor longus
- gracilis*
- vastus lateralis

Back View

- trapezius
- deltoideus posterior
- teres minor
- subscapularis*
- rhomboideus*

Annotation Key
Bold text indicates target muscles
Black text indicates other working muscles
* indicates deep muscles

- erector spinae*
- gluteus medius*
- obdurator externus*
- latissimus dorsi
- serrstus anterior
- semimembranosus
- soleus
- biceps femoris
- semitendinosus
- **gluteus maximus**
- quadratus lumborum*

Level
- Intermediate

Duration
- 2–3minutes

Benefits
- Strengthens and stretches leg muscles
- Increases hip joint mobility
- Facilitates proper alignment

Caution
- Lower-back issues

Correct Form
- Stabilize your shoulder girdle.
- Keep your neck long.
- Keep your hips firmly pressed into the mat as you press your navel toward your spine.
- Stretch your legs fully without locking your knees.

Avoid
- Lifting your legs so high that you feel tension in your lower back.
- Altering the slightly turned-out position of your legs.

Single Leg Drop

Single Leg Drop is an effective abdominal flattener. Try not to rush through the movement: it's essential that your upper body stay anchored to the mat as you lower and raise your leg—a movement driven by the strong, engaged muscles of your core.

1 Lie on your back with arms at your sides and legs extended straight upward. Flex your ankles.

2 Lower one of your legs from your hip socket, keeping your hips firmly fastened to your mat. Bring that leg directly over your hip socket again.

3 Repeat on the other side, working up to 20 repetitions (10 per leg).

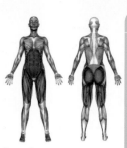

Front View

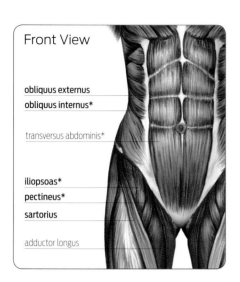

obliquus externus

obliquus internus*

transversus abdominis*

iliopsoas*

pectineus*

sartorius

adductor longus

Correct form

· When your legs are extended straight up, position them directly over your hips.

Avoid

· Bringing your neck or hips off the mat.
· Arching your back.
· Using a swinging motion to lower or raise your leg. Instead, maintain steady control throughout.

Annotation Key

Bold text indicates target muscles
Black text indicates other working muscles
* indicates deep muscles

Level
· Intermediate

Duration
· 2–3 minutes

Benefits
· Tightens abs
· Strengthens core

Caution
· Lower-back issues

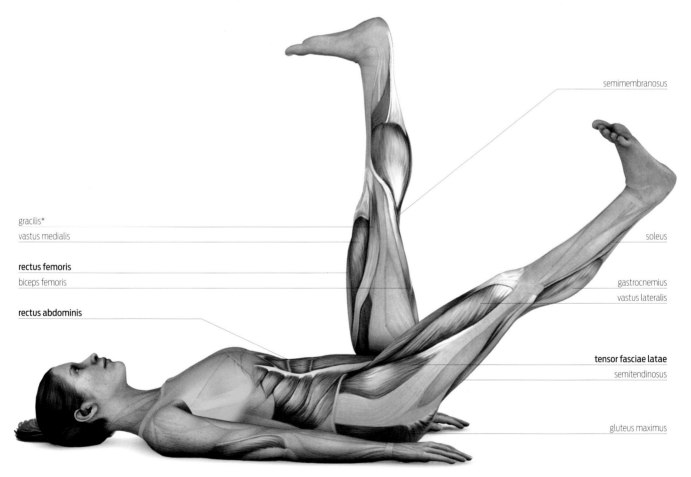

gracilis*

vastus medialis

rectus femoris

biceps femoris

rectus abdominis

semimembranosus

soleus

gastrocnemius

vastus lateralis

tensor fasciae latae

semitendinosus

gluteus maximus

Double Leg Drop

Double Leg Drop challenges your core muscles. The key to getting noticeable results, fast: take it slow. As your midsection stays stable and your palms press into the floor, your legs should be moving gradually and with great control.

1 Lie on your back, with your spine imprinted, your arms along your sides, and your legs extended upward.

2 Slowly and with control, lower your legs as far as you can go while keeping your abs pulled in and your hips square on the mat.

3 Just as slowly as you lowered them, raise your legs back to starting position.

4 Repeat, completing 5 slow repetitions.

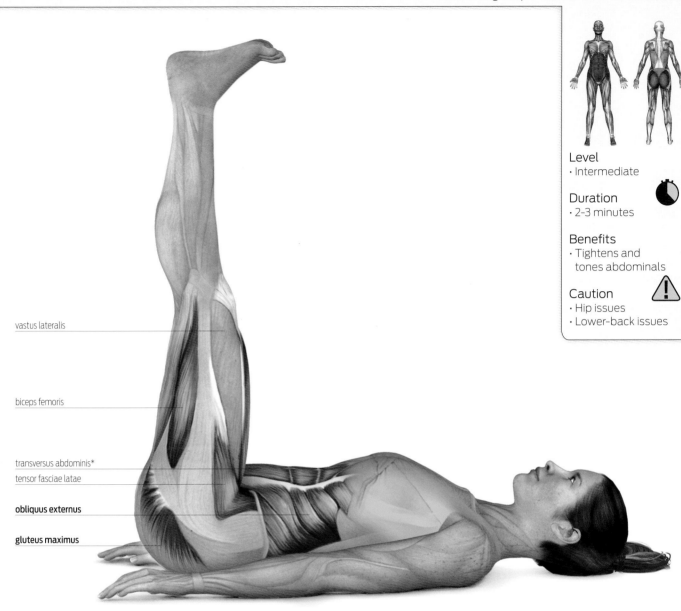

vastus lateralis

biceps femoris

transversus abdominis*

tensor fasciae latae

obliquus externus

gluteus maximus

Level
· Intermediate

Duration
· 2-3 minutes

Benefits
· Tightens and
  tones abdominals

Caution
· Hip issues
· Lower-back issues

Annotation Key
Bold text indicates target muscles
Black text indicates other working muscles
* indicates deep muscles

Correct form
· Keep your abdominals pulled in and hips
  flat on the mat.
· Move slowly and steadily.

Avoid
· Letting your lower back rise off the mat.
· Rushing through the movement.
· Lifting your neck.

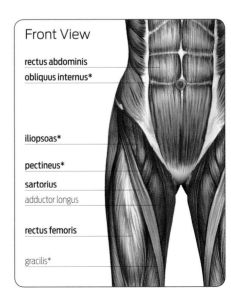

Front View

rectus abdominis

obliquus internus*

iliopsoas*

pectineus*

sartorius

adductor longus

rectus femoris

gracilis*

Double Dip

Double Dip, like the Double Leg Drop works your legs and core. The ball adds extra focus on your inner-thigh muscles. Concentrate on keeping the ball perfectly still between your flexed feet. Beyond engaging your leg muscles, this will help you stay balanced and well-aligned throughout this effective, ab-flattening exercise.

1 Lie on your back, with your spine imprinted, your arms along your sides, and your legs extended upward, holding the Pilates ball between your flexed feet.

2 Keeping the ball in place between your feet, lower your legs as far as you can go while keeping your abs pulled in and your hips square on the mat.

3 Just as slowly as you lowered them, raise your legs back to starting position.

4 Repeat, performing 5 slow repetitions.

Correct form
· Keep your abdominals pulled in and hips flat on the mat.
· Move slowly and steadily.
· Focus on keeping the ball still and balanced between your feet.

Avoid
· Letting your lower back rise off the mat.
· Rushing through the movement.
· Lifting your neck.

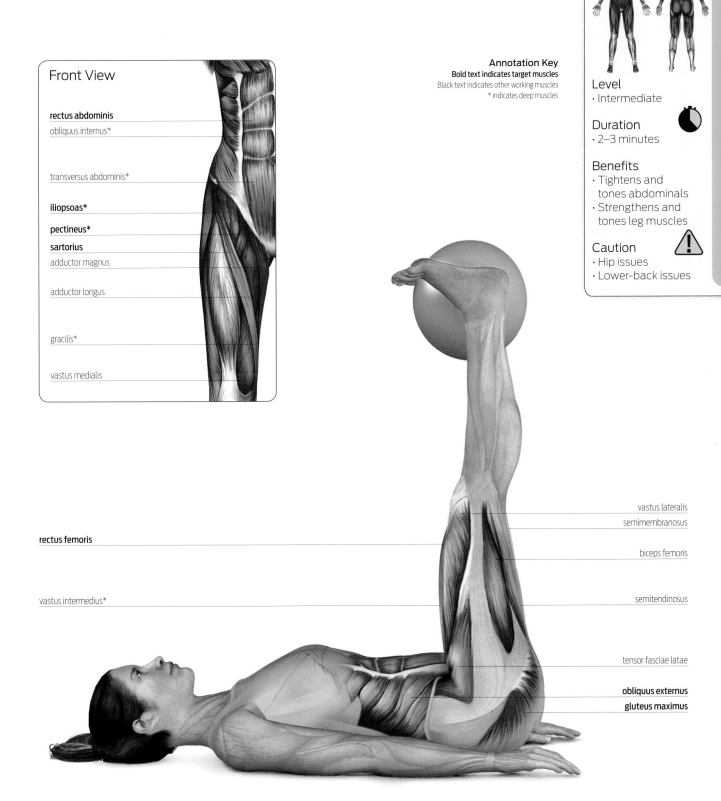

Front View

rectus abdominis

obliquus internus*

transversus abdominis*

iliopsoas*

pectineus*

sartorius

adductor magnus

adductor longus

gracilis*

vastus medialis

rectus femoris

vastus intermedius*

Annotation Key
Bold text indicates target muscles
Black text indicates other working muscles
* indicates deep muscles

vastus lateralis
semimembranosus

biceps femoris

semitendinosus

tensor fasciae latae

obliquus externus
gluteus maximus

Level
· Intermediate

Duration
· 2–3 minutes

Benefits
· Tightens and tones abdominals
· Strengthens and tones leg muscles

Caution
· Hip issues
· Lower-back issues

Basic Crunch

Basic Crunch, also called Curl-Up, is a popular abdominal exercise. To perform it the Pilates way, think centering, control, flow, breath, precision, and concentration. When your pelvis is in neutral, you should be able to slide a hand under your lumbar spine.

Correct Form
· Use your abdominals to initiate the curl.
· Hold your legs firmly together, engaging your inner thighs and buttocks.
· Keep your elbows wide.

Avoid
· Lifting your chin, or tucking it into your chest.
· Tucking your pelvis.

1 Lie on your back with your spine and pelvis in a neutral position, your legs bent and parallel, your feet planted on your mat, and your toes spread and relaxed.

2 Place your hands, stacked one on top of the other, behind your head—with your elbows wide. Inhale to prepare.

Modification
Harder: Place a ball between your knees to add lower body resistance to the exercise. This modification activates your inner thighs and buttocks and provides you with a physical cue as to how to activate your legs when you don't have the ball.

3 Exhale and curl up to the lower tip of your shoulder blades, looking diagonally forward.

5 Repeat 6 to 10 times.

4 Inhale as you roll down to your mat again.

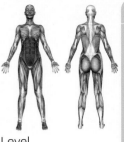

Level
• Beginner

Duration
• 1–2 minutes

Benefits
• Strengthens torso
• Improves pelvic and core stability

Caution
• Back pain
• Neck issues

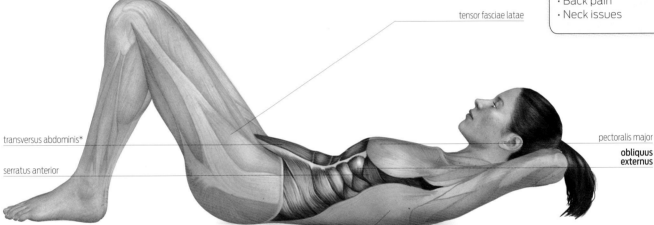

tensor fasciae latae

transversus abdominis*

serratus anterior

pectoralis major

obliquus externus

latissimus dorsi

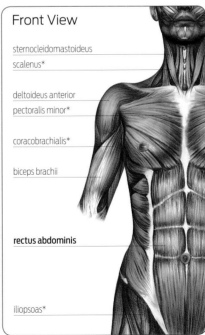

Front View

sternocleidomastoideus

scalenus*

deltoideus anterior

pectoralis minor*

coracobrachialis*

biceps brachii

rectus abdominis

iliopsoas*

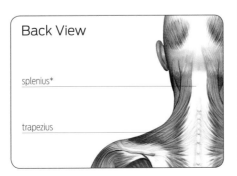

Back View

splenius*

trapezius

Annotation Key
Bold text indicates target muscles
Black text indicates other working muscles
* indicates deep muscles

Figure 8

The challenge of this exercise is to maintain your spinal c-curve, with its accompanying abdominal support, while engaging your upper back in a figure 8–like motion: not so easy, though great for maximizing the power of your powerhouse.

1 Start by sitting tall on top of your hipbones, with your knees bent, pressed together and parallel, and your feet firmly planted into your mat. Hold your ball between your hands with your arms extended in front of you. Inhale to prepare.

2 Exhale as you press your navel toward your spine. Imprint your pelvis as you straighten your legs along the mat. Roll back to about 45 degrees, controlling your abdominals as you press your legs firmly down into your mat.

3 Move your arms slowly in a continuous ffi pattern in the space in front of your torso. Your upper torso will rotate from right to left. Remember that the motion you're creating is circular–rather than linear side to side. Inhale during the first half of the pattern and exhale during the second half.

Correct Form
· Use your abdominals to initiate the movement.
· Keep your shoulders blades pressed down your back.
· Keep your legs pressed tightly together.

Avoid
· Lifting your chin toward the ceiling.
· Lifting your feet off your mat.
· Changing the position of your spine.
· Holding your breath.

Figure 8 • BEYOND THE CLASSICS

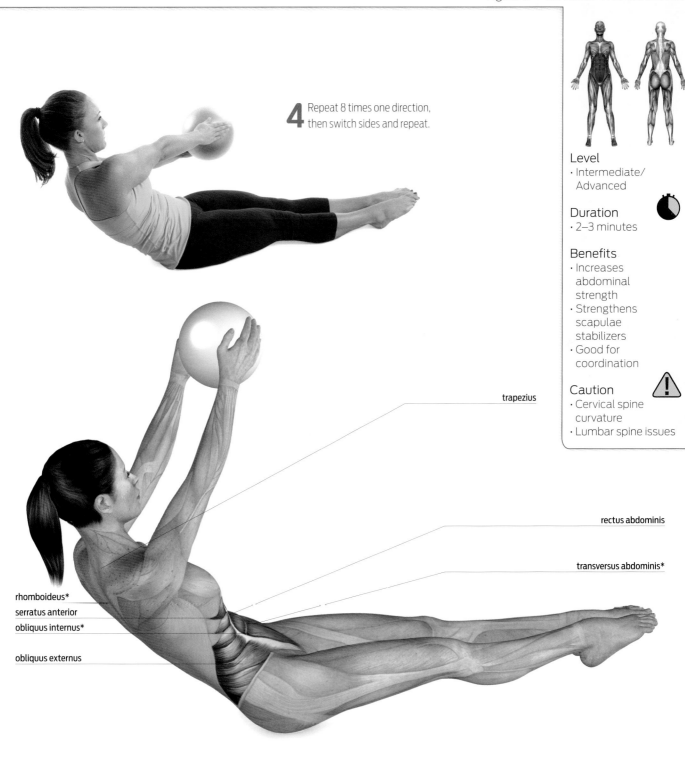

4 Repeat 8 times one direction, then switch sides and repeat.

Level
· Intermediate/ Advanced

Duration
· 2–3 minutes

Benefits
· Increases abdominal strength
· Strengthens scapulae stabilizers
· Good for coordination

Caution
· Cervical spine curvature
· Lumbar spine issues

trapezius

rectus abdominis

transversus abdominis*

rhomboideus*

serratus anterior

obliquus internus*

obliquus externus

Annotation Key
Bold text indicates target muscles
Black text indicates other working muscles
* indicates deep muscles

Modification
Try doing Figure 8 with your ball placed at the small of your back for support, rather than between your hands. This easier version allows you to focus on the upper body coordination without compromising the correct position of your spine and pelvis.

C-Curve Arm Cross

This exercise uses the same position as the Figure 8 modification exercise (page 109). You have to maintain that powerful c-curve connection between the front and back of your torso, and work your arms between your shoulder blades: a good exercise in multitasking! You can always add small hand weights for greater upper-body resistance.

1 Start by sitting tall on top of your hipbones, with your parallel legs, bent and pressed together, and your feet firmly planted into your mat. Have the ball by your side, ready for use. Extend your arms in front of you, parallel to your knees. Inhale to prepare.

2 Exhale as you press your navel toward your spine. Imprint your pelvis and straighten your legs along the mat. Roll back to about 45 degrees, maintaining strong abdominals and pressing your legs firmly together. Place the ball behind your back so it comfortably supports your lumbar spine.

3 With your palms facing down toward the floor, cross your right arm over the left and then the left arm over the right in quick–though controlled– movements. Exhale for 5 arm beats and inhale for 5 arm beats.

4 Cross your arms 10 times, which equals 1 set. Try to build up to 10 sets.

Level
· Intermediate/ Advanced

Duration
· 3–4 minutes

Benefits
· Stabilizes shoulder girdle
· Strengthens upper body
· Increases abdominal strength.

Caution
· Lumbar spine issues
· Cervical spine curvature
· Severe neck tension

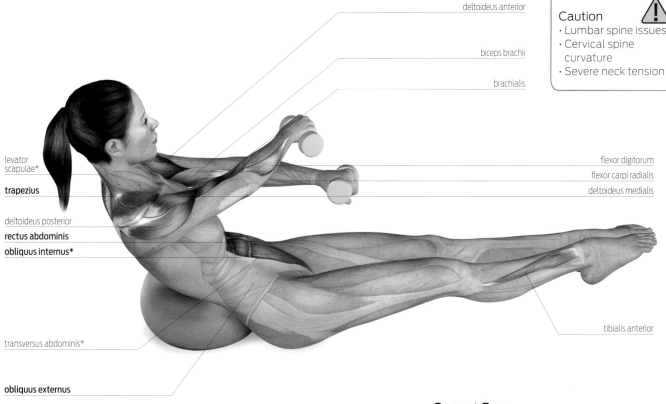

deltoideus anterior

biceps brachii

brachialis

levator scapulae*

trapezius

deltoideus posterior

rectus abdominis

obliquus internus*

transversus abdominis*

obliquus externus

flexor digitorum

flexor carpi radialis

deltoideus medialis

tibialis anterior

Correct Form.
· Keep your arm movements steady and controlled.
· Keep your shoulders blades pressed down your back.
· Use your inner thighs to keep your legs firmly planted.

Avoid
· Lifting your chin toward the ceiling.
· Lifting your feet from your mat.
· Altering the imprinted position of your pelvis.
· Locking your elbows or knees.

Annotation Key
Bold text indicates target muscles
Black text indicates other working muscles
* indicates deep muscles

Pilates Ball Tabletop Bridge

Pilates Ball Tabletop Bridge targets your buttocks, thighs, shoulders, and abdominals. Challenge yourself to maintain one long, straight, line from your shoulders to knees while in the bridge position. Really use that ball, and you'll feel your body getting stronger and more toned.

1 Lie on your back with your arms along your sides and your legs in tabletop position with the Pilates ball between your knees.

2 Lower your feet to the mat, using your abdominals to drive the movement.

3 Press your arms into the mat for stability, engage your buttocks, and lift your pelvis so that your body from shoulders to legs forms a bridge. Use your inner-thigh muscles to hold the ball in place.

4 Stay in the bridge for a few seconds before relaxing your spine down to the mat and then returning to the tabletop position again.

5 Complete 5 repetitions.

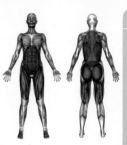

Annotation Key
Bold text indicates target muscles
Black text indicates other working muscles
* indicates deep muscles

Correct form
· Keep your navel pressed toward your spine.
· Engage your buttocks, thighs, and hamstrings.
· Keep your pelvis level while in the bridge.

Avoid
· Allowing your hips to sink toward the mat.
· Arching your back while in the bridge.

Level
· Intermediate

Duration
· 2–3 minutes

Benefits
· Increases stability in pelvis and spine
· Improves hip flexor endurance

Caution
· Neck issues
· Severe knee injury

vastus lateralis

rectus femoris

vastus intermedius*

biceps femoris

gastrocnemius

gluteus maximus

obliquus externus

soleus

triceps brachii

deltoideus medialis

Back View

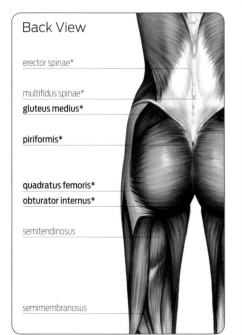

erector spinae*

multifidus spinae*

gluteus medius*

piriformis*

quadratus femoris*

obturator internus*

semitendinosus

semimembranosus

Front View

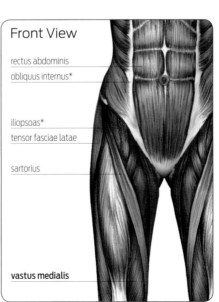

rectus abdominis

obliquus internus*

iliopsoas*

tensor fasciae latae

sartorius

vastus medialis

Tabletop March

Tabletop March stretches the entire front of your body while strengthening your supporting back and legs. Try this exercise as a continuation of the Shoulder Bridge exercise (see pages 54–55). When you add the march to the bridge, you'll work your legs from your hip joints.

1 Lie on your back with your pelvis and spine in neutral positions. Bend your parallel knees so your feet are planted into the mat, hip-width apart. Extend your arms along your sides, palms facing down. Inhale to prepare.

2 Exhale and lift your pelvis off your mat to the level of your middle spine, pressing your navel toward your spine and your rib cage down toward your pelvis.

3 Maintain the height of your pelvis as you inhale and lift your left knee—ankle still flexed—at a 90-degree angle from the floor.

4 Without altering the alignment of your position, exhale and place your left foot on the mat.

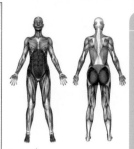

5 Inhale and lift your right knee.

6 Complete 4 to 6 repetitions on each side.

Level
· Intermediate

Duration
· 2–4 minutes

Benefits
· Strengthens hip extensors.
· Improves shoulder and hip stabilization.
· Works single-leg balance.

Caution
· Severe knee issues

Correct Form
· Maintain your neutral spine alignment throughout.
· Keep your neck long with your chin pointed slightly toward your chest.
· Keep the leg on the mat in a strong parallel position.

Avoid
· Pinching the vertebrae of your neck.
· Shifting the height of your hips.
· Pressing into your lumbar spine.

Annotation Key
Bold text indicates target muscles
Black text indicates other working muscles
* indicates deep muscles

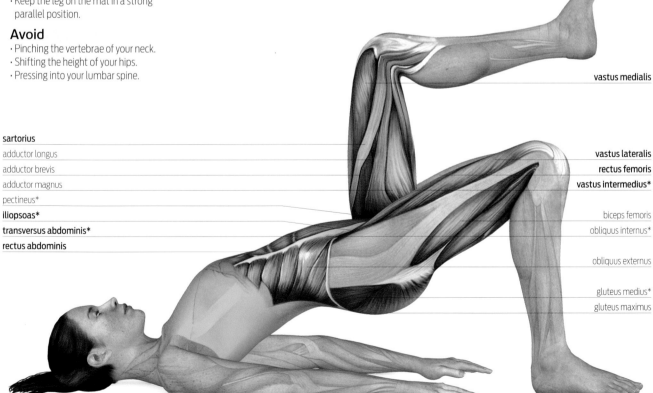

sartorius
adductor longus
adductor brevis
adductor magnus
pectineus*
iliopsoas*
transversus abdominis*
rectus abdominis

vastus medialis

vastus lateralis
rectus femoris
vastus intermedius*

biceps femoris
obliquus internus*

obliquus externus

gluteus medius*
gluteus maximus

High Bridge Leg Drops

After doing the Shoulder Bridge you could continue with Tabletop March or this exercise, High Bridge Leg Drops. This is an advanced exercise, since it requires a strong and stable core, solid powerhouse control, and stamina.

1 Lie on your back with your pelvis and spine in neutral. Bend your parallel knees so your feet are planted into the mat, hip-width apart. Extend your arms along your sides, palms facing down. Inhale to prepare.

2 Exhale and lift your pelvis off your mat to the level of your middle spine, pressing your navel toward your spine and your rib cage down toward your pelvis.

3 Maintain your bridge position as you inhale and extend your right leg so that it's level with your left knee.

4 Exhale and raise your right leg toward the ceiling, directly over your right hip joint.

5 Inhale and lower your right leg so that it's level with your left knee.

Correct Form
· Maintain your neutral spine throughout.
· Press the whole supporting foot down into the mat.
· Maintain the precise angular shape of your free leg.

Avoid
· Rotating your hips.
· Pinching the vertebrae in your neck.
· "Popping" your rib cage or your abdominals

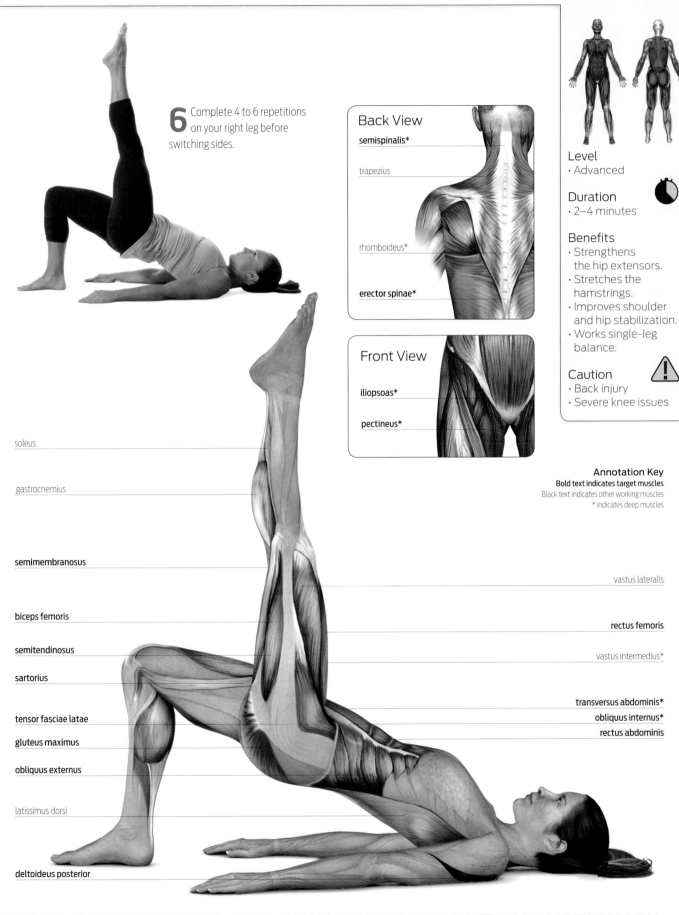

6 Complete 4 to 6 repetitions on your right leg before switching sides.

Back View

semispinalis*

trapezius

rhomboideus*

erector spinae*

Front View

iliopsoas*

pectineus*

Level
· Advanced

Duration
· 2–4 minutes

Benefits
· Strengthens the hip extensors.
· Stretches the hamstrings.
· Improves shoulder and hip stabilization.
· Works single-leg balance.

Caution
· Back injury
· Severe knee issues

Annotation Key
Bold text indicates target muscles
Black text indicates other working muscles
* indicates deep muscles

soleus

gastrocnemius

semimembranosus

biceps femoris

semitendinosus

sartorius

tensor fasciae latae

gluteus maximus

obliquus externus

latissimus dorsi

deltoideus posterior

vastus lateralis

rectus femoris

vastus intermedius*

transversus abdominis*

obliquus internus*

rectus abdominis

Waistline Warrior

Waistline Warrior may look simple
enough, but these small movements
really challenge your oblique muscles.

1 Sit with your legs extended in front of
you. With a Pilates ball between your
hands, extend your arms forward. Imprint your
pelvis, and curl slightly backward, so you're in a
balanced position right behind your sit-bones in
a shallow c-curve.

2 Keeping your abdominals tight and your
legs firmly on the mat, squeeze your inner
thighs and rotate your torso slightly to the right,
bringing the ball with you.

Correct form
· Curl back only as far as you can maintain
  control of your abdominals and legs.
· Follow the ball with your gaze.
· Hold your arms in a slightly curved shape.

Avoid
· Lifting your legs off the mat.
· Rushing through the movement; your pace
  should be smooth, steady, and controlled.

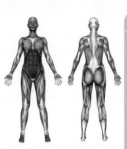

3 Slowly return to center and then repeat on the other side.

4 Complete 10 repetitions, alternating sides.

Level
· Intermediate

Duration
· 2–3 minutes

Benefits
· Tones and tightens obliques
· Stabilizes core

Caution
· Neck issues
· Lower-back pain or other back issues

Annotation Key
Bold text indicates target muscles
Black text indicates other working muscles
* indicates deep muscles

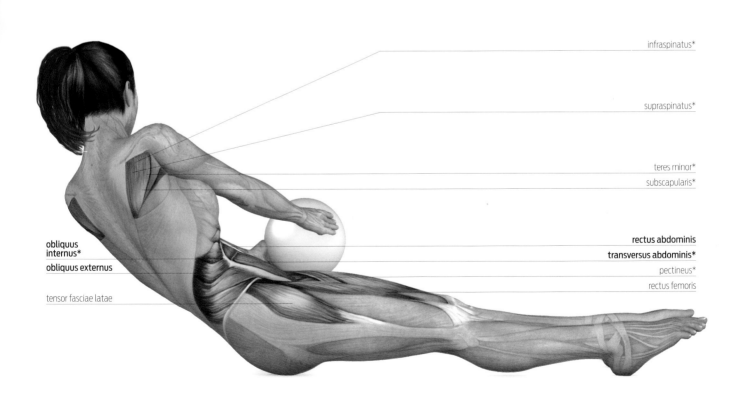

infraspinatus*

supraspinatus*

teres minor*
subscapularis*

obliquus internus*

obliquus externus

tensor fasciae latae

rectus abdominis
transversus abdominis*
pectineus*
rectus femoris

Bicycle Twist

When executing Bicycle Twists with good form, you'll get the satisfying sense that your abdominals are working hard—and getting harder in the process. Especially beneficial to the hard-to-reach obliques, these twists can be fast-paced; be sure to stay mindful of your core, engaging your abdominals throughout the entire sequence.

1 Lie on your back, with your knees bent slightly closer to your body than in tabletop position. Place your hands behind your head, and raise your upper body off the mat.

2 Extend one leg downward as far as you can go while keeping your pelvis stable and abdominals pulled in. At the same time, bring the other knee toward your chest and rotate your upper body diagonally so that your knee touches the opposite elbow.

Correct form
· Touch your elbow to your opposite knee with each twist.
· Return to starting position between every twist.
· Keep your elbows wide.
· Maintain pointed feet throughout the exercise.

Avoid
· Holding your breath.
· Pushing your head with your hands; instead, the lifting of your upper body should come from your core, particularly your obliques.
· Letting your abdominals bulge outward.
· Hunching your shoulders.
· Lowering your leg so far that you arch your back.

3 Return your upper body to the center as your legs start to switch.

4 Repeat on the other side, and continue on to complete 8 to 10 full twists.

Level
· Intermediate

Duration
· 2–3 minutes

Benefits
· Strengthens and tones abdominals

Caution
· Neck pain

Annotation Key
Bold text indicates target muscles
Black text indicates other working muscles
* indicates deep muscles

Front View

rectus abdominis
obliquus internus*
transversus abdominis*

iliopsoas*
pectineus*

vastus intermedius*

rectus femoris
vastus medialis

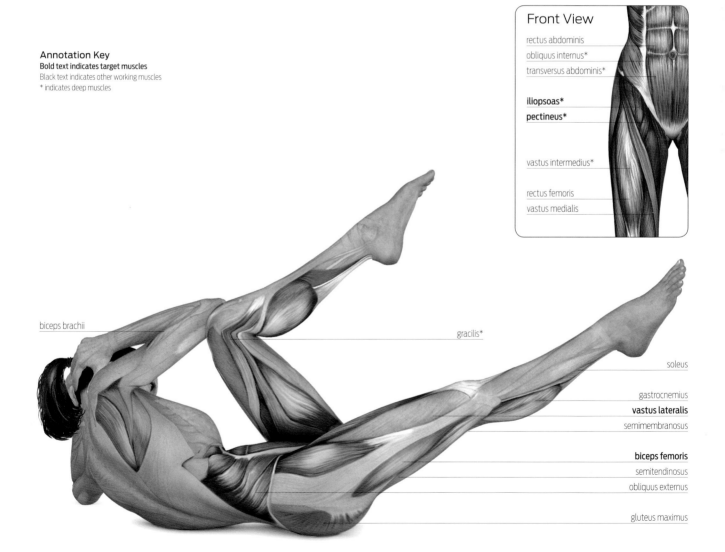

biceps brachii

gracilis*

soleus

gastrocnemius

vastus lateralis

semimembranosus

biceps femoris

semitendinosus

obliquus externus

gluteus maximus

Criss-Cross

Criss-Cross strengthens your abdominals, enhances the stability of your torso, and stretches and tones your legs. Be prepared to coordinate core control with the flowing rhythmic movements of your legs.

Modification

Easier: Perform the exercise with your knees bent. Keep your legs close together during the crisscross so that your inner thighs brush each other. Stretching through the arches of your feet helps to keep your legs fully engaged.

1 Lie on your back with your arms by your sides and your legs extended up in the air above your hip joints. Imprint your pelvis and anchor your core firmly to the mat. Both sides of your neck should be long and your throat free of tension. To gain greater control over your leg movements, rotate your legs slightly in the hips. Inhale to prepare.

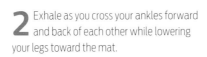

2 Exhale as you cross your ankles forward and back of each other while lowering your legs toward the mat.

Correct Form

· Roll your shoulders back and down your spine.
· Work in a small range initially, until strength and stamina have developed.
· Use your inner thighs, as well as your buttock muscles, to control the flow of the legs.

Avoid

· Allowing your back to arch off the mat as you lower your legs.
· Rounding your shoulders forward.
· Relaxing your feet.

3 Inhale while raising your legs to vertical again, crisscrossing your ankles all the way up.

4 Complete 10 to 20 sets.

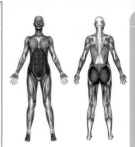

Level
· Intermediate/ Advanced

Duration
· 2–3 minutes

Benefits
· Facilitates hip mobility
· Promotes core stability and strength

Caution
· Cervical or lumbar spine curvature
· Hip injury or surgery
· Lower-back issues

Front View

rectus abdominis

transversus abdominis*

iliopsoas*

pectineus*

adductor magnus

adductor longus

Annotation Key
Bold text indicates target muscles
Black text indicates other working muscles
* indicates deep muscles

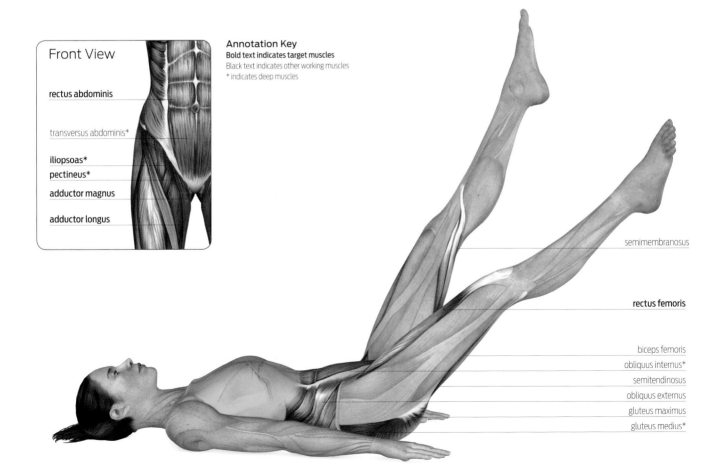

semimembranosus

rectus femoris

biceps femoris

obliquus internus*

semitendinosus

obliquus externus

gluteus maximus

gluteus medius*

Single-Leg Heel Taps

Although seemingly simple, Single-Leg Heel Taps offers beginners—as well as advanced practitioners—the chance to concentrate on the basic Pilates principles of centering, control, flow, breath, precision, and concentration.

1 Start lying on your back with your spine and pelvis in a neutral position. Your knees should be flexed, parallel, and hip-distance from each other. Flex your ankles. Extend your arms long by your sides with palms facing downward.

2 Inhale as you lift your right knee—foot flexed—to about a 90-degree angle, so you can feel the weight of your thigh falling into your hip socket.

3 Initiating the movement from your hip socket, exhale as you tap the heel of the right foot to the floor. Change to your left leg. Repeat 6 to 10 times, alternating legs.

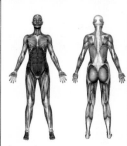

Correct Form

· Stabilized your torso throughout.
· Keep your knees parallel.
· Keep your tapping heel in line with the supporting heel.
· Flex your ankles and put weight onto your heels.

Avoid

· Lifting your chin toward the ceiling.
· Losing the neutral position of your spine or pelvis.

Annotation Key
Bold text indicates target muscles
Black text indicates other working muscles
* indicates deep muscles

Level
· Beginner

Duration
· 1–2 minutes

Benefits
· Increases core stability
· Increases mobility in hip joints
· Improves posture

Caution
· Neck strain

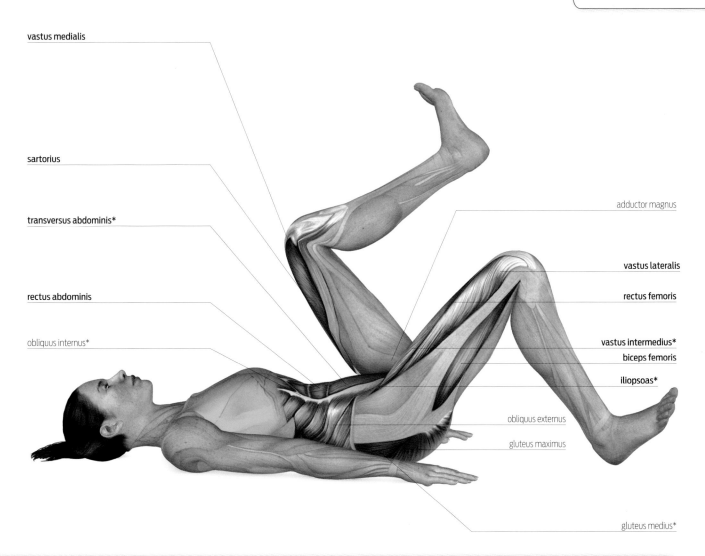

vastus medialis

sartorius

transversus abdominis*

rectus abdominis

obliquus internus*

adductor magnus

vastus lateralis

rectus femoris

vastus intermedius*

biceps femoris

iliopsoas*

obliquus externus

gluteus maximus

gluteus medius*

Pilates Ball Heel Taps

This version of Heel Tap improves your core stability and strength, enhancing your alignment and flattening your abdominals in the process. With the Pilates ball between your knees, your inner thighs get a great workout too.

1 Lie on your back with your arms along your sides, palms facedown, and the Pilates ball between your bent knees.

2 Keeping your upper body anchored on your mat, press your navel to your spine and dip your heels down toward your mat, hugging your inner thighs around the Pilates ball. Tap your heels to the mat.

3 Bring your legs back into your chest as you return to starting position.

4 Complete 10 repetitions.

Correct form
· Keep your abdominals strongly connected to your lower spine and your pelvis in imprint.

Avoid
· Arching your cervical or lumbar spine.

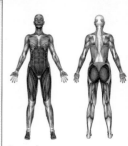

Front View

rectus abdominis

transversus abdominis*

obliquus externus

iliopsoas*

pectineus*

sartorius

adductor magnus

adductor brevis

adductor longus

gracilis*

rectus femoris

vastus medialis

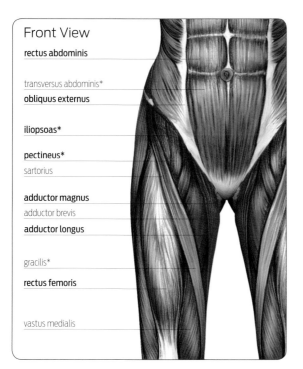

Level
· Intermediate

Duration
· 2–3 minutes

Benefits
· Improves core strength and stability
· Tightens and tones abdominal muscles

Caution
· Lower-back issues

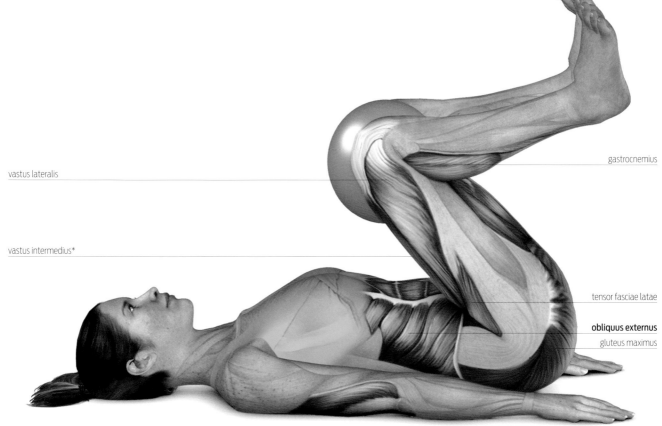

vastus lateralis

vastus intermedius*

gastrocnemius

tensor fasciae latae

obliquus externus

gluteus maximus

Double-Leg Heel Taps

Double-Leg Heel Taps offer a more challenging variation on Single-Leg Heel Taps. You have both legs off the floor at the same time, which requires greater integrated work between your abdominals and back. Remember, too, that the neutral spine is used with exercises where one or two legs are on the mat. In Double-Leg Heel Taps you'll have both legs off your mat, which means that you'll be working from an imprint position.

1 As with Single-Leg Heel Taps, lie on your back. Your knees should be flexed, parallel, and hip-distance from each other, your ankles flexed, and your arms extended along your sides with palms facing upward. This time, imprint your spine and pelvis.

2 Inhale as you lift your knees, aiming to form about a 90-degree angle with your mat so that you can feel the weight of your thighs falling into your hip sockets.

Correct Form
· Maintain your stabilized torso throughout.
· Keep your knees flexed as you lift your knees.
· Keep your knees parallel and positioned hip-width apart.
· Flex your ankles strongly as if you were pressing against a wall.

Avoid
· Forgetting to imprint.
· Losing the length along the sides of your neck.
· Allowing your rib cage or stomach muscles to pop up.

3 Initiating the movement from your hip sockets, exhale while tapping the heels of your feet to your mat.

4 Repeat 8 to 12 times.

Level
· Intermediate

Duration
· 2–3 minutes

Benefits
· Increases core stability
· Improves shoulder girdle stability
· Strengthens abdominals
· Provides awareness of the leg-pelvis dynamic

Caution
· Hip tightness
· Neck strain
· Spinal injury

Front View

transversus abdominis*

iliopsoas*
pectineus*
sartorius
adductor magnus
adductor brevis
adductor longus

gracilis*
rectus femoris

vastus medialis

Annotation Key
Bold text indicates target muscles
Black text indicates other working muscles
* indicates deep muscles

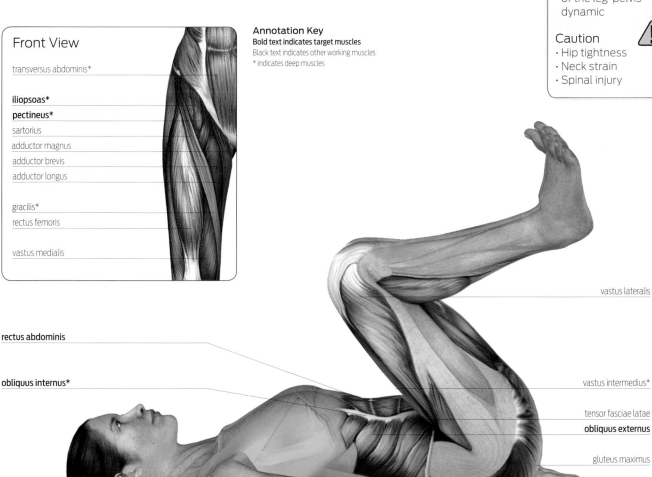

rectus abdominis

obliquus internus*

vastus lateralis

vastus intermedius*

tensor fasciae latae

obliquus externus

gluteus maximus

Frog

Frog will really target your hip flexors and extensors—working your buttocks and abdominals along the way.

1 Lie on your back, with arms down by your sides and your legs in tabletop position. Bring your knees to a parallel closed position. Extend your spine along the mat in an imprint. Rotate your legs in your hip sockets, pressing your flexed ankles together at the heels. Your legs should be turned out.

2 Pressing your navel toward your spine, extend your turned-out legs to a 45-degree angle in the space in front of you while tightly hugging your legs together.

3 With control, draw your legs back to Frog position: legs rotated, heels together, and feet flexed.

4 Complete 6 to 10 repetitions.

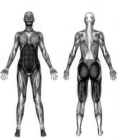

Front View

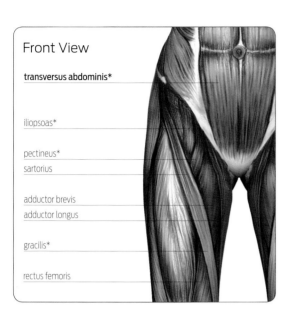

transversus abdominis*

iliopsoas*

pectineus*

sartorius

adductor brevis

adductor longus

gracilis*

rectus femoris

Correct form
· Rotate your legs from your hip sockets.

Avoid
· Lowering your legs too far; go only as low as you can maintain complete control.
· Arching your back.
· Dropping your heels toward the mat when bringing your knees in.

Level
· Intermediate

Duration
· 2–3 minutes

Benefits
· Strengthens and tones abdominals and glutes
· Strengthens hip flexors and extensors

Caution
· Hip issues
· Lower-back pain or other back issues

Annotation Key
Bold text indicates target muscles
Black text indicates other working muscles
* indicates deep muscles

rectus abdominis

obliquus internus*

obliquus externus

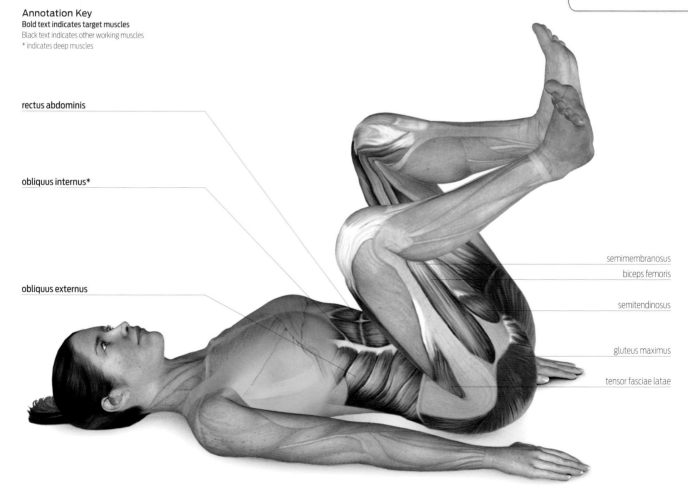

semimembranosus

biceps femoris

semitendinosus

gluteus maximus

tensor fasciae latae

Single-Leg Gluteal Lift

Pilates may be known for developing sleek and strong abdominals, but the Single-Leg Gluteal Lift proves that it develops tight buttocks too. When lifting, raise your body only as high as you can go while maintaining correct alignment. If you feel strain in your lower back, you're going too far.

1 Lie on your back with your arms along your sides and legs bent with your feet directly under your knees. Extend one leg upward, pointing through your foot.

2 Engage your abdominals to pop up to a one-legged, stable bridge.

3 Maintain this position, focusing on keeping your hips level, navel pressing to spine, and free leg extending from the hip joint.

4 Lower back to the mat, keeping your leg extended.

5 Repeat to complete 5 lifts. Then, switch legs and repeat on the other side.

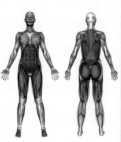

Back View

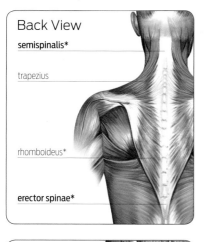

semispinalis*

trapezius

rhomboideus*

erector spinae*

Front View

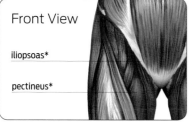

iliopsoas*

pectineus*

Annotation Key
Bold text indicates target muscles
Black text indicates other working muscles
* indicates deep muscles

Correct form
· Engage your buttocks throughout.
· Keep your hips level at all times.
· Extend your leg out through your foot.

Avoid
· Arching your back.
· Twisting or tilting your hips while lifting.

Level
· Intermediate

Duration
· 2–3 minutes

Benefits
· Strengthens and tones abdominals and glutes

Caution
· Lower-back pain or other back issues

vastus lateralis

rectus femoris

vastus intermedius*

transversus abdominis*
obliquus internus*
rectus abdominis

soleus

gastrocnemius

semimembranosus

biceps femoris

semitendinosus

sartorius

tensor fasciae latae

gluteus maximus

obliquus externus

latissimus dorsi

deltoideus posterior

Side Leg Series

Getting the most out of Side Leg Series means keeping your core muscles completely still while your lower body moves: challenging, but well worth it. Over time you should achieve toned thighs and a sleeker, tighter midsection.

1 Lie on your side with your legs extended forward at a 45-degree angle to your body. Straighten your bottom arm and bend the other so that your hand is on the mat in front of you. Press your navel toward your spine and align your hips on top of each other.

2 Lift your top leg and flex your foot. From your hip joint, slightly rotate your foot toward the mat and move your leg up and down 25 times.

3 Next, point your foot and lift your leg, and then flex your foot and lower your leg. Complete 25 repetitions.

4 Next, lift your top leg no higher than your hip and flex your foot. Maintaining a strong flexed foot, perform 50 pulses.

5 Repeat the entire series up to 5 times on each side.

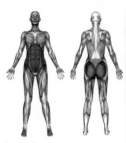

Front View

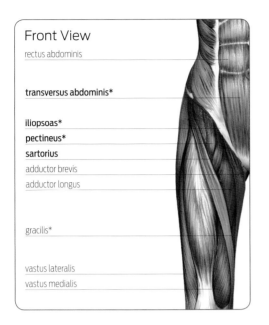

rectus abdominis

transversus abdominis*

iliopsoas*

pectineus*

sartorius

adductor brevis

adductor longus

gracilis*

vastus lateralis

vastus medialis

Back View

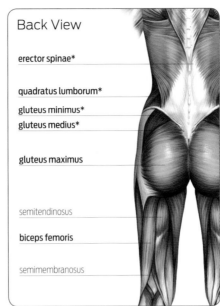

erector spinae*

quadratus lumborum*

gluteus minimus*

gluteus medius*

gluteus maximus

semitendinosus

biceps femoris

semimembranosus

Level
· Intermediate

Duration
· 4–6 minutes

Benefits
· Strengthens and tightens core and quadriceps

Caution
· Hip issues

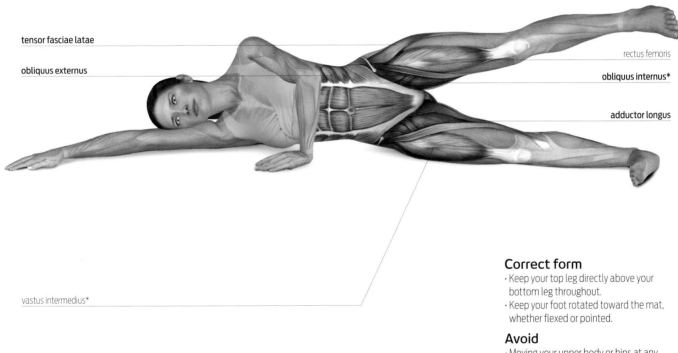

tensor fasciae latae

obliquus externus

rectus femoris

obliquus internus*

adductor longus

vastus intermedius*

Correct form
· Keep your top leg directly above your bottom leg throughout.
· Keep your foot rotated toward the mat, whether flexed or pointed.

Avoid
· Moving your upper body or hips at any point in the exercise. Use your strong core to stabilize your upper body and "drive" the movement.
· Locking your knees.
· Losing the 45-degree angle of the legs during the exercise.

Annotation Key
Bold text indicates target muscles
Black text indicates other working muscles
* indicates deep muscles

Side-Lying Straight-Leg Circles

In Side-Lying Straight-Leg Circles, your legs are extended directly downward from your hips, rather than angled forward as in other side-lying exercises. The small leg circles strengthen and lengthen your legs, as well as improving your stability and honing your sense of balance.

1 Lie on your left side, with your shoulders and hips stacked. Your spine and pelvis should be in a neutral position and remain so throughout the exercise. Bend your bottom left leg for greater support, though that knee should remain parallel to the right knee.

2 Extend your left arm under your head, and place your right hand in front of your chest for balance. Lift your right leg, with foot extended, to hip height.

3 Initiating the movement from your hip joint, circle your leg forward and up as you inhale, and circle back and down as you exhale.

Correct Form
· Stabilize your shoulder blades and pelvis.
· Circle your leg to the back as far as you circle it to the front.
· Keep both sides of your torso elongated, so that they work equally.

Avoid
· Moving your torso as you circle your leg.
· Altering the position of your neutral spine and pelvis.
· "Forgetting" your supporting leg.

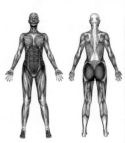

4 Complete 5 to 10 repetitions clockwise and then 5 to 10 repetitions counterclockwise. Switch sides and repeat with your other leg.

Level
· Beginner/ Intermediate

Duration
· 2–3 minutes

Benefits
· Improves ability to control legs from hips
· Strengthens lateral flexors
· Strengthens glutes

Caution
· Hip tightness
· Neck strain

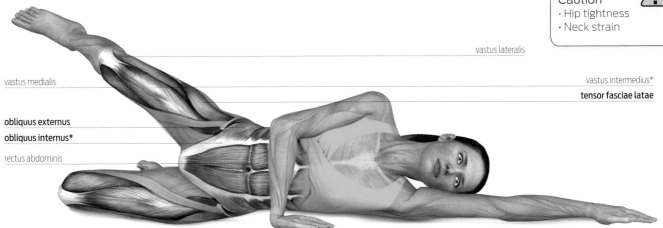

vastus lateralis

vastus medialis

vastus intermedius*

tensor fasciae latae

obliquus externus

obliquus internus*

rectus abdominis

Annotation Key
Bold text indicates target muscles
Black text indicates other working muscles
* indicates deep muscles

Front View

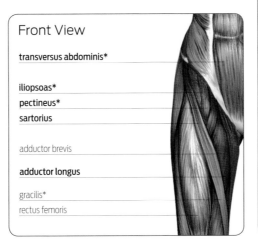

transversus abdominis*

iliopsoas*

pectineus*

sartorius

adductor brevis

adductor longus

gracilis*

rectus femoris

Back View

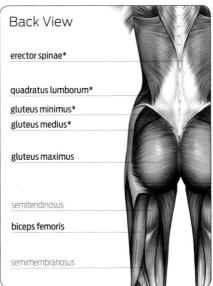

erector spinae*

quadratus lumborum*

gluteus minimus*

gluteus medius*

gluteus maximus

semitendinosus

biceps femoris

semimembranosus

Side-Lying Double-Leg Lift

This is yet another exercise in the side-lying series. As with the other exercises in this group, you'll work on moving your legs independently from your hips, which increases your range of motion and helps relieve pressure in your lower back while carrying out everyday movement.

Correct Form
· Stabilize your shoulder blades and pelvis.
· Pull up the front of your thighs.
· Keep both sides of your torso elongated, so they work equally.

Avoid
· Shifting shoulders and hips back and forth as you work your legs.
· Altering the position of your neutral spine and pelvis.

1 Lie on your left side, with your shoulders and hips stacked. Your spine and pelvis should be in a neutral position and remain so throughout the exercise.

2 Extend your left arm under your head, and place your right hand in front of your chest for balance. Flex your ankles and firmly press your inner thighs together. Inhale to prepare.

3 As you exhale, stretch your legs away from your upper body—so much so that your legs actually lift off the mat.

4 Inhale as you lower your legs to the mat again. Perform 5 to 10 repetitions, and then switch sides and repeat.

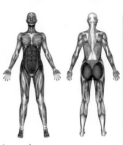

Modification

Harder: Perform the exercise with a ball pressed firmly between your feet, your ankles flexed. The ball adds resistance to your lower bodywork, increasing muscular engagement and awareness.

Back View

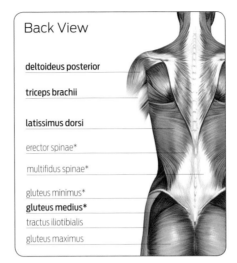

deltoideus posterior

triceps brachii

latissimus dorsi

erector spinae*

multifidus spinae*

gluteus minimus*

gluteus medius*

tractus iliotibialis

gluteus maximus

Level
· Beginner/ Intermediate

Duration
· 2–3 minutes

Benefits
· Improves ability to control legs from hips
· Strengthens lateral flexors
· Strengthens glutes

Caution
· Hip tightness
· Neck strain

Annotation Key
Bold text indicates target muscles
Black text indicates other working muscles
* indicates deep muscles

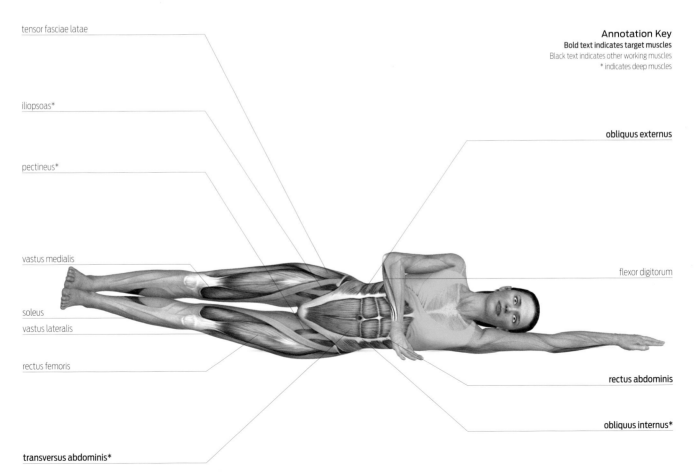

tensor fasciae latae

iliopsoas*

pectineus*

vastus medialis

soleus

vastus lateralis

rectus femoris

transversus abdominis*

obliquus externus

flexor digitorum

rectus abdominis

obliquus internus*

Pilates Ball Side-Lying Inner Thigh

Pilates Ball Side-Lying Inner Thigh strengthens and tones your hips, abdominals, and thighs. Keeping your hips and pelvis still as you pulse your leg is an exercise in core stability.

1 Lie on your side, with your shoulders and hips stacked. Extend your bottom arm and rest your head on it. Bend your top arm and place your palm on the mat in front of you, fingers pointing toward your head. Position your knee at a 90-degree angle to your hips, with the Pilates ball beneath it.

2 Lift your bottom leg off of the mat, keeping it strong and straight with the foot flexed parallel to your hips.

3 While your top leg stays at a 90-degree angle, move your bottom leg up and down 25 times. Switch sides and repeat.

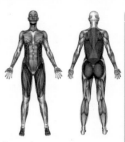

Back View

semispinalis*

erector spinae*

quadratus lumborum*

gluteus minimus*

gluteus medius*

adductor magnus

gastrocnemius

soleus

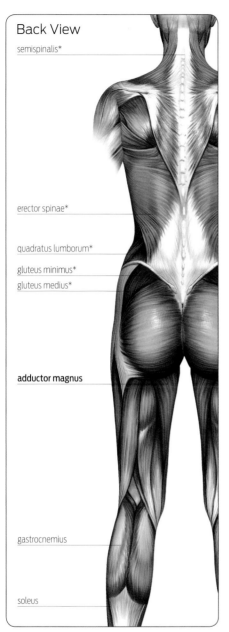

Correct form
· Engage your top leg to keep the ball in place.
· Keep your abdominal muscles and rib cage strongly compact.

Avoid
· Tensing your shoulders and/or neck.

Front View

pectineus*

vastus intermedius*

adductor longus
adductor brevis

biceps femoris

gracilis*

vastus medialis

vastus lateralis

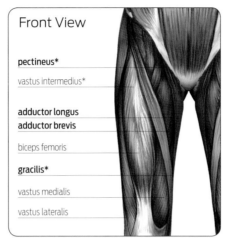

Level
· Intermediate

Duration
· 2–3 minutes

Benefits
· Strengthens and tones hips, abdominals, and thighs
· Stabilizes core

Caution
· Hip issues

Annotation Key
Bold text indicates target muscles
Black text indicates other working muscles
* indicates deep muscles

obliquus externus

obliquus internus*

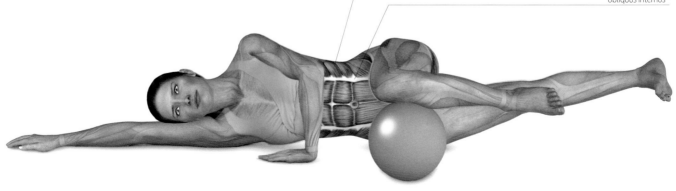

Wide-Legged Plié

Borrowed from ballet training, Wide-Legged Plié targets your inner thighs and buttocks, helping you to attain lean and toned legs. It also strengthens your back muscles and abdominals and increases mobility in your hips.

3 Keeping your torso erect, slowly bend your knees, maintaining rotation in your legs.

1 Stand with your feet 2 to 3 feet apart, turned out from your hips. Your heels should be rotated forward, and your knees aligned directly over your feet.

2 Maintain a neutral pelvis as you press your navel toward your spine, using your abdominals to lift your arms out to the sides at shoulder height—and within your peripheral vision.

Correct form
· Keep your pelvis neutral and level.
· Press your shoulders down your back.
· Keep your weight slightly shifted toward your heels during the exercise to prevent your knees and feet from rolling in.

Avoid
· Allowing your knees to extend past your toes.
· Altering the position of your hips.
· Rotating your leg from the knees, instead of from the hips.
· Locking your knees.

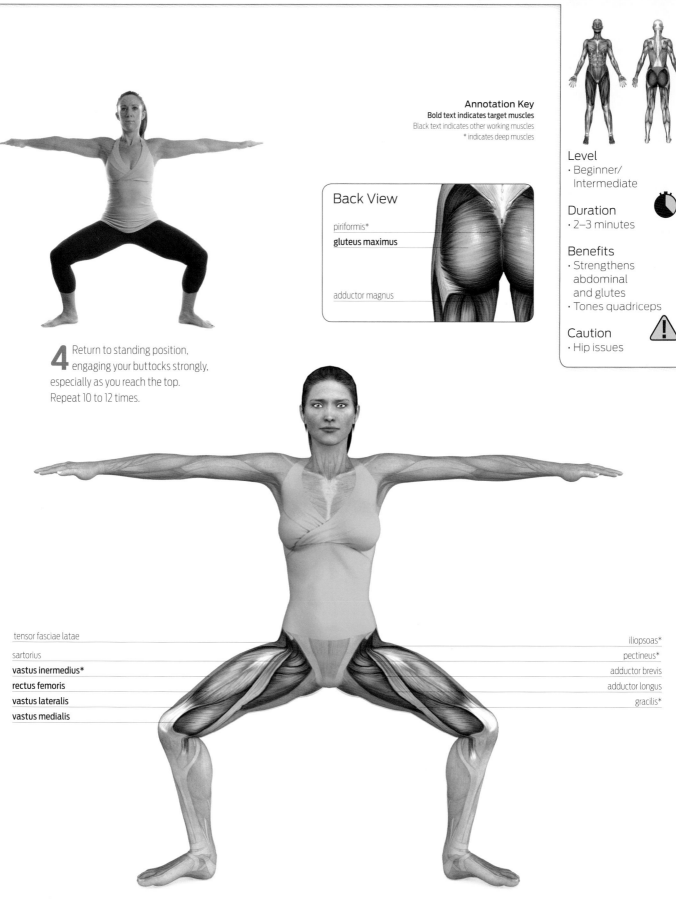

Annotation Key
Bold text indicates target muscles
Black text indicates other working muscles
* indicates deep muscles

Back View

piriformis*
gluteus maximus

adductor magnus

Level
· Beginner/
  Intermediate

Duration
· 2–3 minutes

Benefits
· Strengthens
  abdominal
  and glutes
· Tones quadriceps

Caution
· Hip issues

4 Return to standing position,
engaging your buttocks strongly,
especially as you reach the top.
Repeat 10 to 12 times.

tensor fasciae latae

sartorius

vastus inermedius*

rectus femoris

vastus lateralis

vastus medialis

iliopsoas*

pectineus*

adductor brevis

adductor longus

gracilis*

Standing Leg Extension

Standing Leg Extension looks deceptively simple, but performing it correctly takes concentration. This exercise strengthens your quadriceps, that large group of muscles in the front of your thigh, and tones your abdominals and buttocks. It works your balance, too. While standing on one leg, it helps to focus your eyes on a spot in front of you.

1 Stand with your legs together. Engage your abdominal muscles to stabilize your shoulders and your spine.

2 Glide your shoulders down your back to open your chest. Place your hands on your hips.

3 Bend one knee and lift your leg until your thigh is parallel to the mat, ankle flexed.

4 Keeping your ankle flexed, straighten your leg in front of you. Extend the leg only to a height at which you can continue to work the entire leg from the hip joint—while keeping your hips level.

5 Slowly bend your knee, returning it to a 90-degree angle. Complete 10 repetitions and then switch sides and repeat. Try to increase to 2 sets of 10 as you build up your strength and stamina.

Correct form
· Stabilize your torso.
· Engage your buttocks while extending your leg.
· Flex the ankle of your extended leg as if trying to see the sole of your shoe in the mirror.

Avoid
· Lifting your thigh higher than the level of your hip.
· Arching or collapsing your back.

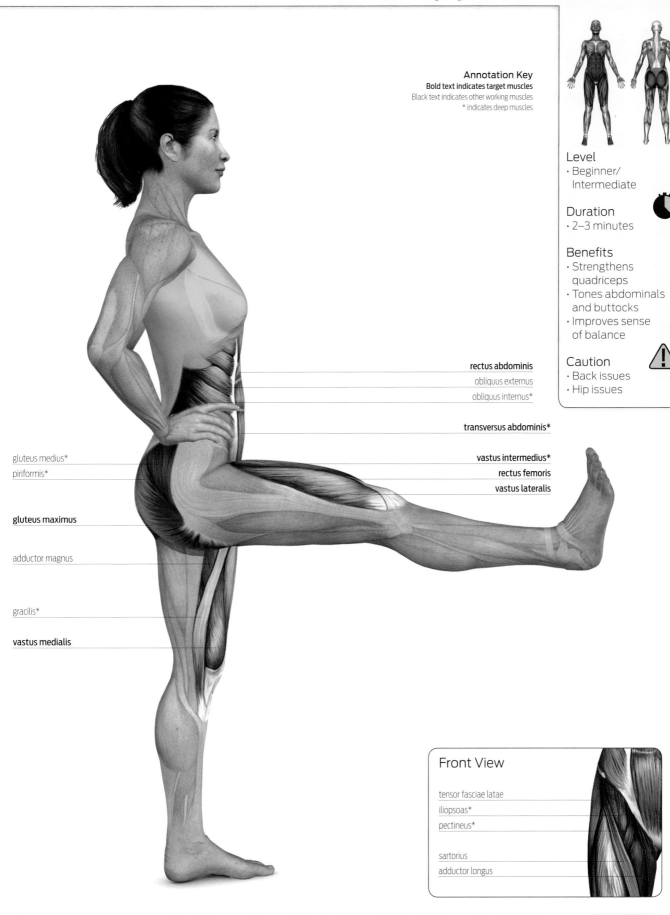

Annotation Key
Bold text indicates target muscles
Black text indicates other working muscles
* indicates deep muscles

Level
· Beginner/
  Intermediate

Duration
· 2–3 minutes

Benefits
· Strengthens
  quadriceps
· Tones abdominals
  and buttocks
· Improves sense
  of balance

Caution
· Back issues
· Hip issues

rectus abdominis
obliquus externus
obliquus internus*

transversus abdominis*

vastus intermedius*
rectus femoris
vastus lateralis

gluteus medius*
piriformis*

gluteus maximus

adductor magnus

gracilis*

vastus medialis

Front View

tensor fasciae latae
iliopsoas*
pectineus*

sartorius
adductor longus

Triceps Kick-Back

Triceps Kick-Back is an excellent, and relatively simple, exercise that tones your triceps. Keep your core strong and your whole body stable, even while you're balanced on two legs and just one arm.

1 Kneel on "all fours," with your wrists directly under your shoulders, your fingers facing forward, and your knees directly under your hips. (You can use a folded towel under your knees to relieve any discomfort.) Your spine and pelvis should be in neutral and your gaze toward the floor. Inhale as you press your navel toward your spine.

2 With your right hand in a fist—or holding a hand weight—exhale as you flex your elbow tightly into your side. Keep pressing your shoulder blades down your back.

3 Inhale and slowly extend your right arm straight behind you, as if pulling on an elastic attached to the wall in front of you.

Correct Form
· Keep your pelvis and spine in a neutral position.
· Keep your line of sight toward the floor, so you don't shorten your cervical vertebrae.
· Hold your fist (or hand weight) directly under your shoulder.

Avoid
· Swinging your arm to move from one position to the next.
· Overextending your arm by locking your elbow.
· Relaxing your abdominals.

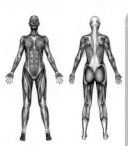

4 Exhale and slowly flex your elbow forward again, controlling the movement all the way. Repeat 10 times. Then, switch sides and repeat.

Level
· Beginner/ Intermediate

Duration
· 2–3 minutes

Benefits
· Strengthens triceps
· Develops control of upper body

Caution
· Elbow injury
· Lower-back issues

Annotation Key
Bold text indicates target muscles
Black text indicates other working muscles
* indicates deep muscles

deltoideus posterior

triceps brachii

rhomboideus*

serratus anterior

rectus abdominis

transversus abdominis*

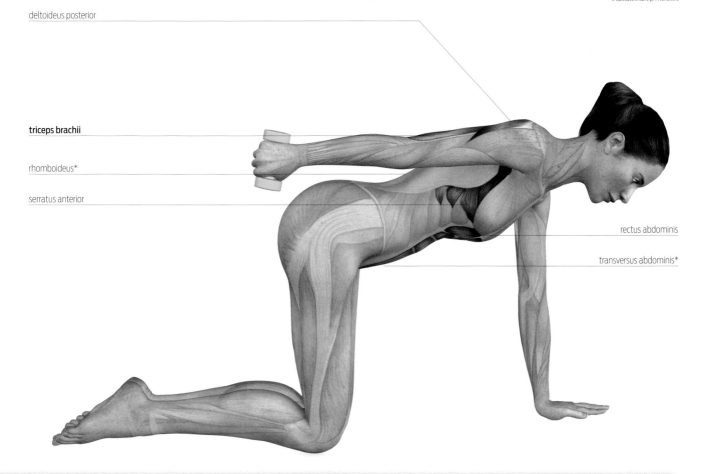

Triceps Push-Up

You've probably tried at least one of the plank-positioned exercises presented earlier in this book. Now it's time to use the plank position for a push-up. The push-up is a great exercise for all that might ail you: just see the list of muscles that are actively involved!

Correct Form
· Maintain your neutral spine and pelvis.
· Stabilize your shoulders down your back.
· Keep lifting up the front of your pelvis.
· Keep your legs strongly extended.

Avoid
· Lifting your pelvis, or allowing it to sink.
· Letting your belly sink toward the mat.
· Placing your elbows too close to your body.

1 Assume a plank position with your weight on the balls on your feet and the flattened-out palms of your hands. Your spine should be in a neutral position, forming one long line from your tailbone through the crown of your head. Your wrists are directly beneath your shoulders, with your fingers pointing forward. Exhale to prepare.

2 Inhale as you slowly bend your elbows, lowering your torso toward the mat.

3 Exhale as you extend your elbows to raise your plank-positioned body up again. Complete 4 to 10 repetitions.

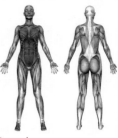

Modification

Easier: Start on your hands and knees, with your wrists aligned beneath your shoulder. Lift your feet toward your buttocks until your calves and thighs form a 90-degree angle.

Annotation Key
Bold text indicates target muscles
Black text indicates other working muscles
* indicates deep muscles

Front View

deltoideus anterior

pectoralis minor

coracobrachialis*

pectoralis major

serratus anterior

obliquus internus*

rectus abdominis

transversus abdominis*

vastus intermedius*

rectus femoris

vastus lateralis

vastus medialis

Level
· Intermediate

Duration
· 2–4 minutes

Benefits
· Stabilizes core muscles
· Strengthens abdominals
· Enhances awareness of full body integration

Caution

· Lower-back pain
· Shoulder issues
· Wrist weakness

erector spinae*

deltoideus posterior

trapezius

biceps brachii

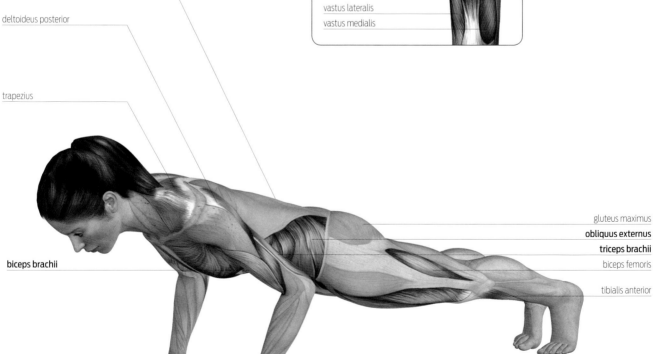

gluteus maximus

obliquus externus

triceps brachii

biceps femoris

tibialis anterior

Triceps Dip

You'll really feel the effects of Triceps Dip on the backs of your arms when you do this exercise correctly. This dip engages everything else, too, due to the effort that's needed to keep your body in position. Balancing on your heels throughout the exercise pushes your body weight toward your upper body so that your triceps have to work harder to support you.

1 Sit on your mat with your knees bent. Your arms should be behind you with your elbows bent and the palms of your hands pressing into the mat, fingers facing forward. Straighten your arms as you lift your hips a few inches off the mat.

2 Shift your weight back toward your arms, and, keeping your heels pressed firmly into the mat, lift your toes.

3 Bend your elbows, keeping your chest open and your gaze diagonally upward.

Correct form
· Keep your chest lifted and open.
· Hold your shoulders down.

Avoid
· Arching your back.
· Lifting your shoulders.
· Rushing through the exercise.

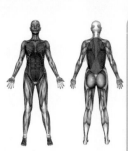

4 Keeping your chest open, use your arms to lift your body up again.

5 Perform 2 to 3 sets of 10 to 12 repetitions.

Level
· Advanced

Duration
· 2–3 minutes

Benefits
· Strengthens triceps, shoulders, chest, back, and core
· Tones abs

Caution
· Back issues
· Shoulder issues

Annotation Key
Bold text indicates target muscles
Black text indicates other working muscles
* indicates deep muscles

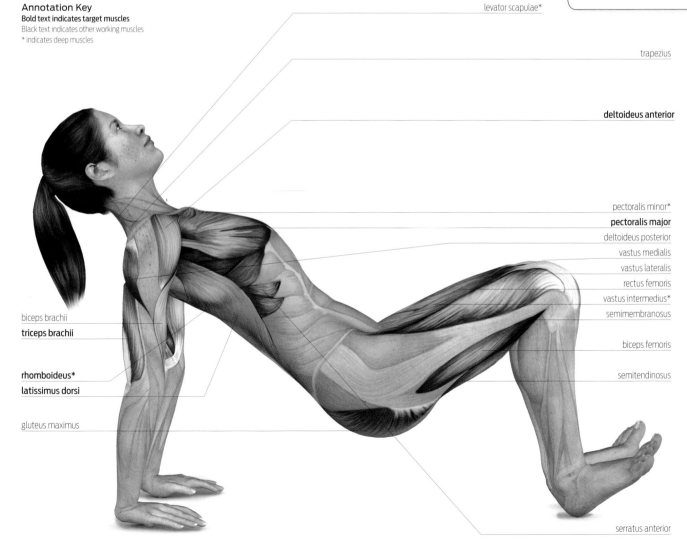

levator scapulae*

trapezius

deltoideus anterior

pectoralis minor*
pectoralis major
deltoideus posterior
vastus medialis
vastus lateralis
rectus femoris
vastus intermedius*
semimembranosus

biceps femoris

semitendinosus

biceps brachii
triceps brachii

rhomboideus*
latissimus dorsi

gluteus maximus

serratus anterior

Chest Fly

Chest Fly is a fairly simple though quite effective
exercise that works your major chest muscles.
Since physical movement is isolated in your arms,
this exercise offers the opportunity to focus on
scapulae and pelvis stabilization. Hand weights are used.

1 Lie on your back with your spine and
pelvis in a neutral position. Your knees
should be bent, parallel, and hip-distant from
each other. Extend your arms out to your sides,
level with your shoulders. Make sure your
elbows aren't locked. Hold the weights in your
hands, palms facing the ceiling. Exhale and
press your navel back toward your spine.

2 Inhale as you lift your arms in a c-curve
until the weights touch each other in
front of your chest.

Correct Form
· Maintain a neutral position in your spine and pelvis.
· Use your abdominals to initiate the arm movements.
· Maintain a compact, strong rib cage.

Avoid
· Arching your neck.
· Popping your arms forward from your shoulder sockets.
· Letting your arms completely relax on the floor when
  you open your arms.
· Locking your elbows.

3 Exhale as you lower your arms, with control, to the starting position.

4 Repeat 10 to 20 times.

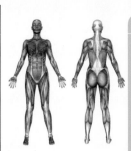

Level
· Beginner

Duration
· 2–3 minutes

Benefits
· Strengthens upper back, shoulders, and upper arms
· Stretches chest muscles

Caution
· Elbow injury

Annotation Key
Bold text indicates target muscles
Black text indicates other working muscles
* indicates deep muscles

Back View

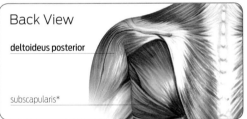

deltoideus posterior

subscapularis*

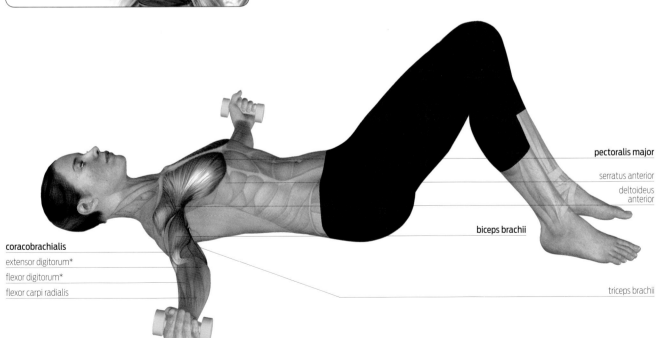

coracobrachialis
extensor digitorum*
flexor digitorum*
flexor carpi radialis

pectoralis major

serratus anterior

deltoideus anterior

biceps brachii

triceps brachii

Back Extension

Back Extension works your triceps and biceps, opens your chest, and firmly plugs your shoulder blades down your back. Hand weights are used. You might want to do this exercise standing on the floor, where your feet have a firm grip.

1 Stand with your legs parallel, your spine and pelvis in a neutral position, and your knees bent and aligned above your feet. Press your navel toward your spine, press your rib cage down, and tilt your upper body forward, and gaze downward to the floor slightly in front of your feet. Extend your arms forward, palms facing each other.

2 Exhale slowly as you bend your arms and, with control, bring your elbows directly back like wings, squeezing your shoulder blades together.

3 Inhale slowly as you extend your arms forward again.

4 Repeat 10 times.

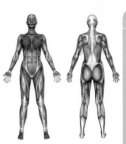

Correct Form
· Keep your chest open.
· Stabilize your shoulder blades.
· Keep your legs parallel.

Avoid
· Overarching your lumbar spine.
· Allowing your rib cage to pop outward.

Annotation Key
Bold text indicates target muscles
Black text indicates other working muscles
* indicates deep muscles

Level
· Beginner

Duration
· 2–3 minutes

Benefits
· Strengthens and stretches triceps
· Promotes awareness of scapulae

Caution
· Elbow injury
· Lower-back issues

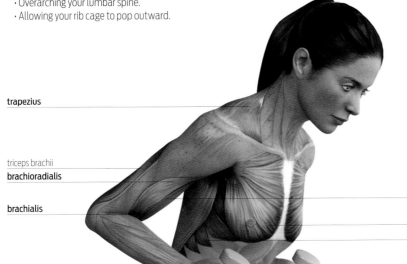

trapezius

triceps brachii
brachioradialis

brachialis

biceps brachii

pectoralis major
serratus anterior

Back View

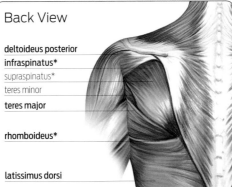

deltoideus posterior
infraspinatus*
supraspinatus*
teres minor
teres major

rhomboideus*

latissimus dorsi

Reverse Hug

Also called Reverse Fly, Reverse Hug uses hand weights and works your upper back, shoulders, and arms. Stand on the floor, rather than your mat, for greater stability.

3 Exhale as you return your arms to the c-curve position in front of your chest.

4 Complete 10 repetitions.

1 Stand with your legs parallel, your spine and pelvis neutral, and your knees bent and aligned over your feet. Press your navel toward your spine, press your rib cage down, tilt your upper body forward, and gaze downward to the floor slightly in front of your feet. Make a c-curve with your arms in front of your chest, a hand weight clasped in each hand.

2 Inhale. Keep your arms in a stable position as you open them out to your sides at shoulder height.

Correct Form
· Lift your elbows equally high as you
  open them outward.
· Stabilize your arms from under your
  shoulder blades as you curve inward.

Avoid
· Moving your upper body as you move
  your arms.
· Altering the position of your wrists.

Annotation Key
Bold text indicates target muscles
Black text indicates other working muscles
* indicates deep muscles

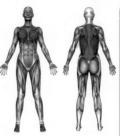

Level
· Beginner

Duration
· 2–3 minutes

Benefits
· Strengthens upper
  back and shoulders
· Stretches chest
  muscles

Caution
· Neck issues
· Shoulder injury

trapezius

**deltoideus
anterior**

triceps brachii

deltoideus medialis

pectoralis major

Back View

lavator scapulae*

deltoideus posterior
infraspinatus*
supraspinatus*
teres minor
teres major
subscapularis*

rhomboideus

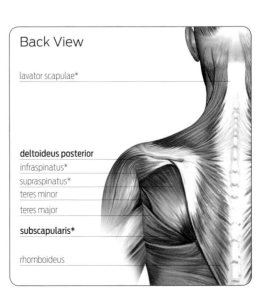

Shoulder Press

Shoulder Press works your upper body, especially the deltoids and triceps. Sense the total body integration of movement as you work your arms, and notice the extra challenges that are presented when you exercise standing up.

1 Stand with your legs together, spine and pelvis in a neutral position.

2 With your weights in your hands, extend your arms directly out to your sides at shoulder level.

3 Bend your elbows so that your arms form roughly 90-degree angles, with palms facing forward.

4 Keeping your shoulder blades pressed firmly down your back, raise your arms overhead so that the weights meet.

5 Open and lower your arms to the starting position.

6 Complete 6 to 10 repetitions.

Correct Form
· Maintain your neutral pelvis and spine position.
· Press your shoulder blades down your back.
· Work your arms from underneath your back.

Avoid
· Tensing your neck muscles
· Jutting your chin forward.
· Allowing your elbows to sink below shoulder height.

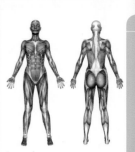

triceps brachii

deltoideus anterior

serratus anterior

biceps brachii

pectoralis major

Level
· Beginner

Duration
· 2–3 minutes

Benefits
· Strengthens arms
· Develops shoulder muscles
· Opens and stretches chest

Caution
· Elbow issues
· Shoulder injury

Back View

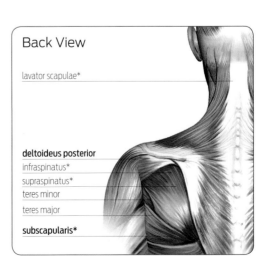

lavator scapulae*

deltoideus posterior
infraspinatus*
supraspinatus*
teres minor
teres major
subscapularis*

Shoulder Raise

Shoulder Raise works your upper body—the chest, shoulders, shoulder blades, and upper back. Remember that muscles move in opposition, which means that movement in one direction is accompanied by an equally strong movement in the opposite direction. Visualize lifting your shoulders by pressing your shoulder blades down your back.

1 Stand with your legs together, with your spine and pelvis in a neutral position.

2 Holding small hand weights, extend your arms directly out to your sides at shoulder level, palms facing the floor. Inhale to press your navel toward your spine.

3 Exhale while lifting your shoulder girdle slightly upward.

Correct Form
· Maintain your neutral pelvis and spine position.
· Keep your chest open.
· Engage your abdominals throughout the exercise.

Avoid
· Rolling your shoulders forward.
· Jutting your chin forward.
· Relaxing your wrists.

Modification
Harder: To challenge your core stability, balance, and coordination, stand on your right leg with your ankle strongly flexed. Lower your left arm, lift it to your side, and then repeat with your right arm. Perform 2 to 4 sets. Switch your standing leg and repeat.

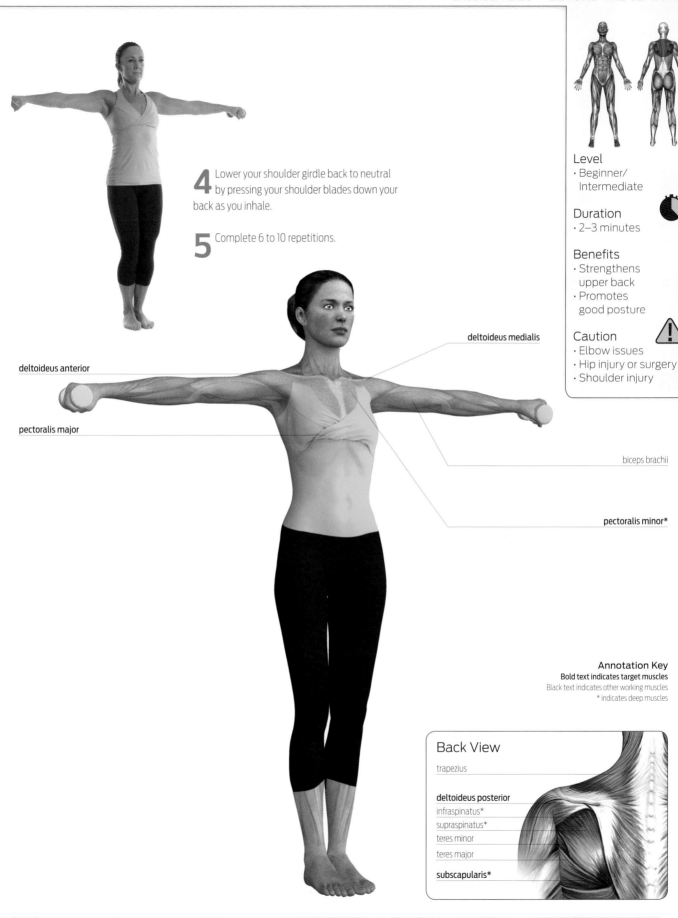

4 Lower your shoulder girdle back to neutral by pressing your shoulder blades down your back as you inhale.

5 Complete 6 to 10 repetitions.

Level
· Beginner/ Intermediate

Duration
· 2–3 minutes

Benefits
· Strengthens upper back
· Promotes good posture

Caution
· Elbow issues
· Hip injury or surgery
· Shoulder injury

deltoideus medialis

deltoideus anterior

pectoralis major

biceps brachii

pectoralis minor*

Annotation Key
Bold text indicates target muscles
Black text indicates other working muscles
* indicates deep muscles

Back View
trapezius

deltoideus posterior
infraspinatus*
supraspinatus*
teres minor
teres major
subscapularis*

Ballet Biceps

Ballet Biceps is a variation on the Shoulder Press exercise. This time, you're working with rounded arms that curve through the space, instead of angular arms that press up through the space. Your upward position should resemble the fifth position in ballet, with your arms extended above your head.

1 Stand with your legs together, spine and pelvis in a neutral position.

2 With your weights in your hands, extend your arms directly out to your sides at shoulder level. Relax your elbows slightly so your arms form gentle, though strong, curves.

3 Inhale as you lift your arms out to your sides and up overhead to frame your neck and head.

4 Exhale as you open and lower your arms to the start position.

5 Complete 6 to 10 repetitions.

Correct Form
· Maintain your neutral pelvis and spine position.
· Stabilize your shoulders down your back.
· Keep the shape of your arms strongly held.

Avoid
· Tensing your neck muscles.
· Lifting your shoulders.
· Rolling your shoulders forward.

Annotation Key
Bold text indicates target muscles
Black text indicates other working muscles
* indicates deep muscles

Level
· Beginner

Duration
· 2–3 minutes

Benefits
· Strengthens and stretches arms
· Develops shoulder muscles
· Softens pressure on joints while increasing upper-body strength

Caution
· Elbow issues
· Shoulder injury

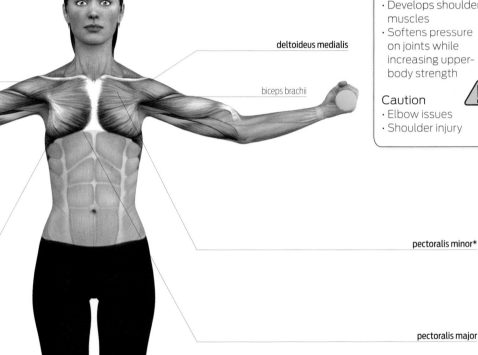

deltoideus medialis

deltoideus anterior

biceps brachii

triceps brachii

serratus anterior

pectoralis minor*

pectoralis major

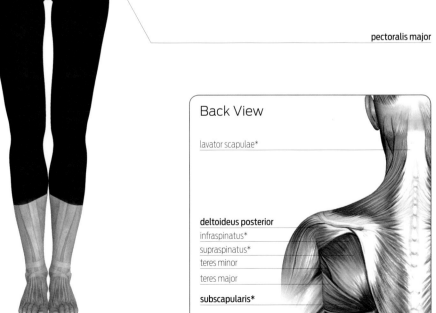

Back View

lavator scapulae*

deltoideus posterior
infraspinatus*
supraspinatus*
teres minor
teres major
subscapularis*

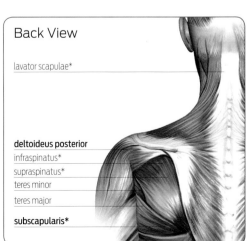

The Zipper

The Zipper develops your upper-body strength while reinforcing its connection to lower-body stability. In this exercise, you move as if you were unzipping a jacket and then pulling it wide open.

1 Stand with your legs together, spine and pelvis in a neutral position.

2 Holding your hand weights, bend your elbows and place your hands together right below your bottom ribs. Keep your elbows close to your sides.

3 "Zip" down the midline of your body with the fists of your hands together.

Correct Form
· Maintain your neutral posture.
· Press your shoulders down your back.
· Make the zipping movement strong.
· Keep your chest open.

Avoid
· Letting your shoulders roll forward.
· Breaking your rhythm or losing momentum.
· "Forgetting" your lower body.

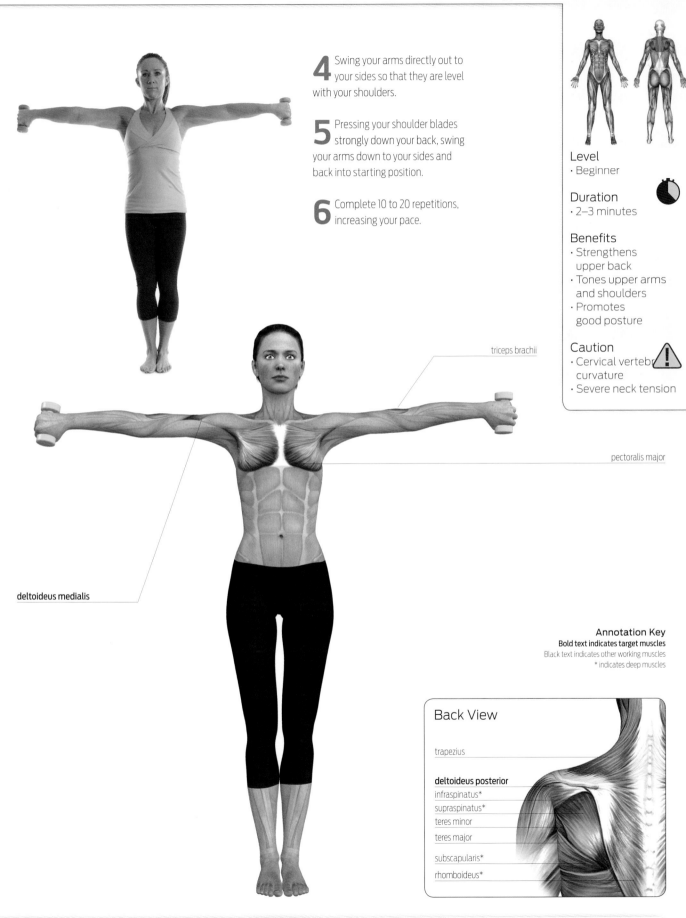

4 Swing your arms directly out to your sides so that they are level with your shoulders.

5 Pressing your shoulder blades strongly down your back, swing your arms down to your sides and back into starting position.

6 Complete 10 to 20 repetitions, increasing your pace.

Level
· Beginner

Duration
· 2–3 minutes

Benefits
· Strengthens upper back
· Tones upper arms and shoulders
· Promotes good posture

Caution
· Cervical verteb[r] curvature
· Severe neck tension

triceps brachii

pectoralis major

deltoideus medialis

Annotation Key
Bold text indicates target muscles
Black text indicates other working muscles
* indicates deep muscles

Back View

trapezius

deltoideus posterior
infraspinatus*
supraspinatus*
teres minor
teres major
subscapularis*
rhomboideus*

Basic Biceps Curl

Basic Biceps Curl is simple. Take your time while working on it, picturing your joints attached to the walls of your workout space by long, strong elastics. Think of resistance as well as fluidity as you move.

1 Stand with your legs together, spine and pelvis in a neutral position. With your weights clasped in your hands, extend your arms down by your sides.

2 Inhale as you bend your elbows and press your lower arms upward your shoulders.

3 Exhale as you return to your starting position.

4 Complete 6 to 10 repetitions.

Correct Form
· Maintain your neutral pelvis and spine position.
· Keep your elbows close to your sides.

Avoid
· Lifting your shoulders, or rolling them forward.
· Twisting your wrists either forward or backward.

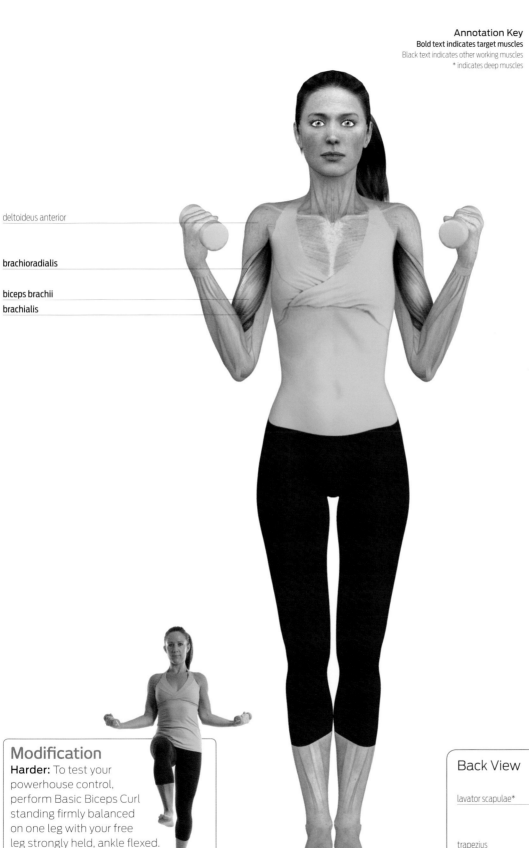

Annotation Key
Bold text indicates target muscles
Black text indicates other working muscles
* indicates deep muscles

deltoideus anterior

brachioradialis

biceps brachii
brachialis

Level
· Beginner/
  Intermediate

Duration
· 2–3 minutes

Benefits
· Strengthens
  upper back
· Promotes
  good posture

Caution
· Hip injury or surgery
· Elbow issues
· Shoulder injury

Modification

Harder: To test your powerhouse control, perform Basic Biceps Curl standing firmly balanced on one leg with your free leg strongly held, ankle flexed. Complete 8 to 12 sets before changing legs and repeating.

Back View

lavator scapulae*

trapezius

Workouts

One of the satisfying aspects of Pilates practice is that it targets your whole body. When performed with correct form and some regularity, the following sequences not only work body parts like backs, arms, and core, but they also make your entire physique sleeker and stronger along the way. Try mixing and matching among the different sequences until you find a routine that challenges you. Don't forget to keep breathing throughout your workout.

Contents

Classical Pilates I

This series of exercises gives you a sense of the progression of a traditional Pilates routine. It's an excellent way to work your abdominal muscles and move your spine.

1 The Hundred I
pages 28–29

2 Roll-Up
pages 32–33

8 Push-Up
pages 70–71

7 Side Bend
pages 68–69

Classical Pilates II

This series offers another sequence of traditional Pilates exercises. If you let one exercise flow into the next and pick up the pace, you'll find yourself both warm and invigorated when you're finished.

1 The Hundred II
pages 30–31

2 One-Leg Circle
page 36–37

9 The Scissors
pages 52–53

8 Neck Pull
pages 50–51

3 Rollover
pages 34–35

4 Double-Leg Stretch
pages 42–43

6 Side Leg Kick Kneeling
pages 66–67

5 Leg Pull Front
pages 64–65

3 Rolling Like a Ball
pages 38–39

4 Single-Leg Stretch
pages 40–41

5 Spine Stretch Forward
pages 44–45

7 The Saw
pages 48–49

6 Corkscrew
pages 46–47

Advanced Core I

You can't beat Pilates for rigorously working your powerhouse. If you carry out the following workouts on a regular basis, a sleeker, tighter, stronger midsection will be your reward.

1 **Basic Crunch**
pages 106–107

2 **Double-Leg Stretch**
pages 42–43

3 **The Scissors**
pages 52–53

12 **Waistline Warrior**
pages 118–119

11 **Roll-Up**
pages 32–33

10 **Low Side Plank**
pages 88–89

Advanced Core II

If you follow Advanced Core I followed by Advanced Core II in a single session, you should definitely feel results. Otherwise, alternate between the two workouts throughout the week to add variety to your core regimen.

1 **Side Leg Kick Kneeling**
pages 66–67

2 **Side Bend**
pages 68–69

3 **Double Dip**
pages 104–105

12 **Child's Pose**
pages 76–77

11 **High Plank Pike**
pages 86–87

10 **C-Curve Arm Cross**
pages 110–111

4 Criss-Cross
pages 122–123

5 Corkscrew
pages 46–47

6 Rolling Like a Ball
pages 38–39

9 Low Plank
pages 82–83

8 Bicycle Twist
pages 120–121

7 The Saw
pages 48–49

4 Teaser Prep
pages 58–59

5 Teaser
pages 60–61

6 Rollover
pages 34–35

9 Figure 8
pages 108–109

8 Bicycle Twist
pages 120–121

7 Frog
pages 130–131

Side-Lying Workout

All of the exercise in the sequence start in the side-lying position and demand a still core. The payout for proper form will be toned legs and trim midsection.

1 Side Leg Kick
pages 56–57

5 Pilates Ball Side-Lying Inner Thigh
pages 140–141

Working the Leg–Core Connection

This sequence, done lying on your back or your side, automatically offers your core the support of the floor so that you can work your legs from deep in your hip socks. The more you use your powerhouse muscles, the greater the ease of movement and power in your legs.

1 Pilates Ball Heel
Taps pages 126–127

2 Pilates Ball Tabletop-
Bridge pages 112–113

7 Pilates Ball Side-Lying Inner Thigh
pages 140–141

6 Frog
pages 130–131

2 **Side Leg Series**
pages 134–135

3 **Side-Lying Straight-Leg Circles** pages 136–137

4 **Side-Lying Double-Leg Lift** pages 138–139

3 **Double Dip**
pages 104–105

5 **Corkscrew**
pages 46–47

4 **Single-Leg Drop**
pages 100–101

Leg Workout

Pilates is renowned for the lean, long lines it creates in the body. Nowhere is this more evident than in the results it achieves for legs. Follow this sequence of exercises to give your gams a rigorous yet gentle workout.

1 One-Leg Circle
pages 36–37

2 Side Leg Kick
pages 56–57

7 Wide-Legged Plié
pages 142–143

6 Standing Leg Extension
pages 144–145

The Arm Toner

The following exercises emphasize small, repetitive, and precise motion—all the better for achieving arms you won't be able to wait to show off.

1 Triceps Kick-Back
pages 146–147

2 Triceps Push-Up
pages 148–149

10 Basic Biceps Curl
pages 166–167

9 Zipper
pages 164–165

8 Ballet Biceps
page 162–163

3 **Single Leg Drop**
pages 100–101

4 **Double Leg Drop**
pages 102–103

5 **Side Leg Series**
pages 134–135

3 **Chest Fly**
pages 152–153

4 **Back Extension**
page 154–155

5 **Reverse Hug**
pages 156–157

6 **Shoulder Press**
pages 158–159

7 **Shoulder Raise**
pages 160–161

Spinal Call

This short sequence is great for energizing your body and mind any time during the day. Although it seems like the focus is on stretching and strengthening the spine, you'll also be working those abdominals as you support every movement along the way. Notice that you start and end with the same exercise—but see how different that exercise feels the second time around.

1 Pointing Dog
pages 78–79

2 Monkey Walk
pages 80–81

6 Pointing Dog
pages 78–79

Back Basics

When performed properly, the following workout will target your back without straining it. When working the back in Pilates, remember that less is more: some of the best back exercises involve keeping your spine and torso in place as you slowly and subtly move other parts of the body.

1 Swimming
pages 62–63

6 Child's Pose
pages 76–77

5 Extension Heel Beats
pages 98–99

3 **Breast Stroke**
pages 96–97

5 **High Side Plank**
pages 90–91

4 **Low-to-High Plank**
pages 84–85

2 **Superman**
pages 92–93

4 **Breast Stroke**
page 96–97

3 **Back Burner**
pages 94–95

Target: Glutes

Strong glutes are key to a strong core, and the following sequence will really tone this muscle group. As a bonus, this sequence also works the hamstrings, abdominals, and back muscles.

2 **Tabletop March**
pages 114–115

1 **Shoulder Bridge**
pages 54–55

6 **Single-Leg Gluteal Lift**
pages 132–133

Stretch Your Limits

Sometimes, at the end of a demanding workout (or simply a demanding day), our bodies cry out for a good stretch. The following exercises will do the trick. Complete just a few more repetitions or stay in the stretches a few moments longer than initially planned for a truly restorative session.

1 **Monkey Walk**
pages 80–81

2 **Cat-to-Cow Stretch**
pages 74–75

6 **Child's Pose**
pages 76–77

3 High Bridge Leg Drops
pages 116–117

4 Single-Leg Heel
Taps pages 124–125

5 Double-Leg Heel Taps
pages 128–129

3 Spine Stretch Forward
pages 44–45

4 Rollover
page 34–35

5 Shoulder Bridge
pages 54–55

Conclusion

Through practicing these Pilates exercises—and, along the way, growing to understand the principles and physiology that underlie them—you are giving yourself a tool for lifelong well-being. As you've probably realized by now, Pilates gets your body moving . . . but it also does so much more. Regular practice connects you to your breath and challenges your powerhouse muscles, making you sleeker, tighter, and leaner so that you stand taller and feel stronger. While fine-tuning your arms, legs, and waistline, you are also tuning in to how your body functions as a unified whole.

The great thing about Pilates is that you can make it your own. Don't limit yourself to workouts suggested here: try mixing and matching, doing what feels right. Dip into these pages as you construct an exercise program that evolves with your needs. By exploring this book, you are well on your way to a practice that will benefit your body and mind for years to come.

Glossary

GENERAL TERMINOLOGY

abduction: Movement away from the body.

adduction: Movement toward the body.

alignment: In the yoga practice each pose has an ideal position of the body. If the body is in alignment, then it is placed in a proper way so that the muscles can work more effectively; they don't have to grip or struggle to hold the position, thus preventing injury. Each pose has its own alignment points, such as where to place the hands, feet, or torso, so learning a pose means also learning its proper points of alignment.

anterior: Located in the front.

cardiovascular exercise: Any exercise that increases the heart rate, making oxygen and nutrient-rich blood available to working muscles.

cardiovascular system: The circulatory system that distributes blood throughout the body, which includes the heart, lungs, arteries, veins, and capillaries.

c-curve: Describes the shape of the back and spine when the stomach is "scooped" inward and the muscles surrounding the spine are stretched.

cervical spine: The upper area of the spine immediately below the skull.

cool-down: A yoga pose performed at the end of the season the works to cool and relax the body after more vigorous exertion.

core: Refers to the deep muscle layers that lie close to the spine and provide structural support for the entire body. The core is divisible into two groups: major core and minor core muscles. The major muscles reside on the trunk and include the belly area and the mid and lower back. This area encompasses the pelvic floor muscles (levator ani, pubococcygeus, iliococcygeus, pubo-rectalis, and coccygeus), the abdominals (rectus abdominis, transversus abdominis, obliquus externus, and obliquus internus), the spinal extensors (multifidus spinae, erector spinae, splenius, longissimus thoracis, and semispinalis), and the diaphragm. The minor core muscles include the latissimus dorsi, gluteus maximus, and trapezius (upper, middle, and lower). These minor core muscles assist the major muscles when the body engages in activities or movements that require added stability.

cueing. A Pilates teaching and learning tool, involving the use of descriptive, everyday images to stimulate correct practice.

diaphragm: A large dome-shaped sheet of muscle that sits beneath the lungs and extends across the bottom of the rib cage. Also known as the thoracic diagram.

diaphragmatic deep breathing: A technique that helps you maximize the benefits of your Pilates practice by fully utilizing your diaphragm.

extension: The act of straightening.

extensor muscle: A muscle serving to extend a body part away from the body.

external rotation: The act of moving a body part away from the center of the body.

fitness ball: A large, inflatable ball sometimes used for support during a Pilates workout that brings the core into play, using the powerhouse muscles for balance and stability. Sometimes called a Swiss ball.

fitness circle. A flexible ring, usually made of metal, with pliable handles, adds resistance to a Pilates movement when the sides of the circle are squeezed together. Also known as a Magic Circle.

flexion: The bending of a joint.

flexor muscle: A muscle that decreases the angle between two bones, as bending the arm at the elbow or raising the thigh toward the stomach.

foam roller: A foam rubber tube available in a variety of sizes, materials, and densities, which can be used for stretching, strengthening, balance training, stability training, and self-massage.

hand weights: Small weights that can be incorporated into Pilates exercises to enhance strengthening and toning benefits.

iliotibial band (ITB): A thick band of fibrous tissue that runs down the outside of the leg, beginning at the hip and extending to the outer side of the tibia just below the knee joint. The band functions in concert with several of the thigh muscles to provide stability to the outside of the knee joint.

imprinted position: A position in which the navel is pressed toward the spine, the lower-back muscles are lengthened and strengthened, and the abdominal wall is flattened.

internal rotation: The act of moving a body part toward the center of the body.

lateral: Located on, or extending toward, the outside.

lateral breathing: A breathing technique whereby the breath is directed into the sides and back of the rib cage.

lumbar spine: The lower part of the spine.

medial: Located on, or extending toward, the middle.

neutral: In Pilates, describes the position of the legs, pelvis, hips, or other part of the body that is neither arched nor curved forward.

neutral position: A position in which the natural curve of the spine is maintained, typically adopted when lying on one's back with one or both feet on the mat.

peeling the spine: Rolling the spine gradually up or down, vertebra by vertebra.

Pilates ball: A small inflatable ball, usually about 9 inches (23 cm) in diameter small ball that can be incorporated into a workout to enhance fitness benefits. For instance, when grasped between the knees, it helps to engage the hard-to-tone muscles of the inner thighs. Any small ball can achieve this effect.

Pilates mat. A firm mat, usually made of foam rubber, that is at least one-half inch (1.27 cm) thick. The roll-up variety typically measures about 72 to 86 inches (180–220 cm), with widths varying from 20 or so inches to close to 40 inches (50–100 cm).

Pilates Principles: Six principles considered to be essential to effective practice of Pilates, including centering, control, flow, breath, precision, and concentration. Some version of these principles is found in every Pilates style.

posterior: Located behind.

powerhouse: Refers to a group of strong muscles around the lumbar spine, extending from between the bottom of the ribs and the line across the hips into the arms and legs.

rotator muscle: One of a group of muscles that assist the rotation of a joint, such as the hip or the shoulder.

scapula: The protrusion of bone on the mid to upper back, also known as the "shoulder blade."

stacking: Aligning parts of the body, such as the hips, one on top of the other.

tabletop position: A position in which one lies on one's back with legs raised, knees bent at a 90-degree angle, and shins parallel to the mat.

thoracic spine: The middle part of the spine warm-up: Any form of light exercise of short duration that prepares the body for more intense exercises.

LATIN TERMINOLOGY

The following glossary list explains the Latin terminology used to describe the body's musculature. In some instance, certain words are derived from Greek, which is therein indicated.

Chest

coracobrachialis: Greek *korakoeidés*, "ravenlike," and *brachium*, "arm"

pectoralis (major and minor): *pectus*, "breast"

Abdomen

obliquus externus: *obliquus*, "slanting," and *externus*, "outward"

obliquus internus: *obliquus*, "slanting," and *internus*, "within"

rectus abdominis: *rego*, "straight, upright," and *abdomen*, "belly"

serratus anterior: *serra*, "saw," and *ante*, "before"

transversus abdominis: *transversus*, "athwart," and *abdomen*, "belly"

Neck

scalenus: Greek *skalénós*, "unequal"

semispinalis: *semi*, "half," and *spinae*, "spine"

splenius: Greek *spléníon*, "plaster, patch"

sternocleidomastoideus: Greek *stérnon*, "chest," Greek *kleís*, "key," and Greek *mastoeidés*, "breastlike"

Back

erector spinae: *erectus*, "straight," and *spina*, "thorn"

latissimus dorsi: *latus*, "wide," and *dorsum*, "back"

multifidus spinae: *multifid*, "to cut into divisions," and *spinae*, "spine"

quadratus lumborum: *quadratus*, "square, rectangular," and *lumbus*, "loin"

rhomboideus: Greek *rhembesthai*, "to spin"

trapezius: Greek *trapezion*, "small table"

Shoulders

deltoideus (anterior, medial, and posterior): Greek *deltoeidés*, "delta-shaped"

infraspinatus: *infra*, "under," and *spina*, "thorn"

levator scapulae: *levare*, "to raise," and *scapulae*, "shoulder [blades]"

subscapularis: *sub*, "below," and *scapulae*, "shoulder [blades]"

supraspinatus: *supra*, "above," and *spina*, "thorn"

teres (major and minor): *teres*, "rounded"

Upper arm

biceps brachii: *biceps*, "two-headed," and *brachium*, "arm"

brachialis: *brachium*, "arm"

triceps brachii: *triceps*, "three-headed," and *brachium*, "arm"

Lower arm

anconeus: Greek *anconad*, "elbow"

brachioradialis: *brachium*, "arm," and *radius*, "spoke"

extensor carpi radialis: *extendere*, "to extend," Greek *karpós*, "wrist," and *radius*, "spoke"

extensor digitorum: *extendere*, "to extend," and *digitus*, "finger, toe"

flexor carpi pollicis longus: *flectere*, "to bend," Greek *karpós*, "wrist," *pollicis*, "thumb," and *longus*, "long"

flexor carpi radialis: *flectere*, "to bend," Greek *karpós*, "wrist," and *radius*, "spoke"

flexor carpi ulnaris: *flectere*, "to bend," Greek *karpós*, "wrist," and *ulnaris*, "forearm"

flexor digitorum: *flectere*, "to bend," and *digitus*, "finger, toe"

palmaris longus: *palmaris*, "palm," and *longus*, "long"

pronator teres: *pronate*, "to rotate," and *teres*, "rounded.

Hips

gemellus (inferior and superior): *geminus*, "twin"

gluteus maximus: Greek *gloutós*, "rump," and *maximus*, "largest"

gluteus medius: Greek *gloutós*, "rump," and *medialis*, "middle"

gluteus minimus: Greek *gloutós*, "rump," and *minimus*, "smallest"

iliopsoas: *ilium*, "groin," and Greek *psoa*, "groin muscle"

iliacus: *ilium*, "groin"

obturator externus: *obturare*, "to block," and *externus*, "outward"

obturator internus: *obturare*, "to block," and *internus*, "within"

pectineus: *pectin*, "comb"

piriformis: *pirum*, "pear," and *forma*, "shape"

quadratus femoris: *quadratus*, "square, rectangular," and *femur*, "thigh"

Upper leg

adductor longus: *adducere*, "to contract," and *longus*, "long"

adductor magnus: *adducere*, "to contract," and *magnus*, "major"

biceps femoris: *biceps*, "two-headed," and *femur*, "thigh"

gracilis: *gracilis*, "slim, slender"

rectus femoris: *rego*, "straight, upright," and *femur*, "thigh"

sartorius: *sarcio*, "to patch" or "to repair"

semimembranosus: *semi*, "half," and *membrum*, "limb"

semitendinosus: *semi*, "half," and *tendo*, "tendon"

tensor fasciae latae: *tenere*, "to stretch," *fasciae*, "band," and *latae*, "laid down"

vastus intermedius: *vastus*, "immense, huge," and *intermedius*, "between"

vastus lateralis: *vastus*, "immense, huge," and *lateralis*, "side"

vastus medialis: *vastus*, "immense, huge," and *medialis*, "middle"

Lower leg

adductor digiti minimi: *adducere*, "to contract," *digitus*, "finger, toe," and minimum "smallest"

adductor hallucis: *adducere*, "to contract," and *hallex*, "big toe"

extensor digitorum: *extendere*, "to extend," and *digitus*, "finger, toe"

extensor hallucis: *extendere*, "to extend," and *hallex*, "big toe"

flexor digitorum: *flectere*, "to bend," and *digitus*, "finger, toe"

flexor hallucis: *flectere*, "to bend," and *hallex*, "big toe"

gastrocnemius: Greek *gastroknémía*, "calf [of the leg]"

peroneus: *peronei*, "of the fibula"

plantaris: *planta*, "the sole"

soleus: *solea*, "sandal"

tibialis anterior: *tibia*, "reed pipe," and *ante*, "before"

tibialis posterior: *tibia*, "reed pipe," and *posterus*, "coming after"

Icon Index

Hundred I
page 28

Hundred II
page 30

Roll-Up
page 32

Rollover
page 34

One-Leg Circle
page 36

Rolling Like a Ball
page 38

Single-Leg Stretch
page 40

Double-Leg Stretch
page 42

Spine Stretch Forward
page 44

Corkscrew
page 46

The Saw
page 48

Neck Pull
page 50

The Scissors
page 52

Shoulder Bridge
page 54

Side Leg Kick
page 56

Teaser Prep
page 58

Teaser
page 60

Swimming
page 62

Leg Pull Front
page 64

Side Leg Kick Kneeling
page 68

Side Bend
page 70

Push-Up
page 72

Cat-to-Cow Stretch
page 74

Child's Pose
page 76

Pointing Dog
page 78

Monkey Walk
page 80

Low Plank
page 82

Low-to-High Plank
page 84

High Plank Pike
page 86

Low Side Plank
page 88

High Side Plank
page 90

Superman
page 92

Back Burner
page 94

Breast Stroke
page 96

Extension Heel Beats
page 98

Single Leg Drop
page 100

Double Leg Drop
page 102

Double Dip
page 104

Basic Crunch
page 106

Figure 8
page 108

C-Curve Arm Cross
page 110

Pilates Ball Tabletop Bridge
page 112

Tabletop March
page 114

High Bridge Leg Drops
page 116

Waistline Warrior
page 118

Bicycle Twist
page 120

Criss-Cross
page 122

Single-Leg Heel Taps
page 124

Pilates Ball Heel Taps
page 126

Double-Leg Heel Taps
page 128

Frog
page 130

Single-Leg Gluteal Lift
page 132

Side Leg Series
page 134

Side-Lying Straight-Leg Circles page 136

Side-Lying Double-Leg Lift page 138

Pilates Ball Side-Lying Inner Thigh page 140

Wide-Legged Plié
page 142

Standing Leg Extension
page 144

Triceps Kickback
page 146

Triceps Push-Up
page 148

Triceps Dip
page 150

Chest Fly
page 152

Back Extension
page 154

Reverse Hug
page 156

Shoulder Press
page 158

Shoulder Raise
page 160

Ballet Biceps
page 162

The Zipper
page 164

Basic Biceps Curl
page 166

About the author

Isabel Eisen, a native New Yorker and trained dancer, lived and worked in Denmark for many years—first as a performer and then, increasingly, as an educator. She initiated and directed theater arts programs for adults and young people and was part of a group of British and Danish performing artists who established Scandinavian Theatre School in Copenhagen. She wrote a book, *DansevÆrksted*, and articles about her teaching ideas and practice, which were published in Denmark. Her deep involvement in teaching coupled with her interest in intelligent exercising, led her to Pilates, which she studied intensively for several years at Body Control and Stott Pilates studios in Denmark. In 2010, Ms. Eisen returned to New York City, where she continues to pursue her work with teaching, writing, and Pilates.

Pilates model and consultant Brooke Marrone turned her successful collegiate pursuits into a thriving full-time career as a fitness trainer. Her post-graduation experience studying under one of Boston's top trainers formed the basis for the safe and effective training philosophy that she follows today. In 2007, Brooke moved to New York City and started Brooke Marrone Fitness, a private, in-home training business. Brooke also hosts group classes in New York's Central Park and has been named an ambassador for Lululemon in both 2011 and 2012. Brooke's certifications include Personal Training, Pilates and Group Fitness. Brooke's training strategy is to stick to the basics while always trying to incorporate something new and unique into each workout. She integrates her personal training and Pilates knowledge to make each workout safe, creative, and challenging.

Credits

All photographs by Jonathan Conklin Photography, Inc., except for the following:

Page 9 top right Eponaleah/Shutterstock.com; page 10 Charles Masters/Shutterstock.com; page 11 top right Claudio Baldini/Shutterstock.com; page 16 middle Diana Taliun/Shutterstock.com; page 16 bottom right wavebreakmedia ltd/Shutterstock.com; page 17 top Venus Angel/Shutterstock.com; page 18 middle marcioalves/Shutterstock.com; page 18 bottom right FuzzBones/Shutterstock.com; page 20 middle left Caroline Eibl/Shutterstock.com; page 20 bottom left Beth Van Trees/Shutterstock.com; page 20 top right luchschen/Shutterstock.com; page 21 middle Zoom Team/Shutterstock.com; page 21 right Nyvlt-art/Shutterstock.com; page 22 top gresei/Shutterstock.com; page 22 bottom Zoom Team/Shutterstock.com; page 23 left Irina Tischenko/Shutterstock.com; page 23 top right Liliia Rudchenko/Shutterstock.com; page 23 bottom Zoom Team/Shutterstock.com; page 182–183 Ganna Malakhova/Shutterstock.com

All anatomical illustrations by Hector Aiza/3 D Labz Animation India, except the following:

Small insets and full-body anatomy pages 22–23 by Linda Bucklin/Shutterstock.com. Page 8 bottom by Leonello Calvetti/Shutterstock.com; page 14 Digital Storm/Shutterstock.com; page 15 right sam100/Shutterstock.com.

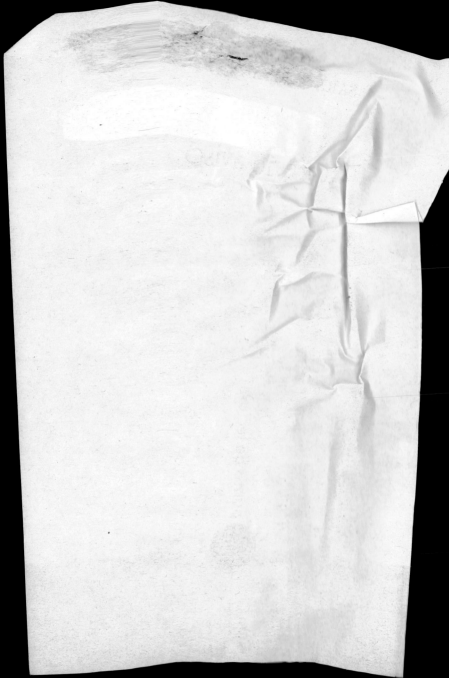

SARA PARETSKY

Sin previo aviso

punto de lectura

Título: Sin previo aviso
Título original: *Total Recall*
© 2001, Sara Paretsky
Published with arrangement with LennartSane Agency AB
© Traducción: Cecilia Ceriani y Txaro Santoro
© Santillana Ediciones Generales, S.L.
© De esta edición: septiembre 2004, Suma de Letras, S.L.
Juan Bravo, 38. 28006 Madrid (España) www.puntodelectura.com

ISBN: 84-663-1347-8
Depósito legal: B-10.729-2005
Impreso en España – Printed in Spain

Diseño de cubierta: Sdl_b
Fotografía de cubierta: © Aci, A.F.
Diseño de colección: Suma de Letras

Impreso por Litografía Rosés, S.A.

Segunda edición: febrero 2005

066 / 05

SARA PARETSKY

Sin previo aviso

Traducción de Cecilia Ceriani y Txaro Santoro

La historia de Lotty Herschel
La ética del trabajo

El frío de aquel invierno nos traspasaba los huesos. Alguien que viva en un lugar donde, al girar un termostato, los radiadores proporcionen todo el calor que se desee, no podrá ni imaginárselo, pero, por aquel entonces, en Inglaterra todo funcionaba a base de carbón y en aquel segundo invierno después de la guerra había una escasez terrible de ese combustible. Como todo el mundo, yo tenía montoncitos de monedas de seis peniques para encender la estufa eléctrica de mi habitación, pero, aunque hubiera podido permitirme tenerla funcionando toda la noche, no daba mucho calor.

Una de las mujeres con las que compartía el alojamiento consiguió un trozo de seda de un paracaídas gracias a su hermano, que había servido en la RAF. Todas nos hicimos camisolas y bragas. Por aquel entonces todas las chicas sabíamos hacer punto y yo deshacía los jerséis viejos para tejer bufandas y chalecos, porque la lana nueva costaba una fortuna.

En los noticiarios cinematográficos veíamos barcos y aviones estadounidenses que llevaban a los alemanes todo cuanto necesitaran. Mientras nos envolvíamos en jerséis y mantas, y comíamos un pan grisáceo con algún sucedáneo de mantequilla, bromeábamos sarcásticamente sobre el error de haber recurrido a los americanos para ganar la guerra. La chica que había conseguido la seda del paracaídas decía que nos habrían tratado mejor si la hubiésemos perdido.

Yo había empezado las prácticas de medicina, así que no podía pasar demasiado tiempo arropada en la cama. De todos modos, estaba contenta de tener un hospital donde acudir, aunque sus salas tampoco estuvieran bien caldeadas. Los pacientes y las hermanas solían apiñarse alrededor de la gran estufa que había en el centro de una de las alas del hospital a tomar té y contarse historias con una camaradería que los estudiantes envidiábamos. Las hermanas esperaban que los alumnos nos comportáramos como profesionales y, francamente, disfrutaban dándonos órdenes. Hacíamos la ronda de consultas con dos pares de leotardos puestos y con la esperanza de que los internistas no se dieran cuenta de que llevábamos guantes mientras íbamos en fila, tras ellos, de cama en cama, escuchando a los pacientes explicar unos síntomas que solían ser más bien el producto de las privaciones que de cualquier otra cosa.

Trabajar dieciséis o dieciocho horas al día sin la adecuada alimentación nos pasó factura a todos. Muchos de mis compañeros sucumbieron a la tuberculosis y se les concedió una excedencia temporal. La verdad es que ésa era la única razón por la que el hospital nos permitía interrumpir las prácticas y reincorporarnos más adelante, aunque a algunos les llevó más de un año recuperarse. Los nuevos antibióticos empezaban a llegar, pero costaban muchísimo y su uso todavía era limitado. Cuando me tocó a mí, me dirigí a la jefa de servicios para explicarle que una amiga de la familia tenía una casita de campo en Somerset donde tal vez podría recuperarme. Ella movió la cabeza con gesto sombrío. Ya habíamos caído cinco de mi grupo, pero me firmó el impreso de excedencia, me pidió que escribiera todos los meses y recalcó que esperaba verme de nuevo por allí antes de un año.

La verdad es que estuve ausente ocho meses. Hubiese querido reincorporarme antes, pero Claire —Claire Tallmadge, que por aquel entonces tenía una plaza de médico residente adjunto, aunque bastante precaria—me persuadió de que no estaba lo bastante fuerte, aunque yo me moría de ganas de volver.

Cuando volví al Real Hospital de la Beneficencia me sentí... ¡Qué bien me sentí! La rutina del hospital y mis estudios constituían para mí un bálsamo salutífero. De hecho, la jefa de servicio me llamó a su despacho para advertirme que debía bajar el ritmo; no querían que sufriese una recaída.

Ella no comprendía que el trabajo era mi única salvación. Supongo que se había convertido en mi segunda piel. El exceso de trabajo es un narcótico que te ayuda a olvidar. Lo de *Arbeit macht frei* era una burla indecente que habían inventado los nazis, pero sí que podría ser cierto que *Arbeit macht betäubt.* ¿Cómo dices? Ay, perdón, me había olvidado de que no hablas alemán. Los nazis colocaban frases dignas del *1984* de Orwell sobre las puertas de entrada de los campos de concentración y ésa es la que pusieron en Auschwitz: el trabajo os hará libres. Ese lema era una burla macabra, pero lo cierto es que el trabajo puede llegar a aturdir. Si dejas de trabajar, aunque sólo sea un momento, todo lo que tienes en tu interior comienza a desvanecerse y acabas encontrándote tan amorfa que no puedes moverte en absoluto. Por lo menos ése era mi temor.

Cuando, por fin, llegaron noticias de mi familia, me quedé como si el suelo se hubiera hundido bajo mis pies. Se suponía que yo debía estar preparándome para el examen de estado, un examen que entonces se hacía al acabar el bachillerato y de cuyo resultado dependía la entrada en la universidad. Pero los exámenes habían perdido para mí el significado que habían tenido durante la guerra. Cada vez que me sentaba a estudiar me parecía como si una aspiradora gigante me estuviese succionando las tripas.

Aunque de un modo perverso, fue la prima Minna quien acabó por ayudarme. Desde el momento en que llegué ante su puerta, no cesó de criticar a mi madre. Ni siquiera la noticia de su muerte la movió a guardar un silencio respetuoso, sino que sirvió para que redoblara su bombardeo. Hoy, a la luz de la experiencia, comprendo que su reacción se debía, sobre todo, a un sentimiento de culpabilidad: se había pasado tantos años odiando a mi madre y sintiendo celos, que no podía admitir que había sido insensible y hasta cruel con ella. Además, es probable que también se sintiera acongojada puesto que su madre estaba entre los que habían perecido. Toda aquella familia que solía pasar los veranos charlando y nadando en Kleinsee había desaparecido. Pero... bueno, dejemos eso; ahora ya es agua pasada.

Después de deambular por las calles, de andar y andar hasta estar tan agotada que ya no podía sentir nada, solía volver a casa de Minna, que me decía: ¿Piensas que eres la única persona que sufre, la única que se ha quedado huérfana y abandonada en un país extraño? ¿Y no se suponía que tenías que prepararle el té a Victor? Dice que se ha pasado más de una hora esperándote y que, al final, se lo ha tenido que hacer él porque tú, *meine gnädige Dame* (en casa Minna sólo hablaba en alemán; nunca llegó a dominar el inglés, lo cual la hacía enrojecer de vergüenza), eres demasiado señoritinga (entonces me hacía una reverencia) como para andar manchándote las manos en las tareas domésticas o en un trabajo de verdad. Eres igual que Lingerl. Me pregunto cómo una princesa de su alcurnia pudo sobrevivir tanto tiempo en un sitio como ése sin nadie que la mimase. ¿Les haría ojitos, ladeando la cabeza, a los guardias o a los demás prisioneros para que le cedieran su ración de pan? Pues ahora Madame Butterfly ha muerto y ya es hora de que aprendas lo que es trabajar de verdad.

Me entró la rabia más grande que recuerdo desde entonces. Le di una bofetada en la boca y le grité: «Si la gente se preocupaba por mi madre, es porque ella les daba cariño. Y si nadie se ocupa de ti, es porque tú eres absolutamente odiosa».

Se quedó un momento mirándome fijamente, con la boca abierta por el estupor, pero se recuperó enseguida y me devolvió la bofetada con tal fuerza que me abrió el labio con su grueso anillo. Y luego me dijo entre dientes: «La única razón por la que permití que una mestiza como tú aceptara esa beca para ir al instituto fue la condición de que tú, a cambio de mi generosidad, te ocuparas de Victor, cosa que, he de decirte, no has hecho en absoluto. En vez de prepararle el té, has estado exhibiéndote en los pubs y en las salas de baile exactamente igual que hacía tu madre. Lo más probable es que Max o Carl o cualquiera de esos muchachos emigrantes te haga el mismo regalito que Martin, como le gustaba llamarse, le hizo a Madame Butterfly. Mañana por la mañana voy a ir a ver a esa maravillosa directora del instituto, esa miss Skeffing a la que tanto quieres, para decirle que no puedes continuar estudiando. Ya es hora de que empieces a arrimar el hombro».

Sangrando por el labio, atravesé Londres a todo correr hasta que llegué al albergue juvenil en el que vivían mis amigos; ya sabes, Max, Carl y los demás. Un año antes, al cumplir los dieciséis, tuvieron que dejar los hogares que los habían acogido de niños. Les rogué que me encontraran una cama para pasar la noche. A la mañana siguiente, cuando sabía que Minna estaría con su gran amor, la fábrica de guantes, entré a hurtadillas en su casa para buscar mis libros y mi ropa, que no consistía más que en un par de mudas y otro vestido. Victor estaba dormitando en el cuarto de estar, demasiado amodorrado como para intentar detenerme.

Miss Skeffing me encontró una familia en el norte de Londres que me proporcionó habitación a cambio de que me ocupara de la cocina. Y, entonces, me puse a estudiar como si con mi esfuerzo pudiese redimir la vida de mi madre. Nada más acabar de fregar los platos de la cena, me ponía a resolver problemas de matemáticas y de química. A veces no había dormido más de cuatro horas cuando ya tenía que levantarme a preparar el desayuno para la familia. Y, en realidad, desde entonces nunca he parado de trabajar.

Así acababa la historia: yo sentada en la ladera de una colina un día nublado de octubre, contemplando un paisaje desolado y escuchando a Lotty hasta que ya no pudo seguir hablando más. Pero me resulta más difícil desentrañar de qué manera empezó todo.

Mirando hacia atrás, ahora que estoy tranquila, ahora que puedo pensar, me sigue siendo difícil decir: «Ah, sí, surgió por esto o por aquello». Era una época en la que yo tenía millones de cosas en la cabeza. Morrell se estaba preparando para marcharse a Afganistán. Yo estaba preocupadísima por eso, pero, por supuesto, intentaba dirigir mi empresa y hacer malabarismos con el trabajo desinteresado que realizo y pagar todas mis cuentas. Supongo que mi implicación en el asunto comenzó con Isaiah Sommers o, tal vez, con la conferencia que hubo en la Fundación Birnbaum. Ambos sobrevinieron el mismo día.

1

El club de las niñeras

—Ni siquiera llegó a comenzar el funeral. La iglesia se encontraba llena, las señoras estaban llorando. Mi tío había sido diácono, un hombre recto que llevaba cuarenta y siete años como feligrés de aquella iglesia cuando murió. Como se puede imaginar, mi tía se hallaba en un estado de desmoronamiento total. ¡Y que tuvieran la poca vergüenza de decir que ya había cobrado el seguro! ¿Cuándo? Eso es lo que quiero saber, señora Warshawski, cuándo pudo cobrarse si mi tío se había pasado quince años pagando cinco dólares a la semana y mi tía jamás le oyó una palabra de que fuese a pedir un crédito con el seguro como garantía o fuera a hacerlo efectivo.

Isaiah Sommers era un hombre bajo y fornido que hablaba con una lentitud cadenciosa como si también él fuese diácono. Yo tenía que hacer un esfuerzo para no dormirme en las largas pausas que hacía durante su discurso. Estábamos en el cuarto de estar de la casita que él tenía en la zona sur de la ciudad, en el South Side, y era poco después de las seis de la tarde de un día que ya se me estaba haciendo demasiado largo.

Había llegado a mi oficina a las ocho y media de la mañana y estaba comenzando con las investigaciones rutinarias que constituyen la mayor parte de mi trabajo, cuando Lotty Herschel me llamó para lanzarme un SOS.

—Ya sabes que el hijo de Max ha venido de Londres con Calia y Agnes, ¿verdad? Pues a Agnes le ha surgido de pronto la oportunidad de mostrar sus diapositivas en una galería de la calle Huron, pero necesita que alguien se ocupe de Calia.

—No soy una niñera, Lotty —le contesté de modo impaciente; Calia era la nieta de Max Loewenthal y tenía cinco años.

Lotty pasó olímpicamente de mi protesta.

—Max me ha llamado porque no pueden encontrar a nadie; su criada tiene el día libre. Él va a ir a esa conferencia que hay en el hotel Pléyades, aunque ya le he dicho muchísimas veces que lo único que va a conseguir es sufrir, pero bueno, eso no viene a cuento. El caso es que participa en una mesa redonda a las diez, si no se quedaría en casa con la niña. Yo lo he intentado con la señora Coltrain, la de mi clínica, pero hoy todo el mundo está ocupado. Michael tiene ensayo toda la tarde con la sinfónica y para Agnes ésta podría ser una buena oportunidad. Vic, ya comprendo que es una imposición, pero sólo serán unas horas.

—¿Y por qué no Carl Tisov? —le pregunté—. ¿No está también en casa de Max?

—¿Carl de niñera? Una vez que se pone a tocar el clarinete, el techo puede saltar por los aires sin que se dé cuenta. Yo ya lo comprobé en una ocasión durante los ataques de las V-1. ¿Puedes decirme sí o no? Estoy haciendo las visitas a los recién operados y tengo todas las horas de la consulta ocupadas. —Lotty es jefa del servicio de perinatología del hospital Beth Israel.

Lo intenté con algunas personas de mi entorno, entre ellas mi ayudante, que tiene tres niños en acogida, pero nadie podía echarme una mano. Así que, al final, acepté, aunque no me hacía ninguna gracia.

—A las seis tengo una cita con un cliente bastante lejos, al sur de la ciudad, así que será mejor que alguien aparezca para hacerse cargo de ella antes de las cinco —advertí.

Cuando me acerqué en el coche hasta la casa que Max tiene en Evanston para recoger a Calia, encontré a Agnes Loewenthal supernerviosa, aunque muy agradecida.

—No puedo encontrar mis diapositivas. Calia estuvo jugando con ellas y las metió dentro del violonchelo de Michael, lo cual le puso furioso y ahora el muy bestia no·sabe dónde las ha tirado.

Michael apareció en camiseta con el arco del chelo en la mano.

—Cariño, lo siento. Tienen que estar en el salón, donde estaba ensayando. Vic, no sabes cuánto te lo agradezco, ¿podemos invitaros a Morrell y a ti a cenar el domingo después del concierto?

—No podemos, Michael —dijo bruscamente Agnes—. Tenemos la cena que Max ha organizado para Carl y para ti.

Michael tocaba el chelo con el Conjunto de Cámara Cellini, un grupo londinense que habían formado Max y el amigo de Lotty, Carl Tisov, en los años cuarenta. Estaban en Chicago para iniciar la gira internacional que hacen cada dos años y Michael tenía programados, además, algunos conciertos con la Sinfónica de Chicago.

Agnes abrazó a Calia a todo correr.

—Un millón de gracias, Victoria, pero, por favor, nada de televisión. Sólo puede verla una hora por semana y no creo que los programas americanos sean adecuados para ella. —Se dio la vuelta y se dirigió como una flecha hacia el salón, donde la oímos sacudir furiosamente los almohadones del sofá. Calia hizo una mueca y me cogió de la mano.

Fue Max quien le puso la chaqueta a Calia y quien comprobó que su perro de peluche, su muñeca y su cuento «más favorito» estaban en su mochila.

—¡Qué caos! —dijo gruñendo—. Parece como si estuvieran intentando lanzar un cohete espacial, ¿no?

Lotty me ha dicho que tienes una cita esta tarde al sur de la ciudad. Podríamos encontrarnos a las cuatro y media en el vestíbulo del Pléyades. Para esa hora yo ya debería haber terminado y podría recoger a este derviche giróvago. Si surge algún problema, mi secretaria podrá localizarme. Victoria, de verdad, te estamos muy agradecidos. —Nos acompañó a la salida, besó suavemente a Calia en la cabeza y a mí en la mano.

—Espero que la mesa redonda no te resulte demasiado dolorosa —le dije.

Sonrió.

—¿Es eso lo que teme Lotty? Tiene alergia al pasado. A mí no me gusta andar revolviendo en él, pero creo que es bueno para que la gente comprenda.

Senté a Calia en el asiento de atrás de mi Mustang y le puse el cinturón de seguridad. La Fundación Birnbaum, que suele patrocinar temas de comunicación, había decidido organizar un ciclo de conferencias llamado «Cristianos y judíos: un nuevo milenio, un nuevo diálogo». La idea había surgido a raíz de que los baptistas del sur anunciaran el verano anterior que tenían la intención de enviar cien mil misioneros a Chicago para convertir a los judíos. El plan de los baptistas se quedó en nada: sólo se presentaron alrededor de mil evangelizadores cerriles. Aquello les salió por un pico, pues tuvieron que pagar las cancelaciones de las reservas de hotel pero, para entonces, la organización de la conferencia de la Fundación Birnbaum ya estaba en marcha.

Max iba a participar en la mesa redonda sobre las cuentas bancarias, lo cual ponía furiosa a Lotty. Max contaría sus experiencias durante la posguerra intentando localizar a sus familiares y el destino de sus bienes. Lotty decía que exponer sus miserias ante todo el mundo sólo servía para que se reafirmase el estereotipo de los judíos como víctimas. Y que, además, hacer hincapié en los bienes perdidos era echar leña al fuego para fomentar el otro estereotipo, el de que lo único que les importaba a los judíos era el dinero. A eso Max replicaba invariablemente: «Pero ¿quién se preocupa en realidad por el dinero? ¿Los judíos o los suizos que se niegan a devolvérselo a las personas que lo ganaron y lo depositaron en sus bancos?». Y, a partir de eso, se montaba la pelea. Estar cerca de ellos aquel verano había sido agotador.

Calia parloteaba encantada en el asiento de atrás. Un detective privado haciendo de niñera no es la imagen más habitual que a uno le proporcionan las novelas policiacas... No creo que Race Williams o Philip Marlowe hicieran jamás de niñeras, pero al final de aquella mañana decidí que se debía simplemente a que eran demasiado flojos como para encargarse de una cría de cinco años.

Empecé por ir al zoo, con la idea de que, después de recorrerlo durante una hora, a Calia le entrarían ganas de descansar y así yo podría trabajar un poco en mi oficina, pero mi suposición resultó ser tan sólo un deseo optimista, producto de mi ignorancia. Estuvo coloreando dibujos durante unos diez minutos, luego quiso ir al cuarto de baño, después quiso llamar al abuelo, decidió que teníamos que jugar a la rayuela en el pasillo que recorre la nave en la que tengo mi oficina, tuvo un hambre «atroz» a pesar de los sándwiches que nos habíamos tomado en el zoo y, para remate, atascó una de mis ganzúas detrás de la fotocopiadora.

En ese momento tiré la toalla y me la llevé a mi apartamento, donde el vecino de abajo y mis perros me procuraron un respiro misericordioso. El señor Contreras, un maquinista jubilado, se mostró encantado de llevar a Calia a caballito sobre sus hombros por el jardín, flanqueado por los perros. Los dejé allí mientras subía a mi apartamento, que está en el tercer piso, para hacer unas cuantas llamadas. Me senté junto a la mesa de la cocina y dejé abierta la puerta de atrás para poder oír si al señor Contreras se le acababa la paciencia. Conseguí trabajar durante una hora. Luego, Calia consintió en sentarse en mi cuarto de estar con *Peppy* y *Mitch*, mientras yo le leía su cuento «más favorito»: *El perro fiel y la princesa*.

—Yo también tengo un perro, tía Vicory —anunció Calia, sacando un perro de peluche azul de su mochila—. Se llama *Ninshubur*, como el del libro. Mira lo que dice: «*Ninshubur* quiere decir perro fiel en la lengua del país de la princesa».

«Vicory» era lo más aproximado a mi nombre que Calia había conseguido pronunciar cuando la conocí, hacía casi tres años. Desde entonces me quedé con ese nombre.

Calia no sabía leer todavía, pero se sabía el cuento de memoria. «Antes preferiría morir que perder la libertad», dijo cuando llegó el momento en que la princesa se arroja a unas cataratas para huir de una hechicera malvada. «Entonces, *Ninshubur*, el perro fiel, fue saltando de roca en roca, haciendo caso omiso del peligro.» El perro se metía en el río y arrastraba a la princesa hasta ponerla a salvo.

Calia hundió su perro de peluche azul en el libro y desde allí lo lanzó al suelo para demostrar cómo se arrojaba *Ninshubur* a las cataratas. *Peppy*, una golden retriever bien educada, permaneció sentada, aunque alerta, esperando la orden de recogerlo, pero su hijo *Mitch* se lanzó inmediatamente tras el peluche. Calia se puso a chillar corriendo detrás de él. Entonces los dos perros empezaron a ladrar. Para cuando logré rescatar a *Ninshubur*, todos estábamos al borde de las lágrimas.

—Odio a *Mitch*. Es un perro malo. Estoy muy enfadada por su comportamiento —anunció Calia.

Me alegró comprobar que eran las tres y media. A pesar de la prohibición de Agnes, planté a Calia delante del televisor mientras iba a darme una ducha y a cambiarme de ropa. Incluso en la era de la ropa informal, los clientes nuevos responden mejor ante la profesionalidad, así que me puse un traje de rayón azul verdoso y un suéter de punto de seda rosa.

Cuando volví a la sala de estar, Calia estaba tumbada con la cabeza sobre el lomo de *Mitch*, que tenía al *Ninshubur* azul entre las patas. Cuando llegó el momento de dejar a *Mitch* y a *Peppy* con el señor Contreras, la niña se resistió amargamente.

—*Mitch* me va a echar de menos. Va a llorar —gimoteó, tan cansada que ya no le encontraba sentido a nada.

—Te propongo algo, cielo: vamos a hacer que *Mitch* le regale a *Ninshubur* una de sus placas de identificación y así *Ninshubur* se acordará de él cuando no pueda verle.

Me metí en el trastero y busqué un collar pequeño de cuando *Mitch* era un cachorro. Calia dejó de llorar lo suficiente como para ayudarme a ponérselo a *Ninshubur*. Le colgué una serie de viejas plaquitas de identificación de *Peppy*, que resultaban absurdamente grandes en comparación con el cuellito azul del peluche, pero que encantaron a Calia.

Metí su mochilita y a *Ninshubur* en mi maletín y levanté a Calia para llevarla en brazos al coche.

—No soy un bebé. No tienes que llevarme en brazos —me dijo lloriqueando y agarrándose a mí, pero, al llegar al coche, se quedó dormida casi de inmediato.

Mi plan era dejarle el coche a un empleado del hotel Pléyades durante un cuarto de hora mientras entraba con Calia a buscar a Max, pero, al salir de Lake Shore Drive por Wacker, vi que me iba a resultar imposible. Un gentío enorme bloqueaba la entrada de vehículos del Pléyades. Saqué la cabeza por la ventanilla para intentar ver qué era lo que pasaba. Parecía una manifestación, con sus piquetes y sus megáfonos. Al caos se añadían los equipos de televisión. Los policías pitaban furibundos para que los coches siguieran circulando, pero el atasco era tan grande que me pasé varios minutos sin avanzar nada en absoluto, con una sensación de frustración creciente, sin saber dónde encontrar a Max ni qué hacer con Calia, que estaba profundamente dormida en el asiento de atrás.

Saqué el móvil de mi maletín, pero me había quedado sin batería y no encontraba el cargador del coche. Claro, me lo había dejado en el coche de Morrell el día que fuimos al campo la semana anterior. Di un puñetazo en el volante, con sensación de impotencia.

Mientras echaba humo de rabia, me puse a mirar a los que integraban los piquetes, que pertenecían a dos causas enfrentadas. Uno de los grupos, compuesto sólo de blancos, llevaba carteles reclamando la aprobación de la Ley sobre la Recuperación de los Bienes de las Víctimas del Holocausto en el Estado de Illinois. «Nada de convenios con los ladrones», coreaban, y «Aseguradores, banqueros, ¿dónde están nuestros dineros?».

El tipo del megáfono era Joseph Posner. Últimamente había salido tantas veces en los informativos que le habría identificado incluso entre una muchedumbre mayor que aquélla. Iba vestido con el abrigo largo y el sombrero negro característicos de los ultraortodoxos. Era hijo de un judío que había sobrevivido al Holocausto y se había convertido en un hombre de una religiosidad tan exagerada que a Lotty le producía dentera. Se le podía ver en manifestaciones contra cualquier cosa: desde películas porno, apoyado por algunos grupos fundamentalistas cristianos, hasta tiendas de propietarios judíos que abrían los sábados, como Neiman-Marcus. Sus seguidores, que parecían una mezcla entre un yeshiva y un miembro de la Liga para la Defensa de los Judíos, le acompañaban a todas partes. Se autodenominaban los macabeos y daba la impresión de que creían que sus protestas debían seguir el modelo de las hazañas militares de los verdaderos macabeos. Igual que los miembros de otras asociaciones de fanáticos, cuyo número no cesa de aumentar en Estados Unidos, estaban orgullosos del récord de detenciones de las que eran objeto.

La última causa que Posner había abrazado era la de apoyar la aprobación en Illinois de la Ley sobre la Recuperación de los Bienes de las Víctimas del Holocausto, que se conocía con el acrónimo de IHARA y estaba inspirada en la legislación de Florida y California. Esa ley impediría operar en Illinois a las compañías de seguros que hubieran desatendido alguna reclamación de indemnización por muerte o pérdida de bienes de alguna víctima del Holocausto. También incluía algunas cláusulas relativas a los bancos y a las empresas que se habían beneficiado durante la Segunda Guerra Mundial de mano de obra forzada. Posner había logrado darle al asunto la suficiente publicidad como para que se estuviese debatiendo en un comité.

El otro grupo que estaba ante el Pléyades, formado principalmente por negros, llevaba pancartas con un gran trazo rojo tachando el lema *Aprobación de la IHARA* y proclamaba NINGÚN CONVENIO CON NEGREROS. JUSTICIA ECONÓMICA PARA TODOS. El dirigente de aquel grupo también era fácilmente reconocible: era el concejal Louis «Bull» Durham, quien había pasado mucho tiempo buscando una causa que le convirtiera en un candidato de peso a la alcaldía. Aunque a mí el hecho de oponerse a la IHARA no me parecía un caso que tuviera suficiente relevancia para toda la ciudad.

Igual que Posner tenía a sus macabeos, también Durham tenía sus militantes. Había creado unos grupos a los que llamaba Organización Juvenil Ocupacional —primero en su distrito y, luego, por toda la ciudad— para sacar a los jóvenes de la calle y meterlos en programas de formación profesional, pero algunos grupos de los OJO, como se los denominaba, tenían un lado oscuro. En la calle se rumoreaba que extorsionaban a los propietarios de las tiendas y que propinaban palizas a los que no contribuían a financiar las campañas políticas del concejal. El propio Durham, cuando aparecía en público, iba siempre rodeado de un grupo de guardaespaldas de los OJO, vestidos con chaquetas azul marino. Si los macabeos y los OJO iban a enfrentarse unos contra otros, me alegraba ser una simple detective privada que intentaba abrirse paso entre el tráfico en vez de uno de los policías que estaban tratando de mantenerlos alejados.

Por fin el atasco me llevó lentamente más allá de la puerta del hotel. Giré para meterme en Randolph Street, a la altura del cruce con Grant Park. No había ni un solo sitio libre en la zona de parquímetros, pero me imaginé que los polis estarían demasiado ocupados en el Pléyades como para perder el tiempo poniendo multas.

Metí el portafolios en el maletero, eché la llave y cogí en brazos a Calia, que seguía dormida en el asiento de atrás. Abrió los ojos un momento, pero a continuación cayó pesadamente sobre mi hombro. La pobre estaba demasiado agotada como para ir andando hasta el hotel. Apreté los dientes. Colocándome la carga de sus veinte kilos de peso muerto lo mejor que pude, fui tambaleándome por las escaleras que bajan a Columbus Drive, la calle donde está la entrada de servicio del hotel. Ya eran casi las cinco. Esperaba poder encontrar a Max sin demasiado esfuerzo.

Tal como había supuesto, no había nadie bloqueando la entrada inferior. Pasé por delante de los porteros con Calia en brazos y subí en el ascensor hasta la planta del vestíbulo. Estaba tan atestado de gente como la entrada principal, pero se trataba de una multitud menos ruidosa. Clientes del hotel y participantes en la conferencia de la Fundación Birnbaum se hallaban apretujados alrededor de las puertas preguntándose qué era lo que estaba pasando y qué hacer.

Empezaba a perder la esperanza de poder encontrar a Max entre aquel gentío, cuando divisé un rostro conocido. Era Al Judson, el jefe de seguridad del Pléyades. Estaba junto a las puertas giratorias hablando por un intercomunicador. Me abrí paso hacia él a codazos.

—¿Qué hay, Al?

Judson era un negro bajito, que pasaba inadvertido en medio de la gente, un antiguo policía que había aprendido a vigilar cualquier movimiento sospechoso en medio de un grupo de gente imprevisible cuando patrullaba con mi padre hace cuarenta años por Grant Park. Al verme me dirigió una sonrisa de verdadera alegría.

—¡Vic! ¿Con los de qué lado de la puerta estás?

Me reí con cierta vergüenza: una vez tuve una discusión con mi padre porque participé en una manifestación que hubo en Grant Park contra la guerra, cuando él estaba asignado a la patrulla antidisturbios. Entonces yo era una adolescente cuya madre se estaba muriendo y tenía tal lío emocional que no sabía lo que quería. Así que decidí pasar una noche salvaje con los yippies.*

—Tengo que encontrar al abuelo de esta personilla. ¿Te parece que yo debería estar ahí fuera protestando?

—En ese caso, tendrías que elegir entre Durham y Posner.

—Sé de qué va la cruzada que ha emprendido Posner para conseguir el pago de los seguros de vida, pero ¿qué es lo que quiere Durham?

Judson alzó un hombro.

—Quiere que el Estado ilegalice las actividades de las compañías de seguros que obtuvieron beneficios a costa de la esclavitud en los Estados Unidos, a menos que les paguen una indemnización a los descendientes de esos esclavos. Así que pretende que no se apruebe la IHARA hasta que se incluya esa cláusula.

* Yippie, miembro del Youth International Party, organización política radical de finales de la década de 1960. *(N. de las T.)*

Di un silbidito de respeto: el Ayuntamiento de Chicago había aprobado una resolución para indemnizar a los descendientes de los esclavos. Las resoluciones son gestos muy bonitos, simples guiños al electorado que no conllevan coste alguno. Así que, si el alcalde se enfrentaba públicamente a Durham para que la resolución no acabara convirtiéndose en ley, se colocaría en una situación un tanto embarazosa.

Se trataba de un problema político muy interesante, aunque en aquellos momentos no era un asunto tan urgente para mí como el de Calia, que me tenía los brazos machacados. Vi que uno de los subordinados de Judson estaba tratando de captar su atención, así que me apresuré a explicarle que necesitaba encontrar a Max. Judson dijo algo por el micrófono que llevaba en la solapa. Unos minutos más tarde apareció una joven del equipo de seguridad del hotel acompañando a Max, quien tomó a Calia en brazos. Ella se despertó y se puso a llorar. Antes de que le dejase con la nada envidiable tarea de calmar su llanto y llevarla al coche, Max y yo tuvimos tiempo para intercambiar unas breves palabras sobre la mesa redonda, el jaleo que había fuera y cómo había pasado el día Calia.

Mientras me hallaba en medio del atasco, esperando poder dirigirme a Lake Shore Drive, di varias cabezadas. Para cuando logré llegar a casa de Isaiah Sommers, en Avalon Park, con veinte minutos de retraso, estaba muerta de sueño. Él se tragó su disgusto ante mi falta de puntualidad lo mejor que pudo y yo superé las ganas de echarme a dormir allí mismo, delante de él.

2

No hay entierro si no se paga al contado

—¿Cuándo entregó su tía la póliza a la funeraria?
—pregunté mientras cambiaba de postura en el sofá y el grueso forro de plástico que cubría la tapicería formaba grandes arrugas al moverme.

—El miércoles. Mi tío murió el martes. Vinieron a recoger el cadáver por la mañana, pero antes de llevárselo quisieron comprobar fehacientemente que mi tía podía pagar el entierro y el funeral que había encargado para el sábado. Mi madre, que había ido a hacer compañía a mi tía, buscó la póliza entre los papeles del tío Aaron y, como era de suponer, allí estaba. Mi tío era un hombre metódico para todas sus cosas, tanto las grandes como las pequeñas, y también lo era para sus documentos.

Sommers se masajeó el cuello con sus manazas cuadradas. Era tornero en la empresa de ingeniería Docherty y tenía los músculos del cuello y de los hombros agarrotados de pasar día tras día inclinado sobre la máquina.

—Luego, como ya le he dicho, cuando mi tía llegó a la iglesia el sábado, le dijeron que no empezarían el funeral hasta que no se presentara con el dinero.

—O sea que, después de llevarse el cuerpo de su tío el miércoles, los de la funeraria debieron de ponerse en contacto con la compañía de seguros para facilitarle el número de póliza y allí les dijeron que esa póliza ya se había cobrado. ¡Qué terrible situación para todos ustedes! ¿Y el director de la funeraria no sabía quién había cobrado ese dinero?

—Ahí es a donde quería llegar —dijo Sommers golpeándose con el puño en la rodilla—. Dijeron que mi tía era quien la había cobrado y que no se iban a hacer cargo del entierro, en fin, todo eso que ya le he contado.

—Y, entonces, ¿cómo consiguió que enterraran a su tío? ¿O lo hizo usted? —le pregunté mientras me venía a la cabeza la desagradable imagen de Aaron Sommers esperando en una cámara frigorífica hasta que la familia apoquinara los tres mil dólares.

—Conseguí el dinero —contestó Isaiah Sommers mientras miraba meditabundo hacia el pasillo: su mujer, que era quien me había abierto la puerta, había dejado bien claro que no estaba de acuerdo con que su marido hubiera hecho aquel esfuerzo económico por la viuda de su tío—. Y, créame, no me fue fácil, aunque, si está preocupada por sus honorarios, deje de estarlo. Puedo afrontarlos y, si logra averiguar quién se hizo con ese dinero, puede que lo recuperemos. Incluso le pagaríamos algo más sobre lo acordado en caso de que lo descubra. La póliza se suscribió por diez mil dólares.

—No necesito ningún extra, pero sí necesito ver la póliza.

Levantó un ejemplar de *Raíces*, de esos que te dan gratis, que estaba sobre la mesa baja y sacó la póliza que estaba cuidadosamente doblada debajo.

—¿Tiene una fotocopia? —le pregunté—. ¿No? Le enviaré una mañana. Ya sabe usted que mis honorarios son cien dólares por hora, con un mínimo de cinco horas de trabajo, ¿verdad? Y que también cobro todos los gastos extra que se produzcan.

Cuando asintió a mi pregunta, saqué de mi maletín dos copias del contrato de trabajo estándar. Su mujer, que, evidentemente, había estado escuchando detrás de la puerta, entró para leerlas con él. Mientras estudiaban con cuidado cada una de las cláusulas, yo me puse a hojear la póliza del seguro de vida. A Aaron Sommers se la había vendido la Agencia de Seguros Midway y, tal como me había dicho Isaiah Sommers, estaba fechada hacía unos treinta años y librada por la Compañía de Seguros Ajax Life. Eso constituía una gran ayuda: hace tiempo salí con el tipo que en la actualidad dirige el Departamento de Reclamaciones de Ajax. No lo veía desde hacía un montón de años, pero probablemente no tendría ningún problema para hablar con él.

—Esta cláusula —dijo Margaret Sommers— dice que usted no devuelve el dinero aunque no se consiga el resultado esperado. ¿Eso es así?

—Sí, pero ustedes pueden dar por terminada la investigación en el momento que quieran. Yo les entregaré un informe tras haber efectuado las averiguaciones iniciales y, en el caso de que parezca que no conducen a ninguna parte, se lo diré con toda franqueza. Ésa es la razón por la que pido un pago de quinientos dólares por adelantado. Si empiezo a hacer pesquisas y no encuentro nada, hay gente que siente la tentación de no pagarme.

—Mmm... —contestó Margaret—, no me parece justo que se quede el dinero si no nos da nada a cambio.

—Bueno, la mayoría de las veces consigo dar con lo que busco —dije, intentando que el cansancio no me pusiera de mal humor: no era la primera persona que me venía con aquel planteamiento—. Pero no sería justo decir que siempre consigo averiguar lo que la gente quiere saber. Tras las primeras indagaciones, puedo establecer el tiempo aproximado que me llevará completar la investigación. Hay personas que en ese momento consideran que eso les va a suponer un gasto mayor del que pensaban desembolsar. Entonces pueden decidir si quieren que siga adelante o no.

—Pero, en ese caso, ¿usted se seguiría quedando los quinientos dólares de Isaiah?

—Sí. Él está contratando mis servicios profesionales. Yo cobro por eso, igual que hace un médico aunque no logre curarla. —Me ha llevado años de profesión llegar a ser tan dura de corazón o, tal vez, tan realista, para hablar de mis honorarios sin que me produzca vergüenza.

Les dije que, si querían seguir pensándoselo, podían llamarme cuando hubieran tomado una decisión, pero que no me llevaría la póliza de su tío ni empezaría a hacer llamadas telefónicas hasta que no hubiesen firmado el contrato. Isaiah Sommers me contestó que él no necesitaba pensarlo más, que la vecina de su prima, Camila Rawlings, les había dicho que respondía por mí y que eso a él le bastaba.

Margaret se cruzó de brazos y dijo que, mientras Isaiah comprendiese que aquello lo pagaría de su propio bolsillo, era libre de hacer lo que le diera la gana, pero que ella no iba a estar llevando la contabilidad de aquel viejo judío tacaño de Rubloff, para luego andar tirando su dinero por culpa de la inútil parentela de Isaiah.

Isaiah la fulminó con la mirada, pero firmó las dos copias del contrato y sacó del bolsillo del pantalón un fajo de billetes enrollados. Contó quinientos dólares en billetes de veinte y me observó atentamente mientras le extendía un recibo. También firmé las dos copias del contrato, le devolví una a Isaiah y metí la otra, junto con la póliza, en mi maletín. Anoté la dirección y el teléfono de su tía, apunté los datos de la funeraria y me levanté para marcharme.

Isaiah Sommers me acompañó hasta la puerta pero, antes de que pudiera cerrarla, oí a su mujer que decía: «Sólo espero que no recurras a mí cuando te des cuenta de que estás tirando tu dinero».

Él le respondió de mala manera cuando yo ya estaba en la calle. Últimamente me tragaba bastantes malos rollos con las discusiones entre Lotty y Max y, ahora, encima, los Sommers gritándose el uno al otro. Sus reproches parecían un mal endémico en la relación. Vivir cerca de ellos debía de ser duro de sobrellevar. Me pregunté si tendrían amigos y lo que éstos harían cuando les tocaba presenciar sus mutuas recriminaciones. Si las discusiones entre Max y Lotty llegasen a ser así de fuertes, a mí me resultarían intolerables.

Aquella observación gratuita de la señora Sommers acerca del malvado y viejo judío para el que trabajaba también me había molestado mucho. No me gustan las observaciones insidiosas de ningún tipo, pero aquélla me crispó de un modo especial, tras haber asistido a los diez asaltos entre Max y Lotty sobre si él debía intervenir en la conferencia que se había celebrado aquel mismo día. ¿Qué habría dicho Margaret Sommers si hubiera escuchado a Max detallar su vida cuando los nazis llegaron al poder y tuvo que dejar su colegio y ver a su padre obligado a arrodillarse desnudo en medio de la calle? ¿Tendría razón Lotty? Lo que dijera Max en la mesa redonda ¿no sería más que una confesión degradante que no conducía a ninguna parte? ¿Serviría para enseñar a las Margaret Sommers de todo el mundo a reprimir sus insensatos prejuicios?

Yo había crecido a unas pocas manzanas al sur de aquel lugar, entre unas gentes que habrían usado epítetos peores que los de Margaret Sommers si hubiese sido ella la que se hubiera convertido en su vecina. Si lo que hacía era repetir, como si estuviese sobre un escenario, los comentarios racistas que seguramente había estado escuchando durante toda su vida, dudo que mis antiguos vecinos tampoco hubiesen cambiado mucho de forma de pensar.

Me quedé un rato en la acera intentando estirar los músculos del cuello antes de empezar el largo trayecto de regreso al otro extremo de la ciudad. Noté que las cortinas de la ventana de los Sommers que daba a la calle se movían. Entré en mi coche. En septiembre empezaba a anochecer más temprano; cuando giré para meterme en la Ruta 41, apenas había un destello de luz sobre el horizonte.

¿Por qué seguían juntas las personas si eran desdichadas? Mis propios padres no habían sido un ejemplo de novela rosa, pero, al menos, mi madre siempre luchó por mantener la armonía en nuestro hogar. Se había casado con mi padre por gratitud y por miedo, siendo como era una inmigrante sola que tenía que ir por las calles de la ciudad sin saber hablar inglés. Él era un poli que estaba haciendo su ronda cuando la rescató de un bar de Milwaukee Avenue donde ella pensaba que podría utilizar sus estudios de ópera para conseguir trabajo como cantante. Él se enamoró de ella y, por lo que yo sé, nunca dejó de estar enamorado. Ella le tenía afecto, pero me parece que su verdadera pasión la reservaba para mí. Aunque, yo no tenía ni dieciséis años cuando ella murió y ¿qué sabe uno de sus padres a esa edad?

Pero, volviendo a mi cliente, ¿qué sabíamos sobre su tío? Isaiah Sommers estaba seguro de que, si su tío hubiese cobrado el seguro de vida, se lo habría contado a su tía, pero muchas veces la gente necesita dinero debido a un asunto tan embarazoso que no puede confiárselo a sus familias.

Sin darme cuenta, sumida en aquellas melancólicas reflexiones, había llegado más allá de los límites de mi infancia, hasta donde la Ruta 41 se convierte en una reluciente autovía de ocho carriles que bordea el lago. Los últimos colores se habían desvanecido en el cielo, convirtiendo el agua en una mancha de tinta negra.

Al menos tenía un amante a quien recurrir, aunque sólo durante unos pocos días más. Morrell, con el que llevaba saliendo un año, se iba el martes siguiente a Afganistán. Era un periodista que a menudo se encargaba de cubrir asuntos sobre derechos humanos y llevaba tiempo deseando ver de cerca a los talibanes, desde que lograron consolidarse en el poder hacía ya unos siete años.

La sola idea de descansar entre sus reconfortantes brazos me hizo acelerar por aquella larga franja negra que era South Lake Shore Drive, dejando atrás las brillantes luces del Loop hasta llegar a Evanston.

3

¿Qué encierra un nombre?

Morrell salió a la puerta a recibirme con un beso y una copa de vino.

—¿Qué tal te ha ido, Mary Poppins?

—¿Mary Poppins? —repetí desconcertada, pero enseguida me acordé de Calia—. Ah, ya... Fantástico. La gente cree que cuidar niños es un trabajo mal pagado, pero eso es porque no saben lo divertido que es.

Entré en el apartamento tras él y traté de sofocar un gruñido al ver a su editor sentado en el sofá. No es que Don Strzepek me caiga mal, pero no me apetecía lo más mínimo una velada en la que mi conversación se tuviese que limitar a algún ronquido ocasional.

—¡Don! —dije, mientras él se levantaba a darme la mano—. Morrell no me había dicho que iba a tener el placer de verte. Creí que estabas en España.

—Estaba. —Se llevó la mano al bolsillo de la camisa en busca del paquete de cigarrillos, pero se acordó de que ésa era zona de no fumadores y se peinó el cabello con los dedos—. Pero llegué a Nueva York hace dos días, me enteré de que este chico estaba a punto de partir hacia el frente, llegué a un acuerdo con los de la revista *Maverick* para escribir algo sobre la conferencia Birnbaum y me vine para aquí. Así que, por supuesto, ahora tendré que trabajar para poder darme el gusto de decirle adiós a Morrell, y eso es algo que te recordaré siempre, amigo.

Morrell y Don se habían conocido en Guatemala cuando estaban cubriendo la información de aquella pequeña guerra sucia que tuvo lugar hace unos cuantos años. Don trabajaba en la redacción de la Envision Press de Nueva York, pero seguía haciendo algunos reportajes por encargo. La revista *Maverick*, una especie de versión más incisiva de *Harper's*, le publicaba la mayoría de sus trabajos.

—¿Has llegado a tiempo para ver el enfrentamiento entre el grupo de los macabeos y el de los OJO? —le pregunté.

—Justamente estaba contándoselo a Morrell. Me he traído folletos tanto de Durham como de Posner —dijo señalando un montón de panfletos que había sobre la mesita—. Intentaré hablar con los dos pero, por supuesto, eso sería para elaborar una información de actualidad. Lo que necesito ahora son los antecedentes de todo este asunto. Morrell dice que tal vez tú puedas facilitarme alguna información.

Al ver mi expresión interrogante, añadió:

—Me gustaría tener la oportunidad de conocer a Max Loewenthal, ya que es miembro del comité nacional para la recuperación de los bienes sustraídos a los supervivientes del Holocausto. Sólo con sus recuerdos del *kindertransport* ya daría para una columna, y, además, Morrell me ha dicho que conoces a dos amigos suyos que también llegaron de niños a Inglaterra en los años treinta.

Fruncí el ceño recordando las peleas de Lotty con Max sobre los inconvenientes de andar removiendo el pasado.

—Tal vez pueda presentarte a Max, pero no sé si la doctora Herschel querrá hablar contigo. Y en cuanto a Carl Tisov, el otro amigo de Max, ha venido de Londres para hacer una gira de conciertos, así que no sé si tendrá el tiempo o siquiera el interés...

Dejé la frase en el aire, encogiéndome de hombros y agarré los panfletos que Don se había traído de las manifestaciones. Entre ellos había un folleto de Louis Durham impreso en tres colores en un papel satinado caro.

Declaraba su oposición a la Ley sobre la Recuperación de los Bienes de las Víctimas del Holocausto del Estado de Illinois a menos que se extendiera también a los descendientes de los esclavos africanos en todo Estados Unidos. ¿Por qué habría de prohibir Illinois que operasen las compañías alemanas que habían obtenido beneficios a costa de obreros judíos o gitanos y aceptar que lo hicieran las compañías estadounidenses que se habían hecho ricas a costa de los esclavos africanos?

Me pareció razonable, pero encontré algunos puntos inquietantes: *No resulta sorprendente que Illinois esté planteándose la IHARA. Los judíos siempre han sabido cómo organizarse cuando se trata de asuntos de dinero y este caso no iba a ser una excepción.* El comentario que Margaret Sommers había hecho de pasada sobre el «viejo judío tacaño Rubloff» volvió a resonar inquietantemente en mi cerebro.

Dejé el folleto sobre la mesa y me puse a hojear el tocho del discurso de Posner, que también me pareció irritante, aunque por otros motivos: *El tiempo en que los judíos iban de víctimas se ha terminado. No nos vamos a quedar de brazos cruzados mientras las compañías alemanas y suizas pagan a sus accionistas con la sangre de nuestros padres.*

—¡Aj! Que tengas buena suerte cuando hables con esos especímenes. —Seguí hojeando el resto del material y me sorprendió ver un librito de la historia de la compañía de seguros Ajax de reciente publicación: *Ciento cincuenta años de vida y todavía en plena forma* escrito por Amy Blount, doctora en Letras.

—¿Quieres que te lo preste? —dijo Don sonriendo de oreja a oreja.

—No, gracias, ya lo tengo. Hace un par de semanas hicieron una gran fiesta para celebrar el aniversario. Mi mejor cliente pertenece al Consejo de Administración, así que me lo conozco al dedillo... Hasta conocí a la autora. —Era una mujer joven, delgada, de aspecto adusto, con innumerables coletas rastas recogidas hacia atrás con unos lazos de cinta de seda gruesa, que bebía agua mineral un poco al margen de aquella multitud tan elegantemente vestida. Tamborileé sobre el librito—. ¿Cómo lo has conseguido? ¿Anda Bull Durham detrás de Ajax? ¿O se trata de Posner?

Don volvió a llevarse la mano al bolsillo donde tenía el paquete de cigarrillos.

—Me parece que los dos. Ahora que Edelweiss es la propietaria de Ajax, Posner quiere un listado con todas las pólizas suscritas desde 1933. Y Durham no deja de machacar para que Ajax le enseñe sus libros y así poder ver a quiénes aseguró entre 1850 y 1865. Naturalmente los de Ajax están luchando como locos para que no se apruebe la IHARA ni aquí ni en ningún otro Estado, sea con las enmiendas de Durham o sin ellas. Aunque no parece que la legislación de Florida y California, que está en el original del proyecto de ley de Illinois, haya perjudicado a ninguna aseguradora. Apuesto a que ya han calculado cuánto tiempo tendrán que estar dando largas hasta que se muera el último beneficiario... Morrell, voy a matar a alguien si no me meto un poco de nicotina en el cuerpo antes de un minuto. Puedes hacerle arrumacos a Vic mientras salgo fuera. Oiréis mi tos de gran fumador para advertiros de que vuelvo a entrar.

—¡Pobre tipo! —me dijo Morrell al tiempo que me seguía al dormitorio para cambiarme de ropa—. Mmm, no recuerdo haberte visto ese sostén.

Era uno rosa y plateado que a mí me encantaba. Morrell me acarició la espalda y empezó a juguetear con el cierre. Un minuto después me zafé de sus brazos.

—La tos del fumador nos va a retumbar en los oídos en cualquier momento. ¿Cuándo te has enterado de que iba a venir?

—Me llamó desde el aeropuerto esta mañana. Intenté decírtelo, pero tenías el móvil apagado.

Morrell se hizo con mi falda y mi jersey y los colgó en el armario. Su extraordinario sentido del orden era una de las razones por las que no podía imaginarme viviendo juntos.

Fui al cuarto de baño para desmaquillarme y él se sentó en el borde de la bañera.

—Creo que Don deseaba, sobre todo, tener una excusa para largarse de Nueva York. Desde que esa gran empresa francesa, Gargette, compró la matriz de Envision no lo ha estado pasando demasiado bien. Se han suprimido tantos puestos que teme quedarse sin su trabajo de editor. Quiere ver si todo lo que rodea a las conferencias de la Birnbaum puede llegar a ser argumento suficiente como para escribir un libro.

Volvimos al dormitorio. Me puse unos vaqueros y una sudadera.

—¿Y tú qué vas a hacer? —le pregunté mientras me recostaba sobre él y cerraba los ojos, dejando que la fatiga contra la que había estado luchando me cayera encima—. ¿Hay alguna posibilidad de que te anulen el contrato para ese libro sobre los talibanes?

—No caerá esa breva, nena —contestó Morrell alborotándome el pelo—. No te hagas ilusiones.

Me sonrojé.

—No pretendía ser tan clara, pero es que... ¡Kabul! Allí un pasaporte estadounidense puede ser un problema tan grande como que una mujer lleve los brazos al descubierto.

Morrell me abrazó más fuerte.

—Es más fácil que tú tengas problemas aquí en Chicago que yo en Afganistán. Nunca había estado enamorado de una mujer a la que le dan una paliza y la abandonan medio muerta en la avenida Kennedy.

—Pero tú podías visitarme todos los días mientras estaba convaleciente —objeté.

—Te prometo, Victoria Iphigenia, que si me dejan

medio muerto en el Paso de Jíber, conseguiré que Médicos para la Humanidad te lleve hasta allá para que puedas verme todos los días.

Médicos para la Humanidad era una ONG con la que Morrell ya había trabajado en otras ocasiones. Tenía su centro en Roma y estaba intentando organizar un programa de vacunación para los niños afganos antes de que llegara el crudo invierno himalayo. Morrell pensaba ir de un lado a otro hablando con todo el mundo, visitar las escuelas del Estado exclusivas para niños, ver si podía dar con alguna escuela clandestina para niñas y, en general, intentar comprender algo acerca de los talibanes. Hasta había hecho un curso sobre el Corán en una mezquita de Devon Street.

—Me voy a quedar dormida, si no me pongo en movimiento —susurré apoyada en su pecho—. Vamos a preparar algo de cenar. Tenemos los fettuccini que compré el fin de semana. Les ponemos unos tomates, unas aceitunas, un poco de ajo y ya está.

Volvimos al salón, donde Don estaba hojeando un ejemplar de la *Kansas City Review* en el que venía una crítica de Morrell de algunos libros sobre Guatemala, que se habían publicado hacía poco.

—Buen trabajo, Morrell. Es bastante peliagudo tener que tomar postura sobre las juntas militares. No son más que los mismos perros con distinto collar, ¿verdad? Y también resulta peliagudo decidir qué hacer con lo de la implicación de nuestro gobierno con alguno de esos grupos.

Me distraje un momento mientras ellos hablaban de la política en Sudamérica. Cuando Don anunció que necesitaba fumarse otro cigarrillo, Morrell me siguió a la cocina para preparar la cena juntos. Luego, sentados en los taburetes altos, cenamos sobre el mostrador de la isla de la cocina mientras Don comentaba con tono pesimista los cambios habidos en el mundo editorial.

—Estando yo en Barcelona, mis amos anunciaron en el *Journal* que consideraban a los escritores como simples proveedores de contenidos. Y, después, sacaron un manual sobre cómo había que presentar mecanografiados los manuscritos, rebajando a los proveedores de contenido a la categoría de meros mecanógrafos.

Pocos minutos antes de las diez Don apartó su taburete del mostrador.

—En las noticias de las diez dirán algo sobre la conferencia de la Fundación Birnbaum. Me gustaría verlo, aunque es probable que las cámaras hayan prestado más atención al jaleo que ha habido fuera.

Ayudó a Morrell a vaciar los platos en el cubo de la basura y, luego, se fue al porche trasero para fumarse otro cigarrillo. Mientras Morrell ponía el lavaplatos, pasaba un trapo húmedo a las encimeras y metía lo que había sobrado en recipientes herméticos, yo me fui al salón y puse el Canal 13 en la televisión, el del Global Entertainment de Chicago. Dennis Logan, el presentador de las noticias de la noche, estaba terminando de enumerar el sumario.

—Durante la conferencia sobre los judíos en los Estados Unidos, que se ha celebrado hoy en el hotel Pléyades, ha habido momentos en que los acontecimientos han cobrado un tinte tormentoso, pero la auténtica sorpresa se ha producido al final de la tarde y la ha provocado alguien que ni siquiera figuraba en el programa. Beth Blacksin les contará la historia completa.

Me hice un ovillo en una esquinita del sofá de Morrell. Empecé a dar cabezadas pero, cuando sonó el teléfono, me despabilé y vi a dos mujeres jóvenes en la pantalla elogiando un fármaco para combatir las infecciones causadas por hongos. Morrell, que había entrado en la habitación detrás de mí, quitó el sonido de la televisión y contestó al teléfono.

—Para ti, cariño. Es Max —dijo pasándome el teléfono.

—Victoria, siento llamarte tan tarde —oí decir a Max con tono compungido—, pero aquí tenemos una crisis que tal vez puedas ayudarnos a resolver. ¿No tendrás tú por casualidad a *Ninshubur*, ese perrito de peluche azul que Calia lleva a todas partes?

Al fondo oía a Calia berreando, a Michael gritando y a Agnes chillando. Me restregué los ojos intentando recordar qué habíamos hecho con el perro de Calia. Había metido la mochila de Calia en mi maletín y, con las prisas de devolverle la niña a Max, lo había olvidado por completo. Miré a mi alrededor y, al final, pregunté a Morrell si sabía dónde estaba mi maletín.

—Sí, Vic —dijo con un tono cansino de resignación—. Lo dejaste sobre el sofá cuando entraste. Lo he llevado a mi estudio.

Dejé el auricular sobre el sofá y fui por el pasillo hasta el estudio. Mi portafolios era lo único que había sobre la mesa, aparte de un ejemplar del Corán, con una cinta verde que marcaba la página que estaba leyendo. *Ninshubur* estaba enterrado en el fondo de mi maletín, junto con algunas pasas, la mochilita de Calia y el cuento de la princesa y su fiel perro. Hablé con Max desde el teléfono del estudio, le dije cuánto lo sentía y que me pasaría inmediatamente a llevárselo.

—¡No, no! No te molestes. Sólo estamos a unas manzanas. Me vendrá muy bien huir de este bullicio.

Cuando volví al salón, Don me comentó que el suspense iba creciendo. Estaban en el segundo corte publicitario de las noticias, a la espera del castillo de fuegos artificiales que estaba anunciado. Max tocó el timbre justo cuando Dennis Logan comenzaba a hablar de nuevo.

Al abrir la puerta del estrecho hall de entrada, vi que Max había venido con Carl Tisov. Le entregué el perrito de peluche, pero se quedaron remoloneando tanto rato que Morrell salió a invitarlos a que pasaran y se tomaran una copa con nosotros.

—Que sea algo fuerte; absenta o algo así —dijo Carl—. Siempre quise tener una gran familia, pero tras los ríos de llanto de esta noche creo que tampoco me he perdido gran cosa. ¿Cómo puede un diafragma tan pequeño producir más sonidos que toda una sección de metales?

—Es sólo por el desfase horario después del viaje —dijo Max—. Afecta más a los pequeños que a los mayores.

Don exclamó que nos callásemos.

—Ya van a hablar de la conferencia.

Max y Carl se dirigieron al salón y se quedaron de pie detrás del sofá. Don subió el volumen al ver la cara de ratoncillo de Beth Blacksin en la pantalla.

—Cuando el pasado verano los baptistas del sur anunciaron su plan de enviar cien mil misioneros a Chicago para convertir a los judíos al cristianismo, mucha gente se preocupó, pero la Fundación Birnbaum actuó con rapidez. Trabajando conjuntamente con la Comisión sobre el Holocausto de Illinois, la archidiócesis de la Iglesia Católica de Chicago y con el grupo Diálogo, un grupo interconfesional de aquí, de Chicago, la Fundación decidió celebrar unas conferencias sobre una cuestión que no afecta únicamente a la importante población judía de Illinois, sino a la comunidad judía en todos los Estados Unidos. De ahí surgió la conferencia que se ha celebrado hoy: «Cristianos y judíos: un nuevo milenio, un nuevo diálogo». Aunque ha habido momentos en los que parecía que el diálogo era en lo que menos se pensaba.

En pantalla aparecieron unas imágenes de la manifestación delante del edificio. Se vio a Posner y a Durham hablando durante un espacio de tiempo similar y, luego, la cámara volvió al salón del hotel y Beth Blacksin dijo:

—Las sesiones que se estaban celebrando en el hotel también fueron subiendo de temperatura. La más candente versó sobre el tema que desencadenó la manifestación que hubo en la puerta del edificio: la propuesta de una Ley sobre la Recuperación de los Bienes de las Víctimas del Holocausto en el estado de Illinois. La mesa redonda, compuesta por ejecutivos de la banca y de las aseguradoras, en la que se discutía sobre los elevados costes que implicaría la aplicación de esa ley, costes que repercutirían sobre todos los consumidores, acabó provocando un gran número de críticas y un gran nerviosismo.

En ese momento la pantalla se llenó de gentes furiosas gritando por los micrófonos que se habían colocado en los pasillos para hacer preguntas. Un hombre lanzó a gritos la misma frase ofensiva que Margaret Sommers y el concejal Durham habían proferido antes: que el debate sobre las indemnizaciones demostraba que lo único en lo que pensaban siempre los judíos era en el dinero.

Otro hombre le contestó también a gritos que no podía comprender por qué se consideraba avariciosos a los judíos por querer que les devolvieran el dinero de las cuentas bancarias que sus familiares habían depositado. «¿Por qué no llaman avariciosos a los bancos? Ellos han tenido ese dinero durante sesenta años y quieren seguir teniéndolo para siempre.» Una mujer se abalanzó sobre un micrófono para decir que, puesto que la compañía de seguros suiza Edelweiss había comprado Ajax, eso le hacía sospechar que Edelweiss tenía razones para oponerse a la aprobación de esa ley.

Durante unos veinte segundos el Canal 13 retransmitió aquel jaleo antes de que volviera a aparecer en pantalla el rostro de Beth Blacksin diciendo: «Pero el acontecimiento más asombroso de la jornada no se produjo durante la sesión sobre las compañías de seguros sino durante el debate sobre las conversiones obligatorias, cuando un hombre bajito y tímido hizo una revelación extraordinaria».

Entonces se vio en pantalla a un hombre, enfundado en un traje que parecía quedarle grande, hablando por uno de los micrófonos instalados en el pasillo. Estaba más cerca de los sesenta años que de los cincuenta, tenía el pelo rizado salpicado de canas y unas entradas considerables en las sienes.

—Quiero que sepan —dijo— que yo no he sabido que era judío hasta hace muy poco tiempo.

Una voz procedente de la mesa de los oradores le pidió que se identificara.

—Ah, sí. Me llamo Paul..., Paul Radbuka. Llegué a este país después de la guerra, a la edad de cuatro años, con un hombre que decía ser mi padre.

Max contuvo el aliento, mientras Carl exclamaba:

—¿Qué? Pero ¿quién es ese tipo?

Don y Morrell se volvieron a mirarlo.

—¿Lo conoces? —pregunté yo.

Max me sujetó por la muñeca para que me callase en tanto el personajillo que teníamos delante continuaba hablando.

—Él me arrebató todo y, especialmente, los recuerdos. Hasta hace muy poco tiempo no he sabido que pasé la guerra en Terezin, en el que llamaban campo de concentración modelo y que los alemanes denominaban Theresienstadt. Creí que era alemán y luterano como Ulrich, el hombre que decía ser mi padre. Hasta después de su muerte, cuando me puse a revisar sus papeles, no me enteré de la verdad. Y ahora afirmo que es una maldad, que es un acto criminal, arrebatarle a alguien una identidad que le corresponde por legítimo derecho.

El Canal 13 dejó unos segundos de silencio antes de que apareciera en pantalla dividida Dennis Logan, el presentador de las noticias, junto a Beth Blacksin.

—Es una historia extraordinaria, Beth. Tú has logrado entrevistar al señor Radbuka tras el debate, ¿verdad? Pasaremos esa entrevista exclusiva de Beth Blacksin con Paul Radbuka al final de este informativo. Y, a continuación, para aquellos hinchas de los Cubs que creían que su equipo no podía caer más bajo, la sorprendente y aplastante derrota de hoy en Wringley.

4

Memoria inducida

—¿Lo conoces? —preguntó Don a Max mientras quitaba el sonido al televisor aprovechando el bloque de anuncios.

Max negó con la cabeza.

—Conozco el apellido, pero no conozco a ese tipo. Es..., es un apellido muy poco frecuente. —Giró y, dirigiéndose a Morrell, dijo—: Si no te molesta, me gustaría quedarme para ver la entrevista.

Al igual que Max, Carl era bajito. Ambos eran ligeramente más bajos que yo pero, mientras Max sonreía por naturaleza a todo lo que había a su alrededor y a menudo se sentía condescendiente con las vicisitudes humanas, Carl se mantenía a la defensiva, como un gallo de pelea enano dispuesto a enfrentarse con lo que fuera. En aquel momento incluso tenía un aire más tenso de lo habitual. Lo miré fijamente, pero decidí no hacerle preguntas delante de Don y Morrell.

Morrell apareció con una tisana para Max y sirvió un brandy a Carl. Por fin terminó el largo y pesado informe del tiempo y Beth Blacksin volvió a salir en pantalla. Estaba hablando con Paul Radbuka en un pequeño saloncito del hotel Pléyades. Con ellos estaba otra mujer que tenía el óvalo de la cara enmarcado por dos mechones de pelo muy negro.

Beth Blacksin se presentó, presentó luego a Paul Radbuka, esperó a que la cámara enfocara a la otra señora y dijo:

—Esta noche también está con nosotros Rhea Wiell, la psicoanalista que ha tratado al señor Radbuka y le ha ayudado a recuperar una serie de recuerdos enterrados. La señora Wiell ha accedido a mantener luego una charla conmigo, para la edición especial de «Explorando Chicago».

A continuación se volvió hacia el hombrecillo que tenía al lado y le preguntó:

—Señor Radbuka, ¿cómo logró usted averiguar su verdadera identidad? En el debate dijo que lo descubrió revisando unos papeles de su padre. ¿Qué encontró en ellos?

—No era mi padre, era el hombre que decía ser mi padre —le corrigió Radbuka—. Pues era una serie de documentos codificados. Al principio no les presté mucha atención. En cierto modo, tras su muerte, perdí el deseo de vivir. La verdad es que no sé por qué, pues era un hombre que no me agradaba en absoluto; siempre fue cruel conmigo, pero lo cierto es que caí en una depresión tal que me echaron del trabajo y había días en los que ni siquiera me levantaba de la cama. Pero, entonces, conocí a Rhea Wiell.

Se volvió hacia la mujer del pelo negro dirigiéndole una mirada de adoración.

—Suena melodramático pero creo que le debo la vida. Me ayudó a desentrañar los documentos y pude utilizarlos para encontrar la identidad que había perdido.

—Rhea Wiell es la psicoanalista que le ha tratado, ¿verdad? —intervino Beth para animarle a continuar.

—Sí. Rhea se ha especializado en la recuperación de esa clase de recuerdos que la gente como yo tiene bloqueados por el trauma tan inmenso que producen.

Dijo eso mirando a la señora Wiell, quien asintió con la cabeza como para tranquilizarlo. Poco a poco Beth Blacksin hizo que fuese repasando algunos de los momentos más relevantes de su vida, las terribles pesadillas de las que no se había atrevido a hablar durante cincuenta años y la toma de conciencia de que el hombre que decía ser su padre debía de ser alguien que no tenía la menor relación familiar con él.

—Vinimos a Estados Unidos con un grupo de personas desplazadas tras la Segunda Guerra Mundial. Yo no tenía más que cuatro años. Cuando fui algo mayor, ese hombre me dijo que procedíamos de Alemania. —Entre frase y frase respiraba como un asmático esforzándose para que le entrara el aire—. Pero, tras el trabajo que he realizado con Rhea, he comprendido que esa historia era una verdad a medias. *Él* procedía de Alemania, pero yo..., yo era un niño superviviente de un campo de concentración. Yo procedía de otro lugar, de algún otro país controlado por los nazis. Ese hombre se pegó a mí, aprovechando la confusión subsecuente a la guerra, para conseguir un visado de entrada en Estados Unidos. —Se puso a mirarse las manos como si se sintiera tremendamente avergonzado de ello.

—¿Se siente con fuerzas como para hablarnos de esos sueños, de esas pesadillas que le hicieron recurrir a Rhea Wiell? —le preguntó Beth.

La señora Wiell le apretó una mano para darle ánimos. Él volvió a alzar la mirada y empezó a hablar, dirigiéndose a la cámara, con una desinhibición casi infantil.

—Las pesadillas eran algo que me obsesionaba, eran algo de lo que no podía hablar y que sólo aparecían cuando estaba dormido. Eran cosas horribles, palizas, niños cayendo muertos en la nieve, con manchas de sangre como flores a su alrededor. Ahora, gracias a Rhea, recuerdo cuando tenía cuatro años. Aquel hombre extraño, enojado, y yo primero en un barco y, luego, en un tren. Yo lloraba: «Miriam, ¿dónde está mi Miriam? Quiero que venga Miriam», pero aquel que decía que era mi *Vati*, o sea mi padre, me pegaba, así que acabé aprendiendo a guardarme aquellas llantinas para cuando estaba solo.

—¿Y quién era Miriam, señor Radbuka? —le preguntó Beth Blacksin inclinándose hacia él, y dirigiéndole una mirada de simpatía.

—Miriam era mi amiguita, mi compañera de juegos. Llevábamos juntos desde que yo tenía un año —contestó Radbuka y rompió a llorar.

—Desde que llegaron al campo de concentración, ¿verdad? —dijo Beth.

—Pasamos dos años juntos en Terezin. Éramos seis niños, ahora me gusta pensar que éramos como los seis mosqueteros, pero para mí Miriam era especial. Quisiera saber que aún está viva, que aún está sana en algún lugar. Puede que ella también se acuerde de su Paul. —Se tapó la cara con las manos. Le temblaban los hombros.

De pronto, entre él y la cámara, apareció el rostro de Rhea Wiell.

—Dejémoslo aquí, Beth. Es todo cuanto Paul puede soportar por hoy.

Mientras la cámara se alejaba de ellos, se oyó la voz de Dennis Logan, el presentador, diciendo:

—Historias tan tristes como ésta no sólo obsesionan a Paul Radbuka, sino a miles de personas que sobrevivieron al Holocausto. Si alguno de ustedes cree que puede conocer a la Miriam de la que habla el señor Radbuka, llame por favor al número de teléfono que figura en pantalla o contacte con nosotros en nuestra dirección www.Globe-All.com y nos encargaremos de que Paul Radbuka reciba su mensaje.

—¡Qué desagradable! —dijo de pronto Carl mientras Morrell volvía a quitar el sonido—. ¿Cómo puede alguien exponer su intimidad de esa manera?

—Hablas igual que Lotty —murmuró Max—. Me parece que su dolor es tan grande que ni siquiera es consciente de lo que hace.

—A la gente le gusta hablar de sí misma —agregó Don—. Eso es lo que facilita el trabajo a los periodistas. ¿Ese apellido le dice algo, señor Loewenthal?

Max lo miró sorprendido, preguntándose cómo sabía Don su nombre. Morrell se apresuró a hacer las presentaciones y Don le explicó que había llegado a Chicago para cubrir la información sobre las conferencias de la Birnbaum y que había reconocido a Max porque le había visto en el programa.

—¿Ha reconocido a ese tal Radbuka o le suena ese apellido? —añadió.

—¿Es usted un periodista al que le gustaría que yo le hablase de mí mismo? —le contestó Max irónicamente—. No tengo ni idea de quién es.

—Hablaba como un niño —dijo Carl—, con una total inconsciencia acerca de lo que estaba diciendo, aunque se tratase de hechos atroces.

El teléfono volvió a sonar. Era Michael Loewenthal para decir que, si su padre tenía el perrito de Calia, hiciera el favor de volver a casa.

Max puso expresión de culpabilidad y me dijo:

—Victoria, ¿puedo llamarte mañana por la mañana?

—Claro. —Me fui al estudio y saqué una tarjeta de mi maletín para darle mi número de teléfono móvil. Y luego los acompañé a los dos hasta el coche—. ¿Habéis reconocido a ese tipo?

A la luz de la farola vi cómo Max echaba una mirada a Carl.

—Ese apellido... Pensé que conocía ese apellido, pero creo que no es posible. Te llamaré por la mañana.

Cuando volví a entrar en casa, Don había salido otra vez al porche con un cigarrillo. Fui a la cocina, donde Morrell estaba lavando la copa de brandy de Carl y, nada más entrar, me preguntó:

—¿Qué? ¿Te lo han contado todo cuando ya estaban lejos de los oídos indiscretos de la prensa?

Negué con la cabeza.

—Estoy molida pero, a la vez, siento curiosidad por ver a esa psicoanalista. ¿Vosotros os vais a quedar a ver el programa especial?

—Don está que se muere por verlo. Cree que esa psicoanalista puede darle pie para escribir el libro que sería su salvación profesional.

—Y tú también deberías estar de acuerdo —gritó Don desde el lado de fuera de la puerta de malla metálica—. Aunque debe de ser difícil trabajar con ese tipo. Da la sensación de que tiene unas emociones muy inestables.

Volvimos al salón justo en el momento en que aparecía en pantalla el logotipo de «Explorando Chicago». El presentador dijo que esa noche había un programa especial y recorrió el plató hasta donde se hallaba Beth Blacksin.

—Gracias, Dennis. En esta edición especial de «Explorando Chicago» vamos a tener la oportunidad de continuar escuchando las emocionantes revelaciones hechas en exclusiva para Global Television por un hombre que llegó a este país siendo un niño procedente de la Europa de posguerra y veremos cómo la terapeuta Rhea Wiell lo ayudó a recuperar una serie de recuerdos que había mantenido enterrados durante cincuenta años.

Pasaron unos fragmentos de la intervención de Radbuka durante el debate, seguidos de unas escenas de la entrevista que ella misma le había hecho.

—Vamos a continuar con la extraordinaria historia de la que hemos empezado a informarles hace un rato conversando con la psicoanalista que ha trabajado con Paul Radbuka. Con su labor, ayudando a que afloren recuerdos olvidados, Rhea Wiell ha obtenido unos éxitos extraordinarios, y he de añadir que, también, ha despertado extraordinarias controversias. Por lo general, esos hechos se olvidan porque el dolor que produce su recuerdo resulta insoportable. Los recuerdos felices no se entierran tan profundo, ¿no es así, Rhea?

La psicoanalista, que había cambiado de atuendo y en ese momento llevaba un vestido verde claro que recordaba al de un místico hindú, asintió con una leve sonrisa.

—Habitualmente no borramos los recuerdos de los batidos que tomábamos de niños o de los juegos en la playa con nuestros amigos. Lo que erradicamos son aquellos recuerdos que nos amenazan en lo más profundo como individuos.

—También está con nosotros esta noche el profesor Arnold Praeger, director de la Fundación Memoria Inducida.

El profesor aprovechó el tiempo que le concedieron en su presentación para afirmar que vivimos en una época en la que se ensalza a las víctimas, lo cual significa que, para ser digna de atención, la gente ha de demostrar que ha sufrido más que nadie.

—Ese tipo de personas busca psicoanalistas que avalen su victimización. Existe un pequeño número de terapeutas que ha ayudado a gran número de supuestas víctimas a recordar los hechos más espeluznantes: comienzan recordando rituales satánicos, sacrificios de mascotas que nunca tuvieron y cosas por el estilo. Muchas familias han sufrido terriblemente a causa de esos recuerdos inducidos.

Rhea Wiell se rió por lo bajo.

—Bueno, Arnold, espero que no estés intentando sugerir que alguno de mis pacientes ha recobrado recuerdos de sacrificios satánicos.

—Lo cierto, Rhea, es que has alentado a alguno de tus pacientes para que demonizara a sus padres y les han destrozado la vida acusándoles de las brutalidades más abyectas, pero no han podido probar ante un tribunal la veracidad de esas acusaciones por la sencilla razón de que el único testigo de esos hechos era la imaginación de tus pacientes.

—Querrás decir el único testigo si no contamos a ese padre que pensaba que nunca lo descubrirían —contestó Rhea Wiell manteniendo un tono amable que contrastaba con el tono destemplado de Praeger cuando la interrumpió.

—En el caso de este hombre que acabamos de ver, el padre ya ha muerto y, por lo tanto, ni siquiera puede defenderse. Nos has hablado de documentos en clave, pero yo me pregunto qué clave has utilizado para desentrañarlos y si una persona como yo llegaría a los mismos resultados en el caso de poder ver esos documentos.

La señora Wiell negó con la cabeza, sonriendo ligeramente.

—La intimidad de mis pacientes es sacrosanta, Arnold, ya lo sabes. Esos documentos pertenecen a Paul Radbuka. El que alguien pueda verlos es algo que sólo él puede decidir.

En ese momento volvió a intervenir Beth Blacksin para reconducir la conversación hacia lo que eran en realidad los recuerdos recuperados. La señora Wiell habló un poco sobre los trastornos que producía la tensión postraumática y explicó que hay un buen número de síntomas que se presentan en todas aquellas personas que han sufrido un trauma, ya sea provocado por la guerra —tanto en soldados como en civiles— o por otro tipo de hechos violentos, como puede ser una agresión sexual.

—Los niños que han sufrido abusos, los adultos que han sido torturados y los soldados que han vivido una batalla comparten determinados trastornos: depresiones, problemas del sueño, incapacidad para confiar en la gente de su entorno o para establecer relaciones afectivas estrechas —dijo Rhea Wiell.

—Pero se puede padecer una depresión o problemas del sueño sin haber sufrido abusos —interrumpió con

53

brusquedad Praeger—. Cuando a mi consulta llega alguien que se queja de esos síntomas, tengo mucho cuidado antes de formarme una opinión sobre la raíz del problema. No se me ocurre sugerirle inmediatamente que puede haber sido torturado por terroristas hutus. Frente a un psicoterapeuta las personas dan muestras de una vulnerabilidad y una dependencia muy grandes. Es muy sencillo sugerirles cosas que pueden llegar a creer a pies juntillas. Tendemos a pensar que nuestros recuerdos son objetivos y fieles a la realidad, pero, por desgracia, es muy fácil crear recuerdos de hechos que jamás tuvieron lugar.

Praeger continuó con un resumen de las investigaciones que se habían llevado a cabo sobre la memoria inducida o creada, las cuales demostraban cómo se podía persuadir a alguien de que había tomado parte en marchas o manifestaciones en determinada ciudad, cuando existían pruebas objetivas de que jamás había estado en dicha ciudad.

Un poco antes de las once, Beth Blacksin interrumpió la argumentación.

—Hasta que no comprendamos verdaderamente el funcionamiento de la mente humana, este debate continuará desarrollándose entre gentes de buena voluntad. Antes de despedirnos por hoy, cada uno de ustedes tiene treinta segundos para resumir su postura. ¿Señora Wiell?

Rhea Wiell miró a la cámara de frente y con gesto de seriedad dijo:

—Por lo general tendemos a ignorar los recuerdos terribles de otras personas. No es porque no tengamos compasión ni tampoco porque no queramos ser víctimas, sino porque nos produce miedo mirar en nuestro interior. Nos produce miedo encontrar lo que guardamos escondido: aquello que le hemos hecho a otras personas o aquello que nos han hecho a nosotros. Hay que tener mucho valor para emprender un viaje al pasado. Yo jamás ayudaría a que alguien hiciera ese viaje si no fuera lo suficientemente fuerte como para llegar hasta el final. Y, con toda seguridad, jamás dejaría que emprendiera un recorrido tan peligroso solo.

Después de todo aquello, la respuesta de Praegel, rebatiéndola, sonaba insensible y cruel. Si el resto de los televidentes era como yo, querrían que volviera la señora Wiell, querrían que les dijera que eran lo suficientemente fuertes como para emprender un viaje al pasado y lo suficientemente interesantes o aptos como para que ella los guiase durante el recorrido.

Cuando la imagen se fue fundiendo para dar paso a la publicidad, Morrell apagó el televisor. Don se frotaba las manos.

—Esta mujer da para un libro: uno de seis cifras. Seré un héroe en París y en Nueva York si lo consigo antes que Bertelsmann o Rupert Murdoch. Si ella es de verdad una... ¿A ti qué te parece?

—¿Te acuerdas del chamán que conocimos en Escuintla? —le preguntó Morrell a Don—. Tenía esa misma expresión en los ojos. Como si estuviera viendo los secretos más íntimos de tu pensamiento.

—Sí —contestó Don con un estremecimiento—. ¡Qué viaje tan horrible! Nos pasamos dieciocho horas debajo de una cochiquera esperando que llegara el ejército. En ese momento fue cuando decidí que sería más feliz trabajando a tiempo completo para Envision Press y dejando que fueran otros los que se cubrieran de gloria. Eso es para tipos como tú, Morrell. Por decirlo de alguna manera: ¿crees que esa Rhea Wiell es una charlatana?

Morrell abrió las manos.

—No sé nada sobre ella, pero no me cabe la menor duda de que cree en sí misma, ¿no?

Bostecé.

—Estoy demasiado cansada como para formarme una opinión, pero creo que no será difícil averiguar qué títulos tiene mañana por la mañana —les dije.

Logré ponerme de pie, pero las piernas me pesaban como el plomo. Morrell me dijo que vendría a acostarse en unos minutos.

—Antes de que Don se entusiasme demasiado con su nuevo libro, quisiera repasar con él algunas cosas mías.

—En ese caso, Morrell, salgamos fuera. No voy a mantener un duelo contigo sobre unos contratos sin mi dosis de nicotina.

No sé hasta qué hora se quedarían allí sentados, pues casi antes de que se cerrara la puerta que da al porche yo ya estaba dormida.

5

Olfateando un rastro

A la mañana siguiente, cuando volví de correr, Don estaba en el mismo lugar en el que lo había dejado la noche anterior: en el porche de atrás, fumándose un cigarrillo. Hasta seguía llevando los mismos vaqueros y la misma camiseta verde arrugada.

—Tienes un aspecto terriblemente saludable. Me entran ganas de fumar aún más en defensa propia —dijo dando una última calada y, después, aplastó la colilla en un cacharro de cerámica roto que Morrell le había dado—. Morrell me ha dicho que tú pondrías el chisme del café; supongo que ya sabes que él se ha ido al centro a ver a no sé quién del Ministerio de Asuntos Exteriores.

Ya lo sabía. Morrell se había levantado a las seis y media, al mismo tiempo que yo. Según se iba acercando el día de su partida, iba dejando de dormir como es debido. Aquella noche me había despertado un par de veces y me lo había encontrado con la mirada clavada en el techo. Por la mañana me deslicé fuera de la cama lo más silenciosamente posible y fui a asearme al cuarto de baño de invitados, que daba al vestíbulo. Después utilicé el teléfono de su estudio para dejar un mensaje a Ralph Devereux, jefe del Departamento de Reclamaciones de Seguros Ajax, pidiéndole una cita lo más pronto que pudiese. Cuando terminé, Morrell ya se había levantado. Mientras yo hacía estiramientos y me bebía un vaso de zumo, él se dedicó a contestar el correo electrónico y, al salir para correr un rato, él ya estaba por completo inmerso en un chat con Médicos para la Humanidad de Roma.

Cuando volvía de correr pasé por delante de la casa de Max, frente al lago. Su Buick seguía aparcado en la entrada, donde también había otros dos coches, probablemente alquilados por Carl y Michael. No se advertía ningún síntoma de vida. Los músicos se acuestan tarde y se levantan tarde y Max, que de costumbre está a las ocho en su trabajo, debía de haberse adaptado al mismo ritmo que su hijo y que Carl.

Me quedé mirando la casa como si las ventanas pudiesen guiarme hasta los pensamientos secretos de las personas que había en su interior. ¿Qué les habría evocado a Max y a Carl el hombre que había salido por televisión la noche anterior? Cuando menos habían reconocido su apellido, de eso estaba segura. ¿Alguno de sus amigos londinenses habría formado parte de la familia Radbuka? Max había dejado claro que no quería hablar de aquello, así que sería mejor que intentara no entrometerme. Sacudí las piernas y di por finalizada mi carrera.

Morrell tenía una máquina semiprofesional para hacer café expreso. De vuelta a su apartamento, preparé unos capuchinos para Don y para mí antes de ducharme. Mientras me vestía, me puse a escuchar los mensajes que tenía. Ralph me había llamado desde Ajax diciendo que estaría encantado de hacerme un huequecito a las doce menos cuarto. Me puse el jersey rosa de punto de seda y la falda color salvia que había llevado el día anterior. Pasar parte de mi tiempo en casa de Morrell era una complicación: siempre me ocurría que, cuando estaba en su casa, la ropa que quería ponerme estaba en mi apartamento y cuando estaba en mi apartamento, la ropa que quería ponerme estaba en su casa.

Cuando entré en la cocina, Don se había instalado con el *Herald Star* en la isleta central.

—Si en París te llevaran a dar una vuelta por una montaña rusa, ¿en qué lugar estarías?

—¿Por una montaña rusa? —pregunté mientras mezclaba yogur con galletas y gajos de naranja—. ¿Eso te va a ayudar a preparar las preguntas perspicaces que vas a plantearles a Posner y a Durham?

Sonrió de oreja a oreja.

—Estoy ejercitando el ingenio. Si tuvieras que hacer una averiguación rápida acerca de la psicóloga que salió anoche en la televisión, ¿por dónde empezarías?

Me apoyé contra la encimera mientras comía.

—Buscaría en los registros de psicólogos para ver si tiene licencia para ejercer y cuál es su titulación. Entraría en ProQuest: ella y el tipo ese de la Fundación Memoria Inducida ya han andado a la greña antes, así que tal vez podría encontrarse algún artículo sobre ella.

Don garabateó algo en una esquinita de la página del crucigrama.

—¿Cuánto tiempo te llevaría hacerlo y cuánto me cobrarías por ello?

—Depende de lo exhaustivo que quieras que sea el informe. Lo básico lo puedo averiguar bastante rápido, pero cobro cien dólares por hora con un mínimo de cinco horas. ¿Tiene Gargette una política de gastos generosa?

Don puso el lápiz a un lado.

—Tienen cuatrocientos contables en sus oficinas centrales de Reims para asegurarse de que los redactores como yo no coman más que un BigMac cuando están en la calle, así que no es probable que estén dispuestos a soltar pasta para pagar a un investigador privado. De todos modos, si la señora Wiell es quien dice ser y el otro tipo es quien dice ser, éste podría ser realmente un gran libro. ¿No podrías hacer algunas averiguaciones y luego vemos qué hacer?

Estaba a punto de aceptar cuando, de pronto, pensé en Isaiah Sommers contando cuidadosamente sus veinte billetes. Lamentándolo, negué con la cabeza.

—No puedo hacer excepciones con los amigos. Me sería más difícil cobrar a los desconocidos.

Sacó un cigarrillo y le dio unos golpecitos contra el periódico.

—Vale. ¿Y no podrías hacer algunas averiguaciones fiándote de que te pagaré en cuanto pueda?

Puse cara de circunstancias.

—Pues..., creo que sí. Esta noche, cuando vuelva, te traeré un contrato.

Don volvió a salir al porche. Yo acabé mi desayuno y llené el tazón con agua —porque a Morrell le daría un ataque si, al volver a casa, se lo encontraba con una capa de yogur pegado y seco— y, después, igual que Don, salí por la puerta de atrás. Tenía el coche aparcado en el callejón de detrás del edificio. Don seguía leyendo las noticias, pero levantó la cabeza y me dijo adiós. Mientras bajaba la escalera, sin saber cómo, se me ocurrió la respuesta:

—En un parque de atracciones —dije—. Si en francés se dice como en italiano, una montaña rusa está en un parque de atracciones.

—Hoy ya te has ganado el sueldo —dijo agarrando el lápiz y pasando las páginas hasta volver a la del crucigrama.

Antes de ir a mi oficina, pasé por los estudios de Global Entertainment en la calle Huron. Cuando se trasladaron al centro de la ciudad, hace un año, compraron un rascacielos en la calle más cotizada al noroeste del río. Sus oficinas regionales en el Medioeste, desde donde controlan todas sus empresas —que van de unos ciento setenta periódicos hasta una buena parte del negocio de la banda ancha de telefonía ADSL—, están en los pisos superiores y los estudios se encuentran en la planta baja.

Los ejecutivos de Global no se cuentan entre mis mejores seguidores en Chicago, pero ya había trabajado con Beth Blacksin antes de que esa empresa comprara el Canal 13. Beth estaba en la oficina preparando una sección de las noticias para el informativo de la noche. Salió enseguida al hall de recepción, enfundada en los pantalones vaqueros raídos que no puede llevar cuando está en antena, y me saludó como a una amiga a la que no había visto hace mucho tiempo o como a una valiosa fuente de información.

—Me fascinó tu entrevista de ayer con ese tal Radbuka —le dije—. ¿De dónde lo has sacado?

—¡Warshawski! —me dijo con una expresión de emoción en el rostro—. No me digas que lo han asesinado. Tengo que salir en directo.

—¡Tranquila, infatigable reportera! Por lo que sé sigue estando entre los vivos. ¿Qué me puedes contar sobre él?

—Entonces es que has encontrado a la misteriosa Miriam.

La agarré por los hombros.

—¡Blacksin, cálmate, si puedes! En estos momentos estoy simplemente en una excursión de pesca. ¿Tienes alguna dirección que estés dispuesta a facilitarme? De él o de la psicóloga.

Pasamos la cabina de los guardias de seguridad y me llevó hasta un laberinto de cubículos, donde tenían sus despachos los redactores de las noticias. Se puso a examinar un montón de papeles que estaban al lado de su ordenador y encontró el formulario estándar que han de firmar las personas que conceden una entrevista. Radbuka había apuntado el número de un apartamento en un edificio situado en la avenida Michigan, que copié. Su firma era grande y su letra descuidada, como su aspecto dentro de aquel traje que le quedaba demasiado holgado. Rhea Wiell, por el contrario, tenía una firma con las letras muy cuidadas, casi de imprenta. Mientras me fijaba bien en cómo se escribía su nombre, me di cuenta de que la dirección de Radbuka era la misma que la de Rhea: la de su consulta en Water Tower.

—¿Podrías darme una copia de la cinta con tu entrevista y la discusión entre la psicóloga y el tipo ese de la fundación contra la hipnosis? Estuvo muy bien eso de hacer que hablaran los dos en el último minuto.

Sonrió abiertamente.

—Mi agente está feliz. Mi contrato vence dentro de seis semanas. Praeger está obsesionado con Rhea Wiell. Han sido antagonistas en un buen número de casos, no sólo aquí, en Chicago, sino por todo el país. Él cree que ella es la encarnación del demonio y ella opina que él es lo más cercano a un pederasta. Los dos saben muy bien cómo estar ante los medios de comunicación, pero tendrías que haber visto lo que se decían cuando estaban fuera de cámara.

—¿Y qué piensas de Radbuka? —le pregunté—. Visto de cerca y en persona, ¿te pareció que su historia era verdad?

—¿Es que tienes pruebas de que es un fraude? ¿Es eso de lo que estamos hablando en realidad?

Me puse a refunfuñar.

—No sé nada acerca de él. *Zippo. Niente.* Nada.* No sé decirlo en más idiomas. ¿A ti qué te pareció?

—Ay, Vic, yo le creí absolutamente todo. Ha sido una de las entrevistas más desgarradoras que he hecho jamás y mira que hablé con un montón de gente después de lo de Lockerbie.** ¿Puedes imaginarte lo que debe ser crecer en un ambiente como el suyo y averiguar lue-

* En castellano en el original. *(N. de las T.)*
** Se refiere al atentado de unos terroristas libios contra un avión de PANAM que explotó en el aire y cayó sobre la localidad escocesa de Lockerbie. *(N. de las T.)*

go que el hombre que decía ser tu padre era como tu peor enemigo?

—¿Cómo se llamaba su padre, bueno, el que decía ser su padre?

Buscó en el texto que tenía en pantalla.

—Ulrich. Cuando Paul se refería a él, siempre le nombraba así en vez de llamarle papá, padre o lo que sea.

—¿Y sabes qué es lo que encontró en los papeles de Ulrich para darse cuenta de que tenía una identidad que había perdido? En la entrevista que le hiciste dijo que estaban en clave.

Negó con la cabeza mientras seguía mirando la pantalla.

—Sólo me dijo que había trabajado con Rhea y que así había logrado interpretarlos. Dijo que probaban que en realidad Ulrich había sido un colaborador de los nazis. Hablaba mucho de lo brutal que había sido con él, dijo que le pegaba por comportarse como un mariquita, que le encerraba en un armario cuando se iba a trabajar y que le mandaba a la cama sin cenar.

—¿Y no había ninguna mujer en ese escenario o es que ella también participaba de esos abusos? —le pregunté.

—Paul me dijo que Ulrich le había contado que su madre, o bueno, más bien la señora Ulrich, había muerto durante el bombardeo de Viena a finales de la guerra. Creo que no se casó nunca aquí, en Estados Unidos, y que ni siquiera llevaba mujeres a la casa. Parece que Ulrich y Paul eran un auténtico par de solitarios. Papá se iba a trabajar, volvía a casa y pegaba a Paul. Al parecer quería que Paul fuera médico, pero él no pudo soportar la presión de esos estudios y acabó siendo un simple técnico de rayos X, lo cual sirvió para que le ridiculizara aún más, pero nunca se marchó de casa de su padre. ¿No te parece escalofriante? Que siguiera con él incluso cuando ya era lo suficientemente mayor como para ganarse la vida...

Aquello era todo cuanto Beth podía, o quería, contarme. Me prometió que aquel mismo día me enviaría por mensajero una cinta a mi oficina con la entrevista completa que le había hecho a Radbuka y el debate con los terapeutas.

Todavía me quedaba tiempo para trabajar un poco en mi oficina antes de acudir a la cita que tenía en Ajax. Estaba a sólo unos pocos kilómetros al noroeste de Global, aunque eran mundos que se encontraban a años luz uno del otro. Para mí no había torres de cristal. Hacía tres años una escultora amiga mía me había ofrecido que compartiéramos un alquiler por siete años de un viejo almacén reconvertido en Leavitt. Puesto que estaba a quince minutos en coche del distrito financiero, donde se concentraba la mayor parte de mis clientes y la renta era la mitad de lo que se paga en una de esas torres relucientes, firmé de inmediato.

Cuando nos instalamos allí, la zona seguía siendo una tierra de nadie bastante mugrienta, entre el barrio latino, que queda un poco más hacia el oeste, y un barrio bastante pijo, de yuppies, cerca del lago. Por aquel entonces, las bodegas* y los que se dedican al esoterismo competían con las tiendas de música por los escasos locales pequeños de lo que había sido un polígono industrial. Los sitios para aparcar abundaban. A pesar de que los yuppies están empezando a trasladarse al barrio, abriendo cafés y boutiques, sigue habiendo muchos edificios que están que se caen y un montón de borrachos. Yo estaba en contra de un mayor aburguesamiento, no quería ver cómo mi renta se disparaba cuando expirase el contrato vigente.

La furgoneta de Tessa ya estaba en nuestra parcelita cuando aparqué. Tessa había recibido un encargo muy importante el mes anterior y estaba haciendo horas ex-

* En castellano en el original. *(N. de las T.)*

traordinarias para construir maquetas tanto de la obra como de la plaza en la que se iba a instalar. Cuando pasé ante la puerta de su estudio, estaba inclinada sobre su enorme mesa de dibujo, haciendo bocetos. Como se pone de muy mal humor si se la interrumpe, seguí por el pasillo hacia mi despacho sin decir nada.

Hice un par de fotocopias de la póliza de seguros del tío de Isaiah Sommers y metí el original en mi caja fuerte, que es donde guardo todos los documentos de mis clientes mientras estoy llevando a cabo una investigación. La verdad es que mi despacho es una cámara acorazada con paredes ignífugas y puerta blindada.

En la póliza figuraba la dirección de la Agencia de Seguros Midway, que era quien se la había vendido a Aaron Sommers hacía tantos años. Si no conseguía nada positivo de la compañía de seguros, tendría que dirigirme al agente con la esperanza de que recordara qué había hecho hacía treinta años. Consulté la guía de teléfonos. La agencia seguía estando en la calle Cincuenta y tres a la altura de Hyde Park.

Tenía que rellenar unos cuestionarios para unos clientes de esos que no dan más que para ir tirando y, mientras estaba sentada esperando para hablar con el Ministerio de Sanidad, decidí entrar en los sitios de Lexis y ProQuest e iniciar una búsqueda de datos sobre Rhea Wiell y Paul Radbuka.

Mi contacto en el Ministerio de Sanidad se puso por fin al teléfono y, por una vez, me contestó a todas las preguntas sin demasiadas evasivas. Cuando acabé con el informe, me puse a mirar los resultados obtenidos en Lexis. Con el nombre de Radbuka no había nada. Busqué en mis disquetes de números telefónicos y direcciones de Estados Unidos, que están más al día que los buscadores de la Red, y tampoco encontré nada. Al buscar Ulrich, el nombre de su padre, encontré cuarenta y siete entradas en la zona de Chicago. Tal vez Paul no se había cambiado de nombre legalmente después de saber que se llamaba Radbuka.

Por otro lado, la búsqueda sobre Rhea Wiell me proporcionó un montón de resultados. Aparentemente había intervenido como experta en gran número de juicios, pero localizar los sumarios para obtener las transcripciones sería un asunto la mar de tedioso. Me salí del programa y metí todos los papeles en el maletín para poder llegar a tiempo a la cita con el director del Departamento de Reclamaciones de Ajax.

6

Haciendo una reclamación

Conocí a Ralph Devereux al poco tiempo de iniciar mi carrera como investigadora. No hace tantos años pero, por aquella época, yo era la primera mujer con una licencia de detective privado en Chicago y, tal vez, en todo el país. Resultaba bastante duro lograr que los clientes o los testigos me tomaran en serio. Cuando Ralph recibió un balazo en el hombro por no haberme creído cuando le dije que su jefe era un sinvergüenza, nuestra amistad se rompió tan abruptamente como su omóplato.

Desde entonces no nos habíamos visto, así que he de admitir que me sentía algo inquieta mientras iba hacia los cuarteles generales de Ajax de la calle Adams. Al salir del ascensor en la planta sesenta y tres hasta me pasé por el aseo de señoras para comprobar que estaba bien peinada y que no se me había corrido la barra de labios.

El ordenanza de la planta de los directivos me acompañó a lo largo de kilómetros de suelo de madera hasta el ala donde estaba el despacho de Ralph. Su secretaria se comunicó con el sancta sanctorum por el interfono y pronunció mi nombre perfectamente. Ralph apareció sonriendo y con los brazos abiertos.

Tomé sus manos entre las mías, sonriéndole yo también e intentando amortiguar una punzada de tristeza. Cuando nos conocimos, Ralph era un joven ardiente de caderas estrechas con una mata de pelo negro que le caía hasta los ojos y una sonrisa cautivadora. Su pelo seguía siendo abundante, aunque con bastantes canas, pero sus mejillas se habían vuelto fofas y, a pesar de no estar gordo, sus caderas estrechas eran ya cosa del pasado, igual que nuestro breve romance.

Intercambiamos los saludos de rigor y le felicité por su ascenso a director del Departamento de Reclamaciones.

—Parece que has recobrado el movimiento en el brazo —añadí.

—Casi del todo. Me sigue molestando cuando el tiempo está húmedo. Estuve bastante deprimido mientras esperaba a que se curara mi herida. Me sentía tan imbécil por no haber impedido que aquello ocurriera, que me puse morado de hamburguesas con queso. Y los grandes vaivenes que hemos sufrido por aquí en estos últimos tiempos tampoco han ayudado mucho. Tú, sin embargo, tienes un aspecto magnífico. ¿Sigues corriendo siete kilómetros todas las mañanas? Debería contratarte como entrenadora.

Me reí.

—Seguro que tú ya estás en la primera reunión del día antes de que yo me haya levantado de la cama. Tendrías que tener un trabajo con menos presión. Esos vaivenes a los que te referías ¿han sido a causa de la compra de Ajax por parte de Edelweiss?

—En realidad eso llegó al final. El mercado nos estaba castigando muchísimo justo al mismo tiempo que nos asolaba el huracán Andrew. Mientras intentábamos salir de aquello, despidiendo a un veinte por ciento de la plantilla en todo el mundo, Edelweiss se hizo con una buena parte de nuestras acciones, que estaban por los suelos. Nos hicieron una OPA hostil, seguro que te enteraste por las páginas financieras, pero la verdad es que no están siendo unos amos hostiles. En realidad, parecen más ansiosos por aprender cómo hacemos las cosas aquí que por interferir. El director general procedente de

Zurich, que está encargado de Ajax, ha querido acompañarme en esta reunión contigo.

Con la mano en mi cintura, me condujo a su despacho, donde un hombre con unas gafas con montura de carey, un traje de lana de color claro y una corbata llamativa se puso de pie al entrar yo. Tenía unos cuarenta años y un rostro redondo y alegre que iba más con la corbata que con el traje.

—Vic Warshawski, Bertrand Rossy de Edelweiss Re de Zurich. Os vais a entender muy bien. Vic habla italiano.

—¿De verdad? —dijo Rossy estrechándome la mano—. Llamándose Warshawski hubiese pensado que hablaría polaco.

—Mi madre era de Pitigliano, *vicino* Orvieto —le dije—. En polaco sólo sé decir unas cuantas frases sueltas.

Rossy y yo nos sentamos en unos sillones de tubo cromado que estaban junto a una mesa con la parte superior de cristal. Ralph, que siempre ha tenido un gusto bastante incongruente hacia lo moderno, se apoyó contra el borde del tablero de aluminio que utilizaba como mesa de despacho.

Le hice a Rossy las preguntas habituales, que dónde había aprendido el perfecto inglés que hablaba (había ido a un colegio en Inglaterra) y que si le gustaba Chicago (mucho). A su mujer, que era italiana, el verano le había parecido demasiado agobiante y se había ido con los dos niños a la finca que la familia tenía en las montañas en los alrededores de Bolonia.

—Acaba de regresar esta misma semana con Paolo y Marguerita para el comienzo del curso escolar y ya se nota que voy mejor vestido de lo que lo he ido todo el verano, ¿no es cierto, Devereux? Esta mañana casi no logro convencerla de que me dejara salir por la puerta con esta corbata —dijo soltando una carcajada que dejó al descubierto unos hoyitos a ambos lados de la boca—.

Ahora estoy haciendo una campaña para convencerla de que pruebe a ir a la ópera de Chicago. Su familia lleva ocupando el mismo palco de La Scala desde que se inauguró en 1778 y ella no puede creer que una ciudad tan rabiosamente joven como ésta sea en efecto capaz de poner una ópera en escena.

Le dije que yo iba una vez al año en honor a mi madre, que solía llevarme todos los otoños, pero que, por supuesto, no podía compararse con una compañía de ópera europea.

—Y tampoco tengo un palco familiar. Yo voy al último piso, a lo que llamamos el gallinero.

Volvió a reírse.

—¡El gallinero! Hablando con usted ampliaré mi vocabulario. Deberíamos ir todos juntos una noche, si nos hace el honor de descender del gallinero. Pero veo que Devereux está mirando el reloj..., bueno, de un modo muy discreto, no se ofenda, Devereux. Una mujer hermosa te hace olvidar lo valioso que es el tiempo en los negocios, pero la señora Warshawski habrá venido con algún propósito diferente al de hablar de ópera.

Saqué la fotocopia de la póliza del seguro de Aaron Sommers y les expliqué lo sucedido con su funeral.

—Pensé que si venía personalmente a explicarles el caso me podrían dar una respuesta rápida.

Mientras Ralph llevaba la fotocopia a su secretaria, le pregunté a Rossy si había asistido el día anterior a la conferencia de la Fundación Birnbaum.

—Participaron amigos míos. Y me pregunto si a Edelweiss le preocupa la proposición de ley sobre la Recuperación de los Bienes de las Víctimas del Holocausto.

Rossy juntó las yemas de los dedos.

—Nuestra postura está en la misma línea que el resto del sector: por legítimos que sean el dolor y los motivos de queja, tanto de la comunidad judía como de la afroamericana, el gasto que conllevaría investigar cada póliza resultaría demasiado oneroso para los asegurados. En cuanto a nuestra compañía, no nos preocupa que nos investiguen. Durante la guerra, Edelweiss no era más que una pequeña compañía de seguros regional, así que la posibilidad de que haya un gran número de reclamaciones de judíos es casi inexistente.

»Por supuesto que ahora me he enterado de que durante los primeros quince años de historia de Ajax seguía habiendo esclavitud en Estados Unidos —continuó diciendo—. Y acabo de sugerirle a Ralph que debíamos conseguir que la señorita Blount, la historiadora que ha escrito sobre nuestra historia, buscara en los archivos para saber quiénes eran clientes nuestros en aquellos días tan lejanos. Eso, dando por sentado que no haya decidido pasarle información sobre nuestros archivos a ese concejal, ese tal Durham. Pero ¡qué caro es rebuscar en el pasado! ¡Qué costoso!

—¿Su historia? Ah, ya, el librito que se llama *Ciento cincuenta años de vida*. Tengo un ejemplar, aunque he de confesar que aún por leer. ¿Cubre los primeros años de Ajax anteriores a la emancipación de los esclavos? ¿Cree de verdad que la señorita Blount entregaría sus documentos a una persona ajena a su compañía?

—¿Es ése el auténtico motivo de su visita? Ralph me ha dicho que es usted detective. ¿Está usted haciendo algo muy sutil, muy a lo Humphrey Bogart, fingiendo estar interesada en la reclamación de los Sommers e intentando tenderme una trampa con sus preguntas sobre las reclamaciones de los supervivientes del Holocausto y los descendientes de esclavos? Ya me parecía que esa póliza era poca cosa, muy poca cosa, para planteársela a un Director de Reclamaciones —dijo sonriendo abiertamente, invitándome a que me lo tomara como una broma, si quería.

—Estoy segura de que en Suiza, igual que aquí, la gente suele recurrir a alguien conocido —le dije—. Y

Ralph y yo trabajamos juntos hace un montón de años, antes de su «exaltación» y, aprovechando que lo conozco, confiaba en lograr una respuesta rápida para mi cliente.

—«Exaltado» es justo el término para definirme —dijo Ralph, que acababa de volver—. Vic tiene la deprimente costumbre de olfatear los delitos financieros, así que es mejor estar de su parte desde el comienzo que enfrentarse a ella.

—Entonces, ¿cuál es el delito relacionado con esta reclamación? ¿Qué es lo que ha olfateado usted hoy? —preguntó Rossy.

—Hasta el momento, nada. Pero es que no he tenido tiempo de consultar al vidente.

—¿Vidente? —repitió con recelo.

—*Indovina* —dije sonriéndole—. Abundan en el barrio en el que tengo mi oficina.

—¡Ah, ya! Vidente —exclamó Rossy—. Me he pasado años pronunciándolo mal. A ver si me acuerdo de decírselo a mi mujer. Lo que más le interesa son las cosas raras que me ocurren en el trabajo. Vidente y gallinero. Eso le va a encantar.

La secretaria de Ralph me salvó de tener que responder. Venía acompañando a una joven que agarraba con fuerza una carpeta muy gruesa. Llevaba unos vaqueros de color caqui y un jersey que había encogido de tantos lavados.

—Señor Devereux, ésta es Connie Ingram —dijo la secretaria—. Tiene la información que ha pedido.

Ralph no nos presentó, ni a Rossy ni a mí, a Connie Ingram. Ella nos miró con aire de tristeza, pero le entregó la carpeta a Ralph.

—Éstos son todos los documentos de la L-146938-72. Siento venir con vaqueros y estas pintas, pero es que la supervisora no está y me han dicho que le trajera el expediente yo misma. He sacado una copia del estado financiero a partir de la microficha, así que no está demasiado nítida, pero es todo lo que he podido hacer.

Bertrand Rossy se levantó también cuando me acerqué para ver los papeles por encima del hombro de Ralph. Connie Ingram pasó varias páginas hasta llegar a los documentos de pago.

Ralph los sacó de la carpeta y se puso a estudiarlos. Los estuvo leyendo un buen rato y, luego, se volvió hacia mí con una expresión contrariada.

—Parece que la familia de tu cliente ha intentado cobrar la misma póliza dos veces, Vic. Ya sabes que eso no nos hace ninguna gracia.

Agarré las hojas. La póliza se había cubierto en 1986. En 1991 alguien había presentado un certificado de defunción y allí estaba la fotocopia del cheque con el que se había pagado la póliza a nombre de Gertrude Sommers, a la atención de la Agencia de Seguros Midway, y estaba debidamente endosado.

Durante unos instantes me quedé sin habla. La afligida viuda tenía que haber sido toda una actriz para convencer al sobrino de que soltara la pasta para el funeral y el entierro de su tío habiendo cobrado la póliza hacía diez años, pero ¿cómo diantre había conseguido un certificado de defunción en aquel entonces? Mi primer pensamiento fue malévolo: me alegré de haber exigido el pago por adelantado. Dudaba de que Isaiah Sommers me hubiera pagado si le hubiese ido con aquella historia.

—Esto no será una broma, ¿verdad, Vic? —me preguntó Ralph.

Estaba contrariado ante la idea de parecer un incompetente a los ojos de su nuevo jefe, así que yo no iba a echar más leña al fuego.

—Palabra de boy scout. La historia que he contado es exactamente la que me contó mi cliente. ¿Has visto alguna vez una cosa así? ¿Un certificado de defunción falso?

—A veces sucede —dijo Ralph, echando una mirada a Rossy—. Por lo general se trata de alguien que finge su muerte para huir de los acreedores. Las circunstancias de la póliza, la magnitud, el tiempo transcurrido entre cuando se suscribió y cuando se cobró, hacen que investiguemos antes de pagarla. Pero, en un caso como éste —dijo golpeando con el dedo el cheque cancelado—, por un valor nominal tan bajo y en el que hemos cobrado la prima completa hace años, no nos ponemos a investigar.

—O sea, que existe esa posibilidad: la posibilidad de que haya gente que presente una solicitud de pago que no le corresponde —dijo Rossy mientras cogía la carpeta que tenía Ralph y empezaba a mirarla con cuidado, página por página.

—Pero sólo se paga una vez —dijo Ralph—. Como podrá ver, cuando la funeraria reclamó la póliza, disponíamos de toda la información y no la pagamos por segunda vez. No creo que nadie de la agencia se molestase en verificar si el tomador... —miró la etiqueta que llevaba la carpeta—, si Sommers había muerto realmente cuando su mujer presentó la solicitud de pago.

Connie Ingram preguntó si debía decirle a su supervisora que llamara a la agencia o a la funeraria. Ralph se volvió hacia mí.

—Vas a hablar con ellos de todos modos, ¿verdad, Vic? ¿Te importaría decirle a Connie lo que averigües? Quiero decir, la verdad, no la versión que pretendas que se trague Ajax.

—Si la señora Warshawski tiene la costumbre de ocultar lo que averigua, tal vez no deberíamos confiar en ella en un asunto tan delicado como éste, Ralph —dijo Rossy, haciéndome una pequeña reverencia—. Estoy seguro de que formulará las preguntas con tanta habilidad que nuestro agente puede acabar contándole algo que debería quedar entre él y la compañía.

Ralph empezó a decir que Rossy sólo estaba intentando picarme, luego suspiró y le dijo a Connie que, por supuesto, hiciera cuantas preguntas necesitase para poder dar por zanjado aquel expediente.

—Ralph, ¿y qué pasaría si hubiese sido otra persona la que, haciéndose pasar por Gertrude Sommers, hubiese presentado la solicitud de pago? —le pregunté—. ¿Volvería a pagar la compañía la totalidad del seguro?

Ralph se frotó los surcos, cada vez más profundos, que tenía entre las cejas.

—No me pidas que haga disquisiciones morales sin conocer todos los datos. ¿Y si hubiera sido su marido o su hijo? El hijo figura como el segundo beneficiario, tras la esposa. ¿Y si fue su párroco? No voy a comprometer a la compañía antes de conocer los hechos.

Aunque me hablaba a mí, estaba mirando a Rossy, quien, a su vez, miraba el reloj de un modo nada discreto. Ralph murmuró algo sobre la cita que tenían a continuación. Aquello me inquietó más que la reclamación fraudulenta: no me gusta que mis amantes, incluso mis antiguos amantes, sean serviles.

Cuando salía del despacho le pedí a Ralph una fotocopia del cheque cancelado y del certificado de defunción. Rossy contestó en su lugar.

—Devereux, ésos son documentos de la compañía.

—Pero, si no me permiten enseñárselos a mi cliente, no tendrá forma de saber si le estoy mintiendo —dije—. ¿Recuerdan el caso que salió a la luz la primavera pasada en el que varias compañías aseguradoras admitieron que cobraban a sus clientes de raza negra hasta cuatro veces más que a los blancos? Les garantizo que a mi cliente se le va a pasar esa idea por la cabeza y, entonces, puede que, en lugar de ser yo quien venga a pedir de buenas maneras dichos documentos, sea una demanda federal con una citación judicial adjunta.

Rossy se quedó mirándome, súbitamente helado.

—Si a usted le parece que amenazar con una demanda federal es pedir algo de «buenas maneras» tendré que cuestionarme sus métodos de trabajo.

Sin los hoyitos en el rostro, Rossy podía resultar un hombre de negocios que imponía. Le sonreí, tomé su mano, la giré y me puse a mirarle la palma.

—Signore Rossy, no le he amenazado con una demanda federal: estaba leyéndole la buena fortuna, como una *indovina*, y previendo un futuro inevitable.

El hielo se derritió de inmediato.

—¿Y qué otras cosas ve usted?

Le solté la mano.

—Mis poderes son limitados, pero me parece que tiene usted la línea de la vida muy larga. Y ahora, con su permiso, ¿puedo hacer una fotocopia del cheque cancelado y del certificado de defunción?

—Debe usted perdonar esa costumbre mía, tan suiza, de ser reacio a desprenderme de documentos oficiales. Por supuesto que puede hacer fotocopias de esos documentos, pero creo que la carpeta me la voy a quedar yo, por si su encanto personal le resulta más persuasivo a esta señorita que la debida lealtad.

Hizo un gesto dirigiéndose a Connie Ingram, quien se puso toda colorada.

—Perdone, señor, lo siento muchísimo, pero ¿podría firmarme un recibo? No puedo sacar una carpeta de nuestros archivos sin dejar un recibo con el número de expediente y la firma de la persona que se la ha quedado.

—Ah, muy bien, ¿así que usted también tiene respeto por los documentos? Magnífico. Escriba lo que tenga que escribir y se lo firmaré. ¿Será eso suficiente para cumplir con las normas?

Con un sofoco que le llegaba hasta las clavículas, Connie Ingram salió para que la secretaria de Ralph escribiera a máquina el recibo. Yo la seguí con los documentos que Rossy me había autorizado a fotocopiar, algo que también tuvo que hacer la secretaria de Ralph.

Ralph me acompañó un trecho por el pasillo.

—Mantente en contacto conmigo, ¿de acuerdo, Vic? Te quedaría muy agradecido si me contaras todo lo que averigües de este asunto.

—Serás el segundo en saberlo —le prometí—. ¿Y tú serás igual de comunicativo conmigo?

—Naturalmente —dijo con una sonrisa que me recordó al Ralph de los viejos tiempos—. Y, si no recuerdo mal, suelo ser mucho más comunicativo que tú.

Me reí, pero seguí sintiéndome desilusionada mientras esperaba el ascensor. Cuando las puertas se abrieron con un tenue *tin*, salió de él una mujer joven con un traje de chaqueta de tweed muy clásico, sujetando con firmeza un portafolios de color tabaco. Sus trencitas rastafaris cuidadosamente retiradas del rostro me hicieron parpadear al reconocerla.

—Señorita Blount, soy V. I. Warshawski. Nos conocimos en la fiesta de Ajax de hace un mes.

Asintió y me rozó la mano con la punta de los dedos.

—Tengo una cita.

—Sí, ya, con Bertrand Rossy —dije mientras decidía si ponerla sobre aviso ante las sospechas de Rossy de que podía estar pasando información de la compañía a Bull Durham, pero se fue por el pasillo como una exhalación, directa al despacho de Ralph, antes de que pudiera decidirme.

El ascensor del que se había bajado ya no estaba. Antes de que llegara otro, llegó Connie Ingram, que parecía haber terminado ya con su papeleo.

—El señor Rossy parece muy celoso de sus documentos —comenté.

—En esta empresa no nos podemos permitir perder ningún papel —contestó con tono remilgado—. Pueden ponernos una demanda si nuestros archivos no están en perfecto estado.

—¿Les preocupa que la familia Sommers les ponga una demanda?

—El señor Devereux dijo que el agente o corredor es el responsable del pago de ese seguro. Así que no es un problema de esta compañía pero, por supuesto, él y el señor Rossy...

Se calló de golpe y se puso toda colorada, como si se hubiese acordado del comentario de Rossy sobre mis encantos persuasivos. Llegó el ascensor y se zambulló dentro de él. Era la una menos veinte, plena hora del almuerzo. El ascensor fue parando cada dos o tres plantas para que subiera gente antes de bajar directamente desde la planta cuarenta a la planta baja. Me preguntaba qué cotilleo se había guardado de decir Connie Ingram, pero no había forma de que pudiese sonsacárselo.

7

Visitas sin previo aviso

—Aquí hay algo que no me cuadra —murmuré mientras entraba en el metro para coger la línea norte. En el tren había mucha gente que hablaba sola, así que yo no desentonaba en absoluto—. Cuando alguien protege unos documentos con tanto celo, ¿será porque se adhiere obsesivamente a su cultura empresarial, como dijo Rossy? ¿O porque hay algo en ellos que no quiere que yo vea?

—Es porque está a sueldo de las Naciones Unidas —dijo el hombre que se encontraba junto a mí—. Están trayendo tanques en esos helicópteros de las Naciones Unidas que están aterrizando en Detroit. Lo he visto en la tele.

—Tiene razón —respondí a aquel rostro de bebedor de cerveza—. No hay duda de que es un complot de la ONU. Así que ¿cree usted que debería ir a la Agencia de Seguros Midway, hablar con el agente y comprobar si mis encantos son lo suficientemente persuasivos como para conseguir que me deje echarle un vistazo a su archivo de pólizas?

—A mí sus encantos me parecen muy persuasivos —dijo, lanzándome una mirada lasciva.

Consiguió levantarme la moral. Cuando bajé del tren en Western, monté en el coche y volví a dirigirme al sur de inmediato. Cuando llegué a Hyde Park, encontré un parquímetro al que todavía le quedaban cuarenta minutos en una de las calles laterales cercanas al edificio del banco donde Seguros Midway tenía sus oficinas. Aquel edificio era la más venerable reliquia del barrio, con su torre de diez plantas irguiéndose sobre la principal calle comercial de Hyde Park. Habían limpiado la fachada hacía poco pero, cuando me bajé del ascensor en el sexto piso, la débil iluminación y las paredes sucias denotaban la indiferencia de la propiedad hacia el bienestar de sus inquilinos.

La oficina de Seguros Midway se encontraba embutida entre la consulta de un dentista y la de un ginecólogo. Las letras negras sobre la puerta informaban que hacían seguros de vida, del hogar y de automóviles y parecían llevar allí mucho tiempo. Parte de la *H* de *Hogar* se había despegado y parecía que Midway aseguraba *nogar*.

La puerta estaba cerrada pero cuando toqué el timbre alguien apretó el botón de la cerradura electrónica y me abrió desde dentro. La oficina era aún más sórdida que el vestíbulo. La luz fluorescente parpadeaba y era tan tenue que no noté que una esquina del suelo de linóleo estaba levantada y tropecé con ella. Tuve que agarrarme a un archivador para no caerme.

—Lo siento, siempre se me olvida arreglarlo. —No me había dado cuenta de que había un hombre hasta que habló. Estaba sentado detrás de un escritorio que ocupaba gran parte de la habitación, pero había tan poca luz que no le había visto al abrir la puerta.

—Espero que tenga asegurado este local, porque si no arregla usted ese suelo le va a caer una buena demanda —le espeté, mientras atravesaba la habitación.

Encendió una lámpara de mesa que iluminó una cara con tal cantidad de pecas que era como si estuviese cubierta por una alfombra naranja. Ante mis palabras la alfombra se volvió de un rojo intenso.

—Aquí no recibo la visita de muchos clientes —me explicó—. Estamos casi todo el tiempo en la calle.

Miré a mi alrededor pero no había ningún otro escritorio para otra persona. Quité una guía telefónica que estaba sobre la única silla libre y me senté.

—¿Tiene usted socios o empleados?

—Heredé el negocio de mi padre. Murió hace tres años pero no logro hacerme a la idea. Creo que este negocio también terminará por morirse. Nunca se me ha dado bien ir de puerta en puerta, visitando a la gente sin previo aviso... y ahora las ventas por Internet están acabando con los corredores de seguros independientes.

Al mencionar Internet se acordó de que había dejado encendido su ordenador. Accionó una tecla para activar el protector de pantalla, pero antes de que empezasen a caer pececitos en cascada vi que había estado jugando a una especie de solitario.

El ordenador era el único objeto nuevo en la habitación. Su escritorio era de madera color miel y aspecto pesado, de esos que fueron bastante comunes hace cincuenta años, con un espacio en el centro para meter las piernas entre una hilera de cajones a cada lado. La madera que quedaba a la vista estaba salpicada de manchas negras, producto de décadas de mugre, café, tinta y quién sabe qué más, aunque la mayor parte de la superficie estaba cubierta de un deprimente montón de papeles. En comparación, mi oficina resultaba monástica.

El espacio restante estaba ocupado casi en su totalidad por cuatro grandes archivadores. Toda la decoración consistía en un arrugado póster del equipo nacional chino de ping-pong. Junto a la ventana tenía un gran tiesto colgado de una cadena, pero la planta se había marchitado y sólo le quedaban unas pocas hojas secas.

El hombre se enderezó e intentó poner un cierto tono enérgico en su voz.

—¿Qué puedo hacer por usted?

—Mi nombre es V. I. Warshawski. —Le entregué mi tarjeta—. Y el suyo es...

—Fepple. Howard Fepple. —Miró mi tarjeta—. Ah, la detective. Ya me dijeron que vendría a verme.

Miré mi reloj. Apenas había transcurrido una hora desde que me había marchado de Ajax. Alguien en la compañía se había dado mucha prisa.

—¿Quién se lo dijo? ¿Bertrand Rossy?

—No sé cómo se llamaba. Era una de esas tías de Reclamaciones.

—Señoritas —le corregí con tono irritado.

—Da igual. En fin, me dijo que usted me preguntaría acerca de una antigua póliza nuestra. De la cual no puedo decirle nada, puesto que en la época en que se vendió yo todavía iba al instituto.

—¿Así que la ha buscado? ¿Qué decía acerca de la persona que la cobró?

Se recostó en el respaldo de la silla, era la viva imagen de un hombre tranquilo.

—No veo qué tiene que ver usted en ese asunto.

Sonreí de oreja a oreja con aire malvado, olvidando por completo mis ideas sobre la seducción y la persuasión.

—La familia Sommers, a la cual represento, está interesada en este asunto, que tiene todos los visos de acabar en una demanda federal. Lo cual implicaría una demanda para abrir esos archivos y una demanda a su agencia por fraude. Tal vez fuese su padre el que le vendió la póliza a Aaron Sommers en 1971, pero ahora es usted el dueño de la agencia. En ese caso, no será Internet el que acabe con usted.

Hizo una mueca apretando los carnosos labios.

—Para su información, no fue mi padre el que vendió esa póliza sino Rick Hoffman, que trabajaba entonces para él.

—¿Y dónde puedo encontrar al señor Hoffman?

Sonrió con aire de suficiencia.

—Dondequiera que estén los muertos. Aunque no

creo que el viejo Rick acabase en el cielo. Era un miserable hijo de perra. Cómo hacía para que le fuera tan bien... —Se encogió de hombros de un modo muy expresivo.

—¿Quiere decir que, a diferencia de usted, a él no le importaba hacer visitas sin previo aviso?

—Era el hombre del viernes. Ya sabe, iba a los barrios pobres los viernes por la tarde a cobrarle a la gente después de que recibieran la paga semanal. La mayor parte de nuestro negocio se basa en ese tipo de seguros de vida de pequeño valor nominal, lo suficiente como para cubrir los gastos de un entierro decente y que quede algo para la familia. Es todo lo que una familia como los Sommers podría permitirse, diez mil, aunque ésa ya supone una cantidad importante para nosotros. Normalmente no pasan de los tres o cuatro mil dólares.

—Así que Hoffman era quien le cobraba a Aaron Sommers. ¿Había pagado toda la póliza?

Fepple dio unos golpecitos a una carpeta que estaba sobre el revoltijo de papeles.

—Ah, sí. Sí. Le llevó quince años, pero la pagó toda. Los beneficiarios eran su esposa, Gertrude, y su hijo, Marcus.

—Entonces, ¿quién la cobró? Y en caso de que alguien lo hiciese, ¿cómo es que la familia todavía tenía el documento de la póliza?

Fepple me echó una mirada de resentimiento y empezó a revisar el expediente, hoja por hoja. En determinado momento se detuvo y se quedó mirando fijamente un documento mientras movía la boca en silencio. Las comisuras de sus labios dibujaron una tenue sonrisa. Una sonrisa reservada. Pero después de un momento, continuó su búsqueda. Al final extrajo los mismos documentos que yo ya había visto en la compañía: una copia del certificado de defunción y una copia del cheque refrendado.

—¿Qué más hay en la carpeta? —le pregunté.

—Nada más —respondió con rapidez—. No hay nada fuera de lo normal en ella. Rick hacía tropecientas de esas pequeñas ventas de fin de semana. No tienen nada de raro.

No le creí, pero no tenía modo de desenmascararlo.

—No parece una forma de ganarse la vida, ventas de tres y cuatro mil dólares.

—Rick se ganaba bien la vida. Sabía cómo estar atento a los detalles, eso sí que puedo decírselo.

—¿Y qué es lo que no puede decirme?

—No le digo lo que a usted no le importa. Usted se ha presentado aquí por las buenas, sin previo aviso, husmeando en busca de algo sucio, pero no tiene ninguna razón para andar haciendo preguntas. Y no me venga con demandas federales. Si aquí ha habido algún chanchullo eso ya no es responsabilidad mía sino de la compañía de seguros.

—¿Hoffman tenía familia?

—Tenía un hijo. No sé lo que ha sido de su vida. Era mucho mayor que yo y no se llevaba demasiado bien con Rick. Tuve que ir con mi padre a su funeral y nosotros éramos las únicas personas en toda la iglesia. Para entonces, el hijo hacía tiempo que se había marchado.

—¿Y quién heredó la parte del negocio que correspondía a Rick?

Fepple negó con la cabeza.

—No era socio. Trabajaba para mi padre. Exclusivamente a comisión, pero... le iba bastante bien.

—Entonces, ¿por qué no coge la lista de sus clientes y continúa con el trabajo que él empezó?

La sonrisilla desagradable volvió a aparecer.

—Pues puede que eso sea exactamente lo que haga. Hasta que la compañía no me llamó, no me había dado cuenta de la pequeña mina de oro que significaba el modo de trabajar de Rick.

Me moría de ganas de hojear aquella carpeta pero, aparte de arrebatarla de encima del escritorio y correr escaleras abajo hasta acabar en los brazos del guardia de seguridad que había en el vestíbulo, no se me ocurría ninguna otra forma de poder mirarla. Al menos, no por el momento. Al salir volví a tropezar con el linóleo. Si Fepple no arreglaba aquello pronto, yo misma le pondría una demanda.

Ya que estaba en la zona sur, continué un par de millas más rumbo a la calle Sesenta y siete, donde estaba la funeraria Delaney. Se encontraba en un edificio blanco impresionante, sin duda el más grandioso de toda la manzana, y había cuatro coches fúnebres en el aparcamiento de la parte posterior. Dejé mi Mustang junto a ellos y entré a ver lo que podía averiguar.

Me atendió el viejo señor Delaney en persona y me dijo cuánto había sentido tener que ocasionar tal disgusto a una mujer tan dulce y decente como la hermana Sommers, pero que enterrar a la gente por caridad era algo que no podía permitirse: si lo hacía una sola vez luego vendrían todos los aprovechados del barrio contando todo tipo de historias sobre los problemas que tenían con sus seguros de vida. En cuanto a cómo se había enterado de que la póliza de Sommers ya había sido cobrada, me contó que ellos seguían un procedimiento muy sencillo con las compañías de seguros de vida. Habían llamado por teléfono, habían dado el número de póliza y les habían informado de que esa póliza ya había sido pagada. Le pregunté con qué persona habían hablado.

—Yo no doy nada gratis, señora —dijo el señor Delaney con tono severo—. Si quiere continuar con sus averiguaciones en la compañía, la animo a que lo haga, pero no espere que yo le dé porque sí una información en la que tuve que gastar un dinero que me ha costado mucho ganar. Sólo le diré que no es la primera vez que sucede que una familia, al perder a un ser querido, descubre que su bienamado había dispuesto de su dinero sin hacérselo saber. No es algo que ocurra con frecuencia, pero hay veces en que las familias se ven tristemente sorprendidas por el comportamiento de sus seres queridos. La naturaleza humana puede llegar a ser demasiado humana.

—Una lección que estoy segura que Gertrude y su sobrino aprendieron en el funeral de Aaron Sommers —dije, al tiempo que me levantaba para marcharme.

Inclinó la cabeza con aire apesadumbrado, como si no percibiese la ironía que escondían mis palabras. Él no había llegado a ser uno de los hombres más ricos de la ribera sur disculpándose por la rigidez de sus métodos comerciales.

8

Los cuentos de Hoffman

Por el momento el marcador de la jornada iba así: Warshawski cero, visitantes tres. No había obtenido ningún dato satisfactorio de Ajax ni de la Agencia Midway ni del propietario de la funeraria. Ya que estaba en el sur de la ciudad podía aprovechar y completar mi ronda de entrevistas decepcionantes visitando a la viuda.

Vivía a pocas manzanas de la autopista Dan Ryan, en una destartalada casa de doce apartamentos, que tenía un edificio quemado a un lado y un solar con desechos de materiales de construcción y coches oxidados al otro. Cuando llegué, un par de tipos estaban inclinados sobre el motor de un viejo Chevy. La única persona que había en la calle aparte de mí era una mujer de aspecto feroz que farfullaba incoherencias mientras echaba unos tragos de una botella metida en una bolsa de papel marrón.

Parecía que el timbre del portero automático de los Sommers no funcionaba, pero la puerta del portal estaba entreabierta, descansando precariamente sobre sus bisagras, así que entré en el edificio. El hueco de la escalera olía a orines y a grasa rancia. A medida que avanzaba por el pasillo, algunos perros me ladraban desde detrás de las puertas, sofocando el débil llanto de un bebé. Cuando llegué al piso de Gertrude Sommers, estaba tan deprimida que tuve que hacer un esfuerzo para llamar en lugar de batirme en cobarde retirada.

Transcurrieron algunos minutos. Por fin escuché unos pasos lentos y una voz profunda preguntándome quién era. Le dije mi nombre y que era la detective que su sobrino había contratado. Descorrió los tres cerrojos que aseguraban la puerta y se quedó un momento en el umbral, observándome con aire sombrío antes de dejarme entrar.

Gertrude Sommers era una mujer alta. Incluso siendo una anciana me sacaba por lo menos cinco centímetros, y yo mido más de un metro setenta, y se mantenía erguida a pesar del dolor. Llevaba un vestido oscuro que hacía frufrú al caminar. Un pañuelo de encaje negro metido en el puño de la manga izquierda indicaba su luto. Mirarla me hacía sentirme desaliñada con mi falda y mi jersey de trabajo tan gastados.

La seguí hasta el salón y esperé de pie hasta que me señaló majestuosamente el sofá. La brillante tapicería de flores estaba protegida con un plástico grueso que emitió un sonoro crujido cuando me senté.

La mugre y la sordidez del edificio desaparecían al traspasar el umbral de su puerta. Las superficies que no estaban recubiertas de plásticos brillaban lustrosas, desde la mesa de comedor que estaba contra la pared —al otro extremo de la habitación— hasta el reloj que había sobre el televisor, con su sonido que imitaba a un carillón. Las paredes estaban cubiertas de fotografías, muchas de las cuales eran del mismo niño sonriente y también había una antigua foto de mi cliente con su mujer el día de su boda. Para mi sorpresa, el concejal Durham se encontraba en aquella pared, en una foto en la que estaba solo y en otra en la que aparecía abrazando a dos adolescentes vestidos con las características sudaderas azules de los grupos OJO. Uno de ellos se apoyaba en dos muletas de metal, pero ambos sonreían llenos de orgullo.

—Siento mucho la muerte de su marido, señora Sommers. Y siento mucho la terrible confusión que ha surgido alrededor del seguro de vida.

Apretó con fuerza los labios. No me iba a ser de gran ayuda.

Inicié la faena lo mejor que pude, desplegando delante de sus ojos las fotocopias del certificado de defunción fraudulento y del cheque que cancelaba el seguro de vida.

—Estoy desconcertada con esta situación. Quizá usted tenga alguna idea de cómo pudo haber ocurrido algo así.

Se negó a mirar los documentos.

—¿Cuánto le han pagado para venir aquí a acusarme?

—Nadie me ha pagado y nadie podría pagarme para hacer tal cosa, señora Sommers.

—Eso es fácil decirlo. Para usted es fácil decirlo, jovencita.

—Eso es cierto. —Hice una pausa, para tratar de ponerme en su situación—. Mi madre murió cuando yo tenía quince años. Si algún desconocido hubiese cobrado su póliza de seguros y hubiesen acusado de ello a mi padre, bueno, puedo imaginarme lo que él hubiera hecho, y eso que era un tipo con buen carácter. Pero si usted no me deja que le pregunte nada sobre el asunto, ¿cómo voy a hacer para averiguar quién cobró esa póliza hace ya tantos años?

Apretó los labios, pensativa, y luego dijo:

—¿Ha hablado usted ya con ese agente de seguros, ese tal señor Hoffman, que se presentaba todos los viernes por la tarde antes de que el señor Sommers pudiese gastarse la paga en alcohol o en alguna de esas otras cosas en las que, según aquel tipo, malgastan el dinero los negros pobres en lugar de dar de comer a su familia?

—El señor Hoffman ha muerto. La agencia está en manos del hijo del anterior dueño, que no parece saber mucho del negocio. ¿El señor Hoffman le faltaba al respeto a su marido?

Inspiró profundamente por la nariz.

—Para él no éramos personas. Éramos sin más una anotación en aquel cuaderno que siempre llevaba consigo. Iba de acá para allá en aquel Mercedes enorme que tenía, con lo cual nos quedaba muy claro adónde iban a parar los centavos que tanto esfuerzo nos costaba ahorrar. Y a mí que no me vengan a decir que era un hombre honrado.

—¿Piensa que fue él quien los estafó?

—¿Y quién otro podría ser? —Dio un golpe sobre los papeles desplegados encima de la mesa sin siquiera mirarlos—. ¿Cree que soy ciega, sorda y muda? Yo sé lo que pasa en este país con la gente negra y los seguros. He leído cómo descubrieron a esa compañía del sur que cobraba a los negros más dinero de lo que valían sus pólizas.

—¿También a usted le pasó eso?

—No. Pero nosotros pagamos. Pagamos, pagamos y pagamos. Y todo para que el dinero acabase esfumándose.

—Si usted no cobró el seguro en 1991 y piensa que tampoco lo hizo su marido, ¿quién pudo haberlo hecho? —le pregunté.

Negó con la cabeza mientras sus ojos se dirigían de manera involuntaria hacia la pared de las fotografías.

Contuve la respiración.

—No me resulta fácil preguntarle esto, pero ¿era su hijo uno de los beneficiarios de la póliza?

Me fulminó con la mirada.

—¿Mi hijo? Mi hijo murió. Precisamente por él contratamos una póliza mayor, pensando en dejarle un poco de dinero aparte del que estaba destinado a sufragar nuestros entierros, el del señor Sommers y el mío. Nuestro hijo tenía distrofia muscular. Y en caso de que esté pensando, «Ah, bueno, entonces está claro que cobraron la póliza para poder pagar los gastos médicos», permítame informarle, señora, de que el señor Sommers trabajó dos turnos seguidos durante cuatro años para pagar esas cuentas. Yo tuve que dejar mi empleo para cuidar de mi hijo cuando se puso tan enfermo que ya no podía ni moverse. Después de su fallecimiento yo también tuve que trabajar dos turnos para saldar todas las deudas. Trabajaba de ayudante en una residencia de ancianos. Si va a andar husmeando en mi vida personal, le facilito el dato para que mi sobrino no tenga que pagarle ni un centavo por ello: Hogar de Ancianos la Gran Travesía. Pero usted siga fisgoneando en mi vida. Tal vez yo tenga algún vicio *alcohólico* escondido, vaya y pregunte en la iglesia a la que pertenezco y en la que mi marido fue diácono durante cuarenta y cinco años. Tal vez el señor Sommers fuese un *jugador* que se gastó todos nuestros ahorros. Es así como piensa acabar con mi reputación, ¿no es verdad?

Me quedé mirándola fijamente.

—Así que no me va a dejar hacerle ninguna pregunta sobre la póliza. Y tampoco se le ocurre nadie que pueda haberla cobrado. ¿No tiene ningún otro sobrino o sobrina, aparte del señor Isaiah Sommers, que pudieran haberlo hecho?

Otra vez sus ojos miraron hacia la pared. Sin pensármelo dos veces, le pregunté quién era el otro chico que estaba en la foto con el concejal Durham y con su hijo.

—Es mi sobrino Colby. Y eso sí que no: no voy a darle a usted ni a la policía la oportunidad para que le cuelguen ningún mochuelo, ni tampoco al grupo OJO. El concejal Durham ha sido un buen amigo para mi familia y para este barrio. Y su organización brinda a los jóvenes una oportunidad para hacer algo con su tiempo y su energía.

No parecían el momento ni el lugar adecuados para preguntarle sobre los rumores que circulaban sobre que los miembros de la organización OJO conseguían contribuciones para las campañas del concejal usando la dialéctica de los puños. Volví a los papeles que teníamos delante y le pregunté sobre Rick Hoffman.

—¿Qué tipo de persona era? ¿Piensa que sería capaz de robarles la póliza?

—¡Ay, y yo qué sé! Lo único que sabíamos, como ya le he dicho, era que tenía un cuaderno con tapas de cuero en el que estaban apuntados nuestros nombres. Podía haber sido Adolf Hitler y nosotros no nos habríamos enterado siquiera.

—¿Le vendió seguros de vida a mucha gente de este edificio? —pregunté, insistiendo en el tema.

—¿Y por qué quiere saberlo?

—Me gustaría averiguar si otras personas que contrataron un seguro de vida con él han tenido el mismo problema que usted.

Cuando dije eso ella me miró a los ojos por primera vez, en lugar de mirarme como si fuese transparente.

—En este edificio no le vendió a nadie más. Pero sí en el lugar donde Aaron, el señor Sommers, trabajaba. Mi marido era empleado en los Desguaces South Branch. El señor Hoffman sabía que la gente quiere tener un entierro decente, así que visitaba ese tipo de lugares en los barrios del sur. Debía de visitar a unos diez o veinte clientes cada viernes por la tarde. A veces pasaba a cobrar por el mismo taller, a veces venía por aquí, dependiendo de su agenda. Y Aaron, el señor Sommers, le pagó sus cinco dólares semana tras semana durante quince años, hasta terminar de pagarlo todo.

—¿Hay algún modo de averiguar los nombres de algunas de esas otras personas que contrataron un seguro de vida con Hoffman?

Volvió a estudiarme en detalle, intentando descubrir si yo trataba de engatusarla, pero al final decidió arriesgarse y confiar en mi sinceridad.

—Puedo darle cuatro nombres, los de las personas que trabajaban con mi marido. Todos le compraron a Hoffman, porque les facilitaba las cosas pasando a cobrar por el taller. ¿Servirá eso para que usted comprenda que le estoy diciendo la verdad sobre todo este asunto? —Hizo un gesto con la mano hacia donde estaban mis papeles, pero siguió sin mirarlos.

Torcí el gesto.

—Tengo que tener en cuenta todas las posibilidades, señora Sommers.

Me dirigió una mirada glacial.

—Ya sé que las intenciones de mi sobrino al contratarla eran buenas, pero si él supiese lo irrespetuosa que está siendo...

—Yo no le estoy faltando al respeto, señora Sommers. Usted le dijo a su sobrino que hablaría conmigo. Ya sabe el tipo de preguntas que esto implica: hay un certificado de defunción con el nombre de su marido, en el que figura que ha sido usted quien lo ha presentado, fechado hace casi diez años y un cheque que la Agencia de Seguros Midway ha extendido a su nombre. Alguien lo ha cobrado. Y por algún lado tendré que empezar si he de averiguar quién fue. Me ayudaría a creer lo que me dice si descubriera que a otras personas les ha pasado lo mismo que a usted.

Su rostro se contrajo en una mueca de furia pero, tras permanecer sentada en silencio durante treinta segundos, marcados por el tic tac del reloj, sacó un cuaderno a rayas de debajo del teléfono. Se humedeció el dedo índice, pasó las páginas de una libreta de direcciones gastada por el tiempo y finalmente escribió una serie de nombres. Todavía en silencio, me entregó la lista.

La entrevista había acabado. Me dirigí hacia la salida por el oscuro corredor que llevaba escaleras abajo. El bebé seguía llorando. Fuera, los hombres continuaban inclinados encima del Chevy.

Cuando abrí la puerta del Mustang los hombres me gritaron jovialmente proponiéndome intercambiar los coches. Les sonreí y les saludé con la mano. Ay, la amabilidad de los desconocidos. Hasta que la gente hablaba conmigo, no se volvía hostil. Era una lección que tenía que aprender, aunque no ponía mucho empeño en ello.

Eran casi las tres y todavía no había comido nada desde el yogur que me había tomado a las ocho de la mañana. Tal vez la situación se tornase menos deprimente si ingería algo. Pasé junto a una cafetería de carretera antes de entrar en la autopista y compré una porción de pizza de queso. La masa parecía chicle, y la superficie brillaba con tanto aceite, pero disfruté cada bocado y me la comí toda. Cuando me bajé del coche delante de mi oficina, me di cuenta de que me habían caído unos churretes de aceite en mi jersey rosa de punto de seda. A aquellas alturas el marcador era: Warshawski cero; visitantes cinco. Al menos aquella tarde no tenía ninguna cita de trabajo.

Mary Louise Neely, mi ayudante durante media jornada, estaba sentada a su mesa. Me entregó un paquete con el vídeo de las entrevistas a Radbuka, que Beth Blacksin me había mandado con un mensajero. Lo metí en mi maletín y puse a Mary Louise al día sobre el caso Sommers, para que pudiera buscar información sobre las otras personas que habían contratado un seguro con Rick Hoffman. Después le expliqué el particular interés que tenía Don en Paul Radbuka.

—No pude encontrar a nadie llamado Radbuka en la base de datos —dije resumiendo—, así que una de dos...

—Vic, si se ha cambiado de nombre, ha tenido que solicitarlo a un juez. Tiene que haber una orden judicial. —Mary Louise me miró como si yo fuese la tonta del pueblo.

Yo, a mi vez, me quedé mirándola boquiabierta como una merluza moribunda y luego me dirigí obediente a encender mi ordenador. Apenas me sirvió de consuelo ver que si Radbuka o Ulrich, o como demonios se llamase, se había cambiado legalmente de nombre, el nuevo no figuraba todavía en la base de datos: tenía que habérseme ocurrido a mí solita.

Mary Louise, que no quería andar pateándose la ciudad de arriba abajo, no podía creerse que Radbuka no apareciese por ningún lado en la base de datos. Estuvo buscándolo ella misma y después dijo que por la mañana se pasaría por los juzgados para comprobar los datos en los registros.

—Aunque la psicóloga podrá decirte dónde encontrarle. ¿Cómo se llama?

Cuando se lo dije, abrió los ojos como platos.

—¿Rhea Wiell? ¿La *famosa* Rhea Wiell?

—¿La conoces? —Hice girar mi butaca hasta quedar frente a ella.

—Bueno, no en persona. —El rostro de Mary Louise adquirió el mismo color naranja rojizo de su cabello—. Pero, ya sabes, debido a mi historia, he seguido su carrera. He asistido a algunos de los juicios en los que ella testificó.

Mary Louise se había fugado de su casa cuando era una adolescente porque sufría abusos sexuales. Tras una tumultuosa época de sexo y drogas, rehízo su vida y se convirtió en agente de policía. De hecho, los tres niños que tenía en acogida habían sido rescatados de hogares donde eran víctimas de abusos sexuales. Así que no era raro que prestase una atención especial a una psicóloga que trabajaba con ese tipo de niños.

—Rhea Wiell estaba en el Departamento Estatal de Servicios para la Infancia y la Familia. Era una de las psicólogas de plantilla, trabajaba con niños, pero también testificaba como experta en los procesos relacionados con abusos sexuales. ¿Recuerdas el caso MacLean?

A medida que Mary Louise iba contándomelo, empecé a recordar los detalles. El tipo era un profesor de derecho que había empezado su carrera como fiscal en el condado de Du Page. Cuando su nombre se barajó para un nombramiento de juez federal, apareció su hija, que entonces era una mujer adulta, y lo denunció por haberla violado cuando era una niña. Fue tan insistente que logró que la fiscalía presentara una querella criminal.

Varias asociaciones familiares de derechas acudieron al rescate de MacLean, afirmando que su hija no era más que la portavoz de una campaña difamatoria de los liberales, ya que su padre era un republicano conservador. Al final el jurado falló a favor del padre, pero su nombre se cayó de la lista de candidatos al puesto de juez.

—¿Y la Wiell testificó? —pregunté a Mary Louise.

—Aún más incluso. Era la psicóloga de la hija. Gracias a su terapia, la mujer había recuperado la memoria y recordado los abusos, después de haber tenido aquellos recuerdos bloqueados durante veinte años. La defensa presentó a Arnold Praeger, de la Fundación Memoria Inducida, quien intentó todo tipo de argucias baratas para dejarla mal parada, pero no logró hacerla flaquear. —Mary Louise estaba radiante de admiración.

—Así que el enfrentamiento entre Praeger y Wiell viene de lejos.

—Eso no lo sé, pero no hay duda de que en los tribunales se han enfrentado durante bastantes años.

—Esta mañana, antes de irme, estuve buscando unos datos en el ProQuest. Si sus enfrentamientos han aparecido en la prensa, seguro que daré con ellos.

Entré en la página de búsqueda del ProQuest. Mary Louise se acercó a leer por encima de mi hombro. El caso que había mencionado había hecho correr ríos de tinta en su época. Eché un vistazo a un par de artículos del *Herald Star* en los que se alababa el inalterable testimonio de Wiell.

Mary Louise montó en cólera con un artículo de opinión que Arnold Praeger había publicado en *The Wall Street Journal*, en el que criticaba tanto a Wiell como a las leyes por admitir el testimonio de niños cuyos recuerdos habían sido claramente manipulados. Praeger concluía diciendo que Wiell ni siquiera era una psicóloga seria. ¿Por qué, si no, la había despedido de su plantilla el estado de Illinois?

—¿Despedida? —le pregunté a Mary Louise, mientras marcaba el artículo para imprimirlo junto a muchos otros—. ¿Sabes algo al respecto?

—No. Supongo que ella decidió que era mejor dedicarse a la práctica privada. Tarde o temprano casi todo el mundo acaba quemado de trabajar para el Departamento Estatal de Servicios para la Infancia y la Familia. —Los ojos claros de Mary Louise denotaban preocupación—. A mí me parecía una psicóloga seria y realmente buena. No puedo creer que el Estado la despidiese, al menos no con razón. Tal vez por resentimiento. Era la mejor que tenían, pero siempre existen muchos celos en ese tipo de oficinas. Cuando la iba a escuchar a los juicios me gustaba imaginarme que era mi madre. De hecho, llegué a sentir unos celos increíbles de una mujer que era paciente suya.

Se rió, avergonzada, y dijo:

—Tengo que irme, es hora de recoger a los chicos. Mañana temprano haré esas averiguaciones sobre el caso Sommers. ¿Puedes rellenar tu hoja de control de horas?

—Sí, señora —le respondí rápidamente, con un saludo militar.

—No es broma, Vic —dijo con tono serio—. Es la única forma...

—Ya lo sé, ya lo sé. —A Mary Louise no le gusta que le tomen el pelo, cosa que puede llegar a ser bastante aburrida, pero quizás también por eso es tan buena profesional.

Después de que Mary Louise se marchara, prometiendo pasar por los juzgados a investigar si Radbuka había cambiado de nombre, llamé a una abogada que trabajaba en el Departamento Estatal de Servicios para la Infancia y la Familia. La había conocido en un seminario llamado «Las mujeres y la ley en el sector público» y nos hablábamos de vez en cuando.

Me puso en contacto con una supervisora del Departamento, dispuesta a hablar del asunto siempre que fuera algo totalmente extraoficial. Me dijo que prefería volver a llamarme ella desde un teléfono privado, por si el de su despacho estuviese pinchado. Tuve que esperar hasta las cinco, que fue cuando, camino de su casa, paró en una cabina telefónica que había en la planta sótano del Illinois Center. Antes de decirme nada, mi informante me hizo jurarle que yo no tenía ninguna relación con la Fundación Memoria Inducida.

—No todos los que estamos en el Departamento creemos en la terapia por hipnosis, pero no queremos que ninguno de nuestros pacientes se vea afectado por una demanda interpuesta por Memoria Inducida.

Cuando por fin la convencí, después de enumerar una larga lista de posibles referencias hasta llegar al nombre de una persona que ella conocía y en la que confiaba, me habló con asombrosa franqueza.

—Rhea ha sido la psicóloga con mayor empatía que hemos tenido jamás. Logró unos resultados increíbles con niños que ni siquiera llegaban a decir sus nombres a otros terapeutas. Aún hoy sigo echándola de menos cuando nos enfrentamos a determinados casos traumáticos. El problema fue que empezó a creerse la sacerdotisa del Departamento Estatal para Servicios Familiares e Infantiles. No se podían cuestionar sus resultados ni sus opiniones. No recuerdo cuándo empezó exactamente con su consulta privada, tal vez hace seis años, y al principio sólo la tenía a media jornada. Pero hace tres años decidimos rescindir su contrato. A la prensa se le comunicó que se había ido por decisión propia, que quería dedicarse a su consulta, pero la realidad era que teníamos la sensación de que no aceptaba ninguna sugerencia. Siempre tenía razón. Nosotros, el fiscal general del Estado o cualquiera que estuviera en desacuerdo con ella estaba equivocado. Y no se puede tener a una persona en plantilla, alguien en quien tienes que confiar por el trabajo que hace con los niños y ante un tribunal, que pretende ser siempre Juana de Arco.

—¿Y usted cree que era capaz de distorsionar una situación sólo por su propia gloria? —le pregunté.

—Oh, no. Nada de eso. No era la gloria lo que le interesaba, ella estaba convencida de que tenía una misión que cumplir. Se lo digo yo, algunas de las más jóvenes empezaron a llamarla Madre Teresa, y no siempre con admiración. De hecho, eso fue parte del problema, porque la oficina se dividió en dos: los seguidores incondicionales de Rhea y los escépticos. Y además no dejaba que nadie le preguntase cómo había llegado a tal o cual conclusión. Como en el caso de aquel tipo al que acusó de abusos sexuales y que era un ex fiscal que había sido propuesto para el cargo de juez federal. Rhea no nos permitió ver sus notas antes de testificar. Si el caso hubiese salido mal, podríamos habernos enfrentado a una demanda por daños y perjuicios.

Revolví entre mi montón de papeles.

—Pero ¿la hija que presentó los cargos no era paciente privada de Rhea Wiell?

—Sí, pero Rhea todavía trabajaba para el Estado, por lo tanto aquel tipo podía habernos acusado de que ella estaba usando las oficinas estatales o nuestras instalaciones para fotocopiar o para lo que fuese, cualquier cosa que se le ocurriese y que nos pudiese llevar a una demanda. Nosotros no podemos correr esa clase de riesgos. Así que tuvimos que decirle que se fuese. Ahora, dígame usted, ya que he sido tan franca, ¿qué es lo que ha hecho Rhea para que una investigadora privada esté interesada en ella?

Ya sabía yo que iba a tener que desembuchar algo. Ojo por ojo, diente por diente, así es como se logran las informaciones.

—Uno de sus pacientes salió esta semana en las noticias. No sé si habrá visto a ese tipo que dice haber recuperado la memoria de lo que le sucedió en el Holocausto. Alguien quiere escribir un libro sobre él y sobre la forma de trabajar de Rhea. Me han pedido que investigue algunos antecedentes.

—Si hay algo que Rhea sabe hacer mejor que ningún otro psicólogo que haya trabajado para nuestra oficina es llamar la atención —dijo mi informante y luego colgó.

9

La princesa de Austria

—Así que es una auténtica psicóloga. Controvertida pero auténtica —dije, mirando el resplandor del cigarrillo encendido de Don—. Si escribieras un libro con ella, por lo menos no trabajarías con una farsante.

—La verdad es que los de Nueva York están como locos porque he conseguido una cita con la dama. Mañana a las once. Si no tienes nada que hacer, ¿te gustaría estar presente? Tal vez puedas elaborar un informe para la doctora Herschel que te ayude a disipar sus preocupaciones.

—Teniendo en cuenta las circunstancias, no creo que eso suceda. Pero sí que me gustaría conocer a Rhea Wiell.

Estábamos sentados en el porche trasero de la casa de Morrell. Eran casi las diez, pero Morrell todavía estaba en el centro de la ciudad en su reunión del Ministerio de Asuntos Exteriores. Yo tenía la desagradable sensación de que estaban intentando convencerle para que hiciera alguna labor de espionaje mientras estuviese en Kabul. Me había embutido en un viejo jersey de Morrell, que me procuraba cierto consuelo y me hacía sentirme un poco como *Mitch* y *Peppy* (a los perros les gusta jugar con mis calcetines viejos cuando estoy de viaje). Lotty me había dejado tan hecha polvo aquel día que agradecía cualquier consuelo que pudiera encontrar.

No había parado de correr desde que me había despedido con un beso de Morrell aquella mañana. Aunque todavía me quedaba una docena de cosas urgentes por hacer, estaba demasiado agotada como para seguir trabajando. Necesitaba descansar antes de dictar mis notas sobre el caso, antes de llamar a Isaiah Sommers, antes de volver a casa y sacar a los perros a dar una vuelta y antes de regresar a la casa de Morrell con un contrato para Don Strzepek que cubriera mis averiguaciones sobre Rhea Wiell. Pensé: me voy a tumbar sólo media hora en el catre que tengo en el cuarto de atrás. Media hora será suficiente para que me recupere y así poder meter toda una jornada de trabajo en lo que queda de tarde. Habían pasado casi noventa minutos cuando mi cliente me sacó de la cama.

—¿Por qué ha ido a casa de mi tía a acusarla de todas esas cosas? —me preguntó después de que el teléfono me despertarse—. ¿Es que no puede respetar a una viuda?

—Pero ¿de qué la he acusado? —Sentía como si tuviese los ojos y la boca llenos de algodón.

—Usted fue a su casa y le dijo que le había robado dinero a la compañía de seguros.

Si no hubiese estado adormilada le hubiese contestado con más frialdad. O tal vez no.

—Siento un gran respeto por el dolor de su tía pero no fue eso lo que le dije. Y antes de llamarme y acusarme de un comportamiento tan abominable, ¿por qué no me pregunta qué fue lo que dije?

—Muy bien, se lo pregunto ahora. —Su voz denotaba una gran carga de furia contenida.

—Le mostré a su tía el cheque cancelado que la compañía extendió cuando se cobró su seguro de vida hace nueve años. Le pregunté qué sabía al respecto. Eso no es ninguna acusación. La Agencia de Seguros Midway extendió un cheque a su nombre. Yo no podía comportarme como si su nombre no figurase en el cheque. Yo no podía comportarme como si en Ajax no hubieran extendido el cheque si hubieran pensado que el certificado de defunción no era auténtico. Tenía que preguntarle al respecto.

—Tendría que haber hablado conmigo antes. Fui yo quien la contrató.

—No puedo consultar a mis clientes cada uno de los pasos que voy a dar en una investigación. Así no lograría hacer nunca nada.

—Usted aceptó mi dinero y lo ha empleado en acusar a mi tía. Su contrato dice que puedo dar por terminado nuestro acuerdo cuando quiera. Pues lo doy por terminado ahora mismo.

—Muy bien —le repliqué—. Lo damos por terminado. Alguien ha cometido un fraude con la póliza de su tío. Si lo que quiere es que se salgan con la suya, que así sea.

—Por supuesto que no quiero eso, pero investigaré el asunto por mi cuenta, sin faltarle el respeto a mi tía. Debí imaginarme que una detective blanca iba a actuar del mismo modo que la policía. Tendría que haberle hecho caso a mi mujer. —Colgó el teléfono.

No era la primera vez que un cliente furioso me despedía, pero nunca he sabido tomármelo con ecuanimidad. Podía haber hecho las cosas de otro modo. Podía haberlo llamado, telefonearle antes de haber ido a visitar a su tía para tenerlo de mi lado. O por lo menos haberlo llamado antes de irme a dormir. O no haber perdido la paciencia, que sigue siendo mi principal defecto.

Intenté recordar lo que le había dicho exactamente a su tía. ¡Mierda! Debería hacerle caso a Mary Louise y dictar mis notas a la grabadora nada más acabar las entrevistas. Pero bueno, mejor tarde que nunca: podía empezar por mi conversación telefónica con mi cliente. Ex cliente. Marqué el número del servicio del procesador de texto que utilizo y dicté un resumen de la llamada, añadiendo una carta para Sommers en la que le confirmaba la cancelación de mis servicios; junto con la carta le enviaría la póliza de su tío. Una vez que acabé con Isaiah Sommers, dicté las notas sobre el resto de las conversaciones del día, empezando por la última, por mi informante que trabajaba en los Servicios Familiares, hasta llegar a mi encuentro con Ralph en Ajax.

Lotty llamó por la otra línea cuando estaba en medio de la reconstrucción de la visita que le hice al agente de seguros Howard Fepple.

—Max me ha contado lo del programa que vio contigo anoche en casa de Morrell —dijo sin preámbulo alguno—. Me pareció muy inquietante.

—Lo era.

—Max no sabía si creerse o no la historia de ese hombre. ¿Grabó Morrell la entrevista?

—No que yo sepa. Pero hoy he conseguido una copia, así que puedo...

—Quiero verla. Puedes traerla esta noche a mi apartamento, por favor. —Sonaba como una orden, no como si estuviese pidiéndome un favor.

—Lotty, no estás en tu quirófano. Esta noche no tengo tiempo para pasar por tu casa, pero mañana por la mañana...

—Lo que te estoy pidiendo es un favor muy sencillo, Victoria, que no tiene nada que ver con mi quirófano. No tienes que dejarme el vídeo, sólo quiero verlo. Puedes quedarte conmigo mientras lo estoy viendo.

—Lotty, no tengo tiempo. Mañana mandaré a hacer algunas copias y te daré una. Pero ésta es para un cliente que me ha contratado para que investigue el caso.

—¿Un cliente? —Estaba indignada—. ¿Es que Max te ha contratado sin que ninguno de vosotros dos hablarais conmigo?

Sentí como si alguien me estuviese apretando la cabeza en un torno.

—Si así fuese, sería un asunto entre él y yo, y no entre tú y yo. ¿A ti qué más te da?

—¿Que qué más me da? Que no ha cumplido lo acordado, eso es lo que pasa. Cuando me habló de esa persona que apareció en la conferencia, de ese hombre que se hace llamar Radbuka, le dije que no debíamos precipitarnos y que ya le daría mi opinión después de ver la entrevista.

Respiré hondo y traté de concentrarme en lo que me estaba diciendo.

—O sea, ¿que el nombre de Radbuka te suena?

—Y a Max también. Y a Carl. De la época en que estábamos en Londres. Max pensó que debíamos contratarte para que investigaras a ese hombre, pero yo quería esperar. Creí que Max tendría en cuenta mi opinión.

Lotty estaba que echaba chispas, pero su explicación hizo que le contestase con un tono tranquilizador:

—Cálmate. Max no me contrató. Esto es un asunto totalmente aparte.

Le conté el proyecto que tenía Don Strzepek de hacer un libro sobre Rhea Wiell en torno a los recuerdos recuperados de Paul Radbuka.

—Estoy segura de que él no tendría ningún problema en dejarte el vídeo, pero de verdad que esta noche no tengo tiempo. Todavía tengo que terminar aquí un trabajo, luego acercarme hasta mi casa para sacar a los perros y después ir a Evanston. ¿Quieres que le pregunte a Morrell si puedes ir tú a su casa a ver el vídeo?

—Lo que quiero es que el pasado, que ya está muerto, entierre de una vez a sus muertos —me espetó—. ¿Por qué permites que ese tal Don ande revolviendo en él?

—Yo ni se lo permito ni se lo impido. Lo único que estoy haciendo es comprobar si Rhea Wiell es una psicóloga auténtica.

—Entonces lo estás permitiendo en lugar de impedirlo.

Parecía estar al borde de las lágrimas. Elegí mis palabras con sumo cuidado.

—Estoy segura de que no puedo siquiera imaginar lo doloroso que debe de resultarte que te estén recordando los años de la guerra, pero no a todo el mundo le sucede lo mismo.

—Ya lo sé, para mucha gente es como un simple pasatiempo. Algo para idealizar o ridiculizar o llamar la atención. Y un libro sobre un tipo morboso que se regodea con los muertos sólo sirve para ayudar a que eso siga sucediendo.

—Pero si resulta que Paul Radbuka no es un morboso sino que ha estado realmente en un campo de concentración, como él dice, entonces tiene derecho a reclamar su herencia judía. ¿Qué opina de esto la persona de tu grupo que conoce a los Radbuka? ¿Has hablado con él o con ella?

—Esa persona ya no existe —me contestó con tono seco—. Esto es algo entre Max, Carl y yo. Y ahora tú. Y el periodista ese, Don o como se llame. Y la psicóloga. Y todos los chacales de Nueva York y de Hollywood que se abalanzarán sobre la carroña y se les hará la boca agua ante un relato nuevo y espeluznante. Los editores y los estudios de cine amasan fortunas escandalizando con historias de torturas a las cómodas y bien alimentadas clases medias de Europa y Estados Unidos.

Nunca había oído hablar a Lotty con tanta amargura. Aquello me dolía como si me estuvieran arañando los dedos con un rallador. No sabía qué decirle, aparte de repetir mi ofrecimiento de acercarle una copia del vídeo al día siguiente. Me colgó el teléfono.

Me quedé un rato largo sentada ante mi escritorio intentando contener las lágrimas. Me dolían los brazos. No tenía fuerzas para moverme ni para hacer nada útil pero, al final, empuñé el teléfono y continué dictando mis notas al centro de proceso de datos. Una vez que hube terminado, me levanté lentamente, como una inválida, e imprimí una copia del contrato para llevarle a Don Strzepek.

—Tal vez si yo hablase en persona con la doctora Herschel... —me estaba diciendo Don en aquellos momentos, mientras estábamos sentados en el porche de Morrell—. Debe de estar imaginándose que soy uno de esos periodistas que te meten un micrófono delante de la boca inmediatamente después de comunicarte que acaban de asesinar a tu familia. En cierto modo tiene razón al decir que a los europeos y a los estadounidenses, que vivimos tan cómodamente, nos gusta regodearnos con historias de torturas. Intentaré tenerlo presente cuando esté trabajando en el libro para que me sirva de correctivo. De todas formas, quizás pueda convencerla de que también soy capaz de sentir simpatía por las víctimas.

—Quizás. Es posible que a Max no le importe que vengas conmigo a la cena que da el domingo. Así, al menos, podrías conocer a Lotty de un modo más relajado.

Aunque lo veía difícil. Normalmente, cuando Lotty se ponía a pontificar, Max resoplaba y decía que ya estaba otra vez en plan princesa de Austria. Aquello la ponía más frenética, pero acababa por hacerla bajar otra vez a la tierra. Aunque el berrinche de aquella tarde había sido algo más serio. No era el gesto desdeñoso de una princesa de Habsburgo sino la furia enloquecida producto del dolor.

La historia de Lotty Herschel
Cuatro monedas de oro

Mi madre estaba embarazada de siete meses y muy débil por el hambre, así que mi padre nos llevó a Hugo y a mí al tren. Era por la mañana muy temprano, de hecho, todavía estaba oscuro. Los judíos tratábamos de llamar la atención lo menos posible. Aunque teníamos los permisos de salida, todos nuestros documentos y los pasajes, en cualquier momento podían detenernos. Yo todavía no había cumplido los diez años y Hugo sólo tenía cinco, pero éramos tan conscientes del peligro que papá no necesitaba ordenarnos guardar silencio mientras recorríamos las calles.

Decirle adiós a mamá y a *Oma* me produjo angustia. Mi madre solía ausentarse durante semanas con mi padre, pero hasta aquel momento yo nunca me había separado de *Oma*. Por aquel entonces, vivíamos ya todos juntos en un apartamento pequeño en la Leopoldsgasse. Ahora no recuerdo cuántos tíos y primos había, aparte de mis abuelos, pero por lo menos éramos veinte.

Ya en Londres, en la fría habitación del piso superior de la casa y tumbada en la estrecha camita de hierro que Minna consideraba apropiada para una niña, ya no pensaba en lo apretujados que vivíamos todos en la Leopoldsgasse. Toda mi atención se centraba en recordar el precioso piso de *Oma* y *Opa*, donde tenía una cama para mí sola, toda blanca y con sábanas de encaje, y en las ventanas unas cortinas salpicadas de capullos de rosa. Pensaba en mi colegio, donde mi amiga Klara y yo éramos siempre la primera y la segunda de la clase. Lo que sufrí... No podía entender por qué había dejado de jugar conmigo y, después, por qué tuve que dejar aquel colegio para siempre.

Al principio me había quejado por tener que compartir una habitación con otros seis primos en un lugar en el que la pintura estaba desconchada, pero una mañana muy temprano papá me llevó a dar un paseo para poder hablar conmigo a solas sobre el cambio que habían experimentado nuestras circunstancias. Papá nunca fue cruel como el tío Arthur, el hermano de mamá, que pegaba a la tía Freia, además de a sus hijos.

Caminamos a lo largo del canal mientras el sol salía y papá me explicó lo difícil que eran las cosas para todos, para *Oma* y *Opa*, obligados a abandonar un piso que había sido de la familia durante tantos años, y para mamá, a la que los nazis le habían robado todas sus preciosas joyas y que no sabía cómo iba a hacer para alimentar y vestir a sus hijos, y menos aún para educarlos. «Lottchen, ahora tú eres la niña mayor de la familia. El regalo más precioso que puedes hacer a tu madre es estar alegre. Demuéstrale que eres una niña valiente y feliz y, ahora que ella está más débil por la próxima llegada de un hermanito, hazle saber que puedes ayudarla no quejándote y cuidando de Hugo.»

Lo que más me impresiona hoy en día es saber que los padres de mi padre también estaban en aquel apartamento y lo poco que me acuerdo de ellos. De hecho, estoy casi segura de que el apartamento era suyo. Eran extranjeros, de Bielorrusia. Formaban parte de la gran multitud de judíos de la Europa del Este que habían llegado en oleadas a Viena durante la Primera Guerra Mundial.

Oma y *Opa* los miraban por encima del hombro. El sólo pensarlo me desconcierta, porque yo quería muchísimo a los padres de mi madre. Ellos también me adoraban: yo era la preciosa niña de su amada Lingerl. Pero creo que *Oma* y *Opa* despreciaban a los padres de papá porque sólo hablaban yiddish, porque no sabían alemán, por sus vestimentas raras y por sus prácticas religiosas.

Para *Oma* y *Opa* fue una humillación horrible tener que abandonar la Renngasse para ir a vivir a aquel barrio de inmigrantes judíos. La gente lo llamaba el *Matzoinsel*, la isla *matzo*, que era un término despreciativo. Incluso *Oma* y *Opa*, cuando creían que papá no estaba cerca, hablaban de su familia que vivía en la Insel. *Oma* soltaba aquella risa suya de gran dama al mencionar que la madre de papá usaba peluca, lo cual me hacía sentirme culpable, porque había sido yo la que le había contado a *Oma* aquella costumbre tan primitiva. Le gustaba preguntarme cosas sobre las «costumbres de la Insel» cada vez que regresaba de allí, para después recordarme que yo era una Herschel y que tenía que caminar erguida y hacer algo importante en la vida. Y me decía que no tenía que usar nunca el yiddish que aprendía cuando iba a la Insel, que eso era algo muy vulgar y que los Herschel nunca fueron gente vulgar.

Papá me llevaba a visitar a sus padres más o menos una vez al mes. Se suponía que yo tenía que llamarles *Zeyde* y *Bobe*, que significa abuelo y abuela en yiddish, al igual que los términos alemanes *Opa* y *Oma*. Cuando pienso en ellos hoy en día se me cae la cara de vergüenza por haberles negado el afecto y respeto que les hubiera gustado recibir. Papá era el único hijo varón que tenían y yo era la nieta mayor. Pero hasta el hecho de llamarles *Zeyde* y *Bobe*, como ellos querían, me resultaba desagradable. Y la peluca rubia que *Bobe* se colocaba sobre su pelo moreno y muy rizado también me resultaba desagradable.

Odiaba parecerme a la familia de papá. Mi madre era tan adorable, tan rubia, con unos rizos preciosos y una sonrisa pícara. Y como puedes ver, yo soy morena y nada bonita. *Mischlinge* me llamaba la prima Minna, «mestiza», aunque nunca delante de mis abuelos. Para *Opa* y *Oma* yo siempre fui preciosa, porque era la hija de su querida hija Lingerl. Hasta que no fui a vivir con Minna a Inglaterra nunca me había sentido fea.

Lo que me atormenta es no poder recordar en absoluto a las hermanas de mi padre ni a sus hijos. Yo compartía la cama con cinco, o tal vez seis, primas y no logro acordarme de ellas, sólo recuerdo mi odio por no encontrarme en mi precioso cuarto blanco. Recuerdo besar a *Oma* y llorar, pero ni siquiera recuerdo haberme despedido de *Bobe*.

¿Crees que debería tener en cuenta que no era más que una niña? No. Hasta un niño es capaz de comportarse como un ser humano.

Cada niño podía llevar sólo una maleta en el tren. *Oma* quería que usásemos unas maletas de cuero suyas, que no habían interesado a los nazis cuando se llevaron toda su plata y sus joyas. Pero *Opa* era más práctico y opinaba que Hugo y yo no debíamos llamar la atención, dando la imagen de niños de una familia rica. Nos procuró unas maletas baratas de cartón que, en cualquier caso, resultaban más fáciles de cargar para un niño.

Cuando llegó el día en que salía el tren, Hugo y yo ya habíamos hecho y deshecho la maleta muchas veces, intentando decidir cuáles eran las cosas sin las que no podríamos vivir. La noche antes de nuestra partida, *Opa* tomó el vestido que yo iba a llevar puesto en el tren y se lo llevó a *Oma*. Todos estaban durmiendo menos yo, que yacía rígida, a causa de los nervios, en la cama que compartía con mis primas. Cuando *Opa* entró, lo observé entre las ranuras de mis ojos entrecerrados. Cuando volvió a salir de puntillas con mi vestido, me deslicé fuera de la cama y lo seguí hasta donde estaba mi abuela. *Oma* se llevó un dedo a los labios cuando me vio y, sin decir nada, descosió la banda de la cintura del vestido. Del bajo de su vestido sacó cuatro monedas de oro y las cosió a la cintura del mío, por debajo de los botones.

—Esto constituye tu seguridad —dijo *Opa*—. No se lo digas a nadie, ni a Hugo ni a papá ni a nadie. Nunca se sabe cuándo las vas a necesitar.

Oma y él no querían causar tensiones en el seno de la

familia confiándoles que tenían un pequeño fondo de emergencia. Si las tías y tíos se enteraban de que a los hijos de Lingerl les habían dado cuatro preciadas monedas de oro..., bueno, cuando la gente está asustada y tiene que vivir hacinada, puede suceder cualquier cosa.

Mi siguiente recuerdo es el de mi padre zarandeándome para despertarme y dándome una taza de aquel té aguachinado que todos tomábamos para desayunar. Algún adulto había encontrado suficiente leche en polvo como para que cada niño pudiese echarse una cucharadita en la taza casi todas las mañanas.

Si yo hubiese comprendido que no volvería a ver a ninguno de ellos otra vez... Aunque ya era bastante difícil el tener que marcharse, irse a un país extraño donde sólo conocíamos a la prima Minna, y lo único que sabíamos es que era una mujer amargada que hacía sentirse incómodos a todos los niños cada vez que venía a Kleinsee a pasar sus tres semanas de vacaciones estivales. Si hubiese sabido que era el último adiós, no habría podido soportar la partida ni todos los años que vinieron a continuación.

Montamos en el tren un frío día de abril en el que llovía a cántaros en la Leopoldsgasse mientras nos dirigíamos a pie hacia la estación, no a la estación central sino a una pequeña que quedaba fuera de la ciudad para no llamar la atención. Papá llevaba puesta una larga bufanda roja que había elegido para que Hugo y yo pudiésemos verle fácilmente desde el tren. Papá era violinista y tocaba, o había tocado, en los cafés, da igual. Cuando nos vio asomados por la ventanilla, desenfundó su violín e intentó tocar una de las melodías gitanas que nos había enseñado a bailar. Hasta Hugo se dio cuenta de que las manos le temblaban de tanto dolor y le gritó a papá que dejase de hacer ruido.

—Nos veremos muy pronto —nos aseguró papá—. Lottchen, seguro que encontrarás a alguien que necesite un trabajador servicial. Recuerda que estoy dispuesto a hacer de todo: servir mesas, cargar madera o carbón, tocar en la orquesta de un hotel.

Cuando el tren se puso en marcha, agarré a Hugo por la chaqueta y los dos nos asomamos aún más por la ventana junto a todos los demás niños y le dijimos adiós a papá con la mano hasta que su bufanda roja se fue convirtiendo en un puntito imperceptible ante nuestros ojos.

Mientras cruzábamos Austria y Alemania sentimos los mismos temores que suelen mencionar todos los niños de los *kindertransport*: miedo a los guardias que intentaban atemorizarnos, a los registros de nuestro equipaje y nos quedábamos muy quietos mientras los revisaban en busca de algún objeto de valor. Sólo se nos permitía llevar una moneda de diez marcos a cada uno. Yo creía que se me iba a salir el corazón por la boca de lo fuerte que me latía, pero no me cachearon la ropa y las monedas de oro viajaron seguras conmigo. Y después salimos de Alemania y entramos en Holanda y, por primera vez desde el *Anschluss*, nos vimos rodeados de pronto por adultos cariñosos y hospitalarios, que nos obsequiaban pan, carne y chocolatinas a montones.

No recuerdo mucho la travesía marítima. Creo que la mar estaba en calma, pero yo estaba tan nerviosa que tenía un nudo en el estómago a pesar de que no había grandes olas. Cuando llegamos a puerto, buscamos ansiosos a Minna entre la multitud de adultos que había ido a esperar el barco, pero recogieron a todos los niños y nosotros nos quedamos solos, de pie, en el muelle. Al final llegó una señora del comité de refugiados. Minna había dado instrucciones de que nos enviasen a Londres en tren, pero no se lo había comunicado al comité hasta aquella misma mañana. Así que pasamos la noche en el campamento de Hove junto a los niños que no tenían a nadie que los acogiese y a la mañana siguiente continuamos nuestro viaje a Londres. Llegamos a la estación de Liverpool Street. Era gigantesca y nos aferramos el uno al otro mientras las locomotoras escupían humo y los altavoces vociferaban sílabas incomprensibles y la gente pasaba a toda velocidad junto a nosotros ocupada en asuntos importantes. Agarré la mano de Hugo con fuerza.

La prima Minna había enviado a un empleado suyo a buscarnos y le había dado una fotografía que él comparaba con nuestras caras con aire preocupado. Hablaba inglés, idioma del que no entendíamos nada, o yiddish, del que no entendíamos casi nada, pero fue muy amable, nos metió en un taxi, nos enseñó el Támesis cuando lo cruzamos, también las Casas del Parlamento y el Big Ben y nos dio a cada uno un trocito de sándwich relleno de una pasta rara por si teníamos hambre después de un viaje tan largo.

Hasta que llegamos a la casa angosta y vieja en el norte de Londres, no nos enteramos de que Minna se quedaría conmigo, pero no con Hugo. El trabajador de la fábrica nos instaló en un salón de aspecto imponente, donde nos quedamos sentados, sin movernos, temerosos de hacer ruido o de molestar. Después de un rato muy largo, Minna apareció furiosa y con mucha prisa, porque tenía que volver al trabajo, y nos comunicó que Hugo no se quedaría allí, que el capataz de la fábrica de guantes pasaría a buscarlo en una hora.

—Un niño y nada más que un niño. Eso fue lo que le dije a su alteza Madame Butterfly cuando me escribió implorándome por caridad. Si le gusta, es muy libre de revolcarse en la paja con un gitano, pero eso no significa que los demás tengamos que ocuparnos de sus hijos.

Intenté protestar, pero me contestó que podía ponerme de patitas en la calle.

—Más vale que demostréis agradecimiento, pequeños mestizos. Me ha llevado todo el día convencer al capataz para que se quedara con Hugo, en lugar de enviarlo a una institución de caridad.

El capataz, que se llamaba señor Nussbaum, acabaría siendo al final un buen padre adoptivo para Hugo e incluso habría de ponerle un negocio muchos años después. Pero ya te imaginarás cómo nos sentimos los dos aquel día cuando llegó para llevarse a Hugo con él: aquélla sería la última visión que tuvimos de nuestra infancia compartida.

Al igual que los guardias nazis, Minna me registró el equipaje en busca de objetos de valor. Se resistía a creer que la familia se hubiese visto reducida a una penuria semejante. Por suerte, mi *Oma* había sido lo suficientemente lista como para burlar tanto a los nazis como a Minna. Aquellas monedas de oro me ayudarían a pagar mis estudios en la facultad de medicina, pero eso quedaba todavía muy lejos, en un futuro que no podía imaginar mientras lloraba y lloraba por mis padres y mi hermano.

10

En la guarida de la adivinadora del pensamiento

A la mañana siguiente, cuando por fin logré despertarme, me pesaba la cabeza porque había dormido mal y por la sensación que me habían dejado los sueños. En una ocasión leí que al año o año y medio después de perder a un ser querido, ya sólo soñamos con él como si estuviera en la flor de la vida. Supongo que de vez en cuando soñaré con mi madre tal como era durante mi infancia, llena de vida y energía, pero anoche la vi en su lecho de muerte, con los párpados hinchados por la morfina y el rostro irreconocible porque la enfermedad la había dejado en los huesos. Lotty y mi madre están entremezcladas de tal modo en mi cabeza que era casi inevitable que la angustia de mi amiga invadiera mi sueño.

Morrell me dirigió una mirada interrogativa cuando me incorporé en la cama. Había regresado a casa cuando yo ya me había acostado, pero cuando entró en el cuarto no estaba dormida, sino dando vueltas en la cama. La proximidad de su partida le provocaba un nerviosismo casi febril. Hicimos el amor con una especie de energía frenética e insaciable, pero nos quedamos dormidos sin decir palabra. Al amanecer, Morrell recorrió la línea de mis pómulos con un dedo y me preguntó si era su partida lo que había perturbado mi sueño.

Esbocé una media sonrisa.

—Esta vez ha sido por cosas mías. —Le hice un breve resumen del día anterior.

—¿Por qué no nos vamos a Michigan el fin de semana? —dijo él—. Los dos necesitamos un descanso. De todos modos, el sábado no puedes hacer nada y vamos a estar mejor el uno con el otro, lejos de toda esta gente. Quiero a Don como si fuese un hermano, pero es un poco demasiado tenerlo aquí justo ahora. Regresaremos el domingo a tiempo para ir al concierto de Michael y de Carl.

Los músculos se me relajaron de sólo pensarlo y aquello hizo que empezara el día con energía redoblada, lejos de la que me había augurado mi atormentada noche. Después de pasar por casa y llevar a los perros a nadar al lago, me dirigí hacia la parte oeste del Loop, a La Mirada Fija, la tienda de cámaras y vídeos a la que recurro cuando necesito lo mejor de lo mejor. Le expliqué lo que quería a Maurice Redken, el técnico con el que suelo trabajar.

Vimos la cinta del programa del Canal 13 en uno de sus aparatos y observamos el rostro de Radbuka mientras relataba los tormentos de su vida. Cuando dijo: «Miriam, ¿dónde está Miriam? Quiero que venga Miriam», la cámara estaba enfocándole directamente a la cara. Congelé la imagen y le pedí a Maurice que me imprimiese esa toma y un par de primeros planos más. Esperaba que Rhea Wiell me presentase a Radbuka pero, si no lo hacía, aquellas fotos nos ayudarían a Mary Louise y a mí a encontrarlo.

Maurice prometió que me tendría las fotos de las imágenes seleccionadas y las tres copias del vídeo para última hora del día. Todavía no eran las diez y media cuando acabamos. Ya no tenía tiempo de pasarme por mi oficina antes de la entrevista de Don con Rhea Wiell pero, si no me entretenía, podía andar los tres kilómetros que había entre La Mirada Fija y Water Tower. Odiaba pagar las tarifas de aparcamiento de la zona de Gold Coast.

El centro comercial de Water Tower es la meca de las compras en la avenida Michigan norte. Un lugar en el que les gusta parar a los autobuses de turistas provenientes de los pueblos del Medio Oeste, al tiempo que es un oasis para los adolescentes. Después de abrirme paso entre chicas que llevaban camisetas muy cortas y piercings en el ombligo y entre mujeres que empujaban cochecitos de bebé caros llenos de paquetes, encontré a Don recostado junto a la entrada trasera. Estaba tan inmerso en su libro que no levantó la mirada cuando me detuve junto a él. Incliné la cabeza para leer el título escrito en el lomo: *Manual básico de la inducción y sugestión por hipnosis*.

—¿Este manual explica cómo lo hace la señora Wiell? —le pregunté.

Parpadeó un par de veces y cerró el libro.

—Explica que sí es cierto que se puede acceder a los recuerdos bloqueados a través de la hipnosis. O por lo menos eso es lo que sostienen estos autores. Afortunadamente, yo sólo tengo que averiguar si podemos hacer un libro con Rhea Wiell que se pueda vender bien y no comprobar si su terapia es un timo. A ti te voy a presentar como a una investigadora que me va a ayudar a obtener datos históricos en caso de que la Wiell y el editor lleguen a un acuerdo. Puedes preguntarle lo que quieras.

Miró el reloj y hurgó en el bolsillo superior de su chaqueta en busca de un cigarrillo. Aunque se había cambiado de atuendo y llevaba una camisa planchada y sin corbata y una chaqueta de tweed, seguía teniendo aspecto de estar medio dormido. Agarré el libro sobre inducción hipnótica mientras Don encendía su cigarrillo. En términos generales, parecía ser que la hipnosis se usaba principalmente de dos maneras: la hipnosis sugestiva ayudaba a la gente a abandonar malos hábitos y la hipnosis interior o exploratoria les ayudaba a comprenderse mejor a sí mismos. La recuperación de los recuerdos representaba una parte muy pequeña de la utilización de la hipnosis en una terapia.

Don apagó el extremo encendido de su cigarrillo y se guardó la colilla en el bolsillo.

—Es hora de irnos, señorita Warshawski.

Le seguí al interior del edificio.

—Este libro podría ayudarte a acabar con ese vicio tuyo tan caro.

—Si dejo de fumar no sabría qué hacer con las manos —me dijo, sacándome la lengua.

Nos metimos por detrás de un quiosco de revistas que había en la planta baja y entramos en una zona oscura donde estaban los ascensores que llevaban a la planta de oficinas. No es que la zona estuviese escondida, pero sí estaba lo suficientemente apartada del paso como para que las hordas consumistas no se colasen allí por equivocación. Me fijé en la lista de oficinas que figuraban en el tablero junto a los ascensores. Había cirujanos plásticos, endodoncistas, salones de belleza e incluso una sinagoga. ¡Vaya combinación tan rara!

—Llamé a la escuela Jane Addams como tú me sugeriste —dijo Don de repente en cuanto nos quedamos solos dentro del ascensor—. Al principio no pude dar con nadie que conociese a Rhea Wiell porque se licenció hace quince años. Pero cuando empecé a hablar de la hipnoterapia, la secretaria del Departamento se acordó de ella. En esa época estaba casada y usaba el apellido de su marido.

Salimos del ascensor y nos encontramos en un vestíbulo en el que confluían cuatro pasillos.

—¿Y qué opinión tenían de ella en la Universidad de Illinois? —le pregunté.

Echó una hojeada a su agenda.

—Creo que es aquí. Noté ciertos celos, me dieron a entender que era una charlatana, pero cuando seguí hurgando me pareció que era debido a que había ganado muchísimo dinero como asistenta social, lo cual supongo que no les sucede a muchos.

Nos detuvimos frente a una puerta de madera clara en la que había una placa con el nombre de Rhea Wiell y su profesión. La idea de que aquella mujer pudiese leerme el pensamiento me hizo estremecer. Tal vez fuera capaz de saber más de mí que yo misma. ¿Sería así como empezaba la sugestión hipnótica? ¿Por el apremiante deseo de ser comprendido en profundidad?

Don empujó la puerta y entramos en un vestíbulo diminuto en el que había dos puertas cerradas y una abierta. Ésta conducía a una sala de espera en la que un cartel nos invitaba a sentarnos y a ponernos cómodos. También decía que apagásemos los teléfonos móviles y los buscas. Don y yo sacamos obedientemente nuestros móviles. Él apagó el suyo, pero el mío se había quedado otra vez sin batería sin haberme dado cuenta.

La sala de espera estaba decorada con tanto detalle que incluso había un termo con agua caliente y una selección de diversas infusiones. Una música New Age tintineaba a un volumen muy bajo y unas mullidas sillas se encontraban colocadas delante de una pecera de un metro y medio de altura que estaba empotrada en la pared de enfrente. Los peces parecían subir y bajar al ritmo de la música.

—¿Cuánto crees que habrá costado toda esta decoración? —preguntó Don mientras investigaba adónde conducían las otras dos puertas. Una resultó ser la del cuarto de baño y la otra estaba cerrada con llave.

—No lo sé. El montaje habrá costado una pasta, pero mantenerlo no puede costar mucho. A no ser por el alquiler, claro. A ti te mantendrá despierto la nicotina, pero a mí estos peces me están dando sueño.

—Ahora sentirás mucho sueño, Vic, y cuando abras los ojos... —dijo Don, riéndose.

—En realidad no es así, aunque la gente al principio

siempre se pone nerviosa y se imagina que es como lo hacen en la televisión. —La puerta que estaba cerrada con llave se había abierto y Rhea Wiell había aparecido por detrás de nosotros.

—Ustedes vienen de la editorial, ¿verdad?

Parecía más pequeña en persona que en la televisión, pero su rostro transmitía la misma serenidad que a través de la pantalla. Iba vestida igual que en la tele, con una túnica vaporosa que flotaba como la de un místico hindú.

Don asintió con la cabeza, de un modo desenvuelto, y nos presentó.

—Vic puede ayudarnos a recabar información en caso de que usted y yo decidamos trabajar juntos.

Rhea Wiell se hizo a un lado para dejarnos entrar en su despacho. También éste estaba pensado para hacer que nos sintiéramos cómodos, con un sillón de respaldo abatible, un diván y la silla de su escritorio, todos tapizados de un color verde suave. Detrás del escritorio estaban colgados sus diplomas: el título de la Escuela de Asistencia Social Jane Addams, un certificado del Instituto Americano de Hipnosis Clínica y su licencia del estado de Illinois que la acreditaba como asistenta social especializada en psiquiatría.

Yo me senté en el borde del sillón abatible mientras que Don se instaló en el diván. Rhea Wiell se sentó en su silla y cruzó suavemente las manos sobre su regazo. Parecía Jean Simmons en *Elmer Gantry*.

—Cuando la vi la otra noche en el Canal 13, me di cuenta de inmediato de que usted tenía una importante historia que contar, usted y Paul Radbuka —dijo Don—. Con seguridad usted también habrá pensado en escribir un libro, ¿verdad?

Rhea Wiell esbozó una leve sonrisa.

—Por supuesto que me gustaría. Si vio usted el programa completo, se habrá dado cuenta de que en algunos círculos no se comprende mi trabajo. Sería muy útil un libro que valorara de manera favorecedora la recuperación de los traumas bloqueados. Y la historia de Paul Radbuka es suficientemente inusual y suficientemente importante como para hacer que la gente considere el tema con la seriedad que se merece.

Don se inclinó hacia delante y apoyó la barbilla sobre los dedos de sus manos entrelazados.

—Yo soy un neófito en el tema. La primera vez que oí hablar del asunto fue anteanoche. He estado estudiando como un loco, me he leído un manual sobre sugestión hipnótica y unos cuantos artículos sobre usted, pero no cabe la menor duda de que sigo sin tener ni idea.

Ella asintió con la cabeza.

—La hipnosis no es más que una parte de un enfoque terapéutico global y despierta una gran controversia porque es algo que la gente no entiende demasiado bien. El terreno que abarca la memoria, lo que recordamos, cómo lo recordamos y por qué lo recordamos, que tal vez sea lo más interesante, es algo que todavía continúa siendo un enigma. La investigación me parece apasionante pero no soy una científica y no tengo ninguna intención de dedicar mi tiempo a un trabajo experimental más profundo.

—¿Su libro se centraría exclusivamente en Paul Radbuka? —pregunté.

—Desde que Don (espero que no te importe que te llame por tu nombre de pila) me llamó ayer, he estado dándole vueltas al tema y creo que también debería referirme a otros casos para demostrar que mi trabajo con Paul no ha sido, ¿cómo decirlo?, ese tipo de tratamiento pirata que les gusta denunciar a los psicólogos de la Fundación Memoria Inducida.

—¿Cuál te parece que debía ser el tema central del libro? —preguntó Don tanteándose el bolsillo de la chaqueta con gesto pensativo, para acabar sacando un bolígrafo en lugar del cigarrillo a medio fumar.

—Demostrar que podemos confiar en nuestros recuerdos. Exponer la diferencia entre los recuerdos inducidos y los auténticos. Anoche, cuando acabé de trabajar, estuve revisando las fichas de mis pacientes y encontré muchos cuyas historias serían ejemplos decisivos. Tres padecían una amnesia total sobre su infancia cuando comenzaron la terapia. Uno tenía memoria parcial y otros dos tenían lo que consideraban una memoria continuada, aunque la terapia les desveló aspectos nuevos. En cierto modo, es más apasionante desvelar recuerdos para alguien que tiene amnesia total, pero es mucho más difícil llenar los espacios vacíos y verificar lo que recuerdan aquellas personas que todavía conservan algunas cosas en la memoria.

Don la interrumpió para preguntarle si existía algún modo de verificar la autenticidad de los recuerdos desvelados durante el tratamiento. Pensé que Rhea Wiell se pondría a la defensiva, pero respondió con mucha calma.

—Por eso he seleccionado estos casos en particular. Porque todos cuentan con, al menos, otra persona, algún testigo de esas infancias, que puede corroborar aquello que ha aflorado durante la terapia. En algunos casos se trata de un hermano o una hermana. En uno, de una asistente social; y en los otros dos contamos con sus maestras de la escuela primaria.

—Tendríamos que conseguir autorizaciones por escrito. —Don estaba tomando notas—. De los pacientes y de los que corroboran las historias. Los testigos.

Ella volvió a asentir con la cabeza y añadió:

—Por supuesto que se ocultarían sus nombres reales, no sólo para protegerlos a ellos sino también para proteger a sus familiares y colegas que podrían verse perjudicados por sus relatos. Pero sí, conseguiremos las autorizaciones por escrito.

—¿Esos otros pacientes son también supervivientes del Holocausto? —me aventuré a preguntar.

—Ayudar a Paul ha sido un privilegio increíble. —Una sonrisa le iluminó el rostro con una especie de éxtasis gozoso, tan intenso, tan íntimo, que instintivamente me eché para atrás en mi asiento para alejarme de ella—. No cabe duda de que la mayoría de mis pacientes se enfrentan a traumas terribles, pero todos dentro del contexto de nuestra cultura. Conseguir que Paul llegase a ese punto, al punto de ser un niño pequeño que hablaba un alemán entrecortado con sus pobres compañeritos de juego en un campo de concentración, fue la experiencia más impresionante de mi vida. Ni siquiera sé cómo vamos a hacer para poder reflejarlo por escrito. —Se miró las manos y añadió con voz quebrada—. Creo que hace poco recuperó un fragmento de sus recuerdos en el que era testigo de la muerte de su madre.

—Intentaré hacerlo lo mejor posible —dijo Don en voz baja. También él se había apartado de Rhea Wiell.

—Ha dicho que pensaba ocultar la identidad real de las personas —dije—. Entonces, ¿Paul Radbuka no es un nombre real?

El éxtasis se borró del rostro de Rhea Wiell y fue reemplazado otra vez por su pátina de calma profesional.

—Él es el único que parece que no tiene ningún familiar vivo que pueda verse afectado por sus revelaciones. Además, está tan orgulloso de su identidad recientemente recuperada que sería imposible persuadirle para que usase un nombre falso.

—Así que ¿ya se lo has consultado? —preguntó Don con cierta ansiedad—. ¿Está dispuesto a participar en nuestro proyecto?

—No he tenido tiempo de hablarlo con ninguno de mis pacientes —contestó sonriendo levemente—. Después de todo, me comunicaste la idea ayer. Pero sé lo entusiasmado que está Paul. Ésa es la razón por la que insistió en intervenir en la conferencia de la Birnbaum a principios de esta semana. Además, creo que haría cualquier cosa para apoyar mi trabajo, puesto que le ha cambiado la vida tan radicalmente.

—¿Cómo fue como recordó el nombre de Radbuka? —pregunté—. Si fue criado por un padre adoptivo desde la edad de cuatro años y arrancado desde la tierna infancia de su familia... ¿Tengo bien los datos?

Rhea Wiell me miró moviendo la cabeza de un lado a otro.

—Espero que su papel no sea el de intentar tenderme trampas, señora Warshawski. Si es así, tendré que descartar a Envision Press y buscarme otra editorial. Paul encontró unos papeles en el escritorio de su padre, de su padre adoptivo, quiero decir, y a partir de ellos logró dar con su verdadero apellido.

—No intentaba tenderle ninguna trampa, señora Wiell. Pero no cabe duda de que el libro tendría más fuerza si pudiésemos corroborar la identidad de Radbuka. Y existe una remota posibilidad de que yo pueda encontrar a alguien que la corrobore. Para ser franca, tengo unos amigos que viajaron a Inglaterra desde Europa Central gracias al *kindertransport*, en los meses previos al comienzo de la guerra. Parece ser que una de las personas de su círculo de amigos íntimos en Londres se apellidaba Radbuka. Si resultase que es familiar de su paciente, sería algo importantísimo, tanto para él como para mis amigos, que perdieron a tantos parientes.

Se le volvió a iluminar el rostro con aquella sonrisa embelesada.

—¡Ah! Si usted pudiese presentarle a sus parientes, eso sería un regalo del cielo para Paul. ¿Quiénes son esas personas? ¿Viven en Inglaterra? ¿Cómo los ha conocido?

—Conozco a dos de ellos que viven aquí, en Chicago. El tercero es un músico que ha venido de Londres de visita durante unos días. Si pudiese hablar con su paciente...

—Primero tengo que consultárselo —me interrumpió—. Y tendría que saber cuál es el nombre de sus amigos antes de hacerlo. No me gusta parecer desconfiada, pero la Fundación Memoria Inducida ya me ha tendido demasiadas trampas.

Entorné los ojos intentando leer entre líneas. ¿Aquella paranoia era producto de tantas escaramuzas con Arnold Praeger o de una prudencia justificada?

Antes de poder decidirlo, Don dijo:

—Max no tendrá ningún problema en que des su nombre, ¿no te parece, Vic?

—¿Max? —gritó Rhea Wiell—. ¿Max Loewenthal?

—¿Lo conoces? —preguntó Don de nuevo antes de que yo pudiera responderle.

—Fue uno de los que hablaron en la mesa redonda sobre los esfuerzos de los supervivientes por rastrear los destinos de sus familias y por saber si tenían valores y dinero bloqueados en bancos alemanes o suizos. Paul y yo asistimos a su conferencia: esperábamos conseguir nuevas ideas sobre posibles pistas para dar con su familia. Si Max es amigo suyo estoy segura de que a Paul le encantaría hablar con él. Nos pareció un hombre extraordinario, amable y comprensivo, pero a la vez seguro de sí mismo y con gran preparación intelectual.

—Es una buena descripción de su personalidad —dije—, pero hay que agregar que es muy celoso de su vida privada. Le molestaría muchísimo que Paul Radbuka se pusiera en contacto con él sin que yo hubiese tenido la oportunidad de hablar antes con el señor Radbuka.

—Puede estar segura de que comprendo el valor de la intimidad de las personas. La relación con mis pacientes sería imposible si yo no protegiera su intimidad. —Rhea Wiell me sonrió con el mismo tipo de sonrisa dulce y obstinada que le había dirigido a Arnold Praeger en la televisión la otra noche.

—Entonces, ¿podríamos organizar una cita con su paciente en la que pudiese hablar con él antes de presentárselo a mis amigos? —Intenté hablar sin que en mi voz se trasluciese ninguna irritación, pero sabía que no podía competir con su tono beatífico.

—Antes de hacer nada, tendré que hablar con Paul. Estoy segura de que comprende que, si actuara de otro modo, estaría violando mi relación con él. —Escribió el nombre de Max en su agenda junto a la cita de Paul Radbuka. Su escritura cuadrada, como si fuera letra de imprenta, era fácil de leer al revés.

—Por supuesto que lo comprendo —dije con toda la paciencia que pude—. Pero no puedo permitir que Paul Radbuka se presente ante el señor Loewenthal como caído del cielo convencido de que son parientes. De hecho, no creo que el señor Loewenthal sea parte de la familia Radbuka. Si antes yo pudiese hacerle algunas preguntas a Paul se podría evitar que todos nos pusiéramos nerviosos.

Negó con la cabeza con determinación: no entregaría a Paul a alguien como yo, una extraña sin cualificación alguna.

—Ya sea el señor Loewenthal o su amigo músico el que forme parte de su familia, le puedo asegurar que lo trataré con la mayor simpatía. Y lo primero es hablar con Paul para que me dé permiso para hablar con ellos. ¿Cuánto tiempo estará en Chicago su amigo músico?

A esas alturas yo ya no quería decirle nada más sobre ningún conocido mío, pero Don contestó:

—Creo que dijo que se marcharía el lunes a la costa Oeste.

Después me quedé callada y enfurruñada mientras Don le pedía a Rhea Wiell que le explicara en detalle cómo funcionaba la hipnosis y cómo la utilizaba ella (con moderación y sólo después de que sus pacientes se sentían capaces de confiar en ella). Luego Don le habló del tipo de controversia que probablemente despertaría el libro.

—A nosotros nos viene muy bien la controversia —dijo Don, sonriendo con aire cómplice—, porque permite que el libro tenga una difusión en los medios de comunicación que, de otra forma, no podríamos pagar. Pero a ti... es posible que no te interese atraer ese tipo de atención hacia tu persona y tu trabajo.

Ella le devolvió la sonrisa.

—Al igual que vosotros, a mí también me viene bien la publicidad, aunque por razones diferentes. Quiero que el mayor número posible de gente comprenda cómo bloqueamos los recuerdos, cómo los recuperamos y cómo podemos lograr liberarnos gracias a ese proceso. La Fundación Memoria Inducida ha hecho muchísimo daño a personas que sufren traumas. Yo carecía de los medios para aclarar la verdad ante el gran público. Este libro sería para mí una enorme ayuda.

Una campanita cristalina, como la de un templo japonés, tintineó sobre su mesa.

—Bueno, tendremos que dejarlo por ahora. Tengo otro paciente y necesito tiempo para prepararme para la sesión.

Le entregué una tarjeta mía y le recordé que quería un encuentro previo con Paul Radbuka. Me estrechó la mano con frialdad, aunque apretándola levemente como para demostrarme su buena voluntad. A Don, además, le dijo que, si quería, podía ayudarle a dejar de fumar.

—La mayor parte de mi trabajo con hipnosis se desarrolla en el terreno de la autoexploración, pero también trabajo a veces en el dominio de los hábitos.

Don se rió.

—Espero que trabajemos juntos durante el próximo año. Si decido que ya estoy preparado para abandonar el cigarrillo, dejaremos el manuscrito a un lado y me tumbaré en ese diván.

11
En la rampa de salida

Mientras pasábamos junto a los especialistas en liposucciones rumbo a los ascensores, Don se felicitaba por lo bien que habían salido las cosas.

—Estoy seguro de que va a ser un gran proyecto. Los ojos que tiene esa mujer podrían convencerme de cualquier cosa.

—Eso parece —contesté con tono seco—. Me habría gustado que no hubieses mencionado el nombre de Max.

—Por Dios bendito, Vic. Fue pura casualidad que adivinase que se trataba de Max Loewenthal. —Las puertas del ascensor se abrieron y Don se apartó para dejar bajar a una pareja de ancianos—. Éste va a ser el libro que va a salvar mi carrera. Apuesto a que puedo convencer a mi agente para que me consiga un contrato de seis cifras y eso sin mencionar los derechos para una película. ¿Te imaginas a Dustin Hoffman haciendo el papel de un malogrado Radbuka que recuerda su pasado?

Me vino a la cabeza con toda su contundencia el amargo comentario de Lotty sobre los morbosos que intentan sacar provecho de los despojos de los cadáveres.

—Dijiste que querías demostrarle a Lotty Herschel que no eres uno de esos periodistas sensacionalistas. Pero ella no va a quedar muy convencida si te ve regodeándote con las posibilidades de convertir las miserias de sus amigos en una película comercial.

—Venga, Vic, cálmate ya —dijo Don—. ¿Es que no me puedes dejar disfrutar de mi minuto de gloria? Por supuesto que no voy a violar unos sentimientos que son sagrados para la doctora Herschel. Al principio no estaba muy convencido con Rhea, pero al cabo de una hora me tenía totalmente de su lado. Lo siento mucho si el entusiasmo se me ha subido a la cabeza.

—Pues a mí no me ha caído bien del todo —dije.

—Eso es porque no te ha dado el teléfono de su paciente. Cosa que no debe hacer nunca. Y tú lo sabes.

—Sí, lo sé —tuve que admitir—. Pero supongo que lo que me saca de quicio es que quiera dominar la situación: primero quiere conocer a Max, a Lotty y a Carl, luego decidirá si le son de utilidad, pero se opone a que yo conozca a su paciente. ¿No te parece raro que Radbuka haya dado como dirección la consulta de Rhea, como si su identidad se hallara arropada dentro de la de ella?

—Estás sacando las cosas de quicio, Vic, porque te gusta ser tú la que controla todo. Has leído los artículos que me imprimiste sobre los ataques a los que ha sido sometida por parte de Memoria Inducida, ¿no es así? Es lógico que tome precauciones.

Hizo una pausa cuando el ascensor se detuvo y salimos abriéndonos paso entre el grupo que quería subir. Los miré a todos rápidamente con la esperanza de detectar a Paul Radbuka mientras me preguntaba adónde se dirigirían aquellas personas. ¿Irían a que les succionaran la grasa? ¿Tendrían piorrea? ¿Cuál de ellos sería el próximo paciente de Rhea Wiell?

Don continuó con la idea que más le preocupaba.

—¿Quién crees que pueda ser el pariente de Radbuka, Lotty, Max o Carl? Parecen bastante quisquillosos para ser gente que sólo se preocupa por los intereses de sus amigos.

Me detuve detrás del quiosco de revistas y me quedé mirándole.

—No creo que ninguno de ellos sea pariente de Radbuka. Por eso me molesta tanto que la señorita Wiell tenga ahora el nombre de Max. Ya sé, ya sé —añadí al ver que iba a interrumpirme—, que tú no se lo diste. Pero ella está tan obsesionada con el bienestar de su caballo ganador que no puede pensar en las necesidades de nadie más.

—¿Y por qué habría de hacerlo? —me preguntó Don—. Es decir, comprendo que quieras que ella sienta tanta empatía por Max o por la doctora Herschel como la que siente por Paul Radbuka, pero ¿cómo va a sentir la misma preocupación por un grupo de extraños? Además, ella está tan entusiasmada con todo lo que está pasando, gracias a su labor con ese tipo, que la verdad es que no me sorprende. Pero ¿por qué están tus amigos tan a la defensiva si no se trata de alguien de su propia familia?

—Por favor, Don, tienes tanta experiencia como Morrell en escribir sobre refugiados desplazados por la guerra. Estoy segura de que puedes imaginarte cómo debe de haberse sentido alguien que estuvo en Londres formando parte de un grupo de niños con los que compartió los mismos traumas: primero tener que abandonar a sus familias para ir a un país extraño, con un idioma extraño, y después el trauma aún mayor de la horrible muerte de sus familias. Supongo que debe desarrollarse entre ellos una relación que va más allá de la amistad. Que deben sentir las experiencias de los demás como si fuesen propias.

—Supongo que tienes razón. Claro que la tienes. Pero lo único que yo quiero es poder continuar con Rhea y con la que será la historia de esta década. —Volvió a sonreír de oreja o oreja y me desarmó. Volvió a sacar el cigarrillo a medio fumar—. Mientras me decido a que Rhea me cure, necesito meterme un poco de esto en el cuerpo. ¿Tienes tiempo para acompañarme al Ritz y bebernos una copa de champán? ¿Puedo disfrutar de mi euforia por el proyecto, aunque sólo sea durante un minuto?

Todavía no me sentía con ganas de celebrarlo.

—Déjame que compruebe primero los mensajes que tengo en mi contestador mientras tú vas yendo al hotel. Supongo que, después, nos podemos tomar una copa rápida.

Volví a la esquina donde estaban los teléfonos públicos, ya que mi móvil se había quedado sin batería. ¿Por qué no podía dejar que Don disfrutase de su minuto de gloria, como él había dicho? ¿Tendría razón al decir que estaba resentida porque Rhea Wiell no me daba el teléfono de Radbuka? Pero es que aquella sensación, como de estar en éxtasis, que transmitía cuando hablaba de su éxito con Paul Radbuka me había hecho sentirme incómoda. Sin embargo, su éxtasis era el de un devoto y no el gesto triunfal de un charlatán, así que ¿por qué me sentía tan indignada?

Metí unas monedas en el teléfono y marqué el número de mi servicio de contestador.

—¡Vic! ¿Dónde te habías metido? —La voz de Christie Weddington, una operadora diurna que llevaba mucho más que yo trabajando en aquel servicio, me devolvió a la realidad.

—¿Qué sucede?

—Beth Blacksin ha llamado tres veces, quería comentarte algo; Murray Ryerson ha llamado dos veces y además tienes mensajes de un montón de periodistas. —Me leyó una lista de nombres y de números—. Mary Louise llamó y dijo que conectaría la línea de la oficina directamente con nosotros porque estaba agobiada con tantas llamadas.

—Pero ¿qué sucede?

—No lo sé, Vic, yo sólo recibo los mensajes. Pero Murray dijo algo sobre el concejal Durham, y es lo siguiente. —Leyó el mensaje con un tono impersonal e inexpresivo—: «Llámame y dime qué está pasando con Bull Durham. ¿Desde cuándo te dedicas a robarle el óbolo a una viuda y a un huérfano?».

Me quedé absolutamente perpleja.

—Supongo que lo mejor será que me envíes todas esas cosas al ordenador de mi oficina. ¿Hay algún mensaje de trabajo? ¿Algo que no proceda de un periodista?

Oí cómo tecleaba en su pantalla.

—Creo que no... Ah, sí, aquí hay algo de un tal señor Devereux, de Ajax. —Me leyó el número de Ralph.

Primero llamé a Murray. Es un periodista de investigación que trabaja con el *Herald Star* y que, de vez en cuando, hace reportajes especiales para el Canal 13. Era la primera vez que me llamaba en varios meses. Habíamos tenido una bronca importante debido a un caso en el que estaban implicados los propietarios del *Star*. Al final firmamos una paz precaria e intentamos no implicarnos el uno en los casos del otro.

—Warshawski, ¿qué diablos has hecho para despertar tanta ira en Bull Durham?

—Hola, Murray. Sí, estoy un poco deprimida por la derrota de los Cubs y preocupada porque Morrell se va a Kabul dentro de unos días. Pero aparte de eso, las cosas siguen igual que siempre. ¿Y qué tal tú?

Hizo una pausa muy breve y después me espetó que no me pasara de lista.

—¿Por qué no empiezas por el principio? —le sugerí—. He estado toda la mañana reunida y no tengo ni idea de lo que han estado haciendo o diciendo las criaturitas de nuestro concejal.

—Bull Durham está encabezando un grupo de manifestantes frente a las oficinas centrales de Ajax.

—Ah, ¿por el tema de la compensación a los descendientes de los esclavos?

—Exacto. Ajax es su principal objetivo. Están repartiendo unos panfletos en los que aparece tu nombre como agente de la compañía implicada en la reiterada ocultación de las pólizas de los asegurados de raza negra para negarles las compensaciones que les corresponden.

—Ya veo. —Nos interrumpió un aviso grabado para decirme que tenía que depositar veinticinco centavos si quería continuar hablando.

—Tengo que cortar, Murray, me he quedado sin monedas.

Colgué mientras él gruñía diciéndome que aquello no era una respuesta, que ¿qué era lo que había *hecho*? Ésa debía de ser la razón por la que me estaba llamando Ralph Devereux. Para averiguar qué había hecho yo para provocar una escalada de manifestaciones. Vaya lío. Cuando mi cliente, ex cliente, me dijo que iba a tomar medidas, debía de estar refiriéndose a aquello. Apreté los dientes e introduje otros treinta y cinco centavos en el teléfono.

Me atendió la secretaria de Ralph pero, para cuando me pasó con él, ya había estado esperando tanto rato que casi no me quedaban monedas.

—Ralph, estoy en un teléfono público y ya no tengo monedas, así que seré breve: acabo de enterarme de lo de Durham.

—¿Has sido tú la que le ha pasado el expediente de los Sommers? —preguntó, con un tono cargado de desconfianza.

—¿Para que pueda denunciarme diciendo que soy un títere de Ajax y me persigan y acosen todos los periodistas de la ciudad? No, gracias. La tía de mi cliente reaccionó indignada cuando le pregunté sobre el certificado de defunción y el cheque. Mi cliente me despidió y supongo que fue él quien acudió a Durham, pero no lo sé seguro. Cuando lo averigüe, te llamo. ¿Alguna otra cosa? ¿Rossy te ha dado la vara por esto?

—Toda la planta sesenta y tres. Aunque lo que Rossy dice es que esto demuestra que tenía razón al no confiar en ti.

—Sólo está furioso y busca a alguien a quien echarle la culpa. No es más que una tormenta de verano. A Ajax no le afectará, aunque a mí podría dejarme bastante maltrecha. Voy a ver a Sommers para averiguar qué es lo que le ha dicho a Durham. ¿Y qué me dices de tu historiadora, esa joven, Amy Blount, que escribió el libro sobre Ajax? Ayer Rossy decía que no se fiaba de que ella no fuese a pasarle datos de Ajax a Durham. ¿Se lo ha preguntado?

—Ella niega haberle enseñado nuestra documentación privada a nadie. Pero ¿de qué otra forma pudo haber averiguado Durham quiénes eran nuestros clientes en la década de 1850? Nosotros mencionamos a los Birnbaum en nuestra historia, alardeando de que llevan con la compañía desde 1852, pero nunca hemos hecho públicos los detalles que maneja Durham, que sabe que Ajax aseguraba los arados que Birnbaum enviaba a propietarios de esclavos. Y, ahora, los abogados de Birnbaum nos amenazan con denunciarnos por haber violado nuestra responsabilidad fiduciaria, aunque no sé si pueden exigirnos nada retrotrayéndose a una época tan lejana...

—¿Tienes el teléfono de Amy Blount? Podría preguntárselo a ella.

La voz metálica me anunció que tenía que poner otros veinticinco centavos. Ralph me dijo rápidamente que Amy Blount se había doctorado en Historia Económica por la Universidad de Chicago el pasado mes de junio, que podía contactar con ella a través del Departamento.

—Llámame cuando... —había empezado a decir en el momento en que la compañía telefónica nos cortó la comunicación.

Crucé el pasillo corriendo hacia la parada de taxis pero, al ver a un par de fumadores recostados contra la pared, me acordé de Don y de que me estaría esperando en el bar del Ritz. Dudé un momento, pero recordé que el cargador de mi móvil seguía en el coche de Morrell, así que no podría llamar a Don desde la calle para explicarle por qué le había dado plantón.

Lo encontré sentado bajo un helecho en la zona de fumadores del bar, con dos copas de champán delante de él. Cuando me vio, apagó el cigarrillo. Me incliné para darle un beso en la mejilla.

—Don, te deseo todo el éxito del mundo. Con este libro y con tu carrera. —Levanté una copa en señal de brindis—. Pero no puedo quedarme a beber el champán contigo. Se ha desatado una crisis en la que están implicados todos los personajes a los que habías venido a entrevistar en un principio.

Cuando le conté que los piquetes de Durham estaban ante las puertas de Ajax y que quería ir hasta allí a ver qué es lo que pasaba, Don volvió a encender su cigarrillo.

—¿Nadie te ha dicho nunca que tienes demasiada energía, Vic? Vas a hacer que Morrell envejezca antes de tiempo intentando seguir tu ritmo. Yo me voy a quedar aquí sentado con mi champán y mantendré una animada conversación sobre el libro de Rhea Wiell con mi agente literario. Después me beberé también tu copa. Si te enteras de algo mientras vas dando botes por todo Chicago como si fueses la bolita de una máquina de pinball en manos de un genio demente, escucharé ansioso cada una de las palabras que me digas.

—Por lo que te cobraré cien dólares la hora. —Di un gran sorbo a mi champán y después le entregué la copa a Don. Tuve que contenerme para no atravesar corriendo el vestíbulo rumbo a los ascensores. Me daba vergüenza imaginarme como una bolita de pinball, yendo a toda velocidad de un lado al otro de la ciudad, aunque esa imagen no dejó de darme vueltas en la cabeza durante toda la tarde.

12

El genio de la máquina de pinball

Primero fui dando botes hasta el edificio de Ajax en Adams. Durham sólo había conseguido reunir a unos pocos manifestantes. La mayoría de la gente no tiene tiempo para manifestaciones en mitad de la jornada laboral. El propio Durham encabezaba la marcha, rodeado de miembros de su agrupación OJO, que miraban a los peatones con el gesto hosco de los hombres que están preparados para lanzarse a la lucha en cuanto se les ordene. Detrás de ellos había un grupito de predicadores y dirigentes del South y West Side, seguidos por el consabido puñado de concienciados estudiantes universitarios. Gritaban: «Justicia ya», «No a las torres de oficinas levantadas sobre los huesos de los esclavos» y «No a las indemnizaciones a los negreros». Me puse a andar junto a uno de los estudiantes, que me recibió como si fuese una conversa de su causa.

—No sabía que Ajax se hubiese beneficiado tanto con la esclavitud —dije.

—No es sólo eso, ¿es que no te has enterado de lo que pasó ayer? Mandaron a un detective a esa pobre mujer que acababa de perder a su marido. Resulta que la compañía cobró su seguro de vida y después, así como así, dicen que fue la viuda la que lo cobró y le envían a un detective para acusarla justo en mitad del funeral.

—¿Qué? —exclamé.

—Es asqueroso, ¿verdad? Toma, aquí lo tienes con más detalle. —Me dio un panfleto. Inmediatamente vi que aparecía mi nombre escrito en él.

AJAX, ¿NO TIENES PIEDAD?
WARSHAWSKI, ¿NO TIENES VERGÜENZA?
BIRNBAUM, ¿NO TIENES COMPASIÓN?

¿Dónde está el óbolo de la viuda? Gertrude Sommers, una mujer temerosa de Dios, una mujer que va a la iglesia, una mujer que paga sus impuestos, que perdió a su hijo y después perdió a su marido, ¿debe perder también su dignidad?

La compañía aseguradora Ajax se quedó el importe del seguro de vida de su marido hace diez años. La semana pasada, cuando él murió, enviaron a su diligente detective, V. I. Warshawski, para acusar a la hermana Sommers de haber robado el dinero. La avergonzaron en mitad del funeral, delante de sus amigos y de sus seres queridos.

Warshawski, todos tenemos que ganarnos la vida de alguna forma pero ¿tienes que hacerlo a costa de los pobres? Ajax, enmienda tu error. Págale su óbolo a la viuda. Repara el daño que has hecho a los nietos de los esclavos. Birnbaum, devuelve el dinero que amasaste con Ajax a costa de los esclavos. Que no haya indemnizaciones a las víctimas del Holocausto hasta que no se haga lo mismo con toda la comunidad afroamericana.

Sentía cómo me subía la sangre a la cabeza. No me extrañaba que Ralph estuviese furioso, pero ¿por qué tenía que tomarla conmigo? No era a él a quien estaban difamando. Estuve a punto de salirme de la fila y saltar encima del concejal Durham pero, justo a tiempo, me imaginé la escena en televisión: unos chicos de OJO forcejeando conmigo mientras yo gritaba improperios, el concejal moviendo la cabeza de un lado a otro, más con un gesto de pena que de ira y soltando algún discurso moralista ante las cámaras.

Hecha una furia, me quedé observando a Durham mientras el círculo de manifestantes me fue arrastrando hasta llegar a su altura. Era un hombre grande, de espaldas anchas, con una chaqueta de pata de gallo color negro y habano que parecía hecha a medida, por la perfección con la que el estampado se alineaba con las costuras, que se ajustaban al cuerpo sin ninguna arruga. El rostro le resplandecía de entusiasmo, enmarcado por sus patillas de hacha.

Ya que no podía darle una bofetada, doblé el panfleto, lo metí en mi bolso y bajé corriendo por Adams hacia mi coche. Hubiese sido más rápido llamar un taxi, pero necesitaba descargar mi ira físicamente. Cuando llegué a Canal Street, las plantas de los pies me dolían de tropezar con las tapas de las bocas de riego de las aceras. Tuve suerte de no haberme torcido un tobillo. Me detuve junto a mi coche jadeando y con la garganta seca.

Mientras recuperaba mi pulso normal, me pregunté de dónde habría sacado dinero Bull Durham para hacerse la ropa a medida. ¿No le estaría pagando alguien para que acosase a Ajax y a los Birnbaum, por no hablar de mí misma? Por supuesto que todos sus esbirros tendrían miles de maneras, perfectamente legales, de meter la mano en la caja. Estaba tan furiosa con él que estaba dispuesta a creerme lo peor.

Necesitaba un teléfono y necesitaba agua. Mientras buscaba una tienda donde pudiese comprar una botella, pasé junto a una de telefonía móvil. Me compré otro cargador para enchufar en el coche. Mi vida sería más fácil si aquella tarde me mantenía conectada.

Antes de meterme en la autopista para ir a ver a mi cliente —ex cliente— llamé a Mary Louise al número privado de mi oficina. Estaba furiosa, y con razón, por haberla dejado aguantando la vela. Le expliqué lo que me había sucedido y le leí el panfleto de Bull Durham.

—¡Por Dios bendito! ¡Qué cara tiene! ¿Y qué vas a hacer?

—Empezaré haciendo un comunicado. Algo que diga, más o menos:

En su afán de sacar tajada política de la pérdida que ha sufrido Gertrude Sommers, el concejal Durham ha pasado por alto algunas cosas, incluyendo los propios hechos. Cuando el marido de Gertrude Sommers murió la semana pasada, la funeraria Delaney la humilló suspendiendo el funeral en el preciso instante en que tomaba asiento en la capilla. Actuaron así porque el seguro de vida de su marido ya había sido cobrado unos años antes. La familia contrató a la detective V. I. Warshawski durante un breve espacio de tiempo para investigar los hechos. Contrariamente a lo que sostiene el concejal Durham, la compañía de seguros Ajax no contrató a Warshawski. Warshawski no estuvo en el funeral de Aaron Sommers y no vio ni conoció a la desdichada viuda hasta una semana más tarde. Así que es imposible que Warshawski pudiese interrumpir el funeral tal como sostiene el concejal. Puesto que el concejal Durham se equivoca por completo en cuanto a la verdadera relación de Warshawski con este caso, ¿no habría que poner también en tela de juicio sus otras declaraciones?

Mary Louise volvió a leerme el texto. Corregimos un par de cosas y ella quedó en enviarlo por teléfono o por correo electrónico a los periodistas que habían estado llamando. Les diría a Beth Blacksin o a Murray que si querían hablar conmigo en persona que pasasen por mi oficina alrededor de las seis y media, aunque era probable que a esa hora, si hacían lo mismo que los demás medios de comunicación de Chicago, se encontrasen apostados delante de las casas de los diferentes miembros de la familia Birnbaum, con la esperanza de poder abordarlos.

Un policía dio unos golpecitos a mi parquímetro e hizo un comentario desagradable. Arranqué y empecé a bajar por Madison hacia la autopista.

—¿Sabes a qué se refiere el panfleto de Durham cuando habla de Birnbaum? —me preguntó Mary Louise.

—Parece ser que Ajax asegura a los Birnbaum desde 1850. Parte de las grandes propiedades de Birnbaum provienen de negocios en el sur. Los ejecutivos de Ajax están indignados intentando averiguar cómo ha obtenido Durham esa información.

Mientras entraba lentamente en la autopista me alegré de haber comprado el agua. Hoy en día parece que el tráfico sólo fluye sin problemas entre las diez de la noche y las seis de la mañana. A las dos y media de la tarde los camiones que se dirigían al sur por la autopista Ryan formaban una compacta muralla. Le dije a Mary Louise que esperase al otro lado de la línea mientras deslizaba mi Mustang entre un camión de dieciocho ruedas de la UPS y otro largo, de plataforma, que transportaba algo parecido a la bobina de un reactor.

Antes de colgar, le pedí que me averiguase la dirección y número de teléfono de Amy Blount.

—Envíamelos al teléfono de mi coche, pero no la llames. Todavía no sé si quiero hablar con ella.

El camión de plataforma que tenía detrás dio un bocinazo que me hizo saltar del asiento: me había distraído y había dejado un hueco como de unos tres coches por delante de mí. Avancé a toda prisa.

Mary Louise añadió:

—Antes de que cuelgues: he localizado a los hombres que trabajaban con Aaron Sommers en los desguaces South Branch. Los que, al igual que el señor Sommers, compraron seguros de vida a Rick Hoffman.

El ataque personal de Durham me había borrado de la cabeza todos los asuntos del día anterior. Me había olvidado de decirle a Mary Louise que mi cliente me había despedido, por lo que ella había continuado con la investigación y había encontrado a tres de los cuatro hombres que todavía estaban vivos. Les dijo que estaba realizando una investigación independiente para la compañía con el fin de verificar la calidad de los servicios y convenció a los asegurados de que llamasen a la Agencia Midway. Los hombres le confirmaron que sus pólizas no presentaban ningún problema; Mary Louise también lo había comprobado con la agencia. El tercer hombre había muerto hacía ocho años. Ajax había pagado su entierro sin ningún inconveniente. Fuera cual fuese el fraude cometido, no se trataba de un saqueo sistemático de aquellas pólizas en particular por parte de la Midway o de Hoffman. Aunque a esas alturas, era algo que a mí ya no me interesaba. De todas formas le agradecí a Mary Louise su gran esfuerzo, puesto que había hecho muchísimas cosas en tan sólo una mañana, y después concentré toda mi atención en el tráfico.

Cuando me metí por Stevenson, mi velocidad se parecía más a la de una tortuga después de tomarse un Valium que a la de una bola de pinball. La mitad de los carriles estaban cerrados por culpa de una obra que lleva así tres años. La autopista Stevenson es el acceso a la zona industrial por el sudoeste de la ciudad y siempre tiene un tráfico de camiones muy denso. Entre las obras y la hora punta, acabamos todos avanzando a duras penas a quince kilómetros por hora.

Cuando llegué a Kedzie me alegré de abandonar la autopista y de meterme en el laberinto de fábricas y de solares de desguace que se levanta junto a ella. A pesar de que hacía un día claro, allí abajo, entre las fábricas, el aire se tornaba gris azulado a causa del humo. Pasé junto a descampados llenos de coches oxidados, solares en los que se hacían motores fueraborda, una fábrica de encofrados y una montaña de sal amarillenta, un mal presagio del invierno que se avecinaba. Las calles estaban llenas de baches. Conduje con cuidado porque mi coche era demasiado bajo como para que el eje pudiese sobrevivir a un agujero profundo. Los camiones me adelantaban dando saltos e ignorando alegremente toda señal de tráfico.

A pesar de tener un buen plano me perdí un par de veces. Cuando entré dando tumbos en el aparcamiento de Ingeniería Docherty eran las tres y cuarto, es decir, quince minutos después de que terminase el turno de Isaiah Sommers. El acceso estaba cubierto de grava y tenía tantos baches, por culpa de los camiones pesados, como las demás calles circundantes. Cuando me bajé del Mustang, un camión de catorce ruedas rugía en un muelle de carga.

Era mi tarde de suerte, parecía que los del turno de siete a tres estaban marchándose justo en ese momento. Me recosté en mi coche y observé a los hombres que iban saliendo poco a poco por una puerta lateral. Isaiah Sommers apareció en medio de aquel éxodo. Iba hablando y riendo con otros dos hombres con una despreocupación que me cogió por sorpresa. Cuando le conocí me pareció una persona retraída y hosca. Esperé a que se despidiera de un compañero de trabajo, dándole unos golpecitos en la espalda, y a que se encaminase a su camión, antes de enderezarme y seguirle.

—¿Señor Sommers?

La sonrisa se esfumó y su rostro recuperó la misma expresión cautelosa que yo le había visto la otra noche.

—Ah, es usted. ¿Qué es lo que quiere?

Saqué el panfleto de mi bolso y se lo di.

—Ya veo que el camino que tomó le ha llevado directamente hasta el concejal Durham. Aunque hay varios errores de hecho, está teniendo un gran impacto en la ciudad. Estará usted contento.

Leyó el panfleto con la misma concentración y lentitud con la que había leído mi contrato.

—¿Y bien?

—Sabe a la perfección que yo no estaba presente en el funeral de su tío. ¿Le dijo a Durham que yo estaba allí?

—Quizá se equivocó al unir las piezas de la historia pero, sí, sí que hablé con él. Le dije que usted había acusado a mi tía. —Avanzó el mentón con gesto amenazador.

—No he venido hasta aquí a jugar a «él dijo» y «ella dijo», sino para saber por qué ha hecho algo tan insólito como ponerme en la picota, en lugar de intentar resolver las cosas entre nosotros en privado.

—Mi tía no tiene dinero ni contactos ni ninguna otra forma de desquitarse cuando viene alguien como usted y la acusa injustamente.

Varios hombres pasaron junto a nosotros y nos miraron con curiosidad. Uno de ellos saludó a Sommers. Él le devolvió el saludo con la mano, pero siguió mirándome con gesto enfadado.

—Su tía se siente estafada y necesita echarle la culpa a alguien, así que me la está echando a mí. Hace unos diez años alguien cobró el cheque de la póliza utilizando el nombre de su tía y con un certificado de defunción que declaraba que su tío estaba muerto. Una de dos: o lo hizo su tía o lo hizo otra persona. Pero era su nombre el que aparecía en el cheque. Tenía que preguntárselo. Usted me ha despedido, así que ya no haré más preguntas, pero ¿no le intriga saber cómo ha llegado ese nombre hasta ese cheque?

—Fue la compañía. Fue la compañía la que lo hizo y después la contrató a usted para tendernos una trampa e incriminarnos, como dice aquí. —Señaló el panfleto, pero su voz no sonaba muy convencida.

—Es una posibilidad —admití—. Es una posibilidad que la compañía lo haya hecho. Pero, claro, eso nunca lo sabremos.

—¿Y por qué no?

Sonreí.

—Yo no tengo ninguna razón para investigarlo. Puede contratar a otra persona para que lo haga, pero le costará una fortuna. Claro que es más fácil andar lanzando acusaciones a diestro y siniestro que investigar los hechos. Últimamente parece ser la forma en que los estadounidenses lo resolvemos todo: buscando un chivo expiatorio en lugar de investigar los hechos.

Su rostro contraído era un fiel reflejo de su confusión. Le saqué el panfleto de las manos y me encaminé hacia mi coche. El teléfono, que había dejado conectado al cargador, estaba sonando. Era Mary Louise para darme los datos de Amy Blount. Los apunté rápidamente y arranqué el coche.

—¡Espere! —gritó Isaiah Sommers.

Dio un apretón de manos a alguien que se había detenido a saludarlo y se acercó corriendo hasta mi coche. Lo puse en punto muerto y levanté la mirada hacia él, con las cejas arqueadas y el rostro inexpresivo.

Buscó un momento las palabras y luego me soltó:

—¿Y usted qué piensa?

—¿Sobre qué?

—Ha dicho que existía la posibilidad de que fuese la compañía la que hubiera cobrado la póliza. ¿Lo piensa de verdad?

Apagué el motor.

—Para serle sincera, no. No le digo que sea imposible: yo trabajé una vez en una demanda por fraude contra esa compañía, pero era con otro equipo directivo, que tuvo que dimitir cuando la noticia salió a la luz. El asunto implicaría que tendría que haber habido connivencia entre alguien dentro de la compañía y el agente de seguros, ya que fue la agencia la que depositó el cheque, pero el Jefe de Reclamaciones no puso ningún reparo en enseñarme el expediente. —Es verdad que Rossy había dado más de una vuelta para evitar que pudiese examinar todo el expediente, pero sólo hacía cuatro meses que Edelweiss se había hecho con Ajax, así que no me parecía probable que participara en un fraude organizado por Ajax—. El candidato más probable es el agente de seguros —continué diciendo—. Lo cierto es que, aunque ninguna de las otras pólizas que Hoffman vendió en la empresa donde trabajaba su tío fue cobrada de un modo fraudulento, el cheque se pagó a través de Midway. También lo pudo haber cobrado su tío, por razones que nunca sabrá o que podría llegar a ser muy doloroso conocer. O algún otro miembro de la familia. Y antes de que desenvaine la espada y salga corriendo hacia el teléfono más cercano para llamar a Bull Durham, le diré que no creo que haya sido su tía, no lo creo después de haber hablado con ella. Pero yo investigaría en esos dos lugares: en su familia o en la agencia. Si tuviese que investigarlo.

Aporreó el techo de mi coche en un ataque de frustración. Era un hombre bastante fuerte, así que mi coche se zarandeó un poco.

—Mire, señora Warshawski, ya no sé a quién hacerle caso o a quién creer. Mi mujer pensaba que yo tenía que hablar con el concejal Durham. Camilla Rawlings, la señora que me dio su nombre en un principio, ya me echó la bronca por haberla despedido, ella dice que tengo que hacer las paces con usted. Pero ¿a quién tengo que creer? El señor Durham dice que él tiene pruebas de que la compañía aseguradora ha logrado grandes beneficios gracias a la esclavitud y que esto no es más que otra de sus maniobras ilícitas y, sin ánimo de ofenderla, siendo usted blanca, ¿cómo iba usted a entenderlo?

Bajé del coche para que él no tuviese que seguir inclinado y para que a mí no me diese una contractura en el cuello de tanto mirar hacia arriba.

—Señor Sommers, jamás llegaré a entenderlo totalmente, pero sí que intento escuchar con imparcialidad para comprender todo aquello que se me dice. Me doy cuenta de que el asunto de su tía se ha visto complicado por la historia estadounidense. Si quiero preguntarle cómo es que su nombre llegó hasta ese cheque, entonces usted, su esposa y su tía me ven como una mujer blanca que está confabulada con la compañía para estafarles. Pero si me pusiera a gritar a coro con usted, ¡compañía encubridora!, ¡fraude!, cuando no tengo ninguna prueba que demuestre esas acusaciones, entonces no serviría como detective. Mi única premisa es atenerme a la verdad, hasta donde me sea posible. No es una decisión fácil, a veces pierdo clientes como usted. También perdí a un hombre fantástico, que era el hermano de Camilla. No siempre acierto, pero no tengo más remedio que atenerme a la verdad o si no acabaré zarandeada como una hoja a merced del viento que sople.

Me llevó mucho tiempo reponerme de mi separación de Conrad Rawlings. Amo a Morrell, es un gran tipo, pero Conrad y yo sintonizábamos de una manera que sólo se da una vez en la vida.

Sommers tenía el rostro distorsionado por la tensión.

—¿Reconsideraría la posibilidad de volver a trabajar para mí?

—Podría hacerlo. Aunque voy a tener que andarme con pies de plomo.

Asintió con la cabeza, demostrando una especie de compungida comprensión y luego me soltó:

—Siento mucho que Durham haya mezclado los hechos. Es verdad que tengo algunos primos, sobre todo uno, que podrían haber hecho algo así. Pero es doloroso, ¿me entiende?, muy doloroso, dejar en evidencia a mi familia de ese modo. Y, si resulta que fue mi primo Colby, bueno, ¡qué demonios!, entonces sí que no volveré a ver ese dinero nunca más. Me quedaré sin el dinero del funeral y sin el que tendré que pagarle a usted por sus honorarios y además habré humillado a mi familia públicamente.

—Es un grave problema, pero en eso yo no puedo aconsejarle.

Cerró los ojos con fuerza durante un momento.

—¿Todavía queda..., todavía me debe algo de tiempo por los quinientos dólares que le he pagado?

Le quedaba como una hora y media antes de que Mary Louise comprobase lo de los hombres que trabajaban en los desguaces South Branch. Para cualquier trabajo que hiciera a partir de ese momento ya tendría que volver a poner el contador en marcha.

—Le queda como una hora —dije con brusquedad, al tiempo que me maldecía a mí misma.

—¿Podría..., podría averiguar algo sobre el agente de seguros en sólo una hora?

—¿Y usted va a llamar al señor Durham y decirle que ha cometido un error? Tengo una entrevista de prensa a las seis y media y no me gustaría mencionar su nombre, ya que estoy trabajando para usted.

Tomó aire.

—Lo llamaré, ya que usted va a hacer algunas averiguaciones sobre la agencia de seguros.

13

El agente secreto

—Andy Birnbaum, el portavoz de la familia y bisnieto del patriarca que había empezado empujando una carretilla de chatarra y acabó siendo una de las grandes fortunas de Estados Unidos, dijo que la familia estaba perpleja ante las acusaciones de Durham. La Fundación Birnbaum había subvencionado programas de desarrollo educativo, artístico y económico en las zonas urbanas deprimidas durante cuatro décadas. Birnbaum añadió que las relaciones de la comunidad afroamericana, tanto con la Corporación Birnbaum como con la fundación, habían sido siempre de mutuo apoyo y que estaba convencido de que, si el concejal Durham se sentara a hablar, comprendería que todo ha sido producto de un malentendido.

Estaba escuchando esa información en la radio mientras conducía de regreso a la ciudad. El tráfico de entrada era denso pero avanzaba rápidamente, así que no estaba prestando demasiada atención hasta que de repente oí mi nombre.

—La investigadora V. I. Warshawski ha afirmado mediante un comunicado a la prensa que las acusaciones de Durham sobre su irrupción en el funeral de Aaron Sommers exigiendo dinero son una pura invención. Joseph Posner, que está presionando al estado de Illinois para que se apruebe la Ley sobre la Recuperación de los Bienes de las Víctimas del Holocausto, ha dicho que las acusaciones de Durham contra Ajax no son más que una estrategia para desviar la atención de la asamblea legislativa y retrasar la aprobación de la ley. Y ha dicho, también, que los comentarios antisemitas de Durham son una vergüenza para la memoria de los difuntos pero que, dado que en pocas horas comenzaba el Sabbath, no violaría la paz del día del Señor para aparecer en público y enfrentarse al concejal.

Gracias a Dios que por lo menos nos libraríamos, de momento, de la presencia de Joseph Posner en la refriega. Ya no podía absorber más noticias; decidí poner música. Una de las emisoras de música clásica calmaba los impulsos salvajes de los que viajaban diariamente por aquella autopista con algo muy moderno y animado. En la otra estaban anunciando a bombo y platillo un acceso a Internet. Apagué la radio y bordeé el lago en dirección sur, de regreso a Hyde Park.

Dada la actitud displicente de Howard Fepple con respecto a su trabajo, sólo había una remota posibilidad de encontrarle todavía en su oficina a las cuatro y media de la tarde de un viernes. De todos modos, cuando una es una bolita de pinball, lo normal es que vaya dando botes de acá para allá con la esperanza de obtener el premio. Y en aquella ocasión tuve suerte o como quiera llamarse a la oportunidad de volver a hablar con Fepple. No sólo se encontraba en su oficina sino que había colocado bombillas nuevas, con lo cual, cuando abrí la puerta, pude ver perfectamente el suelo de linóleo levantado, la mugre y también su expresión de incredulidad.

—Señor Fepple —dije con tono animado—. Me alegra ver que todavía sigue en el negocio.

Miró hacia otro lado y su expresión de incredulidad desapareció para dar paso al enfurruñamiento. Era obvio que no se había puesto un traje y una corbata para recibirme a mí.

—¿Sabe una cosa? Esta tarde cuando volvía en mi coche después de haber estado visitando a Isaiah Sommers se me ocurrió una idea increíble. Bull Durham sabía de mi existencia. Sabía cosas sobre los Birnbaum. Sabía cosas sobre Ajax. Pero, aunque lleva días hablando de la injusticia cometida con la familia Sommers, parece que no sabe nada sobre usted.

—No le he dado una cita para verme —farfulló, sin mirarme a la cara—. Haga el favor de marcharse.

—En esta oficina no hay que pedir hora —dije alegremente—. Así que tiene que recibirme. Hablemos de esa póliza que le vendió a Aaron Sommers.

—Ya le dije que no fui yo, que fue Rick Hoffman.

—Da igual. Fue su agencia, que es la que tiene la responsabilidad legal en caso de que haya algún problema. Mi cliente no tiene ningún interés en que esto pase años en los tribunales, pero podría demandarle por un dineral puesto que, según la ley, usted tiene una responsabilidad fiduciaria frente a su tío, responsabilidad que no ha cumplido. Se conformaría con que le entregase un cheque por los diez mil dólares a los que ascendía la póliza.

—Él no es su... —empezó a decir, pero se detuvo.

—Huy, huy, huy, Howard. ¿Con quién ha estado hablando? ¿Fue con el señor Sommers en persona? No, eso no puede ser. Si no sabría que ha vuelto a contratarme para que finalice la investigación. Así que tiene que haber sido con el concejal Durham. Si es así, va a recibir tanta publicidad que va a tener que empezar a rechazar trabajos. Dentro de un rato tengo una entrevista con el Canal 13 y se les va a hacer la boca agua cuando se enteren de que su agencia ha estado pasando información a Bull Durham sobre los asuntos de sus propios clientes.

—Usted ha bebido —dijo, torciendo el gesto—. Yo no he podido hablar con Durham: ha dejado bien claro que no se trata con blancos.

—Pero hay algo que despierta mi curiosidad —dije y me senté en la desvencijada silla que había frente a su mesa de despacho—. Me muero por saber por qué se ha emperifollado usted tanto.

—Tengo una cita. Yo tengo una vida social independiente del mundo de los seguros. Estoy esperando que se marche para poder cerrar la oficina.

—Enseguida me iré. En cuanto me conteste algunas preguntas. Quiero ver el expediente de Aaron Sommers.

Su rostro pecoso se volvió de un naranja intenso.

—Usted es una caradura. Ésos son documentos privados y no son asunto suyo.

—Son asunto de mi cliente. Da igual, puede cooperar conmigo ahora o puede esperar a que traiga una orden judicial, pero tarde o temprano tendrá que enseñarme ese expediente. Así que más vale que lo haga ahora mismo.

—Vaya y pida la orden judicial, si es que puede. Mi padre puso este negocio en mis manos y no voy a defraudarlo.

Era una forma de reaccionar extraña y hasta patética, a esas alturas.

—Muy bien. Conseguiré la orden judicial. Y otra cosa más: quiero la agenda de Rick Hoffman. Ese cuaderno negro que solía llevar consigo y en el que apuntaba los pagos de sus clientes. Quiero verlo.

—Póngase a la cola —me espetó—. Medio Chicago quiere ver esa agenda, pero yo no la tengo. Todas las noches se la llevaba consigo a casa como si se tratase de la fórmula secreta de la bomba atómica. Y estaba en su casa cuando murió. Si supiese dónde se encuentra su hijo tal vez sabría el paradero de esa maldita agenda. Pero es probable que ese tipejo asqueroso esté en algún manicomio perdido. Sea como sea, no está en Chicago.

Sonó el teléfono y Fepple se abalanzó sobre él tan deprisa como si fuese un billete de cien dólares tirado sobre la acera.

—Ahora mismo no estoy solo —masculló sobre el auricular—. Exacto, la detective. —Escuchó durante un minuto—. Vale, vale —dijo garabateando algo que parecían números sobre un pedazo de papel y colgó.

Apagó la lámpara de su mesa de trabajo y empezó a cerrar todos los archivadores con llave haciendo grandes aspavientos. Cuando se dirigió a abrir la puerta no tuve más remedio que ponerme de pie. Bajamos en el ascensor hasta el vestíbulo y allí me sorprendió, dirigiéndose hasta donde estaba el guardia de seguridad.

—¿Ve a esta dama, Collins? Ha venido a mi oficina a amenazarme. ¿Puede encargarse de que esta noche no vuelva a entrar en el edificio?

El guardia me miró de arriba abajo antes de decir, sin demasiado entusiasmo: «Claro, señor Fepple».

Fepple salió conmigo a la calle. Cuando le felicité por su buena táctica, me sonrió con aire de suficiencia y se alejó calle abajo. Lo observé entrar en la pizzería de la esquina. Había un teléfono en la entrada y se detuvo para hacer una llamada.

Me metí en un bar al otro lado de la calle, donde había dos borrachos. Éstos discutían sobre un hombre llamado Clive y sobre lo que había dicho la hermana de Clive acerca de uno de ellos, pero después cambiaron de tema para intentar que yo les diera dinero para comprarse una botella. Me alejé de ellos sin quitarle los ojos de encima a Fepple.

Después de unos cinco minutos, salió, miró atentamente a su alrededor, me vio y se dirigió a toda prisa hacia un centro comercial que había en aquella misma calle, en dirección norte. Me disponía a seguirlo cuando uno de los borrachos me agarró del brazo y empezó a decirme que no me portase como una zorra estirada. Le di un rodillazo en el estómago y me soltó. Mientras me gritaba todo tipo de obscenidades, salí corriendo en dirección norte, pero llevaba zapatos de tacón. El tacón izquierdo se me rompió y caí sobre el asfalto. Para cuando estuve en condiciones de reanudar la marcha, Fepple ya había desaparecido.

Me despaché soltando maldiciones contra mí misma, contra Fepple y contra los borrachos con igual furia. Por suerte, los desperfectos se limitaron a unos agujeros en las medias, un rasguño en la pierna izquierda y otro en el muslo. Con la luz del atardecer no pude ver bien si me había estropeado la falda, que era de seda negra y que me gustaba mucho. Regresé a mi coche cojeando y me limpié la sangre de la pierna con un poco de agua de la botella. La falda estaba sucia de tierra y parecía que la tela se había raspado. Le quité el polvo con aire desconsolado. Tal vez después de enviarla a la tintorería no se notase el raspón.

Recostada en el respaldo de mi asiento y con los ojos cerrados, me pregunté si valdría la pena intentar entrar en el edificio de Hyde Park Bank. Incluso aunque pudiese embaucar al guardia con mi aspecto actual, no podría quedarme con ningún documento porque Fepple sabría que habría sido yo. Eso podía esperar hasta el lunes.

Todavía me quedaba casi una hora antes de mi cita con Beth Blacksin. Debería ir a casa y arreglarme para la entrevista. Pero, por otro lado, Amy Blount, la joven que había escrito la historia de Ajax, vivía a sólo tres manzanas de donde yo estaba. Llamé al número que Mary Louise me había dado.

La señorita Blount estaba en casa. Accedió a que la visitase con su tono de voz educado y distante. Cuando le expliqué que quería hacerle algunas preguntas sobre Ajax, su tono dejó de ser distante para convertirse en glacial.

—La secretaria del señor Rossy ya me ha hecho todas esas preguntas. Es algo que encuentro ofensivo. No voy a contestarle a usted nada, como tampoco le he contestado a él.

154

—Lo siento, señorita Blount, creo que no me he expresado bien. No es Ajax quien me envía. No sé qué preguntas quería hacerle Rossy pero es muy probable que sean diferentes a las mías. Las mías tienen relación con un cliente que está tratando de averiguar qué pasó con la póliza de un seguro de vida. No creo que usted conozca la respuesta, pero a mí me gustaría hablar con usted porque... —¿por qué? ¿Porque me sentía tan frustrada después de que Fepple se me hubiese escapado y de que Durham me hubiese difamado que me aferraba a un clavo ardiendo?—, porque no puedo entender lo que está pasando y me gustaría hablar con alguien que conozca el funcionamiento de Ajax. Estoy cerca de su casa, podría pasar a verla si pudiese dedicarme diez minutos de su tiempo.

Después de hacer una pausa, me dijo fríamente que me escucharía, pero que no me prometía contestar ninguna de mis preguntas.

Vivía en un edificio bastante destartalado en la calle Cornell. Era ese tipo de vivienda descuidada en la que suelen vivir estudiantes. Aunque, según me había enterado por las quejas de un viejo amigo, cuyo hijo estaba estudiando medicina en la ciudad, era posible que Amy Blount pagase seiscientos o setecientos dólares al mes por una ventana rota que diese a la calle, una puerta de entrada desvencijada y un hueco de escalera sin ascensor.

Amy Blount me esperaba junto a la puerta abierta de su estudio, observándome mientras yo subía los tres pisos por la escalera. En su casa llevaba los rizos estilo rastafari sueltos y, en lugar del traje de chaqueta de tweed que se ponía para ir a Ajax, llevaba unos vaqueros y una camisa amplia. Me invitó a entrar con gesto educado pero carente de cordialidad, señalándome con la mano una dura silla de madera mientras ella se sentaba en el sillón giratorio de su mesa de trabajo.

A excepción del futón, con su brillante colcha de colores y un grabado de una mujer arrodillada detrás de una canasta, la habitación estaba amueblada con una austeridad casi monástica. Todas las paredes estaban cubiertas de librerías de contrachapado blanco. Hasta el minúsculo hueco del comedor tenía estanterías alrededor de un reloj.

—Ralph Devereux me dijo que usted había hecho el doctorado en Historia Económica. ¿Por eso ha escrito una historia sobre Ajax?

Asintió con la cabeza en silencio.

—¿Cuál fue el tema de su tesis?

—¿Es eso importante para su cliente, señora Warshawski?

Arqueé las cejas.

—Una respuesta muy amable, señorita Blount. Pero es verdad, ya me advirtió que no contestaría a ninguna pregunta. Me dijo que había hablado con Bertrand Rossy, así que ya sabe que el concejal Durham ha acusado a Ajax...

—Hablé con su secretaria —me corrigió—. El señor Rossy es demasiado importante como para llamarme él en persona.

El tono de su voz era tan impersonal que no podría afirmar si intentaba ser irónica.

—De todos modos, fue él quien planteó las preguntas. Así que usted sabe que Durham ha organizado una manifestación frente al edificio de Ajax y afirma que Ajax y los Birnbaum le deben una indemnización a la comunidad afroamericana por el dinero que ambos han ganado a costa de la esclavitud. Supongo que Rossy la ha acusado de proporcionarle a Durham la información de los archivos de Ajax.

Asintió con la cabeza, con aire desconfiado.

—La otra parte de la protesta de Durham me atañe a mí personalmente. ¿No ha oído hablar de la Agencia de Seguros Midway que se encuentra ahí, en el edificio del banco? Aunque es un inútil, Howard Fepple es el actual propietario. Hace treinta años uno de los agentes de su padre vendió una póliza a un hombre llamado Sommers. —Le resumí el problema de la familia Sommers—. Ahora Durham se ha aprovechado de la historia. Me pregunto si, basándose en el trabajo que usted ha hecho en Ajax, tiene idea de quién podría haberle proporcionado al concejal una información interna tan detallada sobre la historia de la compañía y sobre esta demanda que acabo de explicarle. Sommers fue a quejarse al concejal, pero las manifestaciones de Durham proporcionan un detalle que no creo que Sommers conociese: el hecho de que Ajax fue la compañía que aseguró a la Corporación Birnbaum en los años previos a la Guerra Civil. Estoy dando por supuesto que esa información es exacta, porque, si no lo fuera, Rossy no la habría llamado. Es decir, su secretaria no la habría llamado.

Cuando hice una pausa, Amy Blount dijo:

—Es más o menos exacta. Es decir, el primer Birnbaum, el que empezó la fortuna familiar, hizo un seguro con Ajax en la década de 1850.

—¿Qué quiere decir con «más o menos exacta»? —le pregunté.

—En 1858 Mordecai Birnbaum perdió un cargamento de arados de acero con destino a Mississippi cuando el barco de vapor explotó en el río Illinois. Ajax pagó por ello. Supongo que es a eso a lo que se refiere el concejal Durham. —Hablaba con un tono monocorde. Pensé que cuando diera clases sería mejor que hablase de un modo más animado o, si no, se le dormirían todos los alumnos.

—¿Arados de acero? —Aquello distrajo mi atención—. Pero ¿existían antes de la Guerra Civil?

Esbozó una sonrisa remilgada.

—John Deere inventó el arado de acero en 1830. En 1847 abrió su primera fábrica y una tienda al por menor aquí, en Illinois.

—Así que los Birnbaum ya eran una potencia económica en 1858.

—Creo que no. Creo que la familia hizo su fortuna con la Guerra Civil, pero los archivos de Ajax no contenían muchos detalles al respecto. Es algo que deduje a partir de la lista de bienes que aseguraban. Los arados de los Birnbaum sólo eran una pequeña parte de la carga que transportaba el barco.

—En su opinión, ¿quién puede haberle informado a Durham sobre el embarque de arados de Birnbaum?

—¿Es ésta una forma sutil de hacerme confesar?

Podía haber hecho la pregunta con un tono de humor, pero no fue así. Tuve que hacer un gran esfuerzo por no perder la calma.

—Acepto todas las posibilidades pero tengo que tener en cuenta los hechos de los que dispongo. Usted tenía acceso a los archivos. Puede que le comentara sus hallazgos a Durham. Pero, si no lo hizo, quizás tenga alguna idea de quién pudo hacerlo.

—Así que, al final, ha venido hasta aquí para acusarme. —Adelantó el mentón con gesto intransigente.

Hundí el rostro en mis manos, repentinamente harta de todo aquello.

—He venido hasta aquí con la esperanza de obtener una información mejor que la que tengo. Pero déjelo. Tengo una entrevista con el Canal 13 para hablar de todo este asunto, así que tengo que irme a casa a cambiarme.

Apretó los labios.

—¿Va a acusarme por televisión?

—En realidad, yo no he venido aquí a acusarla de nada, pero usted desconfía tanto de mí y de mis motivos que no creo que esté en condiciones de creer en ninguna de las garantías que pueda darle. Vine con la esperanza de que un observador profesional como usted hubiese visto algo que me proporcionara una forma nueva de enfocar lo que está sucediendo.

Me miró, recelosa.

—Si yo le dijese que no le he dado información sobre los archivos a Durham, ¿me creería?

—Póngame a prueba —le dije, abriendo ambas manos.

Tomó aire y empezó a hablar a toda velocidad, con la mirada clavada en los libros de la estantería que estaba encima de su ordenador.

—Sucede que yo no estoy de acuerdo en absoluto con las ideas del señor Durham. Soy totalmente consciente de las injusticias raciales que todavía existen en este país. He investigado y he escrito sobre la historia económica y comercial de la comunidad negra, así que tengo más conocimiento de la historia de esas injusticias que la gran mayoría. Son muchas y muy graves. Yo acepté el trabajo de escribir la historia de Ajax, por ejemplo, porque me está resultando tremendamente difícil que en los programas académicos de historia o de economía me presten atención para encargarme otros temas que no sean los estudios sobre los afroamericanos, estudios que suelen ser demasiado marginales como para resultarme interesantes. Necesito ganar algún dinero mientras busco trabajo. También es cierto que podría escribirse una monografía interesante con los archivos de Ajax. Pero yo no estoy de acuerdo con el enfoque que muestra a los afroamericanos como víctimas. Eso hace que los estadounidenses blancos sientan lástima de nosotros, y mientras despertemos lástima no se nos respetará. —Se puso colorada, como si le diera vergüenza revelarle sus creencias a una extraña.

Me acordé de la furiosa vehemencia de Lotty cuando discutía con Max el tema de la victimización de los judíos. Asentí lentamente con la cabeza y le dije a Amy Blount que creía en lo que me decía.

—Además —añadió, todavía colorada—, me parecería inmoral facilitarle los archivos de Ajax a un extraño cuando ellos me han confiado sus documentos privados.

—Puesto que usted no ha proporcionado información interna de Ajax al concejal, ¿se le ocurre alguien que pueda haberlo hecho?

Negó con la cabeza.

—Es una compañía tan grande... Y además los archivos tampoco son tan secretos, por lo menos no lo eran cuando yo estuve haciendo mi investigación. Todos los documentos antiguos los tienen metidos en cajas en la biblioteca de la compañía. De hecho, tienen cientos de cajas. El material más reciente lo guardan con celo, pero el de los primeros cien años... Ha sido más una cuestión de tener paciencia para leer todo aquello que un problema de dificultad de acceso. Es verdad que para ver ese material había que pedírselo al bibliotecario pero, aun así, es probable que cualquiera que haya querido estudiar esos papeles lo haya podido hacer sin dificultad.

—¿Así que puede tratarse de un empleado, de alguien que tenga algún resentimiento o de alguien a quien hayan sobornado? ¿O tal vez un ferviente militante de la organización del concejal Durham?

—Podría ser cualquiera de esas posibilidades o todas a la vez, pero yo no tengo ningún nombre que pueda sugerirle. De todos modos, en la compañía hay tres mil setecientas personas de color que ocupan puestos administrativos de nivel bajo o desempeñan trabajos secundarios. Están muy mal pagados, no ocupan cargos de supervisión y suelen recibir un trato claramente racista. Cualquiera de ellos podría ponerse lo suficientemente furioso como para emprender una acción de sabotaje pasivo.

Me puse de pie al tiempo que me preguntaba si habría algún miembro de la extensa familia Sommers que ocupara algún puesto administrativo de nivel bajo en Ajax. Le agradecí a Amy Blount que hubiera accedido a hablar conmigo y le dejé una tarjeta, por si se le ocurría alguna otra cosa. Cuando me acompañaba a la puerta, me detuve a mirar el cuadro de la mujer arrodillada. Tenía la cabeza inclinada sobre la canasta que estaba delante de ella; no se le veía la cara.

—Es una obra de Lois Mailou Jones —dijo la señorita Blount—. Ella también se negaba a ser una víctima.

14

La cinta de vídeo

Aquella noche, cuando yacía en la oscuridad junto a Morrell, me invadió un desasosiego inútil e interminable por todo lo que me había sucedido durante el día. Mi mente saltaba —como una bolita de pinball— de Rhea Wiell al concejal Durham, enfureciéndome con él cada vez que pensaba en aquel panfleto que estaba repartiendo en la plaza frente a Ajax. Cuando apartaba aquel pensamiento, me venían a la mente las imágenes de Amy Blount y de Howard Fepple. También me abrumaba mi perenne preocupación por Lotty.

Cuando llegué a mi oficina, tras haber visitado a Amy Blount, me encontré con las copias del vídeo y las fotos de Paul Radbuka que me habían hecho en La Mirada Fija.

Había pasado una tarde tan larga luchando con Sommers y Fepple que me había olvidado totalmente de Radbuka. Al principio me quedé mirando el paquete, intentando recordar qué era lo que había encargado en La Mirada Fija. Cuando vi las fotografías con el rostro de Radbuka, me acordé que le había prometido a Lotty llevarle una copia del vídeo aquel día. Muerta de cansancio, estaba pensando que sería mejor dejarlo hasta que la viese en casa de Max el domingo, cuando sonó el teléfono.

—Victoria, estoy intentando ser educada pero ¿es que no has oído los mensajes que te he dejado esta tarde?

Le expliqué que todavía no había tenido tiempo de escuchar los mensajes.

—Dentro de quince minutos tengo que hablar con una periodista sobre las acusaciones que me ha lanzado Bull Durham, así que estoy intentando organizar mis ideas para que mis respuestas sean sucintas y sinceras.

—¿Bull Durham? ¿El hombre que se ha manifestado contra la Ley sobre la Recuperación de los Bienes de las Víctimas del Holocausto? No me digas que ahora está relacionado con Paul Radbuka...

Parpadeé sin poder creérmelo.

—No. Está relacionado con un caso en el que estoy trabajando. Un fraude de un seguro de vida en el que está implicada una familia del South Side.

—¿Y eso es más importante que contestar a mis mensajes?

—¡Lotty! —grité, indignada—. Hoy el concejal Durham ha estado repartiendo panfletos difamándome. Se ha manifestado en un espacio público insultándome por un megáfono. No creo que sea algo extraordinario que tenga que responder a un ataque así. Acabo de entrar en mi oficina hace cinco minutos y todavía no he escuchado los mensajes del contestador.

—Sí, ya lo veo —dijo—. Pero es que yo..., yo también necesito un poco de apoyo. Quiero ver el vídeo de ese hombre, Victoria. Quiero pensar que estás tratando de ayudarme. Que no vas a aban..., que no vas a olvidarte de nuestra...

Estaba al borde de la histeria y luchaba de tal forma con las palabras que se me revolvieron las tripas.

—Lotty, por favor, ¿cómo me voy a olvidar de nuestra amistad? ¿O a abandonarte? Voy para tu casa en cuanto termine la entrevista. ¿Te parece dentro de una hora?

Después de colgar me puse a escuchar los mensajes. Lotty me había llamado tres veces. Había una llamada de Beth Blacksin diciendo que le encantaría hablar conmigo pero que si podía ir yo al edificio del Global, puesto que estaba con muchísimo trabajo montando en vídeo todas las entrevistas y las manifestaciones de la jornada. Había estado con Murray Ryerson y él había quedado en acudir también al estudio. Pensé con nostalgia en el catre que tengo en el cuarto del fondo, pero recogí mis cosas, me subí a mi coche y volví al centro de la ciudad.

Beth estuvo grabándome veinte minutos mientras ella y Murray me acribillaban a preguntas. Tuve mucho cuidado de no implicar a mi cliente, pero dejé caer una y otra vez el nombre de Howard Fepple. Ya era hora de que alguien, aparte de mí, empezara a presionarlo. Beth estaba tan contenta de haber conseguido aquella nueva fuente de información exclusiva que compartió conmigo encantada lo que sabía, aunque ni ella ni Murray tenían la menor idea de quién le había pasado a Durham los datos sobre los Birnbaum.

—Sólo hablé treinta segundos con el concejal, que me dijo que era de dominio público —me contó Murray—. Hablé con el consejero legal de los Birnbaum y éste me dijo que es una versión distorsionada de una historia muy antigua. No conseguí hablar con la mujer que escribió la historia de Ajax, Amy Blount, pero alguien de Ajax me sugirió que había sido ella.

—Pues yo sí he hablado con ella —dije con aire de suficiencia—. Y apostaría todo mi dinero a que no ha sido ella. Tiene que ser otra persona de dentro de Ajax. O tal vez algún trabajador resentido dentro de la compañía de Birnbaum. ¿Habéis hablado con Bertrand Rossy? Supongo que debe de estar que echa chispas. Seguro que los suizos no están acostumbrados a las manifestaciones callejeras. Si Durham no me hubiese difamado, probablemente estaría muerta de risa con este asunto.

—¿Te acuerdas de esa entrevista a Paul Radbuka que emitimos el miércoles? —dijo Beth, cambiando de tema hacia otro que a ella le interesaba personalmente—.

Hemos recibido alrededor de ciento treinta correos electrónicos de gente que afirma conocer a su amiguita Miriam. Mi ayudante se está poniendo en contacto con ellos. La mayoría son desequilibrados que buscan su minuto de gloria, pero sería un golpe maestro si una de esas personas dijese la verdad. ¡Imagínate si llegamos a reunirlos y los sacamos al aire en directo!

—Espero que no saques todo eso al aire antes de tiempo —dije con tono cortante—. Porque puede acabar siendo sólo eso: aire.

—¿Qué? —Beth me clavó los ojos—. ¿Crees que se ha inventado a su amiga? No, Vic, en eso te equivocas.

Murray, que había mantenido su metro noventa de altura recostado contra un mueble archivador, se irguió de golpe y empezó a acribillarme a preguntas: ¿Qué información secreta tenía sobre Paul Radbuka? ¿Qué sabía de su amiguita Miriam? ¿Qué sabía sobre Rhea Wiell?

—No sé nada de todo eso —le dije—. No he hablado con ese tipo. Pero esta mañana conocí a Rhea Wiell.

—Pero ella no es una impostora, Vic —dijo Beth con tono cortante.

—Ya sé que no. No es una impostora ni una estafadora. Pero tiene una confianza tan ciega en sí misma que, no sé, no puedo explicarlo. —Acabé haciendo un esfuerzo inútil para explicar por qué aquel aire extasiado que tenía cuando hablaba de Paul Radbuka me había hecho sentirme tan incómoda—. Estoy de acuerdo en que parece imposible que puedan engatusar a alguien tan experimentado como Rhea Wiell. Pero..., bueno, supongo que no podré formarme una opinión hasta que no conozca a Radbuka —acabé por decir de manera poco convincente.

—Cuando lo hagas, creerás realmente en él —me prometió Beth.

Un minuto más tarde se marchó a montar en vídeo mis palabras para las noticias de las diez de la noche.

Murray intentó convencerme de que fuéramos a tomarnos una copa.

—¿Sabes una cosa, Warshawski? Trabajamos tan bien juntos que es una pena que no retomemos nuestras viejas costumbres.

—Ay, Murray, qué zalamero eres. Me doy cuenta de lo desesperado que estás por conseguir tu propia versión de este asunto. Pero esta noche no puedo quedarme, es vital que dentro de media hora esté en la casa de Lotty Herschel.

Me siguió por el pasillo hasta la cabina del guardia de seguridad, donde entregué mi pase.

—Pero ¿en cuál de las historias estás tú en realidad, Warshawski? ¿En la de Radbuka y Rhea Wiell? ¿O en la de Durham y la familia Sommers?

Levanté la mirada, con el ceño fruncido.

—En las dos. Ése es el problema. Que no puedo concentrarme totalmente en ninguna de ellas.

—Hoy por hoy Durham es el político más hábil de la ciudad junto con el alcalde. Ten cuidado cuando te metas con él. Saluda a la doctora de mi parte, ¿de acuerdo? —Me apretó el hombro con cariño y se alejó por el pasillo.

Conozco a Lotty Herschel desde mi época de estudiante en la Universidad de Chicago. Yo era entonces una chica de familia obrera rodeada de universitarios de un nivel social más alto y me sentía un poco fuera de lugar. Ella estaba de consejera médica en una clínica clandestina donde se hacían abortos y en la que yo trabajaba como voluntaria. Me acogió bajo su manto y me proporcionó las pautas sociales que había perdido cuando me quedé sin madre, ayudándome a no apartarme del buen camino en aquella época de drogas y protestas violentas, sacando tiempo de una agenda apretadísima para aplaudir mis triunfos y consolarme en mis fracasos. Incluso hasta fue a verme jugar algún partido de baloncesto en la universidad, lo cual demostraba lo buena amiga que era, ya que todos los deportes la aburrían sobremanera. Pero, como yo pude estudiar gracias a una beca deportiva, ella me daba ánimos para que me esforzase todo lo posible en ese campo. Y si ahora era Lotty la que se estaba derrumbando, si le estaba ocurriendo algo horrible... No podía ni siquiera pensarlo de tanto miedo como me daba.

Hacía poco se había mudado a una torre de apartamentos frente al lago, a uno de esos preciosos edificios antiguos desde donde se puede ver salir el sol desde el agua, sin más interferencia que la avenida que rodea el lago y una franja del parque. Antes vivía en un edificio de apartamentos de dos plantas que quedaba cerca de su consulta, situada en un local comercial. Su única concesión a la vejez fue vender su apartamento en un barrio lleno de delincuentes y drogadictos. Max y yo sentimos un gran alivio al verla mudarse a un edificio con garaje.

Eran apenas las ocho cuando le entregué mi coche al portero de su edificio para que me lo aparcara. La jornada se había estirado tanto que me parecía que ya habíamos cruzado al otro lado de la oscuridad y estábamos a punto de empezar un nuevo día.

Cuando salí del ascensor, Lotty me estaba esperando en el vestíbulo, haciendo un gran esfuerzo por mantener la compostura. Estiré el brazo para entregarle el sobre con las fotos y el vídeo y, en lugar de arrancármelos de las manos, me invitó a pasar al salón y me ofreció una copa. Cuando dije que sólo quería agua, siguió sin prestarle atención al sobre e intentó hacer una broma, diciéndome que debía de estar enferma si prefería agua en lugar de whisky. Sonreí, pero me preocuparon los cercos oscuros debajo de sus ojos. No hice ningún comentario sobre su aspecto sino que, cuando se volvió para dirigirse a la cocina, le pedí si podía traerme un pedazo de queso o una fruta.

Entonces pareció fijarse en mí por primera vez.

—¿No has comido? Estás agotada, lo noto por las arrugas de tu cara. Quédate aquí. Te prepararé algo.

Aquella actitud se parecía más a su forma intempestiva de ser. Sintiéndome ya un poco más tranquila, me hundí en el sofá y me quedé adormilada hasta que regresó con una bandeja. Pollo frío, zanahoria cortada en palitos, una pequeña ensalada y unas rebanadas del contundente pan ucraniano que le preparaba una enfermera del hospital. Me contuve para no saltar sobre la comida como uno de mis perros.

Lotty me observó mientras comía, como si estuviera haciendo un ejercicio de voluntad para mantener los ojos apartados del sobre. Su conversación era bastante dispersa: me preguntó si al final me iría de fin de semana con Morrell, si nos daría tiempo a volver para el concierto del domingo por la tarde, dijo que Max esperaba que después fuesen a su casa unas cuarenta o cincuenta personas, pero que él —y especialmente Calia— me echarían de menos si no iba.

Interrumpí aquella cháchara de repente.

—Lotty, ¿te da miedo mirar las fotos por lo que puedas encontrar en ellas o por lo que no vayas a encontrar?

Apenas si me sonrió.

—Muy sagaz, querida. Supongo que un poco de las dos cosas. Pero creo que estoy lista para verlo si pones el vídeo. Max ya me advirtió que el hombre no es nada atractivo.

Fuimos al cuarto del fondo, que ella usa para ver la televisión, y puse el vídeo en el aparato. Me fijé en Lotty, pero había tanto miedo reflejado en su rostro que casi no podía soportar mirarla. Clavé la mirada en Paul Radbuka mientras contaba sus pesadillas y lloraba de un modo desgarrador por su amiga de la infancia. Cuando lo vimos todo, incluyendo el trozo de «Explorando Chicago» en el que aparecían Rhea Wiell y Arnold Praeger, Lotty me pidió, con un hilo de voz, que volviese a poner la entrevista de Radbuka.

Se la pasé dos veces más, pero, cuando me pidió que la pusiera una tercera vez, me negué. Estaba pálida de tanta tensión.

—¿Por qué te torturas con todo esto, Lotty?

—Yo... Es todo muy difícil. —Aunque yo estaba sentada en el suelo, junto a su sillón, casi no podía entender lo que decía—. Hay algo que me resulta conocido en lo que dice. Sólo que no puedo pensar, porque... No puedo pensar. Odio todo esto. Odio ver cosas que me paralizan la mente. ¿Tú crees que su historia es cierta?

Hice un gesto de desconcierto.

—La entiendo, pero habla de algo tan lejano a lo que yo espero de la vida que mi mente la rechaza. Ayer conocí a la psicóloga, no, ha sido hoy. Aunque me parece que fue hace mucho tiempo. Creo que es una profesional auténtica pero, bueno, un poco fanática. Una obsesa de su trabajo y en particular con ese tipo. Le dije que quería entrevistar a Radbuka para ver si estaba emparentado con esas personas que tú y Max conocéis, pero ella no quiso ponerme en contacto con él. Y tampoco aparece en la guía telefónica como Paul Radbuka ni como Paul Ulrich, así que voy a mandar a Mary Louise a que visite a todos los Ulrich de Chicago. Puede que todavía siga viviendo en casa de su padre o quizás algún vecino lo reconozca al ver la foto. No sabemos el nombre de pila de su padre.

—¿Qué edad te parece que tiene? —me preguntó Lotty de repente.

—¿Te refieres a que si tiene una edad como para haber vivido la experiencia que cuenta? Tú puedes juzgar eso mejor que yo, pero, de todos modos, sería más fácil de responder si le viésemos en persona.

Saqué las fotos del sobre y sostuve las tres tomas diferentes de forma que les diese bien la luz. Lotty las miró durante un rato largo pero, al final, movió la cabeza de un lado a otro con gesto de impotencia.

—¿Por qué pensé que habría algo evidente que me saltaría a la vista? Es lo que me dijo Max. Después de todo, los parecidos suelen tener que ver con la expresión y aquí no tenemos más que unas fotos y, además, son fotos sacadas de una película. Tendría que ver al hombre, e incluso así... Después de todo, estoy intentando comparar la cara de un adulto con el recuerdo que tiene un niño de alguien que era muchísimo más joven de lo que es este hombre.

Apreté su mano entre las mías.

—Lotty, ¿de qué tienes miedo? Esto te causa tanto dolor que no puedo soportarlo. ¿Es que él podría ser alguien de tu familia? ¿Crees que tiene algún parentesco con tu madre?

—Si supieras algo de esos asuntos, jamás se te ocurriría preguntar una cosa así —dijo, dejando traslucir el lado más fuerte de su carácter.

—Pero... tú conoces a la familia Radbuka, ¿verdad?

Puso las fotos sobre la mesita baja, colocándolas como si fuesen cartas de una baraja y luego se puso a cambiarlas de orden, aunque en realidad no las estaba mirando.

—Conocí a algunos miembros de esa familia hace muchos años. Las circunstancias en que los vi por última vez eran extremadamente dolorosas. Me refiero a la forma en que nos separamos o, bueno, a toda la situación. Si este hombre es..., pero no veo cómo puede ser quien dice ser. Pero si lo fuera, tengo una deuda con su familia y he de intentar hacerme amiga de él.

—¿Quieres que haga algunas averiguaciones? Si es que llego a conseguir alguna información con la que averiguar algo...

Su rostro cetrino y lleno de vida estaba desencajado por la tensión.

—Ay, Victoria, no sé lo que quiero. Quiero que lo que ocurrió en el pasado no hubiese sucedido o, ya que sucedió y no puedo cambiarlo, quiero que se quede donde está, en el pasado, que se muera, que desaparezca. No quiero conocer a ese hombre. Pero comprendo que tendré que hablar con él. ¿Que si quiero que lo investigues? No, no quiero que te acerques a él. Pero encuéntramelo, encuéntralo para que pueda hablar con él y tú, tú... Lo que tú puedes hacer es intentar averiguar cuál fue el documento que le convenció de que su verdadero nombre era Paul Radbuka.

Bien entrada la noche, sus palabras angustiadas y contradictorias continuaban dándome vueltas en la cabeza. Por fin, alrededor de las dos, me dormí, pero soñé que Bull Durham me perseguía hasta que acababa encerrándome con Paul Radbuka en Terezin y Lotty me miraba con ojos atormentados y llenos de dolor desde el otro lado de la alambrada de púas. «Mantenlo ahí, entre los muertos», me gritaba.

La historia de Lotty Herschel
Clases de inglés

Cuando Hugo y yo llegamos a Londres, aún quedaban tres semanas de colegio, pero Minna no consideró que mereciera la pena inscribirme, puesto que mi desconocimiento del inglés me impediría comprender las lecciones. Me puso a hacer las tareas de casa y, luego, los recados por el barrio. Me escribía una lista de lo que había que comprar con una caligrafía lenta, deletreando cada palabra entre dientes, en un inglés torpe, cosa que comprendí cuando logré aprender a leer y escribir en mi nuevo idioma. Me daba una libra y me mandaba a la tienda de la esquina a comprar una chuleta para cenar, unas cuantas patatas y una barra de pan. Y, cuando regresaba a casa del trabajo, repasaba las vueltas dos veces para estar segura de que no le había sisado nada. A pesar de ello, todas las semanas me daba una monedita de seis peniques para mí.

Hugo, al que veía los domingos, ya parloteaba en inglés. Me sentía humillada. Yo, la hermana mayor, incapaz de hablar porque Minna me mantenía tras la barricada del alemán. Día tras día, confiaba en poder enviarme de vuelta a Viena. «¿Para qué vas a perder el tiempo con el inglés si mañana puede que te marches?»

La primera vez que lo dijo mi corazón dio un salto: *Mutti und Oma schrieben an Dich?* ¿Te han escrito mamá y la abuela? ¿Puedo irme a casa?

—No he tenido noticias de Madame Butterfly —me soltó Minna—. Cuando tenga un rato, ya se acordará de ti.

Mutti se había olvidado de mí. Ese pensamiento golpeó mi corazón infantil como un puñetazo. Un año después, cuando ya era capaz de leer en inglés, odiaba los libros para niños que nos daban en el colegio, con aquellas madres y aquellos niños edulcorados. «Mi madre no se olvidará nunca de mí. Aunque esté muy lejos, mi madre me quiere, y yo rezo todas las noches para volver a verla y sé que ella estará rezando y velando por mí.» Eso es lo que le habrían dicho a la prima Minna las niñas de *Las buenas esposas* o *Los huérfanos ingleses,* desafiándola valientemente con sus vocecillas pueriles. Pero, aquellas niñas, no entendían nada de la vida.

Tu madre está en cama, tan extenuada como para no poder ponerse en pie para darte un beso de despedida cuando vas a subirte a un tren para dejar atrás tu ciudad, tu casa, a tu *Mutti* y a tu *Oma*. Hombres uniformados te detienen, hurgan en tu maleta, ponen sus horrendas manazas en tu ropa interior, en tu muñeca favorita, pueden quitarte todo si les da la gana y tu madre está en la cama sin poder hacer nada por evitarlo.

Por supuesto que sabía la verdad, sabía que sólo Hugo y yo podíamos conseguir visados para viajar, que a los adultos no les autorizaban a viajar a Inglaterra a menos que alguien les diera un trabajo allí. Sabía la verdad: que los nazis nos odiaban porque éramos judíos y por eso le habían quitado a *Opa* su piso con mi dormitorio; que una señora extraña estaba viviendo en él y que su niña rubia dormía en mi cama con dosel blanco. Un día había ido andando, por la mañana temprano, a mirar el edificio, con su cartelito de *Juden verboten*. Sabía todo eso, sabía que mamá tenía hambre como todos nosotros pero, para un niño, sus padres son unos seres tan poderosos que creía que los míos y mi *Opa* se rebelarían contra aquello y harían que todo volviera a ser como había sido antes.

Cuando Minna decía que mi madre se acordaría de mí cuando tuviera tiempo, sólo estaba expresando mi temor más profundo: que me habían enviado lejos porque *Mutti* no me quería. Hasta el mes de septiembre, en que empezó la guerra y ya nadie pudo salir de Austria, Minna repitió aquella frase a intervalos regulares.

Incluso hoy en día estoy segura de que lo hacía por el resentimiento que sentía contra mi madre, Lingerl, la mariposita de suaves rizos dorados, preciosa sonrisa y adorables modales. El único modo que tenía Minna de hacer daño a Lingerl era haciéndomelo a mí. Tal vez el hecho de que mi madre no se enterase hacía que Minna hurgara más en la herida. Estaría tan furiosa de no poder herir directamente a Lingerl que seguía hiriéndome a mí. Puede que fuera por eso por lo que le entró tal ataque de odio cuando recibimos noticias sobre la suerte que habían corrido.

Lo único que yo sabía con toda seguridad aquel primer verano que pasé en Londres, el verano del treinta y nueve, era lo que papá me había dicho: que vendría si le encontraba un trabajo. Pertrechada con un diccionario alemán-inglés que había encontrado en el salón, me pasé aquel verano yendo calle arriba y calle abajo por los alrededores de la casa de Minna en Kentish Town. Con las mejillas rojas de vergüenza, tocaba los timbres y luchaba por decir: «Mi padre, él necesita trabajo, él hace todo trabajo. Jardín, él hace jardín. Casa, él limpia. Carbón, él trae, él calienta casa».

Al final llegué a la casa que quedaba en la parte de atrás de la de Minna. La había estado mirando desde mi ventana, en la buhardilla, porque era por completo diferente a la de ella. La de Minna era una casa de madera, estrecha y casi pegada a las de los vecinos por el este y el oeste. El jardín era un frío rectángulo, tan estrecho como la propia casa, que solamente albergaba unas cuantas matas canijas de frambuesas. Hasta el día de hoy sigo sin comer frambuesas...

De cualquier forma, la casa de atrás era de piedra, tenía un jardín grande, rosas, un manzano, un pequeño huerto y a Claire. Yo sabía su nombre porque su madre y su hermana mayor la llamaban así. Ella se sentaba en un balancín bajo la pérgola, con su preciosa melena rubia recogida por detrás de las orejas y cayéndole por la espalda mientras se enfrascaba en un libro.

—Claire —llamaba su madre—, es la hora del té, cariño. Te vas a destrozar los ojos de tanto leer al sol.

Por supuesto que, al principio, yo no entendía lo que le decía, aunque sí que comprendí que su nombre era Claire, pero aquellas palabras se repitieron tantos veranos que las mezclo en mi memoria. En mi recuerdo entiendo perfectamente desde el principio las palabras de la señora Tallmadge.

Claire siempre estaba estudiando porque al año siguiente tenía que hacer el examen de estado; quería estudiar medicina, cosa de la que me enteré más tarde. Vanessa, su hermana, era cinco años mayor que ella y tenía algún trabajo elegante que ahora no recuerdo. Aquel verano estaba a punto de casarse. Eso lo comprendí a la perfección. Todas las niñas comprenden lo que son las novias y las bodas de tanto curiosear por encima de las verjas. Yo veía cómo Vanessa salía al jardín: quería que Claire se probara un vestido o un sombrero o que mirara una muestra de tela y, cuando no conseguía que su hermana le prestara atención de otro modo, le cerraba el libro. Después se ponían a perseguirse por el jardín hasta acabar riéndose bajo la pérgola.

Yo quería formar parte de sus vidas tan desesperadamente que, por las noches, me quedaba tumbada en la cama inventándome historias. Claire corría algún peligro del que yo la salvaba. De algún modo Claire se enteraba de los detalles de cómo era mi vida junto a la prima Minna y se enfrentaba a ella con gran valentía, la acusaba de todos sus crímenes y me rescataba de sus garras. No sé por qué fue Claire, en vez de su madre o su hermana, la que se convirtió en mi heroína. Tal vez fuese porque era la más próxima a mí en edad y podía fantasear que yo era ella. Lo único que sé es que miraba a aquellas dos hermanas riéndose y rompía a llorar.

Dejé su casa para el final porque no quería que Claire me tuviera lástima. Me imaginaba a papá de criado en su casa. Así nunca podría sentarse conmigo para reírnos en el balancín. Pero aquel verano en las cartas que aún llegaban a Inglaterra desde Viena, papá no dejaba de decirme que necesitaba que le consiguiera un trabajo. Después de todos estos años aún sigo resentida porque Minna no le consiguiera uno en la fábrica de guantes. Es cierto que la fábrica no era suya, pero ella era la contable y podría haber hablado con Herr Schatz. Cada vez que yo sacaba el tema a colación, me gritaba que no iba a hacer algo por lo que la gente la señalaría con el dedo. Pero, durante la guerra, en la fábrica se hacían tres turnos para poder cubrir el suministro al ejército...

Por fin, una calurosa mañana de agosto, después de ver que Claire había salido al jardín con sus libros, toqué al timbre de su puerta. Pensaba que si era la señora Tallmadge la que abría, podría conseguir hacerme entender. Con Claire en el jardín, estaba a salvo de tener que ponerme frente a mi ídolo. Por supuesto que fue la criada quien acudió a abrir la puerta. Debería haberlo imaginado, porque todas las casas grandes del barrio tenían criada, e incluso las pequeñas y feas como la de Minna tenían, por lo menos, una asistenta para los trabajos más pesados.

La criada me dijo algo demasiado deprisa como para que pudiese entenderla. Sólo comprendí su tono de enfado. Cuando empezaba a cerrar la puerta ante mis narices, a toda prisa, en mi mal inglés, le dije que Claire me esperaba.

—Claire pidió. Dijo: Ven.

Y entonces cerró, pero no sin antes decirme que esperara, palabra que había aprendido durante aquellas semanas de ir tocando el timbre de todas las puertas. Al poco rato, volvió con Claire.

—Ah, Susan, es esa niña tan graciosa de la casa de atrás. Voy a hablar con ella, tú sigue con lo tuyo.

Cuando Susan desapareció refunfuñando, Claire se inclinó hacia mí y me dijo:

—Te he visto mirándome por encima del muro, macaco curioso. ¿Qué quieres?

Tartamudeando le conté que mi padre necesitaba trabajo, que podía hacer cualquier cosa.

—Pero mi madre cuida el jardín y Susan se ocupa de la casa.

—Toca violín. Para hermana. —Con mímica representé a Vanessa de novia, haciendo que a Claire le diera un ataque de risa—. Padre toca. Muy bien. A hermana gustar.

De pronto, la señora Tallmadge apareció por detrás de su hija preguntando quién era yo y qué quería. Comenzaron una conversación que duró un rato y de la que, por supuesto, no entendí nada salvo el nombre de Hitler y la palabra judíos. Me daba cuenta de que Claire trataba de convencer a su madre, pero ésta era irreductible: no había dinero. Cuando mi conversación en inglés se hizo más fluida, me enteré de que el señor Tallmadge había muerto dejando algún dinero, el suficiente como para mantener la casa y que la señora Tallmadge y sus hijas vivieran con un cierto confort, pero no tanto como para permitirse lujos. Emplear a mi padre habría sido un lujo.

En cierto momento Claire se volvió hacia mí y me preguntó por mi madre. Sí, le dije, vendrá, también. Pero lo que Claire quería saber es qué tipo de trabajo podía hacer mi madre. Me quedé estupefacta, incapaz de imaginarme semejante cosa. No sólo porque había estado enferma durante el embarazo sino porque nadie se había planteado nunca que mi madre trabajara. Todos querían tenerla cerca para hacerlos felices, porque bailaba y hablaba y cantaba de un modo más hermoso que nadie. Pero, aunque mi conocimiento del inglés me hubiera permitido expresarme, sabía que habría sido un error.

—Coser —recordé por fin—. Muy bien coser mi madre. Cose.

—¿Tal vez Ted? —sugirió Claire.

—Prueba —dijo secamente su madre, volviendo a entrar en la casa.

Ted era Edward Marmaduke, el futuro marido de Vanessa. Yo le había visto en el jardín: un inglés pálido con un pelo muy rubio que, con el sol del verano, se le volvía de un rosa rojizo muy feo. Más adelante lucharía en África e Italia y volvería a casa ileso en 1945, aunque con el rostro de un color ladrillo tan curtido que nunca recuperaría su color natural.

Aquel verano del treinta y nueve Ted no quiso tener una pareja de inmigrantes pobres que anduviera por medio al iniciar su vida matrimonial con Vanessa: oí la discusión sobre el asunto agazapada tras el muro que separaba el jardín de la casa de Minna del de Claire. Sabía que hablaban de mí y de mi familia, pero sólo entendí su no rotundo y, por el tono de Vanessa, supuse que deseaba complacer tanto a Claire como a su prometido.

Claire me dijo que no perdiera la esperanza.

—Pero tienes que aprender inglés, macaco. Tienes que ir al colegio dentro de unas semanas.

—En Viena —le respondí—. Voy a escuela. Allí voy al colegio.

Claire negó con la cabeza.

—Quizás estalle la guerra. Tal vez no puedas volver a casa durante una temporada. No, no, tenemos que hacer que aprendas inglés.

Así que, de un día para otro, mi vida cambió. Por supuesto, seguía viviendo con Minna, seguía haciendo los recados y aguantaba su amargura, pero mi heroína me llevaba con ella a su pérgola. Todas las tardes me hacía hablar en inglés con ella. Cuando comenzó el curso es colar, me llevó a un colegio de enseñanza secundaria, me presentó a la directora y, de vez en cuando, me ayudaba a aprenderme las lecciones.

Yo le correspondía con una adoración sin límites. Para mí era la chica más guapa de Londres, el ejemplo a seguir de la buena educación inglesa: «Claire dice que eso no se hace», empecé a decirle fríamente a Minna; «Claire dice que esto hay que hacerlo siempre así». Imitaba su acento y su forma de hacer las cosas, desde cómo se columpiaba en el balancín hasta cómo se ponía el sombrero.

Cuando me enteré de que Claire iba a estudiar medicina si conseguía una plaza en el Real Hospital de la Beneficencia, decidí que aquello era también lo que yo ambicionaba.

15

Un intruso en la fiesta

El breve descanso que Morrell y yo nos tomamos en Michigan me sirvió para olvidarme de mis problemas del viernes, gracias sobre todo al buen juicio de Morrell. Puesto que iba conduciendo por la carretera de circunvalación, había empezado a desviarme hacia Hyde Park, pensando que podría hacer una rápida incursión en la oficina de Fepple para echar un vistazo a la carpeta de la familia Sommers. Morrell me lo prohibió rotundamente, recordándome que habíamos acordado pasar cuarenta y ocho horas sin ocuparnos del trabajo.

—Yo no me he traído el ordenador portátil para no caer en la tentación de mandar correos electrónicos a Médicos para la Humanidad. Así que tú también podrás mantenerte alejada durante este tiempo de un agente de seguros que parece ser un tipo repugnante, Vic —dijo Morrell, sacando de mi bolso mi juego de ganzúas y metiéndoselas en un bolsillo de sus vaqueros—. Y, además, no quiero ser cómplice de esos métodos tuyos nada ortodoxos para obtener información.

A pesar de mi enfado momentáneo, no tuve más remedio que soltar una carcajada. Después de todo, por qué iba a estropear los pocos días que me quedaban con Morrell preocupándome por un gusano como Fepple. Decidí que tampoco me preocuparía por los periódicos de la mañana que había metido en el bolso sin hojearlos siquiera: no necesitaba para nada que me subiera la tensión arterial viendo cómo se metía conmigo Bull Durham en la prensa.

Me resultaba más difícil dejar de lado mi preocupación por Lotty, pero la prohibición de preocuparnos del trabajo no incluía los problemas de los amigos. Intenté explicarle a Morrell lo angustiada que estaba Lotty. Me escuchó mientras yo iba conduciendo, pero no pudo ofrecerme mucha ayuda para descifrar lo que había detrás de sus atormentadas palabras.

—Lotty perdió a su familia en la guerra, ¿verdad?

—A todos menos a Hugo, su hermano menor, que fue a Inglaterra con ella. Ahora vive en Montreal. Tiene una pequeña cadena de elegantes boutiques en Montreal y Toronto. Y a su tío Stephan, que creo que era hermano de su abuelo y que se vino a Chicago en los años veinte. Se pasó la mayor parte de la guerra como huésped del gobierno federal en la penitenciaría de Fort Leavenworth. Por falsificación —añadí adelantándome a la pregunta que iba a formularme Morrell—. Era un grabador que se enamoró de la cara de Andrew Jackson que sale en los billetes, pero que pasó por alto algún detallito, así que no formó parte de la infancia de Lotty.

—Entonces, no tendría más de nueve o diez años cuando vio a su madre por última vez. No es de extrañar que los recuerdos de esa época sean tan dolorosos para ella. ¿No me habías dicho que ese tal Radbuka había muerto?

—Ése o ésa, Lotty no me ha dicho si era un hombre o una mujer, pero lo que sí me dijo fue que esa persona ya no existe. —Me quedé pensando en aquello—. ¡Qué frase tan rara! «Esa persona ya no existe.» Puede significar varias cosas: que la persona ha muerto, que la persona ha cambiado de identidad o, tal vez, que una persona a quien amaba o que pensaba que la amaba la había traicionado y, por tanto, ese ser a quien amaba no había existido nunca en realidad.

—Entonces su dolor estaría causado porque le recuerda una segunda pérdida. Deja de andar haciendo averiguaciones, Vic. Que te lo cuente ella cuando se sienta lo suficientemente fuerte para hacerlo.

Mantuve la mirada fija en la carretera.

—¿Y si no me lo cuenta nunca?

Morrell se inclinó para secarme una lágrima de la mejilla.

—Eso no querría decir que tú le hubieras fallado como amiga. De lo que se trata aquí es de sus demonios internos, no de tu culpa.

No hablé mucho durante el resto del viaje. Íbamos a un lugar a unos ciento sesenta kilómetros de Chicago, rodeando la parte inferior de la U que forma el lago Michigan. Dejé que el runrún del coche y la carretera ocuparan mi mente.

Morrell había reservado habitación en un agradable hostal de piedra con vistas al lago. Después de registrarnos, dimos un largo paseo por la playa. Era difícil de creer que aquél fuese el mismo lago que bordeaba Chicago. Las largas franjas de dunas, vacías de todo lo que no fueran pájaros y matas de hierba, conformaban un mundo muy diferente al del ruido incesante y la mugre de la ciudad.

Tres semanas después del Día del Trabajo teníamos toda la vista del lago para nosotros solos. Sentir el viento en el pelo y hacer que la arena cristalina de la playa cantase al rozar contra ella mis pies desnudos me proporcionaba un refugio de paz. Noté cómo se me iban borrando de la frente y de las mejillas las arrugas provocadas por la tensión.

—Morrell, me va a ser muy difícil vivir sin ti los próximos meses. Ya sé que ese viaje es muy apetecible y que estás ansioso por hacerlo. No te lo reprocho, pero para mí va a ser muy difícil, especialmente ahora, no tenerte conmigo.

—También va a ser difícil para mí, *pepaiola* —dijo atrayéndome hacia él—. Me vuelves loco y me haces estornudar con tus agudos comentarios.

En una ocasión le había contado a Morrell que mi padre nos llamaba así a mi madre y a mí, con ese término italiano que era una de las pocas palabras que había aprendido de mi madre. Molinillo de pimienta. «¡Ay, mis dos *pepaiole*!», solía decir, fingiendo que estornudaba cuando le volvíamos loco para que hiciera algo. «Me estáis poniendo la nariz roja como un tomate. Vale, vale, haré lo que queráis con tal de que no me estropeéis la nariz.» De pequeña, yo me moría de risa con sus falsos estornudos.

—Ah, con que *pepaiola*... ¡Pues ahora sí que vas a estornudar! —le dije tirándole un puñado de arena y echando a correr por la playa. Morrell se puso a correr detrás de mí para agarrarme, algo que no hace normalmente porque no le gusta correr y, además, porque yo soy más rápida. Así que aminoré la velocidad para que me alcanzara. Pasamos el resto del día evitando los temas espinosos, entre ellos el de su inminente partida. El aire era frío, pero el agua del lago aún estaba tibia. Nadamos desnudos en medio de la oscuridad y, luego, abrazados bajo una manta sobre la arena, hicimos el amor con Andrómeda sobre nuestras cabezas y Orión, el cazador, mi talismán, asomando por el este con su cinturón tan cercano que parecía que podíamos arrancarlo del cielo. El domingo a mediodía, de bastante mala gana, nos pusimos ropa elegante y nos metimos en el coche para volver a tiempo de asistir al último concierto del Cellini Ensamble en Chicago.

Cuando paramos a echar gasolina cerca de la entrada de la autopista, dimos por finalizado oficialmente el fin de semana, así que compré los periódicos dominicales. La manifestación de Durham encabezaba tanto la sección de noticias locales como la página de opinión del *Herald Star*. Me alegré de comprobar que mi entrevista con Beth Blacksin y con Murray había logrado que Durham echase marcha atrás en sus ataques contra mí.

El señor Durham ha retirado una de sus acusaciones, la de que la investigadora privada V. I. Warshawski se había enfrentado a una mujer que acababa de perder a su marido durante la celebración del funeral. «Los que me informaron estaban comprensiblemente afectados ante la terrible falta de humanidad de una compañía de seguros que se negó a cumplir el compromiso adquirido de pagar el entierro de un ser querido; con el nerviosismo pueden haber malinterpretado el papel de la señora Warshawski en este caso.»

—¿Pueden haber malinterpretado? ¿Es que no puede admitir simple y llanamente que estaba equivocado? —pregunté a Morrell con un gruñido.

Murray había añadido algunas frases más en las que explicaba que mis investigaciones estaban suscitando algunas dudas sobre el papel que habían representado en todo aquello la Agencia de Seguros Midway y la Compañía de Seguros Ajax; que el propietario de Midway, Howard Fepple, no había contestado a los mensajes que se le dejaban en su contestador automático; que un portavoz de Ajax había dicho que la compañía había descubierto una solicitud de pago por defunción fraudulenta que se había presentado hacía diez años y que estaban intentando aclarar cómo había podido ocurrir aquello.

En la página de opinión había un artículo del presidente de la Asociación de Compañías de Seguros de Illinois. Se lo leí a Morrell en voz alta.

Imagínense que van a Berlín, la capital de Alemania, y que se encuentran con un enorme museo dedicado a los horrores de tres siglos de esclavitud de los negros en Estados Unidos. Después, imagínense que Frankfurt, Munich, Colonia y Bonn tienen también ese mismo tipo de museos, pero más pequeños. Eso sería exactamente igual que si en Estados Unidos se erigieran museos sobre el Holocausto e ignorasen totalmente las atrocidades que se cometieron aquí contra los negros o contra los indios.

Y, ahora, supongan que en Alemania se aprobase una ley que impidiera a toda compañía estadounidense que hubiera obtenido algún beneficio a costa de la esclavitud ejercer su actividad en Europa. Eso es lo que Illinois pretende hacer con las compañías alemanas. El pasado es un asunto complicado. Nadie tiene las manos limpias, pero si tuviéramos que detenernos cada diez minutos a lavárnoslas, antes de poder vender automóviles, productos químicos o seguros, el comercio acabaría estancándose.

—Etcétera, etcétera, Lotty no es la única en querer enterrar el pasado. Demasiado fácil, en cierto modo.

Morrell hizo una mueca.

—Sí —dijo—, todo eso que dice hace que parezca un liberal de buen corazón preocupado por los afroamericanos y por los indios, cuando, en realidad, lo único que pretende es impedir que se inspeccionen los archivos de los seguros de vida para ver cuántas pólizas se niegan a pagar las compañías aseguradoras de Illinois.

—Claro, y la familia Sommers suscribió una póliza que no puede cobrar. Aunque, no creo que fuese la compañía de seguros la que cometió el fraude, sino el agente. Me gustaría ver los ficheros de Fepple.

—Hoy no, señorita Warshawski. No te voy a devolver tus ganzúas hasta que esté a punto de subir al 777 el martes.

Me reí y me zambullí en la sección de deportes. Los Cubs habían descendido tanto en su caída libre que tendrían que enviarles la lanzadera espacial para que pudieran volver a la Liga Nacional. Por otra parte, a los Sox les iba muy bien. Habían alcanzado los mejores resultados de la Liga, que ya entraba en la última semana de la temporada. Aunque los expertos decían que quedarían eliminados en la primera ronda de las finales, aquello seguía siendo un hecho sorprendente en el panorama deportivo de Chicago.

Llegamos al Orchestra Hall unos segundos antes de que los acomodadores cerraran las puertas. Michael Loewenthal había dejado las entradas para Morrell y para mí en la taquilla. En el palco nos reunimos con Agnes y Calia Loewenthal. Calia tenía un aire angelical con su vestido de nido de abeja blanco bordado con rosas doradas. Su muñeca y su perrito de peluche, con unas cintas doradas a juego, estaban en la silla que había a su lado.

—¿Dónde están Lotty y Max? —pregunté en un susurro mientras los músicos salían al escenario.

—Max se está preparando para la fiesta. Lotty fue a ayudarle y acabó discutiendo terriblemente con él y con Carl. No tiene buen aspecto. Ni siquiera sé si va a quedarse a la fiesta.

—¡Chisst!, ¡mami, tía Vicory! No se puede hablar cuando papá toca en público —nos dijo Calia mirándonos muy seria.

En su corta vida había oído cientos de veces que aquello era un pecado. Agnes y yo obedecimos, pero la preocupación por Lotty volvió a adueñarse de mi mente. Además, si había tenido una bronca monumental con Max, no me apetecía nada ir a la fiesta.

Cuando los músicos se instalaron ante sus atriles, con aquellos atuendos formales que les otorgaban un aire tan distante, me parecieron unos extraños en vez de unos amigos. Durante unos momentos deseé no haber asistido al concierto, pero una vez que comenzó a sonar la música, con aquel lirismo controlado que definía el estilo de Carl, se me aflojaron los nudos de tensión. En un trío de Schubert la riqueza interpretativa de Michael Loewenthal y la intimidad que parecía sentir —con su violonchelo y sus compañeros— hizo que me invadiera el dolor de la nostalgia. Morrell me sujetó los dedos y me los apretó con suavidad: la lejanía no iba a separarnos.

Durante el intermedio le pregunté a Agnes si sabía por qué se habían estado peleando Lotty y Max.

Negó con la cabeza.

—Michael dice que se han pasado todo el verano discutiendo por esa conferencia sobre los judíos en la que ha participado Max. Ahora parece que se pelean sobre un hombre al que Max conoció allí el viernes o al que oyó hablar o algo así, pero la verdad es que yo estaba intentando que Calia se estuviera quieta mientras le ponía las cintas del pelo y no presté mucha atención.

Después del concierto, Agnes nos pidió si podíamos llevarnos a Calia en el coche con nosotros hasta Evanston.

—Se ha portado tan bien, ahí sentadita como una princesa durante tres horas que, cuanto antes pueda desahogarse y ponerse a jugar, mejor. A mí me gustaría quedarme hasta que Michael esté listo para salir.

El comportamiento angelical de Calia se esfumó tan pronto salimos del Orchestra Hall. Se puso a correr gritando calle abajo, quitándose las cintas del pelo e incluso tirando a *Ninshubur*, su perrito de peluche. Antes de que pudiera cruzar la calle en su alocada carrera, la agarré y me la subí en brazos.

—No soy un bebé. No tienes que llevarme en brazos —me dijo a gritos.

—Claro que no lo eres. Ningún bebé es tan pesado —le contesté jadeando por el esfuerzo de bajar con ella las escaleras que llevaban al aparcamiento. Morrell empezó a reírse de nosotras dos y a Calia le entró de pronto un aire de dignidad ofendida.

—Estoy muy enfadada con su comportamiento —dijo, cruzando los brazos, como si fuera el eco de su madre.

—Ya somos dos —murmuré bajándola al suelo.

Morrell la subió al coche y con mucha solemnidad le devolvió a *Ninshubur*. Calia se negó a dejarme ponerle el cinturón, pero decidió que Morrell era su aliado y, cuando do él se inclinó para hacerlo, dejó de retorcerse. Mientras íbamos hacia la casa de Max, se puso a regañar a su muñeca como si me estuviese regañando a mí. «Eres una niña muy mala. Has cogido a *Ninshubur* cuando estaba corriendo y le has bajado las escaleras en brazos. *Ninshubur* no es un bebé. Tiene que correr y desahogarse.» Lógicamente, hizo que me olvidara de todas mis preocupaciones. Tal vez ésa fuera una buena razón para tener hijos: no te dejan energía para preocuparte de ninguna otra cosa.

Cuando llegamos a casa de Max, había varios coches aparcados junto a la puerta, entre los que estaba el Infiniti verde oscuro de Lotty con los parachoques abollados, testigos elocuentes de su imperioso modo de circular por las calles. No había aprendido a conducir hasta que llegó a Chicago, a los treinta años y, por lo que se ve, debió de enseñarle algún maniquí de los que se usan en los bancos de pruebas de la Agencia Nacional para la Seguridad en los Automóviles. Pensé que, si se había quedado a la fiesta, debía de ser que había arreglado sus diferencias con Max.

Nos abrió la puerta un joven de esmoquin. Calia echó a correr por el recibidor llamando a gritos a su abuelo. Fuimos tras ella, aunque más lentamente, y vimos a otros dos camareros que estaban doblando servilletas en el salón. Max había mandado colocar una serie de mesitas bajas por allí y en la sala de al lado, de modo que la gente pudiera cenar sentada.

Lotty estaba de espaldas a la puerta envolviendo tenedores en servilletitas y colocándolos sobre un aparador. A juzgar por lo rígido de su postura, aún seguía enfadada. Pasamos de largo sin decir nada.

—No parece tener el mejor humor para una fiesta —dije por lo bajo.

—Podemos felicitar a Carl e irnos pronto —dijo Morrell, que estaba de acuerdo conmigo.

Encontramos a Max en la cocina hablando con el ama de llaves sobre cómo organizarse durante la fiesta. Calia corrió a tirarle de la manga. Él la levantó en volandas y la sentó en la encimera, pero sin dejar su conversación con la señora Squires. Max ha sido administrador durante muchos años y sabe que nunca se logra acabar nada si se toleran interrupciones.

—¿Qué le pasa a Lotty? —le pregunté cuando terminó de hablar con la señora Squires.

—Ah, tiene un berrinche. No hay que prestarle mucha atención —contestó quitándole importancia.

—No tendrá nada que ver con el asunto de Radbuka, ¿verdad? —le pregunté frunciendo el ceño.

—¡*Opa, Opa*! —gritó Calia—, he estado callada todo el rato, pero tía Vicory y mami han hablado y, luego, tía Vicory ha sido muy mala y me ha hecho mucho daño en la tripita cuando me llevaba en brazos por las escaleras.

—¡Qué horrible, *Püppchen*! —murmuró Max, acariciándole el pelo. Luego, dirigiéndose a mí, añadió—: Lotty y yo hemos acordado dejar a un lado nuestras diferencias por esta noche, así que no voy a violar el concordato exponiéndote mis puntos de vista.

Uno de los camareros entró en la cocina acompañando a una joven con pantalones vaqueros. Max nos la presentó diciendo que era Lindsey, una estudiante que iba a ocuparse de entretener a los más pequeños. Cuando le dije a Calia que iba a subir con ella para ayudarla a cambiarse de ropa para ir a jugar, me contestó muy desdeñosa que aquélla era una fiesta *de gala* y que, por tanto, tenía que seguir vestida con su traje de fiesta, pero consintió en irse con Lindsey al jardín.

Lotty apareció en la cocina, nos saludó a Morrell y a mí con un leve movimiento de cabeza, como si fuera una princesa, y dijo que iba a subir a cambiarse. A pesar de aquel aire prepotente, era un alivio verla tan imperiosa en vez de angustiada. Volvió a aparecer, enfundada en un vestido largo con una chaqueta de seda carmesí, casi al mismo tiempo en que empezaron a llegar los demás invitados.

Don Strzepek llegó desde casa de Morrell, llevando, por una vez, una camisa bien planchada. Max no había puesto el menor inconveniente en incluir entre sus invitados al viejo amigo de Morrell. Los músicos aparecieron todos juntos. Tres o cuatro tenían niños de una edad aproximada a la de Calia; la sonriente Lindsey los reunió a todos y se los llevó escaleras arriba para que vieran unos vídeos y comieran pizza. Carl había cambiado el frac por unos pantalones y un suéter fino. Tenía los ojos brillantes de alegría, satisfecho consigo mismo, con el concierto y con la presencia de tantos amigos; el *tempo* de la fiesta se fue animando gracias a la fuerza de su personalidad. Hasta Lotty estaba más relajada y riéndose en un rincón con el contrabajo del Cellini Ensemble.

Yo me encontré hablando sobre la arquitectura de Chicago con el primer profesor de chelo que había tenido Michael. Mientras tomábamos un vino y unos cuadraditos pequeños de polenta con queso de cabra, el representante del grupo Cellini dijo que los sentimientos antiamericanos que había en Francia se asemejaban a los sentimientos contra Roma en la antigua Galia. Cerca del piano, Morrell estaba inmerso en una de esas controversias políticas que tanto le gustan. Habíamos olvidado la idea de marcharnos pronto.

A eso de las nueve, cuando los demás invitados habían pasado a la parte de atrás para cenar, sonó el timbre de la puerta. Yo me había entretenido un poco en la terraza acristalada escuchando un disco de Rosa Ponselle cantando *L'amero, saro constante*. Era una de las arias favoritas de mi madre y quise escucharla hasta el final. El timbre volvió a sonar mientras cruzaba el recibidor, ya vacío, para reunirme con el resto de los invitados. Aparentemente los camareros estaban demasiado ocupados sirviendo la cena como para acudir a abrir. Me dirigí hacia la pesada puerta de madera de doble hoja.

Cuando vi aquella figura en el umbral, se me cortó

la respiración. El pelo ensortijado le escaseaba por las sienes, pero a pesar de las canas y de las arrugas que le rodeaban la boca, su rostro tenía una especie de aire infantil. Las fotografías que yo había estado mirando mostraban a un hombre crispado por la angustia, pero incluso con las mejillas dibujando una sonrisa, con una mezcla de timidez y ansiedad, Paul Radbuka era inconfundible.

16

Problemas de relación

Paseó la mirada por el recibidor con una especie de expectación nerviosa, como quien se presenta demasiado pronto a una audición.

—¿Es usted la señora Loewenthal? ¿O, tal vez, una hija suya?

—Señor Radbuka... ¿O es usted el señor Ulrich? ¿Quién le ha invitado a venir aquí? —En mi fuero interno me preguntaba, desconcertada, si aquélla habría sido la causa de la pelea entre Lotty y Max, si Max habría encontrado la dirección de aquel tipo y le habría invitado a ir a su casa mientras Carl aún estaba en la ciudad, y Lotty, con su temor a revivir el pasado, se habría opuesto enérgicamente.

—No, no, yo nunca me he llamado Ulrich, ése era el nombre de quien decía ser mi padre. Yo soy Paul Radbuka. ¿Es usted pariente mía?

—¿Por qué ha venido usted aquí? ¿Quién le ha invitado? —repetí.

—Nadie. He venido por iniciativa propia, porque Rhea Wiell me contó que algunas personas que conocen a mi familia, o que pueden ser familiares míos, se marchan mañana de Chicago.

—Cuando estuve hablando con Rhea Wiell el viernes por la tarde me dijo que usted no sabía de la existencia de otros Radbuka y que iba a ver qué opinaba usted de tener un posible encuentro con ellos.

—¡Ah! O sea que usted estuvo con Rhea. ¿Es usted quien quiere escribir mi historia?

—Soy V. I. Warshawski, la investigadora privada que estuvo hablando con ella sobre la posibilidad de tener una reunión con usted —sabía que estaba comportándome fríamente, pero su inesperada aparición me había cogido desprevenida.

—Ah, ya sé, la detective que fue a verla cuando estuvo hablando con el editor. Entonces, es usted la amiga de unos familiares míos que sobrevivieron.

—No —le dije con tono cortante, intentando que se tranquilizara—. Tengo amigos que pueden haber conocido a alguna persona de la familia Radbuka. Si esa persona es familiar suyo o no depende de toda una serie de detalles en los que no podemos entrar ahora. ¿Por qué no...?

Me interrumpió. Su sonrisa expectante había dejado paso a un gesto de ira.

—Quiero conocer a cualquier persona que pueda ser pariente mío. Pero no con tantas precauciones, teniendo que recurrir a usted para averiguar quiénes son esos otros Radbuka, mirando a ver si pueden ser realmente parientes míos o si tienen ganas de conocerme. Eso nos podría llevar meses o, incluso, años... Yo no puedo esperar todo ese tiempo.

—Así que se ha puesto usted a rezar y el Señor le ha guiado a la casa del señor Loewenthal, ¿no? —le dije.

Sus mejillas se tiñeron de rojo.

—Noto en usted cierto sarcasmo que no tiene razón de ser. Me enteré por Rhea de que Max Loewenthal estaba interesado en encontrarme, que tenía un amigo músico que conocía a mi familia y que ese músico sólo iba a estar aquí hasta mañana. Cuando me dijo que Max o su amigo pensaban que podían conocer a alguien de mi familia, comprendí la verdad: que Max o su amigo el músico podían ser los parientes que ando buscando.

Que se estén escudando tras la invención de que tienen un amigo es algo muy común en personas que temen que se reconozca su identidad. Comprendí que era yo quien tenía que tomar la iniciativa y venir hasta aquí para vencer sus temores a ser descubiertos. Así que miré en el periódico y vi que el grupo Cellini de Londres estaba en Chicago y que hoy era su último concierto, vi que el que tocaba el violonchelo se apellidaba Loewenthal y comprendí que tenía que ser pariente de Max.

—¿Rhea le dio a usted el nombre del señor Loewenthal? —le pregunté, furiosa de que hubiese violado la intimidad de Max.

Esbozó una sonrisa de suficiencia.

—Creo que Rhea dejó meridianamente claro que quería que yo me enterase, porque había escrito el nombre de Max junto al mío en su agenda. Por eso tengo la certeza de que existe algún vínculo entre Max y yo.

Recordé que había leído invertida la letra cuadrada de Rhea cuando lo escribió. Me sentí abrumada al ver cómo aquel hombre había manipulado los hechos para adaptarlos a sus deseos y le pregunté con mucha frialdad cómo había dado con la casa de Max, ya que su teléfono privado no figura en la guía telefónica.

—Ha sido muy fácil —dijo riéndose con entusiasmo infantil, olvidando su enfado—. Dije en la sala de conciertos que era primo de Michael Loewenthal y que necesitaba verlo urgentemente antes de que se fuera de la ciudad.

—¿Y allí le dieron esta dirección? —pregunté estupefacta. El acoso a los músicos constituye un problema tan serio que ningún gerente de orquesta que se precie facilita la dirección de ninguno de ellos.

—No, no —dijo volviendo a reírse—. Si es usted detective, esto le va a divertir e, incluso, puede que le sirva de algo en su trabajo. Intenté que en la sala me dieran la dirección pero era una gente muy estirada, así que hoy he ido al concierto. ¡Qué hermoso don el de Michael! ¡Qué maravillosamente toca el chelo! Cuando acabó, fui a felicitarle a su camerino, pero eso tampoco fue nada fácil. Ponen muchas dificultades para poder saludar a los intérpretes —dijo frunciendo el ceño con un resentimiento fugaz—. Para cuando logré pasar, mi primo Michael ya se había ido, pero oí cómo otros músicos hablaban de la fiesta que daba Max esta noche, así que llamé al hospital en el que trabaja y les dije que era de la orquesta y que había perdido la dirección de su casa. Fueron a preguntar a alguien de administración y me tuvieron esperando un buen rato porque es domingo y por eso he llegado tarde, pero por fin me dieron la dirección.

—¿Y cómo sabe usted dónde trabaja el señor Loewenthal? —Me estaba liando tanto con su narración, que sólo era capaz de captar algunos detalles.

—Figura en el programa. En el programa de las conferencias de la Birnbaum —me contestó sonriendo orgulloso—. ¿No le parece ingenioso haber dicho que yo era uno de los músicos? ¿No hacen cosas así los investigadores como usted para encontrar a una persona?

Me puso furiosa que tuviese razón. Era exactamente lo que yo habría hecho.

—Con independencia de lo ingenioso que haya sido, está usted aquí a causa de una equivocación. Max Loewenthal no es primo suyo.

Sonrió con indulgencia.

—Ya, ya, estoy seguro de que está usted protegiéndole. Rhea ya me dijo que usted protegía su identidad y que ella la respetaba por eso, pero tenga en cuenta lo siguiente: él quiere saber cosas sobre mí. ¿Qué otra razón podría tener si no fuera cierto que somos parientes?

Seguíamos en el umbral de la puerta.

—Usted sabe que aquí se está celebrando una fiesta. El señor Loewenthal no le puede prestar la adecuada atención esta noche. ¿Por qué no me da su dirección y su número de teléfono? Él estará encantado de ponerse en contacto con usted cuando pueda atenderle. Ahora debería usted irse a su casa antes de verse en la embarazosa situación de tener que dar explicaciones ante una sala llena de extraños.

—Usted no es la esposa ni la hija de Max. Usted es sólo una invitada como yo —me soltó—. Quiero encontrarme con él ahora que su hijo y su amigo todavía están aquí. ¿Quién es su amigo? Había tres hombres de una edad similar tocando en el concierto.

Por el rabillo del ojo vi a un par de personas que volvían desde el comedor. Tomé a Radbuka o Ulrich o quienquiera que fuese por el codo.

—¿Por qué no nos vamos a sentar en una cafetería donde podamos hablar de esto en privado? Así podríamos tratar de averiguar si hay alguna posibilidad de que usted esté emparentado con alguien del círculo del señor Loewenthal. Este foro público no es el mejor lugar para hacerlo.

Se zafó de mi mano.

—Oiga, usted ¿a qué se dedica? ¿A buscar joyas perdidas o perros extraviados? Usted investiga objetos perdidos, pero yo no soy ningún objeto, soy un hombre. Después de todos estos años, y de todas estas muertes y separaciones, pensar que puedo tener algún familiar que haya sobrevivido al Shoah... No quiero perder ni un segundo más sin poder verlo, y no hablemos de esperar semanas o años, mientras usted se dedica a recopilar información sobre mí. —La voz se le fue poniendo ronca por la emoción.

—Yo pensaba que... En la entrevista que le hicieron la semana pasada en televisión dijo usted que había descubierto su pasado hacía poco.

—Pero ha estado rondándome todo el tiempo, aunque yo no me diese cuenta. Usted no tiene ni idea de lo que es crecer junto a un monstruo, a un sádico y no lograr entender nunca la razón de su odio: se había pegado a alguien a quien odiaba para obtener un visado de entrada en Estados Unidos. Si yo hubiese sabido quién era en realidad y lo que había hecho en Europa, habría hecho que le deportaran. Y ahora que tengo la oportunidad de encontrarme con mi auténtica familia... No. No voy a permitir que usted se interponga en mi camino.

Las lágrimas le surcaban el rostro.

—Aunque así fuese... Si me deja sus datos, me ocuparé de que lleguen a manos del señor Loewenthal. Él organizará una cita con usted lo antes posible, pero esto..., enfrentarse a él en medio de una reunión en su casa, ¿qué tipo de recibimiento puede usted esperar? —le dije intentando ocultar mi ansiedad y mi consternación bajo una sonrisa beatífica, copiada de la de Rhea Wiell.

—El mismo recibimiento que yo le daría a él, el sincero abrazo de un superviviente de las cenizas del Holocausto a otro. Es algo que usted no puede entender.

—¿Qué hay que entender? —preguntó el propio Max que, de improviso, hizo su aparición del brazo del oboe del grupo Cellini—. Victoria, ¿es algún invitado al que me quieras presentar?

—¿Es usted Max? —dijo Radbuka abriéndose paso hacia él y asiendo su mano con una expresión de placer en el rostro—. Quisiera encontrar las palabras adecuadas para expresar lo mucho que esta noche significa para mí. Haber conseguido saludar a mi auténtico primo. Oh, Max, Max.

Max nos miraba a Radbuka y a mí, una y otra vez, con un desconcierto tan grande como el mío.

—Perdone, no sé... Ah, usted..., usted es... Victoria, ¿es esto cosa tuya?

—No, es todo cosa mía —respondió pavoneándose—. Victoria mencionó tu nombre cuando estuvo con Rhea y yo comprendí que tenías que ser primo mío, bueno, tú o tu amigo. ¿Qué otra razón podía tener Victoria para proteger tanto tu intimidad?

Radbuka se adaptaba con gran rapidez al entorno: cuando llegó no sabía mi nombre y ya era Victoria para él. Y además suponía, como hacen los niños, que todo aquel a quien se dirigía sabía quiénes eran las personas de su entorno, como Rhea.

—Pero ¿por qué ha hablado de mí con esa psicóloga? —preguntó Max.

Entre la gente que había empezado a reunirse tras él se hallaba Don Strzepek, que en aquel momento se adelantó.

—Lo lamento, señor Loewenthal, pero yo soy el culpable. Sólo mencioné su nombre de pila, pero Rhea Wiell se imaginó de inmediato que se trataba de usted, porque su nombre figuraba en el programa de conferencias de la Birnbaum.

Yo hice un gesto de impotencia.

—Le estaba sugiriendo al señor Radbuka que subiera conmigo para hablar tranquilamente de su situación.

—Excelente idea. ¿Por qué no deja que la señora Warshawski le consiga algo de comer y suben a mi estudio? Yo me reuniré con ustedes dentro de una hora más o menos. —Max se hallaba por completo desconcertado, pero intentaba manejar aquella situación con diplomacia.

Paul se rió, moviendo la cabeza arriba y abajo.

—Ya sé, ya sé. Rhea ya me sugirió que, tal vez, no quisieras hacer público nuestro parentesco. Pero no tienes nada que temer, de verdad. No te voy a pedir dinero ni nada parecido. El hombre que decía ser mi padre me dejó en buena posición. Aunque, dado que su dinero procedía de hechos monstruosos, tal vez no debería tocarlo. Pero, ya que no se preocupó de mí afectivamente, por lo menos, intentó compensarlo con el dinero.

—Ha acudido usted a mi casa con unas expectativas

falsas. Le aseguro, señor Radbuka, que yo no estoy emparentado con su familia.

—¿Te sientes avergonzado? —le espetó Radbuka—. Yo no he venido aquí para ponerte en una situación embarazosa sino simplemente a encontrar a mi familia, para ver qué puedo saber sobre mi pasado, sobre mi vida antes de estar en Terezin.

—Lo poco que yo pueda saber se lo diré en otro momento. Cuando disponga de tiempo para atenderle con la debida corrección —dijo Max tomándole por el brazo e intentando sin resultado llevarlo hacia la puerta—. Y, entonces, podrá contarme lo que usted sepa. Dele su número de teléfono a la señora Warshawski y yo me pondré en comunicación con usted. Mañana mismo, se lo prometo.

A Radbuka se le contrajo el rostro como a un niño que está a punto de ponerse a llorar. Reiteró su explicación de que no podía esperar ni un minuto más.

—Mañana tu amigo el músico ya se habrá ido. ¿Y si es él mi primo? ¿Cómo voy a encontrarlo después?

—Pero ¿no ve usted —empezó a decir Max inútilmente— que todo este darle vueltas y vueltas al mismo asunto sin tener suficiente información sólo pone las cosas más difíciles para usted y para mí? Por favor, permita que la señora Warshawski le acompañe arriba para hablar con tranquilidad o dele su número de teléfono y váyase a casa.

—Pero es que he venido aquí en un taxi. Yo no sé conducir. No tengo forma de volver a casa —gritó Radbuka con una especie de desconcierto infantil—. ¿Por qué no soy bienvenido?

Como la gente iba acabando de cenar, cada vez había más personas que pasaban por el recibidor para dirigirse a la sala. Aquel altercado al pie de la escalera era como un pararrayos que atraía su atención. La muchedumbre empezó a apiñarse en torno a Max.

Yo volví a tomar del brazo a Paul.

—Sí que es usted bienvenido, pero no puede organizar una discusión en el recibidor en medio de una fiesta. A Rhea no le gustaría que usted se alterara tanto, ¿no es cierto? Vamos a sentarnos en algún sitio donde estemos cómodos.

—No me iré hasta que haya conocido al músico amigo de Max —dijo en plan testarudo—. No hasta que no me haya dicho que me conoce y que recuerda a mi madre, a la que vi cómo arrojaban viva a una fosa de cal.

Lotty, que acababa de aparecer por la puerta que conectaba la sala con el recibidor, se abrió paso entre el grupo de gente, hasta llegar a mi lado.

—¿Qué está pasando, Victoria?

—Es ese tipo que dice llamarse Radbuka —musité bajito—. Ha llegado hasta aquí gracias a un cúmulo de desafortunadas coincidencias y averiguaciones.

Por detrás de nosotras oímos que una señora repetía la misma pregunta de Lotty. Y también oímos la respuesta: «No estoy seguro, pero me parece que ese hombre está diciendo que Carl Tisov es su padre o algo así».

Radbuka también lo había oído.

—¿Carl Tisov? ¿Es ése el nombre del músico? ¿Está aquí?

A Lotty se le abrieron los ojos como platos del espanto. Yo me volví dispuesta a negar el rumor antes de que se extendiera, pero el gentío iba aumentando y el rumor se propagaba por toda la habitación como el fuego en un pajar. La aparición de Carl al fondo provocó un súbito silencio.

—¿Qué es esto? —preguntó tan contento—. ¿Estás haciendo una vigilia de oración, Loewenthal?

—¿Ése es Carl? —preguntó Paul con el rostro iluminado de nuevo—. ¿Eres tú mi primo? Oh, Carl, estoy aquí, soy tu pariente perdido hace tiempo. ¿O tal vez somos hermanos? Por favor, ¿quieren apartarse? Necesito llegar hasta él.

—Esto es horrible —me susurró Lotty al oído—. ¿Cómo ha llegado hasta aquí? ¿Cómo ha llegado a la conclusión de que es pariente de Carl?

La gente se había quedado helada, con esa vergüenza ajena que uno siente cuando se está ante un adulto que es incapaz de controlar sus emociones. Mientras Paul intentaba abrirse camino entre aquella multitud, Calia apareció de pronto gritando desde lo alto de la escalera. Los demás niños la seguían, chillando a pleno pulmón, mientras bajaban por la escalera a todo correr. Lindsey iba corriendo tras ellos, intentando restablecer el orden. Algún juego se le debía de haber ido de las manos.

Calia se detuvo en el descansillo inferior al darse cuenta de la numerosa audiencia con que contaba. Luego, soltó un chillido riéndose y señaló a Paul.

—Mirad, es el lobo malo que quiere comerse a mi abuelo y, luego, va a venir por nosotros.

Todos los niños siguieron la consigna.

—Es el lobo, es el lobo. Es el lobo grande y malo.

Cuando Paul se dio cuenta de que era el objeto de sus burlas, empezó a temblar y pensé que se iba a poner a llorar de nuevo.

Agnes Loewenthal se abrió paso a codazos entre la gente que llenaba el recibidor. Subió pisando fuerte hasta el primer descansillo y levantó a su hija.

—Ha colmado usted mi paciencia, jovencita. Habíamos quedado en que los niños se iban a quedar en el cuarto de jugar con Lindsey. Estoy muy enfadada con su comportamiento, señorita. Ya es más que hora de bañarse y de irse a la cama. Por hoy ya ha habido suficiente agitación.

Calia se puso a berrear, pero Agnes se la llevó al piso de arriba, impertérrita. Los demás niños se callaron todos de golpe. Y subieron de puntillas los escalones detrás de una Lindsey toda colorada.

Aquel pequeño drama con los niños deshéló a la multitud. Se dejaron conducir por Michael al salón delantero donde ya estaban sirviendo el café. Vi a Morrell, que había aparecido por allí cuando yo tenía la atención puesta en Calia, hablando con Max y Don.

Radbuka se cubría el rostro, angustiado.

—¿Por qué me trata así todo el mundo? El lobo, el lobo grande y malo. Eso es lo que me decía mi padre adoptivo. Ulrich quiere decir lobo en alemán, pero ése no es mi nombre. ¿Quién les ha dicho a los niños que me llamen así?

—Nadie —contesté yo crispada y habiendo perdido ya la simpatía que pudiera haberme inspirado—. Los niños estaban jugando como hacen todos los niños. Aquí nadie sabe si Ulrich significa lobo grande y malo en alemán.

—Además no significa eso.

Me había olvidado de que Lotty estaba a mi lado.

—Es uno de esos nombres medievales totémicos, que quiere decir caudillo con el espíritu del lobo o algo así —dijo, y añadió unas palabras en alemán dirigiéndose a Paul.

Paul empezó a contestar en alemán pero, enseguida, adelantó el labio inferior, como hace Calia cuando se pone testaruda.

—No voy a utilizar la lengua de mi esclavitud. ¿Es usted alemana? ¿Conoció usted al hombre que decía ser mi padre?

Lotty suspiró.

—Soy estadounidense, pero hablo alemán.

El talante de Paul volvió a experimentar un cambio. Sonrió a Lotty.

—Pero, usted es amiga de Max y de Carl, así que he hecho bien viniendo aquí. Si conoce a mi familia, ¿conoció a Sofie Radbuka?

Al oír aquella pregunta, Carl se volvió y se quedó mirándole.

—¿De dónde diablos ha sacado usted ese nombre? Lotty, ¿qué sabes tú de esto? ¿Has traído tú a este hombre para burlarte de Max y de mí?

—¿Yo? —dijo Lotty—. Yo... Necesito sentarme.

Se le había puesto la cara blanca como el papel. Tuve el tiempo justo para agarrarla cuando se le doblaron las rodillas.

17

Desenterrando el pasado

Morrell me ayudó a llevar a Lotty a la terraza acristalada, donde la acostamos en un sofá de mimbre. No había perdido el conocimiento del todo, pero estaba muy pálida y agradeció poder tumbarse. Max, con la preocupación reflejada en el rostro, la cubrió con una manta afgana. Manteniendo la calma como siempre, le dijo a Don que fuese a pedirle un frasco de amoniaco al ama de llaves. Cuando empapé un pañuelo y se lo pasé por debajo de la nariz, Lotty fue recuperando el color. Se incorporó hasta quedar sentada y pidió insistentemente a Max que volviera con sus invitados. Después de asegurarle que ya estaba mucho mejor, él aceptó de mala gana regresar a la fiesta.

—Esta noche debe de haber algo melodramático flotando en el aire —dijo Lotty tratando, sin conseguirlo, comportarse como era habitual en ella—. Nunca en mi vida me había ocurrido esto. ¿Quién trajo a ese hombre tan insólito? No has sido tú, ¿verdad, Vic?

—Se trajo a sí mismo —le contesté—. Tiene la habilidad de una anguila para colarse en cualquier lugar, incluyendo el hospital, en el que algún imbécil de administración le dio la dirección particular de Max.

Morrell carraspeó a modo de advertencia, señalando con la cabeza la zona en sombra que había al otro lado de la habitación. Allí estaba Paul Radbuka, justo al borde del círculo de luz que proyectaba una lámpara de pie. Se acercó a toda prisa para mirar a Lotty.

—¿Ya se encuentra mejor? ¿Le apetece que hablemos? Me parece que usted conoce a Sofie Radbuka. ¿Quién es? ¿Cómo puedo encontrarla? Tiene que estar emparentada conmigo en algún grado.

—Creía que la persona que usted estaba buscando se llamaba Miriam.

A pesar de que le temblaban las manos, Lotty se repuso lo suficiente como para adoptar su aire de «princesa austríaca».

—Sí, Miriam, sí. Deseo tanto encontrarla... Pero Sofie Radbuka es un nombre que me han puesto delante como se pone una zanahoria ante un burro, haciéndome creer que alguno de mis parientes está aún vivo en alguna parte. Sólo que ahora me han quitado la zanahoria. Pero estoy seguro de que usted la conoce, ¿por qué, si no, iba usted a haberse desmayado al oír su nombre?

Era una pregunta cuya respuesta también yo hubiera querido oír, pero no delante de aquel tipo.

Lotty alzó las cejas con altanería.

—Lo que yo haga o deje de hacer es algo que a usted no le concierne. Por el tremendo alboroto que ha organizado en el recibidor, he podido deducir que ha venido usted a esta casa para saber si el señor Loewenthal o el señor Tisov eran parientes suyos. Ahora que ya ha logrado crear una gran conmoción, tal vez tenga la bondad de darle su teléfono a la señora Warshawski y dejarnos en paz de una vez.

Radbuka volvió a adelantar el labio inferior, pero, antes de que pudiera cerrarse en banda, Morrell intervino.

—Voy a llevar a Radbuka al estudio de Max, como Victoria intentó hace una hora. Max y Carl subirán luego, si pueden.

Don, que había estado sentado sin decir nada, en un segundo plano, se levantó en ese momento.

—Muy bien. Vamos, muchacho, que la doctora Herschel necesita descansar.

Lo rodeó con un brazo, Morrell lo agarró por el otro y se llevaron al pobre Radbuka hacia la puerta, con la cabeza gacha asomando de su chaqueta excesivamente grande y una expresión de incrédula amargura en el rostro que le asemejaba a un payaso de circo.

Cuando ya se habían marchado, me volví hacia Lotty.

—¿Quién era Sofie Radbuka?

—Nadie que yo conozca —me contestó mirándome con frialdad.

—Y, entonces, ¿por qué al oír su nombre te desmayaste?

—No me he desmayado. Tropecé con el borde de la alfombra y...

—Lotty, si no quieres decírmelo, cállatelo, pero, por favor, no me cuentes una mentira tan burda.

Se mordió los labios y volvió el rostro.

—Ha habido demasiadas emociones hoy en esta casa. Primero, Max y Carl se ponen furiosos conmigo y, después, se presenta el mismísimo tipo en persona. No necesito que tú también te enfades conmigo.

Me senté en la mesa de mimbre que estaba frente al sofá.

—No estoy enfadada pero, por casualidad, me encontraba sola en el recibidor cuando ese hombre apareció por la puerta y, después de diez minutos con él, la cabeza me daba más vueltas que un hula-hoop. Si luego tú te desmayas, o estás a punto de desmayarte, y dices que no pasa nada, soy yo la que siente un vértigo aún mayor. No estoy aquí para criticar, pero el viernes estabas tan alterada que me has tenido seriamente preocupada. Y parece que toda tu agonía comenzó con la aparición de ese tipo en las conferencias de la Birnbaum.

Volvió a mirarme. Su altivez se había transformado en consternación.

—Lo siento, Victoria, he sido muy egoísta al no tener en cuenta cómo podía afectarte mi comportamiento. Mereces que te dé una explicación.

Frunció el ceño como intentando decidir qué tipo de explicación me merecía.

—No sé si podré llegar a aclararte las relaciones que cimenté en aquella época de mi vida y cómo fue que llegué a tener una relación tan estrecha con Max e incluso con Carl. Éramos un grupo de nueve niños refugiados que nos hicimos muy buenos amigos durante la guerra. Nos conocimos gracias a la música. Una mujer de Salzburgo, que tocaba la viola y que también era refugiada, llegó a Londres y nos juntó a todos nosotros. Vio que Carl tenía aptitudes, consiguió que recibiera clases y que participara en un curso de música muy bueno. Había varios más. Teresz, la que luego se casaría con Max. Yo. Mi padre había sido violinista. Violinista en un café, no tocaba como los violinistas que iban a las *soirées* de Frau Herbst, pero lo hacía muy bien o, por lo menos, yo creo que lo hacía muy bien, aunque ¿cómo voy a saberlo si sólo lo oí de niña? Pero, bueno, da igual, aunque yo no tengo dotes musicales, me encantaba ir a oír música a casa de Frau Herbst.

—¿Y se apellidaba Radbuka alguien de ese grupo? ¿Por qué le importa tanto a Carl? ¿Era alguna chica de la que estuvo enamorado?

Sonrió con tristeza.

—Eso tendrás que preguntárselo a él. Radbuka era el nombre... de otra persona. Max tenía grandes dotes como organizador ya desde jovencito. Cuando acabó la guerra, se recorrió las diferentes asociaciones que había en Londres para ayudar a la gente a encontrar a sus familias. Y, luego, se fue a Europa Central para emprender su propia búsqueda. Eso fue en el..., creo que fue en el cuarenta y siete, pero ha pasado tanto tiempo que no estoy segura. Fue entonces cuando surgió el nombre de Radbuka. No era el apellido propiamente dicho de nadie

de aquel grupo, pero podíamos pedirle a Max que buscara por eso, porque teníamos una relación muy estrecha...
No como si fuésemos una familia. De otro modo. Tal
vez, como un pelotón de soldados que han luchado juntos durante años. Para casi todos nosotros los informes
que consiguió Max resultaron devastadores. No había
supervivientes ni de los Herschel, ni de los Tisov, ni de
los Loewenthal... Max se enteró de que su padre y dos
de sus primos, y eso fue otro horrible... —se detuvo a
mitad de frase—. Yo estaba entonces comenzando mis
prácticas de medicina. Eso me hacía renunciar a tantas
cosas... Carl siempre me reprochaba que... Bueno, digamos que surgió algo muy desagradable alrededor de
aquella persona de la familia Radbuka. Carl siempre
pensaba que la medicina me absorbía tanto que me com-
portaba de un modo que a él le parecía cruel... ¡Como si
su pasión por la música no fuese igual de absorbente!

La última frase la masculló entre dientes, casi como
si hablara para sus adentros. Luego, se quedó en silencio. Nunca me había hablado de los seres queridos que
había perdido de una forma así, tan emotiva. No entendía qué era lo que estaba tratando de decirme —o de no
decirme— sobre aquel amigo de la familia Radbuka, pero cuando comprendí que no se iba a extender más sobre
el asunto, decidí no seguir presionándola.

—Y sabes... —dudaba de cómo hacerle la pregunta
del modo menos doloroso—. ¿Sabes lo que averiguó
Max sobre la familia Radbuka?

Se le crispó el rostro.

—Ellos... No encontró ninguna pista de ellos. Aunque es verdad que las pistas no eran fáciles de encontrar
y él no tenía mucho dinero. Todos le habíamos dado un
poco, pero ninguno de nosotros tenía mucho.

—Así que ha debido de producirte una gran impresión oír a ese hombre diciendo que se llamaba Radbuka.

Se estremeció y me miró.

—Toda la semana he ido de impresión en impresión. Créeme. ¡Cómo envidio a Carl, que es capaz de dejar el mundo entero a un lado cuando empieza a tocar! O puede que se meta el mundo entero en su interior y lo expulse al soplar por su instrumento. —Hizo una pausa y luego volvió a hacerme la misma pregunta que cuando vio a Paul en el vídeo unos días atrás—. ¿Qué edad crees que tiene?

—Ha dicho que llegó aquí después de la guerra y que tenía alrededor de cuatro años, o sea que debe de haber nacido en el cuarenta y dos o en el cuarenta y tres.

—Así que no puede ser... ¿Y cree que nació en Theresienstadt?

Yo levanté las manos.

—Todo lo que sé de él es lo que dijo en la entrevista del jueves por la noche. ¿Theresienstadt es lo mismo que Terezin?

—Terezin es en checo; es una vieja fortaleza a las afueras de Praga. Lo de utilizar el nombre alemán es puro esnobismo austríaco —comentó, con un inesperado sentido del humor—, reminiscencia de cuando Praga era parte del imperio de los Habsburgo y todos hablaban alemán. Al insistir en llamarlo Terezin, este hombre quiere decirnos que es checo y no alemán.

Volvimos a quedarnos en silencio. Lotty estaba sumida en sus pensamientos, pero parecía más relajada, menos torturada de lo que lo había estado los últimos días, así que le dije que iba a subir a ver qué podía averiguar de Radbuka.

Asintió.

—Si me encuentro mejor, subiré dentro de un rato. Ahora, pienso que lo mejor es que siga tumbada.

Antes de apagar la luz, comprobé que estaba bien tapada con la manta afgana que le había puesto Max. Cuando cerré las puertas de cristal después de salir, vi que en la sala, al otro lado del recibidor, había una docena de personas que aún seguían de sobremesa tomando brandy. Michael Loewenthal estaba sentado en la banqueta del piano, con Agnes sobre sus rodillas. Todo el mundo estaba contento. Subí la escalera.

El estudio de Max era una habitación grande desde la que se divisaba el lago, llena de jarrones Ming y caballos T'ang. Estaba en la segunda planta, pero en el extremo opuesto a donde los niños estaban viendo vídeos. Max había elegido aquella habitación para él cuando sus hijos todavía eran pequeños porque estaba aislada del cuerpo central de la casa. Cuando cerré la puerta después de entrar, ya no había ningún ruido exterior que pudiese distraer la tensión interior. Morrell y Don me sonrieron, pero Paul Ulrich-Radbuka dirigió la mirada hacia otra parte, decepcionado al ver que era yo y no Max o Carl.

—No entiendo lo que está sucediendo —dijo con tono lastimero—. ¿Es que se avergüenzan de que los vean conmigo? Necesito hablar con Max y Carl. Necesito saber qué tipo de parentesco nos une. Estoy seguro de que querrán saber que tienen un familiar que ha sobrevivido.

Cerré los ojos con fuerza, como si con aquello pudiese borrar de mi mente su estado de hiperemotividad.

—Intente tranquilizarse. El... El señor Loewenthal estará con usted en cuanto pueda dejar a sus invitados y, a lo mejor, también el señor Tisov. ¿Le apetece una copa de vino o algún refresco?

Dirigió la mirada, cargada de ansiedad, a la puerta, pero pareció darse cuenta de que no podría encontrar a Carl sin ayuda. Se dejó caer en una butaca y musitó que suponía que un vaso de agua le ayudaría a calmar los nervios. Don se puso en pie de un salto para ir a buscarlo.

Llegué a la conclusión de que el único modo de conseguir sacar alguna información de aquel hombre sería actuando como si creyera todo lo que decía. Era un ser tan inestable que recorría toda la escala entre la amargura y el éxtasis saltando de octava en octava y haciéndose un mundo a partir de una insignificancia. No estaba segura de poder fiarme de nada de lo que dijera; pero, si lo cuestionaba, lo único que lograría es que se replegara refugiándose en las lágrimas.

—¿Tiene alguna idea de dónde nació? —le pregunté—. Parece que Radbuka es un apellido checo.

—El certificado de nacimiento que mandaron conmigo a Terezin dice que en Berlín, que es una de las razones por la que estoy tan impaciente por conocer a mis familiares. Puede que los Radbuka fueran checos que se habían escondido en Berlín. Algunos judíos huyeron al oeste, intentando huir de los *Einsatzgruppen*, en vez de ir al este. Puede que fueran checos que emigraron incluso antes de estallar la guerra. ¡Ay, cómo me gustaría saber algo! —dijo retorciéndose las manos angustiado.

Elegí con sumo cuidado mis siguientes palabras.

—Tuvo que producirle una impresión muy fuerte encontrar ese certificado de nacimiento cuando murió su..., su padre adoptivo. Ver que usted era Paul Radbuka de Berlín en vez de... ¿Dónde le había dicho Ulrich que había nacido?

—En Viena. Pero yo nunca he visto mi certificado de nacimiento de Terezin, tan sólo leí algo acerca de él en otra parte, después de saber quién era yo realmente.

—¡Qué crueldad la de Ulrich mencionarlo por escrito, pero no dejarle el documento! —exclamé.

—No, no. Tuve que deducirlo de un informe externo. Fue..., fue por pura casualidad que lo averigüé.

—¡Qué trabajo de investigación más extraordinario ha tenido usted que hacer! —dije poniendo un tono de tanta admiración que Morrell frunció el ceño para advertirme que me estaba pasando, pero el rostro de Paul se iluminó de un modo perceptible—. Me encantaría ver el informe que hablaba de su certificado de nacimiento.

Vi que se ponía tenso, así que cambié rápidamente de tema.

—Supongo que no recordará nada de checo, si le separaron de su madre a los... ¿Cuántos meses tenía? ¿Doce?

—Cuando oigo hablar en checo —dijo, volviendo a relajarse—, lo reconozco, pero realmente no lo entiendo. El primer idioma que yo hablé fue el alemán, porque ése era el idioma de los guardias. También lo hablaban muchas de las mujeres de la guardería de Terezin.

Oí que, detrás de mí, la puerta se abría y extendí una mano para hacer señas de que no hicieran ruido. Don se deslizó por detrás de mí para colocar un vaso de agua junto a Paul. Por el rabillo del ojo vi que Max había entrado con discreción en el estudio detrás de Don. Paul, totalmente embelesado de que yo le estuviera escuchando, siguió adelante con su historia sin prestarles atención.

—Éramos seis niños pequeños que, más o menos, formábamos una banda. En realidad, formábamos una pequeña brigada; incluso a la edad de tres años nos cuidábamos unos a otros, porque los adultos estaban tan exhaustos y desnutridos que no podían ocuparse de los niños. Estábamos siempre juntos y juntos nos escondíamos de los guardias. Cuando acabó la guerra, nos enviaron a Inglaterra. Al principio nos asustamos mucho cuando empezaron a subirnos a los trenes, porque en Terezin habíamos visto meter a muchos niños en los trenes y todo el mundo sabía que iban a algún sitio a morir. Pero, después de superar aquel terror, pasamos una temporada feliz en Inglaterra. Estábamos en una casa grande en el campo, que tenía el nombre de un animal, de un perro, que al principio nos daba miedo pues los perros nos aterrorizaban, porque habíamos visto con qué maldad los usaban en los campos.

—¿Y fue allí donde aprendió inglés?

—Aprendimos inglés poco a poco, como hacen los niños, y la verdad es que nos olvidamos del alemán. Pasado un tiempo, que serían unos nueve meses o incluso puede que un año, empezaron a buscarnos casas, gente que quisiera adoptarnos. Decidieron que ya estábamos lo bastante recuperados mentalmente como para soportar la pena de separarnos, aunque ¿cómo puede uno superar esa pena? La pérdida de mi compañera de juegos, que se llamaba Miriam, es algo que me persigue en sueños hasta el día de hoy.

Se le quebró la voz. Utilizó la servilleta que Don le había puesto bajo el vaso de agua para sonarse la nariz.

—Y un día apareció aquel hombre. Era grande y tenía una cara tosca y me dijo que era mi padre y que tenía que irme con él. Ni siquiera me dejó que le diera un beso de despedida a mi pequeña Miriam. Dar besos era *weibisch* —cosas de mariquitas— y yo tenía que ser un hombre. Me gritaba en alemán y se ponía furioso porque yo ya no lo hablaba. Mientras fui creciendo siempre me pegó diciendo que iba a hacer de mí un hombre y a quitarme las mariconadas, *Schwul und Weibischkeit*, a golpes.

Lloraba a lágrima viva, visiblemente afectado. Le alcancé el vaso de agua.

—Tuvo que ser horrible —dijo Max con tono serio—. ¿Y cuándo murió su padre?

Pareció no darse cuenta de que era Max quien había entrado de súbito en la conversación.

—Supongo que quiere usted decir el hombre que *no era* mi padre. No sé cuándo murió mi padre biológico. Eso es lo que espero que usted me pueda aclarar. O, tal vez, Carl Tisov.

Volvió a sonarse la nariz y nos dirigió una mirada desafiante.

—El hombre que me separó de mis compañeros del campo de concentración murió hace siete años. Fue después de su muerte cuando empecé a tener pesadillas, entré en una depresión y me sentía desorientado. Perdí el trabajo, perdí el norte y las pesadillas fueron haciéndose cada vez más explícitas. Probé diversas medicinas, pero... jamás lograba librarme de aquellas indescriptibles imágenes del pasado, imágenes que he acabado por reconocer como producto de mi experiencia del Shoah. Hasta que no empecé a tratarme con Rhea no comprendía lo que eran. Creo que debí ver cómo violaban a mi madre y cómo la arrojaban después a una fosa de cal viva, pero también puede haber sido otra mujer, yo era tan pequeño que ni siquiera recuerdo el rostro de mi madre.

—¿Y le contó su padre adoptivo lo que había ocurrido con... bueno, con su mujer? —intervino Morrell.

—Me contó que la mujer que él decía que era mi madre había muerto cuando los aliados bombardearon Viena, que vivíamos allí y que habíamos perdido todas nuestras pertenencias por culpa de los judíos, siempre hablaba con resentimiento de los judíos.

—¿Y tiene alguna idea de por qué fue a buscarlo a Inglaterra o cómo sabía que usted estaba allí? —le pregunté intentando encontrarle un sentido a todo aquello que estaba contando.

Abrió las manos con un gesto de perplejidad.

—Después de la guerra, todo era tan incierto... Cualquier cosa era posible. Creo que él quería venirse a Estados Unidos, y decir que era judío, cosa que podía hacer si tenía a su lado a un niño judío, le situaría a la cabeza de la lista. Sobre todo, si tenía un pasado nazi que pretendía ocultar.

—¿Y usted cree que lo tenía? —le preguntó Max.

—Sé que lo tenía. Sé por sus papeles que era un asqueroso pedazo de *Dreck*. Un jefe de los *Einsatzgruppen*.

—¡Qué horror descubrir una cosa así! —murmuró Don—. Ser judío y encontrarse con que uno ha crecido junto a un asesino de su gente. No es extraño que le tratara a usted así.

Paul lo miró emocionado.

—Ay, veo que lo comprende. Estoy seguro de que su brutal comportamiento, la manera de pegarme, de dejarme sin comer cuando se enfadaba, de encerrarme en un armario durante horas, a veces durante toda la noche, todo eso era debido a su horrible antisemitismo. Usted es judío, señor Loewenthal, usted sabe lo asqueroso que puede ser alguien así.

Max hizo caso omiso de aquel comentario.

—La señora Warshawski dice que encontró un documento de su... padre adoptivo, que fue lo que le dio la clave para saber su nombre auténtico. Tengo curiosidad. ¿Me permitiría verlo?

Ulrich-Radbuka se tomó su tiempo antes de contestar.

—Cuando me diga quién de ustedes es pariente mío, puede que le deje ver los documentos. Pero, ya que no está dispuesto a ayudarme, no veo ninguna razón para enseñarle mis documentos privados.

—Ni el señor Tisov ni yo tenemos ninguna conexión con la familia Radbuka —le contestó Max—. Por favor, intente aceptar que es así. Es otro amigo nuestro quien conocía a una familia con ese apellido, pero yo sé lo mismo que esa persona sobre ellos, que lamento decir que no es mucho. Si usted me permitiera ver esos documentos, me ayudaría a saber si tiene usted algo que ver con aquella familia.

Cuando Radbuka se negó con un tono de pánico en la voz, yo intervine para preguntar si tenía alguna idea de dónde procedían sus padres biológicos. Dando por sentado que aquella pregunta implicaba que yo le creía, comenzó a relatar lo que sabía, volviendo a utilizar un tono infantil.

—No sé absolutamente nada sobre mis padres biológicos. Alguno de los seis mosqueteros de mi pandilla sabía algo más de los suyos, aunque eso también podía llegar a ser muy doloroso. Mi pequeña Miriam, por ejemplo, ¡pobrecita!, sabía que su madre se había vuelto loca y había muerto en el hospital para enfermos mentales de Terezin. Pero..., Max, usted dice que conoce algunos detalles sobre mi familia. ¿Quién de los Radbuka pudo estar en Berlín en 1942?

—Ninguno —contestó Max al cabo de un momento—. Ni padres, ni hermanos. Se lo puedo asegurar. Era una familia que emigró a Viena durante los años anteriores a la Primera Guerra Mundial. En 1941 los enviaron a Lodz, en Polonia, y los que quedaban vivos en 1943 fueron trasladados al campo de Chelmno, donde murieron todos.

El rostro de Paul Ulrich-Radbuka se iluminó.

—Entonces, tal vez yo naciera en Lodz.

—Creí que usted *sabía* que había nacido en Berlín —le espeté.

—Los documentos de aquella época no son demasiado fiables —dijo—. Puede que me dieran los papeles de otro niño muerto en el campo. Todo es posible.

Hablar con él era como caminar por un territorio pantanoso: justo cuando creías que pisabas sobre terreno firme, el suelo cedía.

Max lo miró con una expresión grave en la cara.

—Ninguno de los Radbuka de Viena tenía ninguna relevancia, ni social ni artística, como era típico de las personas que fueron enviadas a Theresien..., a Terezin. Por supuesto que siempre hay excepciones, pero dudo mucho que las vaya a encontrar en este caso.

—Así que trata usted de decirme que mi familia ya no existe, pero yo sé que lo único que intenta es ocultarlos de mí. Exijo verlos en persona. Sé que me reconocerán cuando nos encontremos.

—La solución más fácil es someterse a una prueba de ADN —sugerí yo—. Max, Carl y su amigo inglés podrían proporcionar muestras de sangre a un laboratorio que acordásemos, en Inglaterra o aquí en Estados Unidos y el señor..., el señor Radbuka también. Eso resolvería la cuestión de si está emparentado con alguno de ellos o con el amigo de Max en Inglaterra.

—Yo no tengo ninguna duda —exclamó Paul con el rostro arrebolado—. Usted puede tenerla, usted es una detective que se gana la vida a base de sospechas, pero yo no voy a tolerar que se me trate como si fuera un espécimen de laboratorio, como hacían con mi gente en el laboratorio médico de Auschwitz, como hicieron con la madre de mi pequeña Miriam. Mirar muestras de sangre, eso es lo que hacían los nazis. Herencia, raza y todo eso. Yo no voy a participar en ello.

—Eso nos retrotrae al punto de partida —le dije—. Con un documento que sólo usted conoce y cuyo contenido no puede verificar una detective suspicaz como yo. Y, por cierto, ¿quién es Sofie Radbuka?

Paul se enfadó.

—Estaba en la Red. Alguien, en un foro sobre desaparecidos, pedía información sobre Sofie Radbuka, alguien que había vivido en Inglaterra durante los años cuarenta. Así que le escribí diciendo que debía de ser mi madre, pero no me contestó.

—Bueno, ahora estamos todos agotados —dijo Max—. Señor Radbuka, ¿por qué no pone por escrito todo lo que sabe sobre su familia? Haré que mi amigo haga lo mismo. Usted me da su informe y yo le doy el de mi amigo y, luego, podemos reunirnos para comparar las notas.

Radbuka estaba sentado adelantando el labio inferior sin ni siquiera darse por enterado de la propuesta. Cuando Morrell, tras echar un vistazo al reloj, le dijo que iba a acercarle a su casa, Radbuka se negó a levantarse.

Max le dirigió una mirada muy dura.

—Ahora tiene que irse, señor Radbuka, a menos que

desee crear una situación que le impida volver más a esta casa.

Con el rostro de payaso convertido en una máscara trágica, Radbuka se puso en pie. Con Morrell y Don tomándole del brazo, como celadores de una residencia de lujo para enfermos mentales, se dirigió, arrastrando los pies y con gesto hosco, hacia la puerta.

18

Viejos amantes

La fiesta había terminado en la planta baja. Los camareros estaban recogiendo las sobras, limpiando con la aspiradora los restos de comida caídos en la alfombra y fregando los últimos platos. En el salón Carl y Michael discutían el tempo adecuado de un noneto de Brahms, tocando al piano un pasaje, mientras Agnes los observaba sentada con las piernas recogidas sobre el sofá.

Levantó la mirada cuando aparecí por la puerta, y se puso apresuradamente en pie para venir corriendo a mi encuentro, antes de que yo pudiera salir de la casa, tras Morrell y Don.

—Vic, ¿quién era ese hombre tan raro? Su irrupción ha puesto a Carl fuera de sí. Fue a la terraza y se puso a gritarle a Lotty hasta que Michael fue a calmarlo. ¿Qué es lo que está ocurriendo?

—Sinceramente, no lo sé —dije—. Ese tipo cree que pasó su niñez en un campo de concentración. Dice que hasta hace poco no descubrió que su verdadero apellido era Radbuka, y ha venido aquí con la esperanza de que Max o Carl fueran parientes suyos o de que alguno de sus amigos en Inglaterra tuviera familiares con ese mismo apellido.

—Pero eso no tiene ningún sentido —dijo Agnes alzando la voz.

Max bajó por la escalera con un paso de cansancio infinito.

—Ya se ha ido, ¿verdad, Victoria? No, no tiene ningún sentido. Esta noche nada tiene demasiado sentido. Incluso que Lotty se haya desmayado... cuando la he visto extraer una bala sin pestañear. ¿Tú qué piensas de él, Victoria? ¿Te has creído su historia? Es un cuento extraordinario.

Yo estaba tan cansada que veía lucecitas flotando frente a mis ojos.

—No sé qué pensar. Es tan voluble que pasa de las lágrimas al júbilo y vuelta atrás en treinta segundos. Y, cada vez que escucha una nueva información, cambia la historia. ¿Dónde nació? ¿En Lodz? ¿En Berlín? ¿En Viena? Me sorprende que Rhea Wiell hipnotizara a un ser tan inestable... Yo hubiera supuesto que con eso haría añicos su frágil conexión con la realidad. Aunque todos esos síntomas bien *podrían* ser consecuencia, justamente, de lo que le sucedió. Una infancia en Terezin... No sé cómo puede uno recuperarse de eso.

En el salón, Michael y Carl tocaban al piano el mismo pasaje una y otra vez, con variaciones en el tempo y en el tono, demasiado sutiles para mí. Tanta repetición estaba empezando a crisparme.

La puerta que daba a la terraza se abrió y Lotty apareció en el recibidor, pálida pero ya repuesta.

—Lo siento, Max —musitó—. Siento haberte dejado solo para lidiar con él, pero no podía enfrentarme a la situación. Y, por lo visto, Carl tampoco... Ha venido a reprocharme por no acompañarte al piso de arriba. Pero veo que ahora ha vuelto al mundo de la música dejando este asunto en nuestras manos.

—Lotty —dijo Max levantando una mano—, si Carl y tú queréis seguir peleando, hacedlo en otro sitio. Ninguno de vosotros ha contribuido en nada a lo que ha estado ocurriendo arriba, pero hay una cosa que querría saber...

El timbre de la puerta le interrumpió. Era Morrell que volvía con Don.

—Debe de vivir muy cerca —dije yo—. No hace ni un minuto que os marchasteis.

Morrell vino hacia mí.

—Nos pidió que le acercáramos a algún sitio en el que pudiera tomar un taxi, cosa que, francamente, agradecí. Un rato con ese tipo es más que suficiente para mí, así que le dejé enfrente de Orrington, al lado de una parada de taxis.

—¿Te has quedado con su dirección?

Morrell negó con la cabeza.

—Se la pregunté cuando nos subimos al coche, pero me contestó que volvería a su casa en un taxi.

—Yo también intenté que me la diera —dijo Don— porque, evidentemente, quiero llegar a entrevistarlo, pero decidió que éramos unas personas que no le inspiraban confianza.

—Está chiflado —dije—. Ahora estoy como al principio, a menos que pueda seguirle la pista al taxi.

—¿Y qué os ha contado ahí arriba? —preguntó Lotty—. ¿Ha dicho algo acerca de cómo ha llegado a saber que su apellido era Radbuka?

Me apoyé en Morrell porque ya no me tenía en pie de cansancio.

—Sólo unas cuantas paparruchas más sobre los misteriosos documentos de su padre, bueno, de su padre adoptivo, que probaban que había sido miembro de los *Einsatzgruppen*.

—¿Qué es eso? —preguntó Agnes con la preocupación reflejada en sus ojos oscuros.

—Unas fuerzas especiales que cometieron atrocidades terribles en la Europa del Este durante la guerra —contestó Max lacónicamente—. Lotty, ya que te encuentras mejor, querría que ahora me dieras una información: ¿quién es Sofie Radbuka? Ese hombre ha dicho esta noche que se trata de un nombre que ha encontrado en la Red, pero creo que nos deberías explicar a Vic y a mí por qué su mención te ha afectado tanto.

—A Vic ya se lo he dicho —respondió Lotty—. Le he explicado que los Radbuka eran una de las familias sobre las que tú hiciste indagaciones para nuestro grupo de amigos en Londres.

Había estado a punto de decirle a Morrell que nos fuéramos a casa, pero, como quería oír lo que Lotty tuviera que decirle a Max, le pregunté:

—¿Podemos sentarnos? Tengo los pies destrozados.

—Por supuesto, Victoria —contestó Max, acompañándonos a la sala en la que Carl y Michael aún seguían con la música.

Michael levantó la mirada hacia nosotros, le dijo a Carl que podrían continuar la discusión de camino a Los Ángeles y se acercó para sentarse junto a Agnes. Me lo imaginé sentado en el avión, con el violonchelo entre las piernas, tocando los doce compases una y otra vez mientras Carl los interpretaba con su clarinete con un tempo diferente.

—Tú no has comido nada, ¿verdad? —me preguntó Morrell—. Voy a ver si encuentro algo por ahí. Te sentirás mejor.

—Pero ¿no has cenado? —exclamó Max—. Todo este jaleo me está haciendo olvidar hasta la más elemental cortesía.

Mandó a uno de los camareros que trajera de la cocina una bandeja con lo que hubiera sobrado y algunas bebidas.

—Y ahora, Lotty, ha llegado tu turno de subir al estrado. He respetado tu intimidad durante todos estos años y voy a continuar haciéndolo, pero necesito que nos expliques por qué el nombre de Sofie Radbuka te ha puesto tan nerviosa esta noche. Ya sé que estuve buscando a unos Radbuka en Viena después de la guerra porque tú me lo pediste. ¿Quiénes eran?

—No me impresionó oír ese apellido otra vez —dijo Lotty—. Ha sido todo en general... —se detuvo, mordiéndose un labio como una colegiala al ver que Max negaba con la cabeza—. Era... Era una persona del hospital —murmuró Lotty mientras miraba la alfombra—. El de la Beneficencia. No quiso que se supiera su nombre.

—Así que era eso —dijo Carl, con un tono envenenado que nos sobresaltó a todos—. Lo sabía. Lo sabía y tú siempre lo negabas.

Una oleada de un carmesí tan intenso como su chaqueta tiñó el rostro de Lotty.

—Me hiciste unas acusaciones tan estúpidas que no creí que merecieras una explicación.

—¿Sobre qué? —preguntó Agnes, tan perpleja como yo.

—A estas alturas —dijo Carl—, ya os habréis dado cuenta de que Lotty y yo fuimos amantes durante varios años, cuando estábamos en Londres. Yo pensé que aquello era para siempre, pero no había caído en la cuenta de que Lotty se había casado con la medicina.

—Sí, claro, ¡lo tuyo con la música es diferente! —contestó bruscamente Lotty.

—Bien —dije yo, mientras me inclinaba un poco para servirme unas patatas gratinadas y algo de salmón de la bandeja que había traído el camarero—. Los dos teníais una vocación muy marcada. Ninguno de los dos iba a ceder un ápice. Pero ¿qué ocurrió entonces?

—Lotty contrajo la tuberculosis, o eso es lo que dijo —musitó Carl. Se volvió hacia Lotty—. Nunca me dijiste que estabas enferma. Ni siquiera te despediste de mí. Recibí tu carta... ¡Vaya una carta! Un anuncio por palabras en *The Times* me habría dado más información. Cuando volví de Edimburgo allí estaba: una nota fría y críptica. Crucé la ciudad a la carrera y aquella imbécil de casera que tenías, aún puedo ver su cara, con aquella horrible verruga en la nariz llena de pelos, me lo dijo. Me lo dijo con una sonrisita. Por *ella* me enteré de que te habías ido al campo, por *ella* me enteré de que habías dejado instrucciones de que te enviara el correo a casa de Claire Tallmadge, la Reina de Hielo. No fuiste *tú* quien me lo dijo. Yo te amaba y creía que tú también me amabas, pero no fuiste capaz ni siquiera de decirme adiós.

Se detuvo, tratando de recobrar el aliento, y luego siguió dirigiéndose a Lotty con amargura:

—Hasta el día de hoy sigo sin comprender por qué dejaste que esa Tallmadge te manejara de la forma en que lo hizo. Era tan..., tan altanera. Para ella tú eras su mascotita judía. ¿Es que nunca te diste cuenta de cómo te miraba por encima del hombro? Y toda su familia, la insulsa de su hermana Vanessa y su insoportable marido, ¿cómo se llamaba?, ¿Mermelada?

—Marmaduke —dijo Lotty—, como bien sabes, Carl. Aparte de que tú tenías celos de cualquiera al que le prestase más atención que a ti.

—¡Dios mío! ¡Cómo sois! —dijo Max—. Deberíais subir con Calia al cuarto de jugar. ¿No podéis ir al grano?

—Y, aparte —continuó Lotty poniéndose toda colorada ante la crítica de Max—, cuando regresé al hospital, Claire... Claire consideró que mi amistad no era conveniente para ella. Ella... Ni siquiera he sabido que se había jubilado hasta esta primavera en que lo vi en el boletín del Hospital de la Beneficencia.

—¿Y qué tienen que ver los Radbuka con todo esto? —preguntó Don.

—Fui a ver a la Reina Claire —gruñó Carl—, y me dijo que le enviaba su correspondencia a Lotty a una oficina de correos de Axmouth, a la atención de Sofie Radbuka. Cuando te escribí, me devolvieron la carta con una nota garabateada en el sobre diciendo que no había nadie con ese nombre. Un lunes tomé un tren en Londres y luego recorrí a pie cinco kilómetros a través de la campiña hasta llegar a una casa de campo. Dentro había luces, Lotty, pero tú no quisiste abrir la puerta. Estuve allí toda la tarde, pero tú no saliste.

»Y, pasados seis meses, de pronto Lotty apareció otra vez en Londres. No me dijo ni una palabra. No respondió a mis cartas. No me dio ninguna explicación. Como si todo lo que habíamos vivido juntos no hubiera existido jamás. ¿Quién era Sofie Radbuka, Lotty? ¿Era tu amante? ¿Os pasasteis toda aquella tarde riéndoos de mí?

Lotty estaba sentada en un sillón con los ojos cerrados. Las arrugas de su rostro estaban muy marcadas. Tenía un aspecto cadavérico y sólo mirarla hacía que se me encogiera el estómago.

—Sofie Radbuka ya no existía, así que tomé prestado su nombre —dijo Lotty con un hilillo de voz y sin abrir los ojos—. Ahora parece una estupidez, pero en aquellos días todos hacíamos cosas inexplicables. Las únicas cartas que aceptaba eran las del hospital, todas las demás las devolvía sin leerlas, como hice con las tuyas. Tenía una enfermedad mortal. Necesitaba estar sola mientras me enfrentaba a ella. Yo te amaba, Carl, pero nadie podía acompañarme en aquel lugar solitario. Ni tú, ni Max, ni nadie. Cuando... me recuperé... no me sentía capaz de hablar contigo. Lo..., lo único que podía hacer era borrón y cuenta nueva. Tú..., tú nunca me pareciste inconsolable.

Max se sentó a su lado y le sujetó la mano, pero Carl empezó a pasearse, furioso, por la sala.

—¡Sí! Tuve amantes —soltó Carl por encima del hombro—. Un montón de amantes para que tú te enteraras, pero tuvieron que pasar muchos años hasta que volví a enamorarme y, para entonces, ya había perdido la práctica y no conseguí que durara. Tres matrimonios en cuarenta años y no sé cuántas amantes entre uno y otro. Soy el referente por excelencia entre las mujeres de las orquestas.

—A mí no me eches la culpa de eso —dijo Lotty fríamente, mientras se erguía en la silla—. Tú puedes actuar como te plazca. No tengo por qué cargar con esa responsabilidad.

—Sí, tú puedes elegir ser tan distante como siempre. Pobre Loewenthal: él quiere casarse contigo y no puede entender por qué tú no quieres. No se da cuenta de que tú estás hecha de bisturíes y ligaduras y no de corazón y músculos.

—Carl, puedo manejar mis propios asuntos yo solo —dijo Max, entre bien humorado y exasperado—. Pero volviendo al presente, si me lo permitís, ¿de dónde ha sacado el nombre de Radbuka el hombre que ha venido esta noche, si esa familia ya no existe?

—Claro —dijo Lotty—. Por eso es por lo que me sobresalté al oírlo.

—¿Tienes alguna idea de cómo averiguarlo, Victoria?

Bostecé con fiereza.

—No lo sé. No sé cómo conseguir que me deje ver esos misteriosos documentos. El otro cabo de la investigación sería su pasado. No sé si todavía existirán archivos en Inmigración correspondientes a los años 1947 o 1948, que sería cuando vino a este país. Suponiendo que sea verdad que fue un inmigrante.

—Por lo menos habla alemán —dijo Lotty inesperadamente—. Cuando llegó, me pregunté si habría algo de cierto en su historia. Ya sabéis que en el vídeo decía que había llegado aquí siendo pequeño y que hablaba alemán, así que le pregunté en alemán si le habían contado de pequeño el mito que asimilaba a los Ulrich a los caudillos de las manadas de lobos y está claro que me entendió.

Intenté recordar la secuencia del diálogo que había tenido lugar en el recibidor pero no conseguía tenerlo claro.

—Fue cuando dijo que no iba a hablar en el idioma de su esclavitud, ¿verdad? —Se me escapó otro bostezo—. Bueno, ya está bien por esta noche. Carl, Michael, el concierto ha sido magnífico. Deseo que el resto de la gira sea igual y que todo este alboroto no afecte a vuestra música. ¿Tú vas a ir con ellos? —pregunté dirigiéndome a Agnes.

Negó con la cabeza.

—Van a estar de gira cuatro semanas más. Calia y yo nos vamos a quedar en casa de Max otros cinco días y luego nos volveremos directamente a Londres. Calia debería estar ya en el *kindergarten* pero queríamos que pasara unos días con su *Opa*.

—Durante los cuales me voy a aprender de memoria la historia de *Ninshubur*, el perro fiel —dijo Max sonriendo, aunque conservando la seriedad en la mirada.

Morrell me agarró de la mano.

Juntos nos dirigimos a trompicones hasta su coche mientras Don nos seguía, metiéndose su ración de nicotina en el cuerpo. Una patrulla municipal de Evanston estaba inspeccionando el adhesivo del permiso de aparcamiento del coche de Morrell: el ayuntamiento saca un pastón gracias a su caprichosa normativa de aparcamiento. Morrell estaba fuera de la zona que le correspondía, pero nos metimos en el coche antes de que el agente le pusiera la multa.

Caí como un saco sobre el asiento delantero.

—Nunca me había visto rodeada de tantas emociones durante tantas horas.

—Agotador —dijo Morrell coincidiendo conmigo—. No me parece que ese tal Paul sea un fraude, ¿y a ti?

—A mí tampoco me parece que esté intentando engañarnos a propósito —murmuré con los ojos cerrados—. Cree sinceramente en lo que dice, pero lo tremendo es que cambia de creencia en un abrir y cerrar de ojos.

—Sea como sea, es una historia extraordinaria —dijo Don—. No sé si no debería irme a Inglaterra e investigar lo que haya sobre la familia Radbuka.

—Eso te alejaría mucho de tu libro con Rhea Wiell —le dije—. Y, tal como Morrell me dijo ayer, ¿es realmente necesario andar hurgando en el pasado de Lotty?

—Solamente en tanto en cuanto está invadiendo el presente —contestó Don—. Me ha parecido que mentía, ¿a vosotros no? Me refiero a lo de que era alguien del Hospital de la Beneficencia.

—Yo creo que ha querido dejar bien claro que era un asunto suyo y no nuestro —dije en un tono cortante mientras Morrell enfilaba el callejón que hay detrás de su edificio—. Esa historia entre Lotty y Carl —dije, con un escalofrío, mientras iba por el pasillo detrás de Morrell, camino al dormitorio—. El dolor de Lotty y el de Carl... Pero no puedo aceptar la idea de que Lotty se sintiera tan sola que no pudiera decirle a su amante que se estaba muriendo.

—Mañana es mi último día —se quejó Morrell—. Tengo que hacer la maleta y tengo que pasarme el día otra vez con ese funcionario del Ministerio de Asuntos Exteriores en lugar de estar contigo, como quisiera, cariño. Esta noche podría haberla pasado sin tantos traumas y con más horas de sueño.

Tiré mi ropa sobre una silla y Morrell colgó su traje cuidadosamente en una percha dentro del armario aunque, por lo menos, dejó la tarea de deshacer su bolsa de fin de semana para la mañana siguiente.

—Tú eres un poco como Lotty, Vic —me dijo, abrazándome en la oscuridad—. Si algo va mal, no huyas a una casa en mitad del campo, con un nombre falso, para lamerte las heridas tú sola.

Con su partida tan próxima, aquellas palabras fueron un consuelo para mí, sobre todo cuando todavía no me había repuesto de la turbulencia que me había agitado tanto durante las últimas horas. Aquellas palabras se esparcieron, rodeándome en la oscuridad y calmándome hasta llevarme al sueño.

La historia de Lotty Herschel
El Día de la Victoria en Europa

Llevé a Hugo a Piccadilly Circus para celebrar el Día de la Victoria en Europa. Había masas de gente, fuegos artificiales y el rey pronunció un discurso que se emitió por los altavoces. La multitud estaba eufórica. Yo compartía en parte aquel sentimiento, pero para mí sentir una euforia total era algo imposible. Y no sólo por los documentales sobre Belsen y otros campos que habíamos visto aquella primavera y que habían revuelto las tripas a los ingleses, sino también por todas las historias de muerte que hacía ya tiempo traían consigo los inmigrantes que llegaban de Europa. Hasta Minna se había puesto furiosa ante la reacción tan miserable que algunos miembros del Parlamento habían tenido con los hombres que habían logrado escapar de Auschwitz cuando se comenzaba su construcción.

Yo perdía la paciencia con Hugo porque apenas se acordaba de *Oma* y de *Opa* e incluso de mamá. Apenas recordaba un poco de alemán, mientras que yo lo tenía muy fresco, puesto que era el idioma que la prima Minna hablaba en casa. En 1942 se había casado con Victor, un viejo horrible, que ella estaba segura de que acabaría heredando la fábrica de guantes. Pero Victor sufrió un derrame cerebral antes de que el dueño muriese y la fábrica fue a parar a manos de otro. Así que, allí estaba Minna, empantanada con aquel viejo enfermo y sin dinero. Pero él era de Hamburgo, de modo que, claro, hablaban en alemán. A mí me llevó más tiempo que a Hugo aprender inglés, me llevó más tiempo adaptarme a la escuela, me llevó más tiempo sentir que Inglaterra era mi casa.

Como Hugo llegó a Inglaterra con sólo cinco años, su vida comenzó con la familia Nussbaum. Le trataban como a un hijo. De hecho, quisieron adoptarlo, pero aquello me enfureció de tal forma que los Nussbaum abandonaron la idea. Ahora veo las cosas de otra manera, veo que era natural que un niño de cinco años se volcara con ellos y confiara en ellos: ya no lo veo como un abandono hacia mis padres ni hacia mí. Probablemente, si yo hubiera vivido con alguien que me hubiera querido, mi reacción ante la adopción de Hugo habría sido diferente. Aunque el señor Nussbaum siempre fue cariñoso conmigo e intentaba que les acompañara a los paseos que daba todos los domingos con mi hermano.

Pero el Día de la Victoria estaba especialmente enfadada con Hugo porque él creía que, como la guerra había acabado, tendría que regresar a Austria. No quería dejar a los Nussbaum ni a sus amigos de la escuela y esperaba que yo les explicase a papá y a mamá que sólo iría a verlos durante los veranos.

Ahora me doy cuenta de que, en parte, mi furia estaba provocada por mi propia ansiedad. Anhelaba ver a la adorada familia que había perdido, anhelaba dejar atrás a la prima Minna y sus constantes recriminaciones, pero yo también tenía amigos y un colegio que no quería dejar. Estaba a punto de cumplir dieciséis años y me quedaban dos para obtener mi título de bachiller. Me daba cuenta de que regresar a Austria iba a resultar tan duro como haber ido a Inglaterra seis años antes. Más duro incluso, ya que la destrucción causada por la guerra seguramente haría imposible que pudiera terminar allí mi bachillerato.

La directora del Instituto Camden para niñas, la señorita Skeffing, estaba en el consejo de dirección del Real Hospital de la Beneficencia. Ella fue quien me animó a hacer el curso de ciencias que me serviría para ingresar en la facultad de medicina. No quería marcharme, no quería abandonarla ni renunciar a mi oportunidad de estudiar medicina. Tampoco quería dejar a Claire, aunque por aquel entonces no la veía mucho, puesto que había empezado a hacer turnos como interna en el hospital. Después de todo, Claire me había servido de ejemplo para poder hacerle frente a la prima Minna e insistir hasta lograr matricularme en el Instituto Camden. Minna estaba hecha una furia. Ella quería que dejase de estudiar a los catorce años para ayudarla a ganar algún dinero trabajando en la fábrica de guantes. Pero yo le reproché que, ya que en 1939 no había querido recomendar a mi padre para un puesto de trabajo, tenía mucha cara al pedirme que dejase el instituto para ponerme a trabajar.

Ella y Victor también intentaron poner fin a mis salidas para ver a mis amigas y acudir a las veladas musicales de la señorita Herbst. Durante los años de la guerra aquellas veladas fueron una especie de salvavidas. Incluso para alguien como yo, que no tenía ninguna educación musical, siempre había algo que hacer: montábamos óperas y hasta improvisaciones para varias voces sin acompañamiento musical. Incluso durante los bombardeos alemanes sobre Londres, cuando había que moverse por la ciudad a tientas, yo salía de la casa de Minna dando un portazo y recorría las calles totalmente a oscuras hasta el apartamento de la señorita Herbst.

A veces iba en autobús, lo que suponía toda una aventura porque los vehículos también tenían que respetar el apagón obligatorio, de modo que no sabías si venía un autobús hasta que lo tenías encima, y después tenías que adivinar dónde bajarte. Una vez, de regreso a casa, calculé mal y me bajé a muchas millas de casa de Minna. Me encontraron unos vigilantes nocturnos y me dejaron dormir en su refugio. Fue muy divertido tomar chocolate aguado con los guardias mientras ellos hablaban de fútbol, pero mi pequeña aventura dejó a Minna más avinagrada que nunca.

A pesar de lo preocupados que estábamos por nuestras familias, ninguno de nosotros —no sólo Hugo y yo, sino ninguno de los del grupo que íbamos a casa de la señorita Herbst— quería reanudar su vida en alemán. Lo veíamos como el idioma de la humillación. Alemania, Austria o Checoslovaquia eran los lugares donde habíamos visto cómo obligaban a nuestros adorados abuelos a arrastrarse a cuatro patas para fregar los adoquines de la calle mientras una multitud los abucheaba y les tiraba de todo. Incluso escribíamos nuestros nombres de otra forma: yo cambié Lotte por Lotty y Carl cambió la K de su nombre por la C.

La noche de la celebración de la Victoria en Europa, después del discurso del rey, acompañé a Hugo hasta el metro para que regresase a Golders Green, donde vivían los Nussbaum, y me fui a Covent Garden para encontrarme con Max y algunos del grupo y para esperar a Carl, que había conseguido trabajo en la orquesta Sadlers Wells y tocaba aquella noche. En Covent Garden había miles de personas, pues era el único lugar en Londres donde se podía conseguir alcohol en mitad de la noche.

Alguien estaba pasando botellas de champán entre la multitud. Max y el resto de nuestro grupo dejamos nuestras preocupaciones a un lado y nos sumamos al desenfreno de los demás juerguistas. Se acabaron las bombas, se acabaron los apagones, se acabaron los diminutos trozos de mantequilla una vez por semana. Aunque aquello era, por supuesto, un optimismo fruto de la ignorancia, porque el racionamiento continuó durante años.

Carl nos encontró más tarde sentados sobre una carretilla volcada en St. Martin's Lane. El dueño, un vendedor de frutas, estaba algo borracho. Cortaba manzanas en rodajas con mucho cuidado y nos las daba a comer a mí y a otra chica de nuestro grupo, que después acabaría siendo tremendamente burguesa, se dedicaría a criar corgis y a votar al partido conservador. En aquella época ella era la más experimentada del grupo, se pintaba los labios, salía con soldados estadounidenses y conseguía a cambio medias de nylon, mientras que yo llevaba calcetines de algodón zurcidos y a su lado me sentía como una colegiala sosa.

Carl hizo una ampulosa reverencia al dueño de la carretilla y le sacó una rodaja de manzana de la mano. «Yo se la daré a la señorita Herschel», dijo, y me alcanzó el trozo. Entonces, de pronto, me fijé en sus dedos y fue como si estuviesen acariciando mi cuerpo. Le sujeté por la muñeca y acerqué su mano con la manzana a mi boca.

19

Caso cerrado

Los sueños me despertaron en medio de la luz grisácea del amanecer. Eran pesadillas en las que Lotty se perdía, mi madre moría y unas figuras sin rostro me perseguían por unos túneles, mientras Paul Radbuka miraba y alternaba el llanto con la risa de un loco. Permanecí acostada, sudando y con el corazón latiéndome a toda prisa. Morrell dormía a mi lado y respiraba expulsando el aire en pequeños ronquidos, como un caballo resoplando. Me cobijé en sus brazos. Me abrazó dormido durante unos minutos y después se dio la vuelta sin despertarse.

Poco a poco, mi corazón recuperó su ritmo normal pero, a pesar de todas las fatigas que había pasado durante el día, no podía volver a dormirme. Las atormentadas confesiones de la noche anterior giraban dentro de mi cabeza como ropa que da vueltas en una lavadora. Las emociones de Paul Radbuka eran tan ambiguas, tan intensas, que no sabía cómo reaccionar ante él. La historia de Lotty y Carl me resultaba igual de abrumadora.

No me sorprendió saber que Max quería casarse con Lotty, a pesar de que ninguno de ellos lo hubiese mencionado jamás delante de mí. Empecé por evaluar el problema pequeño en lugar del grande y me preguntaba si Lotty no estaría tan acostumbrada a su solitaria existencia que preferiría seguir viviendo así. Morrell y yo habíamos hablado de la posibilidad de vivir juntos pero, aunque los dos habíamos estado casados en nuestra juventud, no estábamos del todo decididos a renunciar a nuestra intimidad. Para Lotty, que siempre había vivido sola, sería un cambio mucho más difícil de afrontar.

Estaba claro que Lotty ocultaba algo sobre la familia Radbuka, pero yo no tenía forma de averiguar de qué se trataba. No era acerca de la familia de su madre. Se había sorprendido cuando se lo sugerí, incluso parecía ofendida. ¿Habría sido, tal vez, una pobre familia de emigrantes cuyo destino la había marcado de una forma terrible? A veces las personas sienten vergüenza o culpa por razones de lo más extrañas, pero no lograba imaginarme ninguna que pudiera sorprenderme tan desagradablemente como para alejarme de ella... Algo que Lotty ni siquiera le contaría a Max.

¿Y si Sofie Radbuka hubiese sido una paciente con la que cometió algún error fatal durante sus prácticas como estudiante de medicina? ¿Y si Sofie Radbuka había muerto o había entrado en un coma vegetativo? Lotty se habría culpado de ello y por eso había fingido que padecía tuberculosis para poder ir al campo a recuperarse. Había adoptado el nombre de Radbuka en medio de un ataque de culpabilidad que le había hecho identificarse en exceso con aquella paciente. Pero eso no coincidía en absoluto con la Lotty que yo conocía y tampoco era algo que me alejaría de ella.

La idea de que hubiese fingido tener tuberculosis para poder marcharse al campo y continuar un romance con una tal Sofie Radbuka —o con quien fuese— me parecía ridícula. Podía haber tenido cualquier romance en Londres sin arriesgarse a perder sus prácticas de medicina, que eran de muy difícil acceso para las mujeres en los años cuarenta.

Me enervaba ver a Lotty tan vulnerable. Intentaba tener presente el buen consejo de Morrell: que no metiera las narices en la vida de Lotty; que si ella no quería contarme sus secretos, era debido a sus propios demonios internos y no por mi culpa.

De todos modos, yo tenía que preocuparme de mis asuntos y concentrarme en desenmarañar el ovillo financiero que Isaiah Sommers me había contratado para investigar. Tampoco es que yo hubiese hecho mucho al respecto, aparte de convencerle de que le dijese a Bull Durham que dejase de denunciarme en público.

Sólo eran las seis menos cuarto de la mañana. Podía hacer una cosita más por Isaiah Sommers. Algo que haría que Morrell pusiera el grito en el cielo si se enteraba. Me incorporé. Él suspiró, pero no se movió. Me puse los vaqueros y la camiseta que tenía en mi bolsa de fin de semana, agarré mis zapatillas de deporte y salí del cuarto de puntillas. Morrell me había secuestrado el teléfono móvil y las ganzúas. Volví a entrar en el cuarto, salí con su mochila y me fui a su estudio. No quería que se despertase con el ruido de las llaves. Le dejé una nota sobre su ordenador portátil: *Me marcho al centro porque tengo una cita muy temprano. ¿Nos vemos para cenar? Te quiero, V.*

La casa de Morrell quedaba a sólo seis manzanas de la estación de metro de Davis. Me dirigí en esa dirección junto con otros madrugadores que iban a trabajar, a correr o a pasear a sus perros. Era increíble la cantidad de gente que había por la calle y el aspecto tan fresco y saludable que tenían. La imagen de mis ojos enrojecidos en el espejo del cuarto de baño me había hecho estremecerme: la Loca de Chaillot andaba suelta por la ciudad.

Ya circulaban los trenes rápidos que cubrían la hora punta de la mañana. A los veinte minutos me estaba bajando en mi parada, Belmont, que se encontraba a unas pocas manzanas de mi apartamento. Tenía el coche aparcado justo enfrente, pero necesitaba darme una ducha y cambiarme para parecerme un poco menos al espectro de mis propias pesadillas. Entré sin hacer ruido, con la esperanza de que los perros no me oyesen. Traje de chaqueta, zapatos de suela de goma de crepe. *Peppy* soltó un ladrido agudo en el momento en que volvía a salir de casa de puntillas, pero no aminoré el paso.

Camino a Lake Shore Drive me detuve en una cafetería y me tomé un zumo de naranja grande y un capuchino todavía más grande. Ya eran casi las siete. Había empezado la hora punta de verdad pero, aun así, logré llegar a Hyde Park antes de las siete y media.

Saludé inclinando la cabeza con un gesto mecánico al guardia de seguridad apostado a la entrada del edificio de Hyde Park Bank. No era el mismo al que Fepple le había advertido que no me dejase pasar la noche del viernes. El hombre me dirigió una mirada rápida por encima de su periódico pero no hizo ningún ademán de pararme. Yo iba vestida como una ejecutiva y tenía el aire de saber adónde iba. Al sexto piso, donde saqué unos guantes de goma y me puse a trabajar en las cerraduras de Fepple. Estaba tan tensa, atenta a si llegaba el ascensor, que me llevó un rato darme cuenta de que la puerta no estaba cerrada con llave.

Me deslicé dentro de la oficina, refunfuñando al tropezar, otra vez, con la loseta de linóleo levantada. Fepple estaba sentado a su escritorio. A la pálida luz que entraba por la ventana me pareció que se había quedado dormido. Me detuve junto a la puerta, dudando, pero decidí echarle cara al asunto, despertarlo y obligarle a que me entregase el archivo de Sommers. Encendí la luz del techo y me di cuenta de que Fepple no hablaría nunca con nadie más. No tenía boca. Una parte de la cara, de aquella cara cubierta de pecas, había desaparecido y sólo quedaban restos de hueso, de masa encefálica y de sangre.

Me senté de golpe en el suelo, con la cabeza entre las rodillas. Podía oler la sangre hasta con la nariz tapada. Sentí cómo me subía la náusea por la garganta. Me obligué a pensar en otra cosa: no podía añadir mi vómito a la escena del crimen.

No sé cuánto tiempo estuve sentada así, hasta que unas voces en el pasillo me hicieron percatarme de la delicada situación en la que me encontraba: estaba en una oficina con un muerto, ganzúas en el bolsillo y guantes de goma en las manos. Me puse de pie tan rápidamente que me volví a marear, pero me recuperé y cerré la puerta por dentro.

Intenté enfocarlo como un análisis forense y pasé al otro lado de la mesa para observar a Fepple. Había una pistola en el suelo, justo debajo del lugar donde colgaba su brazo derecho. Entrecerré los ojos y miré el arma: una veintidós SIG Trailside. Así que ¿se había suicidado? ¿Habría visto algo en el expediente de Sommers que le había desquiciado? Su ordenador estaba todavía encendido, aunque se había desactivado la pantalla. Intentando controlar las náuseas, extendí un brazo con mucho cuidado por encima de su lado izquierdo y utilicé una ganzúa para volver a activar la pantalla sin cambiar nada de lugar. Un texto volvió a cobrar vida en el recuadro.

Ésta era una agencia floreciente cuando mi padre murió, pero yo soy un fracaso como agente. He visto caer en picado las ventas y los beneficios durante cinco años. Creí que podría hacer algún chanchullo para cubrir las deudas pero, ahora que esa detective me vigila, tengo miedo de fracasar también en esto. Nunca me he casado, nunca he sabido cómo conquistar a las mujeres, ya no aguanto más. No sé cómo pagar mis deudas. Si a alguien hago daño, quizás a mi madre, lo siento. Howard

Lo imprimí y me metí el papel en el bolsillo. Tenía las manos húmedas dentro de los guantes de goma. Unas manchitas negras me flotaban delante de los ojos. Era perfectamente consciente de que tenía la cabeza destrozada de Fepple junto a mí, pero no podía mirarla. Quería huir de aquel espantoso lugar, pero con probabilidad no contaría con otra oportunidad para hacerme con el expediente de Sommers.

Los archivadores estaban abiertos, cosa que me sorprendió. Cuando estuve allí la semana pasada, Fepple había hecho bastantes aspavientos abriéndolos cada vez que quería guardar un papel y volviéndolos a cerrar de inmediato con llave. El tercer cajón, donde había metido la carpeta de Sommers, tenía una etiqueta que ponía: *Clientes de Rick Hoffman*.

Las carpetas estaban metidas de cualquier manera dentro del cajón, algunas boca abajo, sin orden ni concierto. Cuando saqué la primera carpeta, *Barney Williams*, creí que había empezado por atrás, pero a continuación venía *Larry Jenks*. Sin dejar de mirar el reloj, muy nerviosa, vacié el cajón y volví a meter las carpetas una a una. La de Sommers no estaba.

Hojeé los papeles en busca de algo que estuviese relacionado con Sommers, pero no encontré más que copias de pólizas y anotaciones de vencimientos de pagos. Casi las tres cuartas partes eran casos cerrados y las pólizas tenían un sello que ponía *Pagado* y la fecha o *Suspendido por falta de pago* y la fecha. Busqué en los demás cajones, pero no encontré nada. Me llevé una media docena de pólizas pagadas para que Mary Louise comprobase si el beneficiario había recibido el dinero.

Cada vez que oía voces por el pasillo me ponía muy nerviosa, pero no me podía ir sin antes buscar los papeles de Sommers entre aquel caos que había sobre el escritorio. Los papeles estaban salpicados de sangre y de pedacitos de masa encefálica. No quería tocar nada, porque cualquier perito experimentado podría deducir, nada más verlo, que alguien había estado revolviendo. Pero quería conseguir aquella carpeta.

Saqué fuerzas de flaqueza y me forcé a mirar sólo

hacia delante, intentando convencerme de que no había nadie en la silla, me incliné sobre el escritorio y revisé los documentos que había delante de Fepple. Busqué en círculo, desde el centro de la mesa hacia los bordes. Al no encontrar nada, di la vuelta al otro lado de Fepple, procurando no pisar ninguna cosa y miré en los cajones del escritorio. No encontré más que detalles de su deprimente vida. Bolsas empezadas de patatas fritas, una caja de condones sin abrir cubierta de migas de galleta, agendas que se remontaban a la década de 1980, cuando su padre se citaba con los clientes, libros sobre cómo jugar mejor al ping-pong. ¿Quién hubiera pensado que tenía la suficiente constancia como para practicar algún deporte?

Para entonces ya eran las nueve. Cuanto más tiempo me quedase, más posibilidades existirían de que entrara alguien. Fui hacia la puerta y me coloqué a la izquierda del marco para que no me vieran a través del cristal y escuché si había algún ruido en el pasillo. Estaba pasando un grupo de mujeres, riéndose, dándose los buenos días unas a otras: ¿qué tal el fin de semana?, hoy hay un montón de trabajo en la consulta del doctor Zabar, ¿cómo estuvo la fiesta de cumpleaños de Melissa? Silencio, luego la campanilla anunciando la llegada del ascensor y dos mujeres con un niño. Cuando se fueron, abrí una rendija de la puerta. El pasillo estaba vacío.

En el momento en que iba a salir, vi el portafolios de Fepple en el rincón. En un impulso lo agarré. Mientras esperaba el ascensor, metí los guantes de goma en el portafolios junto con las carpetas que había tomado prestadas.

Esperaba no llevar nada encima que me relacionase con la escena del crimen pero, al llegar a la planta baja y salir del ascensor, vi que mi zapato había dejado una desagradable mancha marrón en el suelo de la cabina. No sé cómo lo hice, pero logré salir erguida del edificio. En cuanto estuve fuera del campo visual del vigilante, di la vuelta a la esquina a toda velocidad y llegué a un callejón solitario justo a tiempo para vomitar el zumo de naranja y el café.

20

El cazador que estaba en medio

De regreso en casa, me puse a frotar los zapatos de manera obsesiva, pero ni todos los productos de Dow Chemical eran capaces de dejarlos totalmente limpios. No podía permitirme el lujo de tirarlos, aunque tampoco creía que pudiese soportar volver a ponérmelos.

Me quité el traje de chaqueta y lo inspeccioné centímetro a centímetro bajo un foco de luz potente. No parecía haber ningún resto de Fepple en el tejido pero, de todos modos, lo dejé apartado para llevarlo al tinte.

De camino a casa me había detenido en un teléfono público de Lake Shore Drive para notificar la existencia de un cadáver en el edificio de Hyde Park Bank. A aquellas alturas la maquinaria policial estaría en marcha. Estaba tan nerviosa que iba y venía, una y otra vez, de la ventana a la puerta de la cocina. Podría llamar a alguno de mis viejos amigos dentro del cuerpo de policía para que me informara de cómo iba la investigación, pero entonces tendría que decirles que había sido yo quien había encontrado el cadáver. Lo cual significaba pasarme todo el día contestando preguntas. Intenté hablar con Morrell para que me consolara un poco, pero ya se había marchado a su cita en el Ministerio de Asuntos Exteriores.

Me pregunté dónde habría metido Fepple mi tarjeta de visita. No la había visto sobre su escritorio, aunque tampoco había estado buscando algo tan pequeño. Los polis vendrían directos a mí en cuanto descubriesen que yo era la detective a la que aludía Fepple en su nota de suicidio. Si es que era una nota de suicidio.

Claro que lo era. La pistola había caído de su mano al suelo después de haberse pegado un tiro. Se sentía fracasado y ya no podía soportarlo más, así que se voló la mitad de la cara de un balazo. Me detuve junto a la ventana de la cocina a mirar a los perros. El señor Contreras los había soltado en el jardín. Debería sacarlos para que corriesen un poco.

Como si sintiera mi mirada, *Mitch* levantó los ojos y me dirigió una sonrisa canina. Aquella sonrisilla desagradable de Fepple cuando leyó el expediente de Sommers, cuando dijo que se iba a ocupar de la lista de clientes de Rick Hoffman. Aquélla era la sonrisa de alguien que pensaba que podía sacar provecho de la debilidad de los demás y no la sonrisa de un hombre que se odiaba tanto a sí mismo como para acabar suicidándose.

Aquella mañana llevaba el mismo traje y la misma corbata del viernes. ¿Para quién se había vestido con tanta elegancia? ¿Para una mujer, como había dado a entender? ¿Alguien a quien había intentado conquistar pero que le había dicho cosas tan horribles sobre su persona que regresó a la oficina y se suicidó? ¿O se había vestido así para encontrarse con quien le había llamado cuando estaba hablando conmigo? Aquel que le había dicho cómo despistarme: yendo a un teléfono público y llamándole desde allí para recibir más instrucciones. Fepple se había metido en el pequeño centro comercial, donde le recogió su misterioso interlocutor. Fepple había creído que podría sacar tajada de algún secreto que había descubierto en el expediente de Sommers.

Intentó chantajear a su misterioso interlocutor. Éste le dijo a Fepple que era mejor que hablasen en privado en su oficina, donde lo mató y organizó todo para que pareciese un suicidio. Muy al estilo de Edgar Wallace.

En cualquier caso, el misterioso interlocutor se había llevado el expediente de Sommers. Regresé, inquieta, al salón. No, lo más probable sería que Fepple hubiese dejado el expediente en su mesilla de noche, junto a sus viejas revistas de *Consejos útiles para el juego del ping-pong*.

Me hubiera gustado saber qué estaba haciendo la policía, si había aceptado la teoría del suicidio, si estaba comprobando la existencia de residuos de pólvora en las manos de Fepple. Finalmente, a falta de algo mejor que hacer, salí al patio a buscar a los perros. El señor Contreras había dejado abierta la puerta de atrás de su casa. Cuando estaba subiendo la escalera para decirle que me llevaba los perros a pasear y después a mi oficina, oí que decían por la radio:

«La noticia importante de hoy: esta mañana se ha encontrado el cadáver del agente de seguros Howard Fepple en su oficina de Hyde Park, después de que la policía recibiese una llamada anónima. Parece ser que Fepple, de cuarenta y tres años de edad, se suicidó porque la Agencia de Seguros Midway, fundada por su abuelo en 1911, estaba a punto de quebrar. El difunto vivía con su madre, Rhonda, quien se quedó atónita ante la noticia. "Howie ni siquiera tenía pistola. ¿Cómo es posible que la policía ande diciendo que se ha suicidado con una pistola que no tenía? Hyde Park es una zona muy peligrosa. Yo siempre le decía que trasladara la agencia aquí, a Palos, que es donde realmente la gente contrata seguros; creo que alguien entró en su oficina, lo mató y después arregló todo para que pareciese un suicidio."

La policía del Distrito Cuarto dice que no descarta la posibilidad de un asesinato pero que, hasta que no esté completo el informe de la autopsia, están tratando la muerte de Fepple como si fuese un suicidio. Ha informado Mark Santoros, Global News, Chicago.»

—Qué cosa tan rara, cielo —el señor Contreras levantó la mirada del *Sun Times*, donde estaba marcando con un círculo los resultados de las carreras de caballos—. ¿Un tipo que se suicida sólo porque le va mal en los negocios? Estos chavales son unos flojos.

Farfullé que estaba de acuerdo, sin mucho convencimiento —en otro momento le confesaría que había sido yo quien había encontrado el cuerpo de Fepple, pero eso requería de una larga charla que en aquellos momentos no me apetecía mantener—. Metí a los perros en el coche y los llevé hasta el lago, donde echamos una carrera de ida y vuelta hasta la bahía de Montrose. Me dolía la cabeza por la falta de sueño pero correr siete kilómetros relajó mis agarrotados músculos. Llevé a los perros conmigo a la oficina, donde corretearon de un lado a otro, olfateando y ladrando como si nunca antes hubiesen estado allí. Tessa me pegó un grito desde su estudio para que los calmase *de inmediato* antes de que les tirase un mazo de esculpir.

Cuando los hube encerrado en mi despacho, me senté a mi mesa y me quedé allí, inmóvil, durante un buen rato. Cuando yo era pequeña, mi abuela Warshawski tenía un juguete de madera con el que me dejaba jugar cuando iba a visitarla. En el centro había un cazador que tenía a un lado un oso y al otro un lobo. Si apretabas el botón una vez, el cazador giraba y apuntaba con su rifle al lobo mientras el oso saltaba sobre él. Si apretabas el botón de nuevo, el cazador se volvía hacia el oso y, entonces, era el lobo el que le atacaba. Sommers. Lotty. Lotty. Sommers. Era como si yo fuese el cazador que estaba en medio y que no dejaba de volverse hacia una y otra imagen. Nunca tenía el tiempo suficiente para concentrarme en ninguno de los dos casos antes de que saltase el otro.

Por fin, agotada, encendí el ordenador. Sofie Radbuka. Paul había dado con ella a través de un chat en la web. Me puse a buscar en Internet y en ese momento llamó Rhea Wiell.

—Señora Warshawski, ¿qué le hizo usted anoche a Paul? Esta mañana cuando llegué a mi consulta estaba esperándome en la puerta, llorando y diciendo que usted le había puesto en ridículo y le había apartado de su familia.

—Quizás pueda usted hipnotizarlo para que recupere la memoria y diga la verdad —le contesté.

—Si piensa que eso es gracioso, quiere decir que tiene un sentido del humor tan perverso que puedo llegar a creer cualquier cosa de usted. —La vestal se había vuelto tan gélida que su voz podía extinguir el fuego sagrado.

—Señorita Wiell, ¿no habíamos quedado en que el señor Loewenthal tenía tanto derecho a la intimidad como el que usted exigía para Paul Radbuka? Pero Paul siguió a Max Loewenthal hasta su casa. ¿Todo eso se le ocurrió a él solito?

Era lo bastante humana como para avergonzarse y contestó con un tono más calmado:

—Yo no le di el nombre de Max Loewenthal. Desgraciadamente, Paul lo vio escrito en la agenda que está sobre mi mesa. Cuando le dije que existía la posibilidad de que usted conociese a un pariente suyo, ató cabos. Es muy listo. Pero eso no da derecho a que se burlen de él —añadió, intentando recuperar la ventaja.

—Paul irrumpió en una fiesta privada y enervó a todo el mundo inventándose tres versiones diferentes de su vida en igual cantidad de minutos. —Sabía que no tenía que perder los nervios, pero no pude evitar ser cortante—. Es un desequilibrado peligroso. Tenía ganas de hablar con usted para preguntarle qué le hizo pensar que era un buen candidato para la hipnoterapia.

—Cuando nos conocimos el viernes no mencionó usted que tuviera una especialidad en psicología clínica

—dijo Rhea Wiell con un tono meloso que resultaba aún más irritante que su gélida furia—. No sabía que pudiese evaluar si un candidato es apto o no para la hipnosis. ¿Le parece que es un desequilibrado peligroso porque amenazó la paz mental de unas personas que se avergonzaban de tener que admitir que estaban emparentadas con él? Hoy por la mañana Paul me dijo que todos sabían quién era Sofie Radbuka, pero que se negaron a decírselo y que usted les incitaba a comportarse de esa forma. Para mí eso es inhumano.

Respiré hondo, intentando aplacar mi furia, puesto que necesitaba su ayuda y sería imposible obtenerla si seguía cabreada conmigo.

—Hace cincuenta años el señor Loewenthal buscó a una familia apellidada Radbuka que había vivido en Viena antes de la guerra. No los conocía personalmente sino que eran conocidos de la doctora Herschel. El señor Loewenthal emprendió la búsqueda de cualquier rastro sobre ellos cuando regresó a Europa en 1947 o 1948 para buscar a su propia familia.

Mitch soltó un ladrido breve y corrió hacia la puerta. Entró Mary Louise y me gritó algo sobre Fepple. La saludé con la mano pero seguí con la atención puesta en el teléfono.

—Cuando Paul comentó que había nacido en Berlín, el señor Loewenthal le dijo que entonces era muy difícil que estuviese emparentado con los Radbuka que él había estado buscando tantos años atrás. Así que Paul ofreció al instante dos posibles alternativas: que tal vez él había nacido en Viena o incluso en el gueto de Lodz, adonde habían sido enviados los Radbuka de Viena en 1941. Todos, el señor Loewenthal, yo y un defensor de los derechos humanos llamado Morrell, opinábamos que si pudiésemos ver los documentos que Paul encontró en el escritorio de su padre, bueno, de su padre adoptivo, después de que éste muriera, se podría llegar a alguna conclusión sobre un posible parentesco o no. También le sugerimos que se hiciese una prueba de ADN. Paul rechazó ambas propuestas con igual vehemencia.

Rhea Wiell hizo una pausa y luego dijo:

—Paul dice que usted intentó impedirle la entrada en la casa y que luego llevó a un grupo de niños para que se burlaran de él y le insultasen.

Me contuve para no ponerme a gritar por teléfono.

—Cuatro niños pequeños bajaron la escalera a todo correr, vieron a su paciente y empezaron a gritar que era el lobo malo. Créame, todos los adultos que estaban cerca actuaron de inmediato para hacerlos callar, pero eso molestó a Paul. A cualquiera le molestaría tener que aguantar las burlas de un grupo de niños desconocidos, pero supongo que el incidente provocó en la mente de Paul unas asociaciones desagradables con su padre, bueno, con su padre adoptivo... Señorita Wiell, ¿podría convencer a Paul para que nos permita, al señor Loewenthal o a mí, ver esos documentos que encontró entre los papeles de su padre? ¿De qué otro modo podríamos investigar esa relación que Paul establece entre él y el señor Loewenthal?

—Lo pensaré —dijo con tono mayestático—, pero después del desastre de anoche no confío en que usted vaya a respetar los intereses de mi paciente.

Hice el gesto más desagradable que me fue posible con la cara, pero mantuve un tono de voz calmado.

—No haría nada deliberado para causarle ningún daño a Paul Radbuka. Sería de gran ayuda que el señor Loewenthal pudiese ver esos documentos, ya que es la persona que más sabe de la historia familiar de sus amigos.

Cuando colgó, tras contestar con poco entusiasmo que lo pensaría, le hice una pedorreta bien fuerte.

Mary Louise me miró extrañada.

—¿Estabas hablando con Rhea Wiell? ¿Cómo es en persona?

Pestañeé un par de veces, intentando recordar la mañana del viernes.

—Amable. Enérgica. Muy segura de su capacidad. Lo suficientemente humana como para entusiasmarse con la propuesta de Don de escribir un libro sobre ella.

—¡Vic! —Mary Louise se sonrojó—. Es una terapeuta destacada. No empieces a atacarla. Puede que sea un poco agresiva defendiendo su punto de vista, pero es que... tiene que enfrentarse en público a un montón de insultos. Además... —añadió con astucia—, tú también eres así. Puede que ésa sea la razón por la que chocáis.

Torcí el gesto.

—Al menos Paul Radbuka está de acuerdo contigo. Dice que ella le salvó la vida. Con lo cual me pregunto cómo estaría antes de que le curase: nunca he visto a alguien tan terriblemente inestable. —Le resumí con brevedad el comportamiento de Radbuka en la casa de Max la noche anterior, pero no sentía ganas de añadir la historia de Lotty y de Carl.

Mary Louise hizo un gesto de desaprobación al oír mi informe, pero insistió en que Rhea tendría una buena razón para haberlo hipnotizado.

—Si estaba tan deprimido que ni siquiera podía salir de su apartamento, al menos esto ha sido un paso adelante.

—¿Andar persiguiendo a Max Loewenthal y afirmar que es su primo es un paso adelante? ¿Hacia dónde? ¿Hacia una cama en un manicomio? Lo siento —dije rápidamente cuando vi que Mary Louise me volvía la espalda malhumorada—. Está claro que ella se preocupa mucho por él. Pero es que anoche nos sentimos bastante intimidados cuando se presentó en la casa de Max sin haber sido invitado, eso es todo.

—Está bien, está bien. —Se encogió de hombros, pero se volvió hacia mí con una sonrisa de determinación y cambió de tema para preguntarme qué sabía de la muerte de Fepple.

Le conté cómo encontré el cuerpo. Después de perder el tiempo sermoneándome por intentar forzar la puerta de la oficina de Fepple, consintió en llamar a su antiguo jefe en el Departamento de Policía y averiguar cómo iba el caso. Su crítica me recordó que había metido algunas de las viejas carpetas de Rick Hoffman en el portafolios de Fepple, que lo había guardado en el maletero del coche y que me había olvidado de ello. Mary Louise dijo que suponía que no tendría ningún problema en investigar a los beneficiarios y ver si la compañía les había pagado en regla, siempre y cuando no tuviese que andar explicando de dónde había obtenido sus nombres.

—Tú no estás hecha para este trabajo, Mary Louise —le dije cuando regresé de mi coche con el portafolios de Fepple—. Estás acostumbrada a ser poli, a que la gente conteste cualquier pregunta a la policía sin que ésta tenga que recurrir a la astucia, porque a todo el mundo le pone muy nervioso la posibilidad de que le detengan.

—Creía que se podía ser astuta sin tener que mentir —refunfuñó mientras recogía las carpetas—. ¡Qué asco, Vic! ¿Tenías que vomitarles tu desayuno encima?

Una de las carpetas tenía una mancha de gelatina, con la que también me había ensuciado las manos. Cuando revisé el interior del portafolios con más cuidado, vi que había una rosquilla de bizcocho y gelatina aplastada entre papeles y otros restos de basura. Era un asco. Me lavé las manos, me puse los guantes de goma y vacié el portafolios sobre una hoja de periódico. *Mitch* y *Peppy* estaban tremendamente interesados, sobre todo en la rosquilla, así que puse la hoja de periódico sobre un aparador.

Aquello despertó la curiosidad de Mary Louise. También se puso unos guantes de goma y me ayudó a revisar toda aquella basura. No era un botín apetitoso ni informativo. Había un suspensor, tan gris y arrugado que era casi irreconocible, mezclado con informes de la compañía y pelotas de ping-pong. La rosquilla de gelatina. Otra caja de galletitas abierta. Líquido de enjuague bucal.

—¿Sabes una cosa? Es muy raro que no haya ninguna agenda, ni aquí, ni sobre su escritorio —dije después de haberlo revisado todo.

—Tal vez tenía tan pocas citas que no necesitaba agenda.

—O tal vez el tipo con el que quedó el viernes por la tarde se la llevó para que nadie viese que tenía una cita con él. Se la llevó junto con el expediente de Sommers.

Me pregunté si borraría alguna prueba clave si limpiaba la gelatina del interior del portafolios con un paño húmedo, pero me negaba a volver a meter todas aquellas cosas en aquella mierda.

Cuando Mary Louise me vio encaminarme al cuarto de baño en busca de una esponja, lo festejó con fingido entusiasmo.

—¡Pero bueno, Vic! Si puedes limpiar un portafolios, quizás también puedas aprender a archivar los papeles en sus carpetas.

—Veamos: primero se llena un cubo con agua, ¿no es así? Ah, pero ¿qué es esto? —Había un papelito que se había quedado pegado con jalea en la parte interior del portafolios. Casi lo hago papilla al pasarle la esponja por encima. Puse el portafolios debajo de la luz del escritorio para poder ver lo que estaba haciendo. Lo volví del revés y despegué el papel con mucho cuidado.

Era la hoja de un cuaderno de contabilidad, con lo que parecía ser una lista de nombres y números escritos con una caligrafía fina y antigua, que había formado unas pequeñas florecitas en los puntos donde se había mojado. La mezcla de gelatina y agua había convertido la parte superior izquierda de la página en ilegible, pero lo que pudimos descifrar tenía más o menos este aspecto:

		29/6	6/7	13/7	20/7	27/7	3/8
*	κ, ℳ		✓	✓	✓	✓	
*	ploy, Simon ++ ✓	✓	✓	✓	✓	✓	
Brodsky, Billal ++			✓	✓	✓	✓	
Barstein, J	++		✓	✓		✓	✓
Tammany, Y.		✓	✓	✓	✓	✓	
Tammany, Aaron ++		✓	✓		✓	✓	✓

—¿Ves por qué no hay que ser una fanática de la limpieza? —dije con tono serio—. Hubiésemos perdido parte del documento.

—¿Qué es eso? —dijo Mary Louise, inclinándose sobre el escritorio para mirar—. Ésa no es la letra de Howard Fepple, ¿verdad?

—¿Esta letra? Es tan bonita que parece impresa. No me lo imagino escribiéndola. De todas formas, el papel parece antiguo. —Tenía un borde dorado y el ángulo inferior derecho, que se había salvado del desastre, estaba amarillento por el paso del tiempo. La tinta misma estaba deslucida y el tono había pasado del negro al verdoso.

—No puedo entender los nombres —dijo Mary Louise—. Porque son nombres, ¿no te parece? Seguidos por una serie de números. ¿Qué son esos números? No pueden ser fechas, son demasiado raros. Pero tampoco pueden ser cantidades de dinero.

—Podrían ser fechas, escritas al estilo europeo. Así era como las escribía mi madre: primero, el día y después, el mes. Si es así, ésta es una secuencia de seis semanas, que va desde el 29 de junio hasta el 3 de agosto de un año desconocido. Me pregunto si sería posible leer los nombres si los ampliamos. Vamos a fotocopiarlo y el calor de la máquina servirá también para que se seque más deprisa.

Mientras Mary Louise se ocupaba de ello, revisé, página a página, los informes de la compañía que había en el portafolios de Fepple, con la esperanza de encontrar alguna otra hoja del cuaderno de contabilidad, pero aquélla era la única.

21

Acecho en el parque

Mary Louise se puso a trabajar en las carpetas que yo había sacado del cajón que ponía Rick Hoffman y yo regresé a mi ordenador. Me había olvidado de que había introducido el nombre de Sofie o Sophie Radbuka en el buscador, pero el ordenador me seguía esperando pacientemente con dos hallazgos: un comprador que estaba interesado en libros sobre Radbuka y una página en una dirección de Internet dedicada a buscar familias, en la que la gente podía dejar los mensajes que quisiera.

Quince meses antes, alguien que firmaba con el seudónimo del Escorpión Indagador había dejado un mensaje: *Busco información sobre Sofie Radbuka, que vivió en el Reino Unido en la década de 1940.*

Debajo estaba la respuesta de Paul Radbuka, escrita hacía dos meses y que ocupaba páginas y páginas en la pantalla. *Querido Escorpión Indagador: apenas tengo palabras para expresar la emoción que sentí al descubrir tu mensaje. Fue como si alguien hubiese encendido una luz en un sótano oscuro y me dijese que estoy aquí, que existo. No soy ni un tonto ni un desquiciado, sino una persona a la que se le ha ocultado su nombre y su identidad durante cincuenta años. Al final de la Segunda Guerra Mundial un hombre me trajo desde Inglaterra a Estados Unidos diciendo que era mi padre, aunque en realidad era alguien que había perpetrado las más viles atrocidades durante la guerra. Me ocultó, a mí y al mundo, mi identidad judía, sin embargo, cuando le hizo falta, la utilizó para que las autoridades de inmigración le permitiesen entrar en Estados Unidos.*

Continuaba describiendo minuciosamente cómo había recuperado la memoria gracias a Rhea Wiell y relataba sueños en los que hablaba en yiddish, fragmentos de recuerdos de su madre cantándole una canción de cuna antes de aprender a andar y detalles de los malos tratos a los que le había sometido su padre adoptivo.

Últimamente me he preguntado por qué mi padre adoptivo se afanó en buscarme en Inglaterra, concluía escribiendo en su mensaje, *pero debe de ser a causa de Sofie Radbuka. Tuvo que haber sido su torturador en el campo de concentración. Ella tiene que ser mi pariente, incluso puede que sea mi madre o una hermana perdida. ¿Eres su hijo? Quizá seamos hermanos. Me muero de ganas de conocer a la familia que nunca he conocido. Por favor, te lo imploro, contéstame a PaulRadbuka@superviviente.com. Cuéntame cosas de Sofie. Tengo que saber si es mi madre o mi tía o, incluso, una hermana cuya existencia desconocía.*

No había respuesta, cosa que no me extrañaba nada. El mensaje dejaba traslucir con tanta claridad su histeria que hasta yo hubiese salido corriendo. Busqué si el Escorpión Indagador había dejado una dirección de correo electrónico pero no encontré ninguna.

Regresé a la página de chats y escribí cuidadosamente un mensaje: *Querido Escorpión Indagador, si tienes alguna pregunta o información sobre la familia Radbuka que estés dispuesto a tratar con un interlocutor neutral, puedes enviarlas al despacho de abogados de Carter, Halsey y Weinberg.* Aquél era el despacho de mi abogado, Freeman Carter. Puse su dirección y también los datos de su página web. Después le mandé un correo electrónico a Freeman informándole de lo que había hecho.

Me quedé mirando la pantalla durante un rato como si, por arte de magia, fuese a revelarme alguna otra información, pero después me acordé de que nadie me pagaba para averiguar nada sobre Sofie Radbuka, así que entré en otros buscadores de la Red, lo que constituye gran parte de mi tarea hoy en día. La Red ha transformado el trabajo de investigación, haciendo que, la mayoría de las veces, sea más fácil y más aburrido al mismo tiempo.

Cuando Mary Louise se marchó a mediodía a sus clases, me dijo que las seis pólizas que le había traído de Midway estaban en orden, ya que cuatro de los asegurados habían muerto y los beneficiarios habían cobrado religiosamente. Los otros dos estaban vivos y ninguno había presentado una solicitud de reembolso. Tres de las pólizas estaban emitidas por Ajax y las otras tres pertenecían a dos compañías diferentes. Por tanto, si había habido alguna irregularidad por parte de la agencia en el cobro de la póliza de Sommers, no parecía que fuese una práctica habitual.

Estaba tan exhausta que no podía pensar sobre aquello ni sobre ninguna otra cosa. Cuando Mary Louise se fue, me invadió una gran fatiga. Me dirigí con una gran pesadez de piernas hacia el catre del cuarto trasero, donde me sumí en un sueño febril. Eran casi las tres cuando me despertó el teléfono. Fui hasta mi escritorio a trompicones y farfullé algo ininteligible.

Una mujer preguntó por mí y después me dijo que esperase un momento, que me pasaría con el señor Rossy. ¿El señor Rossy? Ah, sí, el director general de Edelweiss en Estados Unidos. Me froté la frente, intentando que la sangre me fluyera hacia el cerebro, y después, puesto que estaba a la espera, me fui a buscar una botella de agua a la neverita que está en el pasillo y que comparto con Tessa. Cuando volví al teléfono, Rossy estaba repitiendo mi nombre con tono seco.

—*Buon giorno* —dije, haciendo como que estaba muy despierta—. *Come sta? Che può facerLa?*

Soltó una exclamación al oírme hablar italiano.

—Ralph me dijo que hablaba usted italiano con soltura, pero es que, además, lo habla muy bien, casi sin acento. De hecho, por eso la llamo.

—¿Para hablar italiano conmigo? —No me lo podía creer.

—No, por mi mujer. Tiene nostalgia. Cuando le dije que había conocido a alguien que hablaba italiano y que era aficionada a la ópera, como ella, me dijo que le preguntase si nos haría usted el honor de cenar con nosotros. Sobre todo le fascinó, tal como me imaginaba, que tenga usted su despacho entre los *indovine*, vedintis —tradujo, pero se corrigió a sí mismo inmediatamente—, ah, no, videntes. ¿Lo he dicho bien, ahora?

—Perfectamente —contesté, con la cabeza en otra cosa. Estaba observando el cuadro de Isabel Bishop, colgado en la pared junto a mi escritorio. Aquella cara angulosa que me miraba por encima de su máquina de coser no me decía nada—. Será un placer conocer a la señora Rossy —acabé diciéndole.

—¿Le viene bien cenar con nosotros mañana?

Pensé en Morrell, que volaba a Roma a las 10 de la mañana, y en el vacío que sentiría al ver despegar su avión.

—Pues da la casualidad de que no tengo ningún compromiso.

Apunté la dirección en mi agenda electrónica de bolsillo. Vivían en un edificio en Lake Shore Drive, cercano al de Lotty. Colgamos después de desearnos mutuamente una buena jornada, pero yo me quedé perpleja mirando a la costurera del cuadro durante un largo rato, preguntándome qué sería lo que Rossy querría en realidad.

La hoja que había encontrado en el portafolios de Fepple ya se había secado. Encendí la fotocopiadora para sacar una copia ampliada, con la letra lo suficientemente grande como para que se pudiera leer. Guardé el original en una funda de plástico.

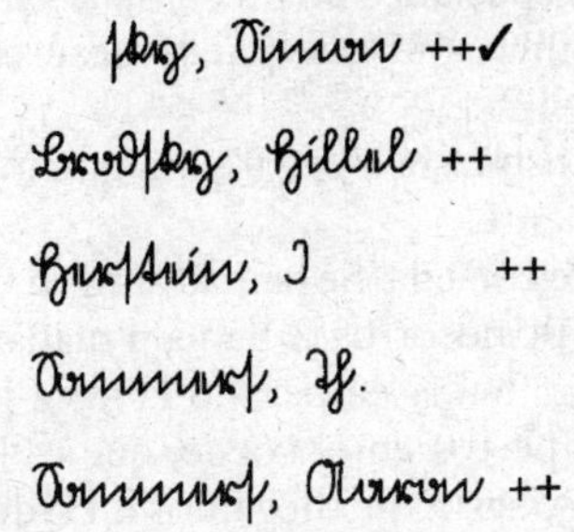

[handwritten list:]

fpg, Simon ++✓

Brodsky, Hillel ++

Herstein, I   ++

Sommers, G.

Sommers, Aaron ++

Todavía resultaba difícil entender la letra, pero pude leer varios nombres: Hillel Brodsky, I. o G. Herstein y Th. y Aaron Sommers. Aunque parecía que ponía Pommers, yo sabía que tenía que ser el tío de mi cliente, por lo que era razonable suponer que aquélla era una lista de clientes de la Agencia Midway. ¿Qué significaban las cruces? ¿Que estaban muertos? ¿Que habían estafado a sus familias? ¿Ambas cosas? Tal vez Th. Sommers estuviese vivo todavía.

Los perros, nerviosos tras un encierro de cinco horas, se levantaron y empezaron a mover la cola.

—¿Qué pasa, chicos? ¿Pensáis que debemos ponernos en marcha? Tenéis razón. Vámonos.

Apagué el ordenador, guardé con cuidado el fragmento de papel original en mi maletín, también tomé el portafolios de Fepple y me lo llevé al coche.

El reloj seguía avanzando y todavía me quedaban varias cosas por hacer relacionadas con mi trabajo. Dejé que los perros hicieran sus necesidades, pero no les di tiempo para que corrieran un poco antes de subirlos al coche para cruzar la zona del aeropuerto de O'Hare rumbo a los Laboratorios Cheviot, especializados en medicina forense y cuyos servicios solía utilizar. Le enseñé el trozo de papel a un ingeniero con el que ya había trabajado antes.

—Yo me especializo en metales, no en papeles, pero hay una persona aquí que puede hacerte este trabajo —me dijo.

—Estoy dispuesta a pagar para que lo haga con urgencia —comenté.

—Hablaré con ella. Se llama Kathryn Chang —masculló—. Uno de nosotros te llamará mañana.

Todavía no había empezado la hora punta, así que seguí con los perros en el coche, que cada vez estaban más nerviosos, hasta que llegamos a Hyde Park, donde estuve media hora jugando con ellos, tirándoles palitos al lago. «Lo siento, chicos; hoy ya no tengo más tiempo para vosotros. Venga, subid otra vez al coche.»

Eran las cuatro, hora del cambio de turno en un montón de trabajos. Me acerqué en coche hasta el edificio del Hyde Park Bank. Y, por supuesto, estaba de turno el mismo guardia de seguridad del viernes. Cuando me detuve delante de él, me miró sin el menor interés.

—Fuimos más o menos presentados el viernes por la tarde —le dije.

Me miró con más atención.

—Ah, sí. Fepple dijo que usted había estado acosándole. ¿Lo acosó hasta matarlo?

Parecía estar de broma, así que le sonreí.

—Yo no. En las noticias han dicho que le habían disparado o que se había suicidado.

—Así es. Dijeron que el negocio se estaba yendo al garete, cosa que no me sorprende en absoluto. Llevo trabajando aquí nueve años. Apuesto a que puedo contar con los dedos de la mano los días en que ese joven se ha quedado a trabajar hasta tarde desde que el viejo murió. Debe de haberse desilusionado finalmente con el cliente que vino el viernes.

—¿Volvió con alguien después de irnos?

—Exacto. Pero no debe de haberle sido de ningún

provecho. Supongo que por eso fue por lo que no le vi marcharse. Se quedó arriba y se suicidó.

—¿Cuándo se marchó el hombre que vino con él?

—No estoy seguro de si era un hombre o una mujer. Fepple entró a la vez que un grupo que iba a la clase de Lamaze. Creo que iba hablando con alguien pero no puedo decir que le estuviese prestando mucha atención. Los polis creen que soy un desastre porque no fotografío a cada uno de los que pasan por aquí, pero ¡qué diablos!, si en este edificio ni siquiera se lleva un registro de visitas. Si el visitante de Fepple se hubiera ido al mismo tiempo que las embarazadas y sus maridos, tampoco me hubiese dado mucha cuenta.

Tuve que darme por vencida. Le entregué el portafolios de loneta de Fepple y le dije que lo había encontrado junto al bordillo, en la calle.

—Supongo que, por el contenido, debe de pertenecer a Fepple. Dado que la policía está tan pesada quizás usted pueda dejarlo en su oficina y que ellos se las arreglen si es que vuelven por aquí. —Le di mi tarjeta por si se le ocurría alguna cosa, acompañada de la mejor de mis sonrisas y me encaminé a la zona residencial que se encuentra al oeste de la ciudad.

A diferencia de mi antiguo Trans Am, no era fácil conducir el Mustang a alta velocidad, lo cual tampoco representaba un problema aquella tarde porque no había quien pudiese ir rápido. El tráfico se iba haciendo cada vez más denso y había momentos en que no se avanzaba nada.

La primera parte del trayecto la hice por la misma autopista que había tomado cuando fui a ver a Isaiah Sommers el viernes anterior. El aire se tornaba más espeso en la zona industrial, tiñendo de un gris amarillento el brillante cielo de septiembre. Saqué el teléfono móvil y llamé a Max, ansiosa por saber cómo se encontraban Lotty y él después de los incidentes de la noche anterior. Contestó el teléfono Agnes Loewenthal.

—Ay, Vic, Max sigue todavía en el hospital. Dijo que vendría alrededor de las seis. Pero ese hombre horrible que estuvo anoche en casa ha vuelto a merodear hoy por aquí.

Avanzaba lentamente detrás de un camión de chatarra.

—¿Ha ido a la casa?

—No, en cierta forma algo peor. Estaba en el parque de enfrente. Esta tarde, cuando llevé a Calia a pasear, se acercó e intentó hablar con nosotras, diciendo que quería que Calia supiese que él no era ningún lobo malo, sino que era su primo.

—¿Y qué hiciste?

—Le dije que estaba muy equivocado y que nos dejara en paz. Intentó seguirnos, discutiendo conmigo, pero cuando Calia se puso nerviosa y empezó a llorar, él comenzó a gritar, rogándome que le dejase hablar con Calia a solas. Volvimos corriendo a casa. Llamé a Max y él llamó a la policía de Evanston, que envió a un coche patrulla. Le dijeron que se marchase pero, Vic, esto es algo que te pone los pelos de punta. No quiero estar sola en esta casa. La señora Squires no ha venido hoy, después de la fiesta de anoche.

El del coche de atrás me tocó la bocina con impaciencia. Avancé los dos metros que habían quedado libres delante de mí, y le pregunté a Agnes si realmente tenía que quedarse en Chicago hasta el sábado.

—Si ese hombrecillo horrible va a seguir acechándonos, es probable que intente adelantar el regreso. Aunque la galería que fui a ver la semana pasada quiere que vuelva a pasarme por allí el jueves, para que conozca a los patrocinadores de la exposición. Me daría mucha rabia perder esa oportunidad.

Me froté la cara con la mano que me quedaba libre.

—Hay un servicio que suelo utilizar cuando necesito un guardaespaldas o tengo que vigilar algún lugar.

¿Quieres que pregunte si tienen a alguien que pueda quedarse en la casa hasta el día de tu partida?

Pude sentir cómo respiraba aliviada al otro lado del teléfono.

—Tengo que consultárselo a Max, pero sí. Sí, hazlo, Vic.

Cuando colgamos, sentí un gran cansancio. Si Radbuka se convertía en un merodeador iba a resultar un auténtico problema. Llamé al buzón de voz de los Hermanos Streeter y les expliqué lo que necesitaba. Los Hermanos Streeter forman un grupo de chicos muy curiosos: lo mismo realizan trabajos de vigilancia, que mudanzas o hacen de guardaespaldas. Tom y Tim Streeter dirigen un grupo de nueve personas, que cambian continuamente y que, en los últimos tiempos, incluye a dos mujeres bastante musculosas.

Cuando acabé de dejar el mensaje ya habíamos salido de la zona industrial. La carretera se ensanchó y el cielo recuperó su brillo. Al dejar la autopista, me hallé de pronto ante un hermoso día de otoño.

22

Una madre afligida

Howard Fepple había vivido con su madre a unas pocas manzanas de la avenida Harlem. Aquél no era un barrio de gente adinerada sino de clase media trabajadora, con casitas de una sola planta construidas sobre pequeñas parcelas y donde los niños del vecindario jugaban en los patios de unos y de otros.

Cuando me detuve frente a la casa de Fepple sólo había un coche en la entrada, un Oldsmobile viejo de color azul marino. No había periodistas ni vecinos presentándole sus condolencias a Rhonda Fepple. Los perros intentaron salir del coche tras de mí. Cuando vieron que los dejaba allí encerrados, se pusieron a ladrar para mostrar su descontento.

Un camino de losetas de piedra formaba una curva entre la entrada para coches y la puerta situada en el lateral de la casa. Algunas de las losetas estaban agrietadas y cubiertas de hierba. Cuando toqué el timbre vi que la pintura de la puerta estaba descascarillada.

Después de esperar largo rato, Rhonda Fepple por fin abrió. Su rostro, igual de pecoso que el de su hijo, tenía esa expresión de vacío y aturdimiento de una persona que acaba de recibir un duro golpe. Era más joven de lo que había supuesto. A pesar del dolor que la carcomía por dentro, apenas tenía unas pocas arrugas alrededor de los enrojecidos ojos y todavía lucía una abundante melena rubio rojiza.

—¿Señora Fepple? Siento molestarla, pero soy una

detective de Chicago y quisiera hacerle una serie de preguntas sobre su hijo.

Aceptó mi identidad sin preguntarme siquiera por mi nombre ni pedirme nada que sirviera para identificarme.

—¿Han descubierto quién lo mató? —me preguntó.

—No, señora. He oído que usted les dijo a los agentes del turno de la mañana que el señor Fepple no tenía pistola.

—Yo quería que se comprase una, si iba a seguir en ese edificio viejo y apestoso, pero él se reía y decía que en la agencia no había nada que robar. Siempre odié ese edificio con tantos pasillos y tantos recovecos en los que cualquiera podía esconderse y asaltarte.

—Creo que a la agencia no le iba muy bien últimamente. ¿Era más rentable cuando vivía su marido?

—¿No estará sugiriendo lo mismo que me han dicho esta mañana, verdad? Eso de que Howie estaba tan deprimido que se suicidó. Porque él no era de esa clase de chico. Bueno, de hombre. Una se olvida de que los hijos crecen. —Se secó los lagrimales con un pañuelo de papel.

Era bastante consolador saber que hasta un espécimen tan patético como Howard Fepple tenía a alguien que llorase su muerte.

—Señora, sé que en las presentes circunstancias, con la pérdida de su hijo tan reciente, es muy duro para usted tener que hablar de él, pero me gustaría investigar una tercera posibilidad, aparte de la del suicidio o la de un robo fortuito. Me pregunto si no habrá alguna persona que tuviera algún enfrentamiento concreto con su hijo. ¿No le comentó últimamente que tuviese algún conflicto con algún cliente?

Se quedó mirándome con la expresión en blanco. Le resultaba difícil barajar nuevas ideas en medio de su agotamiento emocional. Volvió a meter el pañuelo en el bolsillo de la vieja camisa amarilla que llevaba.

—Supongo que será mejor que pase.

La seguí hasta el salón, donde se sentó en el borde de un sofá con un estampado de rosas que originalmente debieron de ser moradas y habían perdido el color. Cuando me senté en un sillón a juego, colocado en ángulo recto con el suyo, unas motas de polvo salieron disparadas hacia las paredes. El único mueble nuevo era un sillón reclinable Naugahyde color tostado, colocado delante de un televisor de treinta y cuatro pulgadas, que con toda probabilidad había pertenecido a Howard.

—¿Cuánto tiempo estuvo trabajando su hijo en la agencia, señora Fepple?

Empezó a darle vueltas a su alianza.

—A Howie no le interesaban mucho los seguros, pero mi marido, el señor Fepple, insistió en que aprendiese el negocio. Decía que uno siempre se puede ganar la vida en el mundo de los seguros por muy malos que sean los tiempos. Siempre le repetía a Howie que gracias a eso la agencia sobrevivió a la Gran Depresión, pero Howie quería hacer algo..., bueno, algo más interesante, algo más parecido a lo que hacían los chicos, quiero decir los hombres, con los que fue a la universidad. Informática, finanzas, ese tipo de cosas. Pero nunca tuvo la oportunidad, así que cuando el señor Fepple falleció y le dejó la agencia, Howie pasó a ocupar su lugar e intentó salir adelante. Pero esa zona se ha deteriorado mucho desde la época en que vivíamos allí. Claro que nos mudamos aquí en 1959, pero todos los clientes del señor Fepple eran de la zona sur. A Howie no le entraba en la cabeza que podía seguir atendiéndolos, aunque se mudase de oficina.

—¿Así que usted vivió en Hyde Park durante su juventud? —pregunté por mantener la conversación.

—En South Shore, para ser más precisa, justo al sur de Hyde Park. Cuando acabé el instituto empecé a trabajar de secretaria para el señor Fepple. Él era bastante mayor que yo pero, bueno, ya sabe cómo son estas cosas..., y cuando nos dimos cuenta de que Howie estaba en camino, pues nos casamos. Él nunca había estado casado, me refiero al señor Fepple, y supongo que estaba entusiasmado con la idea de tener un hijo que continuara con la agencia, que a su vez había fundado su padre. Ya sabe cómo son los hombres con eso. Cuando nació el niño, dejé de trabajar para cuidarlo. En aquella época no había guarderías como ahora. El señor Fepple siempre decía que yo lo había malcriado, pero para entonces él tenía cincuenta años y los niños no le interesaban demasiado. —Su voz se fue apagando poco a poco.

—O sea que su hijo no empezó a trabajar en la agencia hasta después de la muerte de su padre —dije de inmediato, para retomar el tema—. ¿Y cómo aprendió a llevar el negocio?

—Ah, verá, Howie solía trabajar en la agencia los fines de semana y durante los veranos y también trabajó cuatro años con su padre después de acabar la universidad. Estudió administración de empresas en Governors State. Pero, como siempre he dicho: los seguros no eran lo suyo.

Llegado a ese punto, se detuvo y se acordó de que tal vez debería ofrecerme algo de beber. La seguí hasta la cocina, donde sacó de la nevera una Coca-Cola light para ella y a mí me sirvió un vaso de agua del grifo.

Me senté a la mesa de la cocina y aparté una cáscara de plátano que había encima.

—¿Y qué puede decirme del agente que trabajaba para su marido? Cómo se llamaba... ¿Rick Hoffman? Parecía que su hijo admiraba su forma de trabajar.

Hizo una mueca.

—A mí nunca me gustó. Era tan quisquilloso. Todo tenía que estar exactamente como él quería. Cuando yo trabajaba allí siempre estaba criticándome porque no ordenaba los archivos a su manera. Yo le decía que la agen-

cia era del señor Fepple y que el señor Fepple tenía todo
el derecho del mundo a ordenar los archivos como él
quisiera, pero el señor Hoffman insistía para que yo los
ordenase según su criterio, como si aquello fuese algo
importantísimo. Se dedicaba a ventas pequeñas, pólizas
para cubrir los gastos de entierro y ese tipo de cosas, pero actuaba como si estuviera asegurando al Papa. —Hizo
un gesto ampuloso con el brazo, provocando que las
motas de polvo salieran de nuevo disparadas en todas direcciones—. Pero ganaba mucho dinero con sus ventas
—continuó diciendo—. Un dinero que, sin duda, el señor Fepple nunca ganó. El señor Hoffman tenía un
Mercedes grande y un piso elegante en la zona del norte. Cuando le vi aparecer con aquel Mercedes, le dije al
señor Fepple que debía de estar haciendo algún chanchullo con los seguros o que pertenecía a la mafia o algo
así, pero el señor Fepple siempre revisaba al detalle todos
los libros de contabilidad y nunca faltó dinero ni ninguna otra cosa. Con el paso del tiempo, el señor Hoffman
se fue volviendo cada vez más raro, según me contaba mi
marido. Volvió loca a la chica que me había sustituido
después de nacer Howie, cuando ya tuve que quedarme
en casa para cuidarlo. La chica decía que él siempre andaba de acá para allá con sus papeles, metiéndolos y
sacándolos de los archivos. Creo que al final estaba un
poco senil, pero el señor Fepple decía que no le hacía
daño a nadie, que le dejasen ir a la oficina y revolver sus
papeles.

—El señor Hoffman también tenía un hijo, ¿verdad? ¿El hijo de Hoffman y el suyo eran amigos?

—Oh, no, por Dios santo, su hijo empezó la universidad el año que Howie nació. No recuerdo siquiera si
llegué a conocerlo. Pero el señor Hoffman siempre estaba hablando de él, diciendo que todo lo que hacía era
por su hijo, claro que yo no debería burlarme porque a
mí me pasaba exactamente lo mismo con Howie. Pero,

de todas formas, aquello a mí no me cuadraba, todo aquel dinero que él podía gastarse en su hijo, mientras que el señor Fepple, que era el dueño de la agencia, no lo ganaba ni en broma. El señor Hoffman mandó a su hijo a estudiar a una de esas universidades importantes del este, una que sonaba como Harvard, pero que no era Harvard. Pero nunca oí que su hijo llegase muy lejos, a pesar de haber tenido una educación tan cara.

—¿Y sabe qué ha sido de su vida? De la del hijo, quiero decir...

Negó con la cabeza.

—Oí que trabajaba como administrativo, o algo así, en un hospital, pero después de la muerte del señor Hoffman ya no volvimos a saber nada más de él. Tampoco conocíamos a nadie que lo conociese, me refiero a que no nos movíamos en los mismos círculos sociales.

—¿Y su hijo no le habló últimamente de Hoffman? —le pregunté—. ¿No le mencionó algún problema con uno de sus antiguos clientes? Me pregunto, sobre todo, si le habría amenazado alguno de ellos o si no le habría hecho sentirse tan deprimido ante la situación del negocio que ya no veía salida a aquel atolladero.

Negó con la cabeza y comenzó a gimotear de nuevo al recordar los últimos días de su hijo.

—Pero si es justamente por eso por lo que no creo que se haya suicidado. Ay, estaba tan entusiasmado, tiene... Tenía ese entusiasmo que le entraba cuando se le ocurría alguna idea nueva. Dijo que por fin había entendido cómo Hoffman había hecho tanto dinero con su lista. Hasta llegó a pensar que podría regalarme un Mercedes, si me hacía gracia. «Dentro de poco», decía. Bueno, ahora trabajo en las oficinas de Western Springs y supongo que ahí seguiré hasta que me jubile.

Aquella perspectiva era tan gris que casi me deprime a mí tanto como a ella. Le pregunté cuándo había sido la última vez que había visto a su hijo.

Las lágrimas le rodaban por las mejillas.

—El viernes por la mañana. Se estaba levantando en el momento en que yo me iba a trabajar. Me dijo que había quedado para cenar con un cliente, así que volvería tarde a casa. Después, como no llegaba, empecé a preocuparme. Me pasé todo el sábado llamando a la oficina, pero a veces va, iba, a esos campeonatos de ping-pong que se celebran fuera de la ciudad. Pensé que igual se había olvidado de decírmelo. O que, tal vez, tenía una cita amorosa. En parte me lo sospechaba por el esmero con que se había vestido el viernes por la mañana. Siempre me digo, me decía, que ya no era ningún niño, aunque me resultaba difícil aceptarlo porque seguía viviendo aquí conmigo, en casa.

Intenté sonsacarle el nombre de algún cliente, pensando que, tal vez, Isaiah Sommers hubiese ido por allí y le hubiese amenazado. Pero, por más que le hubiese encantado culpar de la muerte de Howie a algún negro del South Side, Rhonda Fepple no pudo recordar que su hijo mencionase ningún nombre.

—Los agentes de policía que vinieron a hablar con usted esta mañana ni siquiera se preocuparon de revisar el cuarto de su hijo, ¿verdad? No, supongo que no, dado que están tan obcecados en su teoría del suicidio. ¿Puedo echar un vistazo?

Ella siguió sin pedirme ninguna identificación, pero me condujo hasta el final del pasillo, al cuarto de su hijo. Debía de haberle dejado el dormitorio principal cuando murió su marido, puesto que era una habitación grande, con una enorme cama de matrimonio y un pequeño escritorio.

El cuarto olía a sudor acre y a otras cosas que no quise ni pensar. La señora Fepple murmuró una especie de disculpa por la ropa sucia e intentó recoger algunas prendas del suelo. Se detuvo y paseó la mirada desde la camisa de lunares que tenía en la mano izquierda, al par de calzoncillos que tenía en la derecha, como si tratara de descifrar qué eran y, después, los volvió a dejar caer. A continuación se quedó allí de pie, mirándome como si yo fuese una pantalla de televisión, algo que apenas se movía y que ejercía sobre ella un efecto tranquilizador.

Revolví los cajones de la cómoda y del escritorio y encontré dos modelos antiguos de teléfonos móviles, una sorprendente colección de fotos porno que Fepple parecía haber impreso bajándolas de la Red, media docena de calculadoras rotas y tres paletas de ping-pong, pero ningún tipo de documento. Revisé su armario e incluso miré debajo del colchón. Lo único que encontré fue otra colección porno, esta vez de revistas de hacía muchos años, de las que debió de haberse olvidado cuando aprendió a navegar por Internet.

Los únicos documentos relacionados con los seguros en aquel cuarto eran unos panfletos de la compañía que estaban apilados sobre el escritorio. Allí no había ninguna carpeta de Sommers ni ninguna agenda, igual que tampoco las había en su portafolios ni en su oficina. Tampoco había más hojas sueltas como la que yo había encontrado en el portafolios de Fepple esa misma mañana.

Saqué de mi portafolios una de las fotocopias que le hice a la página encontrada y se la enseñé.

—¿Sabe qué es esto? Estaba en la oficina de su hijo.

La miró con la misma apatía con la que me había observado durante mi búsqueda.

—¿Eso? No tengo ni idea.

En el momento en que me devolvía la hoja dijo que podría ser la letra del señor Hoffman.

—Apuntaba todo en unos libros de tapa de cuero que tenían su nombre impreso con letras doradas. Los llevaba cuando iba a visitar a sus clientes y hacía una marca cada vez que le pagaban, igual que en ese papel.

Dio unos golpecitos con el índice sobre las marcas que figuraban en el papel que le había enseñado.

—Un día me puse a mirar uno de sus libros mientras él estaba en el cuarto de baño y cuando salió y me vio se puso furioso; como si yo fuese una espía rusa buscando la fórmula de la bomba atómica... Como si yo entendiese algo de lo que él escribía.

—¿Y cree que ésta es la letra de Hoffman?

Se encogió de hombros.

—Hace muchos años que no la veo, pero recuerdo que era toda apretujada, como ésta, difícil de entender, pero toda muy igualita, como si estuviese impresa.

Miré a mi alrededor, descorazonada.

—Esperaba encontrar alguna agenda. No había ninguna sobre el escritorio de la oficina de su hijo ni en su portafolios. ¿Sabe dónde apuntaba sus citas?

—Tenía uno de esos chismes de bolsillo, esas cosas electrónicas. Sí, como ésa —dijo cuando le enseñé mi agenda electrónica—. Si no la llevaba encima, debe de habérsela robado el que lo mató.

Lo cual quería decir que allí estaba registrada la cita con su asesino o que el que entró a robar lo mató y se llevó los objetos electrónicos fáciles de empeñar. Había dejado el ordenador, pero es que hubiese sido difícil llevárselo delante de las narices del guardia de seguridad. Le pregunté a la señora Fepple si la policía le había devuelto las pertenencias de su hijo, pero esos objetos formarían parte de las pruebas recogidas en la escena del crimen. Seguirían en poder de los técnicos hasta que la autopsia no les diera la prueba definitiva de que había sido un suicidio.

—¿Pagaba el alquiler de la oficina todos los meses o era de su propiedad?

Pagaba alquiler. La señora Fepple accedió a prestarme una copia de la llave de la oficina, pero el solo hecho de pensar que tenía que meter en cajas todas aquellas carpetas para final de septiembre y que tenía que contactar con las diferentes compañías para traspasar a otra agencia las pólizas que todavía seguían vigentes, la hizo encogerse aún más dentro de su camisa amarilla.

—No sé qué me imaginé que me iba a decir usted, pero me da la impresión de que no va a encontrar al que lo mató. Tengo que acostarme. Todo esto me ha dejado completamente agotada. Creí que no iba a poder dejar de llorar, pero en realidad lo único que quiero es dormir.

23

Dando golpes a ciegas

Para ir a casa de Morrell tuve que recorrer un largo camino en dirección norte, que me llevó por el inquietante panorama de las urbanizaciones de la zona oeste: barrios sin un centro urbano ni edificios notables, sólo una interminable y monótona uniformidad. A veces pasaba por zonas con filas y filas de casitas bajas; otras, con casas y jardines más grandes y elegantes, pero una y otra parte estaba salpicada de centros comerciales con enormes tiendas, siempre idénticas. La tercera vez que pasé ante una de Bed Bath & More y otra de Barnes & Noble pensé que estaba dando vueltas en círculos.

«A veces me siento como una huérfana, lejos de casa», canté mientras esperaba en una de las eternas filas de coches que se forman en los peajes de la circunvalación de la ciudad. Después de todo, yo era una hija que se había quedado sin madre y estaba a sesenta kilómetros de la casa de Morrell.

Tiré una moneda dentro de la máquina del peaje y me reí de mí misma por ser tan melodramática. Lo realmente doloroso era la historia de Rhonda Fepple: la madre que se había quedado sin hijo. Que un hijo muera antes que su madre es algo tan antinatural y que te deja tan impotente, que nunca llegas a recuperarte.

La madre de Fepple no creía que su hijo se hubiese suicidado. Ninguna madre quiere creer algo así pero, en el caso de Fepple, la razón se debía a que él estaba entusiasmado, porque por fin había entendido cómo había hecho Rick Hoffman para ganar tanto dinero con su libro. Tanto como para tener un Mercedes y por eso le iba a poder comprar uno a Rhonda.

Saqué el teléfono para llamar a Nick Vishnikov, el jefe médico forense, pero de repente el tráfico a mi alrededor se agilizó y los coches se pusieron a cien o ciento veinte. La llamada podía esperar hasta otro momento en el que no tuviera que poner mi vida en juego.

Los perros me tocaron el hombro suavemente con las patas para recordarme que ya habían pasado varias horas desde la última vez que los había sacado a correr. Cuando llegué, por fin, a la salida de Dempster, paré junto a un parque forestal para dejarlos bajar. Ya era de noche y el parque estaba cerrado con una cadena que me impedía internarme a más de unos pocos metros de la carretera principal.

Mientras *Mitch* y *Peppy* perseguían conejos entusiasmados, yo me quedé junto a la cadena con mi teléfono móvil. Primero llamé a Morrell para decirle que estábamos a sólo doce kilómetros de su casa, luego volví a llamar a Lotty. La recepcionista de la clínica, la señora Coltrain, me dijo que ya se había marchado.

—¿Qué tal estaba?

—La doctora Herschel trabaja demasiado, tendría que tomarse un descanso. —La señora Coltrain me conocía desde hacía años, pero nunca cotilleaba sobre Lotty con nadie, ni siquiera para coincidir con Max, cuando éste se burlaba de sus modales altivos.

Tamborileé sobre el teléfono mientras reflexionaba. Iba a tener que mantener una conversación íntima con Lotty, las dos sentadas tranquilamente en mi casa, pero aquélla era la última noche de Morrell en Chicago. Los perros estaban revolcándose no muy lejos de donde me encontraba. Los llamé para recordarles que estaba allí y que era yo quien mandaba. Se acercaron corriendo, me olieron las manos y volvieron a alejarse. Por fin, encontré a Lotty en casa.

Nada más empezar a expresarle mi preocupación por su crisis de la noche anterior me cortó en seco.

—Prefiero no hablar de eso, Victoria. Estoy tan avergonzada de haber armado un escándalo en la fiesta de Max que no quiero ni recordarlo.

—Tal vez, querida doctora, tú también deberías ver a un médico que te asegurara que estás bien y que no te has hecho daño cuando te desmayaste.

Su voz adquirió un tono más tenso.

—Estoy perfectamente bien, muchas gracias.

Me quedé mirando el oscuro bosque fijamente, como si ello me permitiese desentrañar la mente de Lotty.

—Ya sé que anoche no te encontrabas presente en el estudio cuando Radbuka estuvo hablando de su pasado, pero ¿te ha dicho Max que Radbuka encontró un mensaje en una página de Internet de alguien que buscaba información sobre Sofie Radbuka? Hoy he entrado en Internet y he encontrado esa página. Radbuka está convencido de que ella debió de ser su madre o su hermana. Por lo menos escribió un mensaje muy largo sobre eso. Lotty, ¿quién era Sofie?

—¿Me estás diciendo que encontraste a Sofie Radbuka en una página de Internet? ¡Eso es imposible!

—He dicho que he encontrado a alguien que está buscando información sobre ella y que dice que Sofie vivió en Inglaterra durante los años cuarenta —repetí, armándome de paciencia.

—Max no habrá considerado apropiado decírmelo —me contestó con sequedad—. Muchas gracias.

Colgó, dejándome en aquel bosque oscuro con una incómoda sensación de soledad. Aquella mezcla de desamparo y ridículo me hizo llamar a los perros para que regresasen conmigo. Los oía corretear de un lado a otro, pero no me hacían caso. Los había tenido encerrados todo el día y ahora no iban a recompensarme portándose como unos buenos perros.

Decidí hacer una última llamada telefónica antes de ir al coche a buscar una linterna para poder localizarlos. Llamé a Nick Vishnikov a la morgue. Después de todo, es un sitio que no cierra nunca. Cuando marqué el número, que me sé de memoria, me tocó el pequeño premio que el día me tenía reservado: Vishnikov, un hombre con un horario de trabajo bastante flexible, aún seguía allí.

—Hola, Vic, ¿cómo está Morrell? ¿Ya está en Kabul?

—No, se va mañana —le contesté—. Nick, esta mañana han llevado ahí a un tipo con una herida en la cabeza. La policía dice que es un suicidio.

—Pero lo has asesinado tú y quieres confesar. —Las autopsias le ponían en un estado de euforia sarcástica.

—Se llama Howard Fepple. Quiero estar segura al ciento cincuenta por ciento de que se llevó esa SIG Trailside a la cabeza él solito.

Me dijo que él no se había ocupado del caso de Fepple. Mientras me dejó a la espera para ir a revisar los archivos, jugueteé con las correas de los perros, arrepintiéndome de haberles permitido desaparecer en la oscuridad. En aquel momento ya no les oía.

—Se lo pasé a un ayudante nuevo que tengo, puesto que parecía algo sencillo y él ha procedido como en cualquier suicidio rutinario, basándose en que la víctima se metió la pistola en la boca. Pero estoy viendo que no comprobó si había rastros de pólvora en las manos. El cadáver todavía está aquí, le voy a echar un vistazo antes de irme. ¿Tienes algún indicio de que pueda tratarse de un asesinato?

—Todo esto es muy rocambolesco, pero por un lado tengo a un chico que le dijo a su madre que había descubierto algo importante y, por el otro, a un visitante misterioso que fue a verle a su oficina. Me encantaría que el fiscal del Estado me permitiese ver el registro de llamadas telefónicas de Fepple.

—Si encuentro algo que cambie el veredicto, te lo comunicaré. Hasta luego, Vic.

Me pregunté si mi cliente no habría ido a amenazar a Fepple con una pistola, pero Isaiah Sommers no me parecía el tipo de persona que hubiera maquinado una trampa compleja. Si a Fepple lo asesinó la persona que le llamó el viernes cuando yo estaba en su oficina, debía de tratarse de alguien que ya tenía planeado matarlo y había pensado cómo evitar que lo viesen. Había entrado y salido del edificio entre grupos de gente lo suficientemente numerosos como para que no se fijaran en él. Le había dicho a Fepple lo que debía hacer para desembarazarse de mí. No era el estilo de Isaiah Sommers.

Me olvidé de los perros durante un rato y llamé a Información para que me dieran el número de Sommers. Contestó Margaret, con su tono hostil pero, al final, fue a buscar a su marido, después de haber dudado un momento y no haber encontrado ninguna excusa razonable para no hacerlo. Le comuniqué la muerte de Fepple.

—Revisé la oficina y su casa y no pude encontrar ni rastro del expediente de su tío —le dije—. La policía dice que se trata de un suicidio pero yo creo que lo mataron y me parece que lo mataron para hacerse con ese expediente.

—Pero ¿quién iba a hacer una cosa así?

—Puede ser que el que cometió el fraude hubiese dejado un rastro que no quería que nadie encontrara. Puede ser que alguien estuviese tan cabreado con el tipo, por cualquier otra cosa, que acabara matándolo.

Cuando hice una pausa, Sommers estalló:

—¿Me está acusando de haber ido allí y matarlo? Mi esposa tenía razón. El concejal Durham tenía razón. Usted nunca tuvo la más mínima...

—Señor Sommers, he tenido un día muy largo. Ya no me queda nada de paciencia. No creo que usted haya matado a ese tipo. Aunque está claro que explota usted por cualquier cosa. Podía ser que su esposa o el concejal le hubieran convencido de que dejase ya de esperar a que yo averiguase algo y de que fuese usted mismo a ver a Fepple. Podía ser que la actitud de desidia y autosuficiencia de Fepple le hubieran incitado a actuar.

—Pues no. No fue así. Le dije que esperaría el resultado de sus investigaciones y estoy esperándolo. A pesar de que el concejal piense que estoy cometiendo un gran error.

—¿Ah, sí? ¿Y qué recomienda él?

Peppy y *Mitch* vinieron hacia mí dando saltos. Los olí antes de verlos, unas formas oscuras recortadas contra el claro del bosque donde me encontraba. Se habían estado revolcando sobre algo que olía a demonios. Tapé el auricular con la mano y les ordené que se sentaran. *Peppy* obedeció, pero *Mitch* intentó saltar encima de mí. Lo aparté con un pie.

—Ése es el problema. Que no tiene ningún plan que seguir. Lo que quiere es que interponga una demanda contra Ajax pero, como ya le dije una vez, ¿quién va a pagar todo eso? ¿Quién tiene tiempo para ocuparse de eso? El hermano de mi esposa se metió en una demanda gigantesca que lo llevó de tribunal en tribunal durante trece años. Yo no quiero esperar trece años para que me devuelvan mi dinero.

Podía oír por detrás la voz de Margaret Sommers preguntándole por qué iba contando su vida privada a todo el mundo. *Mitch* volvió a embestirme, haciéndome perder el equilibrio. Caí sentada en el suelo, con el teléfono todavía pegado a la oreja. Intenté deshacerme de *Mitch* sin gritar al teléfono. El perro se puso a ladrar, convencido de que aquél era un juego fantástico. *Peppy* intentaba quitarlo de en medio. Para entonces, yo ya olía igual de mal que ellos. Les coloqué las correas y me puse en pie.

—¿Voy a ver alguna vez el resultado de todo esto? —me estaba preguntando Sommers—. Siento mucho lo del agente de seguros, es una forma horrible de morir, pero no tiene ninguna gracia haber tenido que poner todo ese dinero para un entierro, señora Warshawski.

—Mañana voy a hablar con la compañía para ver si llegamos a un acuerdo. —Pensaba plantearle a la compañía que compensase a Sommers a modo de defensa contra Durham y generar una imagen positiva cara al público, pero era mejor que no se lo comentase a mi cliente, si quería seguir manteniendo buenas relaciones con él—. Si le ofreciesen un buen puñado de dólares, ¿le parecería un acuerdo aceptable?

—Yo... Déjeme pensarlo.

—Muy inteligente, señor Sommers —dije, ya cansada de estar de pie en la oscuridad con mis apestosos perros—. Así su mujer tendrá una oportunidad para decirle que estoy intentando robarle. Llámeme mañana. Ah, por cierto, ¿tiene usted un arma?

—Que si tengo... Ah, ya entiendo, quiere saber si estoy mintiendo y si maté o no a ese agente.

Me pasé la mano por el pelo y en ese momento me di cuenta, aunque ya demasiado tarde, que apestaba a conejo podrido.

—Sólo trato de asegurarme de que usted no pudo haberlo matado.

Hizo una pausa. Podía oírle respirar pesadamente en mi oreja mientras pensaba la respuesta. Acabó admitiendo, a regañadientes, que tenía una Browning Special de nueve milímetros.

—Eso me tranquiliza, señor Sommers. A Fepple lo mataron con un modelo suizo de otro calibre. Llámeme mañana para decirme si está dispuesto a negociar con la compañía. Buenas noches.

Cuando estaba arrastrando a los perros de regreso al coche, un vehículo de la guardia forestal se detuvo en el claro del bosque justo detrás de mi Mustang y nos enfocó con un reflector. Un guardia me dijo por megáfono que me acercara. Cuando nos vio pareció desilusionado de que fuésemos un trío respetuoso de la ley, ambos perros con la correa puesta. A los guardias les encanta ponerle multas a la gente por desobedecer las leyes y llevar a los animales sueltos. *Mitch*, siempre tan amigable, se abalanzó sobre el guardia, que retrocedió asqueado por el hedor. Parecía estar buscando alguna razón para poder multarnos, pero acabó por decirnos que el parque ya estaba cerrado y que iba a vigilarnos para asegurarse de que nos marchábamos.

—Eres un perro malvado —le dije a *Mitch* cuando ya íbamos por Dempster y el guardia forestal nos iba siguiendo sin ningún disimulo—. No sólo te has puesto hecho un asco sino que me has pegado ese olor nauseabundo. No estoy yo para andar quemando ropa, ya lo sabes.

Mitch asomó la cabeza desde el asiento de atrás, sonriendo feliz. Abrí todas las ventanas pero, aun así, fue un viaje duro. Había pensado parar en casa de Max para ver cómo estaban e intentar que me contase algo de la historia de Lotty y de la familia Radbuka. Pero en aquel momento lo único que quería era tirar a los perros dentro de una bañera y zambullirme detrás. De todos modos, pasé un minuto por casa de Max antes de dirigirme a la de Morrell. Dejé a *Mitch* en el coche, me llevé a *Peppy* y una linterna y dimos un paseo por el parque frente a la casa. Nos topamos con varias parejas de estudiantes que estaban fundidas en amorosos arrumacos y que se apartaron de nosotros con cara de asco pero, al menos, no encontré a Radbuka merodeando por la zona.

Cuando llegué a casa de Morrell até a los perros a la barandilla del porche trasero. Don estaba allí fuera, fumando un cigarrillo. Morrell se encontraba dentro, escuchando un concierto de piano de Schumann demasiado alto como para oírme llegar.

—¿Has estado luchando con un zorrillo, Warshawski? —me preguntó Don.

—Vas a ver qué divertido, Don. Venga, tú que nunca haces ejercicio. Ayúdame a bañar a estos preciosos animales.

Entré por la cocina y me hice con una bolsa de basura para meter la ropa que llevaba puesta. Me cambié y me puse una camiseta vieja y unos pantaloncitos cortos para bañar a los perros. Mi sugerencia de que me ayudase a lavarlos hizo desaparecer a Don. Me divertí mucho bañando a *Mitch* y a *Peppy*. Después me di yo una ducha. Cuando estuvimos limpios los tres, Morrell ya me estaba esperando en la cocina con una copa de vino.

La proximidad de la partida tenía a Morrell con los nervios a flor de piel. Le hablé sobre Fepple y sobre la vida tan deprimente que parecía haber tenido; le conté que los perros habían estado revolcándose sobre algo tan apestoso que habían hecho que un guardia forestal saliera huyendo. Se mostró sorprendido y divertido en los momentos clave de mi relato, pero tenía la cabeza en otro lado. Me guardé para mí la noticia de que Radbuka había estado merodeando delante de la casa de los Loewenthal y no le conté nada del comportamiento de Lotty, que tan preocupada me tenía. Morrell no tenía por qué llevarse consigo mis problemas al mundo de los talibanes.

Don se iba a quedar en casa de Morrell mientras trabajaba en su proyecto con Rhea Wiell, pero Morrell me contó que esa noche no había desaparecido porque le hubiera acobardado bañar a los perros, sino porque él se lo había ordenado. Había mandado a Don a un hotel para que pudiésemos pasar aquella última noche los dos solos.

Hice unas brochetas pequeñas con peras y gorgonzola, luego organicé una fritatta, poniendo muchísimo esmero e incluso caramelicé las cebollas. Abrí una botella de reserva especial de Barolo. Una cena hecha con amor; una cena hecha con desesperación: recuérdame, recuerda que mis cenas te hacen feliz y regresa a mí.

Como cabía esperar, Morrell lo tenía todo organizado y ya había preparado su equipaje, que consistía en dos bolsas livianas. Había dado aviso de que no le trajesen el periódico todas las mañanas, de que me enviasen su correo a mi dirección y había dejado dinero para pagar los recibos. Estaba nervioso e inquieto. Aunque nos fuimos a la cama poco después de cenar, no paró de hablar hasta casi las dos de la madrugada. Habló de él, de sus padres, a los que rara vez mencionaba, de su infancia en Cuba, adonde su familia había emigrado desde Hungría, y de sus planes para el viaje que estaba a punto de emprender.

Cuando estábamos tumbados el uno junto al otro en la oscuridad, Morrell me estrechó en un fuerte abrazo.

—Victoria Iphigenia, te amo por tu implacable y apasionado apego a la verdad. Si me pasase algo, cosa que espero no suceda, ya sabes quién es mi abogado.

—No te va a pasar nada, Morrell.

Mis mejillas estaban húmedas. Nos dormimos así, abrazados el uno al otro.

Cuando sonó el despertador pocas horas después, saqué a los perros a dar una vuelta rápida a la manzana mientras Morrell preparaba el café. La noche anterior ya me había dicho todo lo que quería decir, así que hicimos el camino hasta el aeropuerto en silencio. Los perros notaban nuestro estado de ánimo y gimoteaban, nerviosos, en el asiento trasero del coche. Morrell y yo sentimos una gran aversión por las despedidas largas, así que lo dejé en la terminal y arranqué inmediatamente, sin esperar siquiera a que entrase en el edificio. Si no lo veía marcharse, era quizás como si no se hubiese ido.

24

La morsa guardiana

A las ocho y media de la mañana el tráfico de entrada a la ciudad estaba colapsado. Después de lo vivido la noche anterior no podía soportar la idea de otro embotellamiento. Don no iría a casa de Morrell hasta la tarde, así que podría quedarme allí y descansar un poco. Decidí no escoger ninguna autopista y meterme en el otro atasco matutino: el de los niños que van al colegio y el de la gente que entra a trabajar en las pequeñas tiendas de ultramarinos y en los cafés que pueblan la zona. Todo aquello aumentó mi sensación de inestabilidad. Morrell se había ido y había dejado un agujero en mi vida. ¿Por qué no viviría yo en una de esas casitas de paredes blancas y me dedicaría a enviar a mis niños al colegio y a tener un trabajo común y corriente?

Aproveché que estaba detenida en el semáforo de Golf Road para llamar a mi buzón de voz. Había un mensaje de Nick Vishnikov diciendo que le llamara. Otro de Tim Streeter confirmándome que estaría encantado de proteger a Calia y a Agnes hasta que se marchasen el sábado.

Con toda la agitación que me había provocado la partida de Morrell me había olvidado del extraño comportamiento de Radbuka. Dejé a un lado mis lamentaciones y me dirigí, lo más rápido posible, a casa de Max. Normalmente, a esa hora del día, suele estar ya en alguna reunión, pero cuando llegué su LeSabre se encontraba todavía aparcado a la entrada del garaje. Cuando Max

284

me abrió la puerta, su rostro denotaba una gran preocupación.

—Pasa, Victoria. ¿Morrell ya se ha marchado? —Antes de cerrar, miró hacia el otro lado de la calle con expresión de ansiedad, pero lo único que había a la vista era una persona corriendo, una silueta que se desplazaba por la orilla del lago.

—Acabo de dejarle en el aeropuerto. ¿Te ha comentado Agnes que puedo conseguiros un guardia de seguridad?

—Eso sería de gran ayuda. Si hubiese sabido que iba a abrir la cámara de los horrores al participar en esa conferencia de la Birnbaum y que iba a conseguir que Calia corriera estos riesgos...

—¿Riesgos? —pregunté, interrumpiéndole—. ¿Es que Radbuka ha vuelto a aparecer? ¿La ha amenazado directamente?

—No, no es nada concreto. Pero no puedo entender esa obsesión suya de que es pariente mío... Ni por qué anda merodeando por aquí...

Volví a interrumpirle para preguntarle otra vez si Radbuka había vuelto a aparecer.

—No lo creo. Pero, claro, la casa está tan expuesta, con un parque público enfrente. ¿Crees que mi preocupación es exagerada? Tal vez sí, tal vez sí, pero es que ya no soy tan joven y para mí Calia es lo más importante. Así que, si puedes conseguir a alguien de confianza que venga a quedarse... y, por supuesto, yo me hago cargo de la factura.

Max me condujo hasta la cocina para que pudiera usar el teléfono. Agnes estaba allí sentada, tomando un café y observando preocupada a Calia, que alternaba cada cucharada de cereales con la cantinela de que quería ir al zoológico.

—No, cariño. Hoy nos vamos a quedar en casa y vamos a pintar —repetía Agnes una y otra vez.

Me llevé una taza de café y fui a telefonear. Tom Streeter me prometió que acercaría a su hermano Tim a casa de Max en menos de una hora.

—Con Tim estarás segura allí a donde vayas —le dije a Agnes.

—¿Es el lobo malo? —preguntó Calia.

—No, es un oso de peluche bueno —le dije—. Ya verás, a mamá y a ti os va a encantar.

Max se sentó junto a Calia intentando disimular mejor que Agnes su preocupación. Cuando le pregunté qué me podía decir acerca de la familia Radbuka que había conocido en Londres, volvió a levantarse y me llevó lejos de la mesa. Mientras hablaba se volvía una y otra vez a mirar a Calia.

—Yo no los conocí. Lo único que sé es que Lotty siempre ha dicho que eran unos simples conocidos suyos y yo no le he dado más vueltas al asunto.

Calia se levantó de la mesa, diciendo que ya había terminado de desayunar, que estaba cansada de estar en casa y que iba a salir *ya mismo*.

—Cuando tu abuelo y yo acabemos de charlar, tú y yo iremos al parque con los perros —le dije—. Sólo tienes que esperar diez minutos más. La televisión —le dije a Agnes, para que me leyera los labios. Puso cara de disgusto pero llevó a Calia al piso de arriba, donde estaba instalada la niñera universal.

—¿Crees que los Radbuka eran parientes o amigos íntimos de Lotty? —le pregunté a Max.

—Ya lo dije el domingo por la noche. Lotty siempre dejó claro que no pensaba discutir el tema de los Radbuka con nadie. Supongo que por eso me pasó la información que tenía sobre ellos por escrito, para evitar cualquier discusión. No sé quiénes eran.

Llevó los platos de Calia a la pila y volvió a sentarse a la mesa.

—Ayer estuve revisando los papeles que llevé en

aquel viaje a Europa Central que hice después de la guerra. Tenía que buscar a tanta gente que ya no me acuerdo bien de nada. Lotty me había dado la dirección de sus abuelos en la Renngasse, que era donde vivía antes del *Anschluss*. Un lugar muy elegante que había sido ocupado en el 38 por una gente que se negó a hablar conmigo. Concentré gran parte de mi energía en Viena, en mi propia familia, y después quería ir a Budapest a buscar a la familia de Teresz. Claro que en esa época no estábamos casados. Éramos muy jóvenes todavía.

Su voz se fue apagando ante los recuerdos. Después de un minuto, sacudió la cabeza, sonriendo tristemente, y continuó:

—En fin, déjame que vaya a buscarte las notas que tengo sobre los Radbuka.

Mientras subía a su estudio, me serví un poco de fruta de la nevera y unos bollos. En un par de minutos estaba de vuelta con una gruesa carpeta. Se puso a pasar las páginas y se detuvo en una hoja de papel gris barato, metida en una funda de plástico transparente. Aunque la tinta estaba descolorida y se había vuelto marrón, no había duda de que aquélla era la letra inconfundible de Lotty, de trazo firme y puntiagudo.

Querido Max:

Admiro tu valor al emprender este viaje. Para mí Viena representa un mundo al que no soportaría regresar, ni aunque el Real Hospital de la Beneficencia me concediese licencia para hacerlo. Por eso, gracias por ir, porque yo también estoy tan desesperada como todos los demás por obtener una respuesta concluyente. Ya te he hablado de mis abuelos. Si, por algún milagro, hubiesen sobrevivido y hubiesen podido regresar a su casa, su dirección es: Renngasse, 7, tercer piso exterior.

También te quiero pedir que busques información sobre otra familia de Viena, apellidada Radbuka. Es para alguien que está en el hospital y que no puede recordar demasiados detalles. Por ejemplo, el hombre se llamaba Shlomo, pero esta persona no sabe el nombre de su esposa, ni tampoco si el matrimonio podría haberse registrado con algún apellido germanizado. Tienen un hijo que se llama Moishe y que nació alrededor de 1900, una hija llamada Rachel, otras dos hijas, de cuyos nombres no está segura —una podría ser Eva— y varios nietos de nuestra generación. Tampoco recuerda bien la dirección: vivían en la Leopoldsgasse, cerca del final de la Untere Augarten Strasse. Tienes que doblar justo en la UA hacia la L-gasse y después meterte por la segunda calle a la derecha. Por ahí se entra en un patio interior y es en el tercer piso interior. Ya sé que es una descripción desastrosa para manejarse en un lugar que hoy debe de ser un montón de escombros, pero no puedo proporcionarte nada mejor. Pero, por favor, te ruego que le des tanta importancia como la que le darás a la búsqueda de nuestras familias. Por favor, haz todo lo que sea posible por encontrar algún rastro de ellos.

Estaré de guardia esta noche y mañana por la noche así que no podré verte antes de que te marches.

En el resto de la carta Lotty daba los nombres de algunos tíos y tías y terminaba diciendo: *Te adjunto con la carta una moneda de cinco coronas de oro, de antes de la guerra, para ayudarte a pagar el viaje.*

Pestañeé un par de veces: las monedas de oro tenían un aire de romanticismo, exotismo y riqueza.

—Creía que Lotty era una estudiante pobre, que apenas podía pagarse las clases y el alojamiento.

—Lo era. Pero tenía un puñado de monedas de oro que su abuelo le había ayudado a sacar a escondidas de Viena. Darme una significaba que aquel invierno tendría que dormir con abrigo y calcetines en vez de poner la calefacción. Quizás aquello contribuyó a que se pusiera tan enferma al año siguiente.

Avergonzada, retomé la cuestión principal:

—O sea, ¿que no tienes ni idea de quién pudo haberle pedido ayuda a Lotty en Londres?

Negó con la cabeza.

—Podía haber sido cualquiera. O podía haber sido la propia Lotty quien buscaba a algún pariente. Me pregunté si no sería el apellido de algún primo suyo. A ella y a Hugo los mandaron a Inglaterra. Los Herschel habían sido gente bastante adinerada antes del *Anschluss*. Y todavía contaban con algunos recursos. Pero, en alguna ocasión, Lotty mencionó a unos primos muy pobres que se habían quedado allí. También pensé que podría tratarse de alguien que estuviese ilegalmente en Inglaterra, alguien a quien Lotty protegiese por alguna cuestión de honor. Aunque, cuidado: yo no tenía ningún dato concreto y eso era lo que me imaginaba... o tal vez se le ocurrió a Teresz. Ahora no me acuerdo. Claro que puede que Radbuka fuese un paciente o un colega del Real Hospital de la Beneficencia al que Lotty estuviese protegiendo por idéntica razón.

—Supongo que podría ponerme en contacto con el hospital y ver si tienen la lista de pacientes de 1947 —dije, sin demasiado convencimiento—. ¿Qué encontraste en Viena? ¿Fuiste a..., a...? —Volví a mirar la carta de Lotty y pronuncié de mala manera los nombres de las calles en alemán.

Max pasó las páginas de la carpeta hasta llegar al final, de donde sacó una libreta de aspecto vulgar, guardada en otra funda de plástico.

—He mirado mis anotaciones, pero no me dicen gran cosa. La Bauernmarkt, donde vivía mi familia, había resultado muy dañada durante el bombardeo. Recuerdo que caminé por toda esa zona, conocida como la *Matzoinsel* y que era donde se concentraron los judíos que emigraron de Europa del Este a principios de siglo. Estoy seguro de que intenté encontrar ese lugar en la Leopoldsgasse. Pero en aquel sitio había tanta desolación que me resultó demasiado deprimente. Yo anotaba y conservaba toda la información que obtenía de las diferentes agencias que visitaba.

Abrió la libreta con cuidado, como si temiera rasgar el delicado papel.

—Shlomo y Judit Radbuka: deportados a Lodz el 23 de febrero, 1941, con Edith (creo que ése es el nombre que Lotty confundió con el de Eva), Rachel, Julie y Mara. Y una lista de siete hijos, con edades comprendidas entre los dos y los diez años. Después me costó gran trabajo averiguar qué había pasado en el gueto de Lodz. En aquella época Polonia era un país muy complicado. Todavía no estaba bajo control comunista pero, aunque hubo personas que me sirvieron de gran ayuda, también existieron unos pogromos feroces contra lo que quedaba de la comunidad judía. Me encontré con la misma desolación y penuria que en el resto de Europa. Polonia había perdido una quinta parte de su población durante la guerra. Estuve a punto de darme por vencido una media docena de veces, pero al final pude conseguir algunos datos de la administración del gueto. Todos los Radbuka habían sido deportados a un campo de exterminio en junio de 1943. Ninguno había sobrevivido.

»En cuanto a mi propia familia —continuó diciendo—, bueno, encontré a un primo en uno de los campos de deportados e intenté convencerlo de que se fuese conmigo a Inglaterra, pero él había tomado la firme resolución de volver a Viena. Allí vivió el resto de su vida. En aquel momento nadie sabía lo que iba a pasar con los rusos y con Austria pero, al final, a mi primo le fue bien. Aunque siempre llevó una vida solitaria después de la guerra. De niño le había admirado tanto (era ocho años mayor que yo) que me resultaba difícil verlo tan amedrentado, tan retraído.

Lo escuché de pie, sintiéndome mal por todas

aquellas imágenes que estaba conjurando, y luego exclamé:

—Pero, entonces, ¿por qué Lotty usó el nombre de Sofie Radbuka? Yo... Esa historia... Esa historia de Carl yendo al campo, buscando la cabaña donde estaba Lotty... y ella, al otro lado de la puerta, utilizando el nombre de una persona muerta... Todo es muy desconcertante. Y no concuerda con la forma de ser de Lotty.

Max se frotó los ojos.

—Todos tenemos momentos inconfesables en nuestras vidas. Puede que Lotty haya creído que era responsable de la pérdida o muerte de esa tal Sofie Radbuka, ya fuese una prima o una paciente. Cuando Lotty creyó que iba a morir... Bueno, entonces todos teníamos unas vidas muy difíciles, trabajábamos mucho, tuvimos que soportar la pérdida de nuestras familias. En Inglaterra también sufrimos muchísimas penurias después de la guerra. Tuvimos que limpiar de escombros nuestros propios barrios bombardeados. Había escasez de carbón, hacía mucho frío, nadie tenía dinero y seguía habiendo racionamiento de comida y de ropa. Puede que Lotty se derrumbase por el estrés y acabase identificándose con esa mujer llamada Radbuka.

»Recuerdo cuando Lotty regresó después de su enfermedad —continuó diciendo—. Era en invierno. Tal vez, en febrero. Había adelgazado mucho. Pero trajo del campo una docena de huevos y un cuarto de kilo de mantequilla y nos invitó a cenar a Teresz, a mí y a todos los demás del grupo. Hizo un revuelto con todos los huevos y la mantequilla y nos dimos un festín maravilloso. En determinado momento Lotty proclamó que nunca más permitiría que su vida se convirtiese en un rehén del destino. Estaba tan furiosa que todos evitamos hacer cualquier comentario. Por supuesto que Carl se había negado a ir. Pasaron muchos años antes de que él volviese a dirigirle la palabra.

Le hablé acerca del tablón de anuncios que había encontrado en Internet con el mensaje del Escorpión Indagador.

—Por lo tanto, es verdad que existió alguien, en los años cuarenta y en Inglaterra, que tenía ese nombre —le dije—. Pero me parece que la respuesta de Paul Radbuka fue tan desmedida que Escorpión ni le contestó. Yo le dejé un mensaje a Escorpión diciéndole que podía ponerse en contacto con Freeman Carter si quería discutir algún tema confidencial.

Max se encogió de hombros en un gesto de impotencia.

—No sé. No sé qué significa todo esto. Lo único que me gustaría es que Lotty me dijera qué es lo que la atormenta o, si no, que dejara de comportarse de esa forma tan melodramática.

—¿Has hablado con ella desde el domingo por la noche? Yo lo intenté anoche y casi me arranca la cabeza.

Max gruñó por lo bajo.

—Ésta ha sido una de esas semanas en las que me pregunto qué nos hace seguir siendo amigos. Ella es una cirujana importante; siente mucho no haberse encontrado bien en mi deliciosa fiesta, pero ahora ya está mejor, muchas gracias, y tiene que ocuparse de sus pacientes.

Sonó el timbre. Había llegado Tim Streeter. Era un tipo alto y delgado con un bigotazo estilo prusiano y una sonrisa encantadora. Max llamó a Agnes, que inmediatamente se relajó al ver el aire confiado y tranquilo de Tim, mientras que Calia, después de un momento de incertidumbre, anunció sin reparos que Tim era una «mosra» porque tenía aquellos bigotes gigantescos y le dijo que le iba a tirar un pescado. Tim la hizo llorar de risa resoplando por debajo de sus bigotes de morsa. Max se marchó al hospital mucho más tranquilo.

Tim recorrió la casa para estudiar dónde estaban los puntos más vulnerables y luego cruzó al parque con Calia para que la niña pudiese jugar con los perros. Calia se llevó a *Ninshubur* y enseñó orgullosa a *Mitch* y a *Peppy* que su perro también tenía placas como ellos.

—*Ninshubur* es la mamá de *Mitch* —proclamó.

Después de ver la forma tan habilidosa con que Tim se interponía entre cualquier peatón y Calia, haciendo que pareciese parte de un juego en lugar de alarmar a la niña, Agnes regresó a la casa a ordenar sus cuadros. Cuando los perros agotaron toda su energía, le dije a Tim que tenía que marcharme.

—No hay ninguna amenaza inmediata, según tengo entendido —me dijo arrastrando las palabras.

—Se trata de un tipo con una emotividad exacerbada que anda rondando por aquí. No ha amenazado a nadie directamente pero crea unas situaciones muy incómodas —dije, confirmando su diagnóstico.

—Entonces creo que puedo arreglármelas solo. Colocaré mi saco de dormir en esa terraza acristalada porque, con tanta ventana, es el punto menos seguro. Tienes fotos de ese merodeador, ¿verdad?

Con todo el lío de llevar a Morrell a O'Hare, me había olvidado del maletín en su casa. Dentro tenía varias fotos de Radbuka. Le dije que se las acercaría en una o dos horas, cuando pasase de camino al centro. Calia hizo un mohín de disgusto cuando llamé a los perros para llevármelos, pero Tim resopló haciendo vibrar sus bigotes y soltó algunos resoplidos como lo haría una morsa. La niña nos dio la espalda y comenzó a decirle que tenía que hacerlo de nuevo si quería que le diera otro pescado.

La historia de Lotty Herschel

Cuarentena

Llegué a la casa de campo un día que hacía tanto calor que ni las abejas podían soportarlo. Un hombre que había hecho conmigo el viaje en autobús desde Seaton Junction me llevó la maleta hasta el camino. Cuando se fue, después de preguntarme ocho o diez veces si estaba segura de que me las iba a poder arreglar sola, me senté agotada en el escalón de piedra que había ante la puerta, sintiendo el calor del sol a través de la tela de mi vestido suelto. Lo había remendado tantas veces que, para aquel entonces, era más un puro zurcido que una tela de algodón.

En Londres también había hecho mucho calor, pero era ese horrible calor de ciudad, con esos cielos amarillentos que te agobian hasta que parece que te va a estallar la cabeza y sientes como si la tuvieras llena de bolas de algodón. Por la noche sudaba tanto que, cuando me levantaba por la mañana, tenía el camisón y las sábanas húmedos. Sabía que debía comer pero, entre el calor y el letargo que me producía mi estado físico, me era difícil conseguir tragar la comida.

Tras examinarme, Claire me había advertido bruscamente que me iba a morir de inanición. «En tus condiciones cualquier infección que pesques en un pabellón del hospital puede acabar contigo en una semana. Necesitas comer. Necesitas descansar.»

Comer y descansar... Por las noches, cuando me acostaba en la cama, me consumían unas pesadillas febriles. Seguía viendo a mi madre, demasiado débil por la falta de comida y el embarazo como para bajar la escalera para decirnos adiós cuando Hugo y yo dejamos Viena. La niña que tuvo mamá murió de desnutrición a los dos meses. La llamaron Nadia, que significa esperanza. No habían perdido la esperanza. Supe que había muerto porque papá me escribió contándomelo en una carta, sólo con las veinticinco palabras autorizadas, que recibí a través de la Cruz Roja en marzo de 1940. Fue la última carta que recibí de mi padre.

Al principio del embarazo de mi madre yo odiaba a aquel bebé porque la apartaba de mí: ya no había más juegos ni más canciones, sólo sus ojos cada vez más grandes en su rostro consumido. Pero, luego, me perseguía la imagen de aquella pobre hermanita mía, a la que jamás llegué a ver, reprochándome los celos de mis nueve años. Por las noches, cuando no paraba de sudar en aquel ambiente sofocante de Londres, oía su débil llanto, que se iba haciendo imperceptible a causa de la falta de alimento.

O veía a mi *Oma*, con su abundante pelo rubio plateado del que estaba tan orgullosa que se negaba a cortárselo. Yo solía sentarme con ella por la noche, en su piso de la Renngasse, mientras la doncella se lo cepillaba. Lo tenía tan largo que podía sentarse sobre las puntas. Pero en aquellos momentos, en medio de mi desgracia, la veía con la cabeza afeitada, como la había llevado siempre mi abuela paterna bajo su peluca. ¿Qué imagen me atormentaba más? ¿La de mi *Oma*, con la cabeza afeitada y tan indefensa, o la de la madre de mi padre, mi *Bobe*, a la que me negué a dar un beso de despedida? Mientras iba adelgazando y debilitándome con el calor de Londres, aquella última mañana en Viena se iba adueñando de mi mente de tal forma que apenas me dejaba espacio para entender lo que pasaba a mi alrededor.

Las primas con las que yo compartía la cama y que

no fueron a Inglaterra, que se quedaron en la cama y se negaron a ir andando hasta la estación con nosotros. *Oma* y *Opa* habían pagado los billetes de los hijos de su Lingerl, pero no los de las hijas de las hermanas de mi padre, aquellas niñas de piel oscura y rostros almendrados a las que yo me parecía tanto. Ah, el dinero... *Opa* ya no tenía dinero, salvo aquel puñado de monedas. Las monedas con las que pagué mis clases de medicina podrían haber salvado las vidas de mis primas. Mi *Bobe* alargando los brazos para abrazarme a mí, la niña de su adorado hijo Martin, y yo, bajo la celosa mirada de mi *Oma*, haciéndole una simple reverencia de cortesía como despedida. Me quedaba en la cama llorando y pidiéndole a mi abuela que me perdonara.

En aquellos días no me sentía capaz de hablar con Carl. De todos modos, él tampoco pasaba mucho tiempo en Londres como para que pudiésemos hacerlo. En primavera la orquesta se había ido a tocar a Holanda. Luego, se pasó la mayor parte de junio y julio en Bournemouth y Brighton, donde su recién formado grupo de cámara tenía un contrato para tocar una serie de conciertos. Las pocas noches que pasamos juntos aquel verano acababan con mi huida, con mi salida de su pequeño estudio para cruzar Londres a pie hacia mi habitación alquilada, huyendo de una energía y un optimismo que me resultaban incomprensibles.

Solamente en el hospital lograba que se desvanecieran aquellas imágenes. Sólo cuando cambiaba las vendas a algún anciano con una herida ulcerada, o cuando cortaba con esmero los periódicos con los que una madre de los suburbios del East End había envuelto a su bebé enfermo, podía mantener mi pensamiento en Londres, entre una gente cuyas necesidades podía resolver. Cuando aquel invierno cinco de mis compañeros de clase estuvieron de baja, intensifiqué mi ritmo de trabajo para cubrir su ausencia. Yo no les caía bien a los profesores: era demasiado formal, me tomaba todo demasiado en serio. Pero tuvieron que reconocer que tenía una habilidad especial con los pacientes ya desde el segundo curso.

Creo que fue por eso por lo que Claire fue a buscarme. Se había pasado por el Hospital de la Beneficencia para asistir a una conferencia sobre las nuevas medicinas que se empezaban a utilizar justamente para combatir la tuberculosis. Al acabar, con toda probabilidad algún profesor le sugirió que una palabra suya me haría efecto: «Haga que la señorita Herschel se relaje un poco, que participe en algún deporte o en las obras de teatro previstas para este curso. Eso haría de ella una mujer más equilibrada y, en último término, una mejor médico».

En la vida diaria nuestros caminos ya no se cruzaban. Claire seguía viviendo con su madre, pero desde que yo había dejado la casa de la prima Minna ya no coincidíamos. Ella estaba haciendo el último año como médico residente en el Hospital de Santa Ana, en Wembley, lo cual significaba que debía hacer largas jornadas cubriendo servicios de urgencia así como ocupándose de las salas de postoperatorios y de los pabellones de convalecientes. En aquella época, las mujeres, incluso las mujeres como Claire Tallmadge, sólo conseguían los peores trabajos durante su tiempo de residencia. Cuando levanté la mirada y la vi venir cruzando la sala, me desplomé.

Carl me había acusado muchas veces de estar enamorada de Claire. Y sí lo estaba, pero no del modo que él se imaginaba. No había en mí ningún erotismo sino esa especie de fascinación que siente un niño por un adulto idolatrado. Supongo que el halago de sentir que la imitaba hasta el punto de seguir sus pasos en el Hospital de la Beneficencia hacía que Claire continuase prestándome cierta atención. Por eso me resultó tan doloroso que, más adelante, cortara toda relación conmigo. Pero, en aquel momento, era más bien nuestra diferencia de horarios y el vivir en barrios alejados lo que hacía que no tuviéramos mucho contacto.

De todos modos, me sorprendió que me escribiera a la semana siguiente, la semana después de haberme desplomado delante de ella, para ofrecerme la casita de campo de Ted Marmaduke. Cuando crucé Londres en autobús para tomarnos un té, me contó que Ted y su hermano Wallace habían comprado aquella casita para usarla cuando salían a navegar. Después de la muerte de Wallace en El Alamein, Ted ya no salía mucho a navegar. A Vanessa le horrorizaban los barcos y el campo. El campo de verdad la aburría, pero Ted no quería vender la casa e incluso pagaba a una pareja de granjeros del pueblo para que se ocupasen de mantener el jardín y la casa más o menos en orden. Claire también me dijo que Ted pensaba que volverían a usarla cuando Vanessa y él tuvieran hijos; que él ya se imaginaba con cinco o seis niños que compartirían con él su amor por los deportes. Como entonces ya llevaban diez años casados y ni siquiera tenían un solo niño rubio y robusto, a mí me daba la impresión de que, en aquella cuestión, Vanessa se saldría con la suya, como en tantas otras cosas. Pero eso no era asunto mío. Las vidas de Ted y Vanessa no me importaban mucho.

—A Ted nunca le he caído bien —le dije a Claire cuando me explicó que su cuñado me ofrecía la casita para que pudiera tomar aire puro y alimentarme adecuadamente—. ¿Por qué me va a dejar su casa? ¿No será ése el típico abuso por mi parte contra el que siempre te ha prevenido?

Yo había oído a Ted criticar a Claire por su relación conmigo. Parapetada tras el muro del jardín, había oído cómo le decía que debía tener cuidado, que la gente como yo sólo iba a sacar provecho, y luego a Claire respondiéndole que yo era un macaco gracioso que no tenía madre y que de qué me iba a aprovechar. También había oído a Wallace, el hermano de Ted, otro hombre rubio y alto, con una risa campechana, añadir que podía llevarse una sorpresa, que la gente como yo siempre acababa abusando. «Eres joven, Claire, y crees que sabes más que nosotros. Pero te aseguro que, cuando conozcas un poco el mundo, pensarás de manera diferente.»

¿Debería avergonzarme de lo mucho que me dediqué a escuchar desde el otro lado del muro del jardín? Supongo... Supongo que era mi adoración por Claire lo que hacía que me acercara a hurtadillas hasta allí cuando los veía a todos juntos en el jardín los domingos por la tarde.

Entonces Claire enrojeció ligeramente.

—La guerra y la pérdida de Wallace han hecho madurar a Ted... Tú no lo has visto desde que volvió, ¿verdad? Espero que un día de éstos se convierta en un pez gordo de las finanzas, pero en casa es mucho más amable de lo que solía ser. Bueno, es igual. Cuando Vanessa y él vinieron a cenar el domingo y les conté lo enferma que estás y lo mucho que necesitas descansar y respirar aire puro, ambos pensaron de inmediato en Axmouth.

»Probablemente, un granjero que se llama Jessup te venderá alimentos a buen precio. En Axmouth hay un médico aceptable y creo que lograrás arreglártelas tú sola. Yo iré en diciembre, cuando acabe mi periodo de residente en Santa Ana, pero si te entra la desesperación puedes enviarme un telegrama. Probablemente podré tomarme un día libre en caso de emergencia.

Del mismo modo que había conseguido que yo fuera al colegio y que obtuviera la beca que necesitaba, en aquel momento estaba organizándome todos los detalles de mi vida. Incluso suscribió mi solicitud de baja médica a causa de la tuberculosis y convenció a la jefa de admisiones de que me recobraría con mayor rapidez en el campo, con alimentos frescos, que en un sanatorio. Me sentí incapaz de oponerme, incapaz de decirle que prefería arriesgarme a seguir en Londres.

Cuando llegó el momento de abandonar la ciudad, no supe qué decirle a Carl. Él había regresado a Londres desde Brighton una semana antes, tras un éxito tremendo, y tenía una energía tan arrolladora que yo casi no podía soportar su cercanía. Diez días después se iba, con los demás miembros del grupo Cellini, al segundo festival de arte de Edimburgo. Sus éxitos, sus planes, su visión de la música de cámara... Todo aquello le tenía tan embebido que ni siquiera se dio cuenta de lo enferma que yo estaba. Así que, al final, acabé escribiéndole una carta absolutamente ridícula.

Querido Carl: Voy a dejar el Hospital de la Beneficencia por baja médica. Te deseo mucho éxito en Edimburgo.

Intenté pensar en una despedida más dulce, en algo que hiciera referencia a las noches encaramados en el paraíso del Teatro de la Ópera, a los largos paseos por la orilla del Támesis, al placer de compartir la estrecha cama que tenía en el albergue antes de que empezara a ganar el suficiente dinero como para permitirse tener un piso. Pero todo aquello me parecía entonces algo tan lejano como mi *Oma* y mi *Bobe*. Así que sólo añadí mi nombre y eché la carta en el buzón de correos que hay en el exterior de la estación de Waterloo antes de tomar el tren para Axmouth.

25

Siguiendo el rastro de papel

Nada más llegar a casa de Morrell, devolví la llamada a Nick Vishnikov. Contestó con su habitual tono brusco y entrecortado.

—Vic, ¿eres bruja o tenías alguna prueba?

—O sea, que no ha sido un suicidio —dije apoyada en la encimera de la cocina y dejando escapar una gran bocanada de aire.

—El primer indicio fue que no había restos de pólvora en la mano y el segundo, un golpe en el cráneo que debió de dejarle aturdido el tiempo suficiente para que el asesino pudiera dispararle. El ayudante nuevo, el que hizo la primera autopsia, no se molestó en buscar otras posibles heridas, pero ¿tú qué habías observado?

—Ah, lo del golpe en la cabeza —dije como sin darle importancia—. No, la verdad es que me fijé en los detalles de su vida, no en los de su muerte.

—Bueno, pues, sea como sea, felicidades, aunque el comisario Purling del Distrito Veintiuno no está muy contento. Como su gente no se dio cuenta de eso in situ, no quiere que sea un homicidio. Pero, como ya le he dicho, las fotografías demuestran que el arma se encontró justo debajo de la mano de la víctima. Si se hubiera disparado él mismo, el arma se le habría caído de la mano desde la altura de la cabeza y hubiera quedado lejos, no justo debajo de la mano. Así que Purling ya ha asignado el caso. Bueno, tengo que dejarte porque tengo prisa.

Antes de que pudiera colgar, le pregunté a todo correr si tenía la seguridad de que había sido la SIG Trailside que se había encontrado allí la que había acabado con la vida de Fepple.

—¿Más brujerías, Warshawski? Se lo preguntaré a los del laboratorio, pero más tarde.

Mientras llenaba un cuenco con agua para los perros, estuve dudando sobre si debía llamar al comisario Purling para informarle de lo que sabía. Pero era tan poca cosa —la misteriosa llamada de teléfono y el misterioso visitante del viernes por la tarde— que la policía obtendría la misma información del guardia de seguridad y del listado de llamadas del teléfono de Fepple. Y, además, si le llamaba, en el mejor de los casos, significaría pasarme varias horas explicando por qué estaba involucrada en ello. Y, en el peor de los casos, podría encontrarme metida en más líos de los necesarios por haber examinado la escena del crimen por mi cuenta.

Y, además, aquel caso no era mío, así que tampoco era mi problema. Mi único problema era intentar que Ajax pagara a la familia Sommers lo que les debían por el seguro de vida de Aaron. Aquel Aaron Sommers cuyo nombre aparecía, con dos cruces al lado, en una vieja página de un cuaderno de contabilidad que estaba en el portafolios de Howard Fepple.

Llamé a los Laboratorios Cheviot y pregunté por Kathryn Chang.

—Ah, sí. Barry me dio su hoja. Le he echado un vistazo preliminar. Por la filigrana del papel yo diría que es de manufactura suiza, de la papelera Baume de Basilea. Tiene un tipo de trama de algodón que no se fabricaba durante la Segunda Guerra Mundial por la escasez de materia prima, o sea que se podría datar entre 1925 y 1940. Le podré dar datos más precisos cuando haya estudiado la tinta. Entonces me resultará más fácil precisar cuándo se escribió el texto. Pero no le puedo dar prioridad sobre otros encargos que tengo entre manos antes que el suyo. Tardaré, por lo menos, una semana.

—Está bien. Por ahora, con eso me basta —le contesté con lentitud, mientras intentaba procesar aquella información en mi mente—, pero ¿sabe usted si ese papel se usaba... únicamente en Suiza?

—Oh, no, en absoluto. Ahora, la papelera Baume no es muy conocida, pero en los años treinta era uno de los mayores fabricantes del mundo, tanto de papel de calidad como de papel de oficina. Éste de la muestra, en particular, se utilizaba para agendas de teléfonos, diarios personales y ese tipo de cosas. Es muy poco frecuente verlo utilizado en cuadernos de contabilidad. La persona que lo usaba debe de haber sido..., bueno, digamos que debió de ser muy sibarita. Por supuesto que ver el cuaderno del que se ha sacado esa hoja me serviría de gran ayuda.

—Eso también me serviría de ayuda a mí. Pero hay una cosa más que me gustaría saber: ¿podría decirme cuándo se han hecho las diferentes entradas? No el año exacto, sino... Bueno, lo que quiero saber es si hay algunas más recientes que otras.

—Muy bien, incluiremos ese dato en el informe, señora Warshawski.

Me pareció que había llegado el momento de volver a visitar a Ralph Devereux. Llamé para pedir cita. Su secretaria me recordaba de mi visita de la semana anterior, pero me dijo que Ralph no podía recibirme: no tenía ni un hueco libre en la agenda hasta las seis y media. Sin embargo, cuando le dije que tal vez yo podría hacer que el concejal Durham suspendiera sus manifestaciones de protesta, me contestó que esperase un momento, momento que resultó tan largo como para leerme toda la sección de deportes del *Herald Star*. Y, cuando volvió a ponerse al teléfono, me dijo que Ralph podría dedicarme cinco minutos a mediodía entre otras dos citas, si estaba allí a las doce en punto.

—Estaré en punto —dije, colgué y me volví hacia los perros—. Eso quiere decir que nos volvemos a casa. Allí podréis tumbaros en el jardín y yo me pondré unas medias. Ya sé que os vais a quedar tristísimos, pero pensadlo bien: ¿quién de los tres lo va a pasar peor?

Eran las diez y media. Me había hecho la ilusión de poder meterme en la cama de Morrell y echar un sueñecito, pero aún tenía que pasarme por casa de Max para darle las fotos de Radbuka a Tim Streeter. Y quería ir a mi propia casa para cambiarme y ponerme algo más apropiado que unos vaqueros para una cita en el Loop. Mientras llevaba a los perros de vuelta al coche, me puse a cantar «La vida es una rueda y yo estoy atrapada entre sus radios». Cuando paré en casa de Max para dejar las fotos de Radbuka, todo seguía tranquilo. Bajé a toda velocidad hasta Belmont, le planté los perros al señor Contreras y subí corriendo las escaleras hasta mi apartamento.

Aquella noche tenía la cena con los Rossy, la oportunidad de charlar en italiano para levantar el ánimo a la mujer de Bertrand que sentía nostalgia de su tierra. Me puse un traje pantalón negro de tela fina que me podía servir tanto para las citas profesionales como para ir a la cena. Cuando llegara a casa de los Rossy podía quitarme el suéter de cuello vuelto, de modo que la blusa de seda rosa que llevaba debajo le diera un toque elegante al conjunto. Metí los pendientes de diamantes de mi madre en un bolsillo y unos zapatos de tacón en la cartera, los de suela de goma de crepé que llevaba cuando fui a la oficina de Fepple... Me detuve sin acabar aquel pensamiento y bajé las escaleras a todo correr. La bolita de pinball estaba de nuevo en acción.

Fui con el coche hasta mi oficina y luego tomé el suburbano hasta el centro. En la calle Adams, frente al edificio Ajax, un pequeño grupo de manifestantes seguía dando vueltas en círculo por la acera junto a la entrada.

Sin el concejal Durham para dirigir la carga, sus tropas tenían un aspecto desastroso. De vez en cuando, algunos se animaban cantando alguna consigna a la gente que salía de la oficina para ir a comer, pero la mayor parte se dedicaba simplemente a hablar entre sí, con los carteles descansando sobre los hombros. Parecían los mismos que portaban el viernes anterior —«No a las indemnizaciones a los negreros», «No a las torres de oficinas levantadas sobre los huesos de los esclavos» y cosas así— pero vi que, en el panfleto que un joven me dio cuando iba a entrar en el edificio, habían borrado los ataques en mi contra. Sí, los habían borrado literalmente y donde decía que si yo no tenía vergüenza había un espacio en blanco entre lo de la falta de piedad de Ajax y lo de la falta de compasión de los Birnbaum. El texto ofrecía un aspecto raro:

La compañía aseguradora Ajax se quedó el importe del seguro de vida de su marido hace diez años. La semana pasada, cuando él murió, enviaron a su diligente detective para acusar a la hermana Sommers de haber robado el dinero.

Supuse que era para poder incluir mi nombre, si volvían a considerarme la mala de la película. Metí el panfleto en mi maletín.

A las doce en punto el ordenanza de la planta de los directivos me pasó a la sala de visitas de Ralph. Él aún no había salido de una reunión en la sala de juntas, pero su secretaria le llamó por el interfono. Ralph apareció tras una brevísima espera pero, esta vez, me dirigió un simple saludo con la cabeza, sin sonrisas ni abrazos.

—¿A ti siempre te persiguen los problemas, Vic? —me dijo cuando ya estábamos en su despacho con la puerta cerrada—. ¿O es que simplemente surgen y saltan para morderme cuando te acercas a mí?

—Si de verdad sólo dispones de cinco minutos, no

los malgastes echándome la culpa por las manifestaciones de protesta del concejal Durham —dije sentándome en una de aquellas sillas tubulares tan duras, mientras él se apoyaba en el borde de su escritorio—. He venido a sugerirte que paguéis la totalidad del seguro a la familia Sommers y así podréis hacer una magnífica labor de relaciones públicas resaltando el gran respeto que sentís ante el dolor de la viuda...

Me cortó en seco.

—Ya pagamos diez mil dólares en 1991. No vamos a pagar dos veces un seguro de vida.

—La cuestión es quién recibió el dinero en 1991. Yo, personalmente, no creo que nadie de la familia Sommers viera ese dinero jamás. El cheque inició y terminó su recorrido en las puertas de la agencia.

Cruzó los brazos con gesto intransigente.

—¿Tienes alguna prueba?

—Ya sabes que Howard Fepple está muerto, ¿verdad? No hay nadie...

—Se suicidó porque la agencia iba de mal en peor. Figura en el boletín interno de noticias de esta mañana.

Negué con la cabeza.

—Noticia atrasada. Le han asesinado. El expediente sobre la familia Sommers ha desaparecido y ya no queda nadie en la agencia que pueda explicar lo que ha ocurrido en realidad.

Ralph se quedó mirándome entre enfadado e incrédulo.

—¿Qué quieres decir con que le han asesinado? La policía encontró su cuerpo y una nota de suicidio. Lo dicen los periódicos.

—Ralph, escúchame: no hace ni una hora que he hablado con el forense y me ha dicho que la autopsia revela que se trata de un asesinato. ¿No te parece curioso que el expediente de la familia Sommers haya desaparecido al mismo tiempo que alguien ha matado a Fepple?

—¿Qué intentas con todo esto? ¿Supones que me lo voy a creer simplemente porque tú me lo digas?

—Llama al forense —dije, encogiéndome de hombros—. Llama al comisario de guardia del Distrito Veintiuno. No intento hacer nada más que ayudar a mi cliente y proporcionarte un camino para acabar con la manifestación de ahí abajo, en la calle Adams.

—Muy bien, pues te escucho. —El ceño fruncido acentuaba la incipiente flacidez de sus mejillas.

—Paga la totalidad a la familia Sommers —repetí sin dejar de mirarlo e intentando que no saliese a relucir el pronto de mi carácter—. Sólo son diez mil dólares. Es lo que cuesta el billete de ida y vuelta a Zurich de un miembro de vuestro comité ejecutivo, pero para Gertrude Sommers y para el sobrino que pagó de su bolsillo el funeral representa la diferencia entre vivir en la penuria o con cierto desahogo. Paga y saca de ello un gran revuelo publicitario. ¿Qué podrá hacer Durham después? Puede decir que fue él quien te forzó a tomar esa medida, pero no podrá andar por ahí diciendo que robas a una viuda.

—Lo pensaré, pero no me parece que sea la mejor idea.

—A mí, personalmente, me parece una maravilla. Demuestra lo absolutamente fiable que es esta compañía incluso ante una situación en absoluto fiable. Hasta podría escribirte un anuncio publicitario.

—Claro, como no es tu dinero...

No pude evitar sonreír.

—¿Qué pasa? ¿Va a irrumpir aquí Rossy gritando «Oiga, joven, hasta el último centavo va a salir de sus opciones de compra de acciones»?

—Esto no es broma, Vic.

—Ya lo sé. Y la parte que menos gracia tiene es la referente a las conexiones que los malpensados van a establecer al enterarse de que el expediente de los Sommers se ha evaporado. ¿Hizo tu compañía algo hace una década que desee mantener oculto a toda costa?

—No hicimos nada. Rotundamente, no. —Se detuvo a mitad de su negación, recordando que nos habíamos conocido a causa de un fraude en Ajax—. ¿Es eso lo que cree la policía?

—No lo sé. Puedo extender las antenas pero, si te sirve de consuelo, lo que he oído sobre el tipo que dirige la investigación es que no tiene muchas ganas de sudar. —Me puse de pie y saqué de mi maletín una copia de la vieja hoja del libro de contabilidad—. Éste es el único documento relacionado con los Sommers que había en la oficina de Fepple. ¿Te dice algo?

Ralph lo miró sólo un instante y sacudió la cabeza con impaciencia.

—¿Qué es esto? ¿Quiénes son estas personas?

—Esperaba que tú me lo dijeras. Cuando estuve aquí la semana pasada, Connie Ingram, esa chica joven de tu Departamento de Reclamaciones, dejó aquí el expediente que tenéis sobre Sommers. Si contiene copias de los documentos de la agencia, tal vez tenga una completa de éste. No sé quiénes son estas personas, pero las dos cruces que hay junto a sus nombres me hacen pensar que han muerto. El original de esta hoja es bastante antiguo. Y aquí hay algo muy curioso, Ralph: en el laboratorio me han dicho que este papel se hacía en Suiza antes de la guerra. Me refiero a la Segunda Guerra Mundial, no a la Guerra del Golfo.

Se puso tenso.

—Será mejor que no estés sugiriendo...

—¿Edelweiss? Por Dios bendito, Ralph, ese pensamiento casi no ha cruzado por mi mente. El laboratorio me ha dicho que ese papel se vendía a sibaritas de todo el mundo y, por lo visto, era bastante caro, pero... un papel suizo y una pistola suiza, ambas cosas en una agencia de seguros que atrae en estos momentos mucha atención...

La mente humana no es racional, Ralph, sólo relaciona los hechos que se suceden uno detrás del otro. Y eso es lo que está haciendo mi mente.

Entonces se puso a mirar el papel como si éste fuera una cobra que le hubiera hipnotizado. El interfono que estaba sobre su escritorio emitió un pitido. Era su secretaria recordándole que iba a llegar tarde a su cita. Apartó la vista del papel con visible esfuerzo.

—Déjame esto. Le diré a Denise que compruebe la carpeta para ver si hay algún documento más con esta letra. Ahora tengo que irme a toda prisa a otra reunión. Una reunión sobre nuestras reservas, sobre la situación ante posibles reclamaciones de supervivientes del Holocausto y sobre otros asuntos que son mucho más importantes que diez mil dólares y que unas acusaciones sin fundamento contra Edelweiss.

Al bajar me detuve en la planta treinta y nueve, donde se examinaban las reclamaciones. A diferencia de la planta de los directivos, en la que había un ordenanza tras una consola de caoba para controlar las entradas y salidas, allí no se veía a ninguna persona a quien preguntar dónde estaba la mesa de Connie Ingram. Tampoco había alfombras chinas de color rosa flotando en un océano de parqué. Eché a andar sobre una estera de sisal duro de color mostaza por un laberinto de cubículos, la mayor parte de ellos vacíos, pues era la hora de comer.

Cerca ya del final de la planta encontré a una mujer sentada tras su mesa, haciendo el crucigrama del *Tribune* mientras comía brotes de soja de un envase de plástico. Era una mujer de mediana edad, con la cabeza llena de ricitos en forma de tirabuzones. Cuando levantó la mirada, me sonrió y me preguntó en qué podía ayudarme.

—¿Connie Ingram? Está al otro lado. Venga, yo la acompaño. Es difícil encontrar dónde está cada cual en medio de este laberinto, a menos que seas una de las ratas que trabaja aquí.

Volvió a ponerse los zapatos y me condujo al otro lado de la planta. Justo en ese momento Connie Ingram volvía de comer con un grupo de compañeras. Estaban haciendo los típicos comentarios quejosos por tener que volver al trabajo y planes para la hora del café. Nos saludaron, a mí y a mi guía, con interés: mucho mejor tener alguien con quien hablar que estar mirando archivos y pantallas de ordenador.

—Señorita Ingram —le dije con la franca sonrisa de unas amigas de toda la vida—. Soy V. I. Warshawski. Nos conocimos la semana pasada en el despacho de Ralph Devereux, por el asunto de Aaron Sommers.

El recelo se reflejó en su rostro.

—¿Sabe el señor Rossy que está aquí?

Le enseñé mi pase y aumenté la potencia de mi sonrisa.

—Ralph Devereux me ha invitado a venir. ¿Quiere llamar a su secretaria para preguntárselo o quiere que llame yo a Bertrand Rossy para que él le diga lo que necesito?

Sus compañeras, protectoras e inquisitivas, la rodearon. Ella musitó que no creía que fuese necesario y me preguntó qué era lo que quería.

—Ver el expediente. ¿Sabe que el agente que vendió la póliza ha muerto? La copia que debía obrar en su poder no aparece, así que necesito ver los documentos para intentar averiguar quién presentó la solicitud original de cobro por fallecimiento. El señor Devereux está barajando la posibilidad de pagar a la viuda por todo el lío que hay con esta póliza y ahora con la muerte del agente y todo eso.

Connie se puso toda colorada.

—Lo siento, pero a mí el señor Rossy me dijo tajantemente que no le enseñara el contenido de esa carpeta a nadie que no fuese de la empresa. Y, además, la carpeta sigue en la planta sesenta y tres.

—¿Y la microficha? ¿No dijo usted que había impreso los documentos a partir de la microficha? Estamos hablando de la póliza de una mujer mayor, que se ha pasado la vida vaciando orinales mientras su marido hacía dos turnos para poder pagar la prima del seguro. Si hubo un error en el pago o el agente cometió una estafa, ¿tiene que sufrir esta anciana una humillación, además del sufrimiento de la pérdida de su marido? —le dije. En lugar de escribir anuncios publicitarios para Ajax, podría escribirle los discursos a Bull Durham.

—De verdad, es la política de la empresa. No se pueden mostrar los archivos a nadie que no sea de la compañía. Puede preguntárselo a mi supervisora cuando vuelva de comer.

—Esta noche voy a cenar con los señores Rossy, así que se lo diré a él directamente.

Entonces, adoptó una expresión de mayor inquietud. A ella le gustaba complacer a todo el mundo. ¿Qué pasaría si yo y su todopoderoso jefe extranjero nos enfadásemos con ella? Pero era una jovencita muy honrada y, al final, se decidió por la lealtad hacia su empresa. No me hizo gracia, pero, desde luego, me produjo un gran respeto. Sonreí dándole las gracias y le dejé una tarjeta mía por si cambiaba de opinión.

26

Sugestión hipnótica

Ya en la calle, di la vuelta a la esquina y me metí en la relativa calma del callejón para hablar con Tim Streeter y ver cómo iban las cosas. Estaba en el zoo con Calia. Radbuka había vuelto a aparecer por el parque cuando estaban metiéndose en el coche de Tim, pero le había parecido más un tipo molesto que un hombre peligroso.

—Por supuesto que ambos sabemos que los merodeadores pueden ponerse violentos —me dijo—, pero, por lo menos hasta ahora, me ha parecido más desconcertante que peligroso. No hizo más que repetir que quería una oportunidad para hablar con Max y averiguar algo sobre su auténtica familia, pero entonces Calia se puso a chillar, con lo cual Agnes apareció en escena. Se puso a gritar que avisaran a la policía, que, según dice, apareció más tarde, pero yo ya me había ido tras Radbuka para advertirle que tenía que marcharse, que Max iba a ponerle una denuncia por intromisión en su vida privada, lo cual significaba que podrían detenerle por andar merodeando cerca de su casa.

Parpadeé.

—¿Y es verdad que Max lo va a hacer?

—Yo le llamé al hospital y le dije que debería hacerlo. Sea como sea, parece que ahora están todos más tranquilos. Agnes se ha quedado en casa para pintar, así que he llamado a mi hermano y le he dicho que se pase por allí para vigilar la casa. Yo he preferido llevarme a la niña para que Agnes no se ponga nerviosa pensando que la vida de su hija corre un peligro inminente, porque no es así. Ese tipo será un incordio pero, físicamente, no tiene nada que hacer contra nosotros.

Fruncí el ceño, preocupada.

—¿No puede haberos seguido hasta el zoo?

—No. Iba en bici. Hace media hora me ha llamado mi hermano desde la casa para decirme que ha estado mirando a fondo por el jardín de Max y en el parque que hay al otro lado de la calle y que no ha visto el menor rastro de Radbuka.

—¿Y cómo está Calia?

—Muy bien. Estamos viendo unas morsas de verdad. Supuestamente estoy aprendiendo cómo pedir que me den peces. Verme tranquilo la tranquiliza.

Un camión de reparto entró marcha atrás en el callejón haciendo que, con sus incesantes pitidos, me fuera imposible oír nada de lo que Tim me decía. A gritos le dije que llamaría a casa de Max más tarde.

Pasé junto al camión mientras me sentía insólitamente inútil. No había hecho ningún progreso en mi investigación sobre el pasado de Radbuka. No había hecho nada por la familia Sommers. Lotty, cuyo estado me alarmaba, no quería hablar conmigo. Como el piso de Rossy en Lake Shore Drive quedaba cerca del de Lotty, pensé que podría intentar pasar por allí de camino a la cena, pero no se me ocurría qué hacer para conseguir que me abriera su corazón.

Crucé la avenida Michigan hacia el jardín de las esculturas junto al Art Institute desde donde llamé a mi oficina para saber si Mary Louise había hecho algún progreso enseñando la foto de Radbuka a los vecinos de varias familias apellidadas Ulrich que figuraban en la guía telefónica de la ciudad. Mary Louise había estado intentando sacudirse aquel encargo de encima pero, cuando le conté que Radbuka había estado merodeando por los alrededores de la casa de Max, estuvo de acuerdo conmigo en que necesitábamos empezar por algún sitio. Si conseguía dar con alguien que hubiera conocido a Radbuka cuando aún se llamaba Ulrich, eso nos proporcionaría un punto de partida.

El camino más sencillo sería conseguir que Rhea Wiell nos ayudara y, ya que me encontraba en el centro, decidí hacerle una visita sorpresa. Tal vez estaría más receptiva en persona que por teléfono. Y, si no estaba dispuesta a facilitarme ningún antecedente sobre Paul, quizá me ayudase a dar con una estrategia para mantenerlo bajo control.

Fui caminando a lo largo de la avenida Michigan hasta el Water Tower Center y me paré a medio camino para comprar algo que en la tienda llamaban «sándwich vegetal». La agradable temperatura había hecho que una multitud de oficinistas hubiera salido a la calle a comer. Me senté en un banco de mármol entre un tipo que estaba enfrascado en un libro de bolsillo y dos mujeres que estaban fumándose un cigarrillo mientras se quejaban sin parar del descaro de alguien que les había pedido que rellenaran una segunda planilla de control de horarios.

El sándwich resultó ser un bollo grande de pan con unas escasas rodajitas de berenjena y pimiento. Parte del pan lo desmigué para los gorriones que revoloteaban esperanzados a mis pies. De pronto, sin saber de dónde, aparecieron una docena de palomas intentando apartar a los pajarillos.

El tipo que estaba a mi lado enfrascado en el libro me miró con asco.

—Lo único que está haciendo es fomentar bichos nocivos, ¿sabe?

Dobló la punta de la página que estaba leyendo y se puso de pie.

—Pues a lo mejor tiene razón —le contesté poniéndome de pie yo también—. Siempre había pensado que mi trabajo consistía en mantenerlos a raya, pero a lo mejor ha dado usted en el clavo.

Su gesto de disgusto dio paso a otro de inquietud, giró y se dirigió a toda prisa hacia el edificio de oficinas que teníamos detrás. Desmigué el resto del pan para echárselo a los pájaros. Ya casi era la una. Morrell estaría en ese momento sobrevolando el Atlántico, lejos de la tierra, lejos de mí. Sentí como un vacío en el estómago y apresuré el paso como si, con ello, pudiera dejar atrás el sentimiento de soledad.

Cuando entré en la consulta de Rhea Wiell había una mujer joven sentada en la sala de espera que sostenía nerviosa una taza con una infusión de hierbas entre las manos. Me senté y me puse a observar los peces que había en el acuario, mientras la mujer me lanzaba una mirada de desconfianza.

—¿A qué hora tiene usted la cita? —le pregunté.

—A la una y cuarto... ¿A qué hora la tiene usted?

Si mi reloj iba bien, todavía no era la una y diez.

—No tengo cita. Espero que la señora Wiell tenga algún hueco libre esta tarde. ¿Lleva usted mucho tiempo con ella? ¿Le está sirviendo de algo?

—Ah, de mucho —dijo, y luego permaneció en silencio durante un minuto, pero como yo continué mirando los peces y el silencio se hizo muy denso, añadió—: Rhea me ha ayudado a cobrar conciencia de fragmentos de mi vida que antes tenía bloqueados.

—A mí nunca me han hipnotizado —dije—. ¿Qué se siente?

—¿Le da miedo? A mí también me lo daba antes de la primera sesión, pero no es como aparece en las películas. Es como ir descendiendo en un ascensor hacia tu propio pasado. Puedes bajarte en diferentes plantas y explorarlas con la tranquilidad de saber que Rhea está a tu lado, en vez de estar sola o con esos monstruos que estaban allí cuando tuviste que vivir aquello en su momento.

La puerta que daba a la otra habitación se abrió. La mujer que estaba hablando conmigo se volvió inmediatamente para mirar a Rhea, que apareció en el umbral de la puerta con Don Strzepek. Estaban riéndose como si existiese bastante familiaridad entre ellos. Don tenía aire de estar muy despierto y Rhea, en vez de la chaqueta y los pantalones sueltos del otro día, llevaba un vestido rojo con el busto ceñido. Al verme, se sonrojó y se separó ligeramente de Don.

—¿Ha venido a verme? Tengo a otra persona citada ahora mismo —me dijo y, por primera vez en nuestra breve relación, la calidez de su sonrisa parecía auténtica. No me lo tomé como una deferencia personal, sabía que era por Don, pero provocó que yo le respondiera con naturalidad.

—Ha surgido algo bastante serio. Puedo esperar a que acabe, pero creo que deberíamos hablar.

Se volvió hacia la paciente que estaba esperándola y le dijo:

—Isabel, no vamos a empezar tarde, pero tengo que hablar un momento a solas con esta señora.

Cuando entré con ella en su despacho, Don me siguió.

—Paul Radbuka ha empezado a acosar a la familia del señor Loewenthal. Me gustaría hablar con usted sobre las posibles estrategias que podemos emplear para manejar esta situación.

—¿Acosar? Me parece un comentario algo excesivo. Puede que esté malinterpretando su actitud, pero, aunque así fuera, no hay duda de que tenemos que hablar. —Se sentó tras su mesa para mirar el calendario—. Puedo hacerle un hueco de quince minutos a las dos y media.

Asintió mayestáticamente con la cabeza pero, cuando miró a Don, su expresión volvió a dulcificarse. Nos acompañó a la sala de espera y, dirigiéndose a él, dijo:

—Bueno, entonces, te veo a las dos y media.

—Parece que el asunto de tu libro marcha bien —le dije a Don cuando ya habíamos salido al descansillo.

—Su trabajo es fascinante —me contestó él—. Ayer me dejé hipnotizar. Fue maravilloso, era como estar flotando en un océano de agua tibia dentro de un bote absolutamente seguro.

Vi cómo se llevaba la mano con aire pensativo al bolsillo de la pechera mientras esperábamos al ascensor.

—¿Has dejado de fumar o has recordado secretos enterrados acerca de tu madre?

—No seas sarcástica, Vic. Sólo me puso en un trance ligero, de modo que pudiese ver cómo es el asunto; no me hizo una hipnosis profunda para recuperar recuerdos. De todos modos, nunca utiliza la hipnosis profunda hasta haber trabajado con el paciente el tiempo necesario para estar segura de que existe la suficiente confianza entre ambos y para estar segura de que el paciente es lo bastante fuerte como para soportar todo el proceso. Cuando salga este libro, Arnold Praeger y la gente de Memoria Inducida van a lamentar haber intentado tirar por tierra la reputación de Rhea.

—Te ha embrujado con algún tipo de hechizo —dije en tono de burla mientras atravesábamos el portal—. Nunca te había visto dejar a un lado tu cautela de periodista.

Se puso colorado.

—Siempre existen motivos legítimos de inquietud ante cualquier método terapéutico. Lo dejaré bien claro en el libro. Esto no es una apología de Rhea sino una oportunidad para que la gente entienda el valor de su trabajo en la recuperación de recuerdos. Incluiré la opinión de la gente de Memoria Inducida, aunque ellos nunca se han tomado el tiempo necesario para comprender los métodos de Rhea.

Don había conocido a Rhea al mismo tiempo que yo, es decir, hacía sólo cuatro días, y ya era un fervoroso creyente. Me preguntaba por qué sería que su hechizo no tenía ningún efecto en mí. Cuando nos conocimos, el viernes pasado, se dio perfecta cuenta de que me acercaba a ella con escepticismo, no con la admiración de Don, pero no intentó seducirme hacia su campo. Se me ocurrió pensar que, tal vez, no empleara su encanto en la misma medida con las mujeres que con los hombres, pero la joven que estaba en la sala de espera también era, sin duda, una incondicional. ¿Tendría razón Mary Louise? ¿No desconfiaríamos la una de la otra porque ambas queríamos dominar la situación? ¿O era mi instinto el que me decía que en Rhea Wiell había algo turbio? No es que yo pensara que era una simple charlatana, pero me preguntaba si la constante dieta de adulación a la que la habían acostumbrado personas como Paul Radbuka se le habría subido a la cabeza.

—¡Vuelve a la tierra! —oí decir a Don—. Por tercera vez, ¿quieres tomar un café mientras esperamos?

De pronto me di cuenta de que estábamos fuera del ascensor, en la planta baja.

—La hipnosis, ¿es algo así? —le pregunté—. ¿Te sumerges tanto en un espacio propio que pierdes la conciencia del mundo exterior?

Don me llevó afuera para poder encender un cigarrillo.

—Estás preguntando a un novicio, pero creo que consideran que quedarse así de abstraído es algo muy similar a un trance. Le llaman disociación de imágenes o algo así.

Me coloqué donde no me viniera el humo mientras él se fumaba su cigarrillo y aproveché para hacer unas llamadas y comprobar cómo iban las cosas. Llamé primero a Tim Streeter, quien me dijo que no había ninguna novedad y, luego, a mi servicio de contestador. Para cuando terminé de devolver un par de llamadas a unos clientes, Don ya estaba listo para ir a tomar café al hotel

Ritz. En la terraza llena de árboles del Ritz conseguí que me hiciera un resumen de las averiguaciones que había llevado a cabo en los últimos cuatro días.

Había recopilado un montón de datos sobre cómo se había utilizado la hipnosis en los tratamientos a personas que padecían síntomas de algún trauma. Un hombre que sufría unas pesadillas horribles en las que le rebanaban el cuello y se lo separaban del tronco resultó que había visto cómo se ahorcaba su madre, a la edad de tres años. El padre confirmó todos los detalles que el hijo había reproducido bajo hipnosis. Jamás le había hablado de aquello a su hijo pensando que, cuando sucedió, era demasiado pequeño para comprender lo que había visto. También me contó que había muchos casos documentados sobre personas que, estando anestesiadas, habían oído lo que se decía a su alrededor y bajo la hipnosis fueron capaces de reproducir todas las conversaciones mantenidas en el quirófano. La propia Rhea había trabajado con varias personas que habían sido víctimas de incesto y cuyos recuerdos, recuperados gracias a la hipnosis, habían sido refrendados por hermanos o por otros adultos.

—En un capítulo vamos a utilizar diversas parejas contrapuestas: el poseedor de recuerdos y el supresor de recuerdos. Pero el capítulo más interesante, por supuesto, será el que trate sobre Radbuka, por eso ni a Rhea ni a mí nos agrada que estés cuestionando la validez de lo que dice.

Apoyé la barbilla en las manos y lo miré directamente a los ojos.

—Don, no dudo del valor de la hipnosis ni de la validez de algunos recuerdos recuperados siempre que se sigan unas pautas estrictas. Pertenezco al consejo de una asociación de acogida a mujeres con problemas y he sido testigo yo misma de ese fenómeno.

»Pero, en el caso de Radbuka, se trata de saber quién

es él emocionalmente y, bueno, también genealógicamente, por decirlo de alguna forma. Max Loewenthal no miente cuando dice que los Radbuka no son parientes suyos, pero Paul desea tan desesperadamente que esa relación exista que es incapaz de prestar atención a la realidad. Puedo comprenderlo. Puedo comprender que, habiendo crecido con un padre que le maltrataba, desee tener otros parientes. Si yo pudiera acceder a más información sobre él, podría tratar de ver dónde se cruza su vida, si es que se cruza, con alguien del círculo londinense de Max.

—Pero él no quiere que tengas esa información. Ha llamado a Rhea a mediodía, cuando yo estaba allí, para decirle que estabas haciendo todo lo posible para apartarle de su familia y le ha implorado que no te diera ningún detalle sobre él.

—Eso explica su frialdad conmigo. No hay duda de que habla mucho en su favor que sea tan celosa de la intimidad de sus pacientes. Pero tú estuviste en casa de Max el domingo y viste cómo es Radbuka. Incluso concediéndole que todo lo que dice haber recordado gracias a la hipnosis sea verdad, eso no significa que sea pariente de Max simplemente porque él lo quiera. —Para intentar quitarle hierro a la conversación, añadí—: Eso situaría el trabajo de Rhea al mismo nivel que el de Timothy Leary, que, estando bajo los efectos del ácido, hablaba con sus cromosomas para saber cuáles habían sido sus reencarnaciones anteriores.

—¡Pero, Vic...! —protestó Don—. No puedes reducir esta terapia al nivel de una conversación con Jay Leno. Hace una semana yo también habría hecho esa clase de chiste barato pero, si hubieras visto el proceso de cerca y hubieras comprendido con qué tipo de problemas tiene que luchar la gente que desbloquea su pasado, serías más respetuosa. Te lo garantizo. Y, en el caso de Paul Radbuka, Rhea también es consciente de que ese hombre tiene un montón de problemas y está francamente preocupada por lo que estás intentando hacer con él.

Miré el reloj e hice una seña para que trajeran la cuenta.

—Don, ya sé que sólo hemos coincidido unas cuantas veces durante el año pasado, pero ¿crees que tu amigo Morrell se habría enamorado de mí si yo fuera un monstruo que, deliberadamente, pone obstáculos entre un huérfano de guerra y su familia?

Don esbozó una sonrisa de arrepentimiento.

—¡Por todos los demonios, Vic! Claro que no, pero tú tienes una relación muy estrecha con Loewenthal y sus amigos. Tus juicios también pueden estar distorsionados por tu afán de protegerlos.

Estuve tentada de creer que, de verdad, Rhea le había provocado un estado de sugestión posthipnótico con el fin de que me rechazara a mí y todo cuanto yo hiciera. Pero, al ver cómo se le iluminaba la mirada cuando le dije que ya era hora de cruzar al edificio de oficinas, comprendí que el auténtico hechizo provenía de una fuente más profunda y más básica. Como solía decir mi padre: jamás intentes detener a un hombre con un hacha ni a un hombre enamorado.

27

Nuevo discípulo

Cuando terminé la conversación con Rhea, estaba a punto de darle un buen golpe en la cabeza y alegar legítima defensa. Yo había empezado a decir que todos queríamos lo que fuese mejor para los protagonistas de nuestro pequeño drama, lo cual implicaba no sólo a Paul, sino también a Calia y a Agnes. Rhea me había dirigido una de sus inclinaciones de cabeza mayestáticas que me provocaban ganas de volver a mis días de peleas callejeras, así que concentré toda mi atención en el cuadro de una granja japonesa que estaba colgado sobre su diván y le relaté los dos intentos de abordar a Calia que había protagonizado Paul.

—La familia está empezando a tener la sensación de que les acosa —le dije—. El abogado del señor Loewenthal quiere que ponga una denuncia por intromisión en la vida privada, pero yo he pensado que, si tú y yo hablábamos, podríamos evitar una confrontación a ese nivel.

—No puedo creer que Paul se dedique a acosar a nadie —dijo Rhea—. No sólo es extremadamente educado sino también fácilmente amedrentable. No estoy diciendo que no haya ido a casa de Max —añadió al ver que yo iba a objetar—, pero, más bien, me imagino que estaría en el parque como la pequeña cerillera del cuento, que deseaba participar en la fiesta que veía a través de la ventana y ninguno de los niños ricos que estaban dentro le prestaba la menor atención.

Sonreí, manteniendo la calma.

—Por desgracia, Calia tiene cinco años, una edad en la que un adulto asustado e indigente puede aterrorizarla. Su madre está comprensiblemente alarmada porque piensa que, tal vez, su niña esté corriendo peligro. Cuando Paul sale de entre los matorrales y se dirige hacia ellas, las asusta. Puede que su ansia de encontrar una familia le esté impidiendo ver lo que las otras personas piensan de su comportamiento.

Rhea inclinó la cabeza con el gesto de un cisne, en el que parecía haber un atisbo de aquiescencia.

—Pero ¿por qué no quiere Max reconocer su parentesco?

Me entraron ganas de gritarle: «Porque no hay nada que reconocer, cabeza de chorlito», pero me incliné hacia delante poniendo expresión de gran seriedad.

—De verdad, el señor Loewenthal no está emparentado con tu paciente. Esta mañana me ha estado enseñando los documentos que conserva de la búsqueda que realizó tras la guerra sobre varias familias de las que no se tenían noticias. Entre esos documentos hay una carta de la persona que le pidió que rastreara a los Radbuka. El domingo, cuando Paul irrumpió en la fiesta del señor Loewenthal, éste se ofreció a mirar esos papeles con Paul, pero él no quiso aceptar tener una cita en otro momento más conveniente. Estoy segura de que el señor Loewenthal estará encantado de que Paul los vea si con ello puede conseguir que se sosiegue.

—¿Tú has visto esos documentos, Don? —preguntó Rhea volviéndose hacia él con una conmovedora exhibición de fragilidad femenina—. Si pudieras echarles un vistazo, si te pones de acuerdo con..., con Vic, yo me sentiría mucho mejor.

Don se hinchó de orgullo ante su muestra de confianza. Yo intenté no hacer una mueca de burla y dije que estaba segura de que Max querría que aquello se acabara cuanto antes.

—Yo esta noche tengo un compromiso para la cena, pero, si Don está libre, puedo pedirle a Max que quede con él —dije—. Entretanto, sería horrible que detuvieran a Paul a causa de este desgraciado malentendido. ¿Podrías sugerirle que se aleje de la casa del señor Loewenthal hasta que él lo llame? Si es que me puedes proporcionar un número de teléfono en el que el señor Loewenthal pueda encontrarlo.

Rhea movió la cabeza con una ligera sonrisa de desdén en las comisuras de los labios.

—Realmente, tú nunca te das por vencida, ¿verdad? No te voy a dar el número de teléfono ni la dirección de un paciente. Para él eres la persona que le mantiene alejado de su familia. Si aparecieras en la puerta de su casa, sería un acontecimiento demoledor para la frágil conciencia que tiene de sí mismo.

Sentí que todos los músculos del cuello se me agarrotaban a causa del esfuerzo que estaba haciendo para no perder los estribos.

—No estoy poniendo en tela de juicio el trabajo que has realizado con él, Rhea, pero... si pudiera ver los documentos que encontró entre los papeles de su padre, bueno, de su padre adoptivo, podría rastrear qué persona de Londres puede haber sido miembro de su familia. Ese viaje que piensa que hizo desde el desconocido lugar de su nacimiento hasta Terezin, y luego hasta Londres y Chicago, es tan tortuoso que, tal vez, no seamos capaces de seguir su rastro. Pero, por lo menos, los documentos que le confirmaron su verdadero nombre podrían servir de punto de partida para un investigador experimentado.

—Dices que no estás poniendo en tela de juicio mi labor, pero en la siguiente frase te refieres al viaje que Paul *piensa* que hizo. Es un viaje que hizo, aunque los detalles del mismo hayan estado bloqueados en su conciencia durante cincuenta años. Igual que tú, yo soy una investigadora con experiencia, pero en el caso concreto de la exploración del pasado tengo más experiencia que tú.

Se oyó el discreto tintineo de la campanita de templo japonés. Rhea se dio la vuelta para mirar un reloj que tenía sobre su escritorio.

—Necesito borrar de mi mente todo este conflicto antes de que llegue el próximo paciente. Puedes estar segura de que le diré a Paul que sólo encontrará hostilidad si sigue intentando ver a Max Loewenthal.

—Eso nos ayudará a todos —le contesté—. Tengo una persona enseñando una fotografía de Radbuka a los vecinos de las familias que se llamen Ulrich con la esperanza de encontrar la casa en la que pasó su infancia. Así que, si te dice que hay alguien que le está espiando, es verdad.

—¿Familias que se llamen Ulrich? ¿Para qué quieres...? —se calló bruscamente, abriendo mucho sus ojos oscuros, desconcertada al principio y divertida a continuación—. Si eso es a todo lo que has llegado con tus esfuerzos indagatorios, Vic, Paul Radbuka no tiene nada que temer de ti.

Me quedé estudiándola un momento, con la barbilla apoyada en la mano, intentando descifrar qué era lo que le hacía tanta gracia.

—Así que, después de todo, su padre no se llamaba Ulrich. Lo tendré en cuenta. Don, ¿dónde te dejo un mensaje para decirte si Max puede quedar contigo esta noche? ¿En casa de Morrell?

—Bajo contigo, Vic. Concedámosle a Rhea la oportunidad de concentrarse. Te puedo dar el número de mi teléfono móvil.

Se puso de pie al mismo tiempo que yo, pero se quedó un momento dentro del despacho para despedirse en privado. Al salir, vi a otra mujer joven que estaba en la sala de espera mirando inquieta hacia la puerta que comunicaba con la consulta. Era una pena que Rhea y yo hubiéramos tenido unos comienzos tan malos, porque me habría gustado experimentar sus técnicas hipnóticas para ver si me daban el mismo subidón que a sus pacientes.

Don me alcanzó en la puerta del ascensor. Cuando le pregunté si sabía cuál era la gracia acerca del nombre de Ulrich, se revolvió incómodo.

—No exactamente.

—¿No exactamente? ¿Quieres decir que sabes algo?

—Sólo sé que ése no era el apellido de su padre, bueno, de su padre adoptivo, pero no sé cuál era el apellido auténtico. Y no me pidas que lo averigüe. Rhea no quiere decírmelo, porque sabe que intentarías sonsacármelo.

—Supongo que debería sentirme halagada de que piense que podría conseguirlo. Dame el número de tu móvil. Llamaré a Max y después te llamaré a ti, pero ahora tengo que echar a correr. Al igual que Rhea, yo también necesito concentrarme antes de mi próxima cita.

Mientras iba en el metro a recoger mi coche, llamé a Mary Louise para decirle que, después de todo, ya no tenía que ir puerta por puerta con la fotografía de Radbuka. No pude hacerle un resumen de la conversación debido al ruido del vagón pero le dije que, al menos en apariencia, aquél no era el apellido de su infancia. Mary Louise había empezado a hacer la ruta de los Ulrich partiendo del sur y no había visitado más que tres direcciones, así que se alegró de poder dar por finalizada la búsqueda.

Cuando subí al coche en la parada del metro de la calle Western casi sin darme cuenta me puse a pensar qué ocurriría si Rhea Wiell hipnotizara a Lotty. ¿Adónde la llevaría aquel ascensor hacia el pasado? Por su comportamiento del domingo, los monstruos de las plantas inferiores debían de ser feroces. Aunque a mí me parecía que el problema de Lotty no era que no pudiese recordar aquellos monstruos sino más bien que no podía olvidarlos.

Me detuve en mi oficina para comprobar si había correo o algún mensaje o si tenía alguna cita para el día siguiente que se me hubiese pasado por alto. Había un par de asuntos nuevos. Introduje los datos en el ordenador y saqué la agenda electrónica para pasarlos a aquel artefacto de bolsillo. Al hacerlo, recordé de pronto que la madre de Fepple me había dicho que su hijo, al que le encantaban los artilugios, utilizaba como agenda un chisme del mismo tipo que el mío. Si mantenía su agenda al día, sus citas tendrían que seguir escritas en el ordenador de su oficina. Y yo tenía la llave, así que podía entrar tan contenta, de un modo legal y con el consentimiento implícito de Rhonda Fepple.

Devolví a toda prisa unas cuantas llamadas, miré el correo electrónico, entré en la página del boletín sobre personas desaparecidas, vi que el Escorpión Indagador no había contestado a mi mensaje y volví a emprender rumbo al sur para dirigirme a Hyde Park.

Collins, el guardia de seguridad del turno de cuatro a doce, me reconoció.

—Tengo una lista negra con unos cuantos inquilinos más sin los cuales estaríamos muy bien —me dijo cuando pasé por su lado haciendo gala de humor macabro.

Esbocé una sonrisa y subí al sexto piso. Me costó mucho conseguir abrir la puerta y no por la cinta amarilla que precintaba la escena del crimen, sino porque no quería enfrentarme de nuevo a lo que quedaba de la vida de Fepple. Pero respiré hondo y tanteé el picaporte. Una mujer con uniforme de enfermera, que se dirigía hacia el ascensor, se detuvo a mirarme. La policía o el gerente del edificio habían cerrado con llave. Saqué la mía, abrí y, al empujar la puerta, rompí la cinta amarilla.

—Creía que eso quería decir que no se puede entrar —me dijo la mujer.

—Creía bien, pero yo soy detective.

Se acercó para fisgar la habitación desde la puerta pero retrocedió con la cara pálida.

—¡Oh, Dios mío! Pero ¡qué ha ocurrido ahí dentro! ¡Dios mío! Si esto es lo que puede pasar en este edificio, voy a buscarme un trabajo en un hospital, sea cual sea el horario. Esto es horrible.

Yo estaba tan horrorizada como ella aunque, más o menos, ya sabía lo que podía encontrarme. El cuerpo de Fepple ya no estaba, pero nadie se había preocupado de limpiar aquello. Fragmentos de sesos y de huesos se habían ido quedando resecos sobre la silla y el escritorio, aunque desde la puerta no se veían. Pero lo que sí se veía era el jaleo de papeles y que todo estaba cubierto con ese polvo gris que permite ver las huellas dactilares y que dejaba a la vista un avispero de pisadas en el suelo. El polvo se había depositado como nieve sucia sobre el escritorio, el ordenador y los papeles esparcidos. Pensé un instante en la pobre Rhonda Fepple intentando poner en orden aquel desastre. Esperaba que tuviera el buen juicio de contratar a alguien para que lo hiciera.

La policía no se había tomado la molestia de apagar el ordenador. Usando un Kleenex para no mancharme los dedos, di a la tecla Intro y el sistema volvió a activarse. No podía soportar la idea de sentarme en la silla de Fepple, ni siquiera tocarla, así que me incliné sobre el escritorio para manejar el teclado. Incluso en aquella postura tan incómoda no me llevó más que unos minutos volver a tener la agenda en pantalla. El viernes tenía una cita para cenar con Connie Ingram e incluso había añadido *dice que quiere hablar sobre Sommers, pero me parece que está cachonda*.

Imprimí la anotación y me largué de la oficina lo más deprisa que pude. Todo aquello —la repugnante escena, la fetidez del aire y la horrible idea de que Fepple pensara que Connie Ingram estaba cachonda— hizo que sintiera ganas de vomitar otra vez. Encontré un aseo de señoras, pero estaba cerrado. Metí la llave de la oficina de Fepple pero no abría, aunque sirvió para que alguien que estaba dentro me abriera. Fui tambaleándome hasta uno de los lavabos, me lavé la cara con agua fría, me enjuagué la boca y traté de alejar las peores imágenes de mi mente... y de mi estómago.

Connie Ingram, la concienzuda administrativa de cara redonda del Departamento de Reclamaciones, cuya lealtad a la empresa no me permitió ver los archivos... ¿O es que era tan leal que se citó con un agente repugnante para tenderle una trampa?

Un sentimiento súbito de ira, culminación de toda una semana de frustraciones, me invadió. Rhea Wiell, el propio Fepple, mi indeciso cliente y hasta Lotty. Estaba harta de todos ellos. Y, sobre todo, estaba harta de Ralph y de Ajax, de las broncas que me habían echado por la manifestación de Durham, de que me tomaran el pelo cada vez que pedía que me dejaran ver la copia del expediente de Aaron Sommers y de que hubieran organizado aquella charada, para luego hacer la chapuza de robar la agenda de bolsillo de un tipo y no borrar la anotación que seguía en el ordenador.

Di un empujón a la puerta del aseo para salir y me fui a la caza del ascensor con la sangre hirviéndome en la cabeza. Salí zumbando hacia Lake Shore Drive, dando bocinazos de impaciencia a todos los coches que se atrevían a girar delante de mí y atravesando los semáforos a toda pastilla mientras se estaban poniendo en rojo; en fin, comportándome como una demente idiota. Ya en Lake Shore Drive hice los ocho kilómetros hasta el semáforo de Grant Park en cinco minutos. Al llegar al parque ya se había formado el atasco de la hora punta. Me gané un pitido furioso de un guardia de tráfico cuando efectué un giro temerario por delante de un montón de coches para meterme en una de las calles laterales y salir pisando el acelerador para llegar a Inner Drive.

Al llegar al cruce de Michigan con Adams tuve que dar un frenazo: la calle era una masa de coches parados tocando la bocina. Y ahora, ¿qué? Con aquel atasco no iba a poder acercarme al edificio Ajax en el coche. Di un peligroso giro de ciento ochenta grados, totalmente ilegal, y me volví, con un chirrido de ruedas, hacia Inner Drive. Para entonces ya había estado a punto de dármela tantas veces que estaba recobrando el juicio. Podía oír a mi padre soltándome un sermón sobre los peligros de conducir estando furiosa. De hecho, en una ocasión en la que me cazó, me obligó a ir con él a sacar de un coche el cadáver aplastado de un adolescente al que el volante le había atravesado el pecho. El recuerdo de aquello hizo que recorriera las siguientes manzanas más relajadamente. Dejé el coche en un aparcamiento subterráneo y me dirigí al edificio Ajax.

A medida que me acercaba a Adams, la congestión iba en aumento. No era la multitud normal de trabajadores que vuelven a casa sino una muchedumbre que estaba parada. Me fui abriendo paso entre la gente con dificultad, pegándome a los edificios. A través del gentío oía megáfonos. Los manifestantes habían vuelto a la carga.

«¡No se negocia con negreros!», gritaban unos, a la vez que otros chillaban «¡Ni un solo centavo a los genocidas!». La consigna de «Justicia económica para todos» competía con la de «¡Boicot a Ajax!». «¡No se negocia con ladrones!»

Posner había llegado y, por lo que podía oír, lo había hecho pisando a fondo. Y Durham se había presentado, al parecer, para arengar a sus tropas en persona. No era de extrañar que la calle estuviese atestada. Deslizándome entre la multitud subí por la escalera que llevaba hasta el andén del metro en Adams para poder ver qué era lo que estaba pasando.

No era sólo la muchedumbre que había creado el gran jaleo ante el Pléyades la semana anterior sino que, además de Posner con sus macabeos y Durham con su grupo OJO, también había un par de equipos de televisión y un montón de gente irritada que quería irse a casa. Estos últimos me empujaban mientras subían por las escaleras del metro, protestando contra los dos grupos de manifestantes.

—A mí qué me importa lo que ocurrió hace cien años. Yo lo que quiero es irme a mi casa hoy —le estaba diciendo una mujer a sus compañeros.

—Claro. Durham tiene razón, pero nadie le va a hacer ni caso si tenemos que pagar horas extra en la guardería porque no puedes llegar a tiempo.

—Y ese otro, el del sombrero ridículo y los tirabuzones, ¿qué quiere?

—Está diciendo que Ajax robó el dinero de los seguros de vida a los judíos, pero eso pasó hace tiempo, ¿a quién le importa ahora?

Había pensado que podría llamar a Ralph desde la calle, pero no había manera de mantener una conversación telefónica en medio de aquel tumulto. Bajé del andén y me metí por Wabash dejando atrás a los polis que trataban de aligerar el tráfico, pasé por delante de las puertas de entrada de Ajax, donde los guardias de seguridad permitían ir saliendo a los frustrados empleados de uno en uno, giré en la esquina con Jackson y entré en el callejón que hay detrás del edificio y al que dan las zonas de carga y descarga de varios edificios más. La que correspondía al almacén de Ajax tenía la puerta abierta.

Me subí a la plataforma metálica sobre la que descargaban los camiones y entré. Un hombre pasado de kilos, con el uniforme azul de los guardias de seguridad de Ajax, estaba sentado frente a una consola larga y llena de pantallas de televisión en las que se veían el callejón y el edificio.

—¿Se ha perdido?

—Estoy investigando un fraude. Ralph Devereux, el director del Departamento de Reclamaciones, me está esperando, pero con el gentío que hay ahí delante es imposible entrar por la puerta principal.

Me miró de arriba abajo, decidió que no tenía pinta de terrorista y llamó al despacho de Ralph para dar mi nombre. Soltó varios gruñidos al auricular y me hizo una seña con la cabeza para que me acercara al teléfono.

—Hola, Ralph. ¡Qué bien que sigas ahí! Tenemos que comentar un par de cosas sobre Connie Ingram.

—Sí, muy bien. No iba a llamarte hasta mañana aunque, ya que estás aquí, hablaremos ahora. Pero no te creas que puedes aparecer con cualquier excusa para justificar tu comportamiento.

—Yo también te quiero, Ralph. Ahora mismo subo.

El guardia me enseñó en una pantalla el camino que tenía que seguir: una puerta en la parte trasera de la zona de carga llevaba a un pasillo que conectaba con el vestíbulo de la entrada principal. Mientras me dirigía a los ascensores, me detuve a mirar a los manifestantes que se batían en duelo. Durham, con un traje azul marino, tenía mayor número de seguidores, pero Posner controlaba el cántico de las consignas. Cuando su pequeño grupo de macabeos pasó por delante de la puerta, me quedé petrificada. A la izquierda de Posner, con su rostro infantil henchido de satisfacción bajo sus ya escasos ricitos, estaba Paul Radbuka.

28

Pelea entre (ex) amantes

El ascensor me llevó hasta la planta sesenta y tres tan deprisa que se me taponaron los oídos pero apenas fui consciente del malestar. ¡Paul Radbuka con Joseph Posner! Pero ¿por qué me sorprendía? En cierto modo era lógico. Eran dos hombres obsesionados por los recuerdos de la guerra y por su identidad judía. Nada podía ser más natural que verlos juntos.

El ordenanza de la planta de los directivos ya se había marchado. Me acerqué a la ventana que tenía detrás de su consola de caoba, desde donde podía ver más allá del Art Institute hasta el lago. El azul claro se perdía en el horizonte entre las nubes, de modo que no podía distinguir dónde acababa el agua y dónde empezaba el cielo. Casi parecía algo artificial, aquel horizonte, como si un pintor hubiese empezado a sobrepintar un cielo blancuzco y hubiera perdido luego el interés por la obra.

Tenía que estar en casa de los Rossy a las ocho. Eran las cinco. Me preguntaba si podría seguir a Radbuka desde allí hasta su casa, aunque, tal vez, aquella noche se fuera a la casa de Posner. A lo mejor había encontrado una familia que le acogiera y le alimentara como parecía que necesitaba. A lo mejor empezaba a dejar a Max en paz.

—¡Vic! Pero ¿qué estás haciendo aquí fuera? Me has llamado desde el almacén hace quince minutos.

La voz de enfado e inquietud de Ralph me devolvió al presente. Estaba en mangas de camisa, con el nudo de la corbata flojo y, bajo la fachada de enojo, sus ojos reflejaban preocupación.

—Estoy admirando la vista. Sería maravilloso dejar toda esta agitación y caminar hacia el horizonte, ¿verdad? Yo sé por qué estoy molesta con Connie Ingram, pero no tengo la menor idea de por qué estás tú tan alterado.

—¿Qué has hecho con la microficha?

—*U la lá, vishti banko.*

—¿Qué demonios quiere decir eso? —dijo apretando los labios.

—Tu pregunta tampoco tiene sentido para mí. No conozco a ninguna microficha ni personalmente ni de oídas, o sea que será mejor que empieces por el principio. —Al llegar a ese punto frené en seco—. ¡No me digas que la microficha de los Sommers se ha dañado!

—Muy bien, Vic, la inocencia sorprendida. Casi me convences.

Entonces perdí la calma, le empujé y me dirigí a apretar el botón del ascensor.

—¿Adónde vas?

—A mi casa —dije escupiendo las palabras—. Quería preguntarte por qué Connie Ingram fue la última persona que vio a Howard Fepple con vida y por qué le había hecho pensar a Fepple que sería una cita erótica y por qué tras esa cita erótica Fepple fue hallado muerto y por qué el expediente de los Sommers que había en la agencia se ha esfumado. Pero no tengo ninguna necesidad de aguantar que me sigas lanzando mierda encima. Puedo hacerle esas preguntas directamente a la policía. Créeme, hablarán con esa señorita, doña Lealtad a la Empresa, y obtendrán las respuestas de un modo muy persuasivo.

Oí que el ascensor paraba detrás de mí. Antes de poder subirme en él, Ralph me agarró por el brazo.

—Ya que estás aquí, concédeme otros dos minutos.

Quiero que hables con una persona de mi departamento.

—Si pierdo la oportunidad de seguir a un tipo que está en la manifestación, me convertiré en una detective bastante enfadada, así que al grano, Ralph, ¿vale? Y eso me lleva a otra pregunta: ¿por qué estás tan obsesionado con la maldita microficha cuando tu edificio está sitiado?

Pasó por alto mi pregunta y se dirigió caminando muy deprisa por las alfombras de color rosa hasta su despacho. Denise, su secretaria, seguía en su puesto. Connie Ingram y una mujer negra, desconocida para mí, estaban sentadas, muy derechas, en las sillas tubulares. Cuando Ralph entró, lo miraron nerviosas.

Ralph me presentó a la desconocida, Karen Bigelow, la supervisora de Connie en el Departamento de Reclamaciones.

—Simplemente cuéntale a Vic lo que me has contado a mí, Karen.

Ella asintió con la cabeza y se volvió hacia mí.

—Ya estoy informada de todo lo del asunto Sommers. La semana pasada estuve de vacaciones, pero Connie ya me ha explicado que tuvo que dejarle el expediente al señor Rossy y que una detective privada podría intentar sonsacarle datos confidenciales de la empresa, así que cuando la detective, o sea usted, apareció pidiendo ver la ficha, Connie vino directamente a decírmelo. A ninguna de nosotras nos sorprendió demasiado. Como ya sabe, aquí, Connie, se mantuvo firme, pero se quedó preocupada y fue a ver la microficha. La correspondiente al expediente de los Sommers no estaba. No es que alguien la estuviera revisando o algo así. Es que había desaparecido. Y creo entender que usted estuvo sola en la planta durante un rato, señora.

Yo puse mi mejor sonrisa.

—Ya veo, pero tengo que confesarles que no sé dónde se guardan las fichas, en caso contrario podrían tener motivos fundados para sospechar de mí. Para ustedes, que se conocen al dedillo esa madriguera donde trabajan en la planta treinta y nueve, todo es coser y cantar, pero para un extraño ése es un lugar impenetrable. Aunque se puede hacer algo muy sencillo: comprueben las huellas dactilares. Las mías figuran en los archivos del Ministerio del Interior porque tengo una licencia de detective y porque soy agente jurado ante los tribunales. Llamen a la policía, traten este asunto como un auténtico robo.

Se hizo un silencio en el despacho. Un minuto después Ralph dijo:

—Si hubieras abierto ese armario, habrías limpiado las huellas, Vic.

—Mayor razón para buscarlas. Si hay otras huellas, aparte de las de Connie, lo que resulta lógico porque ha estado revisando los cajones, o eso dice, comprobarán que yo no he estado allí.

—¿Qué quiere decir con lo de «o eso dice», señorita detective? —preguntó Karen Bigelow fulminándome con la mirada.

—Pues eso mismo, señorita supervisora, que no sé qué clase de juego se trae Ajax con la reclamación de la familia Sommers, pero es un juego en el que las apuestas están muy altas ahora que un hombre ha sido asesinado. La madre de Fepple me dio una llave para entrar en la agencia. He estado allí hoy para ver si podía encontrar algo en su agenda de citas.

Hice una pausa para mirar a Connie Ingram, pero su rostro redondo no reflejaba ninguna inquietud especial.

—Quienquiera que matase a Howard Fepple birló el expediente y su agenda electrónica de bolsillo. Pero no se le ocurrió borrar la cita de la agenda del ordenador, o le dio más asco que a mí acercarse al ordenador puesto que estaba cubierto de sangre y de restos de sesos.

Tanto Karen Bigelow como Connie se estremecieron al oírlo, lo cual sólo probaba que no les gustaba la idea de mezclar ordenadores, sangre y sesos.

—Bueno, a ver si averiguan quién tenía una cita con Howard Fepple el viernes pasado por la noche. ¡La joven Connie Ingram, aquí presente!

Su boca se abrió con un gigantesco «Oh» de protesta.

—Jamás. Yo jamás he tenido una cita para verlo. Si puso eso en su agenda, estaba mintiendo.

—Está claro que alguien miente —dije yo—. Yo estuve con él el viernes por la tarde y alguien muy rebuscado le proporcionó un método simple pero ingenioso para darme esquinazo. Esa misma persona volvió a entrar con él, mezclada entre un grupo de parejas que iban a clase de Lamaze y, luego, también salió entre ellos. Probablemente después de haberle matado. Connie Ingram era el único nombre que figuraba en las citas del viernes y, a su lado, había escrito *dice que quiere hablar sobre Sommers, pero me parece que está cachonda.* —Saqué la hoja impresa de mi bolso y se la pasé por delante de las narices.

—¿Escribió eso sobre mí? Pero si yo sólo hablé con él por teléfono para que volviera a comprobar lo del pago. Y eso fue la semana pasada, justo después de que usted viniera por aquí. Me lo encargó el señor Rossy. Yo vivo en casa, vivo con mi madre. Yo jamás haría... Yo jamás he hecho una llamada telefónica de esa clase —dijo y hundió la cara entre las manos, toda colorada de vergüenza.

Ralph me arrancó la hoja de las manos. La miró y, luego, la echó con desprecio a un lado.

—Yo también tengo una agenda electrónica. Se pueden meter datos después de que haya pasado la fecha; cualquiera puede haberlos metido, incluida tú, Vic, para desviar la atención sobre ti por haberte llevado la microficha.

—Otra cosa más para que la analicen los expertos —solté yo bruscamente—. Se pueden meter citas después de la fecha, pero no se puede engañar a la máquina. Ella te dirá en qué fecha se introdujo esa anotación. Y me parece que ya hemos hablado todo lo que había que hablar aquí. Tengo que comunicarle estos problemas técnicos a la policía antes de que la señorita Inocencia, aquí presente, baje y borre el disco duro.

Las lágrimas corrían por las mejillas de Connie.

—Karen, señor Devereux, de verdad, nunca he estado en esa agencia. Nunca le dije que saldría con él, aunque él me lo pidió, ¿por qué iba a hacerlo? Por teléfono no parecía una persona agradable.

—¿Le pidió que saliera con él? —pregunté yo interrumpiendo su llanto—. ¿Cuándo fue eso?

—Cuando lo llamé. Después de estar usted aquí la semana pasada, lo llamé, como ya he dicho, porque el señor Rossy y el señor Devereux me lo pidieron, para que averiguara qué era lo que tenía en sus archivos y él me dijo, de esa forma grosera en que hablaba, «Un montón de asuntos muy jugosos, ¿no te gustaría verlos? Podríamos tomarnos una botellita de vino mientras repasamos el expediente los dos juntos», y yo le dije: «No, señor, sólo quiero que me envíe copias de los documentos más importantes que tenga, para que yo pueda ver cómo es que se extendió un cheque contra esa póliza cuando el tomador del seguro aún estaba vivo». Y, entonces, él siguió diciendo esas cosas que, de verdad, no puedo repetirlas, y parecía que pensaba que lo pasaría bien conmigo pero, sinceramente, ya sé que tengo treinta y tres años y sigo viviendo con mi madre, pero no soy esa clase de virgen desesperada... Bueno, que yo nunca le dije que iba a verlo y si puso eso en su agenda es que era un mentiroso y ¡no siento para nada que esté muerto! ¡Ya está! —Y salió corriendo de la habitación, deshecha en llanto.

—¿Está satisfecha, señorita Detective? —dijo fríamente Karen Bigelow—. Me parece que podría haber encontrado algo mejor que hacer que amedrentar a una chica honrada y trabajadora como Connie Ingram. Perdóneme, señor Devereux, pero será mejor que vaya a ver si está bien.

Empezó a atravesar la habitación con paso majestuoso, pero antes de que pudiera salir, me interpuse en su camino.

—Señorita Supervisora de Reclamaciones, es maravilloso cómo se preocupa por la gente de su equipo, pero ha venido usted aquí para acusarme de un robo. Antes de irse a enjugar las lágrimas de Connie Ingram, quiero que me aclare su acusación.

Resopló.

—La chica que la acompañó a la mesa de Connie Ingram me ha dicho que estuvo usted dándose una vuelta por la planta. Puede haber estado en la zona de los archivos.

—Entonces, vamos a llamar ahora mismo a la policía. No voy a permitir que se me hagan esas acusaciones tan alegremente. Aparte de todo, alguien está intentando asegurarse de que no quede ninguna copia de ese expediente. Puede que tenga que recomendar a mi cliente que ponga un pleito a Ajax y, en tal caso, si no pueden encontrar los documentos, se le va a quedar a usted cara de tonta ante el tribunal.

—Si ésa era la jugada que tenías prevista, tenías motivos más que suficientes para haber robado la ficha —dijo Ralph.

Unas lucecitas rojas de rabia empezaron a bailarme ante los ojos.

—Y, además, presentaré una demanda por difamación.

Fui hasta su mesa y empecé a pulsar las teclas del teléfono. Hacía mucho tiempo que no marcaba el número de la oficina del amigo más antiguo que papá tenía en el cuerpo de policía, pero seguía sabiéndomelo de memoria. Bobby Mallory había acabado aceptando, aunque de mala gana, que me convirtiera en detective, pero seguía prefiriendo que, cuando nos viéramos, fuese por alguna celebración familiar.

—¿Qué estás haciendo? —me preguntó Ralph, cuando oyó la voz de un agente de policía que contestaba al teléfono.

—Estoy haciendo lo que tú deberías haber hecho: llamar a la policía. —Me volví hacia el aparato—. Agente Bostwick, soy V. I. Warshawski, ¿está por ahí el capitán Mallory?

A Ralph se le encendieron los ojos.

—Tú no tienes autoridad para pedir que la policía entre en este edificio. Voy a hablar yo con ese agente y se lo voy a decir.

El hecho de que, a pesar de no habernos visto nunca en persona, el agente Bostwick hubiera reconocido mi nombre era señal de un cambio de actitud en Bobby Mallory. Me dijo que el capitán no me podía atender en aquel momento y que si quería dejarle algún recado.

—Se trata de un crimen en el Distrito Veintiuno, agente. En el ordenador, que se quedó conectado en la oficina de la víctima, hay datos que podrían considerarse pruebas. —Le di la dirección de Fepple y la fecha de su muerte—. Puede que el comisario Purling no se haya dado cuenta de la importancia del ordenador en este caso, pero yo estoy ahora en la Compañía de Seguros Ajax, con la que la víctima hacía muchos de sus negocios, y me parece que puede ser importante comprobar las horas en las que se introdujeron ciertos datos.

—¿En Ajax? —preguntó Bostwick—. Ahí están teniendo muchos problemas estos días. Durham y Posner están ahora ahí fuera, ¿verdad?

—Sí, así es. El edificio está rodeado por manifestantes, pero el director del área de Reclamaciones piensa que la muerte de ese agente merece más atención que unos cuantos manifestantes.

—Pues a mí no me ha parecido que fueran unos cuantos, señorita, porque han pedido refuerzos en la calle Adams. Pero, bueno, deme los detalles sobre ese ordenador y me aseguraré de que vaya para allá alguien de la policía científica. El comisario Purling, con todo el lío que se ha formado en su distrito con las viviendas subsidiadas Robert Taylor, no tiene demasiado tiempo para hilar muy fino.

Era un modo discreto de decir que aquel tío era un vago. Le di los datos sobre Fepple y recalqué lo importante que era averiguar la fecha y hora de las entradas en el ordenador y añadí que yo había estado con la víctima a última hora del viernes, poco antes de que saliera para acudir a una cita. Bostwick me repitió lo que le había dicho, comprobó que había escrito bien mi nombre deletreándomelo y me preguntó que dónde podría encontrarme el capitán Mallory si quería tratar el asunto conmigo directamente.

Colgué y me quedé mirando fijamente a Ralph.

—Respeto la intimidad de tu empresa y tu autoridad en ella, pero hubieras hecho mejor haciendo tú una llamada como ésta, si quisieras saber de verdad quién se ha colado en el archivo de las microfichas. Sobre todo, si vas a continuar acusándome del robo. Mañana a última hora o, a lo sumo, el jueves sabremos cuándo se introdujo el apunte de la cita con Connie Ingram en el ordenador de Fepple y, si fue antes de que yo estuviese en su oficina el viernes pasado, entonces la pobre señorita Ingram llorará para una audiencia mayor que la nuestra. Por cierto, ¿qué es lo que ha ocurrido con vuestro expediente? El que se quedó Rossy la semana pasada.

Ralph y Karen Bigelow intercambiaron unas miradas de susto.

—Supongo que lo seguirá teniendo —dijo la supervisora—. No consta que lo haya devuelto al departamento.

—¿Tiene aquí su despacho? Vamos a preguntárselo. A menos que pienses que, después de hablar contigo al mediodía, estuve husmeando por allí y también lo robé.

Ralph enrojeció.

—No, no creo que hicieras eso. Pero ¿por qué fuiste a la planta treinta y nueve a mediodía sin decírmelo? Habías estado conmigo un momento antes.

—Fue un impulso. Se me ocurrió cuando ya estaba en el ascensor. Me habías estado mareando con el expediente y tenía la esperanza de que la señorita Ingram me permitiera verlo. Bueno, ¿podemos ir a ver a Rossy y que nos devuelva esa carpeta ahora?

—El presidente está hoy en Springfield porque se va a debatir la Ley sobre la Recuperación de los Bienes de las Víctimas del Holocausto en el comité de banqueros y aseguradores y quiere ir a votar en contra. Y el señor Rossy ha ido con él.

—¿En serio? —dije alzando las cejas—. Me había invitado a cenar en su casa esta noche.

—¿Para qué iba él a invitarte? —dijo Ralph mientras su arrebato se transformaba en una especie de rencor.

—Cuando me llamó ayer, me dijo que su mujer echaba mucho de menos su tierra y quería estar con alguien con quien pudiese hablar en italiano.

—¿Te lo estás inventando?

—No, Ralph. No me he inventado nada de lo que he dicho aquí esta tarde. Puede que haya olvidado que me había invitado. ¿Cuándo decidió ir a Springfield?

El resentimiento seguía en la mente de Ralph.

—Oye, yo sólo me ocupo del Departamento de Reclamaciones, y parece que no lo hago demasiado bien, ya que la gente se lleva nuestros archivos. Nadie tiene por qué informarme sobre asuntos como el qué se cuece en las sesiones legislativas. Rossy tiene su despacho al otro lado de la planta. Probablemente su secretaria estará allí. Puedes preguntarle a ella si va a volver hoy. Te acompañaré para saber si todavía tiene allí la carpeta.

—Yo debería ir a ver a Connie, señor Devereux —dijo Karen Bigelow—. Pero ¿qué hago con lo de la microficha? ¿Tengo que informar del robo a Seguridad?

Ralph dudó un momento y luego le dijo que cerrara con llave el armario y pusiera un cartel de «Prohibido el acceso».

—Mañana puede emprender una búsqueda mesa por mesa en su servicio. Puede que alguien se haya quedado esa microficha sin darse cuenta, tras haber estado consultándola. Si no la encuentra, hágamelo saber. Yo mismo informaré a Seguridad.

—Escuchad, vosotros dos —dije yo, perdiendo la paciencia ante la futilidad de su propuesta—. Que el nombre de Connie figure en la agenda de Fepple es un asunto muy serio. Si ella no se citó con él, alguien lo hizo usurpando su nombre, lo cual quiere decir que se trata de alguien que sabe que trabaja en el Departamento de Reclamaciones. Y eso reduce mucho el abanico de posibilidades, sobre todo porque no he sido yo.

Ralph se ajustó el nudo de la corbata y se bajó las mangas de la camisa.

—Eso es lo que tú dices.

29

Extraños compañeros de cama

Encontramos a la secretaria de Rossy en la sala de conferencias del presidente, viendo las noticias de la tarde en la televisión, junto con la secretaria de éste, el director del Departamento de Marketing —al que me habían presentado durante la celebración del ciento cincuenta aniversario de la empresa— y otras cinco personas que no me habían presentado.

—Pedimos que toda la comunidad judía de los Estados Unidos haga el boicot a la Compañía de Seguros Ajax —estaba diciendo Posner ante las cámaras—. Preston Janoff ha insultado a la comunidad judía y ha insultado también la sagrada memoria de los muertos con sus afirmaciones de hoy en Springfield.

El rostro de Beth Blacksin sustituyó en la pantalla al de Posner.

—Preston Janoff es el presidente del grupo asegurador Ajax y se ha manifestado hoy en contra de la aprobación de una ley que exigiría que las compañías de seguros de vida comprobaran sus libros para ver si tienen obligaciones pendientes con familiares de las víctimas del Holocausto.

En imagen apareció Janoff frente a la cámara legislativa de Springfield. Era un hombre alto, de cabellos plateados y aspecto sombrío, con un traje de color gris antracita con el que daba la impresión, aunque no ostensiblemente, de estar de luto.

—Comprendemos el dolor de aquellos que perdieron a sus seres queridos en el Holocausto, pero considerábamos que sería un insulto para los afroamericanos, los indios y otras comunidades que han pasado grandes penalidades en este país, que se singularizase a las personas cuyos familiares fueron asesinados en Europa para que recibieran aquí un trato especial. Y, además, Ajax no contrató seguros de vida en Europa durante las décadas anteriores a la Segunda Guerra Mundial. Estimamos que hacer una revisión exhaustiva de nuestros archivos, por si aparecen una o dos de esas pólizas, conllevaría una extraordinaria carga económica para nuestros accionistas.

Un miembro de la Asamblea Legislativa se levantó para preguntarle si no era cierto que la compañía suiza Edelweiss Re era la actual propietaria de Ajax.

—Este comité desearía saber algo más sobre los seguros de vida de Edelweiss.

Janoff levantó la mano con un ejemplar de *Ciento cincuenta años de vida y todavía en plena forma*, la historia de la empresa que había escrito Amy Blount.

—Creo que este librito demostrará al comité que Edelweiss tan sólo era una pequeña compañía regional dentro del sector de los seguros de vida en Suiza durante la guerra. Hemos traído copias de él para todos los miembros de esta asamblea. Repito, por tanto, que su relación con clientes de Alemania o de otros países de Europa del Este sería mínima.

Surgió un pequeño alboroto cuando varios miembros de la cámara empezaron a hablar al mismo tiempo por sus micrófonos, pero entonces la conexión volvió a los estudios de Global, donde Murray Ryerson, que ocasionalmente se encargaba de los comentarios políticos, empezó a hablar.

—A última hora de la tarde el Comité de Seguros de la Asamblea Legislativa ha llevado a cabo la votación sobre la propuesta de proyecto de ley con la que, por once votos a favor y dos en contra, dicho proyecto ha sido desestimado. En represalia, Joseph Posner ha estado repartiendo panfletos, telefoneando y organizando manifestaciones en un intento de promover un boicot a nivel nacional de todos los servicios que ofrece la aseguradora Ajax. Es demasiado pronto para poder afirmar si su propuesta está teniendo éxito, pero nos han llegado ecos de que la familia Birnbaum continuará trabajando con Ajax para cubrir las indemnizaciones de sus trabajadores, cuyas primas para Ajax durante el presente año se calcula que ascienden a sesenta y tres millones de dólares. El concejal Louis Durham ha acogido el discurso de Janoff y la votación subsiguiente con criterio dispar.

Se nos ofreció un primer plano de Durham en el exterior del edificio de Ajax, enfundado en su chaqueta de excelente corte.

—Lo ideal sería que en este país hubiera compensaciones para los afroamericanos que han sido víctimas de la esclavitud. O, por lo menos, que las hubiera en este estado. Aunque apreciamos la sensibilidad mostrada por el señor Janoff en este tema al no permitir que los judíos monopolicen la discusión sobre las indemnizaciones en el estado de Illinois, ahora dirigiremos nuestra lucha hacia la consecución de indemnizaciones para las víctimas de la esclavitud directamente ante la Asamblea Legislativa y seguiremos luchando hasta alcanzar la victoria.

Cuando el presentador de las noticias, que estaba sentado junto a Murray en el estudio, apareció en pantalla diciendo «Y, pasando a otras noticias, los Cubs perdieron su decimotercer partido consecutivo hoy en Wringley», la secretaria de Janoff apagó el aparato.

—Son unas noticias estupendas. El señor Janoff estará encantado —dijo—. Cuando él y el señor Rossy salieron de Springfield todavía no se había llevado a cabo la votación. Chick, ¿puedes entrar en la Red y averiguar quiénes han votado a nuestro favor? Le llamaré al coche, porque se iba directamente desde Meigs a una cena.

Un hombre joven, de cara lozana, abandonó con gesto obediente la habitación.

—¿Iba a cenar con el señor Rossy? —pregunté.

El resto de los presentes se volvieron y se quedaron mirándome como si viniera de Marte. La secretaria de Rossy, una mujer espectacular, con una melena oscura muy brillante y un traje azul marino hecho a medida, preguntó quién era yo y por qué quería saberlo. Me presenté y le dije que Rossy me había invitado a cenar a su casa aquella noche. Cuando me llevó hacia su mesa para mirar en la agenda, todos los presentes en la habitación comenzaron a cuchichear a nuestra espalda: si Rossy me había invitado a su casa, yo debía de ser alguien importante y necesitaban saber quién era.

La secretaria fue caminando muy rápidamente a lo largo del pasillo con sus zapatos de tacón altísimo. Ralph y yo seguimos su estela.

—Sí, señora Warshawski, recuerdo que el señor Rossy me pidió que averiguara su número de teléfono, pero no me dijo que la hubiera invitado a cenar. Bueno, no consta en mi agenda. ¿Quiere que hable con la señora Rossy? Ella es la que se ocupa de todo lo referente a su agenda personal.

Ya tenía la mano colocada sobre el aparato. Apretó una tecla de las que tienen los números grabados en la memoria, habló con brevedad con la señora Rossy y me dijo que, efectivamente, me esperaban a cenar.

—Suzanne —dijo Ralph cuando ella empezaba a recoger su mesa—, Bertrand se llevó la semana pasada un expediente para estudiarlo. Quisiéramos que nos lo devolviera. Hay una investigación en marcha sobre ese asunto.

Suzanne se fue taconeando al despacho de Rossy y volvió casi de inmediato con la carpeta de Sommers.

—Perdone, señor Devereux. Dejó un mensaje en la grabadora pidiéndome que se la devolviera pero, como decidió en el último minuto acompañar al señor Janoff a Springfield, con las prisas de arreglar su partida, se me había olvidado. También quería que le dijera a usted lo mucho que aprecia el trabajo que ha hecho Connie Ingram en este asunto.

Ralph soltó un gruñido carente de entusiasmo. No quería admitir que nadie dudara de las personas de su equipo, pero que yo hubiese encontrado el nombre de Connie en la agenda de Fepple, evidentemente, le tenía preocupado.

—Sé que Connie Ingram ha sido de inestimable ayuda para conseguir la copia de todos los documentos relacionados con este expediente —dije—. ¿Fue el señor Rossy quien le dijo que llamara a Fepple? Quiero decir al agente.

Suzanne levantó las cejas, perfectamente depiladas, como si se hubiera quedado estupefacta al oír que un simple peón intentaba sonsacarle los secretos de su jefe.

—Eso tendrá que preguntárselo al señor Rossy. Tal vez en la cena pueda hacerlo.

—Realmente, Vic... —dijo Ralph resoplando mientras íbamos de nuevo hacia su oficina—. ¿Qué estás tratando de sugerir? ¿Que Connie Ingram está involucrada en el asesinato del agente? ¿Que Rossy fue quien, de alguna manera, se lo ordenó? ¡Contrólate un poco!

Me puse a pensar en el rostro serio y redondo de Connie Ingram y tuve que admitir que no parecía ni una asesina ni la cómplice de un asesino.

—Quiero saber cómo llegó su nombre a la agenda de Fepple si no se citó con él ni fue ella misma a su oficina para introducir ese dato en el ordenador —dije manteniéndome en mis trece.

Ralph apretó los dientes y soltó un gruñido.

—No me extrañaría que lo consiguieras, si crees que eso te serviría para algo.

—Eso nos vuelve a situar en el punto de partida.

¿Por qué no dejas que hojee la carpeta de Sommers para que me pueda largar de aquí y dejarte en paz?

—Nunca me has dejado precisamente en paz, Vic.

Me pareció que ya tenía bastante de aquel tonito y su doble sentido, así que le quité la carpeta y empecé a hojear su contenido. Él se inclinó sobre mí mientras yo miraba con mucha atención cada uno de los papeles. No veía nada extraño en los informes de los pagos del tomador del seguro ni en el registro de reclamaciones. Aaron Sommers había comenzado a hacer pagos semanales el 13 de mayo de 1971 y había acabado de pagar íntegramente la póliza en 1986. Había una solicitud por defunción, firmada por su viuda y protocolarizada ante notario, fechada en septiembre de 1991 y pagada unos días más tarde. Había dos copias del cheque cobrado: la que Connie había impreso a partir de la microficha y la que Fepple le había pasado por fax. Parecían idénticas.

Adjunta a una carta dirigida a Ajax en la que se les comunicaba la formalización del seguro, figuraba una copia de la hoja de trabajo de Rick Hoffman en la que éste había anotado las cantidades de los pagos semanales. Yo había supuesto que la firma tendría una letra tan historiada como la de la hoja que había encontrado en el maletín de Fepple, pero se trataba de una caligrafía común y corriente.

Ralph miraba detalladamente cada una de las hojas, en cuanto yo acababa con ellas.

—Supongo que está todo en orden —dijo cuando acabamos de verlas todas.

—¿Sólo supones? ¿Es que hay algo que no esté bien?

Negó haciendo un movimiento de cabeza, pero tenía aspecto de desconcierto.

—Está todo. Todo en orden. Todo como los diez mil expedientes que habré inspeccionado a lo largo de los últimos veinte años, pero no sé por qué hay algo que me resulta raro. Bueno, tú vete, que yo me voy a quedar con Denise mientras hace fotocopias de todos los documentos para que haya dos testigos del contenido del expediente.

Ya eran más de las seis. Por si acaso Posner continuaba estando ante las puertas, decidí bajar a ver si todavía podía seguirle el rastro a Radbuka. Ya casi estaba en el ascensor, cuando Ralph me alcanzó.

—Perdona, Vic. Antes me pasé un poco, pero es que la coincidencia de que tú estuvieras en la planta al tiempo que se había perdido una microficha, sabiendo que, a veces, utilizas métodos poco ortodoxos...

Torcí el gesto.

—Tienes razón, Ralph, pero te juro que no me acerqué a tu microficha. ¡Palabra de scout!

—Me gustaría saber qué demonios tenía de importante ese condenado seguro de vida —dijo, dando un golpe con la palma de la mano contra la pared del ascensor.

—El agente que vendió el seguro, Rick Hoffman, lleva muerto siete años. ¿Seguirá teniendo tu compañía un registro con su dirección o la de su familia o algo sobre él? Tenía un hijo que ahora, no sé, debe de andar por los sesenta años y quizás él tenga algunos papeles que arrojen un poco de luz sobre esta situación. —Era como buscar una aguja en un pajar, pero tampoco contábamos con ningún otro material consistente.

Ralph sacó una agendita del bolsillo de la camisa y garabateó una nota.

—He empezado la tarde acusándote de robo y la voy a acabar como si fuera tu chico de los recados. Veré qué puedo averiguar, aunque no me hace ninguna gracia que hayas llamado a la policía. Ahora querrán andar por aquí e interrogar a Connie y me niego a creer que matara a ese tipo. Podría haberle disparado si hubiera tenido una pistola y si hubiera quedado con él para ir a verlo y si él se hubiera pasado de la raya, pero ¿tú te la puedes imaginar planeando un asesinato e intentando que pareciese un suicidio?

—Siempre he sido demasiado impulsiva, Ralph, pero no puedes andar acusándome por ahí basándote simplemente en que mis métodos no son ortodoxos. Además, tienes que enfrentarte al hecho de que alguien estuvo revolviendo en ese archivo. La solución a la que habéis llegado la señorita Bigelow y tú no es más que poner un parche, tenéis que contarle a los policías que están investigando la muerte de Fepple que alguien ha robado esa microficha. Deberías hacer que vinieran por aquí, independientemente de cómo pueda afectar a la imagen de tu empresa. Y, en cuanto a Connie Ingram, debería contestar a sus preguntas, pero demuéstrale que eres un buen tipo poniéndola en contacto con los de vuestra asesoría jurídica. Asegúrate de que alguien de ese departamento esté presente cuando la interroguen. Parece que confía en la señorita Bigelow, que ella también la acompañe durante el interrogatorio. Todo dependerá de cuándo se introdujo su nombre en el ordenador de Fepple y de si tiene alguna coartada para la noche del viernes.

Sonó la campanita de llegada del ascensor. Mientras entraba, Ralph me preguntó, como de pasada, que dónde había estado yo el viernes por la noche.

—Con unos amigos que responderán por mí.

—Estoy seguro de que tus amigos responderán por ti —dijo Ralph con tono agrio.

—¡Levanta ese ánimo! —dije yo poniendo una mano para evitar que las puertas del ascensor se cerraran—. La madre de Connie hará lo mismo por ella. Y otra cosa, Ralph, en lo del expediente de Sommers, sigue tu instinto. Si tu sexto sentido te dice que hay algo que no está bien, intenta ver qué puede ser. ¿Lo harás?

Para cuando llegué al vestíbulo de entrada, la calle

estaba tranquila. La mayor parte de los empleados ya se habían ido, con lo cual no tenía sentido que Posner y Durham siguieran haciendo desfilar a sus tropas. Todavía quedaban unos cuantos polis en la intersección, pero, salvo por los folletos tirados por las aceras, no había rastros de la multitud que estaba allí cuando llegué. Había perdido la oportunidad de seguir a Radbuka hasta su casa, al Radbuka cuyo apellido paterno no había sido Ulrich.

De camino al aparcamiento me paré en una entrada para llamar a Max, en parte para decirle que pensaba que Radbuka no iría por allí aquella noche y, en parte, para saber si estaba dispuesto a enseñarle a Don los papeles sobre su búsqueda de la familia Radbuka.

—Ese tal Streeter es estupendo con la pequeña —me dijo—. Está siendo de gran ayuda. Aunque pienses que ese hombre que se hace llamar Radbuka no va a venir por aquí, creo que le vamos a pedir que se quede esta noche.

—Sí, debes quedarte a Tim, sin duda. Yo no puedo garantizarte que Radbuka no vaya a molestarte, sino, solamente, que de momento anda pegado a Joseph Posner. Le he visto a su lado en la manifestación a las puertas del edificio Ajax hace una hora. Apuesto a que eso le hace sentirse lo suficientemente aceptado como para mantenerlo alejado de tu casa esta noche, pero ese tipo es como una bala perdida que puede salir rebotando por cualquier sitio.

También le conté la entrevista que había tenido con Rhea Wiell.

—Es la única persona que parece capaz de ejercer algún control sobre Radbuka pero, por alguna razón, no está dispuesta a hacerlo. Si le dejas a Don ver las notas de ese penoso viaje que hiciste a Europa después de la guerra, tal vez él persuada a Rhea de que es cierto que tú no estás emparentado con Paul.

Después de que Max me dijera que estaba de acuerdo, dejé un mensaje en el buzón de voz del teléfono móvil de Don diciéndole que lo llamase. Eran las seis y media y no me quedaba tiempo suficiente para pasar por casa o por la oficina antes de ir a la cena. Después de todo, podía intentar pasarme por casa de Lotty antes de ir a la de los Rossy.

Las seis y media de la tarde en Chicago, la una y media de la mañana en Roma, donde Morrell estaría a punto de aterrizar. Pasaría el día siguiente allí con los del equipo de Médicos para la Humanidad, volaría a Islamabad el jueves y luego iría por tierra a Afganistán. Durante un momento me sentí vencida por la desolación: mi cansancio, las preocupaciones de Max, la agitación de Lotty... y todo aquello con Morrell casi al otro lado del mundo. Estaba demasiado sola en aquella gran ciudad.

Un pobre hombre que estaba vendiendo el *Streetwiser*, el periódico de los sin techo, vino danzando hacia mí voceando el nombre de la publicación. Cuando me vio el gesto, cambió de cantinela.

—Cariño, te pase lo que te pase no puede ser tan malo. Tienes un techo, ¿verdad? Y puedes comer tres veces al día, si tienes tiempo. Y, aunque tu mami haya muerto, sabes que te quería, así que ¡levanta ese ánimo!

—¡Qué amabilidad la de los extraños! —le dije mientras pescaba un dólar del bolsillo de la chaqueta.

—Así es. Nada más amable que un extraño y nada más extraño que alguien amable. Ya lo sabes. Que tengas una buena tarde y que conserves esa bonita sonrisa.

No diré que me fuera de allí henchida de felicidad, pero sí que logré ponerme a silbar «Siempre que siento miedo» mientras bajaba los escalones hacia el aparcamiento.

Tomé por Lake Shore Drive hasta Belmont, donde giré y empecé a buscar un sitio para aparcar. Lotty vivía a ochocientos metros calle arriba, pero conseguir un sitio en esa zona es un bien tan escaso que me quedé en la primera plaza que encontré. Resultó ser una buena elección porque sólo estaba a media manzana de la puerta de la casa de Rossy.

Había estado posponiendo la llamada a Lotty durante el trayecto: no quise hacerlo desde una calle del centro para evitar las interferencias del ruido de fondo, y tampoco quise hacerlo desde el coche porque es peligroso conducir y hablar por teléfono. Así que decidí hacerlo tan pronto hubiera estado cinco minutos con los ojos cerrados, dejando la mente en blanco y haciéndome la ilusión de haber descansado para encontrarme lo suficientemente fuerte como para encajar cualquier pelotazo emocional que me pudiera lanzar Lotty.

Tiré de la palanca para que el asiento quedase casi horizontal. Al ir a recostarme, vi que una limusina se detenía frente al edificio de los Rossy. Sin demasiado interés, miré para ver si era el presidente de Ajax, eufórico por la votación favorable de aquel día en Springfield, quien iba a dejar a Rossy en su casa. Janoff y Rossy podían haber vuelto en limusina desde Meigs Field, tomándose unas copas y bromeando en el asiento trasero. Pero como, tras unos minutos, no vi que bajase nadie, perdí el interés, pensando que sería un coche que estaba esperando a alguien que estuviera en el edificio.

Rossy estaría bastante satisfecho con la votación, ya que Edelweiss había adquirido Ajax para que le sirviera de cabeza de playa en su desembarco en los Estados Unidos. No les habría gustado en absoluto que el estado de Illinois hubiese votado a favor de una investigación en sus archivos, buscando pólizas contratadas por personas que habían sido asesinadas en Europa. Una búsqueda de ese tipo les habría costado un pastón. Claro que Ajax debía de haber soltado una buena suma de dinero a los legisladores para conseguir que los votos se inclinaran a su favor, pero supuse que considerarían que les resultaría más barato que verse obligados a mostrar en público los archivos de sus seguros de vida.

Por supuesto, era improbable que Ajax hubiese contratado muchas pólizas en Europa Central y Europa del Este durante la década de 1930, a menos que tuviesen una empresa subsidiaria que sí hubiera hecho mucho negocio en la zona. Pero no creía que fuese el caso. Los seguros, igual que la mayoría de los negocios antes de la Segunda Guerra Mundial, se movían en ámbitos regionales. De todas formas, era posible que Edelweiss pudiera haber estado relacionada de algún modo con víctimas del Holocausto. Pero, tal como había argüido Janoff ese mismo día, agitando en la mano el librito con la historia de la empresa escrita por Amy Blount, Edelweiss no era más que una modesta compañía de seguros regional antes de la guerra.

Me pregunté cómo habrían logrado convertirse en el gigante internacional que eran en el presente. Puede que, durante la guerra, se hubieran comportado como unos bandidos. No cabía la menor duda de que, entonces, se podía hacer un montón de dinero asegurando los productos químicos, ópticos y otras pequeñeces por el estilo que producían los suizos para la Alemania en guerra. No es que eso fuese relevante para el proyecto de ley que el estado de Illinois estaba discutiendo y que sólo se refería a los seguros de vida, pero la gente vota con el corazón y no con la cabeza. Si alguien demostraba que Edelweiss se había enriquecido gracias a la maquinaria bélica del Tercer Reich, la Asamblea Legislativa los castigaría obligándolos a hacer pública la lista de sus seguros de vida.

El conductor de la limusina abrió la puerta y salió. Parpadeé: era un agente de policía de Chicago. O sea que alguien del ayuntamiento estaba allí en visita oficial. Cuando la puerta del edificio se abrió, me incorporé para ver si era el propio alcalde el que salía. Pero al ver quién salió en realidad me quedé boquiabierta. Había visto aquella cabeza de toro y aquella chaqueta azul marino de corte impecable en el centro de la ciudad sólo dos horas antes. Era el concejal Louis Bull Durham. Aunque en aquel tramo de Lake Shore Drive vivía mucha gente importante, me apostaba lo que fuera a que era a Bertrand Rossy a quien había ido a visitar.

Mientras seguía con la vista fija en el edificio de los Rossy, preguntándome quién estaría untando a quién, sufrí otro sobresalto: alguien con un bombín y unas borlas visibles bajo su abrigo abierto surgió como un muñeco con resorte de entre los arbustos y se dirigió a toda prisa hacia el vestíbulo. Salí de mi coche y fui calle abajo para poder observar el interior del vestíbulo. Joseph Posner estaba gesticulando mientras hablaba con el portero. Pero ¿qué diablos estaba pasando?

30

¿Una fiesta?

Cuando, una hora más tarde, entré jadeando y a la carrera en el vestíbulo del edificio de los Rossy, Durham y Posner se me habían ido momentáneamente de la cabeza. Mi mente estaba ocupada, sobre todo, con la imagen de Lotty, a la que, de nuevo, había dejado sumida en la angustia pero, aun así, no dejaba de ser consciente de que llegaba tarde, a pesar de haber recorrido a toda velocidad los últimos quinientos metros hasta allí. Me paré, sin aliento, junto a mi coche para quitarme el suéter de cuello alto y los zapatos de suela de goma de crepe y cambiarlos por la blusa de seda rosa y los zapatos de tacón. Me aseguré de colocarme bien los pendientes de brillantes de mi madre y luego me peiné mientras cruzaba la calle corriendo. Intenté darme un poco de maquillaje en el ascensor, mientras subía al piso once, pero, a pesar de todo, no estaba contenta de mi aspecto al llegar a la puerta y me sentí aún peor cuando la anfitriona dejó a sus otros invitados para venir a saludarme.

Fillida Rossy era una mujer de treinta y pocos años, casi tan alta como yo. Sus amplios pantalones palazzo de seda salvaje, con un suéter de nudos del mismo tono oro apagado, ponían de relieve su esbeltez y su fortuna. Llevaba unos rizos rubio oscuro retirados de la cara con unos pasadores de diamantes y otro diamante mayor colgado al cuello, anidado en el hueco que se forma entre las clavículas.

Estrechó la mano que yo le extendía con las dos suyas y casi me la acarició.

—Mi marido me ha hablado tanto de usted que estaba muy interesada en conocerla, signora —me dijo en italiano—. La conversación que mantuvieron fue para él una charla llena de sorpresas. Me dijo que le había leído usted la buenaventura.

Me llevó de la mano para presentarme a los demás invitados, que eran el agregado cultural italiano y su esposa, una mujer morena y vivaracha de una edad similar a la de Fillida, un alto directivo de banca suizo y su esposa, ambos bastante mayores que los Rossy, y una novelista estadounidense que había vivido muchos años en Sorrento.

—Es la detective de la que ha estado hablando Bertrand, la que tiene su oficina en un barrio de quiromantes.

Me dio unos golpecitos en la mano como para darme ánimos, como una madre que presenta a una hija tímida a unos desconocidos. Me sentí incómoda, retiré la mano y pregunté dónde estaba el señor Rossy.

—*Mio marito si comporta scandaloso* —dijo con una amplia sonrisa—. Ha adoptado las costumbres estadounidenses y, en vez de estar atendiendo a sus invitados, está hablando por teléfono, lo que me resulta vergonzoso, pero vendrá enseguida.

Musité un *piacere* a los demás invitados e intenté dejar de pensar en inglés y en la conversación que había tenido con Lotty para pasar al italiano y a discutir los distintos méritos de las pistas de esquí suizas, francesas e italianas que, aparentemente, era de lo que estaban tratando en el momento de mi llegada. La mujer del agregado cultural estaba entusiasmada con Utah y decía que, por supuesto, cuanto más peligrosas eran las pistas, más le gustaban a Fillida.

—Cuando me invitaste a la casa de tu abuelo en Suiza el último año del colegio, recuerdo que yo me quedaba en el refugio mientras tú bajabas por las pistas más terroríficas que he visto jamás, sin despeinarte ni un solo pelo. Tu abuelo resoplaba a través del bigote y hacía como que aquello no tenía importancia pero estaba superorgulloso. Tu pequeña Marguerita ¿ha salido igual de temeraria?

Fillida levantó las manos, con unas preciosas uñas perfectamente arregladas, y dijo que la osadía de aquellos años había quedado atrás.

—Ahora me resulta casi insoportable no tener a mis hijos a la vista, así que me quedo con ellos en las pistas de los principiantes. No sé qué haré cuando se empeñen en ir a las pistas gigantes. He aprendido a compadecer a mi pobre madre, que pasaba una agonía con mis imprudencias. —Lanzó una mirada a la repisa de mármol de la chimenea, en la que había un sinfín de fotografías de sus hijos, tantas que los marcos estaban casi unos encima de otros.

—Entonces no querrás llevarlos a Utah —dijo la mujer del banquero—. Sin embargo, en Nueva Inglaterra hay muy buenas pistas para las familias.

El esquí no era mi fuerte y no me animaba a participar, aunque solía hablar en italiano con frecuencia, la suficiente como para meterme de inmediato en una conversación tan rápida como aquélla. Empecé a pensar que debería haber llamado para excusar mi presencia y haberme quedado con Lotty. Aquella noche me había parecido aún más angustiada e inquieta que el domingo.

Después de haber visto cómo entraba Posner en el edificio de los Rossy, me había ido calle arriba hasta la casa de Lotty sin saber si me diría que subiese o no. Pero, tras cierto titubeo, le dijo al portero que me dejara pasar. Cuando salí del ascensor, estaba esperándome en el vestíbulo. Antes de poder decir nada, me preguntó bruscamente qué quería. Intenté que su aspereza no me afectara y le contesté que estaba preocupada por ella.

Frunció el ceño.

—Como ya te he dicho por teléfono, siento haber arruinado la fiesta de Max, pero ahora ya estoy bien. ¿Ha sido Max quien te ha enviado para comprobarlo?

Negué con la cabeza.

—Max está preocupado por la seguridad de Calia. En estos momentos no creo que esté pensando en ti.

—¿La seguridad de Calia? —dijo levantando sus oscuras y espesas cejas—. Max es un abuelo que adora a su nieta, pero no me parece que sea un angustias.

—No, no es un angustias —coincidí con ella—, pero es que Radbuka ha estado acechando a Calia y a Agnes.

—¿Acechándolas? ¿Estás segura?

—Merodeando al otro lado de la calle, abordándolas, intentando que Agnes admitiera que Calia era pariente suya. ¿Eso a qué te suena? ¿Las estaba acechando o era la visita de un amigo? —le respondí con rudeza, molesta a mi propio pesar ante su tono de desdén.

Se tapó los ojos con las manos.

—Esto es ridículo. ¿Cómo puede pensar que son parientes?

—Si alguien supiera quién es él en realidad o quiénes eran los Radbuka, tal vez fuese más fácil contestar a tu pregunta —le dije encogiéndome de hombros.

Apretó los labios hasta que su amplia boca quedó reducida a una simple línea.

—No tengo por qué dar explicaciones, ni a ti ni a Max y menos que a nadie a ese ser absurdo. Si quiere jugar a que es un superviviente de Theresienstadt, dejadlo que lo haga.

—¿Jugar? Lotty, ¿es que tú *sabes* que está jugando?

Había alzado la voz y la puerta del fondo del vestíbulo se abrió de pronto. Lotty se puso toda colorada y me hizo entrar en su piso.

—Por supuesto que no, pero Max... Max no encon-

360

tró a ningún Radbuka cuando fue a Viena. Me refiero al viaje después de la guerra. No creo que, bueno, me gustaría saber de dónde ha sacado ese tipo tan extraño el apellido.

Me recosté en la pared con los brazos cruzados.

—Ya te dije que me metí en Internet, que encontré que había una persona que estaba buscando información sobre Sofie Radbuka y que yo dejé un mensaje diciendo que se pusiera en contacto con mi abogado, si quería que mantuviésemos una conversación confidencial.

—Pero ¿por qué decidiste encargarte de eso? —dijo fulminándome con la mirada.

—Aquí hay dos misterios incomprensibles: Sofie Radbuka en Inglaterra en los años cuarenta y Paul Radbuka en el Chicago de hoy en día. Tú quieres información sobre Paul y él quiere información sobre Sofie pero ninguno de los dos estáis dispuestos a revelar nada. Tengo que empezar por algún sitio.

—Pero ¿por qué? ¿Por qué tienes que empezar por algún sitio? ¿Por qué no dejas el asunto tranquilo?

Le sujeté ambas manos.

—Lotty, ¡para ya! Mírate. Desde que ese hombre apareció en escena la semana pasada, estás enloquecida. Te has puesto a chillar en mitad de la calle y, después, insistes en que los demás no te prestemos atención porque no tienes ningún problema. No puedo creer que esto no te esté afectando a la hora de entrar en el quirófano y, en este estado, eres un peligro para ti, para tus amigos y para tus pacientes.

Retiró las manos y me miró con dureza.

—Jamás he descuidado la atención a mis pacientes. Jamás. Ni siquiera cuando estaba sufriendo las repercusiones de la guerra y, desde luego, tampoco ahora.

—Eso es maravilloso, Lotty, pero si crees que puedes seguir así indefinidamente, estás muy equivocada.

—Eso es asunto mío, no tuyo. Y ahora, ¿quieres hacerme el favor de volver a entrar en esa dirección de Internet y quitar tu mensaje?

Elegí con mucho cuidado las palabras que le dije a continuación.

—Lotty, nada puede poner en peligro el cariño que siento por ti. Es demasiado profundo y forma parte de mi vida. Max me ha dicho que siempre ha respetado el muro de intimidad que has erigido alrededor de la familia Radbuka. Yo también haría lo mismo si no fuera por el tormento que estás sufriendo y que te está partiendo el corazón. Eso quiere decir que, si no quieres decirme qué es lo que te tortura, tendré que averiguarlo por mí misma.

Por la expresión que puso pensé que iba a estallar de nuevo, pero se dominó y se dirigió a mí en voz baja.

—La señora Radbuka representa para mí una parte de mi pasado del que me avergüenzo. Yo... Yo le di la espalda. Murió mientras yo la ignoraba. No sé si podría haberla salvado. Quiero decir que, probablemente, no habría podido, pero... la abandoné. Las circunstancias no importan. Lo único que necesitas saber es que me comporté mal.

Fruncí el ceño.

—Sé que no formaba parte de tu grupo de Londres o Max la habría conocido. ¿Era una paciente tuya?

—Puedo tratar a mis pacientes porque nuestros respectivos papeles están bien definidos, pero cuando la gente está fuera de ese ámbito, me convierto en un ser mucho menos digno de confianza. Jamás he dejado de hacer lo que me correspondía con un paciente. Jamás, ni siquiera en Londres, cuando estaba enferma, cuando hacía un frío horroroso, cuando otros alumnos pasaban las consultas a toda prisa. Es un alivio, una liberación, estar en el hospital, ser el médico y no la amiga o la esposa o la hija o alguien que no es digno de confianza.

Volví a tomar sus manos.

—Lotty, tú nunca has sido una persona en quien no se pueda confiar. Te conozco desde que tenía dieciocho años. Siempre has estado a mi lado, siempre has sido cariñosa, comprensiva y una verdadera amiga. Te estás flagelando por un pecado que no has cometido.

—Es cierto que somos amigas desde hace mucho tiempo, pero tú no eres Dios. Tú no conoces todos mis pecados, igual que yo no conozco los tuyos. —Me lo dijo con un tono seco, no con esa sequedad de la ironía sino como si se hallara demasiado exhausta como para experimentar ningún sentimiento—. Pero, si ese hombre que cree ser un Radbuka está amenazando a Calia... Calia es el vivo retrato de Teresz. Cuando la miro, veo a Teresz. Era la belleza de nuestro grupo. Y no sólo eso, también tenía un gran encanto. Incluso a los dieciséis años, cuando todas las demás éramos unas jovencitas torpes. Cuando miro a Calia es como si volviera a ver a Teresz. Si hubiera pensado que le podría ocurrir a Calia algo realmente malo...

No acabó la frase. Si pensara que a Calia le podría ocurrir algo realmente malo, ¿acabaría por contarme la verdad? ¿O qué?

Se hizo un silencio y entonces miré el reloj, vi la hora que era y, sin más preámbulos, dije que tenía que irme a una cena. No me gustó la tensión que vi en el rostro de Lotty mientras me acompañaba otra vez al ascensor. Corriendo por Lake Shore Drive hacia casa de los Rossy, pensé que en realidad yo sí que era una amiga en la que no se podía confiar.

En aquel momento, en un salón atestado de esculturas de bronce, tapicerías de seda, enormes cuadros al óleo, mientras escuchaba una charla superficial sobre el esquí y sobre si una ciudad como Chicago era capaz de representar ópera de primera, me sentí totalmente ajena al mundo que me rodeaba.

31

Gustos caros

Me alejé de la charla y me acerqué a los ventanales de la terraza. Estaban abiertos, de modo que los invitados podían cruzar tras los pesados cortinones para salir fuera. Frente a mí, el lago Michigan se extendía como un agujero negro en medio de la tela de la noche, perceptible únicamente como una enorme mancha entre las luces parpadeantes de los aviones que se dirigían a O'Hare y los faros de los coches de la calle que tenía debajo. Me recorrió un escalofrío.

—¿Tiene frío, signora Warshawski? No debería estar ahí, al aire de la noche —oí decir a Bertrand Rossy, que había salido por el ventanal detrás de mí.

Me di la vuelta.

—No suelo tener la oportunidad de disfrutar de esta vista.

—Ya que he sido negligente a la hora de atender a mis invitados, no puedo censurarla por evitarlos, pero espero que ahora quiera acompañarnos —dijo sosteniendo la cortina sin dejarme otra alternativa salvo la de volver a la reunión.

—Irina, una copa de vino para la señora Warshawski —dijo dirigiéndose en inglés a una mujer con el típico uniforme de las doncellas.

—Según parece se ha pasado usted el día ahorrando millones de dólares para sus accionistas —le dije, cambiando también del italiano al inglés—. Tiene que haber sido muy gratificante haber conseguido que la Asamblea Legislativa les apoyara con tanta rapidez.

Al reírse se le volvieron a formar los hoyuelos en las mejillas.

—Oh, yo sólo he ido como observador. Preston Janoff me ha dejado impresionado, muy impresionado. Sabe mantener la sangre fría cuando le atacan.

—Una votación de once a dos en el comité me suena como el ataque de los pitufos.

Volvió a reírse.

—¡El ataque de los pitufos! ¡Qué modo tan original de expresarse tiene usted!

—¿Qué pasa, *caro*? ¿Qué te hace reírte tanto? —le preguntó Fillida, que venía a traerme la copa de vino ella misma, mientras se agarraba del brazo de su marido.

Rossy repitió mi comentario. Fillida sonrió dulcemente y lo dijo de nuevo en inglés.

—Tengo que recordar esa frase. El ataque de los pitufos. Y ¿a quién estaban atacando?

Me sentí increíblemente estúpida y me dediqué a dar sorbitos a mi copa de vino, mientras Rossy le explicaba lo de las votaciones en la Asamblea Legislativa.

—Ah, sí, ya me lo dijiste al entrar. ¡Qué lista es usted que conoce de primera mano todos esos asuntos de la Asamblea Legislativa, *signora*! Yo tengo que esperar a que Bertrand me lo cuente. —Le enderezó la corbata—. Cariño, este dibujo de centellas es demasiado llamativo, ¿no te parece?

—¿Y cómo sabía usted el resultado de la votación con tanta exactitud? —me preguntó Rossy—. ¿Más adivinaciones?

—Vi las noticias en la sala de conferencias de Janoff. Sobre otros asuntos mi ignorancia es supina.

—¿Sobre cuáles? —preguntó Rossy agarrando los dedos de su mujer en un gesto que daba a entender que ella era en realidad el centro de su atención.

—Sobre asuntos como por qué necesitaba Louis Durham encontrarse con usted en su casa después de la votación. No sabía que la directiva de Ajax y él estuvieran en tan buenos términos. O sobre por qué eso debía importarle a Joseph Posner.

Fillida se volvió hacia mí.

—Usted es, sin duda, una *indovina, signora*. Me reí cuando Bertrand me contó que usted leía la mano, pero es auténticamente sorprendente cómo sabe tanto de nuestros asuntos privados.

El tono de su voz era suave y carente de crítica, pero bajo su mirada distante y serena me sentí incómoda. Me había imaginado que había asestado un golpe audaz, pero en aquel momento me pareció que había sido simplemente burdo.

Rossy extendió las manos.

—Después de todo Chicago no es muy diferente de Berna o de Zurich. Aquí y allí el trato personal con los gobernantes de la ciudad resulta muy útil para el buen funcionamiento de la empresa. Y en cuanto al señor Posner, es comprensible que esté contrariado por la votación de hoy —me dijo dándome una ligera palmada en la espalda cuando Laura Bugatti, la esposa del agregado cultural, se unió a nosotros—. *Allora*, ¿qué hacemos discutiendo asuntos de los que nadie más entiende nada?

Antes de que pudiera responderle, dos niños de unos cinco y seis años entraron en la sala bajo la mirada vigilante de una mujer con el uniforme gris de las niñeras. Los dos eran muy rubios y la niña tenía una espesa melena que le caía por la espalda. Llevaban unos pijamas que debían de haber mantenido ocupadas a un equipo de bordadoras durante un mes. Fillida se inclinó para darles un beso de buenas noches y les dijo que se despidieran de Zia Laura y Zia Janet. Zia Laura era la mujer del agregado cultural y Zia Janet, la novelista. Las dos fueron a besar a los niños mientras Fillida pasaba los dedos por la larga melena de su hija.

—Giulietta —dijo dirigiéndose a la niñera—, hay que ponerle un poco de loción de romero en el pelo a Marguerita; el viento de Chicago se lo deja muy seco.

Bertrand tomó a la niña en brazos para llevársela a la cama. Fillida dobló bien el cuello del pijama de su hijo y le empujó suavemente hacia la niñera.

—Luego iré a veros, cariños míos, pero ahora tengo que ocuparme de que nuestros invitados coman algo porque, si no, se van a desmayar de hambre dentro de poco. Irina —añadió dirigiéndose, con el mismo tono suave, a la doncella—, haga el favor de servir la cena.

Le pidió al *signor* Bugatti que me acompañara y a su mujer que le diera el brazo al banquero suizo. Cuando cruzábamos el recibidor rumbo al comedor forrado de madera, me detuve a admirar un antiguo reloj de pie en cuya esfera estaba representado el sistema solar. Mientras lo estaba mirando empezaron a dar las nueve y el sol y los planetas comenzaron a girar alrededor de la Tierra.

—Es una maravilla, ¿verdad? —dijo el *signor* Bugatti—. Fillida tiene un gusto exquisito.

Si los cuadros y las pequeñas esculturas que atestaban todas aquellas salas eran suyos, no sólo tenía un gusto exquisito sino una barbaridad de dinero para poder permitírselos. Pero, también, poseía un lado extravagante: junto a una marina pintada por un niño había colocado fotografías de sus hijos en la playa.

Al verlas, Laura exclamó:

—Oh, mira, aquí está el pequeño Paolo en Samos el verano pasado. ¡Qué adorable es! ¿Vas a dejarle ir a nadar al lago Michigan?

—¡Por favor! —contestó Fillida, alargando una mano para poner derecha la fotografía de su hijo—. Él está deseando ir. Ni se te ocurra mencionarlo. ¡Con esa contaminación!

—Cualquiera que pueda enfrentarse al Adriático, puede soportar el lago Michigan —dijo el banquero y todo el mundo acogió el comentario con risas—. ¿No le parece, *signora* Warshawski?

Yo sonreí.

—La verdad es que yo voy a menudo al lago a nadar, pero puede que mi sistema inmunológico haya generado una tolerancia a nuestra contaminación. Aunque, por lo menos, nosotros nunca hemos sufrido ningún brote de cólera en las aguas costeras de Chicago.

—Ah, pero Samos no es lo mismo que Nápoles —dijo la novelista, la «tía Janet» que había besado a un Paolo reticente hacía unos minutos—. Es algo tan típico de los estadounidenses sentirse superiores sin haber pasado ni siquiera por Europa. Estados Unidos ha de ser siempre el número uno en todo, hasta en la limpieza de las aguas costeras. En Europa la gente se preocupa más por tener una mejor calidad de vida en términos más generales.

—Eso quiere decir que, cuando una empresa alemana se convierte en la mayor empresa editorial de los Estados Unidos o cuando una compañía suiza compra la mayor aseguradora de Chicago, en realidad no pretenden dominar el mercado —dije—, tan sólo es un efecto colateral de la búsqueda de una mejor calidad de vida en términos generales.

El banquero se rió, mientras Rossy, que acababa de volver a reunirse con nosotros, llevando una corbata diferente, de tonos más apagados, dijo:

—Tal vez Janet debería haber dicho que los europeos ocultan bajo una capa de civilización su interés por ganar medallas o por triunfar. Es de mala educación alardear abiertamente de los logros personales. Es mejor mencionarlos, como por casualidad, en medio de una conversación intrascendente.

—En cambio a los estadounidenses nos encanta

alardear —continuó insistiendo la novelista—. Nosotros somos ricos, somos poderosos y todo el mundo tiene que hacer las cosas a nuestro modo.

Irina apareció con una crema de champiñones de color marrón claro, con el contorno de un champiñón dibujado con nata por encima. Era una mujer silenciosa y eficiente que supuse había venido de Suiza con los Rossy hasta que me di cuenta de que Fillida y su marido siempre se dirigían a ella en inglés.

En la mesa la conversación se desarrollaba en italiano y versó, durante un rato bastante tenso, sobre las deficiencias, tanto del ejercicio del poder como del comportamiento de los estadounidenses. Sentí que se me ponían los pelos de punta. Es gracioso, pero a nadie le gusta que alguien ajeno critique a su familia, aunque esté formada por una panda de locos y de matones.

—Así que la votación de hoy en la Asamblea Legislativa de Illinois no ha girado en torno a la posible retención de las indemnizaciones derivadas de los seguros de vida que les corresponden a los herederos de las víctimas del Holocausto; ha tratado, simplemente, de evitar que los Estados Unidos impongan sus criterios en Europa, ¿no? —dije yo.

El agregado cultural se inclinó sobre la mesa hacia mí.

—En cierto modo, así es, *signora*. Ese concejal negro, ¿cómo se llama?, ¿Duram?, a mí me parece que su argumento es muy válido. Los estadounidenses siempre están dispuestos a condenar desde fuera las atrocidades de una guerra, que fue en efecto atroz, nadie lo niega, pero no están dispuestos a examinar las atrocidades que cometieron en su país con los indios o con los esclavos africanos.

La doncella retiró los platos de la sopa y trajo lomo de ternera asada acompañado de verduras variadas. Los platos eran de porcelana de color crema y tenían una gran *H* grabada en oro en el centro. Tal vez fuese la inicial del apellido de soltera de Fillida Rossy, aunque, en ese momento, no se me podía ocurrir ningún apellido italiano que empezase por *H*.

Laura Bugatti intervino para decir que, a pesar de los atentados de las mafias en Italia y Rusia, la mayoría de los lectores europeos prefería estar al tanto de la violencia en los Estados Unidos que fijarse en la de sus propios países.

—Tienes razón —dijo, interviniendo por primera vez, la esposa del banquero—. Mi familia jamás habla de la violencia en Zurich, pero se pasan todo el tiempo haciéndome preguntas sobre los asesinatos que hay en Chicago. ¿No te pasa a ti lo mismo después del asesinato de ese tipo de la empresa de tu marido, Fillida?

Fillida pasó los dedos suavemente por la elaborada filigrana de su cuchillo. Noté que comía muy poquito, así que no era de extrañar que se le marcase tanto el esternón.

—*D'accordo*. Supongo que ese crimen salió en los periódicos de Bolonia porque saben que estoy viviendo aquí. Mi madre lleva llamándome varias mañanas seguidas para decirme que mande a Paolo y Marguerita de vuelta a Italia, donde no corren peligro. No sirve de nada que le repita una y otra vez que ese crimen se ha producido a treinta kilómetros de mi casa, en una zona horrible como otras que pueden encontrarse sin duda en Milán. E incluso puede que en Bolonia, aunque, la verdad, me resultaría difícil de creer.

—En tu ciudad natal, no, ¿verdad, *cara*? —dijo Bertrand—. Si es tu ciudad, tiene que ser la mejor del mundo, no puede existir nada desagradable.

Lo dijo riéndose y levantando su copa en dirección a su esposa, pero ella torció el gesto. Él se puso serio, bajó la copa y se volvió hacia la mujer del banquero. Me pareció que el tono suave de Fillida tenía algo de intimidatorio: en aquella mesa no se admitían chistes sobre Bolonia, había que cambiarse de corbata si a ella no le parecía adecuada y variar de tema de conversación si le molestaba.

Laura Bugatti, al notar que Fillida estaba contrariada, preguntó enseguida con un tono de niña ansiosa:

—¿Un crimen en la empresa de Bertrand? ¿Cómo es que no se me ha informado? Me estás ocultando una información cultural de gran importancia —le dijo a su marido con un mohín.

—Era un agente de seguros que trabajaba para Ajax, a quien encontraron muerto en su oficina —le contestó el banquero—. Ahora la policía ha dicho que se trata de un asesinato y no de un suicidio, como pensaron al principio. Usted trabajaba para él, ¿no es así, *signora* Warshawski?

—Trabajaba contra él —le corregí—. Él tenía la clave de una controvertida... —Me quedé pensando en cómo se decía aquello en italiano. Nunca he utilizado ese idioma para hablar de asuntos económicos. Al final, me volví hacia Rossy, que tradujo «reclamación sobre un seguro de vida».

—Bueno, pues él tenía la clave para resolver esa reclamación tan controvertida que se le ha hecho a Ajax, pero no conseguí que me revelara lo que sabía.

—Así que su muerte la ha dejado frustrada —me dijo el banquero.

—Sí, frustrada y perpleja, porque todos los papeles relacionados con ese seguro han desaparecido. Incluso hoy mismo alguien ha estado revolviendo en un archivador de la compañía para llevarse documentos.

Rossy colocó de un golpe la copa que tenía en la mano sobre la mesa.

—Y usted, ¿cómo lo sabe? ¿Por qué nadie me ha informado?

Abrí las manos en señal de ignorancia.

—Usted estaba en Springfield y yo he sido informada porque a su *signor* Devereux se le ocurrió sospechar que yo podía ser la responsable de ese robo.

—¿En mi oficina? —me preguntó.

—En el Departamento de Reclamaciones. La copia que usted se quedó en su oficina sigue intacta. —No añadí que a Ralph su sexto sentido le decía que en aquellos papeles había algo raro.

—O sea que usted jamás vio la documentación del agente —dijo Rossy, sin tomar en cuenta mi insinuación—. ¿Ni siquiera cuando estuvo en su oficina después de su muerte?

Dejé cuidadosamente el tenedor y el cuchillo sobre el filo dorado de mi plato.

—¿Y cómo está usted al tanto de que he ido a la oficina de Fepple tras su muerte?

—Esta tarde hablé desde Springfield con Devereux y me dijo que usted le había llevado una especie de documento de la oficina del agente.

La doncella sustituyó los platos usados por otros también con filo de oro, con una mousse de frambuesa rodeada por los mismos frutos, pero frescos.

—La madre del difunto me dio una llave de la oficina y me pidió que fuera a ver si encontraba algo que la policía hubiese pasado por alto. Cuando entré, me encontré un trozo de un papel que parece un documento muy antiguo escrito a mano. La única razón por la que lo asocié con esa controvertida reclamación es que en él figura el nombre del tomador de la póliza, aunque no sabría decir si tiene algo que ver con la reclamación o se trata de otra cosa.

Laura Bugatti volvió a aplaudir.

—Esto es emocionante: un documento misterioso. ¿Sabe quién lo escribió o cuándo lo hizo?

Negué con la cabeza. Aquel interrogatorio me estaba haciendo sentirme incómoda y ella no tenía por qué saber que yo había llevado el papel a analizar.

—¡Qué desilusión! —dijo Rossy dirigiéndome una sonrisa—. ¡Yo que había alardeado tanto de sus dotes sobrenaturales! Seguro que, al igual que Sherlock Holmes, usted será capaz de reconocer cincuenta y siete tipos diferentes de papel por sus cenizas.

—¡Ay! —dije yo—. Mis poderes son imprevisibles. Son más aplicables a las personas y a sus motivaciones que a los documentos.

—Y, entonces, ¿por qué preocuparse siquiera? —me preguntó Fillida, mientras sus dedos se afirmaban alrededor del pesado mango de la cuchara que no había utilizado.

En su tono suave y distante había un aire de superioridad que me hizo sentir ganas de contestar de forma agresiva.

—Se trata de la reclamación de una familia afroamericana pobre del sur de Chicago. Si Ajax le pagara sus diez mil dólares a la inconsolable viuda, aprovecharía una magnífica oportunidad para poner en práctica toda esa retórica que Preston Janoff ha manifestado hoy.

—O sea que está actuando simplemente por nobleza de corazón y no porque tenga ninguna prueba —dijo el banquero, con un tono que sugería que sus palabras no encerraban ningún cumplido.

—Y ¿por qué intenta implicar en ello a la empresa de Bertrand? —añadió la novelista.

—No sé quién cobró el cheque que extendió Ajax en 1991 —dije volviendo a utilizar el inglés para estar segura de que me expresaba con claridad—. Pero hay dos razones por las que pienso que o bien fue el agente o bien alguien de la compañía de seguros: por lo que he averiguado acerca de la familia que ha presentado la reclamación y por el hecho de que el expediente original haya desaparecido. No sólo el de la agencia, sino también el de la compañía de seguros. Puede que quien se los llevó no se diera cuenta de que todavía quedaba otra copia en el despacho del señor Rossy.

—*Ma il corpo* —dijo la mujer del banquero—. ¿Usted vio el cuerpo? ¿Es cierto que la postura, el lugar en el que estaba el arma y todo eso hicieron que la policía creyera que se trataba de un suicidio?

—La *signora* Bugatti tiene razón —dije yo—. A los europeos les encanta conocer los detalles de la violencia en Estados Unidos. Desgraciadamente, la madre del señor Fepple no me dio la llave de la oficina hasta después del asesinato de su hijo, así que no puedo darle detalles sobre la posición del cuerpo.

Rossy frunció el ceño.

—Lamento que le parezcamos unos cotillas pero, como ya ha oído, en Europa las madres se preocupan por sus hijas y por sus nietos. Aunque, quizás podríamos hablar de cosas menos sangrientas.

Fillida asintió.

—Sí, creo que ya se ha hablado de demasiados asuntos sangrientos en mi mesa. ¿Por qué no volvemos al salón para tomar el café?

Mientras el resto del grupo se sentaba en los mullidos sofás de color pajizo, le di las gracias a Fillida Rossy y me excusé.

—*Una serata squisita.* Lamento tener una cita mañana temprano, lo que me obliga a marcharme sin tomar café.

Ni Fillida ni su marido hicieron el menor esfuerzo para que me quedara un rato más, aunque Fillida dijo algo sobre ir juntos una noche a la ópera.

—A pesar de que no puedo creer que se pueda cantar *Tosca* fuera de La Scala. Me parece una herejía.

Bertrand me acompañó hasta la puerta repitiendo con tono cordial que mi compañía había sido un placer. Esperó en el umbral hasta que llegó el ascensor. Oí que, en el interior, la conversación giraba en torno a Venecia, a cuyo festival de cine habían asistido Fillida, Laura y Janet.

32

El cliente en chirona

Mi rostro reflejado en el espejo del ascensor tenía un aspecto salvaje y descuidado, como si hubiera pasado años en la selva, lejos de todo contacto con los seres humanos. Me pasé un peine por mi abundante cabellera con la esperanza de que mis ojeras fueran un mero efecto de la luz.

Saqué un billete de diez dólares de mi cartera y me lo coloqué doblado en la palma de la mano. Cuando llegué al vestíbulo del edificio, le dediqué al portero una sonrisa que pretendía ser encantadora e hice un comentario sobre el tiempo.

—Está agradable para esta época del año —dijo, coincidiendo con mi comentario—. ¿Necesita un taxi, señora?

Le dije que no iba lejos y añadí:

—Espero que no sea difícil conseguir taxis más tarde, porque me da la impresión de que los demás invitados de los Rossy están dispuestos a quedarse toda la noche.

—Ah, sí. Sus fiestas son muy cosmopolitas. La gente suele quedarse hasta las dos o las tres de la madrugada.

—La señora Rossy es una mujer que se preocupa mucho por sus hijos. Creo que mañana le va a resultar difícil levantarse a la vez que ellos —comenté al recordar la forma en que los había abrazado y besado antes de que se fueran a la cama.

—No, si es la niñera quien los lleva al colegio, pero si quiere saber mi opinión, serían más felices si se preocupara menos por ellos. Al menos, el niño. Siempre está tratando de que no le abrace tanto en público. Supongo que el chico ha visto que en los colegios estadounidenses las madres no abrazan a sus hijos ni están todo el tiempo arreglándoles la ropa.

—Es una dama que tiene una forma de hablar muy suave, sin embargo me da la impresión de que es ella quien lleva las riendas allí arriba.

Le abrió la puerta a una señora mayor que salía con un perrito, al tiempo que le comentaba lo bonita que estaba la noche para dar un paseo. El perrito enseñó los dientes bajo una mata de pelo blanco.

—¿Va a trabajar con ellos? —me preguntó cuando se habían marchado.

—Oh, no. No. Tengo negocios con el señor Rossy.

—Estaba a punto de decirle que yo no trabajaría allí arriba ni por todo el oro del mundo. La señora tiene una visión muy europea de lo que debe ser el servicio, incluyéndome a mí. Para ella yo soy como un mueble que le consigue taxis. Según he oído, la del dinero es ella. El señor se casó con la hija del jefe y todavía hoy sigue bailando al ritmo que le marca la familia. Bueno, eso es lo que he oído.

Soplé un poquito más la brasa.

—Pero supongo que debe de ser bueno trabajar con ella porque, si no, Irina no se hubiese venido desde Italia para seguir a su servicio.

—¿De Italia? —preguntó mientras le abría la puerta a una pareja de adolescentes, aunque con ellos no habló—. Irina es polaca. Con toda probabilidad está aquí de manera ilegal. Todo el dinero que gana se lo manda a su familia en Polonia, como casi todos los inmigrantes. No, lo que la señora trajo de Italia fue una niñera para que cuidase a los niños y para que no olvidaran el italiano mientras estaban aquí. Una estirada que no te da ni la hora —añadió con aire resentido. Cotillear sobre los jefes es lo que convierte un trabajo aburrido en interesante.

—Entonces, ¿las dos chicas viven aquí? Así, por lo menos, Irina puede dormir un poco más después de trabajar hasta tan tarde como esta noche.

—¿Está de broma? Ya le he dicho que para la señora Rossy los criados son eso, criados. Da igual a qué hora se marchen los invitados, el señor está siempre a las ocho en pie para ir a trabajar y créame que no es la señora la primera en levantarse para ocuparse de que le sirvan el desayuno como a él le gusta.

—Ya sé que reciben mucho en casa. Esperaba encontrarme con el concejal Durham en la cena, puesto que ha estado aquí más temprano. O con Joseph Posner.

—Deposité con disimulo el billete de diez sobre la mesa de mármol donde tenía las pantallas del circuito cerrado para vigilar los ascensores y la calle.

—¿Posner? Ah, se refiere al judío. —El portero se metió el billete de diez en el bolsillo con toda naturalidad sin siquiera detenerse a tomar aire—. No creo que la señora les dejase sentarse a ninguno de ellos a su mesa. Alrededor de las seis y media llegó ella a toda velocidad, hablando por el teléfono móvil. Supongo que con el señor, porque hablaba en italiano. Entonces colgó y se volvió hacia mí. Nunca grita pero, da igual, te da a entender perfectamente que está muy, pero muy cabreada: «Mi marido ha invitado a unas personas con las que tiene negocios esta noche por asuntos de trabajo. Vendrá un hombre negro. Hágale esperar en el vestíbulo hasta que llegue mi marido. Yo no puedo atender a un desconocido mientras me arreglo para recibir a mis invitados». Con eso quería decir maquillarse y esas cosas.

—Así que el señor Rossy esperaba la visita del concejal Durham. ¿Y no había invitado también a Posner?

El portero negó con la cabeza.

—Posner se presentó de improviso y tuvimos un enfrentamiento a gritos cuando no le dejé subir solo. El señor Rossy dijo que le recibiría cuando se marchase el concejal, pero Posner sólo estuvo arriba unos quince minutos.

—Así que Posner se habrá quedado bastante disgustado porque le dedicaran tan poco tiempo, ¿no?

—Oh no, el señor Rossy es un buen tipo, no como la señora. Él siempre tiene tiempo para hacer una broma o dar una propina, al menos cuando ella no está mirando. Aunque es normal que, si tienen un pastón, te suelten un dólar de vez en cuando, sobre todo si uno se va a la carrera hasta la esquina de Belmont para conseguirles un taxi. En fin, que el señor Rossy se las arregló para tranquilizar al judío en quince minutos. Aunque yo no puedo soportar cuando van disfrazados, ¿y usted? En este edificio tenemos un montón de judíos y van tan normalitos como usted y como yo. ¿Para qué se ponen ese sombrero y esa bufanda y todo eso?

Un taxi que paró delante del portal me salvó de tener que responder. El portero salió disparado en cuanto bajó del taxi una mujer con varias maletas enormes. Me pareció que ya había averiguado bastante, aunque no todo lo que quería. Salí a la vez que él y crucé la calle rumbo a mi coche.

Fui a casa por Addison, intentando encontrarle una lógica a todo aquello. Rossy había invitado a Durham. ¿Antes de la manifestación? ¿Después de regresar de Springfield? Y, por lo que fuera, Posner se había enterado y había seguido a Durham hasta la casa. Donde Rossy disipó sus enfurecidas sospechas.

Yo no sabía nada en concreto de la codicia de Durham, aunque estaba claro que su sueldo de concejal no le daría para comprar comida, después de pagar aquellos trajes tan caros. Pero casi todos los políticos de Chicago tienen su precio y, por lo general, no es demasiado alto. Probablemente Rossy habría invitado a Durham a su casa para sobornarlo. Pero ¿qué le habría podido ofrecer a Posner para quitarse a un fanático como él de encima?

Era casi medianoche cuando pude encontrar un lugar para aparcar en una de las calles laterales, cerca de mi casa. Yo vivía a cinco kilómetros del edificio de los Rossy en dirección oeste. Cuando me mudé, aquél era, sobre todo, un barrio tranquilo de clase obrera, pero últimamente habían abierto tal cantidad de boutiques y restaurantes de moda que incluso a aquellas horas de la noche era una pesadez conducir por allí. Un autobús que viró con brusquedad delante de mí en Wrigley Field me apartó de mis pensamientos y me hizo concentrarme en el tráfico.

A pesar de ser tan tarde, mi vecino y los perros todavía estaban despiertos. El señor Contreras debía de estar esperándome sentado junto a su puerta, porque, nada más entrar en mi casa, apareció con *Mitch* y *Peppy*. Los perros dieron vueltas sin cesar por el diminuto vestíbulo, mordiéndome suavemente para demostrarme que estaban enfadados por mi larga ausencia.

El señor Contreras se sentía solo y abandonado, igual que yo. Aunque estaba agotada, saqué a los perros a correr un rato alrededor de la manzana y después me senté con el viejo en su atiborrada cocina. Estaba bebiendo grappa. Yo preferí una infusión de manzanilla con un chorrito de coñac. El esmalte de la cocina estaba todo levantado y la única decoración era un calendario de la Human Society en el que se veía a una camada de cachorritos. El coñac era barato y fuerte, pero me sentía más cómoda allí que en el recargado salón de los Rossy.

—¿Morrell se ha ido hoy? —me preguntó el viejo—. Me imaginé que estarías triste. ¿Va todo bien?

Solté un gruñido impreciso, pero al final acabé contándole en detalle cómo había encontrado el cuerpo de

Fepple, la historia de la familia Sommers, la desaparición del dinero, de los documentos y la fiesta de aquella noche. Se enfadó porque no le había contado antes lo de Fepple —«Después de todo, bonita, estabas conmigo en la cocina cuando dieron la noticia por la radio»— pero, después de refunfuñar un poco, me dejó continuar con mis historias.

—Estoy cansada. No puedo pensar con claridad. Pero tengo la sensación de que en la cena de esta noche todo estaba cuidadosamente orquestado —le dije—. En aquel momento me dejé llevar por la conversación, pero ahora me parece que eran ellos los que me conducían y me acorralaban para que hablase de algo concreto. Aunque no sé si lo que les interesaba era el descubrimiento del cuerpo de Fepple o lo que había visto en la carpeta de Sommers.

—O ambas cosas —sugirió mi vecino—. Tú dijiste que el nombre de esa chica del Departamento de Reclamaciones estaba en el ordenador del agente de seguros, pero ella dice que nunca estuvo allí. Puede que sí haya estado. Puede que estuviera después de que lo matasen y que tenga miedo de decirlo.

Deslicé los dedos entre las sedosas orejas de *Peppy*.

—Es posible. Y en ese caso puedo entender que Ralph Devereux intentara protegerla, pero la verdad es que no veo que sea algo que pueda interesarle demasiado a Rossy o a su mujer. No tanto como para invitarme a cenar e intentar sonsacarme información. Me dijo que lo hacía porque su mujer estaba muy sola y quería que yo hablase italiano con ella, pero estaba rodeada de amigos o, en cualquier caso, de aduladores, y no me necesitaba para nada, excepto para sacarme información.

Fruncí el ceño mientras le daba vueltas al asunto y continué:

—Deben de haberse enterado de la aparición del cuerpo de Fepple y Rossy me llamó para ver qué sabía yo, pero no entiendo por qué. A no ser que en la compañía estén mucho más preocupados por la reclamación de Sommers de lo que están dispuestos a admitir. Lo cual significa que podría ser la punta de un iceberg espantoso que no estoy viendo.

»Fue una invitación tan de última hora —continué diciendo— que me pregunto si los actores ya estaban invitados o los reunieron en aquel instante, sabiendo que harían bien su papel. Sobre todo Laura Bugatti, la mujer del agregado cultural italiano. Era la que hacía de ingenua entusiasta.

—¿Y eso qué es?

—Pues, la típica cabeza hueca, un poco fuguillas, capaz de preguntar las cosas más tremendas como si no se diera cuenta de lo que estaba diciendo. Aunque puede que sea así de verdad. Lo cierto es que todos me hicieron sentirme torpe y vulgar, hasta la estadounidense que estaba allí, una escritora bastante estirada. Espero no haberme gastado nunca ni un centavo en un libro suyo. Era como si me hubiesen invitado para que fuera la diversión de la noche. Como si fuese un espectáculo en el que yo era la protagonista, pero la única que no conocía el guión.

—Yo no sé si el dinero puede comprar o no la felicidad, pero una cosa sí que sé, cielo, y es que el dinero no puede comprar el carácter. Cosa que tú tienes diez veces más que cualquier grupo de ricachones que te invite a cenar para tirarte de la lengua.

Le di un beso en la mejilla y me levanté. Tenía demasiado sueño para pensar y, más aún, para hablar. Con la misma rigidez que el viejo, subí las escaleras para irme a la cama y me llevé *Peppy* conmigo: las dos necesitábamos un poco de mimo esa noche.

La luz de mi contestador automático estaba parpadeando. Me encontraba tan agotada que pensé en escuchar los mensajes al día siguiente, pero entonces me acordé de que podía haberme llamado Morrell. Y, en efecto, el primer mensaje era suyo, diciéndome que me echaba de menos, que me quería, que estaba muerto de cansancio pero, al mismo tiempo, tan nervioso que no podía dormir. «Yo también», le contesté, y rebobiné la cinta una y otra vez para escuchar su voz.

El segundo mensaje era de mi servicio de contestador para decir que Amy Blount había llamado dos veces: «Está enfadada e insiste en que te pongas en contacto con ella de inmediato, pero no ha dicho por qué». ¿Amy Blount? Ah, sí, la joven que había escrito sobre la historia de los ciento cincuenta años de Ajax.

De inmediato, decía, pero no en aquel preciso momento, a la una de la madrugada después de una jornada que había durado veinte horas. Apagué el contestador automático, me quité el traje de chaqueta y me tiré en la cama sin quitarme la blusa ni los pendientes de brillantes en forma de lágrima que fueron de mi madre.

Por primera vez desde hacía más de una semana, dormí toda la noche de un tirón. Me despertó *Peppy*, dándome unos golpecitos con el hocico, poco después de las ocho. Me dolía la oreja derecha, porque había dormido de ese lado y se me había clavado el pendiente. El izquierdo se me había caído entre las sábanas. Revolví toda la cama hasta que lo encontré y después guardé los dos pendientes en mi caja fuerte, al lado de la pistola. Los brillantes de mi madre y la pistola de mi padre. Quizás la escritora amiga de Fillida Rossy pudiese hacer un poema con aquello.

Mientras dormía, mi servicio de contestador y Mary Louise me habían dejado más mensajes diciendo que Amy Blount había vuelto a llamar y que quería hablar conmigo. Gruñí y fui a la cocina a preparar café.

Me senté en el porche trasero con un expreso doble entre las manos, mientras *Peppy* se dedicaba a olfatear el patio, y allí me quedé hasta que me sentí lo suficientemente despierta como para estirar mis agarrotadas articulaciones. Por fin, después de hacer todos mis ejercicios, incluyendo una carrera de ida y vuelta hasta el lago de siete kilómetros, con los perros protestando porque les hacía ir demasiado deprisa, volví a conectarme con el mundo exterior.

Llamé a Christie Weddington, de mi servicio de contestador.

—Vic, Mary Louise ha estado intentando localizarte, además de un montón de gente. Amy Blount volvió a llamar y también una tal Margaret Sommers.

Margaret Sommers. La esposa de mi cliente, la que creía que yo iba a estafar o a destruir a su marido. Anoté los datos de las llamadas y le dije a Christie que me pasara las que fuesen urgentes al teléfono móvil. Me llevé el inalámbrico a la cocina para prepararme el desayuno mientras hablaba con Margaret Sommers. Llamé a su oficina, donde me dijeron que se había marchado a casa por un problema familiar. Fui al salón a mirar el número de su casa en mi agenda electrónica.

Contestó nada más sonar el teléfono, gritándome:

—¿Qué le ha dicho a la policía de Isaiah?

—Nada. —Aquel ataque inesperado me tomó por sorpresa—. ¿Qué le ha pasado?

—Está mintiendo, ¿verdad? Esta mañana han ido a buscarlo al trabajo y se lo han llevado detenido, delante de sus compañeros. Dijeron que tenían que hablar con él de Howard Fepple. Dígame, ¿quién iba a mandarle la policía a mi marido, aparte de usted?

¿Por qué no me habría quedado en la cama?

—Señora Sommers, yo no he hablado con la policía de su marido. Y no tengo ni idea de lo que ha pasado esta mañana. Si quiere que hablemos de ello, empiece por el principio, sin lanzarme acusaciones infundadas. ¿Lo han detenido? ¿O sólo se lo han llevado a una comisaría para interrogarlo?

Estaba furiosa y muy alterada, pero hizo un esfuerzo

y se tragó sus insultos. Isaiah la había llamado desde el trabajo para decirle que se habían presentado unos policías y que lo iban a arrestar por el asesinato de Fepple. No sabía el número de la comisaría, pero era la que quedaba en la Veintinueve y Prairie. Ella ya había estado allí y no la habían dejado ver a Isaiah.

—¿Ha hablado con alguno de los detectives que le está interrogando? ¿Sabe cómo se llaman?

Eran dos y ella se había quedado con sus nombres a pesar de que se habían portado como si fuesen los amos del universo y no tuviesen por qué darle ninguna explicación.

Ninguno de los dos nombres me sonaba.

—Pero ¿no le dijeron nada? ¿Por qué habían detenido a su marido, por ejemplo?

—Ay, se comportaron de una forma muy grosera. Los hubiera matado y me habría quedado tan a gusto. Me trataban como si estuviesen de cachondeo. «¿Qué pasa? ¿Tienes ganas de quedarte por aquí y chillarnos un poco, cariño? Podríamos encerrarte en la celda de al lado y oír cómo os inventáis unas cuantas mentiras entre los dos.» Eso fue exactamente lo que me dijeron.

Pude imaginarme la escena a la perfección, así como la impotencia y la furia que habría sentido Margaret Sommers.

—Pero... lo tienen que haber detenido por algún motivo. ¿Pudo averiguarlo?

—Ya se lo he dicho. Porque usted habló con ellos.

—Sé que todo esto tiene que haberla afectado mucho —le dije amablemente—. Y entiendo que esté furiosa. Pero intente pensar en algún otro motivo porque, de verdad, señora Sommers, yo no le he dicho nada a la policía de su marido. Sobre todo, porque no tenía nada que decirles.

—¿Qué? ¿Me va a decir que no les dijo que estuvimos el sábado en la oficina de Fepple?

Sentí un escalofrío.

—¿Estuvieron allí? ¿Fueron a la oficina de Fepple? ¿Y por qué? ¿Y cuándo?

Fuimos para atrás y para adelante hasta que, por fin, pareció aceptar que yo no sabía nada de todo aquello. Ella había convencido a Isaiah de que fuesen a ver a Fepple en persona, según acabé enterándome. Eso era lo que había pasado, pero Margaret intentaba hacerme creer que había sido por culpa mía: ellos no confiaban en mí porque yo no estaba haciendo nada, lo único que hacía era tratar de quedar bien con los de la compañía de seguros. Margaret había hablado con el concejal y éste le había sugerido que hablasen con Fepple. Así que, como Isaiah no quería llamarle para pedir una cita, lo hizo ella desde su oficina el viernes por la tarde.

—¿El concejal? —le pregunté—. Déjeme adivinar a qué concejal se refiere...

—Al concejal Durham, por supuesto. Como el primo de Isaiah forma parte del movimiento OJO, siempre ha sido muy amable con nosotros. Pero Fepple dijo que no podíamos ir el viernes porque tenía toda la tarde ocupada. Intentó que fuésemos más adelante, pero yo le dije que nosotros trabajábamos todos los días de la semana, que no éramos profesores universitarios para poder andar entrando y saliendo libremente de nuestros trabajos. Se comportó como si yo estuviera pidiéndole que me diese un millón de dólares pero, al final, dijo que si yo iba a armar tanto escándalo por una cosa así e iba a llamar al concejal, como amenacé que iba a hacer, que fuésemos a verle el sábado por la mañana. Así que mi marido y yo fuimos juntos en el coche. Ya estoy cansada de que todo el mundo le tome el pelo a Isaiah. Cuando llamamos a la puerta, no contestó nadie y me puse furiosa, porque pensé que nos había dado plantón. Pero cuando abrimos, lo vimos allí, muerto. No lo vimos inmediatamente, porque la oficina estaba a oscuras. Pero no tardamos mucho en darnos cuenta.

—Espere un momento —le dije—. Cuando hemos empezado a hablar, me ha acusado usted de haber mandado a la policía a por su marido. ¿Qué le hace creer eso?

No pensaba decírmelo, pero al final me soltó que la policía había recibido una llamada telefónica.

—Dijeron que había sido un hombre, un negro, pero estoy segura de que eso lo dicen para ponerme nerviosa. No conozco a ningún hermano que pueda acusar a mi marido de asesinato.

Podía ser que los detectives la hubieran tomado con ella y con Isaiah, pero también podía ser que hubiera sido un hermano el que había dado el soplo por teléfono. Lo dejé pasar: en el estado en que se encontraba, Margaret Sommers necesitaba echarle la culpa a alguien. Y ese alguien bien podía ser yo.

Volví a preguntarle sobre su visita a la oficina de Fepple el sábado.

—Cuando estuvieron en la oficina de Fepple, ¿buscaron el expediente del tío del señor Sommers? ¿Se llevaron algún papel?

—¡Oh, no! ¿Después de entrar y verle allí tirado? Con la cabeza... ¡Ay! ¡Si no me atrevo siquiera a decirlo! Nos fuimos lo más rápido posible.

Pero habían tocado lo suficiente. Mi cliente debía de haber dejado huellas dactilares en algún lugar de la oficina. Y, gracias a mí, la policía había dejado de considerar la muerte de Fepple como un suicidio. Así que Margaret Sommers tampoco andaba tan desencaminada: yo había provocado la detención de su marido.

33

Confusión

Nada más colgar, me puse a aporrear algunos acordes agudos al piano. Lotty suele criticarme por lo que denomina mi búsqueda despiadada de la verdad, y dice que en el camino paso por encima de las personas sin detenerme a pensar en sus deseos ni en sus necesidades. Si hubiese sabido que por ser un lince en el caso de la muerte de Fepple iba a conducir a Sommers a la cárcel... Pero era inútil reprocharme por haber ayudado a que la policía llevara a cabo una investigación con todas las de la ley. Eso ya estaba hecho, ahora tenía que ocuparme de las consecuencias.

Pero ¿y si hubiese sido Isaiah Sommers el que había matado a Fepple? El lunes me había dicho que tenía una Browning sin licencia, lo cual no impedía que también tuviese una SIG sin licencia. Aunque es una pistola cara y no es el tipo de arma que alguien se compra para tener en casa.

Toqué dos teclas juntas del piano con tal fuerza que *Peppy* se alejó de mí. ¿Y si después hubiese organizado todo para que la muerte de Fepple pareciese un suicidio? Demasiado complicado para mi cliente. Quizás lo hubiese organizado su mujer, ella sí que tenía un carácter fuerte. Me la podía imaginar poniéndose lo suficientemente furiosa como para matar a Fepple, a mí o a cualquiera que se le pusiera por delante.

Negué con la cabeza. La bala que había matado a Fepple no había sido disparada en un ataque de furia. Alguien se había acercado lo bastante a Fepple como para meterle una pistola en la boca. Primero tenía que haberle dejado sin sentido o haber contado con un cómplice que lo hiciera. Vishnikov me había dicho que aquel asunto tenía pinta de haber sido hecho por un profesional. Eso no encajaba con el perfil furioso de Margaret Sommers.

Me había olvidado de preparar el desayuno mientras hablaba con ella. Ya eran las diez de la mañana y, de pronto, me entró un hambre atroz. Fui hasta la esquina de casa, a la cafetería Belmont, el último vestigio de las tiendas y de los restaurantes del viejo barrio obrero de Lakeview. Mientras esperaba a que me trajeran una tortilla con patatas, llamé a mi abogado, Freeman Carter. Lo que Isaiah Sommers necesitaba con más urgencia en aquel momento era la ayuda de un buen abogado y, antes de colgar, le había prometido a Margaret Sommers que se lo conseguiría. Al principio se enfadó cuando me ofrecí a ayudarla y dijo que tenían un abogado muy bueno en la iglesia que podía ocuparse de Isaiah.

—¿Qué es lo que más le importa? ¿Salvar a su marido o salvar su orgullo? —le pregunté. Después de una elocuente pausa, farfulló que lo mejor sería que le echasen un vistazo a mi abogado, pero que si no les inspiraba confianza nada más verlo, no lo contratarían.

Freeman entendió enseguida la situación.

—Está bien, Vic —me dijo—, de momento tengo un ayudante que puede acercarse hasta el Distrito Veintiuno. ¿Tienes alguna teoría alternativa sobre quién pudo cometer el asesinato?

—La última cita que tuvo Fepple el viernes por la tarde fue con una mujer de la compañía de seguros Ajax, que se llama Connie Ingram. —La verdad es que no quería echársela a los lobos pero tampoco iba a dejar que el fiscal acusase injustamente a mi cliente. Le informé a

Freeman de la situación en torno a los documentos de la póliza de los Sommers—. Hay alguien en la compañía que no quiere que esos papeles anden por ahí, pero es imposible que mi cliente haya robado la microficha de los archivos del Departamento de Reclamaciones de Ajax. Claro que pueden decir que la he robado yo, pero ya cruzaremos ese puente cuando llegue la ocasión.

—¿Y la has robado tú, Vic? —preguntó Freeman con tono seco.

—No, Freeman. Palabra de scout. Tengo tantas ganas de ver esos documentos como cualquier otra persona en esta bendita ciudad, pero hasta el momento sólo he llegado a ver una versión expurgada. Seguiré buscando pistas sobre el asesinato, en caso de que suceda lo peor y tengamos que ir a juicio.

Barbara, la camarera más antigua de la cafetería Belmont, me trajo la tortilla justo cuando colgaba.

—Pareces una yuppie más de Lakeview con esa cosa pegada a la oreja, Vic.

—Gracias, Barbara. Es que intento adaptarme a mi entorno.

—Bueno, pues no te acostumbres. Aquí estamos pensando en prohibirlo. Estoy harta de ver a la gente hablando a gritos de sus asuntos a una mesa vacía.

—¿Qué quieres que te diga, Barbara? Cuando tienes razón, tienes razón. ¿Puedes ponerme la comida un momento en el calientaplatos mientras salgo a hacer otra llamada?

Soltó un gruñido y se fue a atender otra mesa. Era la hora en que la gente hace un alto para tomarse un café, a media mañana, y el lugar empezaba a llenarse de los mecánicos y el personal de mantenimiento del barrio, que se ocupaban de hacerle la vida más cómoda a los yuppies que residían allí. Me comí la mitad de la tortilla a toda velocidad para matar el hambre antes de llamar a Amy Blount. Contestó una mujer que me preguntó mi nombre antes de pasarle el teléfono a la señorita Blount.

Al igual que Margaret Sommers, Amy Blount estaba furiosa, pero se controlaba un poco más. Le hubiera gustado que hubiese contestado antes a su llamada. Estaba sometida a una gran presión y no le gustaba tener que estar pendiente de mi llamada. ¿Cuánto tiempo tardaría en llegar a Hyde Park?

—No lo sé, ¿cuál es el problema?

—Ay, es que ya lo he contado tantas veces que me había olvidado de que usted no lo sabe. Han entrado a robar en mi apartamento.

La noche anterior había vuelto a casa a las diez, después de dar una clase en Evanston, y se había encontrado todos sus papeles desparramados, el ordenador roto y sus disquetes habían desaparecido. Cuando llamó a la policía, no se lo tomaron muy en serio.

—Pero es que son las notas de mi tesis. Son irreemplazables. Yo ya tengo mi tesis escrita y encuadernada, pero las notas las iba a utilizar para escribir otro libro. La policía no lo entiende, dice que es imposible investigar todos los robos que hay en la ciudad y puesto que no han desaparecido objetos de valor..., bueno, el único objeto de valor que tengo es mi ordenador.

—¿Y cómo entraron los ladrones?

—Por la puerta de atrás. Aunque había puesto una reja, lograron entrar sin que ninguno de los vecinos oyera nada. Se supone que Hyde Park es un barrio de gente progre pero todo el mundo desaparece a la primera señal de un problema —añadió en tono amargo.

—¿Dónde está usted ahora? —le pregunté.

—En casa de una amiga. No podía quedarme en medio de todo aquel caos y tampoco quería ordenar las cosas hasta que alguien que se tomara en serio el problema las viese.

Anoté la dirección de su amiga y le dije que Mary Louise o yo nos pasaríamos por allí en un par de horas. Intentó convencerme de que fuese antes, pero le expliqué que los detectives de urgencia éramos como los fontaneros: teníamos que hacer un hueco entre todas las demás calderas rotas para poder atender su avería.

Terminé mi tortilla pero no me comí las patatas fritas, que son mi debilidad, porque si me como una, me las como todas y después me sentiría demasiado pesada y no podría pensar deprisa. Y el día que tenía por delante tenía todo el aspecto de requerir un discernimiento propio de Einstein. No esperé a que me trajesen la cuenta. Dejé quince dólares sobre la mesa y subí la calle Racine trotando hacia mi coche.

Tenía que hacer un par de recados en el distrito financiero antes de ir a mi oficina. Mientras iba en el coche hacia el centro, llamé a Mary Louise para preguntarle si podía trabajar más horas aquella tarde y pasarse a ver el apartamento de Amy Blount. Estuvo bastante seca conmigo, pero le dije que dentro de poco estaría allí y que entonces podría soltarme todas sus quejas en persona.

Pero ya que estaba al lado del Ayuntamiento, entré en busca del despacho del concejal Durham. Por supuesto que tenía otro despacho en el sur de la ciudad, en su distrito, pero sus esbirros se pasaban la mayor parte del tiempo en el Loop, que es donde está el dinero y el poder.

Garabateé una nota en una de mis tarjetas: «En relación con el óbolo de la viuda y con Isaiah Sommers». Después de esperar apenas quince minutos, la secretaria me coló por delante de otras personas que también querían ver a Durham y que me dirigieron unas miradas asesinas.

Estaba en su despacho acompañado por un joven que llevaba la chaqueta azul marino con la insignia de su movimiento: un ojo bordado con hilo dorado con la palabra OJO debajo. El concejal llevaba una chaqueta de Harris Tweed y una camisa a rayas de un verde muy pálido, haciendo juego con el tono verde de la chaqueta.

Me estrechó la mano cordialmente y me hizo una seña para que me sentara.

—¿Así que tiene algo que decir sobre el óbolo de la viuda, señora Warshawski?

—¿Está al tanto de toda esta historia, concejal? ¿Sabe que Margaret Sommers siguió su consejo, que llamó al agente de seguros Howard Fepple y que le insistió para que les recibiera, todo para acabar entrando en su oficina y encontrárselo muerto?

—Cómo lo siento. Tiene que haber sido un shock para ella.

—Esta mañana ha tenido otro peor. Han detenido a su marido para interrogarlo. La policía recibió un soplo y ahora piensan que él asesinó a Fepple porque le había robado el óbolo a su tía, por decirlo de algún modo.

Asintió lentamente con la cabeza.

—Comprendo que la policía sospeche de él, pero estoy seguro de que Isaiah no mataría a nadie. Lo conozco hace años, ¿sabe?, años, porque su tía, bendita sea, tenía un hijo que fue miembro de mi organización hasta que murió. Isaiah es un buen hombre, un hombre que va a la iglesia. No creo que sea un asesino.

—¿Y sabe quién puede haberle dado el soplo a la policía, concejal? Los expertos de la policía dicen que están casi seguros de que la llamada telefónica la hizo un hombre afroamericano.

Sonrió con tristeza.

—Y usted se dijo, ¿qué hombre afroamericano conozco? Louis Durham. Al fin y al cabo, los negros son todos iguales. En el fondo no son más que unos animales, ¿verdad?

Le sostuve la mirada.

—Lo que yo me dije fue: ¿quién ha estado manteniendo reuniones secretas con el director europeo de una compañía de seguros que retiene el expediente de Aaron Sommers? Me dije: no entiendo qué interés pueden tener esos hombres en común. ¿Cargarse el proyecto de la Ley sobre la Recuperación de los Bienes de las Víctimas del Holocausto a cambio de que se suspendan las manifestaciones que están teniendo lugar frente al edificio de Ajax? Pero ¿y si el señor Rossy quisiera algo más? ¿Y si quisiera que Isaiah Sommers cargara con el muerto para poder así darle carpetazo a su reclamación y quitarse ese problema de encima? ¿Y si, a cambio de que usted acabase con las manifestaciones y consiguiese que alguien delatara a Isaiah Sommers, Rossy volase a Springfield y le hiciese el favor de cargarse el proyecto de ley de la IHARA?

—Usted tiene una buena reputación como detective, Warshawski. Esto no es digno de usted. —Durham se puso de pie y se dirigió hacia la puerta. El joven de la chaqueta con el OJO le siguió.

Me vi forzada a ponerme de pie y marcharme.

—No, no lo es. Pero recuerde, Durham, que yo no tengo vergüenza, usted mismo lo escribió en sus panfletos.

Recogí mi coche del aparcamiento que estaba en un extremo del Loop, sintiéndome más incrédula que furiosa después de aquella entrevista. ¿Qué pensaba Durham que iba a decirle para haberme recibido tan rápido? ¿Qué estarían haciendo juntos Rossy y él? ¿Habría sido realmente alguien de su equipo el que hizo la llamada que condujo a la detención de Isaiah Sommers? No lograba hacer encajar las piezas de una forma coherente.

Estaba intentando sortear el congestionado cruce de Armitage, donde confluyen tres calles por debajo de la autopista Kennedy, cuando recibí la llamada de Tim Streeter.

—Vic, no te alarmes, pero tenemos problemas.

Se me paró el corazón.

—¡Calia! ¿Qué ha pasado? ¿Dónde estás? Oh, socorro, espera, no cuelgues. —Frené en seco justo debajo de la autopista Kennedy, obligando a frenar a otro coche que estaba girando para entrar en la autopista y que me dio un bocinazo, y me metí en una gasolinera que estaba al otro lado.

—Cálmate, Vic. La niña está aquí, conmigo. Estamos en el Museo de los Niños, en Wilmette. Agnes está bien. El problema está en el hospital. Posner, el tipo ese que ha estado...

—Sí, sí, sé quién es.

—Bien, pues se ha presentado en el hospital con un grupo de manifestantes para protestar contra el señor Loewenthal y la doctora Herschel, acusándoles de separar a las familias judías. Yo había quedado en llevar a la niña por allí para que se tomara un sándwich con el señor Loewenthal, porque la mamá está en la galería mostrando su obra, pero, cuando llegamos al hospital, nos encontramos con el gran despliegue de Posner y su gente.

—Ay, *maldito sea*, él y todos sus seguidores. —Tenía tal descarga de adrenalina que estaba dispuesta a salir pitando por la avenida Bryn Mawr y descuartizar a Posner con mis propias manos—. ¿Y está ahí Radbuka?

—Sí. Por eso hemos tenido problemas. Al principio no me di cuenta de qué iba todo aquello. Pensé que sería un problema laboral o una protesta de los antiabortistas. No me enteré de lo que ponían las pancartas hasta que no estuvimos encima. Y entonces Radbuka vio a la niña y empezó a avanzar hacia ella. La saqué de allí a toda pastilla, pero había cámaras de televisión, así que es posible que salga esta noche en la tele. No estoy seguro. Llamé al señor Loewenthal desde el coche y me vine para aquí.

Dejó de hablar un momento conmigo para decirle

algo a Calia, a la que se oía lloriquear al fondo diciendo que quería ver a su abuelo *ya mismo*.

—Tengo que marcharme, pero le he dicho al señor Loewenthal que si necesitaba más ayuda que llamase a mi hermano. Yo me quedaré con la pequeña.

Cuando colgamos, hundí la cabeza entre las manos, intentando poner mis pensamientos en orden. No podía salir pitando hacia el hospital sin haber hecho nada por Isaiah Sommers. Me obligué a continuar rumbo a mi oficina, donde Mary Louise me recibió con una severa reprimenda por haberle sido imposible contactar conmigo durante la noche. Así no se podía llevar adelante aquel negocio. Si quería desconectarme del mundo para poder dormir, tenía que comunicárselo para que ella pudiera sustituirme.

—Tienes razón. No volverá a pasar. Tanta falta de sueño me ha nublado el juicio. Pero bueno, te voy a contar cómo están las cosas. —Le resumí la situación con Sommers, con Amy Blount y también la manifestación frente al hospital Beth Israel—. Puedo llegar a entender por qué Radbuka se ha pegado a Posner pero ¿qué saca Posner atacando a Max y a Lotty? Anoche fue a ver a Rossy. Me pregunto si no será él quien lo ha mandado al hospital.

—No hay nadie que pueda entender por qué hace las cosas Posner —dijo Mary Louise con impaciencia—. Hoy sólo puedo trabajar dos horas más. No creo que te sea de gran ayuda si las dedicamos a hablar de teorías conspiratorias. Y de verdad, Vic, me parece que lo más lógico es que nos ocupemos de la situación de Sommers. Puedo llamar a Finch para averiguar cómo va la investigación y proporcionarle esos datos al ayudante de Freeman. Pero ¿por qué te comprometiste con esa Amy Blount en ir hasta su casa? Los polis tienen razón, ya conoces este tipo de robos, los hay a montones. Nos pasamos llenando formularios, bueno, la poli, quiero decir, y buscando los objetos robados. Pero, si no le han robado nada de valor, ¿para qué vas a perder el tiempo?

Sonreí abiertamente.

—Por la teoría de la conspiración, Mary Louise. Amy escribió la historia de Ajax. Ralph Devereux y Rossy están muy nerviosos con el hecho de que alguien vaya por ahí robando los documentos de Ajax o pasándole a Durham información de sus archivos. Al menos eso es lo que les preocupaba la semana pasada. Puede que Rossy haya logrado detener, momentáneamente, los planes de Durham. Si a Amy Blount le han birlado los papeles y los disquetes yo quiero saber qué es lo que le falta con exactitud. ¿Será algo que le interesa al concejal para su campaña a favor de las indemnizaciones a los esclavos? ¿O es que realmente existe algún drogadicto que esté tan colgado como para creer que puede vender las notas para un libro de historia y conseguir con ello el dinero necesario para comprarse una dosis?

Torció el gesto.

—Es tu negocio. Pero dentro de dos semanas, cuando tengas que hacer los cheques para pagar el alquiler y el seguro, acuérdate de por qué ya no te queda dinero en la cuenta.

—Aun así, después de que hayas aclarado la situación de Sommers con Finch, ¿podrías acercarte hasta Hyde Park para revisar la casa de la señorita Blount?

—Como ya te he dicho, Vic, es tu negocio y es tu dinero el que estás tirando. Pero, de verdad, no veo qué favor te hago yendo hasta Hyde Park ni qué sacas tú yendo hasta el hospital para ver a Joseph Posner.

—Tendré la oportunidad de hablar con Radbuka, cosa que llevo intentando desesperadamente desde hace días. Y tal vez descubra qué es lo que tenían que decirse Rossy y Posner.

Resopló y giró hacia el teléfono. Mientras llamaba a Finch —el comandante Terry Finchley, que había sido su jefe en la época en que trabajaba en el Distrito Central— yo me fui a mi mesa. Tenía varios mensajes, uno de ellos de un cliente importante, y media docena de correos electrónicos. Los respondí lo más rápidamente posible y me marché.

34

La furia callejera, la furia hospitalaria
y las furias de toda la vida

El hospital quedaba al noroeste de la ciudad, apartado de los barrios de moda, por lo que el tráfico solía ser
fluido en esa zona. Pero aquel día, cuando me faltaban
sólo un par de kilómetros para llegar, me encontré con
tal cantidad de coches en la avenida que tuve que meterme por las calles laterales. A cinco manzanas del hospital
Beth Israel el atasco ya era total. Busqué, desesperada,
un callejón cercano por el que escapar hacia una ruta alternativa pero, cuando estaba a punto de hacer un giro
de ciento ochenta grados, se me ocurrió que, si aquel
embotellamiento era producto de todos los pasmados
que se estaban agolpando para fisgonear la manifestación de Posner, todas las calles alrededor del Beth Israel
estarían bloqueadas. Aparqué junto a un parquímetro
vacío e hice el último kilómetro corriendo.

Como era de esperar, lo que me encontré fue a Posner y a varias docenas de manifestantes, rodeados de esa
clase de gentío que parecía gustarles tanto. Los polis de
Chicago estaban en el cruce dirigiendo el tráfico sin tre-
gua; algunos guardias de seguridad del hospital, enfun-
dados en sus chaquetas verdes y doradas, intentaban
conducir a los pacientes hacia las entradas laterales; y varios equipos de televisión filmaban todo, atrayendo la
atención de un montón de gente que andaba por allí cazando moscas. Era cerca de la una y seguro que todos los
que regresaban de comer se habían parado a disfrutar
del espectáculo.

Yo estaba demasiado lejos como para leer las pancartas, pero podía oír unas consignas que me helaron el corazón: «¡Max y Lotty, tened compasión de las gentes!». «¡No destrocéis la vida de los supervivientes!»

Corrí hacia la parte de atrás del hospital, hacia la entrada de servicio, donde abrí mi billetero y le enseñé mi licencia de investigadora privada al guardia de seguridad a tal velocidad que no tuvo tiempo de ver si era una placa del FBI o una tarjeta de crédito. Para cuando cayó en la cuenta, yo ya había desaparecido en el laberinto de pasillos y escaleras que convierte la vigilancia de cualquier hospital en una pesadilla.

Intenté no desorientarme pero, de todos modos, fui a parar a radioterapia, en oncología, y a un cuarto de archivos antes de encontrar el camino hacia el vestíbulo principal. Desde allí se oía el griterío del grupo que había fuera, pero no se podía ver nada: el Beth Israel es un viejo edificio de ladrillo, sin una entrada acristalada ni ventanas lo suficientemente bajas como para poder ver el exterior. Los guardias del hospital, totalmente desacostumbrados a aquel caos, no lograban desbloquear la entrada principal de mirones. Allí mismo, una anciana sollozaba en vano diciendo que era una paciente externa, que acababan de someterla a una intervención quirúrgica y que necesitaba un taxi para regresar a su casa, mientras otra mujer, con un recién nacido en brazos, miraba ansiosamente a su alrededor en busca de su marido.

Me quedé observando horrorizada aquella escena durante un momento y luego le dije a los guardias que apartaran a la gente de la puerta.

—Digan a la gente que todo aquel que obstruya la puerta será multado. La puerta de atrás está despejada, saquen por allí a estos pacientes. Envíen un SOS a las compañías de taxis para que éstos se dirijan a la entrada posterior.

Me quedé observando un rato mientras el guardia,

con aire sorprendido, comenzaba a dar las órdenes por su walkie-talkie y después me marché por el pasillo hacia la oficina de Max. Cynthia Dowling, su secretaria, interrumpió una acalorada conversación telefónica cuando me vio.

—Cynthia, ¿por qué no llama Max a la policía para que detengan a todos esos bestias?

Movió la cabeza de un lado al otro.

—La junta directiva tiene miedo de perder el apoyo de algunos mecenas importantes. Beth Israel es uno de los hospitales que más donaciones recibe de la comunidad judía. La mayoría de las llamadas que hemos recibido, desde que ha salido lo de Posner en las noticias, están de acuerdo contigo, pero la anciana señora Felstein es una de las seguidoras de Posner. Sobrevivió a la guerra escondiéndose en Moldavia, ya sabes, pero cuando vino a este país amasó una fortuna con los chicles. Últimamente ha sido una de las personas que más ha presionado a los bancos suizos para que den a conocer los bienes de las víctimas del Holocausto. Y ha prometido donar veinte millones de dólares para la nueva ala de oncología.

—Entonces, ¿si ve que meten a Posner en un furgón policial cancelará la donación? Pero es que, si muere alguien que esté sufriendo un ataque cardíaco porque no puede llegar hasta el hospital, vais a tener que hacer frente a una demanda que superará cualquier ayuda económica que os haya hecho esa mujer.

—Es lo que ha decidido Max. Él y la junta directiva. Y claro que son conscientes de los riesgos.

Su terminal telefónica empezó a parpadear. Apretó uno de los botones.

—Oficina del señor Loewenthal... No, ya sé que usted sólo va a estar hasta la una y media. En cuanto quede libre el señor Loewenthal, le transmitiré su mensaje... Sí, ojalá no nos dedicáramos a salvar vidas; así nos sería más fácil dejar todo a un lado para poder atender a los medios de comunicación. Oficina del señor Loewenthal, un momento, por favor... Oficina del señor Loewenthal, un momento, por favor. —Me miró, exasperada, tapando el auricular con la mano—. En este lugar funciona todo mal. Esa tonta de telefonista temporal que me mandaron los del Departamento de Personal ha salido a almorzar hace una hora. Seguro que está ahí fuera disfrutando del espectáculo y, a pesar de que soy la secretaria del director ejecutivo, los de Personal no me mandan a nadie más.

—Bueno, bueno, te dejo con tus cosas. Tengo que hacerle algunas preguntas a Posner. Dile a Max, si lo ves, que no implicaré al hospital.

Cuando llegué al vestíbulo me abrí paso a codazos entre la multitud, que otra vez estaba obstruyendo las puertas giratorias. Nada más salir, comprendí la razón de su avidez: los manifestantes habían dejado de dar vueltas y se habían apiñado detrás de Joseph Posner, que le estaba gritando a una mujer bajita, enfundada en una chaqueta del hospital.

—Usted pertenece a la peor clase de antisemitas, a los que traicionan a su propio pueblo.

—Y usted, señor Posner, pertenece a la peor calaña, a los que abusan de los sentimientos de los seres humanos, explotando los horrores de Treblinka para engrandecimiento propio.

Hubiera reconocido aquella voz en cualquier parte, por la forma en que la rabia cortaba las palabras como si fuese una cuchilla rebanando el extremo de un puro. Empujé a dos de los macabeos de Posner para llegar hasta mi amiga.

—Lotty, ¿qué estás haciendo aquí? Ésta es una batalla perdida, prestarle atención a este tipo es como echar leña al fuego.

Posner, con las aletas de la nariz dilatadas por la rabia y la boca torcida en gesto de desafío, parecía uno de esos dibujos titulados *El gladiador que espera al león* que aparecían en mi libro de *Historia Ilustrada de Roma* de cuando era niña.

Lotty, que era un león pequeño, pero feroz, me apartó.

—Tú métete en tus propios asuntos, Victoria. Este hombre está difamando a los muertos en su propio beneficio. Y me está difamando a mí.

—Entonces le llevaremos ante un tribunal —le dije—. Hay cámaras de televisión grabándolo todo.

—Adelante, lléveme a los tribunales si se atreve —dijo Posner, volviéndose hacia donde estaban sus seguidores y los periodistas para que pudieran oírle—. No me importa pasar cinco años en la cárcel, si eso sirve para que el mundo entienda la causa de mi pueblo.

—¿Su pueblo? —dije con tono irónico—. ¿Es que ahora es usted Moisés?

—¿Cómo prefiere que los llame? ¿Mis «seguidores», mi «equipo»? Da igual el nombre que les dé, ellos saben que posiblemente tengamos que soportar sufrimientos y sacrificios para llegar a donde queremos. Comprenden que parte de ese sufrimiento es tener que aguantar los insultos de ignorantes descreídos como usted o como esta doctora.

—¿Y qué pasa con el sufrimiento de los pacientes? —le pregunté—. Hay una anciana que no puede volver a su casa después de una operación porque usted tiene bloqueada la puerta principal. Si su familia le pone una demanda de varios millones de dólares por daños y perjuicios, ¿también comprenderá eso «su pueblo»?

—Victoria, no necesito que intervengas en mi guerra —dijo Lotty, con la voz tensa por la furia—. O que dispares con la misma pólvora que este imbécil.

No le hice caso.

—Por cierto, señor Posner, usted sabe que «su pueblo» tiene que circular, que la policía se los puede llevar a todos detenidos si se quedan aquí cazando moscas y bloqueando la entrada.

—No necesito que venga ninguna extraña a darme clases de leyes —dijo Posner, pero le hizo un gesto a sus seguidores para que se pusieran otra vez a andar en círculos.

Paul Radbuka estaba pegado a su lado. Su expresiva cara de payaso transida de placer al principio, cuando hablaba Posner, pasó después al desdén cuando habló Lotty, y cuando, de pronto, me reconoció, se llenó de furia.

—Rabino Joseph, ésa es la mujer, la detective, mi enemiga, la que está poniendo a mi familia en mi contra.

Los equipos de televisión, que habían estado enfocando sus cámaras a Lotty y a Posner, se volvieron de repente hacia Radbuka y hacia mí. Oí a alguien que decía detrás de los focos:

—¿Es esa Warshawski, la detective? Pero ¿qué está haciendo aquí? —Era Beth Blacksin, que me gritó, entusiasmada—. Vic, ¿te ha contratado el hospital para investigar las denuncias de Posner? ¿Estás trabajando para Max Loewenthal?

Intenté ver más allá de la luz de los focos colocando las manos a modo de visera encima de mis ojos.

—Tengo que hacerle una pregunta privada al señor Posner, Beth, que no tiene ninguna relación con el hospital.

Le di unos golpecitos en el brazo a Posner y le dije que me gustaría hablar con él lejos de las cámaras. Posner dijo con tono severo que él no podía hablar a solas con una mujer.

Sonreí, divertida.

—No se preocupe, si en algún momento no puede dominar sus impulsos, no tendré problemas en romperle un brazo. O, tal vez, los dos. Pero, si prefiere, puedo hacer mi pregunta en voz alta y frente a las cámaras.

—Todo lo que tengo que decir sobre Lotty Herschel y también sobre usted puedo decirlo delante de las cámaras —dijo Radbuka, metiéndose en la conversación—. Usted piensa que puede venir y apartarme de mi familia, igual que contrató a ese matón en casa de Max para que estuviese siempre con mi primita, pero no se va a salir con la suya. Rhea y Don me van a ayudar para que el mundo conozca mi historia.

Posner intentó hacer callar a Radbuka, diciéndole que él se encargaría de la detective. A mí me dijo que él no tenía nada que ocultar.

—Bertrand Rossy —dije por lo bajo y después miré hacia donde estaban las cámaras y dije en voz alta—. Beth, vengo a preguntarle al señor Posner sobre la reunión que tuvo ...

Posner se puso de espaldas a las cámaras con un gesto brusco.

—No sé qué se cree usted que sabe, pero cometerá un gran error mencionando su nombre en televisión.

—¿Qué reunión, señor Posner? —preguntó uno de los periodistas—. ¿Tiene alguna relación con la derrota que sufrió el proyecto de ley sobre la Recuperación de los Bienes de las Víctimas del Holocausto el martes pasado?

—Usted ya sabe que le voy a preguntar sobre Rossy y sobre la razón por la que suspendió la manifestación que había organizado en Ajax —le dije a Posner por lo bajo—. De usted depende que lo hagamos delante de los micrófonos o no. A usted le gusta la publicidad y ellos tienen micrófonos direccionales así que, si hablo en voz alta, podrán grabar nuestra conversación aunque no estén a nuestro lado.

Posner no podía parecer indeciso delante de sus tropas.

—Aceptaré hablar con usted lejos del hospital, sólo para evitar que difame a mi movimiento por televisión. Pero no lo haré a solas.

Llamó a otro hombre para que le acompañase, orde-
nándole al resto del grupo que esperase junto al autobús
hasta que regresara. Los equipos de televisión observa-
ron atónitos cómo los manifestantes se fueron alejando
hacia al aparcamiento y después se abalanzaron sobre
Posner y sobre mí en medio de un murmullo de preguntas atropelladas. ¿Qué le había hecho suspender la manifestación?

—Ya hemos logrado nuestros objetivos por el día de
hoy —declaró con grandilocuencia—. Hemos conseguido que el hospital comprenda que incluso instituciones
apoyadas por los judíos pueden estar igual de expuestas
que las laicas a caer en el desinterés y en la indiferencia
ante las necesidades de la comunidad judía. De todos
modos, volveremos: Max Loewenthal y Charlotte Herschel pueden estar seguros de ello.

—¿Y usted qué opina, doctora Herschel? ¿Tiene algo que decir sobre la afirmación de que está usted apar-
tando al señor Radbuka de su familia?

Lotty torció el gesto.

—Soy una cirujana que me dedico plenamente a mi
trabajo. No tengo tiempo para historietas. De hecho, este hombre ya me ha apartado de mis pacientes durante
demasiado tiempo.

Giró en redondo y se metió en el hospital.

Los periodistas se me echaron encima, preguntándome qué le había dicho a Posner. ¿Quién era mi cliente? ¿Sospechaba de alguna acción fraudulenta dentro del
grupo de Posner o en el hospital? ¿Quién financiaba
aquellas manifestaciones?

Le dije a Beth y a los demás periodistas que, en
cuanto tuviese alguna información interesante, la com-
partiría con ellos, pero que, por el momento, no sabía de
ningún fraude relacionado con Posner ni con el hospital.

—Pero, Beth —pregunté—, ¿qué te ha traído a ti
por aquí?

—Nos enteramos porque alguien nos llamó por teléfono, ya sabes cómo funciona todo esto, Warshawski. —Me dirigió una sonrisa pícara—. Pero no fue él. Fue una mujer la que llamó al canal. Aunque podía haber sido cualquier persona.

Posner, molesto porque yo había acaparado la atención de los periodistas, me gruñó que fuera con él si es que quería que hablásemos. No disponía del día entero para andar perdiendo el tiempo con una tonta que tenía la cabeza llena de fantasías. Se alejó a toda prisa por la entrada de coches con el esbirro que había elegido como acompañante. Apreté el paso para alcanzarlo.

Un par de periodistas iniciaron una persecución poco entusiasta. Radbuka, que no se había ido al autobús con los otros manifestantes, empezó a gritar que Max era su primo, pero que no quería reconocerlo y que yo era la bestia de Babilonia que impedía que Max hablase con él. Pero los periodistas ya conocían esa historia, no les interesaba quedarse a la repetición. Si yo no les iba a suministrar carne fresca, ya no tenían motivos para seguir en las inmediaciones del hospital Beth Israel. Así que los equipos recogieron sus cosas y se dirigieron hacia sus unidades móviles.

35

El sabueso amateur

La multitud empezó a dispersarse al ver que se había acabado el espectáculo y que las cámaras habían desaparecido. Cuando Posner y yo llegamos a la esquina de Catalpa, los accesos al hospital ya estaban casi vacíos. Me reí para mis adentros: debería enviarle a Max una factura por aquello.

Me volví para ver qué estaba haciendo Radbuka. Se había quedado solo delante del hospital. El enorme pesar de verse abandonado, tanto por Posner como por las cámaras, ensombrecía su expresivo rostro. Miró a su alrededor con aire vacilante y, de repente, se echó a correr calle abajo hacia nosotros.

Me volví de nuevo hacia Posner, que estaba dando unos golpecitos impacientes sobre su reloj.

—Pues bien, señor Posner. Hablemos de usted y de Bertrand Rossy.

—No tengo nada que decir sobre él —dijo, adelantando el mentón con aire altanero: el Gladiador no le tiene miedo a la Muerte.

—¿Ni sobre la reunión que mantuvo anoche con él? ¿Ni sobre cómo Rossy le persuadió de que disolviera la manifestación frente a Ajax y organizara una aquí, en el Beth Israel?

Se detuvo en mitad de la acera.

—Quien le haya dicho que me reuní con él está mintiendo. Tengo mis propios motivos para estar hoy aquí y no tienen nada que ver con Rossy.

—Vamos a no empezar nuestra agradable charla acusándonos de mentirosos. Yo lo vi en la casa de Rossy. Anoche fui a cenar con él y su esposa.

—¡Pues yo no la vi a usted!

—Bueno, eso ya prueba que estuvo allí. —Le sonreí con desdén. Posner estaba tan acostumbrado a hacer siempre de padre que pensé que la forma de ponerlo nervioso sería tratarlo como si fuese un niño.

—Rabino Joseph, creo que no debería hablar más con esta mujer —dijo su acompañante—. Está tendiéndole una trampa para que diga algo que nos desacredite. Acuérdese de que Radbuka dijo que es la que le mantiene apartado de su familia.

—Eso tampoco es cierto —dije—. Estoy deseando que Paul encuentre a su verdadera familia. Pero tengo gran curiosidad por saber qué relación existe entre su movimiento a favor de la recuperación de los bienes de las víctimas del Holocausto y la compañía de seguros Ajax. Sé que ustedes saben que Preston Janoff estuvo ayer en Springfield para evitar que la Ley sobre la Recuperación de Bienes saliera adelante, así que ¿por qué dejaron de manifestarse delante de Ajax? Yo hubiera jurado que hoy se enfrentarían a ellos con una contundencia aún mayor. Apuesto a que anoche Bertrand Rossy le prometió algo o le ofreció una bonita suma de dinero para que se marchasen del Loop y se vinieran para aquí.

—Tienes razón, Leon. —Posner se alejó de mí—. Esta mujer no tiene idea de nada. Está intentando sacar de la mentira verdad para evitar que molestemos a sus amigos ricos del hospital.

Aunque ya me estaba cansando de ser «esta mujer» en lugar de tener nombre, mantuve un tono de voz cordial.

—Puede que yo no tenga idea de nada pero, sacando de la mentira verdad, puedo imaginarme cosas que le interesarían a Beth Blacksin, la periodista del canal Global. Y créame, sí que lo vi en casa de los Rossy anoche. Y si se lo cuento a Beth, la tendrá aparcada frente a la puerta de su casa durante una semana.

Posner ya se había dado la vuelta para marcharse pero, al oír eso, se volvió para mirarme, dirigió otra mirada preocupada a Leon y otra a la calle para ver si las cámaras seguían allí.

Sonreí.

—Sé que estaba furioso cuando llegó a casa de Rossy, así que supongo que era porque usted sabía que estaba reunido con el concejal Durham. Tenía usted miedo de que Ajax fuese a hacer algún trato especial con Durham que debilitara la actuación de su movimiento.

»Al principio, cuando usted se presentó en el vestíbulo del edificio, Rossy se negó de plano a recibirlo —continué diciendo—, pero usted lo amenazó por el telefonillo con denunciar sus manejos con Durham. A pesar de todo, Rossy le dijo que no lo recibiría hasta más tarde para evitar que Durham se enterase de que usted estaba allí. Usted llegó hecho una furia a la casa de Rossy, pero cuando se marchó ya estaban otra vez los dos en muy buenos términos, así que Rossy tiene que haberle dado algo. Tal vez no fuese dinero, sino información. Él sabe que usted es muy intransigente con esas instituciones que, a pesar de estar dirigidas por judíos, le parecen demasiado laicas. Así que, tal vez, Rossy le propusiese algo que combinase el asunto de los seguros con el de una de las instituciones judías más importantes de Chicago, el Beth Israel. Le dijo que trajese su manifestación hasta aquí para desviar la atención de los medios de comunicación hacia el hospital y hacia Max Loewenthal.

De pie en la esquina, frente al café Cozy Cup, le di a Posner una oportunidad para que contestara. No dijo nada, pero parecía preocupado y se mordía el interior de la mejilla con gesto nervioso.

—¿Qué puede haber sido? ¿Que le dijera que el

hospital le había negado ayuda médica a supervivientes del Holocausto? No, eso sería demasiado cruel: eso ya lo hubiesen sabido todos los medios de prensa. Tal vez le dijese, ah, que Max Loewenthal había conseguido un importante paquete de beneficios para el hospital a cambio de su ayuda para frenar el proyecto de ley. Parece un disparate, por supuesto, porque lo es y porque en el fondo de su corazón usted sabe que cualquier sugerencia que venga de Rossy será un disparate. Si no, ya se lo habría comunicado usted al mundo entero. Y Bertrand Rossy estaría encantado porque eso distraería la atención pública y ya no se fijarían en el papel que desempeñó Ajax a la hora de acabar con la Ley sobre la Recuperación de los Bienes de las Víctimas del Holocausto. ¿Qué tal voy por el momento? ¿Es ésa la historia que quiere que le cuente a Beth Blacksin y al resto de Chicago? ¿Que usted ha hecho el primo con Bertrand Rossy?

Mientras yo estaba hablando, Radbuka intentaba interrumpir todo el tiempo para recordarnos que estábamos allí por el asunto de Max y de su familia, pero yo alcé mi voz por encima de la suya.

Posner seguía mordiéndose el interior de la mejilla.

—No puede demostrar nada de lo que está diciendo.

—Una respuesta poco convincente, señor Posner. Después de todo, es usted el que está acusando al Beth Israel de algo que no puede demostrar. Yo sí *puedo* demostrar que usted estuvo reunido anoche quince minutos con Bertrand Rossy. No tengo por qué demostrar que su conversación coincide con mi guión al pie de la letra. Sólo tengo que hacer que la historia empiece a circular por Chicago. Los servicios de Internet y los teletipos harán el resto, porque Rossy significa Edelweiss y eso significa que no sólo interesará a la prensa local sino también a la internacional.

—¿Está intentando decirme que estoy traicionando

al comité de apoyo a la Ley sobre la Recuperación de los Bienes? —me preguntó Posner.

Afirmé con la cabeza.

—No sé si lo está haciendo o no. Pero no me cabe duda de que si su grupo se entera de que usted ha malgastado unos recursos muy valiosos dedicándose a dar palos de ciego, ya no confiarán tanto en su liderazgo.

—Me da igual lo que usted crea. Yo me tomo mi misión con absoluta seriedad. Puede que el concejal Durham salga a la calle por una cuestión de votos y puede que también deje la calle por una cuestión de dinero, pero ninguna de esas dos...

—¿Está diciendo que Rossy le ofreció dinero a Durham para poner fin a su protesta? —dije, interrumpiéndolo.

Apretó los labios y no me contestó.

—Pero usted siguió a Durham anoche hasta la casa de Rossy. ¿Es que lo sigue todas las noches?

—El rabino Joseph no es como usted —gritó Radbuka—. Él no va por ahí espiando a la gente, amargándoles la vida, negándoles sus derechos. Todo lo que hace es legal. Cualquiera podría decirle que Rossy habló con Durham anoche. Todos vimos cómo Durham se acercaba al coche de Rossy cuando estaba en medio de un atasco en Adams.

—¿Qué? ¿Que Durham se subió al coche de Rossy?

—No, se inclinó para hablar con él. Todos vimos la cara de Rossy cuando bajó la ventanilla y Leon dijo: «Hey, ése es el tipo que manda de verdad en Ajax»...

—Cállate —dijo Leon—. Nadie te ha dado permiso para que intervinieras en esta conversación. Vete al autobús y espera con el resto del grupo a que el rabino Joseph acabe de hablar con esta mujer.

Radbuka hizo un puchero como si fuese un niño pequeño.

—Tú no me das órdenes. Yo acudí al rabino Joseph

porque él ayuda a gente como yo, cuyas vidas han sido destrozadas por el Holocausto. Hoy yo no he corrido el riesgo de que me lleven a la cárcel para que un perdedor como tú venga a darme órdenes.

—Mira, Radbuka, tú sólo has venido para aprovecharte...

—Leon, Paul —les reprendió Posner—, estáis haciendo justo lo que esta mujer quiere: vernos pelear entre nosotros. Ahorrad la energía para usarla contra los enemigos comunes.

Leon obedeció. Pero Paul no era miembro del movimiento. Igual que le pasaba con Leon, no tenía por qué obedecer a Posner. En uno de sus rápidos cambios de humor, se volvió hecho una furia hacia el rabino.

—Yo sólo he participado en su manifestación de anoche y en esta de hoy para que me ayude a contactar con mi familia. Ahora resulta que está acusando a mi primo Max de organizar acuerdos secretos con la Asamblea Legislativa de Illinois. ¿Se cree que voy a estar emparentado con alguien que actúa así?

—No —contesté de inmediato—, no creo que sus parientes hicieran algo tan horrible. ¿Qué pasó anoche después de que Durham hablara con Rossy en la calle? ¿Se alejaron juntos en el mismo coche? ¿O Durham se fue en un vehículo de la policía?

—No sabía que la policía se lo hubiese llevado —dijo Radbuka, haciendo caso omiso a los gestos que Posner y Leon le dirigían para que se callase. Como siempre, él estaba encantado de responderle a cualquiera que le prestase atención, aunque se tratase de un supuesto enemigo, como yo—. Lo que yo sé es que Durham fue hacia su coche y se metió en él. Fuimos hasta la esquina de Michigan y lo vimos. Estaba aparcado justo allí, en una zona prohibida, pero, claro, había dejado a un policía cuidándolo, con lo aprovechado que es. Y como el rabino Joseph no se fiaba de Durham, decidió seguirlo.

—Una gran iniciativa —dije, sonriéndole a Posner con condescendencia—. Así que se escondieron tras los arbustos que hay frente al edificio donde vive Rossy hasta que vieron salir a Durham. Y después Rossy, que es tan encantador, logró que usted se creyera algún rumor estúpido sobre el hospital.

—No fue así, en absoluto —dijo bruscamente Posner—. Después de verle con Durham, quería saber si... Yo sabía que Durham había estado intentando sabotear nuestros esfuerzos para obligar a las compañías aseguradoras y a los bancos europeos a pagar indemnizaciones por el robo descarado que organizaron tras la...

—Puede estar seguro de que comprendo todo lo que implica este asunto, señor Posner. Pero Durham no se inventó las razones para manifestarse. Cada vez hay un número mayor de personas que piensan que las empresas que se han beneficiado de la esclavitud africana deberían pagar indemnizaciones igual que las empresas que se han beneficiado de los trabajos forzados de los judíos o de los polacos.

Apuntó su barba hacia mí con aire agresivo.

—Ése es un asunto aparte. Nosotros nos estamos refiriendo a ese dinero contante y sonante, que se halla en cuentas bancarias y en pólizas de seguros que nunca se han pagado y con el que se han quedado aseguradoras y bancos europeos. Usted ha estado trabajando para un hombre de color de Chicago al que no le quieren compensar su seguro a pesar de que él había pagado su póliza en su totalidad. Yo estoy intentando hacer lo mismo para decenas de miles de personas cuyos padres creyeron que estaban dejando una salvaguarda económica a sus hijos. Y ayer yo quería saber por qué Louis Durham se había presentado frente al edificio de Ajax justo en aquel momento. Nunca se había manifestado por el asunto de las indemnizaciones a los descendientes de los esclavos hasta que nosotros empezamos nuestra campaña para obligar a Ajax a pagar las pólizas de los seguros de vida.

Me quedé estupefacta.

—¿Así que pensó que Rossy estaba sobornando a Durham para que se enfrentase con usted? ¿Y crear problemas a su propia compañía? ¡Debería llevarle esa historia a Oliver Stone! Aunque supongo que habrá ido con el cuento al propio Rossy. ¿Y él le dijo: «Sí, sí, lo confieso, pero si usted se manifiesta contra el Beth Israel en lugar de contra Ajax, dejaré de darle dinero a Louis Durham»?

—¿Es que se está haciendo la tonta? —me soltó Posner—. Por supuesto que Rossy negó toda implicación. Pero también me aseguró que emprendería una auditoría interna para ver si en Ajax o en Edelweiss había alguna póliza que perteneciese a víctimas del Holocausto.

—¿Y usted lo creyó?

—Le di una semana. Me convenció de que iba en serio y de que merecía una semana para resolverlo.

—¿Y entonces qué está haciendo aquí? —le pregunté—. ¿Por qué no les da unas vacaciones a sus chicos?

—Ha venido a ayudarme —me espetó Paul Radbuka, sonrojado por la agitación, y empezó a atacarme tan intempestivamente como me había apoyado unos segundos antes—. Sólo porque usted no quiera que yo vea a mi familia y haya contratado a ese..., a ese camisa parda para impedir que yo hable con mi primita, eso no quiere decir que no sean parientes míos. No está mal que Max Loewenthal se dé cuenta, de una vez por todas, de qué es lo que se siente cuando le hacen a uno el vacío.

—Paul, de verdad, tiene que entender que Max no está emparentado con usted. No sólo está usted amargándole la vida a la familia del señor Loewenthal, sino que está arruinando la suya y, además, está corriendo el riesgo de que lo detengan. Créame, la vida en la cárcel es horrible.

Radbuka torció el gesto.

—Max es el que debería estar en la cárcel por tratarme con ese desprecio.

Lo miré, intentando descubrir cómo traspasar aquella densa cortina de resentimiento.

—Paul, ¿quién era realmente Ulrich?

—Mi padre adoptivo. ¿Está intentando hacerme confesar que era mi verdadero padre? ¡No lo haré! ¡No lo era!

—Pero Rhea dice que no se apellidaba Ulrich.

Su rostro pasó del sonrojado al rojo intenso.

—No se atreva a sugerir que Rhea miente. La mentirosa es usted. Ulrich dejó unos documentos en clave. Demuestran que mi verdadero nombre es Radbuka. Si tuviese confianza en Rhea, entendería la clave, pero usted no confía en ella. Intenta destruirla, intenta destruirme a mí, pero no se lo permitiré, ¡no, no y no!

Vi cómo empezaba a temblar, preguntándome, alarmada, si no estaría teniendo alguna especie de ataque. Cuando avancé para intentar ayudarlo, Posner me gritó que no me acercase, que él no permitiría que una mujer tocara a uno de sus seguidores, aunque ni el propio Radbuka fuese consciente del peligro que implicaba el contacto con una mujer. Él y Leon llevaron a Radbuka hasta un banco que había en la parada del autobús. Me quedé mirando por si acaso, pero parecía que Radbuka se iba tranquilizando. Dejé que los hombres se ocuparan del asunto y subí la calle lentamente hasta el hospital, con la esperanza de poder intercambiar impresiones con Max antes de volver a mi oficina.

—Esa idea de Posner de que Rossy sobornase a Durham para que organizara una contramanifestación no es tan descabellada —le dije a Max, después de que su agotada secretaria le convenciera para que me recibiese cinco minutos—, pero, de verdad, debe de estar tan loco como Paul Radbuka para organizar una manifestación aquí. ¿Cómo van las cosas con tus mecenas?

Max no suele aparentar la edad que tiene, pero aquella tarde tenía la piel de los pómulos gris y tensa.

—No entiendo nada de lo que está pasando, Victoria. Anoche vino a casa Don Strzepek, el amigo de Morrell. Le dejé mirar mis apuntes con toda confianza, pensé que creía en su veracidad. Estaba convencido de que un amigo de Morrell no abusaría de mi confianza.

—Pero esos apuntes no dicen nada sobre la familia Radbuka que pueda servir para decir si ese tipo, Paul, es pariente de ellos o no. A no ser que haya algo en tu carpeta que yo no viera...

Hizo un gesto de cansancio.

—Sólo la carta de Lotty, que ya has leído. Don no habrá sido capaz de utilizarla para animar a Paul a creer que son parientes, ¿no?

—No lo creo, Max —le dije, pero tampoco estaba tan convencida. Recordé cómo le brillaban los ojos a Don cuando miraba a Rhea Wiell—. Pero puedo intentar hablar con él esta noche, si quieres.

—Sí, hazlo. —Estaba desplomado en su asiento, tras la mesa de despacho, inexpresivo como una efigie—. Nunca pensé que me sentiría aliviado al despedir a la única familia que me queda, pero me alegraré mucho cuando vea a Calia y a Agnes subir a ese avión.

36

Galimatías: otra palabra para la misma historia de siempre

Me dirigí andando despacio hasta mi coche y conduje de regreso a mi oficina respetando todos los límites de velocidad y todas las señales de tráfico. El paroxismo de aquella mañana, alimentado por la adrenalina, había desaparecido. Miré el montón de mensajes que me había dejado Mary Louise y luego llamé a Morrell a su hotel de Roma, donde eran las nueve de la noche. La conversación me levantó el ánimo y me deprimió, al mismo tiempo. Me dijo todo lo que queremos oír del ser amado, especialmente cuando el ser amado está a punto de internarse en territorio talibán durante ocho semanas. Pero después de colgar, me sentí más desamparada que nunca.

Intenté echar una cabezadita en el camastro del cuarto trasero, pero mi mente se negaba a desconectar. Al final, acabé por levantarme y me puse a revisar los mensajes y a contestar las llamadas. Entre los mensajes había uno que decía que llamase a Ralph en Ajax: la compañía había decidido cubrir todo el dinero del seguro de los Sommers. Lo llamé de inmediato.

—Que te quede claro, Vic, que ésta es una excepción —me advirtió Ralph Devereux nada más ponerse al teléfono—. No sueñes con que se convierta en una costumbre.

—Es una noticia maravillosa, Ralph, pero ¿de quién ha sido la idea? ¿Tuya? ¿De Rossy? ¿Te ha llamado el concejal Durham y te ha presionado para que lo hagas?

No me hizo caso.

—Ah, y otra cosa. Te estaría muy agradecido si la próxima vez que decidas echarle la policía encima a uno de mis empleados me lo hicieses saber.

—Tienes toda la razón, Ralph. Estaba en medio de una emergencia en un hospital pero te debería haber llamado. ¿Han detenido a Connie Ingram?

Mary Louise me había dejado un informe escrito a máquina sobre Sommers y otro sobre Amy Blount, que estaba intentando leer por encima mientras hablaba. Gracias a los contactos policiales de Mary Louise y a la habilidad de Freeman Carter, el Estado había puesto en libertad a Isaiah Sommers, aunque dejando bien claro que era el principal sospechoso. El problema en sí no había surgido porque descubrieran sus huellas en la puerta. Finch había dicho que los técnicos del 911 habían confirmado lo que los polis de la comisaría del Distrito Veintiuno le habían dicho a Margaret Sommers: que habían recibido una llamada anónima, probablemente de un hombre de raza negra, y por eso se habían puesto a investigar las huellas digitales que había en la oficina.

—No. Pero se han presentado aquí, en el edificio, para interrogarla.

—¿En el mismísimo templo sagrado de Ajax?

Después de que farfullase una protesta para que me dejara ya de sarcasmos, porque tener a los polis en el edificio había perturbado la jornada laboral de todo el mundo, añadí:

—Connie Ingram tiene mucha, mucha suerte, de ser mujer y blanca. Tal vez sea desagradable que los polis vengan a interrogarte a la oficina, pero a mi cliente lo sacaron esposado del lugar donde trabaja. Se lo llevaron a la comisaría de la Veintinueve y Prairie para charlar con él en un cuarto sin ventanas, con un puñado de tipos que le observaban a través de esos cristales que sólo permiten ver desde el lado de fuera. Esta noche cenará en casa gracias a que le he contratado al mejor abogado criminalista de la ciudad.

Ralph hizo caso omiso a mi comentario.

—Karen Bigelow, la supervisora de Connie, ¿te acuerdas de ella?, Karen asistió al interrogatorio con uno de nuestros abogados. Connie estaba muy alterada, pero parece que la policía la creyó o, por lo menos, no la han detenido. El problema es que la policía obtuvo el registro de llamadas de la oficina de Fepple y encontró que varias se habían hecho desde la extensión de Connie, una de ellas el día anterior a su muerte. Ella dice que le había llamado varias veces para pedirle que le enviara por fax las copias de los documentos de Sommers. Pero Janoff está cabreado porque la policía ha entrado en el edificio, Rossy también está cabreado y, francamente, Vic, yo tampoco estoy muy contento.

Dejé a un lado las notas que estaba leyendo para prestarle toda mi atención.

—Pobre Connie, es muy duro que la recompensa por cumplir con tu deber sea que unos polis te acribillen a preguntas. Espero que la compañía no la abandone —le dije y pasé a otro tema—. Ralph, ¿a qué acuerdo llegó Rossy con Durham y Posner para lograr que suspendieran sus protestas?

—Pero ¿de qué demonios estás hablando? —De repente se puso furioso de verdad, no estaba fingiendo.

—Hablo de que ayer, mientras estaba arriba contigo, Rossy dobló por la calle Adams, llamó a Durham para que se acercara a su coche, se reunió con él una hora más tarde en su casa y acabó hablando después en privado con Joseph Posner. Y hoy Posner estaba manifestándose frente al hospital Beth Israel mientras Durham abandonaba la arena. Acabo de pasar por el Ayuntamiento. Durham estaba en su despacho recibiendo instancias para que se consideren ciertas excepciones a las ordenanzas de urbanismo en la zona de Stewart Ridge.

Ralph me soltó una ráfaga gélida a través de la línea telefónica.

—¿Te parece tan raro que un director ejecutivo se reúna, cara a cara, con los tipos que intentan cerrarle la compañía? Ayer estaba atascado en un embotellamiento, como cualquier mortal en el centro, y vio su oportunidad. No trates de convertir todo en una conspiración.

—Ralph, ¿te acuerdas de cuando nos conocimos? ¿Te acuerdas de por qué te pegaron un balazo en el hombro?

Todavía le dolía recordar cómo su jefe les había traicionado a él y a la compañía.

—Pero ¿en qué puede estar metido Rossy que también implique a un agente de seguros del South Side de Chicago que, además, era un inútil? Es imposible que Edelweiss tuviese algo que ver con Howard Fepple. Usa la cabeza, Vic.

—Es lo que intento, pero no me está sirviendo para mucho. Oye, Ralph, ya sé que tienes sentimientos encontrados respecto a mí, pero eres un tipo listo en esto de los seguros. Explícame lo siguiente: todos los documentos de los Sommers desaparecen, excepto el expediente de vuestro archivo, expediente que tú piensas que tiene algo raro, aunque no puedas darte cuenta de qué es en concreto, y ese expediente estuvo durante una semana en el despacho de Rossy.

»Añádele lo siguiente —continué diciéndole—: Connie Ingram, o alguien que se hizo pasar por ella, tuvo una cita con Fepple el viernes pasado por la noche. ¿Quién sabía, aparte de alguna persona dentro de Ajax, que ella había estado hablando con él? A continuación, matan a Fepple, desaparece su copia del expediente y Rossy me invita a cenar en última instancia. Después Fillida y sus amigos italianos me acribillan a preguntas sobre Fepple, su muerte y sus archivos. Y, finalmente, está ese extraño documento que hallé entre los papeles de

Fepple, el que te mostré y en el que aparecía el nombre de Sommers. ¿Qué te dice todo eso?

—Que nos equivocamos con Sommers y con Fepple —dijo Ralph fríamente—. Preston Janoff ha estado hablando con el director de Relaciones con los Agentes porque quería saber por qué seguíamos trabajando con un tipo que vendía una póliza nuestra al mes y eso cuando le iba bien. Y ha sido Janoff quien ha acordado pagarle el dinero a la familia Sommers y mañana les mandaremos un cheque. Pero esto es algo totalmente excepcional, como te he dicho. Aparte de eso, Vic, los invitados de los Rossy saben que eres detective, les vuelven locos las historias de los crímenes en Estados Unidos, es normal que te hagan millones de preguntas. Además, dime una cosa: ¿qué motivos podría tener Bertrand Rossy para relacionarse con un fracasado como Fepple, del que ni siquiera había oído hablar la semana pasada?

Tenía razón. Ahí estaba el quid de la cuestión. No se me ocurría ningún motivo.

—Ralph, la otra noche me enteré de que el dinero de Edelweiss viene de la familia de Fillida, que Bertrand se casó con la hija del jefe.

—Eso no es nada nuevo. Fue la familia de la madre de Fillida la que fundó la compañía en la década de 1890. Su abuelo materno era suizo y siguen conservando la mayoría de las acciones.

—Es una mujer curiosa. Muy elegante, con una forma de hablar muy suave, pero no cabe duda de que es la que lleva las riendas en todo lo que se dice y hace en esa casa. Supongo que también vigila muy de cerca lo que pasa en la calle Adams.

—Rossy es un tipo con una gran capacidad. Que haya dado un braguetazo no quiere decir que no haga bien su trabajo. De todos modos, no tengo tiempo de andar cotilleando sobre la esposa de mi director general. Tengo mucho trabajo.

—¡Vete a paseo! —dije, pero ya había colgado.

Volví a marcar el número de Ajax y pedí que me pusieran con el despacho de Rossy. Su secretaria, la distante y bien peinada Suzanne, me dijo que esperase un momento. Rossy se puso al teléfono con una premura sorprendente.

Cuando le di las gracias por la cena de la noche anterior, me dijo:

—Mi esposa disfrutó muchísimo con usted anoche. Dice que tiene usted mucha chispa y que es muy original.

—Lo añadiré a mi currículum —dije cortésmente, lo cual le hizo soltar una de sus sonoras carcajadas—. Debe de estar contento de que Joseph Posner haya dejado de dar la lata frente al edificio de Ajax.

—Por supuesto. Un día tranquilo siempre es bien recibido en una gran compañía —contestó.

—Tiene razón. Puede que no le sorprenda saber que se llevó a sus manifestantes al hospital Beth Israel. Me contó no sé qué galimatías que usted le propuso. Dijo que usted iba a ordenar una auditoría interna de las pólizas de Edelweiss y de Ajax si dejaba tranquila a su empresa y se iban con la música frente al Beth Israel.

—Disculpe, pero no entiendo qué quiere decir «galimatías».

—Algo farragoso, una sarta de disparates. ¿Qué tiene que ver el hospital con los bienes perdidos de las víctimas del Holocausto?

—Eso yo no lo sé, señora Warshawski, o Vic, supongo que puedo llamarla Vic, después de la amistosa velada de anoche. Si quiere saber algo sobre el hospital y los bienes del Holocausto tendrá que hablar con Max Loewenthal. ¿Eso es todo? ¿Ha descubierto algo más, alguna información inusual sobre ese trozo de papel tan curioso que encontró en la oficina del señor Fepple?

Me enderecé en la silla: no podía permitirme ni una sola distracción.

—El papel está en un laboratorio. Pero me han dicho que se fabricaba en Basilea alrededor de los años treinta. ¿Eso le dice algo?

—Mi madre nació en 1931, señora Warshawski, así que un papel de esa época no me dice mucho. Y a usted, ¿le dice algo?

—Todavía no, señor Rossy, pero tendré en cuenta que está usted muy interesado en el tema. Por cierto, por la calle corre un rumor: que el concejal Durham no comenzó su campaña a favor de las indemnizaciones a los descendientes de los esclavos hasta después de que Ajax no empezase a preocuparse por la presión que iba a sufrir bajo la Ley sobre la Recuperación de los Bienes de las Víctimas del Holocausto. ¿Ha oído algo de eso?

Otra carcajada volvió a retumbar en la línea telefónica.

—Lo malo de ocupar un alto cargo directivo es que uno se encuentra muy aislado. A mí no me llegan los rumores, lo cual es una pena porque, después de todo, es lo que hace girar la rueda del molino, ¿o no? Y ése es un rumor muy interesante, desde luego, aunque también me resulta nuevo.

—Me pregunto si también le resultará nuevo a la señora Rossy.

Esta vez hizo una breve pausa antes de continuar.

—Dejará de serlo en cuanto se lo cuente. Como bien dijo usted anoche, ningún asunto de Ajax escapa a su interés. Y también le diré que usted nos ha enseñado otra palabra que no sabíamos: galimatías. Bueno, la dejo, he salido de una reunión para este galimatías. Adiós.

¿Qué había conseguido con aquella llamada? Casi nada, pero lo dicté de inmediato y lo dejé grabado en mi procesador de textos para poder estudiarlo cuando no me sintiese tan abrumada. Todavía tenía que hacer un montón de llamadas.

Primero volví a revisar todas las notas de Mary

Louise, antes de llamar a mi abogado. Freeman me dijo, deprisa y corriendo, como siempre, que él personalmente estaba convencido de la inocencia de Isaiah Sommers pero que aquella llamada anónima denunciándolo y las huellas digitales no nos favorecían.

—Entonces supongo que necesitamos encontrar al verdadero asesino —dije con tenaz entusiasmo.

—No creo que ese tipo pueda permitirse pagar tus honorarios, Vic.

—Tampoco puede pagarte los tuyos, Freeman, pero, aun así, te pido que lleves el caso.

—¿Así que también tengo que añadir esto a tu deuda pendiente? —dijo Freeman, riéndose entre dientes.

—Todos los meses te mando un montón de monedas —dije a modo de protesta.

—Eso es verdad. Aunque también es verdad que tu deuda ya iba por los trece mil antes de los honorarios de Sommers. Pero ¿me podrás traer alguna prueba? Fantástico. Sabía que podíamos contar contigo. Mientras tanto no dejo de repetirle al fiscal que Fepple tuvo una cita el viernes por la noche con una persona llamada Connie Ingram y que hizo todo lo posible para que tú no la vieras. Tengo mucha prisa, Vic, hablamos mañana.

El saldo que tenía pendiente con Freeman era uno de mis grandes dolores de cabeza. Se me había ido de las manos el año anterior cuando tuve problemas legales importantes pero, incluso antes de eso, siempre había rondado cantidades de cuatro cifras. Yo le había estado pagando mil dólares al mes, pero parecía que todos los meses surgían nuevas razones para acudir a él.

Llamé a Isaiah Sommers. Cuando le dije que alguien había llamado a la policía y le había denunciado, se quedó estupefacto.

—¿Quién puede haber hecho una cosa así, señora Warshawski?

—¿Cómo sabes que no lo ha hecho ella misma?

424

—dijo Margaret Sommers entre dientes, hablando desde un teléfono supletorio.

—El que le dio el soplo a la policía por teléfono era un hombre que, por cierto, señora Sommers, en la grabación parece ser afroamericano. Mis contactos dentro del departamento dicen que están bastante seguros de que la llamada fue realmente anónima. Yo seguiré investigando, pero sería de gran ayuda si pudiera decirme si conoce a alguien que le odie tanto como para querer mandarle a la cárcel por un asesinato que no ha cometido.

—No siga investigando —farfulló—. No puedo pagarle.

—No se preocupe por eso. La investigación ha alcanzado tal calibre que otro pagará la cuenta —le dije. No tenía por qué saber que ese otro iba a ser yo—. Por cierto, ya sé que no es un gran consuelo cuando uno está acusado de asesinato, pero Ajax le va a pagar a su tía todo el dinero de la póliza.

—Que curioso que esto pase justo cuando tiene que decirnos que su factura va a aumentar —me soltó Margaret.

—Por favor, Maggie, por favor. Acaba de decir que otra persona se hará cargo de la cuenta. Señora Warshawshi, ésa es una noticia estupenda. Perdone a Margaret, es que está muy preocupada. Igual que yo, por supuesto. Pero el señor Carter parece un buen abogado. Un abogado realmente bueno. Y está convencido de que entre usted y él lograrán arreglar este asunto.

Está muy bien saber que tu cliente está contento. El problema es cuando parece ser el único que lo está. Su mujer se sentía fatal. Al igual que Amy Blount. Y que Paul Radbuka. Y que yo y que Max, y, sobre todo, Lotty.

Después de su enfrentamiento con Posner, Lotty se había ido del hospital a su clínica pero, cuando la llamé, la señora Coltrain me dijo que la doctora Herschel no podía interrumpir su consulta para hablar conmigo. Me acordé de su vehemente protesta la noche anterior, diciendo que ella jamás había desatendido a un paciente y que era un alivio estar en el hospital, ser la doctora y no la amiga ni la esposa ni la hija.

¡Ay, Lotty! ¿Quiénes eran los Radbuka? Grité en la soledad de la habitación. ¿A quién crees que has traicionado? A un paciente, no. Eso era lo que había dicho la noche anterior. A alguien a quien le había vuelto la espalda y cuya muerte le remordía la conciencia. Tenía que haber sido alguien en Inglaterra: si no, ¿cómo había hecho el Escorpión Indagador para conseguir el nombre? Sólo se me ocurría que fuese un pariente. Tal vez un pariente que había aparecido en Inglaterra después de la guerra y a quien Lotty no podía soportar. Alguien que ella había querido mucho en Viena, pero a quien los horrores de la guerra habían afectado tanto que Lotty se había alejado de ella. Podía entenderlo, podía imaginarme a mí misma reaccionando así. Entonces ¿por qué no me lo contaba? ¿De verdad pensaba que yo la iba a juzgar y a condenar por ello?

Miré a ver si el Escorpión Indagador había dejado algún mensaje, pero todavía no había respondido. ¿Qué otra cosa podía hacer, aparte de ir a casa a pasear a los perros, preparar la cena y acostarme? A veces la rutina te tranquiliza pero otras supone una carga. Busqué Edelweiss en la Red para ver si podía encontrar alguna información sobre la familia de Fillida Rossy. Introduje los datos, tanto en el Lexis como en el ProQuest, y regresé al teléfono para llamar a Don Strzepek.

Me saludó sin bajar la guardia, pues todavía se acordaba de que no nos habíamos despedido muy cordialmente el día anterior.

—¿Sabes algo del intrépido periodista? —me preguntó.

—Ha logrado llegar hasta Roma sin un rasguño. Creo que mañana sale hacia Islamabad.

—No te preocupes por él, Vic. Ha estado en lugares peores que Kabul, aunque ahora mismo no se me ocurre ninguno. Quiero decir, que hoy en día ésa no es una zona en guerra, que nadie va a dispararle. Puede que le hagan mil preguntas, pero lo más probable es que sólo despierte curiosidad, sobre todo entre los niños.

Me sentí un poco mejor.

—Pasando a otro tema, Don, ¿qué conclusión has sacado después de ver los apuntes de Max? ¿Coincides conmigo en que no conocía a los Radbuka antes de hacer aquel viaje a Viena, después de la guerra?

—Sí. Queda claro que estaban conectados con la doctora Herschel y no con Max. Sobre todo después de desmayarse en la cena del domingo tras oír el nombre de Sofie Radbuka. Parece que sabía muy bien cómo llegar al apartamento de Leopoldsgasse —añadió, con tono dubitativo—. Me pregunto si los Radbuka no serían parientes suyos.

—¿Así que ahora Radbuka puede empezar a acosarla a ella en lugar de a Max? ¿Sabes que hoy ha estado en el Beth Israel con Posner y sus macabeos, gritándole al mundo, a voz en cuello, que Lotty y Max estaban tratando de separar a los supervivientes del Holocausto de sus familias?

—Ya sé que debe de ser muy doloroso para ellos, pero es que Paul es un ser atormentado, Vic. Si pudiese encontrar un sitio donde sentirse seguro, eso lo calmaría.

—¿Y tú has logrado hablar con ese ser que ha recuperado la memoria? —le pregunté—. ¿Hay alguna posibilidad de que consigas que te muestre esos papeles que dejó su padre? Los que prueban que era miembro de los *Einsatzgruppen* y que él es un superviviente de un campo de concentración y que se llama Radbuka.

Don hizo una pausa y se oyó un ruido sibilante, probablemente estuviese dando una calada a un cigarrillo.

—Lo he visto un momentito esta mañana, supongo

que después habrá ido con Posner al hospital. Estos días está bastante nervioso. Rhea no me dejó hacerle demasiadas preguntas por miedo a que se alterase aún más. No quiere dejarme ver esos papeles. Es como si me considerase un rival que le va a quitar el afecto de Rhea, así que es muy poco comunicativo conmigo.

No pude evitar soltar una carcajada.

—Hay que quitarse el sombrero ante Rhea por aguantar a ese tipo. Si yo tuviera que seguirle sus giros por la pista de baile acabaría en el manicomio de Elgin en menos de un mes. Aunque, claro que tiene razón al considerarte como a un rival. Eso lo entiendo. ¿Y Rhea qué dice?

—Dice que no puede traicionar la confianza de un paciente, cosa que, por supuesto, respeto. Aunque me cuesta contener mis viejos instintos de reportero. —Soltó una risa que logró que sonara compungida y llena de admiración al mismo tiempo—. Rhea ha fomentado la relación de Radbuka con Posner porque éste le da la sensación de que tiene una auténtica familia. Pero claro que, cuando estuvimos con él, no sabíamos que iba a ir al hospital a manifestarse en contra de Max. Esta noche voy a cenar con ella, así que se lo comentaré.

Mientras escogía las palabras que iba a usar, construí una pequeña estructura con los clips.

—Don, hoy por la tarde le he preguntado a Radbuka quién era Ulrich y casi le da un ataque en medio de la calle. Dijo que ése era el nombre de su padre adoptivo y que yo estaba acusando a Rhea de mentirosa. Pero es que ayer ella dejó bien claro que Ulrich *no era* el apellido del tipo. Incluso pareció que se reía de mí por pensarlo.

Oí cómo daba otra calada a su cigarrillo.

—Me había olvidado de eso. Intentaré preguntárselo esta noche. Pero, Vic, yo no voy a hacer de correveidile entre tú y Rhea.

—No, Don, ni tampoco lo pretendo. —Lo único que quería es que estuviese de mi parte, que le sacara información a Rhea y que me la pasara a mí. Eso no era realmente pedirle que hiciera de correveidile—. Pero si pudieras convencerla de que Max no está emparentado con la familia Radbuka tal vez ella, a cambio, pudiera convencer a Paul de que deje de armar jaleo en el Beth Israel. Pero lo único que te pido, Don, por amor de Dios, es que no hagas que Rhea vea en Lotty a una sustituta de Max, por favor. Yo no sé si los Radbuka eran primos o pacientes de Lotty, o sólo unos extraños odiosos que ella conoció en Londres. Lo que sé es que Lotty no sobreviviría al acoso al que Paul ha estado sometiendo a Max.

Esperé a ver qué contestaba, pero no parecía estar dispuesto a prometerme nada. Acabé colgando el teléfono, enfadada.

Antes de abandonar la investigación por aquel día, llamé también a Amy Blount. El informe de Mary Louise ponía que el robo en casa de Amy era cosa de un profesional y no de ladronzuelos ocasionales. «El candado de la reja estaba intacto», había escrito Mary Louise.

Han aplicado un soplete alrededor de la reja y después la han arrancado. Era evidente que la puerta de la cocina estaba quemada. Dado que lo que te interesaba era su conexión con Ajax, le pregunté directamente si tenía en casa algún documento de Ajax. No tenía ningún original; había escaneado varios documentos del siglo XIX y los tenía en uno de los disquetes robados. De hecho, le habían robado todas las notas de su tesis. También le habían roto el ordenador. No se habían llevado nada más, ni siquiera el equipo de música. Convencí a Terry de que mandara a un equipo de la policía científica, aunque no creo que podamos dar con los responsables.

Le dije a la señorita Blount lo mucho que sentía lo que le había pasado y le pregunté si habían tocado las notas que tenía escritas en papel.

—Oh, sí, también se las han llevado. Se han llevado todas las notas de mi trabajo. ¿A quién pueden interesarle? Si hubiese sabido que tenía un material tan importante entre manos ya habría publicado mi tesis. Tendría un trabajo de verdad, en lugar de vivir en una ratonera y tener que escribir estúpidas historias corporativas.

—Señorita Blount, ¿qué tipo de documentos copió de los archivos de Ajax?

—Ninguno clasificado de uso interno. No le pasé ninguna información confidencial sobre la compañía al concejal Durham...

—Por favor, señorita Blount, sé que las últimas veinticuatro horas han sido muy difíciles, pero no la tome conmigo. Se lo estoy preguntando por un motivo muy diferente. Estoy intentando averiguar qué es lo que está sucediendo últimamente en la Compañía de Seguros Ajax.

Le conté todo lo que había pasado desde que había ido a visitarla el viernes anterior. Sobre todo, la muerte de Fepple, los problemas de Sommers, el detalle del nombre de Connie Ingram que figuraba en el registro de citas de Fepple.

—Lo más raro de todo fue un trozo de un documento que encontré.

Escuchó mi relato con mucha atención, pero la descripción que le hice del tipo de letra del documento no le sonaba a ninguno de los que había visto.

—Me gustaría verlo. Podría pasarme mañana por su oficina en algún momento. En principio suena como algo perteneciente a un libro de contabilidad, pero no puedo interpretar todas esas marcas sin verlas. Si figura el nombre de su cliente entonces es un documento reciente, al menos para mis parámetros. Los papeles que yo copié databan de la década de 1850, puesto que mi investigación se centra en los aspectos económicos de la esclavitud.

De repente, volvió a deprimirse.

—Todo ese material perdido. Ya sé que puedo ir otra vez a los archivos y volver a copiarlos. Pero lo que me deja por los suelos es esta sensación de violación. Y lo absurdo de todo esto.

37

Mi reino por una dirección

Aquella noche la melancolía me impidió descansar bien. Me levanté a las seis para ir a correr con los perros y a las ocho y media ya estaba en mi oficina, a pesar de haber parado para desayunar de nuevo en la cafetería y de haberme desviado de mi camino para pasar por la clínica de Lotty, aunque no pude verla porque seguía en el hospital haciendo su ronda de consultas.

Nada más aparecer Mary Louise, la envié al South Side a ver si algún amigo de Sommers podía ayudarnos a averiguar quién le había denunciado. Llamé a Don Strzepek para saber si había tenido la suerte —o, más bien, si la había tenido yo— de conseguir que Rhea se tomara en serio el acoso que Paul ejercía sobre Max.

Carraspeó incómodo.

—Rhea me dijo que le parecía un síntoma de fortaleza que estuviera haciendo nuevos amigos, pero que probablemente necesitaba adquirir un mayor sentido de la medida.

—Entonces, ¿va a hablar con él? —dije sin poder ocultar mi impaciencia.

—Me dijo que sacaría el tema en la próxima cita, pero que no puede asumir el papel de encauzadora de las vidas de sus pacientes, que son ellos los que necesitan funcionar en la vida real, caer y levantarse como hace todo el mundo. Si no pueden hacerlo, significa que necesitan una ayuda mayor de la que ella puede proporcionarles. Es tan asombrosa... —dijo con voz cantarina—. Nunca he conocido a nadie como ella.

Le corté a mitad de aquel canto amoroso preguntándole si el pago por adelantado de un libro que le iba a reportar una cantidad de seis cifras estaría nublando su percepción objetiva sobre Paul Radbuka. Me colgó ofendido. Según él, yo no estaba dispuesta a apreciar las cualidades de Rhea.

Todavía me estaba recriminando a mí misma por aquella charla cuando me llamó Murray Ryerson desde el *Herald Star*. Beth Blacksin le había contado que yo había mantenido una conversación en privado con Posner el día anterior, tras la manifestación.

—Por los viejos tiempos, Vic, y en un plan totalmente extraoficial —dijo tratando de engatusarme—. ¿De qué hablasteis?

—¿En un plan totalmente extraoficial, Murray? Se levantará Horace Greeley de entre los muertos y te retorcerá los testículos si mencionas algo de esto a tu madre y no digamos ya a Beth Blacksin.

—Palabra de scout, Warshawski.

Murray jamás había traicionado mi confianza.

—Extraoficialmente, no sé qué significado tendrá el asunto, pero el caso es que tanto Posner como Durham han tenido reuniones en privado con Bertrand Rossy, el director general de Edelweiss, que está en Chicago para supervisar la absorción de Ajax. He estado dándole vueltas a si Rossy le habría ofrecido algo a Posner para que dejase de manifestarse frente a Ajax y se fuera a hacerlo al Beth Israel, pero no he sacado nada en limpio de mi charla con Posner. Puede que contigo hable. Las mujeres le asustamos.

—A lo mejor eres sólo tú, Vic. A mí me asustas y soy el doble de grande que Posner. Aunque Durham... Nadie ha logrado colgarle nunca nada turbio, a pesar de que el alcalde ha puesto a unos polis tan pegados a él como si fuesen sus calzoncillos. Es un tipo muy hábil. Bueno, pero si consigo enterarme de algo suculento sobre cualquiera de los dos, te prometo que lo compartiré contigo.

Cuando colgué me sentía algo mejor: era bueno tener una especie de aliado. Tomé el metro en dirección al centro para reunirme con unos clientes que, de hecho, sí me estaban pagando por hacerles un trabajo bastante complejo, y poco antes de las dos ya estaba de vuelta en mi oficina. Mientras metía la llave en la puerta, oí que el teléfono estaba sonando. Descolgué al mismo tiempo que saltaba el contestador automático. Era Tim Streeter. Al fondo pude oír a Calia berreando.

—Tim, ¿qué está pasando?

—Tenemos un pequeño lío, Vic. He intentado llamarte varias veces en las últimas horas, pero tenías el teléfono apagado. Nuestro amigo ha vuelto esta mañana. He de admitir que me ha pillado con la guardia baja. Había dado por supuesto que estos días estaría volcado con Posner. De cualquier manera, ¿sabes que va a todas partes en bici? Calia y yo estábamos en el parque, en los columpios, cuando apareció en bici haciendo mucho ruido y por en medio del césped. Trató de agarrar a Calia. Por supuesto que, antes de que pudiera tocarla, yo ya la había tomado en brazos, pero cogió al *Nibusher* ese, ya sabes, el perrito azul de peluche que lleva a todas partes.

Al fondo oí a Calia gritando:

—No se llama *Nibusher*. Es *Ninshubur*, el perro fiel. Me estará echando de menos, me necesita. ¡Quiero que me lo des ahora mismo, Tim!

—¡Por todos los demonios! —dije—. Max tiene que conseguir una orden de alejamiento contra ese sujeto. Últimamente parece un buscapiés que nunca se sabe hacia dónde se dirige. Y esa condenada psicóloga que no ayuda para nada, por no mencionar a Strzepek. Tendría que haberlo seguido y haberme hecho con su dirección.

¿Quieres hacer el favor de llamar a tu hermano y decirle que quiero que esté preparado para seguir a Radbuka hasta su casa desde la oficina de Posner, la consulta de Rhea Wiell o desde donde se le ocurra aparecer a partir de ahora?

—Lo haré. Yo no he podido seguirlo desde el parque porque, lógicamente, tenía que quedarme con la niña. Esta situación no me gusta nada.

—¿Max y Agnes lo saben? De acuerdo, déjame hablar un minuto con Calia.

Al principio Calia se negó a hablar con «tía Vicory». Estaba cansada y asustada, y reaccionaba como lo hacen los niños: cerrándose en banda. Pero, cuando Tim le dijo que yo tenía que darle un recado sobre *Nebbisher* accedió a ponerse, aunque de mala gana.

—Tim es muy malo. Ha dejado que ese hombre malo se llevara a *Ninshubur* y ahora está diciendo mal su nombre.

—Tim siente muchísimo no haber cuidado bien a *Ninshubur*, cariño, pero, antes de que te metas en la cama esta noche, yo voy a intentar llevarte a tu perrito. Voy a salir ahora mismo de mi oficina para ir a buscarlo, ¿de acuerdo?

—De acuerdo, tía Vicory —me contestó con voz de resignación.

Cuando Tim volvió a ponerse al teléfono, me dio las gracias por haber conseguido que la niña dejara de llorar. Empezaba a estar desesperado. Había dado con Agnes en la galería donde tenía una cita y ella ya estaba de camino a casa, pero me dijo que preferiría proteger al primer ministro israelí en Siria a tener que encargarse de otra criatura de cinco años.

Tamborileé con los dedos sobre la mesa de mi despacho. Llamé a Rhea Wiell, que, por fortuna, estaba en aquel momento descansando entre dos pacientes. Cuando le expliqué la situación y le dije que realmente nos haría un gran favor si consiguiera que Paul nos devolviese el perro de peluche aquel mismo día, dijo que lo hablaría con él cuando lo viese el viernes por la mañana.

—Mira, Vic, solamente lo quiere a modo de talismán que le una a esa familia que se niega a reconocer su parentesco. Al comienzo del tratamiento a mí también se me llevaba algunas cosas de mi consulta pensando que yo no me daba cuenta, como una taza de la sala de espera o un pañuelo de cuello. Pero, cuando se empezó a sentir más fuerte, dejó de hacerlo.

—Tú lo conoces mejor que yo, Rhea, pero la pobre Calia es una niña de cinco años. Me parece que hay que anteponer sus necesidades. ¿No podrías llamarlo ahora e insistirle en que lo devolviera? O dame su teléfono y lo llamo yo.

—Espero que no estés inventándote todo esto para conseguir que te dé el teléfono de su casa, Vic. En estas circunstancias dudo de que, precisamente tú, puedas persuadirlo para que se reúna contigo. Tiene cita conmigo por la mañana. Hablaré con él. Ya sé que Don está convencido de que Max Loewenthal no es pariente suyo, pero Max tiene la clave para que Paul pueda contactar con sus parientes europeos. Si pudieras conseguir que Max aceptara verlo...

—Cuando Paul irrumpió en la fiesta del domingo, Max se ofreció a verse con él. Paul no quiere ver a Max, lo que quiere es que Max le acoja como miembro de su familia. Si pudieras conseguir que Paul nos dejara ver los papeles...

—¡No! —dijo tajantemente—. En cuanto llamaste pensé que te ibas a inventar alguna cosa para sonsacarme algo y ver los papeles, y tenía razón. No voy a violar la intimidad de Paul. Ya sufrió demasiadas violaciones de niño como para que yo le haga eso.

Me colgó.

¿Cómo era posible que no se diera cuenta de que su

mejor espécimen debería estar en una habitación aislada en el manicomio de Menard o dondequiera que le administrasen fuertes dosis de antipsicóticos?

Aquel pensamiento, fruto de la rabia, me dio la idea. Busqué el número de teléfono del Comité para la Recuperación de los Bienes de las Víctimas del Holocausto que Posner tenía en Touhy. Cuando me contestó una voz de hombre, me tapé la nariz para que mi voz adquiriera un sonido nasal.

—Llamo de la farmacia Casco de River Forest —dije—. Necesito hablar con el señor Paul Radbuka.

—No trabaja aquí —me contestó.

—¡Vaya por Dios! Es que estoy rellenando su receta para el Haldol, pero no tenemos su dirección. Él dejó este número de teléfono. ¿No sabe dónde podría localizarlo? Es que no podemos dispensar recetas de ese tipo de drogas sin poner la dirección.

—Bueno, pues ésta no la puede poner, porque no trabaja aquí.

—Bien, pero ¿no tendría usted alguna manera para que yo pudiese localizarlo? Es que es el único número de teléfono que dejó.

El hombre soltó el auricular sobre la mesa dando un golpe.

—Leon, ¿rellenó algún formulario de inscripción ese tal Radbuka cuando vino el martes? Vamos a empezar a recibir llamadas para él y yo, sin ir más lejos, no tengo la menor intención de hacerle de contestador automático.

Oí voces hablando al fondo. Sobre todo se quejaban de Radbuka y se preguntaban por qué les habría cargado el rabino Joseph con una persona tan difícil. Oí que Leon, el secuaz que Posner se había llevado de acompañante el día anterior, cuando estuvimos hablando fuera del hospital, les reprendía por cuestionar las decisiones del rabino, antes de atender él en persona el teléfono.

—¿Quién es?

—Llamo de la farmacia Casco de River Forest. Tenemos una receta de Haldol para el señor Paul Radbuka y hay que rellenar todos los datos, así que necesitamos su dirección. Es un antipsicótico muy fuerte y no podemos dispensarlo sin localizarlo —dije todo aquello con una voz cantarina pero nasal, como si me hubiesen enseñado a recitar de un tirón aquella letanía burocrática.

—Ya, ya, muy bien, pero ¿podría usted poner una nota en su ficha para no utilizar este número? Esto es una oficina a la que viene a veces a hacer trabajos de voluntariado, pero no podemos ocuparnos de tomar mensajes para él. Le doy la dirección de su casa.

El corazón me latía tan deprisa como si estuviera oyendo un mensaje de mi amado. Escribí la dirección y el número y se lo volví a leer, olvidándome de poner voz nasal por la emoción, pero a esas alturas, ¿qué más daba? Ya tenía lo que quería. Y no había tenido que romperle la mandíbula de un puñetazo a Rhea Wiell para conseguirlo.

38

La casa del sufrimiento

Roslyn era una calle minúscula que no llegaba a comprender una manzana de casas y que daba al Lincoln Park. La casa de Radbuka se encontraba en la parte sur, cerca ya del parque. Era de granito antiguo y su fachada, como la mayoría de las casas de aquella manzana tan selecta, daba directamente sobre la acera. Tenía ganas de tirar abajo la puerta, entrar embistiendo y enfrentarme a Radbuka por la fuerza, pero me contuve e hice una inspección de reconocimiento lo más discreta posible. Como estaba tan cerca de Lincoln Park, no cesaban de pasar a mi lado personas haciendo footing, gente paseando perros y otros que hacían algún tipo de ejercicio, a pesar de que aún era un poco pronto para que la gente hubiera vuelto del trabajo a sus casas.

La puerta delantera era de madera maciza, con una mirilla que permitía que Radbuka estudiara detenidamente a quien fuese a visitarlo. Colocándome fuera del ángulo de visión, estuve tocando el timbre con fuerza, durante cuatro o cinco minutos. Como nadie acudió a abrir, no pude resistirme a la idea de entrar para ver si lograba dar con los documentos que probaban que su auténtico apellido era Radbuka. Tanteé la puerta principal para ver si estaba abierta —habría sido ridículo arriesgarme a que me vieran forzándola si había algún sistema fácil para entrar— pero el picaporte de bronce no giraba.

No quería estar allí de pie con mis ganzúas, a plena

vista de las innumerables personas que pasaban haciendo footing, así que tendría que entrar por la puerta de atrás. Había aparcado a tres manzanas de St. James Place. Volví al coche y saqué un mono de trabajo de color azul marino de una bolsa que llevaba en el maletero. En el bolsillo de la izquierda llevaba una inscripción que decía «Servicio de alumbrado público». Un cinturón lleno de herramientas completaba mi sencillo atuendo de camuflaje. Me fui con todo aquello al aseo del invernadero y salí un minuto después con el pelo cubierto con un pañuelo azul y el aspecto de cualquier integrante de una empresa de mantenimiento, al que ningún yuppy prestaría atención.

De vuelta frente a la casa de Radbuka, volví a tocar el timbre y, a continuación, me dirigí por un caminito estrecho de losetas de piedra por el costado de la casa hacia la parte de atrás. A mitad de recorrido tenía un portón de tres metros de altura con una cerradura en el centro. El cerrojo no era de resbalón y era bastante complicado. Me agaché con mis ganzúas intentando no mirar a los viandantes y con la esperanza de que ellos hiciesen lo mismo conmigo.

Cuando conseguí desplazar el rodete, ya estaba sudando copiosamente. Aquella cerradura sólo se podía abrir con llave, daba igual si era desde dentro o desde fuera. Metí un trozo de papel para impedir que se volviese a encajar.

Las parcelas de la calle Roslyn eran estrechas, apenas algo más anchas que las propias casas, pero tenían bastante profundidad y carecían de los callejones de servicio y de los garajes que suele haber en la mayoría de las calles de esta ciudad. Una valla de madera de unos dos metros y medio de altura, bastante deteriorada, separaba el jardín de la calle posterior.

El padre de Paul debió de amasar una fortuna con su trabajo para que su hijo pudiera permitirse vivir en aquella casa y en aquella calle pero, ya fuese por la depresión o por la falta de dinero, Paul no la mantenía en buen estado. El jardín era una maraña de arbustos sin podar y de hierbajos que llegaban a la altura de las rodillas. Mientras me abría paso a través de todo aquello para dirigirme a la puerta de la cocina, varios gatos me maullaron y se alejaron de mí. Un escalofrío me recorrió la espina dorsal.

La cerradura de aquella puerta parecía idéntica a la del portón de entrada, así que utilicé la misma combinación de ganzúas y conseguí abrirla en menos de un minuto. Antes de entrar, saqué un par de guantes de goma. Así no me olvidaría de hacerlo más tarde. Agarré un trapo que estaba encima del fregadero y limpié el picaporte de la puerta.

Los armarios y los electrodomésticos de la cocina no se habían cambiado desde hacía por lo menos treinta años. Los pilotos de la vieja cocina de gas metálica emitían un brillo azulado en medio de la tenue luz ambiental; el esmalte de los bordes de la puerta del horno se había ido levantando y se veía el color gris del metal. Los armarios seguían siendo de aquellos de conglomerado oscuro y grueso que eran tan comunes en mi infancia.

Paul había desayunado allí aquella mañana: la leche que se había dejado en el cuenco de los cereales, sobre la mesa, había empezado a cuajarse. La cocina estaba abarrotada de periódicos antiguos y de viejas cartas y un calendario de 1993 aún seguía colgado cerca de la despensa. Pero la cocina no estaba sucia. Parecía que Paul se ocupaba, más o menos, de lavar los platos, cosa que la mayoría de las veces no puede decirse de mí.

Fui por un pasillo hasta un comedor con una mesa de madera noble a la que podrían sentarse dieciséis personas. En el aparador había una vajilla de porcelana, con un delicado dibujo en azul sobre un fondo de color crema. Parecía contener suficientes piezas como para servir una cena de cinco platos a dieciséis personas, sin tener que pararse a fregar, pero el polvo acumulado dejaba a las claras que nada semejante había ocurrido en los últimos tiempos.

Todas las habitaciones de la planta baja eran similares. Todas tenían muebles imponentes, de madera tallada, pero estaban cubiertos de polvo. Por todas partes había montones irregulares de papeles. En el salón encontré un ejemplar del *Süddeutsche Zeitung* de 1989.

En una pared, junto a la chimenea, había una fotografía de un hombre y un niño delante de una cabaña con un lago al fondo. El niño, probablemente Paul, tendría unos diez u once años y el hombre que estaba a su lado, probablemente Ulrich, era fornido y calvo y sonreía aunque tenía un aire severo. Paul miraba con ansiedad a su padre, que miraba directamente a la cámara. No era de esas fotografías que uno ve e inmediatamente piensa «¡Huy! Éstos están emparentados, ya sea por lazos de sangre o de cariño».

Un cuarto de estar que había junto al salón tenía todo el aire de ser la habitación que Ulrich utilizaba como despacho. En un principio, posiblemente, la había decorado para que pareciese la biblioteca de la casa rural inglesa típica de las películas de época, con una mesa de despacho con la tapa de cuero, un sillón de orejas, también de cuero, y estantes para libros también forrados en cuero. Estaban las obras completas de Shakespeare, las de Dickens, las de Thackeray y las de Trollope en inglés y las de Goethe y Schiller, en alemán. Alguna mano furiosa había arrojado los libros por todas partes; las páginas estaban arrugadas y los lomos, rotos. Era un enloquecido despliegue destructivo.

La misma mano violenta la había emprendido con la mesa de despacho: los cajones estaban abiertos y había papeles esparcidos por el suelo. ¿Habría sido Paul quien lo habría hecho, aporreando las pertenencias de su padre muerto como un ataque a su persona? ¿O habría estado allí alguien fisgando antes que yo? ¿Buscando qué? ¿A quién, aparte de a mí, le podían interesar los papeles que relacionaban a Ulrich con los *Einsatzgruppen*? ¿O tendría Ulrich otros secretos?

En aquel momento no tenía tiempo suficiente para mirar en los libros y papeles, sobre todo porque no sabía qué era lo que tenía que buscar. Más tarde, si conseguía que Paul se ausentara de su casa el tiempo suficiente, les pediría a Mary Louise y a los hermanos Streeter que echaran una ojeada.

La bici de montaña de color plateado de Radbuka estaba en el vestíbulo principal, un espacio revestido de azulejos. O sea que había vuelto a casa después de haber raptado a *Ninshubur*. Tal vez las intensas emociones de la mañana le habían dejado exhausto y se había metido en la cama con el perrito de peluche azul.

Subí a la segunda planta por una escalera de madera tallada y empecé por mirar en las habitaciones que quedaban en el extremo del pasillo donde daba la escalera. En la mayor de ellas, había el típico juego de gruesos cepillos de plata con las iniciales grabadas con muchas florituras: una *U* y una *H* o una *K* —debió de ser de Ulrich—. La cama y el armario eran unos muebles enormes de madera tallada y podían tener trescientos años de antigüedad. ¿Se habría traído Ulrich desde Alemania todos aquellos muebles tan historiados de algún provechoso saqueo efectuado durante la guerra? ¿O los habría comprado como demostración palpable del éxito que había alcanzado en el Nuevo Mundo?

El olor a humedad y a cerrado me hizo dudar de que Paul hubiera cambiado las sábanas alguna vez desde la muerte de su padre, hacía seis o siete años. Me puse a revolver en el armario y en los cajones del tocador pensando que tal vez Ulrich se hubiese dejado algo en los bolsillos o bajo su austero pijama. Empecé a desanimarme: seguro que ni un año les bastaría a siete doncellas con siete escobones para limpiar y organizar de arriba abajo una vieja casa como aquélla, llena de cosas acumuladas durante tres décadas sin orden ni concierto.

Crucé el pasillo con el ánimo por los suelos. Por fortuna, aquella habitación y la siguiente estaban vacías. Ni siquiera tenían camas: los Ulrich no recibían invitados. El dormitorio de Paul era el último de la izquierda, la única habitación de la casa con muebles nuevos. Paul —tal vez para diferenciarse de su padre— se había esforzado en decorarlo con los muebles más rectilíneos y sencillos del diseño danés actual. Lo miré todo con sumo cuidado, pero no vi a *Ninshubur*. ¿Habría vuelto a salir, para ir a ver a Rhea, y se habría llevado el perrito de peluche como trofeo?

Un cuarto de baño separaba su dormitorio de una habitación con forma hexagonal que daba al descuidado jardín trasero. Pesados cortinajes de color bronce apagado impedían que entrase la luz del exterior. Encendí la lámpara del techo y me encontré con una visión extraordinaria.

Sobre una de las paredes se hallaba pegado un enorme mapa de Europa. Tenía clavadas banderitas rojas. Cuando me acerqué lo suficiente para leer lo que estaba rotulado vi que servían para marcar los campos de concentración de la época nazi, desde los más grandes, como Treblinka y Auschwitz, hasta otros, como Sobibor y Neuengamme, de los que nunca había oído hablar. Otro mapa más pequeño, que estaba al lado de aquél, mostraba los recorridos de los *Einsatzgruppen* por la Europa del Este, y los *Einsatzgruppen B* estaban marcados con un círculo y subrayados en rojo.

Sobre otras paredes había muchas de esas fotografías del horror a las que estamos acostumbrados: cuerpos escuálidos con uniformes de rayas tendidos sobre tablones; rostros de niños, con los ojos desorbitados por el miedo, hacinados en vagones de tren; guardias con casco y perros alsacianos gruñendo a gentes encerradas tras alambradas de púas; la espeluznante humareda de las chimeneas de los hornos crematorios.

Estaba tan impresionada por aquel despliegue que, hasta el final, no me apercibí de lo más espantoso. Creo que mi cerebro lo registró en principio como una pieza más de aquella monstruosa exhibición, pero era absolutamente real: encogido sobre el suelo, al pie de los cortinajes broncíneos, con la cara boca arriba y chorreando sangre por el brazo derecho, estaba el cuerpo de Paul Radbuka.

Me quedé petrificada durante un segundo interminable, antes de abalanzarme entre los papeles desparramados por el suelo para arrodillarme junto a él. Estaba ligeramente apoyado sobre el costado izquierdo. Respiraba con dificultad, dando leves boqueadas y emitiendo un sonido ronco, mientras por la boca le salían unas burbujas sanguinolentas. El lado izquierdo de su camisa estaba empapado en sangre y, por debajo de su cuerpo, se estaba formado un charco. Fui corriendo al dormitorio y agarré el edredón y una sábana. Yo también tenía las rodillas manchadas de sangre, al igual que la mano derecha, después de haberme apoyado en el suelo para poder tomarle el pulso. Volví a su lado, lo cubrí con el edredón y le fui girando suavemente para poder ver de dónde manaba la sangre.

Al rasgarle la camisa, de su interior cayó *Ninshubur*, el perrito de peluche, teñido de un marrón verdoso por la sangre. Rasgué una tira larga de la sábana, hice una especie de compresa y la presioné contra su pecho. Continuaba sangrando de una herida que tenía en el lado izquierdo, pero era sólo un hilillo, no salía a chorros: no se trataba de una arteria. Al levantar la compresa pude ver un corte profundo y feo cerca del esternón, ese tipo de desgarrón irregular que revela que una bala ha penetrado en la carne.

Rasgué otra tira de la sábana, hice como una almohadilla, se la coloqué sobre la herida apretando con fuerza y, a continuación, se la sujeté con otra tira más larga. Lo arropé bien con el edredón desde la cabeza hasta los pies, dejando fuera únicamente un poco de su cara para que pudiera apresar suficiente oxígeno en su desesperado intento por seguir respirando.

—Mantente calentito hasta que vengan los de la ambulancia, chico.

El único aparato de teléfono que recordaba haber visto era el del salón. Bajé a todo correr la escalera, dejando un rastro de sangre en la alfombra, y llamé al 911.

—Es muy urgente —les dije—. La puerta principal estará abierta. Herida de bala en el pecho, víctima inconsciente, respiración débil. Hay que subir por la escalera hasta el segundo piso, al fondo del pasillo.

Esperé a que me confirmaran que iban para allá, quité el cerrojo de la puerta principal y volví corriendo arriba, junto a Radbuka. Aún respiraba, haciendo ruido al exhalar y boqueando al inhalar el aire. Toqué la almohadilla. Parecía que funcionaba. Al colocarle mejor el edredón, noté un bulto en el bolsillo que me pareció que podía ser su cartera. La saqué, pensando si llevaría en ella alguna tarjeta con la que enterarme de su apellido anterior.

No contenía ningún carnet de conducir. Había una tarjeta para usar en el cajero automático del Fort Dearborn Trust, a nombre de Paul Radbuka. Otra tarjeta, una MasterCard, del mismo banco y también al mismo nombre y otra en la que figuraba que, en caso de accidente, se debía llamar a Rhea Wiell a su consulta. No había ninguna tarjeta del seguro médico ni nada que me permitiese ver su anterior identidad. Volví a deslizar la cartera con suavidad en su bolsillo.

De pronto caí en la cuenta de que, en esos momentos, no presentaba mi mejor aspecto con los guantes de goma cubiertos de sangre y las ganzúas colgando del cinturón. Si la policía llegaba con los de la ambulancia, no me apetecía mucho tener que contestar a las embarazosas preguntas de cómo había entrado allí. Me fui a toda prisa al cuarto de baño, me lavé las manos con los guantes puestos, apresurada pero concienzudamente, y abrí una ventana del dormitorio de Paul. Tiré las ganzúas a un arbusto espeso y sin podar del jardín, de donde salió huyendo un gato, que desapareció entre dos tablones rotos de la valla trasera, soltando tal maullido que, por poco, me da un infarto.

Volví al cuarto en el que estaba Paul y me llevé a *Ninshubur.*

—¿Has sido tú el que le has salvado la vida, pobre perrito ensangrentado? ¿Cómo lo has hecho?

Inspeccioné el cuerpo húmedo del peluche. Habían sido las chapas identificativas que le había regalado a Calia. Una estaba abollada y tenía un hoyito en el punto en que había impactado la bala. Eran demasiado finas como para haberla detenido o desviado, pero podían haber contribuido a amortiguar el golpe.

—Ya sé que ahora te has convertido en una prueba, pero dudo mucho de que pudieras contar algo al equipo forense. Creo que lo mejor será lavarte y devolverte a tu amiguita.

No se me ocurría mejor método para esconderlo que el que había utilizado Paul. Lo envolví en la última tira de sábana que quedaba, me desabroché el mono y me lo metí por dentro de la blusa. Me acerqué a Paul para escuchar cómo respiraba y miré el reloj para comprobar el tiempo transcurrido: cuatro minutos desde que había llamado. Un minuto más y volvería a llamar.

Me puse de pie y con la mirada recorrí el resto de aquel santuario, preguntándome qué estaría buscando con tanto afán el que había entrado —bueno, «el» o «la»— como para haberle disparado a Paul. Quienquiera que hubiese estado revolviendo en el estudio de Ulrich había entrado en aquella habitación con la misma impaciencia. Había libros abiertos y tirados por el suelo. No los toqué por si tenían huellas dactilares, pero me parecieron una colección de escritos sobre el Holocausto: memorias, biografías que iban desde la de Elie Wiesel hasta la de William Shirer, pasando por todo tipo de cosas. Vi el *War Against the Jews* (La guerra contra los judíos) de Lucy Dawidowicz's tirado junto al *Seed of Sarah* (La semilla de Sarah) de Judith Isaacson. Si Paul se había pasado día tras día leyendo todo aquello, bien podía haber acabado por no distinguir entre sus propios recuerdos y los de otras personas.

Estaba bajando la escalera para volver a llamar por teléfono cuando, por fin, oí pisadas en el recibidor delantero y voces que llamaban. «Aquí arriba», contesté, mientras me quitaba los guantes de goma y me los metía en uno de los bolsillos.

Los enfermeros subieron corriendo con la camilla. Les conduje hasta el fondo del pasillo, cuidando de no entorpecerles el camino.

—¿Es usted su esposa? —me preguntaron.

—No. Soy amiga de la familia —dije—. Habíamos quedado en que vendría a recoger una cosa y, cuando entré, me encontré este..., este caos. Él es soltero y no tiene familiares cercanos, que yo sepa.

—¿Puede venir con nosotros al hospital para rellenar los impresos?

—Tiene medios económicos suficientes y, si es necesario, podrá pagar la factura. Creo que en la cartera lleva una tarjeta que dice a quién hay que avisar en caso de accidente. ¿A qué hospital van a llevarlo?

—Al Misericordioso Amor. Es el más cercano. Vaya al mostrador de recepción del Servicio de Urgencias para rellenar los impresos en cuanto llegue. ¿Nos puede retirar esa manta para que lo pongamos en la camilla?

Al quitarle el edredón, cayó una llave. Sin duda Paul la había tenido sujeta en el puño y, al perder el conocimiento, la había soltado. Me agaché para recogerla mientras los enfermeros le colocaban sobre la camilla. El movimiento le hizo volver ligeramente en sí. Abrió los ojos, parpadeó sin enfocar bien la vista y me vio inclinada hacia él a la altura de su rostro.

—Me duele. ¿Quién... es... usted?

—Soy amiga de Rhea, Paul, ¿no se acuerda? —le dije con el tono más tranquilizador posible—. Se va usted a poner bien. ¿Sabe quién le ha disparado?

—Ilse —dijo respirando roncamente—. Ilse... Bullfin. Dígaselo... a Rhea. Los de las SS... saben dónde...

—¿Bullfin? —pregunté dudando.

—No —contestó y trató de corregirme con tono débil e impaciente. Yo seguí sin poder entender con claridad el apellido. Los enfermeros empezaron a recorrer el pasillo. Cada segundo era importante. Fui con ellos hasta donde comenzaba la escalera y cuando empezaron a bajar, Paul se volvió en la camilla, intentando fijar en mí su vidriosa mirada.

—¿Rhea?

—Le aseguro que le contaré lo que ha pasado. Ella le cuidará —le dije a modo de consuelo. Era lo mínimo que podía ofrecerle.

39

Paul Radbuka y la cámara de los secretos

Radbuka volvió a perder el conocimiento tan pronto como oyó aquellas palabras tranquilizadoras. Los enfermeros me dijeron que me quedase en la casa hasta que llegara la policía, porque querrían hacerme algunas preguntas. Les sonreí, les dije que sí, que por supuesto, y eché doble vuelta a la llave en cuanto salieron por la puerta principal. La poli podía llegar en cualquier momento y yo me quedaría atrapada. Pero, por si el cielo me concedía unos minutos, regresé corriendo a la habitación hexagonal.

Me volví a poner los guantes y después me quedé mirando con un sentimiento de impotencia el revoltijo que había sobre el suelo y los cajones con papeles a medio sacar de sus carpetas. ¿Qué iba a poder encontrar en dos minutos?

Noté que sobre el escritorio había otro mapa de Europa más pequeño, con una ruta dibujada con un rotulador negro grueso. Partía de Praga, donde Paul había escrito *Terezin* con mano temblorosa, pasaba luego por Auschwitz y seguía, a continuación, hasta la costa sudeste de Inglaterra, para acabar finalmente en forma de flecha señalando hacia América. Berlín, Viena y Lodz estaban marcadas con un círculo y tenían un signo de interrogación al lado. Supuse que había marcado sus posibles lugares de nacimiento y que había reconstruido la ruta efectuada a través de la Europa en guerra hasta Inglaterra y los Estados Unidos. ¿Y qué, y qué?

Vamos, no pierdas tiempo, chica, me dije. Miré la llave que había caído al retirar el edredón para que los enfermeros lo pudiesen mover. Era una llave antigua con dientes cuadrados que podía encajar en cualquier tipo de cerradura antigua. No en la de un archivador, sino en la de alguna habitación, un armario o algo en el sótano. ¿Y si fuera del tercer piso, en el que no había mirado? No iba a tener tiempo.

Aquella habitación era su santuario. ¿Habría algo allí que quien había entrado no hubiese encontrado? No era la llave del escritorio, para eso era demasiado grande. No había ningún armario a la vista, pero esas viejas casas siempre tenían armarios en los dormitorios. Retiré los cortinajes y aparecieron ante mi vista unas grandes ventanas en las tres paredes que formaban una especie de torreón. Las cortinas no sólo cubrían el espacio de las ventanas, sino también toda una pared de la habitación. Fui por detrás de ellas y di con la puerta de un vestidor. La llave entró perfectamente.

Cuando tiré del cable para encender la luz del techo, apenas pude dar crédito a lo que estaba viendo. Era un espacio profundo y estrecho con una altura de unos tres metros, tan alto como el mismo dormitorio. La pared de la izquierda estaba por completo cubierta de fotografías, algunas de ellas enmarcadas y otras pegadas con cinta adhesiva, que llegaban más arriba de mi cabeza.

Muchas eran del mismo hombre de la fotografía del salón, el que yo había supuesto que sería Ulrich y estaban terriblemente pintarrajeadas. Esvásticas rojas y negras le cubrían los ojos y la boca. Sobre algunas Paul había escrito frases como «No puedes ver nada porque te he tapado los ojos, ¿qué te parece cuando te lo hacen a ti?». «Llora todo lo que quieras, Schwul, que no vas a salir de ahí.» «¿Qué tal te sienta estar encerrado ahí solo?» «¿Quieres comer? Pídemelo de rodillas.»

Eran palabras llenas de veneno, pero expresadas de

forma muy pueril; frases de un niño que se siente impotente frente al omnímodo poder de un adulto. En la entrevista que Paul había concedido a la cadena Global TV había dicho que su padre solía pegarle y encerrarlo. ¿Serían aquellas frases escritas sobre las fotografías las que su padre le decía cuando lo encerraba? Daba igual quién fuese Paul, hijo de Ulrich o superviviente de Terezin, si le habían tenido allí encerrado escuchando palabras que le martirizaban, no era nada extraño que fuese tan inestable emocionalmente.

No estaba claro si aquel espacio servía para castigar a Ulrich o para que Paul lo utilizara como refugio pues, intercaladas entre las fotografías de Ulrich pintarrajeado, había fotos de Rhea. Algunas estaban sacadas de revistas y periódicos, pero parecía como si las hubiese llevado a que le hiciesen copias, pues había varias fotografías en papel satinado, colocadas en marcos, que eran iguales a las de los recortes. Alrededor estaban las cosas que se había llevado de la consulta de Rhea: el pañuelo de cuello, un guante e, incluso, unas toallitas de papel con olor a lavanda. La taza que se había traído de la sala de espera estaba allí, con una rosa marchita.

También había colgado diversos objetos relacionados con Max. Se me encogió el estómago al ver la cantidad de información que había reunido sobre la familia Loewenthal en una sola semana. Había varias fotografías del Cellini Ensemble, en las que había hecho un círculo alrededor de la cara de Michael. Había programas de los conciertos que habían interpretado en Chicago, fotocopias de artículos de prensa sobre el hospital Beth Israel, con las palabras pronunciadas por Max subrayadas en rojo. Pensé que, tal vez, Paul se estaba dirigiendo hacia allí para colgar también a *Ninshubur*, cuando el asaltante le disparó.

La simple idea de que existiera un sitio como aquél me parecía tan horrible que tenía ganas de salir corriendo. Sentí un escalofrío, pero me forcé a seguir mirando.

Entre las fotografías de Rhea había una, en un marco de plata, de una mujer que no sabía quién podía ser. Era de mediana edad e iba vestida con tonos sombríos. Tenía unos ojos grandes y oscuros, unas cejas pobladas y una sonrisa como de resignación nostálgica en la boca. Un cartelito pegado al marco decía «Mi salvadora en Inglaterra, aunque no pudo salvarme lo suficiente».

Frente a la pared en la que estaban las fotografías había una camita plegable, estantes con comida enlatada, un bidón de agua de cuarenta litros y varias linternas. Y bajo el catre había un archivador de acordeón atado con una cintita negra. Pegada en la tapa tenía una fotografía de Ulrich, toda pintarrajeada y en la que había garabateado una afirmación triunfal: «Te he descubierto, *Einsatzgruppenführer* Hoffman».

Débilmente, desde fuera de aquel espacio, me llegó el insistente sonido del timbre. Me espabiló y me sacó de entre los terroríficos símbolos de la obsesión de Paul. Descolgué la fotografía de su salvadora inglesa de la pared, la metí en la carpeta de acordeón y me la metí por dentro de la blusa junto al perrito ensangrentado. Bajé los escalones de dos en dos, salí por el pasillo a la carrera y pegué un salto desde la puerta de la cocina.

Caí sobre los hierbajos sin cortar y me quedé tumbada, agradeciendo a mi mono ensangrentado su protección. La carpeta me apretaba los pechos de un modo muy molesto. Avancé lentamente, gateando por un lateral, y vi la parte trasera de un coche de la policía, pero no había nadie vigilando los lados de la casa: esperaban encontrar a la amable amiga de la familia dentro. Tumbada en el suelo, me puse a buscar el arbusto al que había tirado las ganzúas. Cuando las recuperé, me fui arrastrando a hurtadillas hasta la valla que había en la parte posterior, donde me quité el mono manchado de sangre y el pañuelo y me metí las ganzúas en el bolsillo de atrás de los vaqueros. Encontré los tablones entre los que había desaparecido el gato, los levanté un poco y me largué de allí.

Al bajar por Lake View Street hacia mi coche, me sumé al gentío de papanatas que miraba cómo se abrían paso los polis para entrar en casa de Radbuka. Me dije a mí misma que yo podría haberles enseñado cómo hacerlo de un modo menos chapucero. Y, también, que debían haber dejado a alguien vigilando los laterales de la casa, por si alguna persona intentaba escaparse por detrás. Desde luego, aquéllos no eran los mejores elementos de la fuerza pública de Chicago.

Sentí una especie de humedad en el pecho. Al bajar la mirada vi que *Ninshubur* había empapado el trozo de sábana y me había manchado la blusa. Me había deshecho del mono ensangrentado para evitar llamar la atención, y ahora parecía la protagonista de una operación quirúrgica a corazón abierto. Me alejé de allí cruzando los brazos sobre el pecho húmedo y notando cómo *Ninshubur* pringaba de sangre el archivador.

Doblada como si tuviese un terrible dolor de estómago, recorrí a toda prisa las tres manzanas que quedaban hasta llegar a mi coche. Me quité los zapatos. Estaban cubiertos de sangre y no quería manchar el coche. La verdad es que eran los mismos que llevaba cuando pisé los restos de Howard Fepple el lunes anterior, los de suela de goma de crepe. Quizás hubiera llegado el momento de despedirme de ellos. Saqué una bolsa de papel marrón de un cubo de la basura que había cerca y los metí. No llevaba otro par en el maletero pero podía ir a casa a cambiarme. En el maletero, en cambio, encontré una toalla vieja y una camiseta más bien apestosa que había dejado allí después de un partido de softball el verano anterior. Me puse la camiseta por encima de la blusa. Ya dentro del coche, me saqué al perro fiel, lo envolví en la toalla y lo coloqué en el asiento de al lado. Sus ojos de vidrio marrón me miraban torvos.

—Sigues siendo un héroe, pero un héroe que necesita urgentemente un baño. Y yo necesito llamar a Tim para contarle lo de Radbuka.

Sólo hacía dos días que Morrell se había ido y yo ya estaba hablando con animales de peluche. Aquello no era una buena señal. De vuelta en la avenida Racine subí la escalera corriendo en calcetines y con *Ninshubur* fuertemente agarrado en una mano.

—Para ti, amigo mío, agua oxigenada —le dije mientras buscaba la botella bajo la pila y le echaba una generosa cantidad por la cabeza. Lo enjaboné alrededor de los ojos, agarré un cepillo, le froté cabeza y pecho, y le pregunté bajito:

—¿Podrán estas patitas volver a estar suaves?

Lo dejé en remojo en un balde de agua fría mientras me iba al cuarto de baño a abrir los grifos de la bañera. Como *Ninshubur*, el perro fiel, yo también estaba cubierta de sangre. Decidí que llevaría la blusa —una que adoraba, de algodón muy suave y de color dorado oscuro, que es mi favorito— al tinte, pero el sujetador —el de color rosa y gris plateado que le gustaba tanto a Morrell— lo metí en una bolsa de plástico para tirarlo a la basura. No podía soportar la idea de que la sangre de Paul me tocara los pechos, aunque se pudiesen quitar aquellas manchas marrones del encaje.

Mientras se llenaba la bañera llamé a Tim Streeter, que estaba en casa de Max, para decirle que ya tenía al perro fiel y que, definitivamente, Paul ya no podría molestar a Calia y a Agnes en los días que quedaban hasta el sábado, en que tomarían el avión.

—Tengo al perrito en remojo en un cubo con agua oxigenada. Lo meteré en la secadora hasta que vaya a salir de casa y espero que tenga un aspecto bastante presentable para que Calia no se ponga a alucinar cuando se lo devuelva.

Tim resopló con alivio.

—Pero ¿quién le ha disparado a Radbuka?

—Una mujer. Paul ha dicho que se llama Ilse. El apellido no lo he entendido bien, pero me sonó a algo así como Bullfin. No sé, estoy totalmente despistada. Por cierto, la policía no sabe que estuve allí y me gustaría que continuara sin percatarse.

—Yo nunca te he oído decir que supieras dónde vivía ese tipo —dijo Tim—. Se le cayó el perrito en la calle cuando iba pedaleando en la bici, ¿no?

Me reí.

—Algo así. Bueno, me voy a dar un buen baño. Iré dentro de un par de horas. Quiero enseñarle a Max una foto y alguna otra cosa. ¿Qué tal la niña?

Se había quedado dormida viendo «Arthur» en la televisión y Agnes, que había cancelado la cita con los de la galería, estaba acurrucada en el sofá, al lado de su hija. Tim estaba junto a la puerta del cuarto de jugar, desde donde podía verlas.

—Y Michael está viniendo para Chicago porque Agnes le llamó después del último incidente y quiere estar con ellas hasta que se vayan a Inglaterra el sábado. En estos momentos está volando. Creo que aterriza en O'Hare dentro de una hora, más o menos.

—Aun así, creo que deberías quedarte ahí, aunque lo más probable es que no exista ya ningún riesgo para Calia —le dije—. Pero por si ese fanático de primera que es Posner decide tomar el relevo de su discípulo caído en combate.

Coincidió conmigo, pero añadió que cuidar niños era un trabajo más duro que hacer mudanzas.

—Prefiero cargar un piano hasta un tercer piso. Por lo menos, cuando lo colocas, sabes dónde está y has terminado tu jornada laboral.

Transferí mi línea telefónica al servicio de contestador mientras me enjabonaba una y otra vez obsesivamente. Me froté el pecho con la esponja como si la sangre se me hubiese filtrado por los poros. Me di champú en el pelo varias veces hasta sentirme lo suficientemente limpia como para salir de la bañera.

Envuelta en un albornoz, volví al salón. Al llegar a mi apartamento, como iba a toda prisa, había dejado el archivador sobre la banqueta del piano. Durante un buen rato me quedé mirando el rostro pintarrajeado de Ulrich, que había adquirido un aspecto aún más repugnante por la sangre que había impregnado el papel.

Llevaba queriendo ver aquellos papeles desde el domingo anterior, cuando Paul se había presentado en casa de Max y, ahora que los tenía al alcance de la mano, casi no me atrevía a leerlos. Eran como el regalo sorpresa de mi cumpleaños cuando era niña: a veces algo maravilloso, como el año en que me regalaron los patines; a veces una desilusión, como el año en que me moría de ganas de tener una bicicleta y me regalaron un vestido para ir a los conciertos. Pensé que no podría soportar abrir el archivador y encontrarme con, bueno, otro vestido.

Al final acabé desatando la cinta negra. Dos libros encuadernados en piel cayeron al suelo. En las tapas de ambos, grabado en unas letras doradas algo deslucidas, ponía *Ulrich Hoffman*. Ésa era la razón por la que Rhea había sonreído de aquel modo: Ulrich era su nombre de pila. Podía haber llamado a todos y cada uno de los que se apellidaban Ulrich en Chicago y jamás habría dado con el padre de Paul.

Uno de los libros tenía un marcapáginas de cinta negra. Dejé el otro a un lado y abrí aquél por la marca. Tanto el papel como la letra se parecían mucho al trozo que había encontrado en la oficina de Fepple. «De una persona muy sibarita —me había dicho la experta de los Laboratorios Cheviot—, de las que usan un papel caro para sus asuntos contables.» ¿Sería un matón de andar por casa, que sólo reinaba sobre el diminuto imperio de su hijo? ¿O un miembro oculto de las SS?

En la página que estaba marcada había una lista de unos veinte o treinta nombres. A pesar de la dificultad para entender la letra, uno de los nombres, a mitad de página, me llamó la atención:

Radbuka, O †✓ 1943? 65

Al lado, apretando tan fuerte que había traspasado el papel, Paul había escrito en rojo «Sofie Radbuka, mi madre, que lloró por mí, que murió por mí y que reza por mí en el cielo».

Se me puso la piel de gallina. Casi no me atrevía a mirar aquella página. Tenía que enfrentarme a ella como si fuera un enigma, una adivinanza, como cuando, estando en la oficina del defensor de oficio, tuve que defender a un hombre que había desollado a su propia hija. El día del juicio, Dios santo, conseguí salir adelante gracias a que fui capaz de disociar mis sentimientos de mi razonamiento.

Todas las anotaciones tenían el mismo formato: un nombre, un año, un signo de interrogación y un número. La única diferencia era que algunas tenían una cruz seguida de un signo de «visto» y otras solamente una cruz.

Czsisov, L †✓ 1942o.43?-72

Dotsok, J † 1941?-45

¿Significaba aquello que habían muerto en 1943 o en 1941? Con 72 o con 45, ¿qué?

Abrí el segundo libro. Contenía una información similar a la del fragmento que había encontrado en la oficina de Fepple, columnas con fechas, escritas al estilo europeo, la mayor parte con el signo de «visto», y algu-

458

nas con un espacio en blanco. ¿Qué hacía Howard Fepple con un trozo del viejo y costoso papel suizo de Ulrich Hoffman?

Me dejé caer sentada en la banqueta del piano. Ulrich Hoffman. Rick Hoffman. ¿Era aquel Hoffman el padre de Paul Radbuka? ¿Aquel Hoffman, antiguo agente de la Agencia Midway con su Mercedes y con los libros que siempre llevaba consigo para anotar quién le pagaba? ¿El Hoffman cuyo hijo había recibido una enseñanza carísima pero que nunca había llegado a nada? Pero ¿es que también había vendido seguros en Alemania? El dueño de aquellos libros era un inmigrante.

Busqué dentro del maletín el número de teléfono de Rhonda Fepple. Sonó seis veces antes de que saltara el contestador automático con la inquietante voz de Howard diciendo que dejara un mensaje. Le recordé a Rhonda que era la detective que había estado en su casa el lunes y le pedí que me llamara lo antes posible, dejé el número de mi móvil y volví a mirar aquellos libros. Si Rick Hoffman y Ulrich eran la misma persona, ¿qué tenían que ver aquellos libros con los seguros? Intenté casar las entradas con lo poco que sabía sobre pólizas de seguros, pero nada tenía sentido para mí. La primera página del primer libro estaba llena de nombres que formaban una lista muy larga, junto con otros datos que no podía descifrar.

Anzhütz, L 30 Anzhrvg (2ff) Ol–13426-ü-L; 54 kv; 20/10

Gurstvin, J, 29 Afrvi (30 l) Ol–14139-ü-L; 48 kv; 8/10

Aquella lista continuaba a lo largo de páginas y más páginas. Sacudí la cabeza. Entrecerré los ojos por lo difícil que se me hacía aquella caligrafía llena de florituras y traté de interpretar lo que decía. ¿Qué era, entre todo aquello, lo que habría hecho pensar a Paul que Ulrich estaba en los *Einsatzgruppen*? ¿Qué había allí sobre el apellido Radbuka que le hubiera persuadido de que era su nombre auténtico? «Los papeles estaban en clave», me había gritado el día anterior, en las inmediaciones del hospital y que, si yo confiara en Rhea, lo entendería. ¿Qué habría visto ella cuando Paul le enseñó aquellas páginas?

Y, para terminar, ¿quién era la tal Ilse Bullfin que le había disparado? ¿Sería producto de su imaginación? ¿Habría sido un desvalijador de viviendas común y corriente al que Paul había tomado por un miembro de las SS? ¿O se trataría de alguien que quería aquellos libros? ¿Había algo más en la casa? ¿Algo que él, o ella, hubiera encontrado entre todos aquellos papeles y se hubiera llevado?

Ni siquiera me sirvió de ayuda sentarme a la mesa del comedor y poner por escrito aquellas preguntas en un bloc, aunque me permitió estudiar todo aquel material con mayor sosiego. Al final, dejé los cuadernos a un lado para ver si en el archivador había alguna cosa más. Un sobre contenía los documentos de inmigración y nacionalización de Ulrich, empezando por el permiso para desembarcar, fechado el 17 de junio de 1947, en Baltimore, con «su hijo Paul Hoffman, nacido el 29 de marzo de 1941 en Viena». Paul había tachado aquello con una cruz y, al margen, había puesto «Paul Radbuka, al que raptó en Inglaterra». En los documentos también constaba el nombre del barco holandés en el que habían llegado, un certificado de que Ulrich no era nazi, los permisos de residencia, con sus renovaciones a intervalos regulares, y los papeles de la obtención de la ciudadanía, otorgada en 1971. En ellos Paul había garabateado «Criminal de guerra nazi: revocar y deportar por crímenes contra la humanidad». Por la televisión Paul había dicho que Ulrich quería un niño judío para conseguir entrar en los Estados Unidos, sin embargo allí, en los documentos, no había ninguna referencia a la religión de Paul ni a la de Ulrich.

Mi cerebro trabajaría mejor si descansase un poco. El día se me había hecho muy largo después del trance de encontrarme a Paul herido y descubrir su desconcertante refugio. Pensé de nuevo en él como cuando era un niño, encerrado y aterrorizado dentro de aquel vestidor, y en su forma de venganza, tan débil como si todavía siguiese siendo un niño.

40

Confusión

Dormí profundamente pero atormentada por pesadillas en las que estaba encerrada en un pequeño vestidor, rodeada de rostros con esvásticas que me miraban de un modo lascivo y con Paul bailando enloquecido al otro lado de la puerta como el Rumpelstilskin del cuento y gritando «Nunca adivinarás mi nombre». Fue un verdadero alivio que mi servicio de contestador me devolviese a la realidad, a las cinco, para decirme que me había llamado una señora de nombre Amy Blount y que había dicho que había quedado conmigo para ayudarme a mirar un documento y que, si me iba bien, podía pasarse por mi oficina en una media hora.

En realidad, lo que yo quería era ir a casa de Max pero, por otro lado, Mary Louise me habría dejado en la oficina un informe de las entrevistas que había mantenido con los amigos y vecinos de Isaiah Sommers. Pensándolo bien, los libros de Ulrich Hoffman podrían tener algún significado para Amy Blount, pues era historiadora y entendía de documentos raros.

Metí a *Ninshubur* en la secadora y llamé a la señorita Blount para decirle que iba de camino a mi oficina. Al llegar, hice fotocopias de algunas páginas de los libros de Ulrich, incluyendo también la que tenía las notas al margen hechas por Paul.

Mientras esperaba la llegada de la señorita Blount, me puse a leer el informe, perfectamente mecanografiado, de Mary Louise. En el South Side no había conseguido nada. Ninguno de los amigos o compañeros de trabajo de Isaiah Sommers podía pensar en nadie que tuviera nada contra él como para denunciarlo a la policía.

Su mujer tiene mal carácter pero, en el fondo, está de su lado. No creo que fuese ella quien dio el soplo. Terry Finchley me ha dicho que, de momento, la policía tiene dos teorías encontradas:

1. Que lo hiciera Connie Ingram porque Fepple intentó propasarse. Esa teoría *no* les gusta porque creen que dice la verdad cuando mantiene que nunca fue a la oficina y *sí* les gusta porque la única coartada que tiene es su madre, que se pasa la mayor parte de las noches frente a la tele. Y no pueden pasar por alto el hecho, corroborado por el equipo de investigación forense, de que Fepple (o bien otra persona) escribiera esa cita erótica en el ordenador el jueves, cuando todo el mundo está de acuerdo en que aún estaba vivo.

2. Que lo hiciera Isaiah Sommers porque pensaba que había estafado a su familia diez mil dólares, que les eran muy necesarios. Ésta les gusta más, porque pueden situar a Sommers en la escena del crimen. Pero no pueden probar que tenga o haya tenido una SIG del calibre 22, y tampoco pueden encontrar el arma. Terry dice que, si pudieran descartar totalmente a Connie como sospechosa, se arriesgarían a llevarlo ante los tribunales y también dice que, sabiendo que Freeman Carter y tú estáis trabajando para Sommers, tienen que tener unas pruebas irrefutables. Saben que el señor Carter los destrozaría ante el tribunal, ya que la SIG pudo estar tanto en las manos de Sommers como en las de cualquier otro.

Lo único raro que he encontrado es Colby, el primo de Sommers, hijo de su *otro* tío, quien, para empezar, dijo que tú podrías haber robado el dinero del seguro. Es del sector extremista de los OJO de Durham y últimamente se le ha visto manejando dinero a espuertas, lo cual ha sorprendido a todo el mundo, porque nunca tuvo un centavo.

«No puede tratarse del primer dinero del seguro de vida —garabateé en la hoja— porque se cobró hace casi diez años. No sé si tendrá importancia o no, pero métele el diente al asunto mañana por la mañana y mira a ver si encuentras a alguien que sepa de dónde lo puede haber sacado.»

Cuando estaba dejando de nuevo el informe en la mesa de Mary Louise, Amy Blount tocó a la puerta. Se había puesto el atuendo de ir al trabajo, el traje de chaqueta de tweed con una blusa azul muy formal y llevaba los tirabuzones rastas retirados de la cara y recogidos atrás. Con aquel atuendo sus modales se habían vuelto más cautelosos, pero sujetó los dos libros de contabilidad de Ulrich y los estuvo mirando cuidadosamente, comparándolos con el trozo que yo había encontrado en la oficina de Fepple.

Levantó la mirada con una sonrisa compungida que le daba un aire más asequible.

—Tenía la esperanza de dar con la solución como por arte de magia y dejarla muda de la impresión, pero no puedo. Si no me hubiese dicho que lo había encontrado en la casa de un alemán, yo habría supuesto que se trataba de algo relacionado con una organización judía. Todos los nombres parecen judíos, por lo menos los del documento que encontró en la Agencia de Seguros Midway. Alguien estaba controlando a esa gente, haciendo una marca cuando morían; solamente Th. Sommers sigue vivo.

—¿Cree usted que Sommers es un apellido judío?
—Me había dejado perpleja, porque yo sólo había asociado ese apellido con mi cliente.

—En este contexto, sí. Después de todo, está junto al de Brodsky y al de Herstein.

Volví a mirar el documento. ¿Podría ser un Aaron Sommers totalmente diferente? ¿Sería ésa la razón por la que la póliza se había pagado ya, porque el padre de Fepple o el otro agente habían confundido al tío de mi cliente con otra persona que tenía el mismo nombre? Pero, si se trataba de una simple confusión, ¿por qué se había tomado alguien las molestias de robar todos los papeles relacionados con la familia Sommers?

—Perdone —le dije al darme cuenta de que, sumida en mis pensamientos, no había oído lo que estaba diciendo—. ¿Me decía algo de las fechas?

—Sí. ¿Qué serán? ¿Registros de asistencia?, ¿registros de pago? Desde luego no hay que ser Sherlock Holmes para ver que los ha escrito una persona europea. Y usted sabe que ese hombre era alemán. Más allá de eso yo no puedo ayudarla. No he encontrado nada similar en los archivos que he estado estudiando pero, claro, Ajax tiene archivos de la compañía y no fichas de clientes.

Como no parecía tener prisa por marcharse, le pregunté si había vuelto a oír si Bertrand Rossy había denunciado que alguien estuviese pasando información de Ajax al concejal Durham. Se puso a juguetear con un anillo con una gran turquesa que llevaba en el dedo anular, girándolo y mirándolo bajo la luz.

—Fue algo muy raro —me dijo—. Supongo que, en realidad, ésa es la causa por la que quise venir por aquí, para preguntarle su opinión o para intercambiar opiniones profesionales. Esperaba poder decirle algo concreto sobre el documento, de modo que usted pudiera luego darme su opinión sobre cierta conversación.

—Usted lo ha intentado. Yo lo intentaré también —le contesté, intrigada.

—No me resulta fácil contárselo y necesito que me prometa que lo mantendrá como un asunto confidencial, quiero decir que no actuará en consecuencia.

Fruncí el ceño.

—Sin saber de qué se trata... No puedo prometérselo, si me hace cómplice de un crimen o si es una información que podría ayudar a librar a mi cliente de una potencial acusación de asesinato.

—Ah, ya, a su señor Sommers, o sea, al señor Sommers que no es judío. No. No es ese tipo de información. Es... Es un asunto político. Podría ser políticamente perjudicial y muy embarazoso para mí que se supiera que he sido yo quien ha filtrado esa información.

—Si se trata de eso, puedo prometerle sin reservas que mantendré en secreto su confidencia —le aseguré con seriedad.

—Está relacionado con el señor Durham —me dijo, con la vista fija en el anillo—. Lo cierto es que sí me pidió que le facilitara documentos de los archivos de Ajax. Él sabía que yo estaba trabajando en la historia de la compañía, bueno, lo sabía todo el mundo. El señor Janoff, ya sabe, el presidente de Ajax, tuvo la gentileza de presentarme a mucha gente el día que se celebró la fiesta de su ciento cincuenta aniversario, aunque me trató con esa condescendencia..., bueno, ya sabe cómo son, «aquí tenemos a la jovencita que ha escrito nuestra historia». Si yo fuese blanca o si fuese un hombre, ¿me habría presentado como «la jovencita»? Pero, en cualquier caso, conocí al alcalde, e incluso al gobernador y a algunos de los concejales y, entre ellos, al señor Durham. Al día siguiente a la fiesta él, o sea el señor Durham, me llamó. Quería que le facilitara todo lo que hubiera encontrado en los archivos que sirviera para apoyar su reivindicación. Yo le dije que no era competencia mía facilitárselo y que, aunque lo hubiera sido, no era partidaria de seguir una política de victimización. —Levantó la mirada fugazmente—. No se lo tomó a mal, sino que..., bueno, no sé si usted lo ha conocido en persona, pero puede ser encantador y conmigo lo fue. Me sentí... aliviada de que no empezara a soltarme el sermón de que era una traidora a mi raza o algo de ese tipo, porque hay veces en que la gente se comporta así cuando no vas con ellos hombro con hombro. Él me dijo que dejaría la puerta abierta para que lo discutiéramos más adelante.

—¿Y? ¿Qué más? —le pregunté para pincharla cuando se calló.

—Pues que me ha llamado esta mañana y me ha dicho que consideraría un gran favor que yo olvidara que me había pedido ese material. Me dijo que aquélla no solía ser su línea de comportamiento y que se sentía avergonzado de que yo pudiera pensar que era un hombre sin sentido de la ética.

Volvió la cara para el otro lado.

—Ahora que estoy aquí, me parece... Bueno, usted ya sabe que alguien ha robado todas las notas de mis investigaciones.

—Y a usted le preocupa que él pueda haber tramado ese robo y que ahora la llame para pedirle que se olvide del asunto porque ya tiene lo que quería.

Asintió abatida e incapaz de mirarme.

—Cuando me llamó esta mañana, me dio rabia y pensé: «Te crees que soy una ingenua», aunque, claro, no se lo dije.

—¿Quiere mi opinión profesional? Sólo con esa pequeña información, yo estaría de acuerdo con usted. Ve un cuenco de leche vacío y a un gato relamiéndose los bigotes. No hay que ser Marie Curie para saber que dos y dos son cuatro. Pero aquí hay algo más.

Me puse a contarle que Rossy y Durham habían estado charlando durante la manifestación del martes por la tarde y que Durham había ido a casa de Rossy una hora después.

—Pensé que Ajax podía estar intentando sobornar a Durham, pero ahora, con lo que me ha dicho, me pregunto si no sería Durham el que estaba intentando chantajear a Rossy. ¿Había algo en los datos que usted manejó por lo que Edelweiss pudiera tener que ceder al chantaje y pagar para que eso no se revelara?

—Yo no vi nada que pareciese ser secreto. Ninguna ficha sobre el Holocausto, por ejemplo, ni siquiera algo que les implicase seriamente con la esclavitud. Pero había cientos de páginas de archivos, que fotocopié pensando que podrían servirme para otro proyecto futuro, por ejemplo. Tendría que poder verlos de nuevo. Y, por supuesto, no puedo. —Giró la cabeza para que no viera que se le saltaban las lágrimas por la frustración.

Durham y Rossy. ¿Qué les habría hecho reunirse? Posner había dicho que Durham no había empezado su campaña hasta después de que ellos empezasen a manifestarse ante Ajax... pero eso no demostraba nada más que el afán de Durham por estar en las candilejas.

Me incliné hacia delante.

—Usted está acostumbrada a analizar las cosas. Ayer ya la puse al tanto de lo que está ocurriendo. Ahora Durham ha suspendido totalmente sus manifestaciones. La semana pasada y hasta el martes por la tarde, cuando Rossy habló con él, su presencia fue muy notoria frente al edificio de Ajax. He llamado a su despacho y dicen que están contentos de que Ajax lograse bloquear la Ley sobre la Recuperación de los Bienes de las Víctimas del Holocausto porque no incluía ninguna referencia a las compensaciones para los descendientes de los esclavos africanos. Así que suspendían las manifestaciones de momento.

Levantó las manos.

—Igual es así de sencillo. A lo mejor no tiene nada que ver con mis papeles. Estoy de acuerdo en que no es tan fácil. Lamento tener que decirle que tengo otra cita (doy un seminario a las siete en la Biblioteca Newberry) pero, si puede darme una de esas fotocopias, la estudiaré más tarde. Y, si se me ocurre algo, la llamaré.

Salí con ella y cerré todo con sumo cuidado. Me llevé las fotocopias junto con los dos libros de contabilidad. Quería que Max viese aquello por si podía entender el alemán. El original podría resultar más fácil de desentrañar que una fotocopia.

Pasé por casa para recoger a *Ninshubur*, que estaba en la secadora. El perrito estaba todavía un poco húmedo y su color azul se había vuelto algo más pálido, pero las manchas que tenía alrededor de la cabeza y en el lado izquierdo prácticamente habían desaparecido: después de una semana de andar arrastrado por una niña ya tendría el pelo lo suficientemente sucio como para que un ligero cerco de sangre pasara desapercibido. Antes de marcharme, intenté de nuevo comunicarme con Rhonda Fepple, pero aún no había vuelto o no contestaba al teléfono. Por si acaso, volví a dejar mi nombre y mi número de móvil.

Ya estaba subiéndome al coche cuando decidí volver a casa y sacar la Smith and Wesson de la caja fuerte. Alguien estaba pegando tiros muy cerca de mí. Y, si se le ocurría disparar contra mí, quería estar en condiciones de devolverle los disparos.

41

Festejo familiar

Mientras me dirigía hacia el norte en el coche, puse la radio para oír las noticias locales. La policía estaba deseando hablar con la mujer que había llamado a una ambulancia desde la casa del hombre que había sido víctima de un disparo en Lincoln Park.

«La mujer dijo a los enfermeros que era una amiga de la familia pero no les dio su nombre. Cuando la policía llegó a la escena del crimen, ya había abandonado el lugar, después de quitarse el mono de trabajo azul que llevaba. Es posible que pertenezca a una empresa de limpieza y que haya sorprendido a unos ladrones en pleno robo, ya que no se ha detectado la falta de objetos de valor. La policía no ha dado a conocer el nombre de la víctima, que se encuentra en estado crítico después de la intervención quirúrgica para extraerle una bala del corazón.»

¡Ding! ¿Por qué no se me habría ocurrido decir que era empleada de un servicio de limpieza? Mi mono azul hubiese sido una coartada perfecta. Con un poco de suerte, los enfermeros pensarían que yo era un inmigrante ilegal que me había dado a la fuga para no tener que enseñarle mi documentación a la policía. Con un poco de suerte, no habría dejado huellas dactilares en ninguna parte. Con un poco de suerte, la persona que le había disparado a Paul no estaría cerca de la casa cuando entré.

Para mi sorpresa, cuando llegué a casa de Max, no sólo estaba allí Michael Loewenthal, sino también Carl Tisov y... Lotty. Todavía podía apreciarse el cansancio en las profundas arrugas de su frente y alrededor de las comisuras de sus labios, aunque parecía que Carl y ella se estaban riendo juntos.

Agnes me saludó eufórica.

—Sé que no debería alegrarme tanto de que alguien se encuentre en el hospital, pero estoy contentísima. Es como si me hubieran dado los regalos de Navidad y de cumpleaños, todos juntos en un precioso paquete. Y Michael está aquí para celebrarlo con nosotros.

Carl me hizo una reverencia con exagerado ademán y me entregó una copa de champán. Todos estaban bebiendo, salvo Lotty, que rara vez toma alcohol.

—¿Has venido con Michael? —le pregunté a Carl.

Asintió con la cabeza.

—Después de todo, Max es mi más viejo amigo sobre la Tierra. Cualquier cosa que pase..., bueno, una niña es más importante que un concierto más o menos. Y hasta Lotty ha pensado lo mismo, qué más da una operación más o una menos... Y resulta que llegamos y nos enteramos de que ya podíamos quedarnos tranquilos, de que esa amenaza delirante ya no volverá a acecharnos, al menos mientras la pequeña esté aquí.

Antes de que pudiese contestar, Calia entró como una tromba en la sala, gritando:

—¡Dame mi *Ninshubur*!

Agnes la detuvo de inmediato y le ordenó que se comportara con educación.

Saqué el perro de mi maletín.

—Hoy tu cachorrito ha vivido una gran aventura. Le salvó la vida a un hombre y tuvo que darse un baño, por eso todavía está un poco húmedo.

Me arrancó el perro de las manos.

—Ya lo sé, ya lo sé. Se tiró al río y salvó a la princesa. Está mojado porque «*Ninshubur*, el perro fiel, fue saltando de roca en roca, haciendo caso omiso del peligro». Pero ¿ese hombre malvado le ha quitado el collar? ¿Dónde están sus placas como las de *Mitch*? ¿Ahora *Mitch* no lo va a conocer?

—Le quité el collar para bañarlo. Mañana te lo traigo.

—Eres mala, tía Vicory. Le has robado el collar a *Ninshubur* —dijo mientras embestía contra una de mis piernas.

—La tía Vicory es buena —la reconvino Agnes—. Ha tenido que hacer grandes esfuerzos para recuperar a tu perrito. Quiero oír cómo le das las gracias.

Calia no le hizo caso y se puso a correr por toda la habitación como un abejorro enloquecido, dándose contra los muebles, contra Michael, contra mí y contra Tim, que había aparecido con una bandeja de sándwiches. Se encontraba tan excitada por la súbita aparición de su padre, al que no esperaba ver en mucho tiempo, y por los acontecimientos de la jornada, que estaba pasada de revoluciones. De todos modos, no necesitaba que le explicara por qué su perro estaba mojado y manchado. Aquello coincidía perfectamente con su historia del perro fiel.

Michael y Agnes toleraron sus travesuras durante unos minutos y después se la llevaron escaleras arriba, a la habitación de los niños. Cuando se hubieron marchado, Max me pidió que le hiciera un relato detallado del ataque que había sufrido Paul. Le conté todo, incluida la espantosa exposición de fotografías suyas y de su familia que había encontrado en el armario de Paul.

—¿Así que no sabes quién pudo haberle disparado? —me preguntó Max, cuando acabé el relato.

Negué con la cabeza.

—Ni siquiera sé si era alguien que andaba tras los cuadernos que encontré en ese horrible armario. Es posible que, como le iba contando a todo el mundo que tenía unos papeles que demostraban la pertenencia de su padre a los *Einsatzgruppen*, provocara que algún grupo de auténticos conspiradores nazis fuera tras él. No sabían que estaba loco, creyeron que iba a denunciarlos y le dispararon. Ilse Bullfin, la malvada seductora, lo tentó para que le abriese la puerta principal.

—¿Quién? —preguntó Max bruscamente.

—¿Eso no te lo he contado? Le pregunté quién le había disparado y dijo que había sido una mujer llamada Ilse. El apellido no lo entendí bien. Era algo parecido a Bullfin.

—¿Podría ser Wölfin? —me preguntó Max, diciendo el apellido rápidamente y en voz baja.

Hice un esfuerzo para ver si lo que él había dicho se parecía a lo que había dicho Paul.

—¿Dices *Vull* en lugar de *Bull*? Bueno, sí, supongo que podría ser, los dos sonidos se parecen mucho. ¿Es alemana? ¿La conoces?

—Ilse Wölfin, Ilse Koch, conocida como la Loba. La guardiana más monstruosa de los campos de concentración. Si ese pobre diablo cree que fue ella quien le disparó..., uf. Me gustaría que todo eso lo viera un psicólogo: esa especie de santuario, su obsesión con el Holocausto. No creo que quiera hablar con nadie más, aparte de esa tal Rhea Wiell, pero pienso que no está nada claro que haya sido una mujer quien le disparó. No sé mucho sobre delirios, puede que confunda a un agresor con un guardia de las SS, pero ¿sería incapaz de diferenciar entre un hombre y una mujer? ¿Tú qué piensas, Lotty?

Lotty negó con la cabeza. Las arrugas de su cara parecieron acentuarse por el cansancio.

—Esa clase de patología está fuera de mis conocimientos. Sólo sabemos que durante una semana ha estado viviendo en el delirio de que erais parientes pero, después de todo, creía que eras su primo y no su madre.

Max se revolvió en su asiento, incómodo.

—¿A qué hospital has dicho que lo llevaron? ¿Al Misericordioso Amor? Podría enviar a alguien... Está tan ansioso de que le escuchen que posiblemente acepte hablar con otro médico.

—Pero ese médico no podrá contarte nada de lo que ese tal Paul le haya confiado —protestó Lotty—. Tú no tienes ningún derecho a obligar a nadie a que te revele las confidencias de un paciente.

A Max se le puso una ridícula expresión de culpa. Estaba claro que se le había ocurrido enviar a algún amigo del Beth Israel a que le hiciera el favor de saltarse las normas de confidencialidad.

—Pero ¿qué hay en esos cuadernos para que los guardara con tanto secreto? —preguntó Carl—. ¿Has visto en ellos algo que explique por qué le han disparado?

Saqué el archivador de acordeón de mi maletín. Me había olvidado de mencionar la foto de la mujer que también había traído. La puse delante de ellos tres sobre la mesita baja.

—Ésta es su *salvadora en Inglaterra*, tal como ha escrito ahí y como podéis ver —dije—. Se me ocurrió que tal vez, bueno... ¿La conocéis?

Carl se quedó mirando aquel rostro moreno, de expresión inteligente, y frunció el ceño.

—Londres —dijo con mucha lentitud—. No recuerdo quién es, pero sí que me recuerda a alguien de hace muchísimo tiempo, tal vez de los años de la guerra o de los inmediatamente posteriores.

—¿Tenía esto en la pared, en medio de esa especie de santuario que le había erigido a la psicóloga que tanto adora? —preguntó Lotty con un tono chillón y raro en la voz.

—¿Sabes quién es? —le pregunté.

Lotty tenía un aspecto fatal.

—Sé quién es. Incluso puedo mostrarte el libro de donde sacó esa foto, si es que Max lo tiene en su biblioteca. Pero ¿por qué...?

Se calló abruptamente y salió disparada de la habitación. La oímos subir la escalera corriendo, con su paso rápido de siempre, como el de una jovencita.

Max miró la foto.

—No la reconozco. Ésta no es la doctora de Londres a quien Lotty adoraba cuando era niña, ¿verdad?

Carl negó con la cabeza.

—Claire Tallmadge era muy rubia, la típica belleza inglesa de cutis de porcelana. Siempre pensé que ésa era, en parte, la razón por la que Lotty tenía locura por ella. Me ponía furioso que Lotty permitiese que aquella familia la llamase «macaco». Victoria, enséñanos esos cuadernos que trajiste.

Les pasé el archivador de acordeón. Max y Carl retrocedieron al ver el rostro desfigurado que había en la tapa.

—¿Quién es ése? —preguntó Carl.

—El padre de Paul —dije—. Paul tiene montones de fotos suyas en el cuarto secreto, todas pintarrajeadas como ésta. Las manchas de sangre no, ésas las añadí yo al llevármela.

Lotty volvió con un libro que traía abierto por una página con fotografías.

—Anna Freud.

Todos miramos la foto de Paul y, después, la otra idéntica que aparecía en el libro. Nos quedamos atónitos, hasta que Carl rompió el silencio:

—¡Claro! Tú me llevaste a una conferencia que ella dio, pero tenía otro aspecto. Ésta es una foto más personal.

—Era una refugiada de Viena, como nosotros —nos

explicó Lotty—. Yo sentía una gran admiración por ella. Incluso trabajé como voluntaria en la guardería que dirigió en Hampstead durante la guerra, ya sabéis, lavando platos o haciendo ese tipo de cosas que puede hacer una adolescente sin experiencia. Minna siempre estaba regañándome por ir allí, bueno, pero eso no importa. Durante un tiempo pensé en seguir los pasos de Anna Freud y estudiar yo también psicoanálisis pero, bueno, eso tampoco importa. ¿Por qué dirá ese hombre que es su salvadora? ¿Creerá que estuvo en la guardería de Hampstead?

Los demás no pudimos más que negar con la cabeza, desconcertados.

—¿Y qué os parece esto? —Les entregué los cuadernos de contabilidad.

—Ulrich —dejó escapar Max mientras miraba las gastadas letras doradas impresas en la tapa—. Qué estúpido he sido al olvidarme de que Ulrich es más común como nombre que como apellido. No me extraña que no pudieses encontrarlo. ¿Y estas libretas qué son?

—Creo que algo relacionado con los seguros —dije—, pero podéis ver que Paul les ha puesto la etiqueta de *Einsatzgruppenführer Ulrich Hoffman*. Puesto que estaban bajo llave en el cuarto secreto, supongo que éstos son los documentos que le convencieron de que su verdadero apellido era Radbuka, aunque en realidad no sé por qué. Se los he mostrado a una joven historiadora que ha estado trabajando en los archivos de Ajax y me ha dicho que parecían los cuadernos de contabilidad de alguna organización judía. ¿Es posible?

Max alcanzó el segundo cuaderno y lo estudió, entrecerrando los ojos.

—Hace mucho que no leo este tipo de caligrafía gótica tan anticuada. Me parece que son direcciones. Podría ser una especie de asociación asistencial judía, supongo, una lista de nombres y de direcciones... Tal vez todos ellos compraron un seguro en grupo. Pero, los otros números no los entiendo. A menos que tu amiga historiadora tenga razón: quizás S. Radbuka aportó sesenta y cinco personas y K. Omschutz, cincuenta y cuatro. —Negó con la cabeza, insatisfecho con su explicación y volvió a hojear las libretas—. *Schrei*. ¿En qué ciudad hay una calle...? Ah, Johann Nestroy. El escritor de cuentos de hadas austríaco. ¿Esto es Viena, Lotty? No recuerdo que hubiese una calle Nestroy, ni tampoco Schreigassen.

Lotty estaba blanca como la cera. Cogió la libreta de manos de Max con un movimiento mecánico, como si fuera una marioneta. Miró la página que él le estaba señalando y movió el dedo muy lentamente por los renglones, mientras leía los nombres en voz baja.

—¿Viena? Sí, podría ser Viena. Leopoldsgasse, Untere Augarten Strasse. ¿No te acuerdas de estas calles? ¿Adónde llevaron a tu familia después del *Anschluss*? —Su voz era como un graznido áspero.

—Seguimos viviendo en Bauernmarkt —dijo Max—. No nos trasladaron, aunque trajeron a otras tres familias, todas desconocidas, y las metieron con nosotros en nuestro piso. No puedo decir que haya querido mantener todos esos nombres de calles en mi memoria durante todos estos años. Me sorprende que tú los recuerdes.

En su voz había una doble intención. Lotty lo miró con severidad. Intervine apresuradamente, antes de que empezasen a discutir.

—Éste parece el mismo tipo de papel y la misma caligrafía que tenía el pedazo de hoja que encontré en el maletín del agente de seguros que mataron en el South Side y por eso he supuesto que están relacionados con los seguros. En esa agencia hubo un agente hace mucho tiempo que se llamaba Rick Hoffman y sospecho que pueda ser el padre, adoptivo o lo que sea, de Paul. ¿Rick podría ser un diminutivo de Ulrich?

—Podría —dijo Max, sonriendo con ironía—. Si quería encajar en Estados Unidos tenía escoger un nombre que resultase fácil de pronunciar, en lugar de algo difícil como Ulrich.

—Si era vendedor de seguros, tenía incluso más razones para intentar encajar lo mejor posible.

—Ah, sí, yo estoy convencido de que éste es un registro de seguros. —Carl estaba mirando una de las páginas llena de nombres y fechas que tenían una marca al lado, igual que el fragmento que yo había hallado en la oficina de Fepple—. ¿Tu familia no contrató un seguro de este tipo, Loewenthal? Recuerdo que el agente llegaba al gueto todos los viernes en su bicicleta, mi padre y los demás hombres le pagaban sus veinte o treinta coronas y el agente hacía una marca en su libro para registrar el pago. ¿No te acuerdas de eso? Ah, bueno, es que tú y Lotty venís de la alta burguesía. Los pagos semanales eran para la gente de bajos ingresos. Ese sistema a mi padre le parecía humillante. Eso de no poder permitirse ir a una oficina y pagar su dinero en un mostrador, como cualquier hombre importante. Así que solía mandarme a mí con las monedas bien envueltas en un cucurucho de papel de periódico.

Empezó a pasar las páginas llenas de aquella escritura minúscula y rebuscada.

—Mi padre contrató su póliza a través de una compañía italiana —prosiguió—. En 1959 se me ocurrió cobrar el seguro de vida. No porque fuese mucho dinero, pero ¿por qué se lo iba a quedar la compañía? Tuve muchísimos follones. Pero los de la compañía no daban su brazo a torcer: sin certificado de defunción y sin el número de póliza no había nada que hacer. —Torció la boca con un gesto de resentimiento—. Contraté a una persona, entonces podía hacerlo, que revisó todos los archivos de la compañía hasta encontrar el número de la póliza, pero ni siquiera así me pagaron. Porque me fue imposible presentarles un certificado de defunción. Son unos ladrones de mucho cuidado, metidos en sus rascacielos de cristal con sus pajaritas y sus fracs. Yo insistí en que el conjunto Cellini tuviera una política inflexible que impidiese aceptar ningún patrocinio de las compañías aseguradoras. La gerencia está furiosa con esa decisión, pero yo pienso que el dinero que invierten las aseguradoras para figurar en los carteles y programas de un concierto bien pudieran ser las monedas de mi padre envueltas en un cucurucho de papel de periódico. Pues en mi cartel y en mi programa no van a figurar.

Max asintió con la cabeza en señal de apoyo.

—Supongo que no hay dinero que no esté manchado con la sangre de alguien —murmuró Lotty.

—O sea, ¿que crees que esos números responden a ventas de pólizas de seguros? —pregunté después de hacer una pausa respetuosa—. ¿Y las cruces? ¿Eso significa que la persona ha muerto? Tal vez hizo una marca junto a aquellas muertes que pudo confirmar. —Mi teléfono móvil empezó a sonar dentro de mi bolso, que estaba en el suelo. Era Rhonda Fepple, que hablaba con esa voz adormilada y carente de fuerza de quien acaba de perder a un ser querido. Quería saber si habían detenido a alguien, porque la policía no le decía nada.

Me fui con el teléfono a la cocina y le conté cómo iba la investigación, si es que podía llamarse así, antes de preguntarle si Rick Hoffman había sido alemán.

—¿Alemán? —repitió, como si yo le hubiese preguntado si venía de Marte—. No me acuerdo. Ahora que lo dice, creo que era extranjero. Me acuerdo de que el señor Fepple tuvo que firmarle unos formularios a modo de aval cuando el señor Hoffman estaba tramitando la ciudadanía.

—¿Y el hijo se llamaba Paul?

—¿Paul? Creo que sí. Puede ser, Paul Hoffman. Sí, eso es. ¿Por qué? ¿Fue Paul el que se presentó en la oficina y mató a mi hijo? ¿Estaba celoso porque Howie había heredado la agencia?

¿Paul Hoffman-Radbuka podría ser un asesino? Era una persona tan inestable, pero ¿un asesino? Bueno, podía haber creído que Howard Fepple formaba parte de una conspiración de los *Einsatzgruppen*. Si se enteró de que Fepple tenía uno de los antiguos cuadernos de contabilidad de Ulrich podía haberse vuelto lo suficientemente loco como para pensar que debía acabar con Fepple. Parecía absurdo, pero todo lo relacionado con Paul Radbuka-Hoffman desafiaba la lógica.

—Si su hijo hubiese visto a Paul Hoffman recientemente, ¿se lo habría mencionado?

—Puede que no, si tenía en mente algún plan secreto... —dijo con desgana—. Le gustaba tener secretos, le hacían sentirse importante.

Aquello parecía un epitafio demasiado triste. Más por mí, por quedarme tranquila, que por ella, le pregunté si tenía alguien con quien hablar, alguien que la ayudase en aquellos momentos, una hermana o, tal vez, un pastor de la iglesia.

—Todo me parece tan irreal desde que murió Howie que nada me afecta. Incluso ni siquiera me ha importado que entraran en mi casa y me robasen.

—¿Y cuándo fue eso? —pregunté. A pesar de que el tono de su voz era tan apático que bien podía estar leyendo la lista de la compra del supermercado, aquella información me había sobresaltado.

—Creo que fue al otro día de..., de que lo encontraran. Sí, porque ayer no fue. ¿Qué día sería entonces?

—El martes. ¿Se llevaron algo?

—Aquí no hay nada que robar, en realidad, pero se llevaron el ordenador de mi hijo. Supongo que las pandillas del centro vienen hasta aquí a robar cosas para venderlas y comprar droga. La policía no ha hecho nada. Tampoco me importa mucho, la verdad. Ahora nada me importa. Yo tampoco iba a usar el ordenador, eso seguro...

42

La tormenta perfecta de Lotty

Miré por la ventana de la cocina hacia el jardín, ya a oscuras. La misma persona que había disparado a Paul tenía que haber sido la que había entrado en casa de Rhonda Fepple. Ellos —¿o debería decir ella, Ilse Wölfin?— había o habían matado a Fepple. Y no le mataron por el expediente de Sommers, sino por otra razón muy diferente: para conseguir el fragmento de página de los cuadernos de contabilidad de Ulrich Hoffman que yo había encontrado en el portafolios de Fepple y, después, habían ido como locos por todo Chicago buscando el resto de los libros.

Howard Fepple, encandilado con el paso que iba a dar y que habría de convertirle en un hombre rico, había ido a extorsionar justo a quien habría de ser su asesino. Negué con la cabeza, sin poder creérmelo. Fepple no sabía nada de los cuadernos de Hoffman. Estaba entusiasmado con algo que vio en la póliza de Sommers. Estaba encantado, le había dicho a su madre que le iba a comprar un Mercedes, había descubierto cómo Rick Hoffman había hecho su dinero con aquella lista de clientes de mierda. Su entusiasmo no tenía nada que ver con los cuadernos de contabilidad.

Oí voces airadas a mis espaldas, un portazo en la puerta principal y el ruido de un motor al arrancar.

¿Podía ser algo tan sencillo? ¿Podía haber sido Paul Hoffman-Radbuka el que había matado a Fepple? Tal vez estuviese lo suficientemente perturbado como para imaginar que Fepple formaba parte del *Einsatzgruppe* de su padre. Pero, entonces, ¿quién le había disparado a Paul? No lograba que las cosas encajaran. Una cobaya sobre una ruedecita, girando y girando. ¿Qué sería lo que había descubierto Fepple y que yo no captaba? ¿O qué papel había visto y se había llevado su asesino? Los papeles secretos de Paul, que yo pensaba que lo aclararían todo, sólo habían servido para dejarme aún más confusa.

Retrocedí a un asunto previo. En el trozo de página del cuaderno de Ulrich que había encontrado en el portafolios de Fepple había un Aaron Sommers. ¿Era el tío de mi cliente o había habido dos Aaron Sommers, uno judío y otro negro?

Connie Ingram había hablado con Fepple. Eso era un hecho. Aunque nunca hubiera ido a visitarlo, había hablado con él. Él había escrito su nombre en su agenda electrónica. ¿No habría ido a la oficina de Fepple por orden de Ralph? Descarté la idea. ¿Se lo habría ordenado Rossy? Si le enseñase una hoja de los cuadernos de contabilidad de Ulrich a Connie Ingram, ¿me diría si había visto algo parecido dentro de la carpeta de Sommers que tenía Fepple?

Regresé a la sala. Lotty se había marchado.

—Cada vez que la veo está más rara —se quejó Carl—. Se quedó mirando esa fotografía donde el loco ese había escrito en rojo que Sofie Radbuka era su madre y que estaba en el cielo, soltó un discurso melodramático y se marchó.

—¿Adónde?

—Decidió ir a visitar a la psicóloga, a Rhea Wiell —dijo Max—. Francamente, creo que ya es hora de que alguien hable con esa mujer. Quiero decir que, aunque ya sé que tú lo has intentado, Victoria, Lotty puede hacerle frente desde un punto de vista profesional.

—¿Ha ido Lotty a intentar hablar con Rhea esta

misma noche? —pregunté—. Creo que es un poco tarde para hacer una visita profesional. Y la dirección de su casa no figura en la guía telefónica.

—La doctora Herschel iba a pasar por su clínica —dijo Tim desde el rincón donde había estado observándonos en silencio—. Ha dicho que allí tenía una especie de guía para profesionales en la que podría estar la dirección particular de la señora Wiell.

—Supongo que sabrá lo que hace —dije, haciendo caso omiso del comentario desdeñoso de Carl—. He de decir que me encantaría presenciar ese enfrentamiento: la Princesa de Austria contra la Delicada Florecilla. Yo apuesto por Rhea, porque tiene ese tipo de miopía que constituye la mejor armadura... Max, ahora mismo te dejo tranquilo. Sé que, aunque la mala fortuna de Paul te esté brindando un respiro, has tenido una semana larga y difícil. Pero quería preguntarte una cosa sobre las abreviaturas que aparecen en estos libros. A ver, ¿dónde están? Quería que vieses... —Mientras le hablaba, iba revolviendo los papeles que estaban sobre la mesita.

—Lotty se los ha llevado —dijo Carl.

—No es posible. No puede haberlo hecho. Esos cuadernos de contabilidad son cruciales.

—Pues habla con ella, entonces... —dijo Carl, encogiéndose de hombros con total indiferencia, y se sirvió otra copa de champán.

—¡Oh, diablos! —Empezaba a ponerme de pie para salir corriendo detrás de Lotty, cuando me acordé de la bolita de pinball yendo de un lado a otro y volví a sentarme. Aún tenía las fotocopias que había hecho de algunas páginas de los libros. Aunque hubiera preferido que Max estudiase los originales, tal vez las copias le sirviesen para sacar algo en limpio.

Sostuvo las fotocopias y Carl se inclinó a mirar por encima de su hombro. Max negó con la cabeza.

—Victoria, no olvides que no hemos leído ni escrito

el alemán con regularidad desde que teníamos diez años. Estas anotaciones crípticas pueden significar cualquier cosa.

—¿Y los números? Si la teoría de esa joven historiadora, de que esto pertenecía a una especie de asociación judía, es correcta, ¿los números podrían referirse a algo en especial?

Max se encogió de hombros.

—Son cifras demasiado altas para referirse a miembros de una familia y demasiado bajas para ser cifras financieras. Y, de todos modos, varían mucho. Tampoco pueden ser números de cuentas bancarias, tal vez sean números de las cajas de seguridad.

—¡Ay, todo es una gran incógnita! —Tiré los papeles sobre la mesa con una gran frustración—. ¿Lotty ha dicho alguna otra cosa? Quiero decir, aparte de que iba a su clínica, ¿ha dicho si estas anotaciones le sugerían algo? Después de todo aparece el apellido Radbuka, que es el que ella conocía.

Carl hizo un gesto de desdén.

—No, sólo le ha dado uno de esos ataques histriónicos tan suyos. Se pone a chillar dando vueltas por toda la sala, como si tuviera la misma edad mental que Calia.

Fruncí el ceño.

—¿De verdad que no sabes quién era Sofie Radbuka, Carl?

Me miró con frialdad.

—Ya dije todo lo que sabía el fin de semana pasado. No tengo por qué seguir hablando de mi vida privada.

—Aunque Lotty hubiese tenido un amante que se apellidara así, cosa que no creo, o por lo menos no creo que fuese alguien por quien dejase sus estudios de medicina para irse al campo, ¿por qué la iba a atormentar de ese modo y la iba a poner tan nerviosa ver ese nombre después de tantos años?

—Lo que ocurre en su cabeza me resulta tan impenetrable como..., como lo que ocurre en la de ese perro de juguete de Calia. Cuando era joven creía entenderla, pero un buen día se fue sin despedirse ni darme ninguna explicación. Y eso que habíamos sido amantes durante tres años.

Me volví, con un gesto de impotencia, hacia Max.

—¿Ha dicho algo cuando vio el apellido en el libro o sólo se levantó y se fue?

Max tenía la mirada fija en un punto delante de él y no me miró.

—Quería saber si alguien pensaba que ella necesitaba ser castigada y, si así fuera, por qué no se daban cuenta de que la autotortura era la forma más exquisita de castigo que pueda concebirse, puesto que nunca se puede separar a la víctima del verdugo.

El silencio que sobrevino fue tal que podíamos oír las olas del lago Michigan rompiendo al otro lado del parque. Recogí mis papeles con cuidado, como si fuesen huevos que pudiesen romperse con un descuido y me puse de pie para marcharme.

Max me acompañó hasta el coche.

—Victoria, Lotty se está comportando de un modo que me es imposible de entender. Nunca la había visto así, excepto, quizás, nada más acabar la guerra, pero, bueno, entonces todos estábamos... Sufrimos tantas pérdidas... ella, yo, Carl, mi querida Teresz. Estábamos todos destrozados, así que tampoco había nada en Lotty que me llamase la atención. Para todos nosotros, ésas son como las heridas que duelen cada vez que hace mal tiempo, por expresarlo de algún modo.

—Me lo puedo imaginar —le dije.

—Sí, pero no era eso lo que quería decirte. Son cosas de las que Lotty nunca ha hablado en todos estos años. Siempre se obligó a concentrar todas sus energías en el trabajo que tenía por delante. No es que no hable de ello hoy en día, ahora que estamos todos inmersos en nuestro presente y en nuestro pasado inmediato, es que no lo ha hecho nunca.

Dio un golpe en el techo de mi coche, desconcertado, perplejo ante la reticencia de Lotty. El ruido fuerte y seco contrastó de un modo desagradable con su suave tono de voz.

—Nada más acabar la guerra la gente estaba como en estado de shock e incluso algunos tenían una sensación de vergüenza por tantos y tantos muertos. La gente, o al menos los judíos, no hablaban de ello en público: no íbamos a ir de víctimas, suplicando por las mesas migajas de compasión. Pero los que sobrevivimos a la muerte, ¡ah!, llorábamos en la intimidad. Pero Lotty, no. Estaba petrificada. Supongo que fue por eso por lo que se puso tan enferma el año que dejó a Carl. Cuando regresó del campo, el invierno siguiente, ya venía imbuida de ese dinamismo que no habría de abandonarla nunca. Hasta ahora. Hasta que apareció ese tal Paul, sea cual sea su apellido.

»Mira, Victoria, nunca pensé que volvería a enamorarme después de perder a Teresz. Y menos, de Lotty. Ella y Carl habían sido pareja, y una pareja muy apasionada, además. Yo también seguía un poco en el pasado y seguía viéndola como la novia de Carl, a pesar de llevar tantos años separados. Pero nos fuimos acercando, como ya habrás notado. Nuestro amor por la música, su forma de ser tan apasionada y la mía, tan calmada. Parecía que nos complementábamos el uno al otro. Pero ahora... —No supo cómo acabar la frase y, al final, terminó diciendo—: Si no regresa pronto, si no regresa a su estado emocional anterior, quiero decir, nos habremos perdido el uno al otro para siempre. Y yo ya no puedo soportar más pérdidas de amigos de mi juventud.

No esperó a que le contestase, sino que se dio la vuelta y entró en la casa. Yo regresé al centro conduciendo con suma prudencia.

Sofie Radbuka. «Es probable que no hubiera podido salvarle la vida», me había dicho Lotty. ¿Era una prima que había muerto en la cámara de gas y cuyo lugar en el tren a Londres había ocupado Lotty? Puedo imaginarme cómo la atormentaría la culpa si hubiese sido así: sobrevivir a expensas de alguien. Y eso explicaría su comentario sobre la autotortura que les había hecho a Max y a Carl antes de irse.

Iba por la carretera zizagueante que pasa junto al Cementerio del Calvario, cuyos mausoleos separan Evanston de Chicago, cuando me llamó Don Strzepek.

—Vic, ¿dónde estás?

—Entre los muertos —contesté con tono sombrío—. ¿Qué pasa?

—Vic, tienes que venirte hasta aquí. Tu amiga la doctora Herschel está armando un escándalo realmente vergonzoso.

—¿Dónde es «aquí»?

—¿Qué quieres decir con «dónde es...»? ¡Ah! Te estoy llamando desde casa de Rhea. Ella acaba de marcharse al hospital.

—¿La doctora Herschel le ha pegado una paliza? —Intenté que el ansia no se reflejara en mi voz.

—Por favor, Vic, esto es realmente serio. No te lo tomes a broma y presta atención. ¿Sabías que hoy le han disparado a Paul Radbuka? Rhea se enteró a media tarde y está muy afectada. En cuanto a la doctora...

—¿Lo han matado? —lo interrumpí.

—Ha tenido una suerte increíble. Alguien entró en su casa y le disparó al corazón, pero el médico le dijo a Rhea que habían usado una pistola de un calibre tan pequeño que la bala se ha alojado en el corazón sin llegar a matarlo. Yo no lo he entendido bien, pero parece que a veces ocurre. Aunque parezca increíble, se espera que se recupere totalmente. De todos modos, la doctora Herschel consiguió hacerse con unos papeles de Paul... —Se detuvo en seco, al caer en la cuenta—. ¿Sabes tú algo de eso?

—¿Los cuadernos de contabilidad de su padre? Sí, estuvimos mirándolos en casa de Max Loewenthal. Sabía que la doctora Herschel se los había llevado consigo.

—¿Y cómo llegaron a manos de Loewenthal?

Me detuve en una parada de autobús de Sheridan Road para poder concentrarme en la conversación.

—Tal vez Paul se los llevara para que Max pudiese entender por qué él insistía en que estaban emparentados.

Oí cómo encendía un cigarrillo, la forma rápida en que aspiraba el humo.

—Según Rhea, Paul los guardaba bajo llave. Eso no quiere decir que ella haya estado en su casa, cuidado, pero él le describió su escondite. Le llevó los libros a Rhea para enseñárselos pero no hubo manera de que se los dejase ni siquiera durante un día, y eso que confía totalmente en ella. Dudo de que se los haya prestado a Loewenthal.

Un autobús se detuvo junto a mí. Uno de los pasajeros que bajaba me golpeó el capó del coche furioso.

—¿Por qué no me cuentas qué pasó? —le pregunté—. ¿Dónde le ha sucedido? ¿Es que algún paciente del Beth Israel se hartó de las manifestaciones de Posner y abrió fuego?

—No, fue en su casa. Ahora está bastante atontado por la anestesia, pero lo que le ha dicho a la policía y a Rhea es que una mujer llamó a su puerta y dijo que quería hablar con él sobre su padre. Su padre adoptivo.

Lo interrumpí.

—Don, ¿sabe quién le disparó? ¿Puede describir a esa persona? ¿Está seguro de que es una mujer?

No contestó de inmediato. Parecía molesto.

—La verdad es que él..., o sea, bueno, está un poco confuso. La anestesia le está produciendo algunas alucinaciones y dice que fue alguien llamado Ilse Wölfin, la Loba de las SS. Pero ahora eso no tiene importancia. Lo que importa es que la doctora Herschel llamó a Rhea y le dijo que tenía que hablar con ella, que Paul era un desequilibrado peligroso si de verdad creía que aquellos papeles probaban que él era un Radbuka, y que de dónde se había sacado la idea de que Sofie Radbuka era su madre. Por supuesto que Rhea se negó a recibirla. Así que la doctora Herschel le dijo que iba a ir al Misericordioso Amor de María para hablar con Paul en persona.

»¿Te lo puedes creer? —continuó diciendo con el tono de voz una octava más alto por la indignación—. El tipo tiene suerte de estar vivo. Acaba de salir del quirófano. ¡Demonios! Ella es cirujana, lo debería saber. Rhea ha salido para allá para intentar detenerla, pero tú eres amiga de toda la vida de la doctora Herschel, ella te hará caso. Vete a detenerla, Warshawski.

—Me hace mucha gracia que me pidas algo así, Don. Llevo una semana pidiéndole a Rhea que use su influencia con Paul Hoffman, que supongo que es su verdadero nombre, y ella ha estado evitándome como si yo tuviese una enfermedad contagiosa. Así que ¿por qué habría de ayudarla yo ahora?

—Compórtate como un adulto, Vic. No estamos jugando. Si no quieres evitar que la doctora Herschel haga el ridículo, por lo menos deberías evitar que haga algún daño serio a Paul.

Un policía me hizo una señal con los faros. Arranqué el Mustang, doblé la esquina y aparqué junto a una pizzería Giordano, donde había un grupo de adolescentes fumando y bebiendo cerveza. Una mujer de pelo negro y corto pasó caminando con un yorkshire, que se abalanzó furioso sobre los bebedores de cerveza. Observé cómo cruzaban Sheridan Road antes de retomar la conversación.

—Te veré en el hospital. Lo que vaya a decirle a

Lotty dependerá de lo que esté haciendo cuando lleguemos. Pero a ti te van a encantar los cuadernos de Ulrich Hoffman. Están realmente en clave y, si es verdad que Rhea los descifró, no sé qué hace perdiendo el tiempo con la psicología. Debería trabajar para la CIA.

43

La manera de tratar a los pacientes

El hospital del Misericordioso Amor de María se encontraba al borde de Lincoln Park, donde es tan difícil aparcar que he visto a gente llegar a las manos para conseguirlo. Para poder tener el privilegio de presenciar el encuentro entre Lotty y Rhea tuve que pagar quince dólares en el aparcamiento del hospital.

Llegué al vestíbulo al mismo tiempo que Don Strzepek. Todavía estaba molesto conmigo por el comentario socarrón que le había soltado antes de colgar el teléfono. En la recepción nos dijeron que ya habían acabado las horas de visita, pero cuando me identifiqué como la hermana de Paul, que acababa de llegar de Kansas City, me dijeron que podía subir a la quinta planta, al ala de postoperatorios. Don me fulminó con la mirada, se tragó las ganas de desmentirme y acabó diciendo que era mi marido.

—Bravo —dije, aplaudiéndole, mientras subíamos en el ascensor—. Se lo han creído porque era evidente que teníamos un pequeño altercado marital.

Sonrió a regañadientes.

—No sé cómo Morrell te aguanta... Háblame de los diarios de Hoffman.

Saqué una de las fotocopias de mi maletín. Le echó una ojeada mientras íbamos por el pasillo hacia la habitación de Paul. La puerta estaba cerrada; una enfermera que estaba fuera dijo que acababa de entrar una doctora a verle pero, dado que yo era su hermana, suponía que no habría ningún inconveniente en dejarnos pasar.

Cuando abrimos la puerta, oímos decir a Rhea:

—Paul, si no quieres, no tienes por qué hablar con la doctora Herschel. Necesitas descansar y hacer todo lo posible para ponerte bien. Ya tendrás tiempo de sobra para hablar más adelante.

Se había situado a modo de guardiana entre la cama y la puerta, pero Lotty había dado la vuelta para ir hasta el otro lado, abriéndose paso entre las diferentes bolsas de plástico que colgaban por encima de él. A pesar de sus rizos canosos, Paul parecía un niño, con aquella carita que apenas le asomaba por encima de la sábana. Sus mejillas sonrosadas estaban pálidas, pero sonreía levemente, encantado de ver a Rhea. Cuando Don se colocó junto a ella, la sonrisa desapareció. Don también lo notó y se apartó un poco.

—Paul, soy la doctora Herschel —dijo Lotty, posando sus dedos sobre la muñeca de Paul para tomarle el pulso—. Conocí a la familia Radbuka hace muchos años en Viena y en Londres. Estudié medicina en Londres y trabajé durante un tiempo con Anna Freud, cuya obra admiras tanto.

Los ojos color avellana de Paul dejaron de mirar a Rhea para posarse en Lotty, mientras el color volvía a su rostro.

Fuese cual fuese el escándalo que Lotty había montado delante de Carl y de Max, en aquel momento parecía absolutamente tranquila.

—No quiero que te pongas nervioso para nada. Así que, si tu pulso empieza a acelerarse, dejaremos de hablar de inmediato. ¿Lo has comprendido?

—Debería dejar de hablar ahora mismo —dijo Rhea, sin lograr que la furia perturbase su tranquilidad vestal. Al ver que la atención de Paul se había desplazado hacia Lotty, Don tomó a Rhea de la mano para transmitirle su apoyo.

—No —susurró Paul—. Ella conoce a mi salvadora

493

inglesa. Ella conoce a mi auténtica familia. Hará que mi primo Max se acuerde de mí. Se lo prometo, no me pondré nervioso.

—Tengo los cuadernos de Ulrich —dijo Lotty—. Te los guardaré en un lugar seguro hasta que puedas venir a buscarlos tú mismo. Pero quería preguntarte algo sobre ellos. En una de sus páginas escribiste al lado del nombre de S. Radbuka que Sofie Radbuka era tu madre. Me pregunto cómo es que lo sabes.

—Porque me acuerdo —dijo.

Me coloqué junto a Lotty y hablé manteniendo su mismo tono de voz.

—Cuando le llevaste los cuadernos de Ulrich a Rhea, ella te ayudó a recordar que tu verdadero apellido era Radbuka, ¿verdad, Paul? Había una larga lista de nombres: Czestvo, Vostok, Radbuka y muchos otros. Cuando te hipnotizó recordaste que tu verdadero apellido era Radbuka. Tuvo que ser un momento maravilloso, aunque escalofriante.

Al otro lado de la cama, a Don se le cortó la respiración y se alejó involuntariamente de Rhea, quien le dijo:

—No fue así. Por eso esta conversación debe terminar ahora mismo.

Paul, concentrado en mi pregunta, no la oyó.

—Sí, así fue. Pude ver... a todos los muertos. A toda la gente que había asesinado el *Einsatzgruppenführer*, cayendo en el pozo de cal viva, gritando...

Lotty le interrumpió.

—Tienes que tranquilizarte, Paul. Ahora tienes que dejar de pensar en esos recuerdos tan dolorosos. Te acordaste de tu pasado y entonces, de toda esa lista de apellidos, elegiste..., recordaste... el de Radbuka.

Rhea nos lanzaba miradas asesinas desde el otro lado de la cama. Volvió a intentar interrumpir la entrevista, pero la atención de Paul estaba centrada en Lotty y no en ella.

—Lo supe porque yo había estado en Inglaterra cuando era niño. Tenía que ser ése.

—¿Tenía que ser? —le preguntó Lotty.

Paul era extremadamente sensible a las expresiones emotivas de la gente, así que, cuando oyó aquella inesperada dureza en la voz de Lotty, se estremeció y apartó la mirada. Antes de que se alterase demasiado, intervine para cambiar de tema.

—¿Cómo te enteraste de que Ulrich era un *Einsatzgruppenführer*?

—Apuntaba en una lista los muertos de cada familia o *shtetl* de cuyos asesinatos era responsable —dijo en un susurro—. Ulrich... siempre alardeaba de los muertos. Del mismo modo que alardeaba de las torturas a las que me sometía. Yo sobreviví a todas esas matanzas. Mi madre me hizo correr hacia el bosque cuando vio que empezaban a empujar a la gente con las bayonetas para hacerla caer en el pozo de cal viva. Alguien me llevó a Terezin, pero, claro... en aquel entonces no sabía... que era allí donde íbamos. Ulrich debió de haberse enterado... de que se le había escapado alguien. Él... me fue a buscar a Inglaterra... y me trajo aquí... para torturarme una y otra vez... por el crimen de haber sobrevivido.

—Has sido muy valiente —le dije—. Te enfrentaste a él. Has sobrevivido y él está muerto. ¿Sabías que esos libros existían antes de que él muriera?

—Los guardaba... bajo llave... en su escritorio. En el salón. Él... me pegaba... si yo abría... esos cajones... cuando era pequeño... Cuando murió... me hice con ellos... y los guardé... en mi escondite secreto.

—¿Y hoy ha venido alguien a llevarse esos libros?

—Ilse —dijo—. Ilse Wölfin. La reconocí. Ella... llamó... a la puerta. Al principio estuvo amable. Se había enterado por Mengele. Al principio amigos..., después, tortura. Dijo que... era de Viena. Dijo que Ulrich había traído esos libros a Estados Unidos..., que no tendría que haberlo hecho... después de la guerra. Al principio no entendí..., después... intenté llegar a mi escondite secreto... para ocultarme de ella..., pero sacó la pistola antes.

—¿Y qué aspecto tenía? —le pregunté, haciendo caso omiso a la advertencia que Lotty me hizo por lo bajo para que parase ya de preguntar.

—Malvado. Un gran sombrero. Gafas de sol. Una sonrisa horrible.

—¿Ulrich te habló de esos libros cuando vendía seguros aquí, en Chicago? —le pregunté, intentando encontrar la forma de sonsacarle si había estado últimamente en la Agencia de Seguros Midway, por si había estado acosando a Howard Fepple.

—Ulrich solía decir que los muertos nos dan la vida. No olvides que... serás rico. Quería que yo... fuese... médico... Quería que yo... hiciera dinero con los muertos... Yo no quería... vivir entre... los muertos. No quería quedarme en... el vestidor... Me torturaba... Me llamaba mariquita, maricón, siempre en alemán, siempre... en el idioma de... la esclavitud. —Las lágrimas empezaron a rodar por sus mejillas y comenzó a respirar con dificultad.

Lotty le dijo:

—Necesitas descansar, necesitas dormir. Queremos que te pongas bien. Ahora tengo que dejarte, pero antes de irme, dime, ¿con quién hablaste en Inglaterra? ¿Qué fue lo que te hizo recordar que te llamabas Radbuka?

Tenía los ojos cerrados y el rostro demacrado y cerúleo.

—Su lista de los muertos que él mismo había asesinado..., de los que alardeaba en sus libros..., apuntaba sus nombres. Busqué todos los nombres... en Internet... Encontré uno... en Inglaterra... Sofie... Radbuka... Así supe... cuál nombre era mío... y que me enviaron a Anna Freud en Inglaterra... después de la guerra... Tenía que ser ése.

Lotty continuó tomándole el pulso mientras Paul se quedaba dormido. Los demás la observábamos como tontos mientras ella comprobaba la frecuencia del goteo intravenoso conectado a los brazos de Paul. Cuando abandonó la habitación, Rhea y yo la seguimos. Rhea tenía el rostro arrebolado e intentó enfrentarse a Lotty en el pasillo, pero ésta pasó rápidamente junto a ella camino de la sala de enfermeras, donde preguntó por la enfermera a cargo de la planta. Empezó a preguntarle sobre la medicación que se le estaba administrando a Paul.

Don había salido de la habitación más despacio que los demás. Inició una conversación en voz baja con Rhea, con una expresión preocupada en el rostro. Lotty acabó de hablar con la enfermera y salió disparada por el pasillo hacia el ascensor. Corrí tras ella, pero me dirigió una mirada severa.

—Tendrías que haberte ahorrado tus preguntas, Victoria. Yo quería averiguar cosas muy específicas pero tus preguntas desviaron su atención y acabaron por alterarle demasiado. Yo quería saber cómo se dio cuenta de que Anna Freud era su salvadora, por ejemplo.

Me metí en el ascensor con ella.

—Lotty, basta ya de toda esta mierda. ¿No te conformas con haber empujado a Carl al vacío? ¿También quieres apartarnos a Max y a mí de tu vida? Te pusiste furiosa la primera vez que Paul mencionó Inglaterra. Yo sólo estaba intentando ayudarte para que él no se cerrase en banda. Y también... Sabemos lo que esos cuadernos significan para Paul Hoffman. A mí me gustaría saber lo que significaban para Ulrich. Por cierto, ¿dónde están? Los necesito.

—Por ahora tendrás que arreglártelas sin ellos.

—Lotty, no puedo arreglármelas sin ellos. Tengo que descubrir lo que significan para las personas que no tienen por qué relacionarlos con los muertos. Alguien le ha disparado a Paul por esos cuadernos. Puede que también esa mujer malvada con gafas de sol matase a un agente de seguros llamado Howard Fepple para hacerse con ellos. El martes alguien entró en casa de su madre y estuvo revisándolo todo, probablemente buscándolos.

Amy Blount, pensé de pronto. También habían entrado a robar en su casa el martes. Sin duda eran demasiadas coincidencias como para pensar que no estaban relacionadas con los cuadernos de Hoffman. Ella había visto los archivos de Ajax. ¿Y si esa mujer malvada con gafas de sol hubiese pensado que los cuadernos de Ulrich Hoffman habían ido a parar a los archivos y que, tal vez, Amy Blount no había podido resistir la tentación de llevárselos? Lo cual quería decir que tenía que ser alguien que supiera que Amy Blount había estado en esos archivos. Todo apuntaba a alguien dentro de Ajax. Ralph. Rossy. Y Durham, jugando por la línea de banda.

—Además —añadí, ya en voz alta, mientras las puertas del ascensor se abrían en la planta baja—, si hay alguien que los considera tan importantes, estás arriesgando tu vida al aferrarte a ellos.

—Eso es problema mío, no tuyo, Victoria. Te los devolveré en uno o dos días. Antes tengo que buscar algo en ellos. —Giró en redondo y se alejó por un pasillo en el que un cartel señalaba la salida al aparcamiento de los médicos.

Don y Rhea salieron de otro ascensor. Don iba diciendo:

—Es que no te das cuenta, cariño, esto te expondría justamente al tipo de crítica que te hace la gente como Praeger: que eres tú quien induce a las personas a tener esos recuerdos.

—Paul sabía que había estado en Inglaterra después de la guerra —contestó ella—. Eso no es algo que yo haya pensado o que le haya inducido a pensar. Y esos recuerdos del pozo de cal viva, Don, si tú hubieses estado presente... Yo he oído contar muchos recuerdos a mis pacientes que me han helado la sangre, pero nunca me habían movido al llanto. Siempre mantuve un distanciamiento profesional. Pero ver cómo arrojan viva a tu madre a un agujero que le han obligado a llenar antes de cal viva a punta de pistola, oír esos gritos y después enterarte de que el hombre que fue responsable de la muerte de tu madre era quien tenía tanto poder sobre ti, quien te encerraba en un vestidor, quien te pegaba, quien te insultaba, era algo absolutamente demoledor.

—Eso lo entiendo —dije, metiéndome en su conversación privada—. Pero, curiosamente, hay tantos huecos en su relato... Aunque Ulrich hubiese sabido que aquel niño tan pequeño había escapado de morir en el pozo de cal viva, ¿cómo hizo para dar con su paradero a pesar de todas las vicisitudes de la guerra, primero en Terezin y luego en Inglaterra? Si Ulrich fue realmente un *Einsatzgruppenführer*, debió de haber contado con innumerables oportunidades de matar al chico durante la guerra. Pero los documentos de llegada de Ulrich dicen que desembarcaron en Baltimore, de un mercante holandés procedente de Amberes.

—Eso no significa que no saliera primero de Inglaterra —dijo Rhea—. En cuanto al otro argumento, un hombre con sentimiento de culpa podría llegar a hacer cualquier cosa. Ulrich está muerto. No podemos preguntarle por qué estaba tan obsesionado con ese niño. Pero sabemos que pensó que tener un hijo judío le ayudaría a superar los problemas de inmigración en Estados Unidos. Por lo tanto, si sabía dónde estaba Paul, era lógico que se lo llevara y se hiciese pasar por su padre.

—Ulrich tenía un certificado oficial de desnazificación —le rebatí—. Y los documentos de entrada en el país no hacen ninguna mención de que Paul fuese judío.

—Puede que Ulrich los destruyera en cuanto llegó y se sintió a salvo de ser procesado —dijo Rhea.

Suspiré.

—Tú tendrás respuestas para todo, pero Paul tiene un santuario erigido al Holocausto, lleno de libros y de artículos sobre las experiencias de los supervivientes. Está empapado de todo eso y puede estar confundiendo las historias de otras personas con su propio pasado. Después de todo, dice que sólo tenía doce meses cuando le enviaron a Terezin. ¿Se habría dado cuenta de lo que estaba viendo, si de verdad hubiese presenciado el asesinato de su madre y del resto del pueblo de la forma en que lo describe?

—Tú no sabes nada sobre psicología ni sobre los que han sobrevivido a la tortura —dijo Rhea—. ¿Por qué no hablas de lo que sabes, si es que entiendes de algo?

—Pues yo sí que entiendo lo que Vic intenta decir, Rhea —dijo Don—. Tenemos que hablar seriamente de tu libro. A no ser que en esos diarios de Ulrich aparezca escrito algo muy concreto, algo como: «Este niño que he traído conmigo no es hijo mío, es alguien que se apellida Radbuka». Bueno, tengo que estudiarlos con tranquilidad.

—Don, creía que estabas de mi lado —dijo Rhea con sus ojos miopes llenos de lágrimas.

—Y lo estoy, Rhea. Por eso no quiero que te expongas a las críticas, publicando un libro que tiene tantas lagunas que alguien como Arnold Praeger y esos tipos de la Memoria Inducida las detectarían enseguida. Vic, ya sé que tú proteges esos originales como si se tratase del panteón nacional pero ¿me dejarás verlos en algún momento? Podría ir a tu oficina y echarles una hojeada delante de ti.

Le hice una mueca.

—Lotty se los ha llevado, lo que no sólo me pone furiosa, sino que también me preocupa. Si a Paul le disparó alguien que iba tras esos cuadernos, llevarlos encima es tan seguro como andar con plutonio puro a cuestas. Me ha prometido devolvérmelos este fin de semana. Yo fotocopié una docena de páginas y puedes verlas si quieres, pero... entiendo tu problema.

—¡Pues qué bien! —dijo Don, ya fuera de quicio—. Para empezar, ¿se puede saber cómo llegó todo ese material a tus manos? ¿Y tú cómo sabes del santuario de Paul? Has estado en su casa, ¿verdad?

Asentí con la cabeza, a regañadientes. La situación ya había ido demasiado lejos como para que pudiese mantener en secreto mi presencia en la escena del crimen.

—Encontré a Paul inmediatamente después de que le dispararan y llamé a una ambulancia. Habían registrado toda su casa, pero había un vestidor oculto tras las cortinas de la habitación dedicada al Holocausto. Al que lo atacó no se le ocurrió mirar allí. Era un lugar realmente espantoso.

Volví a describírselo: la pared llena de fotos, los reveladores comentarios que Paul había escrito saliendo de la boca de Ulrich.

—Esas cosas que dices que él se llevó de tu consulta, Rhea, estaban todas allí, colocadas alrededor de fotos tuyas.

—Me gustaría verlo —dijo Don—. Quizás haya alguna prueba crucial que haya escapado a tu atención.

—Si quieres vete a verlo y que te aproveche —le dije—. Una vez ya ha sido suficiente para mí.

—Ninguno de los dos tiene derecho a violar la intimidad de Paul y entrar en su casa —dijo Rhea fríamente—. Todos los pacientes idealizan de algún modo a sus psicólogos. Ulrich era un padre tan monstruoso que Paul me yuxtapone a él como si yo fuese la madre ideal que nunca tuvo. Y en cuanto a haber entrado en su casa, Vic, esta mañana me llamaste para pedirme su dirección. ¿Por qué lo hiciste si sabías dónde vivía? ¿Y quién te abrió la puerta si ya le habían disparado cuando llegaste? ¿Estás segura de que no fuiste tú la mujer que le disparó, enfurecida porque él intentaba demostrar su parentesco con tus amigos?

—Yo no disparé a ese necio, a pesar de que ha sido un quebradero de cabeza —dije suavemente, pero echando chispas por los ojos—. Pero ahora cuento con manchas de su sangre en mi ropa y puedo mandarla para que le hagan la prueba del ADN. Eso servirá para demostrar, de una vez por todas, si está emparentado o no con Max, con Carl o con Lotty.

Rhea se quedó mirándome, espantada. La aparté con un gesto brusco y me marché antes de que ella o Don pudiesen decir nada.

44

La dama desaparece

Me preguntaba si Paul estaría seguro en la habitación del hospital. Si Ilse, la Loba, se enteraba de que había sobrevivido a su disparo, ¿no volvería a rematar la faena? Yo no podía pedir protección policial para él sin antes explicar lo de los diarios de Ulrich. Y resultaba absolutamente descabellado intentar explicarle aquella historia a la policía, sobre todo cuando ni yo misma la entendía. Al final decidí regresar a la quinta planta y decirle a la enfermera que mi hermano tenía miedo de que su agresor regresara para matarlo.

—Estamos muy preocupados con Paul —le dije—. No sé si lo habrá notado, pero Paul vive en un mundo propio. Cree que los nazis lo persiguen. Cuando ha estado hablando con usted, la doctora Herschel le habrá dicho que preferimos que nadie entre a verlo a menos que alguno de nosotros esté presente, la doctora, la psicóloga Rhea Wiell o yo. En estos momentos está tan alterado que podría tener serios problemas respiratorios.

Me pidió que lo pusiera por escrito y lo dejara en la sala de enfermeras. Me dejó usar el ordenador que había en la salita de atrás, luego colgó mi mensaje en el tablón de la sala de enfermeras y me dijo que se ocuparía de que la centralita pasara allí todas las llamadas y anuncios de visitas.

Antes de regresar a casa, pasé por mi oficina para enviarle un correo electrónico a Morrell, contándole los acontecimientos del día. «Hasta el momento, nadie me ha dado una paliza ni me ha dejado tirada, medio muerta, en la avenida Kennedy —le escribí—, pero me ha pasado de todo.» Acabé contándole la conversación con Paul en el hospital. «Tú has trabajado mucho con personas que han sufrido torturas, así que quiero preguntarte algo: ¿crees que Paul puede estar sufriendo una disociación para autoprotegerse y por eso se identifica con las víctimas del Holocausto? La verdad es que toda la situación es espeluznante.»

Me despedí con las típicas frases de amor y añoranza que suelen enviarse a los amantes que están lejos. ¿Cómo habría conseguido Lotty apartar de su mente este tipo de sentimientos durante todos estos años? ¿No sería que su mente atormentada la había condenado a la soledad y la añoranza? Cuando volví a casa me senté en el porche trasero con el señor Contreras y los perros durante un largo rato. No hablamos mucho pero su presencia me reconfortaba.

Por la mañana decidí que ya era hora de volver a visitar la Compañía de Seguros Ajax. Llamé a Ralph desde mi oficina y hablé con Denise, su secretaria. Como siempre, tenía la agenda completa y otra vez tuve que insistir con vehemencia, pero con encanto y amabilidad, para conseguir que Denise volviera a encontrarme un hueco, cosa que hizo, aunque debía llegar a Ajax a las nueve y media, para lo que sólo me quedaban veinte minutos. Agarré mi maletín con las fotocopias de los cuadernos de Ulrich y corrí calle abajo hasta la esquina de North para subirme a un taxi.

Cuando llegué, Denise me dijo que en dos minutos Ralph estaría de regreso del despacho del presidente. Me hizo pasar a la sala de reuniones y me sirvió una taza de café. Ralph llegó casi de inmediato, presionándose los lagrimales con los dedos. Parecía demasiado cansado para una hora tan temprana del día.

—Hola, Vic. Tenemos una grave concentración de

riesgos en la zona de Carolina que ha sufrido inundaciones. Sólo puedo dedicarte cinco minutos y después tengo que salir pitando.

Puse las fotocopias sobre la mesa de la sala de reuniones.

—Éstas son fotocopias de los cuadernos de Ulrich-Rick-Hoffman, el agente que le vendió la póliza a Aaron Sommers hace tantos años. Ulrich llevaba lo que parece ser una lista de nombres y direcciones, seguida de una serie de iniciales crípticas y marcas de control. ¿A ti todo esto te dice algo?

Ralph se inclinó sobre los papeles.

—Esta letra es casi imposible de entender. ¿No hay forma de poder verla mejor?

—Mejora un poco si amplías la imagen. Pero, por desgracia, en este momento no tengo los originales. Hay algunas palabras que sí entiendo porque llevo dos días estudiándolas.

—Denise —le gritó a su secretaria—, ¿puedes venir un momento?

Denise entró trotando obedientemente, sin expresar ningún enfado por la forma perentoria en que había sido convocada, y volvió a marcharse con un par de hojas para fotocopiarlas. Al rato, regresó con ampliaciones de diferentes tamaños. Ralph las miró y negó con la cabeza.

—El hombre era realmente críptico. He visto un montón de expedientes de agencia y... ¡Denise! —volvió a gritar—. Llama a esa chica del Departamento de Reclamaciones, Connie Ingram. Dile que venga, por favor.

En un tono de voz normal añadió, dirigiéndose a mí:

—Acabo de darme cuenta de qué era lo que me resultaba extraño en aquel expediente, el de ese seguro con el que tuvimos problemas. Connie podrá explicármelo.

—Se volvió hacia las páginas llenas de nombres y direcciones—. Omschutz, Gerstein, ¿éstos son nombres? ¿Qué es Notvoy?

—Es Nestroy, no Notvoy. Una amiga mía dice que es una calle de Viena.

—¿Te refieres a Austria? ¿Teníamos un agente del South Side que vendía seguros en Austria?

—Es posible que empezase allí su carrera como agente de seguros antes de la guerra. No lo sé. Tenía la esperanza de que al ver estos papeles pudieses decirme si tenían algo que ver con los seguros o no. Un no rotundo podría serme tan útil como un sí rotundo.

Ralph negó con la cabeza, frotándose otra vez el entrecejo.

—No lo sé. Si está relacionado con los seguros, estos números, los 20/w y los 8/w, podrían referirse a un pago semanal aunque, ¡qué digo!, si yo no sé cómo se dice semana en alemán. Tal vez no empiece con w. Además, ¿qué moneda tenían? Quizás estas cantidades podrían referirse a pagos. Y estas otras, si es un seguro, podrían ser números de pólizas, aunque no se parecen a los que yo estoy acostumbrado a manejar.

Me los alcanzó.

—¿Tú entiendes la letra? ¿Cuál es esta mayúscula, esta que parece una abeja pegada a una flor? Y después viene una serie de números y después, ¿ésta es una «q» o una «o»? Y después viene una L. Por favor, Vic, no tengo tiempo para este tipo de acertijos. Puede que esté relacionado con los seguros, pero no lo puedo afirmar. Supongo que podría preguntárselo a Rossy, él tendría que saberlo si se trata del sistema europeo, aunque si se remonta a antes de la guerra... Bueno, en Europa han cambiado todos los sistemas después de la guerra. Rossy es un tipo joven, es de 1958. Es probable que ni lo conozca.

—Sé que sólo parece un acertijo —le contesté—, pero creo que a ese agente de seguros, a Fepple, lo ma-

taron por culpa de esto. Ayer alguien, que probablemente estaba buscando estos papeles, le disparó al hijo de
Rick Hoffman.

Denise entró en la sala de reuniones para decirle a
Ralph que había llegado Connie Ingram.

—Entra, Connie. ¿Qué tal estás? Espero que no hayas tenido que contestar a más preguntas de la policía.
Oye, Connie, ese expediente que nos estuvo dando tantos quebraderos de cabeza, el de Aaron Sommers. En él
no había ninguna nota escrita por el agente. Cuando lo
recuperé del despacho de Rossy me pareció que tenía algo raro y ahora, mirando estas hojas, me he dado cuenta
de lo que faltaba.

Se volvió hacia mí para explicármelo.

—Mira, Vic, el agente apunta sus impresiones en
una hoja, pone unos números o lo que sea, escribe una
recomendación, simplemente unas notas o cualquier cosa que siempre acaban en el expediente y nosotros con-
fiamos en su criterio personal, especialmente si se trata
de seguros de vida. El cliente puede tener algún médico
conocido que le haga un certificado diciendo que goza
de buena salud, pero el agente le ve y se da cuenta de si
es alguien que vive como yo, de patatas fritas y de café, e
informa a la compañía si vale la pena correr el riesgo o de
si conviene subirle la póliza o lo que sea. Da igual, en la
carpeta de Sommers no había nada de eso. Así que, Connie, ¿qué ha pasado? ¿Has llegado a ver alguna vez el informe del agente en ese expediente al echarle una ojeada? Puede que tuviese una letra como ésta.

Ralph le enseñó una de las hojas a Connie. Ésta
abrió los ojos como platos y se tapó la boca con la mano.

—¿Qué sucede, Connie? —le pregunté.

—Nada —contestó de inmediato—. Esta letra es
tan rara. No puedo creer que haya gente que la entienda.

—Pero —dijo Ralph— ¿has visto alguna vez un informe de ese agente..., cómo se llamaba..., Ulrich Hoffman? Ya fuese a máquina o a mano. ¿No has visto nada? ¿Estás segura? ¿Qué pasa cuando pagamos una póliza? ¿Tiramos todas las notas con los antecedentes? Me parece difícil de creer... Un seguro bien hecho va siempre acompañado de muchos papeles.

Denise asomó la cabeza por la puerta.

—Su llamada de Londres, señor Devereux.

—Pásemela a mi despacho. —Mientras salía por la puerta dijo, por encima del hombro—: Es de Lloyds, debido a las pérdidas producidas por las inundaciones. Déjame las copias allí, se las enseñaré a Rossy. Connie, piensa con mucho cuidado qué es lo que viste en ese expediente.

Recogí mis fotocopias y le devolví a Denise las ampliaciones que había hecho. Mientras le agradecía a Denise su ayuda, Connie se escabulló por la puerta. Cuando llegué al ascensor no la vi. O había un ascensor esperando nada más llegar ella o se había escondido en el lavabo de señoras. Por si estaba en los lavabos, me alejé de los ascensores y me puse a mirar la vista del lago desde los ventanales. El conserje de la planta ejecutiva me preguntó si podía ayudarme; le dije que sólo estaba pensando.

Después de cinco minutos apareció Connie Ingram, mirando a un lado y a otro como un conejo asustado. Me entraron ganas de saltar delante de ella y gritarle *¡bu!*, pero esperé junto al ventanal hasta que se encendió el indicador de la llegada del ascensor y entonces me acerqué rápidamente para subir detrás de ella cuando se estaban cerrando las puertas.

Me dirigió una mirada de odio mientras apretaba el botón de la planta treinta y nueve.

—Me ha dicho el abogado que no tengo que hablar con usted. Me ha dicho que lo llamara si usted venía a verme.

Se me taponaron los oídos al bajar el ascensor.

—Puede llamarle nada más bajarse. ¿También le dijo que no hablase con el señor Devereux? ¿Va a pensar alguna respuesta sobre si ha visto algún informe en el expediente? En caso de que a él se le olvide que se lo ha preguntado, porque sé que tiene muchas cosas en la cabeza, le llamaré de vez en cuando para recordárselo.

La puerta se abrió en la planta treinta y nueve y Connie salió disparada sin contestar a mi genial despedida. Cogí el metro para regresar a mi oficina, donde me encontré con un correo electrónico de Morrell.

Me doy cuenta de que hasta yo, que me creía un viajero experimentado, tenía una gran ilusión por ver este paisaje digno de Rudyard Kipling. Pero no estaba preparado para algo tan inhóspito y grandioso o, sobre todo, para sentirme tan empequeñecido por las montañas. Te entran ganas de hacer gestos desafiantes: Estoy aquí, estoy vivo, miradme.

En cuanto a tu pregunta sobre Paul Hoffman o Radbuka, ya sé que no soy un experto, pero pienso que alguien que haya sufrido torturas, como parece que sufrió a manos de su padre, puede convertirse en una persona de una gran fragilidad emocional. Debe de ser doloroso pensar que tu propio padre te torturaba, te debe de parecer que había algo en ti que provocaba ese comportamiento y los niños suelen echarse a sí mismos la culpa en situaciones difíciles. Pero si logras convencerte de que te han perseguido por tu identidad histórica —porque eras judío, habías nacido en la Europa del Este y habías sobrevivido a los campos de concentración— entonces eso le daría otro matiz a tu tortura, tendría una razón más profunda y te protegería del dolor de pensar que eras un niño horrible cuyo padre tenía motivos para maltratarte. Al menos, ésa es mi opinión.

Mi querido molinillo de pimienta, no puedo decirte lo mucho que te echo de menos. Es terriblemente inquietante ver un paisaje del que ha desaparecido la mitad de la población. No sólo echo en falta tu cara, echo en falta ver rostros de mujeres.

Imprimí el trozo en el que se refería a Paul y se lo envié por fax a Don Strzepek a la casa de Morrell, acompañado de una frase que escribí a toda prisa: «Por si te interesa». Me preguntaba cómo habrían acabado las cosas entre Don y Rhea la noche anterior. ¿Seguiría adelante con el libro sobre los recuerdos recuperados que estaba escribiendo en colaboración con ella? ¿O esperaría hasta ver si Max y Lotty se prestaban a hacerse una prueba de ADN?

Paul Hoffman se había inventado una personalidad que pendía de un hilo finísimo: había buscado en Internet los nombres que figuraban en las relaciones de asegurados de Ulrich hasta que dio con una página en la que aparecía uno de ellos. Se había servido de ese hilo para conectarse a sí mismo con la Inglaterra inmediatamente posterior a la guerra.

Al pensar en ello, me acordé de la foto de Anna Freud que Paul tenía colgada en su escondite. Su salvadora en Inglaterra. Llamé a la casa de Max y hablé con Michael Loewenthal. Agnes había podido cambiar su cita con la galería, así que él estaba cuidando de Calia. Fue hasta el salón y regresó al teléfono con el título de la biografía que Lotty había bajado la noche anterior del estudio de Max.

—Vamos a ir al centro para hacerles una última visita a las morsas del zoológico. Te acercaré el libro a tu oficina. No, encantado de hacerlo, Vic. Estamos en deuda contigo por todo lo que te has ocupado de nuestro pequeño monstruo. Aunque tengo que admitir que también hay otro motivo: Calia está muy pesada con el asunto del collar del perro. Así que, ya que vamos, aprovecharé para recogerlo.

Solté un gruñido. Me había dejado el maldito cacharro en la cocina de mi casa. Le dije a Michael que si no se lo acercaba aquella noche a Evanston, se lo enviaría a Calia por correo a Londres.

—Lo siento, Vic. No es necesario que te tomes todas esas molestias. Dentro de una hora me pasaré por allí con el libro. Por cierto, ¿has hablado con Lotty? La señora Coltrain me ha llamado desde la clínica y estaba preocupada porque Lotty había cancelado todas sus citas para hoy.

Le dije que la noche anterior no nos habíamos despedido de muy buenas maneras, así que no había tenido ganas de llamarla. Pero cuando Michael colgó, marqué el número de la casa de Lotty. El teléfono sonó hasta que saltó el contestador en el que su voz seca daba varios números a los que llamar en caso de una urgencia médica y pidiéndole a los amigos que dejasen un mensaje después de la señal. Pensé, inquieta, en el loco que andaba por la ciudad disparando a la gente para hacerse con los cuadernos de Hoffman. Pero seguro que el portero no habría dejado entrar a nadie que no fuese del edificio.

Llamé a la señora Coltrain, que, al principio, se alegró al oír mi voz, pero que volvió a ponerse nerviosa cuando descubrió que yo no sabía nada de Lotty.

—Por supuesto que cuando está enferma suele cancelar todas sus citas, pero *siempre* me llama para comunicármelo directamente.

—¿Es que le ha llamado otra persona? —La preocupación hizo que me saliera la voz aflautada.

—No, pero dejó un mensaje en el contestador de la clínica. Cuando entré no podía creérmelo, así que decidí llamarla a casa y luego le pregunté al señor Loewenthal si la doctora había dejado dicho algo a alguien en el hospital. Nadie sabía nada, ni siquiera el doctor Barber, ya sabe que se sustituyen uno al otro en caso de emergencia. Uno de los colegas de la doctora Herschel va a venir al mediodía para atender los problemas más urgentes que se presenten por aquí. Pero si la doctora no está enferma, ¿dónde está?

Si Max no lo sabía, no lo sabía nadie. Le dije a la señora Coltrain que me pasaría por el piso de Lotty. Ninguna lo mencionó, pero las dos nos imaginamos a Lotty tirada en el suelo, inconsciente. Busqué en la guía telefónica el número de la portería del edificio de Lotty y hablé con el portero, que me dijo que no la había visto aquella mañana.

—¿Alguien tiene llaves de su casa en el edificio? ¿Puedo entrar para ver si se encuentra bien?

Consultó una lista. Lotty había dejado el nombre de Max y el mío para que nos llamaran en caso de que hubiese alguna emergencia. Dijo que creía que su jefe no tendría inconveniente en abrirme si yo no tenía llaves. ¿Cuándo pasaría por allí? ¿En veinte minutos? Le diría a Gerry que subiese del sótano, donde estaba vigilando a unos técnicos que estaban reparando la caldera.

Mary Louise llamó justo cuando salía. Estaba en el South Side con Gertrude Sommers —sí, la tía de mi cliente—, que quería decirme algo en persona. Me había olvidado de que había mandado a Mary Louise para que averiguase algo sobre el sospechoso sobrino de mi cliente. Le había dejado una nota la tarde anterior, pero estaban sucediendo tantas cosas que me parecía que había pasado un mes.

Intenté que no me oyese suspirar. Estaba cansada, muy cansada, de andar corriendo de una punta a otra de Chicago. Le dije a Mary Louise que, a menos que me encontrase con algún problema grave en casa de Lotty, en una hora y media llegaría al apartamento de Gertrude Sommers.

45

Oído en la calle

El portero del edificio de Lotty ya me conocía de otras ocasiones, pero él y Gerry, el encargado del inmueble, insistieron en que me identificara antes de que Gerry subiera conmigo al piso dieciocho. Estas precauciones normalmente me hubieran molestado pero, en aquel momento, me dieron una cierta tranquilidad respecto a la seguridad de Lotty.

Cuando llegamos al apartamento, Gerry tocó varias veces al timbre antes de sacar sus llaves y abrirlo. Me acompañó mientras yo recorría las habitaciones, pero no había ni rastro de Lotty ni señales de violencia.

Mientras Gerry me observaba con creciente desaprobación, registré los cajones del mueble de la pequeña habitación que Lotty usa como despacho y luego los del dormitorio, buscando los diarios de Ulrich. Gerry me iba siguiendo de habitación en habitación mientras yo pensaba en los posibles sitios que podía usar para esconder cosas: debajo de la ropa, de las alfombras y los colchones, dentro de los armarios de la cocina, detrás de los cuadros de la pared y dentro de los libros de las estanterías.

—No tiene derecho a hacer eso, señora —me dijo cuando empecé a hurgar en el cajón de la ropa interior.

—¿Está casado, Gerry? ¿Tiene hijos? Si su mujer o una de sus hijas tuviera complicaciones en el embarazo, ¿sabe a quién le diría todo el mundo que fuera a ver? A la doctora Herschel. Es una persona que se toma sus obligaciones tan en serio que nunca falta a su trabajo, ni aunque esté enferma, a menos que tenga una fiebre tan alta que considere que podría afectar a su buen juicio. Y, de pronto, sin decir nada, ha desaparecido. Así que estoy buscando alguna señal que me permita deducir si se ha ido por su voluntad o no, si ha hecho la maleta o algo por el estilo.

Gerry no parecía muy convencido, pero no hizo más esfuerzos por detenerme. No había ni rastro de los diarios de Ulrich, o sea que se los debía de haber llevado con ella. Se había marchado por voluntad propia. Tenía que ser así.

—¿Está su coche en el garaje? —pregunté.

Llamó al portero con el walkie-talkie. Jason le contestó que iría a echar un vistazo. Así era como podía colarse algún intruso: esperando a que el portero fuese hasta el garaje y entrando, después, detrás de un vecino.

Cuando llegamos abajo, Jason ya había vuelto a su puesto. El coche de la doctora Herschel estaba en su plaza. Y, una vez más, abandonó su puesto de vigilancia para mostrármelo. El coche estaba cerrado con llave y no quise abrirlo delante de él para que no se enterara de las artimañas de las que me valgo, así que me limité a mirar a través del parabrisas. A diferencia de mí, Lotty no deja el coche lleno de papeles, toallas viejas y camisetas pestilentes. En los asientos no había nada de nada.

Les di una tarjeta mía a cada uno y le pedí a Jason que preguntase a los vecinos, cuando fuesen llegando a casa, si alguien la había visto marcharse.

—Así podemos hacerlo de un modo informal —dije, cuando me empezaba a poner objeciones—. Si no, tendría que recurrir a la policía, cosa que no me gustaría nada.

Los dos hombres intercambiaron miradas: a la administración del edificio le molestaría que la policía se presentase allí para interrogar a los vecinos. Se guardaron los diez pavos que les di con aire de dignidad y acordaron que no dejarían subir a nadie al piso de la doctora Herschel, a menos que se tratase de Max o de mí.

—¿Siempre está vigilando el portal, incluso cuando está haciendo algún recado? —insistí.

—El portal nunca se queda sin vigilancia, señora —dijo Jason, molesto—. Siempre lo puedo ver por el monitor del garaje y, cuando me tomo un descanso, Gerry se queda para cubrir mi puesto.

Yo sabía que aquel sistema no era infalible pero, si seguía criticándolo, ambos dejarían de colaborar conmigo. Me fui a mi Mustang y me quedé allí sentada, masajeándome la nuca. ¿Qué le habría pasado a Lotty? En los últimos diez días había quedado muy claro que ella tenía una vida de la que yo no sabía nada. Pero, sólo porque se hubiese guardado sus asuntos para sí misma, ¿debía yo respetar su hermetismo? Más bien al revés, ¿no me daban mi amistad, mi cariño y mi preocupación por ella el derecho a invadir aquella intimidad que se había esforzado tanto en proteger? Me quedé dándole vueltas. Probablemente, no. Aunque sólo mientras aquellos condenados cuadernos de contabilidad de Ulrich no fueran a colocarla en una situación de riesgo. Pero es que podría ser así. Si al menos pudiese encontrar a alguien que me los descifrase... Puede que, para Bertrand Rossy, sí tuvieran algún significado.

Arranqué lentamente y emprendí el arduo camino al South Side. Cruzar el centro de Chicago se pone más difícil cada semana. Hay demasiada gente que hace como yo: una sola persona por coche. Paré para echar gasolina en la entrada a la autovía que hay en North Avenue. Los precios continuaban su ascenso. Ya sé que pagamos menos de la mitad que los europeos pero, cuando se está acostumbrado a utilizar un combustible barato y llenar el depósito te cuesta ya treinta dólares, cada subida es como una bofetada. Fui a paso de tortuga por la Ryan hasta la Ochenta y siete, donde está la salida más cercana a la casa de Gertrude Sommers.

Nada parecía haber cambiado por allí durante las últimas dos semanas, ni el Chevy destartalado que estaba fuera, ni los gritos desesperados del niño en el interior. La señora Sommers seguía erguida, con su habitual rigidez, con un vestido oscuro muy planchado y con la misma expresión intimidante de siempre.

—Ya le dije a la otra chica que podía largarse —me contestó cuando le pregunté si Mary Louise seguía allí—. No me gusta hablar sobre mi familia con la policía. Aunque dice que ahora hace trabajos privados y que ya no trabaja con la policía, tiene el aspecto y el modo de hablar de ellos.

Pronunciaba las palabras enfatizando la primera sílaba, como hacen siempre los negros. Intenté alejar a Lotty de mi mente y concentrarme en lo que Gertrude Sommers había decidido contarme.

Me señaló una silla para que me sentara junto a la mesa de conglomerado situada contra la pared y luego se sentó ella, con ese frufrú que hacen las telas muy tiesas al rozar con las medias. Colocó la espalda recta, las manos entrelazadas en el regazo y una expresión tan intimidante que me resultaba difícil mirarla a los ojos.

—En la reunión para comentar la Biblia del miércoles por la noche, el reverendo se acercó para hablarme sobre mi sobrino. No mi sobrino Isaiah, sino el otro, Colby. ¿Cree usted que, si su padre le hubiera puesto el nombre de un profeta, como hizo el otro hermano de mi marido con Isaiah, Colby sería también una persona decente? ¿O siempre habría tentaciones que para él serían demasiado fuertes?

Tanto si aquella pregunta era retórica o no, me cuidé mucho de contestarla. Aquella mujer iba a necesitar un buen rato para llegar al meollo del asunto. Tendría que dejarla que lo hiciera a su propio ritmo. Metí la mano en el bolsillo para apagar el teléfono móvil. No quería que ninguna llamada la interrumpiera.

—He estado muy preocupada por Isaiah desde que murió mi marido, el señor Sommers. Puso dinero de su bolsillo para pagar el funeral. Puso dinero de su bolsillo para contratarla a usted para que averiguara qué había pasado con el dinero del seguro de vida de mi marido, el señor Sommers, y ahora, por comportarse como un buen samaritano, la policía le ha echado los perros y esa mujer suya pinchándole por detrás. Tiene un buen trabajo en la fábrica, un trabajo muy bueno. Ella ha tenido mucha suerte de tener un marido que es un buen cristiano y muy trabajador, como lo fue el señor Sommers. Pero ella es como una niña pequeña: se empeña en tener lo que no puede tener. —Me dirigió una mirada severa—. En mi fuero interno he estado echándole la culpa a usted de los problemas de Isaiah, a pesar de que Isaiah me insistía en que usted estaba intentando solucionarlos y no aumentarlos, así que, cuando el reverendo empezó a hablarme de mi sobrino Colby, yo no quería escucharlo, pero el reverendo me recordó la cita que dice: «Tienen oídos y no oyen, tienen ojos y no ven». Entonces me di cuenta de que había llegado el momento de escuchar. Mmm, mmm —asintió con la cabeza, como si se estuviera adoctrinando a sí misma con aquel pequeño gruñido—. Así que escuché cómo me contaba el reverendo que mi sobrino Colby iba alardeando de su dinero por el barrio y pensé: ¿Qué está intentando decirme? ¿Que Colby tiene el dinero del seguro de vida de mi marido? Pero el reverendo me dijo que nada de eso, que Colby había cobrado ese dinero por ayudar en un trabajo. «¿Un trabajo?», le dije. «Si mi sobrino Colby ha ganado un dinero trabajando, me pondré de rodillas para alabar a Jesús.» Pero el reverendo me dijo que no se trataba de ese tipo de trabajo. El reverendo me dijo: «Ha estado por ahí con algunos chicos del grupo OJO». Y yo le dije: «El concejal hace mucho bien en este barrio. No me creeré nada malo que cuenten sobre él». Y el reverendo me dijo: «Estoy de acuerdo, hermana Sommers. Yo tampoco pienso nada malo de él. Sé lo que hizo por tu hijo cuando era niño y lo que hizo por ti y por tu marido cuando vuestro hijo se vio afectado por la distrofia muscular. Pero un hombre no siempre sabe lo que hace la mano derecha de quien es su mano derecha y algunas de las manos derechas del concejal se están metiendo en los bolsillos y en las cajas registradoras de algunas personas».

Volvió a gruñir, «Mmm, mmm», con un gesto de amargura en los labios por tener que hablar mal sobre su familia a una extraña como yo, que, además, era una mujer blanca.

—Así que el reverendo me dijo: «He oído que tu sobrino Colby ha recibido una buena suma de dinero por hacer una llamada a la policía y decirles que su primo Isaiah había estado en la oficina de ese agente de seguros que os estafó el dinero a tu marido y a ti y que luego fue asesinado. Y, si Caín odiaba a Abel porque éste había encontrado la gracia ante los ojos del Señor, tu sobrino Colby ha sentido siempre ese mismo odio contra su primo Isaiah. «He oído», dijo el reverendo, «he oído que hizo esa llamada con mucho gusto. Y también he oído que cuando la mano derecha de la mano derecha del concejal quiso una pistola, Colby supo dónde encontrarla. Y que, cuando entraron en un piso de Hyde Park con un soplete, Colby, con mucho gusto, se quedó vigilando en la puerta.» Y, entonces, yo le dije al reverendo: «Yo no voy a ir a la policía a denunciar a nadie de mi propia familia». Pero no es justo que Isaiah se pudra en la cárcel, lo que sucederá si ocurre lo peor después de los interrogatorios de la policía, sólo porque su primo lo odie. Así que, por eso, cuando vino la otra chica esta mañana queriendo hacerme preguntas sobre Colby, porque alguien también le habrá ido contando cosas sobre él, yo me acordé de usted. Y me di cuenta de que había llegado el momento de hablar con usted.

Aquella información era tan sorprendente que no supe qué decirle. ¿El grupo de los OJO del concejal Durham desplegándose para matar a Howard Fepple? No me parecía que fuese posible. Bueno, la verdad es que no creía que fuese posible, porque el guardia del edificio del Hyde Park Bank los habría reconocido, no se confunde a las tropas de Durham con futuros padres que van a una clase de Lamaze, pero tenía que ser algún esbirro de esa organización quien había entrado en el piso de Amy Blount.

Me apreté los ojos con las palmas de las manos como si eso fuera a proporcionarme claridad de visión. Al final, decidí contarle a Gertrude Sommers una buena parte de los acontecimientos que habían ocurrido la semana anterior y hablarle, entre otras cosas, de los viejos cuadernos en los que Ulrich Hoffman anotaba los pagos.

—No entiendo nada de todo esto —acabé diciéndole— pero tendré que hablar con el concejal Durham. Y, después, a lo mejor tengo que hablar con la policía. Hay un hombre muerto y otro herido de gravedad. No entiendo qué conexión hay entre los viejos cuadernos de contabilidad de Hoffman y el concejal...

Me detuve en seco. Excepto que Rossy se había dirigido a Durham en la calle el martes. Acababa de volver de Springfield, donde había conseguido abortar la Ley sobre la Recuperación de los Bienes de las Víctimas del Holocausto, donde había apoyado a Durham en su proyecto para indemnizar a los descendientes de esclavos. Y, después, las manifestaciones se habían acabado.

Rossy venía de una compañía de seguros europea. Carl había dicho que los libros de Ulrich se parecían a los que llevaba el agente de seguros que le cobraba la póliza a su padre, hacía muchos años. ¿Sería ésa la conexión de Rossy con la Agencia de Seguros Midway?

Alcancé mi maletín y saqué las fotocopias de los cuadernos de Ulrich. La señora Sommers me miraba. Al principio, ofendida por mi falta de atención; después, muy interesada por mis papeles.

—¿Qué es esto? Parece la letra del señor Hoffman. ¿Es la ficha del seguro del señor Sommers?

—No, pero me estaba preguntando si sería la ficha de algún seguro que vendió en Europa hace sesenta y cinco años. Mire esto:

Le enseñé la hoja con los números.

Anschütz, L 30 Auftrag (2ff) N-13426-ü-L; 54 lw; 20/no

Gerstein, J. 29 Abrui (30 l) N-14139-ü-L; 48 lw; 8/no

—Pero, si no es una E. Es una N, o sea que no puede ser una póliza de Edelweiss. O puede que sí, pero tiene otro código de compañía —dije yo cayendo en la cuenta.

—Supongo que sabrá de qué está hablando, joven, pero a mí no me dice nada. Nada de nada.

Negué con la cabeza.

—A mí tampoco me dicen nada, pero hay otras cosas que sí que empiezan a tener sentido, un horrible sentido.

Todo empezaba a cobrar sentido menos la relación que tenía la póliza de su marido con todo aquello. Daría el sueldo de un mes por ver lo que había encontrado Howard Fepple al mirar el expediente de Aaron Sommers, porque eso sí que ya sería la guinda. Pero, si Ulrich había vendido seguros para Edelweiss antes de la guerra, si había sido uno de aquellos hombres que iban al gueto en bicicleta los viernes por la tarde, como Carl me había contado la noche anterior... Pero Edelweiss era una pequeña compañía regional antes de la guerra. O eso decían. Eso decían en el librito de *Ciento cincuenta años de vida*.

Me levanté de golpe.

—De alguna manera conseguiré que su sobrino Isaiah se libre de todos los cargos, aunque, sinceramente, en este momento no estoy nada segura de cómo lo voy a hacer. Y, en cuanto a su sobrino Colby, no estoy a favor de los que entran a robar en las casas ni de los que suministran armas para cometer delitos, sin embargo tengo la sensación de que Colby tiene más que temer de sus cómplices que de la ley. Ahora tengo que irme. Si mis sospechas son acertadas, el meollo de este misterio se encuentra en el centro de esta ciudad o, quizás, en Zurich, pero no aquí.

46

Historia antigua

Ya en mi coche, encendí el móvil y llamé a Amy Blount.

—Hoy tengo una pregunta diferente para usted con relación a la parte de su historia sobre Ajax donde se hablaba de Edelweiss. ¿De dónde sacó la información?

—Me la dio la compañía de seguros.

Hice un giro de ciento ochenta grados con una sola mano en el volante y el teléfono en la otra. Frené para evitar a un gato que cruzó de pronto la calle. Una niña pequeña iba detrás gritando su nombre. El coche derrapó. Solté el teléfono y paré junto a la acera con una taquicardia. Tuve suerte de no atropellar a la niña.

—Lo siento, en estos momentos estoy como una loca intentando hacer demasiadas cosas al mismo tiempo y conduciendo como una imbécil —le dije cuando logré recuperarme lo suficiente como para volver a llamarla—. ¿Eran fichas de un archivo financiero o algo así?

—Era un resumen financiero. Querían que Edelweiss sólo figurara brevemente al final. En realidad el libro trata sobre Ajax, así que no vi la necesidad de mirar los archivos de Edelweiss —dijo Amy, a la defensiva.

—¿Y qué había en ese resumen?

—Grandes cifras. Activos y reservas, oficinas principales. Pero por años. No recuerdo los detalles. Supongo que podría preguntar a la bibliotecaria de Ajax.

De un solar abandonado salieron un par de hombres. Miraron al Mustang y luego a mí y me hicieron un gesto con los pulgares para arriba para indicar que los dos les gustábamos. Sonreí y les saludé con la mano.

—Necesito averiguar si tenían oficina en Viena antes de la guerra.

Pensándolo bien, las cifras de Edelweiss no tenían importancia: puede que, efectivamente, durante los años treinta hubiera sido una compañía de ámbito regional, pero, aun así, podían haber vendido seguros a gente que había desaparecido en los hornos crematorios durante la guerra.

—Tal vez en la biblioteca de la Asociación de Compañías de Seguros de Illinois pueda encontrar algo que le sirva de ayuda —sugirió Amy Blount—. Yo estuve allí investigando mientras escribía el libro sobre Ajax. Tienen una colección poco común de antiguos documentos de seguros. Están en el Edificio Central de Seguros de West Jackson, ya sabe.

Le di las gracias y colgué. Mientras estaba intentando meterme en Ryan por la Ochenta y siete, sonó mi teléfono pero, tras haber estado a punto de atropellar a la niña hacía unos minutos, decidí no distraerme de la conducción. Sin embargo, no podía dejar de especular sobre Edelweiss. Ellos habían comprado Ajax, una jugada maestra que les había permitido hacerse con la cuarta compañía de los Estados Unidos en ventas de seguros de accidentes e inmuebles y todo a precio de saldo. Y, después, se encontraron frente a una proposición de ley que obligaría a la devolución de los activos de la época del Holocausto incluyendo, también, las pólizas de seguros de vida. Si, de golpe, se les venía encima un cúmulo de seguros de vida pendientes de pago, su inversión podía pasar de ser una mina de oro a convertirse en una declaración de quiebra.

Los bancos suizos estaban luchando con uñas y dientes para evitar que los herederos de las víctimas del Holocausto reclamasen los activos depositados en los años de frenesí anteriores a la guerra. El resto de las compañías aseguradoras europeas estaban poniendo las mismas trabas. Debía de ser relativamente infrecuente que los niños supieran que sus padres tenían seguros. Incluso aunque hubiera otros, como Carl, a los que habían mandado con el dinero para pagar al agente, apuesto a que pocos sabrían con qué compañía tenía la póliza su padre. Yo misma, cuando murió mi padre, no encontré su seguro de vida hasta que me puse a ordenar sus papeles personales.

Pero cuando no sólo tu familia, sino también tu casa y hasta tu pueblo entero han sido borrados del mapa, no hay archivos a los que puedas recurrir. Y si los hubiera, la compañía de seguros te trataría como lo había hecho con Carl: denegando la petición porque no podías presentar el certificado de defunción. Realmente, esos bancos y esas compañías de seguros eran una panda de hijos de puta.

Mi móvil volvió a sonar, pero lo recogí solamente para apagarlo. Si los cuadernos de Hoffman contenían una lista de seguros de vida contratados por gente como los padres de Carl o de Max, gente que había muerto en Treblinka o Auschwitz, no sería una lista tan larga como para que Edelweiss perdiera mucho con el pago de las reclamaciones. Para lo único que serviría sería para informar a unos cientos de personas de que sus padres o sus abuelos habían contratado pólizas con ellos y facilitarles su número. Eso no causaría ningún descalabro en los activos de Edelweiss.

A menos que algunos Estados empezasen a promulgar leyes como la de la Recuperación de los Bienes de las Víctimas del Holocausto, que Ajax había torpedeado la semana anterior. En ese caso, la compañía habría tenido que hacer una auditoría de sus pólizas —en las alrededor de cien pequeñas compañías que formaban el grupo Ajax, y que ahora incluía a Edelweiss— y debería poder demostrar que no ocultaba pólizas de personas fallecidas durante la guerra en Europa, y eso les habría costado una fortuna.

¿Habría vislumbrado Fepple esa posibilidad? ¿Podría haber encontrado suficiente información en la ficha de Aaron Sommers como para tramar un chantaje? Se le había visto muy entusiasmado con la posibilidad de ganar dinero. Y si así fuera, ¿era una razón tan poderosa como para que alguien de Ajax lo matase? ¿Quién habría sido el que había apretado el gatillo? ¿Ralph? ¿El encantador Bertrand? ¿Su esposa, tan blanda como el acero?

Adelanté a un par de camiones con remolque, impaciente por reunir cualquier tipo de información. De momento estaba construyendo un castillo de naipes. Necesitaba hechos, con unos buenos cimientos de hormigón. Al doblar para entrar en Jackson Boulevard, de camino al centro, empecé a tamborilear sobre el volante en cada semáforo en rojo, reconcomida por la impaciencia. Justo en la margen oeste del río, a la sombra de la estación Union y de sus bares de mala reputación, encontré un sitio libre para aparcar. Metí un puñado de monedas en el parquímetro y me hice corriendo las cuatro manzanas que me separaban de la Central de Seguros.

La Central es un edificio viejo y deteriorado cerca del extremo sudoeste del Loop y la Asociación de Compañías de Seguros de Illinois resultó que ocupaba una de las oficinas más cochambrosas de su interior. Del techo colgaban unas lámparas pasadas de moda con unos pocos tubos fluorescentes que parpadeaban de un modo irritante sobre el rostro de la mujer que estaba sentada cerca de la entrada. Me miró con los ojos entrecerrados, mientras seguía preparando unos sobres para enviar por correo, como un búho que no está acostumbrado a ver extraños en esa parte del bosque. Cuando le expliqué que estaba intentando averiguar el tamaño de la compañía de seguros Edelweiss en la década de 1930 y si entonces contaban con una oficina en Viena, suspiró y echó a un lado el montón de papeles que estaba doblando.

—No sé ese tipo de cosas. Si quiere, puede mirar en la biblioteca, pero me temo que yo no voy a poder ayudarla.

Corrió para atrás la silla en la que estaba sentada y abrió una puerta que daba a una sala oscura. Estaba repleta de estantes con libros y papeles, más allá de lo que permite el reglamento de prevención de incendios.

—Están ordenados más o menos cronológicamente —dijo señalando hacia el rincón izquierdo—. Cuanto más lejanos en el tiempo son los documentos que busca, más posibilidades tiene de que estén bien colocados. La mayoría de la gente sólo viene a consultar documentos recientes y a mí me resulta muy difícil dedicar un rato para ponerlos en orden. Me sería de gran ayuda que procurase usted dejarlo todo de la misma forma que lo encuentre. Si quiere fotocopiar algo, puede utilizar mi máquina, pero cuesta diez centavos cada fotocopia.

El sonido del teléfono hizo que la mujer saliera disparada. Yo me dirigí al rincón que me había señalado. Para un espacio tan pequeño la verdad es que había un montón impresionante de material. Estantes enteros del *National Underwriter* (el Asegurador Nacional) y del *Insurance Blue Books* (los Libros Azules de los Seguros), discursos dirigidos a la Asociación Estadounidense de Compañías de Seguros, direcciones para congresos de seguros internacionales, sesiones del Congreso de los Estados Unidos para decidir si los barcos hundidos durante la guerra de Estados Unidos con España deberían estar cubiertos con pólizas de seguros.

Recorrí las estanterías todo lo deprisa que pude, utilizando una escalera para subir y bajar, hasta que encontré la sección con los documentos fechados en las décadas de 1920 y 1930. Los hojeé rápidamente. Más discursos, más sesiones del Congreso, éstas sobre los veteranos de la Primera Guerra Mundial. Ya tenía las manos negras de polvo cuando, de pronto, lo encontré: era un libro grueso y pequeño cuya tapa había perdido su color azul inicial y ahora era grisácea. *Le Registre des Bureaux des Compagnies d'Assurances Européenes*, impreso en Ginebra en 1936.

No entiendo bien el francés —porque, a diferencia del español, no me resulta lo bastante cercano al italiano como para poder leer una novela—, pero una lista de las oficinas de las compañías de seguros europeas no exige ser licenciada en filología. Conteniendo la respiración, me lo llevé bajo la mortecina lámpara que había en el centro de la sala, donde me puse a leer con gran dificultad las minúsculas letras. No era fácil entender cómo estaba organizado el libro, con una luz tan mala y en una lengua que no conozco pero, al final, comprendí que agrupaba las oficinas por países y, dentro de ellos, por la cifra de sus activos.

En 1935 la mayor compañía en Suiza era Nesthorn, a la que seguían en importancia Swiss Re, Zurich Life, Winterer y un puñado de otras. Edelweiss ocupaba un puesto muy por debajo, pero había una nota a pie de página, escrita en una letra aún más diminuta. Incluso inclinando la página para verla bajo una luz diferente y manteniéndola tan cerca de mi nariz que estornudé media docena de veces, no conseguí desentrañar aquella letra tan pequeña. Miré hacia la entrada. Me pareció que la explotada factótum seguía embuchando cartas en sus sobres; sería una pena molestarla para preguntar si podía llevarme el libro prestado, así que lo metí en mi maletín, le di las gracias por su ayuda y le dije que, probablemente, volvería al día siguiente por la mañana.

—¿A qué hora abre?

—Normalmente no suelo hacerlo antes de las diez, pero a veces el señor Irvine, que es el director ejecutivo, viene por las mañanas... Oh, Dios mío, mire su preciosa chaqueta. ¡Cómo lo siento! Aquí está todo tan sucio, pero es que estoy aquí yo sola y no tengo tiempo para quitarles el polvo a todos esos viejos libros.

—No importa —le dije de todo corazón—. Esto se quita.

Esperaba que así fuera, porque parecía como si alguien inexperto hubiese teñido de gris mi preciosa chaqueta de espiguilla de punto de seda.

Fui corriendo hasta mi coche y me dirigí a la oficina en medio de la insoportable lentitud del tráfico. Ya en mi escritorio utilicé una lupa para intentar descifrar lo mejor que pude aquella nota a pie de página en francés: la adquisición... reciente... de Edelweiss A. G. por parte de Nesthorn A. G., la compañía más importante de Suiza..., se reflejará el año próximo, cuando las cifras de Edelweiss no estén... ¿disponibles? Bueno, daba igual. Hasta ese momento... no sé qué, no sé qué, los resultados de la compañía... serían independientes.

O sea que había habido una fusión entre Nesthorn y Edelweiss y ahora la compañía se llamaba Edelweiss. No entendí esa parte, pero continué hasta el listado de las oficinas. Edelweiss tenía tres, una en Basilea, otra en Zurich y otra en Berna. Nesthorn tenía veintisiete. Dos de ellas en Viena, una en Praga, otra en Bratislava y tres en Berlín. Tenía también una oficina en París que hacía bastante negocio. La oficina de Viena, en la Porzellengasse, estaba a la cabeza de las veintisiete por cifra de negocio, con un volumen, en 1935, de casi el treinta por ciento más que cualquiera de sus competidoras más cercanas. ¿Habría sido ése el territorio que Ulrich Hoffman recorría en su bicicleta apuntando nombres con su caligrafía llena de florituras y haciendo un negocio fantástico entre las familias que estaban preocupadas por que las leyes antisemitas alemanas fuesen a afectarles también a ellos muy pronto?

Las cifras precedidas por una N, que figuraban en los cuadernos de Ulrich, podrían ser pólizas de seguros de vida de Nesthorn. Después de la fusión con Edelweiss... Me volví hacia mi ordenador y entré en Lexis-Nexis.

Los resultados de mi búsqueda anterior acerca de Edelweiss estaban allí, pero sólo se trataba de información reciente. De todos modos, la ojeé por encima. Hablaba sobre la adquisición de Ajax, la decisión de Edelweiss de participar en un foro sobre compañías de seguros europeas y las pólizas inactivas de seguros de vida pertenecientes a víctimas del Holocausto. Había informes de resultados trimestrales, informes sobre la adquisición de un banco de negocios londinense. La familia Hirs seguía siendo la accionista mayoritaria, con un once por ciento de las acciones. Así que la inicial *H* grabada en la vajilla de porcelana de Fillida Rossy se debía al apellido de su abuelo. El mismo abuelo con quien solía ir a esquiar a las pistas más difíciles de Suiza. Una mujer a quien le gustaban los riesgos, a pesar de su suave voz y de su preocupación por la loción de romero para el pelo rubio de su hija.

Guardé los resultados de aquella búsqueda y emprendí una nueva para conseguir información más antigua sobre Nesthorn y Edelweiss. La base de datos no admitía una fecha tan lejana como para incluir información acerca de la fusión. Desvié el teléfono para que el servicio de contestador atendiera las llamadas mientras luchaba con un vocabulario y una gramática demasiado complejos para un lego en la materia.

La revue d'histoire financière et commercial del mes de julio de 1979 contenía un artículo que me pareció que trataba sobre compañías alemanas que intentaban abrir mercados en los países ocupados durante la guerra. *Le nouveau géant économique* estaba poniendo nerviosos a sus vecinos. En uno de los párrafos del artículo decía «*on vou-*

drait savoir si la mayor compañía suiza de seguros ha cambiado su nombre de Nesthorn a Edelweiss porque demasiada gente les recordaba por su *histoire peu agréable*».

Una historia poco agradable. ¿Sería eso? Con toda seguridad no podía referirse a contratar unos seguros de vida que no tenían intención de reembolsar. Tendría que tratarse de otra cosa. Me pregunté si en los demás artículos habría alguna explicación. Los adjunté al correo electrónico que envié a Morrell, porque él lee bien el francés.

Le escribí: «¿Alguno de estos artículos explica qué es lo que hizo la compañía de seguros Nesthorn durante los años cuarenta para convertirse en *poco agradable* para sus vecinos europeos? ¿Cómo va tu permiso para viajar a la frontera noroccidental?». Di a la tecla de enviar, pensando en lo sorprendente que resultaba que Morrell, a más de veinte mil kilómetros de distancia, pudiera leer casi instantáneamente lo que acababa de escribirle.

Me recosté contra el respaldo de la silla, con los ojos cerrados y pensé en Fillida Rossy durante la cena, acariciando los cubiertos de plata maciza con la *H* grabada en el mango. Lo que poseía lo tocaba, lo agarraba... Lo que tocaba lo poseía. Aquel gesto compulsivo al colocarle bien el pelo a su hija o el cuello del pijama a su hijo... También a mí me había sostenido la mano de la misma forma inquietante cuando me llevó a presentarme a los demás invitados, el martes por la noche.

¿Podría sentirse igual de posesiva con respecto a Edelweiss como para llegar a matar para proteger a la compañía frente a quienquiera que le reclamase algo? Paul Hoffman-Radbuka había afirmado, sin el menor atisbo de duda, que le había disparado una mujer. Malvada, con un gran sombrero y gafas de sol. ¿Podría haber sido Fillida Rossy? Lo cierto era que tras su lánguida apariencia se escondía una mujer decidida. Recordé que Bertrand se había cambiado de corbata después de que ella comentase que era demasiado llamativa. Y también sus amigos se habían esforzado para que nada en la conversación le resultase molesto.

Y, por otro lado, el concejal Durham seguía nadando alrededor de las rocas sumergidas de la historia. Colby, el primo de mi cliente, el que se había encargado de vigilar durante el robo en casa de Amy Blount y el que había dirigido a la policía contra mi cliente, era simpatizante del grupo OJO de Durham. Y la entrevista entre Durham y Rossy del martes... ¿Habría acordado Rossy abortar el proyecto de ley sobre la Recuperación de Bienes del Holocausto a cambio de que Durham le proporcionara una asesina a sueldo para matar a Paul Hoffman-Radbuka? Durham era un político tan hábil que costaba pensar que fuese a hacer una cosa que podría exponerle a un chantaje. Tampoco podía imaginarme a un hombre tan sofisticado como Rossy envuelto en un complot para contratar un asesino a sueldo. Me era difícil aceptar que cualquiera de ellos intentase involucrar al otro en algo tan burdo como el robo en casa de Amy Blount.

Llamé a la oficina de Durham. Su secretaria me preguntó quién era y qué quería.

—Soy detective —dije—. El señor Durham y yo nos conocimos la semana pasada. Lamento comunicarle que algunas personas involucradas en su maravilloso proyecto OJO están implicadas en la investigación sobre un asesinato en el que estoy trabajando. Antes de revelar sus nombres a la policía, querría tener la cortesía de informar directamente al concejal.

La secretaria me dijo que esperara. Mientras lo hacía, volví a pensar en los Rossy. A lo mejor podía pasarme por allí un momento para ver si Irina, la doncella, quería hablar conmigo. Si me proporcionase una coartada para los Rossy durante la noche del pasado viernes... Bueno, por lo menos, podría eliminarlos como sospechosos del asesinato de Fepple.

La secretaria de Durham volvió a ponerse al teléfono. Me dijo que el concejal estaría en varios comités hasta las seis de la tarde, pero que podría recibirme en su oficina del South Side a las seis y media, antes de ir a una reunión comunitaria en la iglesia. Tal como se estaban desarrollando las cosas, no quería estar a solas con Durham en su territorio, así que le dije a la secretaria que estaría en el Golden Glow a las seis y cuarto. Durham me vería en mi territorio.

47

Bourbon con una rodajita de limón

Me puse a revisar los mensajes que tenía, tanto en el contestador telefónico como en el ordenador. Michael Loewenthal había pasado por la oficina para dejarme la biografía de Anna Freud. El día me había resultado tan largo que me había olvidado por completo de aquella conversación y también me había olvidado de las chapitas de identificación de *Ninshubur*.

La biografía era demasiado larga como para ponerme a leerla buscando alguna referencia a Paul Hoffman o Radbuka. Miré las fotografías: Anna Freud sentada junto a su padre en un café, Anna Freud en la guardería de Hampstead donde Lotty trabajó fregando platos durante la guerra. Intenté imaginarme a Lotty cuando era una adolescente. Entonces sería idealista y fogosa, pero sin la pátina de ironía y eficacia con la que, en la actualidad, mantenía a raya al resto del mundo.

Fui hojeando hasta el final para mirar *Radbuka* en el índice. No estaba. Busqué *campos de concentración*. La segunda entrada bajo ese epígrafe remitía a un estudio que había escrito Anna Freud sobre un grupo de seis niños llegados a Inglaterra desde Terezin después de la guerra. Eran seis niños, de tres y cuatro años, que habían vivido juntos como si fueran un pequeño equipo, cuidándose unos a otros y estableciendo unos lazos tan fuertes entre sí que las autoridades pensaron que no podrían sobrevivir si los separaban. No se daban nombres ni más datos familiares. Sonaba al grupo que había descrito Hoffman-Radbuka en la entrevista de la televisión la semana anterior, el grupo donde lo había encontrado Ulrich y del que lo había arrancado, apartándolo de su amiguita Miriam. ¿Sería cierto que Paul había formado parte de aquel grupo? ¿O se habría apropiado de la historia para hacerla suya?

Volví a meterme en Internet para ver si podía encontrar el artículo de Anna Freud sobre los niños, que se llamaba «Un experimento sobre la educación en grupo». Una biblioteca que centralizaba trabajos de investigación en Londres podía mandármelo por fax al coste de diez centavos por página. Me pareció barato. Introduje el número de mi tarjeta de crédito y envié el pedido. Luego, comprobé si tenía mensajes telefónicos. El más urgente parecía el de Ralph, que me había llamado dos veces al móvil, una mientras iba por Ryan, hacía unas tres horas, y la otra hacía un momento, mientras estaba intentando desentrañar los detalles menos agradables del pasado de Nesthorn.

Naturalmente, estaba en una reunión, pero Denise, su secretaria, me dijo que quería ver urgentemente los originales de los papeles que le había enseñado por la mañana.

—No los tengo —le contesté—. Sólo los vi ayer un momento cuando hice las fotocopias que le he dado, pero alguien se los ha quedado para guardarlos en un lugar seguro. Me parece que son unos documentos muy importantes. ¿Es Bertrand Rossy quien quiere verlos o es Ralph?

—Creo que en una reunión, esta mañana, el señor Devereux le enseñó las ampliaciones que yo hice al señor Rossy, pero el señor Devereux no me ha dicho si era el señor Rossy o él mismo quien quería ver los originales.

—¿Puede apuntar este mensaje exactamente como se le digo? Dígale a Ralph que es absoluta y totalmente cierto que no tengo los documentos. Los tiene otra persona y ahora no tengo ni idea de dónde está ni dónde los ha guardado. Dígale que no es una broma ni una manera de darle largas. Quiero encontrar esos libros tanto como él, pero no sé dónde están.

Hice que me repitiera el mensaje. Esperaba convencer a Rossy, si es que era Rossy el que estaba presionando a Ralph, de que yo no tenía los cuadernos de Ulrich. Esperaba no haber implicado a Lotty en todo aquel asunto. Sólo de pensarlo se me ponían los pelos de punta. Pero si lo hubiese hecho, no podía perder el tiempo en lamentaciones. Si me daba prisa, podía llegar a casa de los Rossy antes de mi cita con Durham.

Recorrí en coche los tres kilómetros de vuelta a mi piso y recogí uno de los pendientes de diamantes de mi madre de la caja fuerte. Me pareció que desde su fotografía me dirigía una mirada severa: mi padre le había regalado aquellos pendientes en su veinte aniversario. Yo había ido con él a la Tucker Company de Wabash, donde los eligió y dejó una señal y, luego, volví con él cuando fue a pagar el resto y recogerlos.

—No lo voy a perder —le dije a la fotografía. Salí corriendo de la habitación, donde su mirada no pudiera seguirme. Al pasar por el cuarto de baño me vi reflejada en el espejo de la puerta. Había olvidado que me había ensuciado con el polvo que había en la Asociación de Compañías de Seguros. Si quería estar presentable en el edificio de Rossy, necesitaba una chaqueta limpia. Elegí una de rayón y lana de color rosa, que me quedaba amplia, para que no se me notara el bulto de la pistola que llevaba colgada del hombro. Eché la chaqueta de espiguilla en el armario del hall junto con la blusa dorada, que estaba manchada de sangre. De repente, recordé mi idea de hacer una prueba de ADN con la sangre de Paul. Por si la hacía, recogí la blusa y la metí en una bolsa de plástico antes de guardarla en la caja fuerte de mi dormitorio.

Una manzana que me llevé de la cocina tendría que bastarme como comida: estaba demasiado nerviosa como para sentarme a comer en condiciones. Vi el collar de *Ninshubur* cerca del fregadero y me lo metí en el bolsillo. Intentaría pasar por Evanston aquella misma noche, si me era posible.

Bajé la escalera a toda prisa e hice un ademán de saludo al señor Contreras, que había asomado la cabeza por la puerta al oírme, y me fui en el coche por Addison, pasando por delante del estadio Wrigley, donde los vendedores ambulantes estaban montando sus puestos para uno de los últimos partidos, a Dios gracias, de los Cubs.

Aparqué, no demasiado legalmente, justo delante del edificio y llamé a casa de los Rossy. Contestó al teléfono Fillida. Colgué y me recosté en el asiento para esperar. Podía esperar hasta las seis, después tendría que marcharme para acudir a mi cita con el concejal.

A las cuatro y media, Fillida salió por la puerta principal con sus hijos y la niñera, que llevaba una bolsa de gimnasia grande. Tal como había hecho el martes por la noche, no paró de arreglar la ropa de sus hijos, el lazo de la niña y el cuello del suéter del niño, con sus iniciales bordadas. Cuando él se resistió y se apartó, Fillida empezó a enredar la larga melena de la niña entre sus manos, sin dejar de hablar con la niñera. Llevaba un pantalón vaquero y una chaqueta de chándal arrugada.

Alguien apareció con un Lincoln Navigator negro y se detuvo ante la puerta de entrada. Fillida abrazó a los niños con fuerza y dio instrucciones a la niñera, mientras el conductor colocaba la bolsa de gimnasia en el asiento de atrás. Fillida se sentó en el asiento de delante sin prestar atención al hombre que le había abierto la puerta y que había colocado la bolsa en el coche. Esperé hasta que los niños y la niñera desaparecieron calle arriba y crucé para entrar en el edificio.

Aquella tarde había un portero distinto al que había conocido el martes.

—La señora Rossy acaba de irse —me dijo—. Arriba no hay nadie más que la doncella. Habla inglés, pero no mucho.

Cuando le expliqué que había perdido un pendiente en la cena y tenía la esperanza de que la señora Rossy lo hubiera encontrado, me dijo:

—Puede intentar ver si la doncella la entiende.

Por el telefonillo intenté explicarle quién era y qué quería. La madre de mi padre hablaba polaco, pero mi padre no, así que era un idioma que no escuché mucho en mi infancia. Aun así, unas cuantas frases mal dichas me permitieron subir al piso, donde enseñé el pendiente a Irina, la doncella. Negó con la cabeza y empezó un largo discurso en polaco. Tuve que disculparme y decirle que no la entendía.

Entonces me dijo:

—Yo limpio en día siguiente y no veo nada. Pero en fiesta, yo oigo tú hablar Italia y yo me digo por qué si tú llamas Warshawska.

Pronunció mi apellido a la manera polaca y poniéndole la terminación femenina.

—Mi madre era italiana —le expliqué—. Mi padre era polaco.

Asintió con la cabeza.

—Yo entiendo. Hijos habla como habla madre. En mi familia lo mismo. En familia señora Fillida, lo mismo. Señor Rossy habla Italia, inglés, Germania, Francia, pero niños sólo inglés y Italia.

Chasqueé la lengua en solidaridad ante el hecho de que nadie del servicio de aquella casa pudiese comunicarse con Irina.

—La señora Rossy es muy buena madre, ¿verdad? —le dije—. Siempre está charlando con sus hijos.

Irina levantó las manos.

—Cuando ve a niños, siempre tocando, siempre como... como si gato o perro —me dijo haciendo como si acariciase a un animal—. Y ropa, ¡Huy, Dios mío!... Ropa muy bonita. Mucho, mucho dinero. Yo compro para todos hijos míos con lo mismo ella gasta en un vestido para Marguerita. Niños mucho dinero, pero no feliz. No tienen amigos. El señor, él hombre bueno, feliz, siempre amable. Ella, no. Ella fría.

—Pero a ella no le gusta estar sin los niños, ¿verdad? —pregunté intentando que la conversación no se desviase—. Quiero decir que ellos reciben invitados en casa, pero que no les gusta salir y dejar a los niños.

Irina me miró sorprendida. Claro que la señora Rossy dejaba a los niños. Ella era rica: iba al gimnasio, iba de compras, iba a visitar amigos. Sólo cuando estaba en casa...

—El viernes pasado creo que la vi en un baile en el hotel Hilton. Un baile de caridad, ¿sabe? —Tuve que repetir la frase un par de veces para que me entendiera.

Se encogió de hombros.

—Posible. No aquí. Yo no sabe dónde ir ella y el señor. Yo en cama temprano. No como hoy, que viene mucha gente cenar.

Aquello fue la señal de que tenía que irme. Intenté darle una propina, pero la rechazó. Lamentaba lo de mi pendiente e iba a seguir buscándolo.

Cuando ya iba en el coche, vi a los niños que volvían de su paseo. Se estaban pegando, uno a cada lado de la niñera. Familias felices, como dijo Tolstoi.

Así que los Rossy no habían estado en casa el viernes por la noche. Pero eso no quería decir que hubieran estado en Hyde Park disparando a Howard Fepple. Sin embargo, podía imaginarme a Fillida llamándolo, diciéndole que se llamaba Connie Ingram, convenciéndolo de que la ponía cachonda. Podía imaginármela entrando en el edificio con él, junto a las parejas de padres que iban a la clase de Lamaze —y, tal vez, también su marido estaba allí, mezclado en el mismo grupo— y luego coqueteando con Fepple, ya sentado en su silla. Y Bertrand que entra en la oficina, le golpea en la nuca, y ella le mete el cañón de la SIG en la boca. Cuando la sangre y los trocitos de hueso salen disparados, ella se aparta de un salto y, luego, le coloca la pistola debajo de la silla. Es lista, pero no tanto como para acordarse de colocarle la mano en la pistola para que en el depósito de cadáveres encuentren residuos de pólvora.

Luego, Bertrand y ella registran la oficina, encuentran el expediente de Sommers y se marchan. Y ayer Fillida fue a la casa de Hoffman. ¿Cómo es que ella encontró las señas y yo no? Claro, fue a través de Ulrich. Ellos sabían su apellido y le estaban buscando. Estaban buscando los registros de las ventas de seguros de Edelweiss-Nesthorn. La semana anterior, a Rossy debieron de salírsele los ojos de las órbitas cuando Connie Ingram le entregó la carpeta de Sommers en el despacho de Ralph. El agente que buscaba, Ulrich Hoffman, ¡en Chicago y debajo de sus propias narices! A lo mejor tardaron un poco en darse cuenta, pero después comprendieron que, aunque estuviera muerto, había muchas maneras de conseguir su dirección. Con guías de teléfonos antiguas, por ejemplo.

Podía ver cómo había sucedido todo. Pero ¿cómo iba a hacer para poder demostrarlo? Si yo fuese una mujer de mundo o tuviese tiempo suficiente, probablemente me habría dado cuenta de que habían recurrido a Ameritech para que allí les facilitaran guías telefónicas antiguas. La policía no había podido seguir la pista de la pistola que había matado a Fepple. Tal vez la amiga de Fillida, la mujer del diplomático italiano, había podido meterla en el país por valija. «Laura, querida, quiero llevarme mis pistolas y los estadounidenses se ponen tan pesados cuando se trata de armas... Ellos las llevan como nosotras llevamos un libro de bolsillo, pero a mí me harían la vida imposible rellenando formularios si intentara pasarlas por la aduana.»

Mientras iba conduciendo por Lake Shore Drive para ir a la cita con Durham, me sentí inquieta al pensar en Paul Hoffman en su cama del hospital. ¿Adónde iría Fillida un viernes por la tarde con su bolsa de gimnasia? ¿Haría gimnasia a esa hora del día o sería que llevaba una pistola en la bolsa para rematar el trabajo con Paul?

Cuando me detuve en un semáforo de la avenida Chicago, llamé al hospital: el teléfono de su habitación estaba bloqueado, así que no me podían conectar. Bien. Pregunté si podían decirme cómo estaba. Me dijeron que había empeorado.

En cuanto encontré un sitio donde aparcar, a unas pocas manzanas del bar, llamé a Tim Streeter a casa de Max. Max no había llegado todavía, porque Posner había vuelto al hospital y, aunque las manifestaciones habían sido menos virulentas, la junta directiva iba a reunirse a última hora para tratar el problema.

Tim se aburría. En realidad, ya no lo necesitaban. Si yo pudiera acercarle a Calia el collar de *Ninshubur*, estarían todos contentos.

—Ay, ese maldito collar —exclamé.

Le dije a Tim que, si no conseguía ir hasta Evanston por la noche, Calia tendría que conformarse con recibir el collar por correo cuando regresara a su casa. Le expliqué que en aquellos momentos me parecía mucho más importante la seguridad de Paul.

Él me dijo que hablaría con su hermano para ver si alguna de las mujeres de su equipo podía cuidar de Paul unos días, porque él necesitaba un descanso tras hacer de guardaespaldas: cuatro días con Calia habían hecho que se le pusiera el pelo prematuramente blanco.

Cuando terminamos de hablar, apoyé la cabeza sobre el volante, agotada. Estaban ocurriendo demasiadas cosas que no entendía ni podía controlar. ¿Adónde habría ido Lotty? Se había marchado enfadada la noche anterior, se había montado en su coche para ir a su casa y había desaparecido. Volví a marcar su número de teléfono y de nuevo salió su voz cortante en el contestador automático. «Lotty, por favor, si oyes mi mensaje, llámame. Estoy realmente preocupada.» Llamé a Evanston con la intención de dejar un mensaje para Max, pero justo acababa de entrar por la puerta.

—Victoria, ¿sabes algo de Lotty? ¿No? Ha llamado la señora Coltrain para saber si habías podido entrar en su casa.

—¡Maldita sea! Me he olvidado por completo de llamar a la señora Coltrain. Estoy metida en demasiadas cosas a la vez —le dije a Max. Le conté mi recorrido por el piso de Lotty de aquella mañana y le pedí que llamase a la señora Coltrain para que estuviera al corriente—. Si Lotty ha desaparecido por su propia voluntad, ¿cómo puede haberse marchado sin avisarnos? —añadí—. Tenía que haberse dado cuenta de que sus amigos nos íbamos a preocupar, y eso por no hablar de la señora Coltrain y de sus ayudantes en la clínica.

—Está totalmente desequilibrada —dijo Max—. Algo la ha desquiciado y sólo es capaz de pensar en su pequeño mundo, olvidándose del mundo más amplio en el que estamos sus amigos. Su comportamiento me..., me está empezando a asustar, Victoria. Estoy comenzando a considerar que pueda ser algún tipo de crisis postraumática de manifestación tardía, como si, tras pasar tantas décadas conteniéndola, ahora la estuviera asolando con la fuerza de un maremoto. Si recibes cualquier noticia de ella, llámame, no importa la hora que sea. Yo haré lo mismo.

Me reconfortaba saber que Max estaba tan preocupado como yo. La crisis postraumática es un diagnóstico al que se recurre tanto hoy en día que uno se olvida de lo seria y terrible que es. Si Max tenía razón, eso explicaría los nervios y el mal humor de Lotty últimamente y también su repentina desaparición. Hubiera deseado no enredarme tanto en la investigación: quería encontrarla ya. Quería consolarla, si estaba dentro de mis posibilidades. Quería que volviera a la vida, pero me asustaba darme cuenta de lo poco que podía ayudarla. No era una *indovina*. Y, como detective, iba avanzando lentamente entre arenas movedizas.

Salí del coche entumecida. Eran casi las seis y media; llegaba tarde a mi cita con el concejal. Fui calle arriba hacia el Golden Glow, que es lo más parecido que tengo a un club privado, aunque no es que sea privado pero, como he sido una asidua durante tantos años, ya me apuntan lo que tomo y lo pago a final de mes.

Sal Barthele, la dueña, me dirigió una sonrisa, pero no tuvo tiempo de acercarse para saludarme, porque la enorme barra de caoba, con forma de herradura, que sus hermanos y yo le ayudamos a rescatar del derribo de una mansión en Gold Coast hace unos diez años, estaba por completo abarrotada de clientes cansados y sedientos. La media docena de mesitas con lámparas estilo Tiffany estaban ocupadas. Eché una ojeada, pero no vi al concejal.

Durham entró justamente en el momento en que Jacqueline, la camarera, pasaba por mi lado con una bandeja llena. Me pasó un vaso de Etiqueta Negra sin aminorar el paso y siguió hasta una mesa donde sirvió ocho copas sin mirar siquiera la nota de pedido. Tomé un buen trago del whisky para alejar las preocupaciones sobre Lotty y prepararme para hablar con el concejal.

Jacqueline me vio dirigirme hacia la puerta para saludar a Durham, levantó un brazo y me hizo una seña, señalando la mesita del rincón. Efectivamente, nada más saludarme Durham, vi que las cinco mujeres que estaban allí sentadas se levantaban para marcharse. Para cuando el concejal y yo nos sentamos, la mitad del bar se había quedado vacío porque la gente se iba corriendo a tomar los trenes de las siete. Yo me preguntaba si el concejal había acudido con escolta y en aquel momento, cuando el bar se había vaciado, pude ver a dos jóvenes con las chaquetas típicas de los OJO, junto a la puerta de entrada.

—Bueno, detective Warshawski, así que sigue con su cruzada para relacionar a los afroamericanos con cualquier delito que pase por delante de sus narices —me dijo. Era una afirmación, no una pregunta.

—No tengo que montar una cruzada —le contesté con una sonrisa amable—. Las noticias me las sirven en bandeja. Colby Sommers no sólo ha ido por ahí alardeando de su dinero sino que le ha contado a todo el mundo, hasta a los perros, lo que hizo para..., bueno, la verdad es que no me gusta decir «ganarlo», porque eso degrada el trabajo que la mayoría de la gente hace para poder vivir. Así que digamos «obtenerlo».

—Llámelo como quiera, señora Warshawski. Llámelo como quiera... Eso no cambia la fea verdad de sus insinuaciones.

Jacqueline se detuvo con brevedad delante de nosotros y él pidió un bourbon Maker's Mark con una rodajita de limón. Yo negué con la cabeza para indicar que no quería nada: cuando mantengo una conversación resbaladiza, mi límite es un solo whisky.

—La gente dice que es usted muy inteligente, concejal; dicen que, en las siguientes elecciones, puede ser un duro competidor para el alcalde. A mí, personalmente, no me lo parece. Sé que Colby Sommers hizo de vigilante cuando un par de jóvenes de los OJO entraron a robar en el apartamento de Amy Blount esta misma semana. Cuando hablamos usted y yo el miércoles, aún estaba dándole vueltas a un soplo anónimo que recibió la policía para incriminar a Isaiah Sommers. Ahora sé que fue Colby Sommers el que hizo esa llamada. Y sé que Isaiah y Margaret Sommers fueron a la oficina de Fepple, siguiendo su consejo, la mañana del sábado en que él estaba allí muerto y su sangre y sus sesos estaban desparramados por todas partes. Supongo que lo único que no sé es qué le puede haber ofrecido Bertrand Rossy a usted para involucrarlo en sus problemas hasta el cuello.

Durham sonrió. Una sonrisa genial en la que no participaban sus ojos.

—Pues no sabe usted mucho, señora Warshawski, porque no tiene ninguna manera de conocer a la gente de mi distrito. Que Colby Sommers odia a su primo no es ningún secreto: todo el mundo en la calle Ochenta y siete lo sabe. Si intentó incriminar a Isaiah en un asesinato y si se ha mezclado con criminales, a mí no me sorprende como a usted. Yo comprendo todas las indignidades, los siglos de injusticia, que hacen que los negros se vuelvan contra sí mismos o contra su comunidad. Dudo que usted sea capaz de comprender esas cosas pero, si Colby ha intentado hacer daño a su primo, yo mismo llamaré al capitán de la policía del distrito, para ver si puedo ayudar en algo para que Isaiah no esté sufriendo de un modo innecesario.

—Yo también oigo cosas, concejal —le contesté, haciendo girar dentro del vaso el último sorbito de whisky que me quedaba—. Y una de las cosas más interesantes que he oído se refiere a usted y a las indemnizaciones a los descendientes de los esclavos. Un asunto muy importante. Un asunto como para poner al alcalde en un verdadero aprieto, porque no puede permitirse apoyarlo poniendo a la comunidad financiera internacional en su contra, pero tampoco puede ignorarlo y dar una mala imagen ante sus votantes, sobre todo, después de haber respaldado la condena de la esclavitud que aprobó el Ayuntamiento.

—Así que usted entiende de política local, detective.

Entonces, tal vez me vote, si alguna vez me presento a un puesto en el distinguido distrito en que usted vive.

Estaba intentando provocarme. Puse una sonrisa irónica para que viera que entendía su esfuerzo, aunque no la intención.

—Claro que entiendo de política local. Entiendo que a la gente no le parecería demasiado bien si se enterara de que usted no empezó su campaña hasta que Bertrand Rossy llegó a esta ciudad. Cuando él... le convenció para que armase jaleo con lo de las indemnizaciones para los descendientes de los esclavos y lograr así desviar la atención centrada hasta ese momento en la protesta de Joseph Posner y en el proyecto de ley sobre los bienes de las víctimas del Holocausto.

—Ésas son unas palabras muy feas, detective, y, como usted sabe, no soy un hombre paciente cuando personas como usted me calumnian.

—¿Calumnia? Eso quiere decir acusar sin fundamento. Y, si yo quisiera tomarme la molestia o pedir, por ejemplo, a Murray Ryerson, el periodista del *Herald Star*, que se la tomase, apuesto a que podríamos encontrar una cantidad de pasta bastante interesante que ha pasado de Rossy a usted. De su cuenta personal o a través de un cheque de la corporación Ajax, aunque yo me inclino más por su cuenta personal. Y puede que haya sido lo suficientemente listo como para entregársela en efectivo, pero alguien sabrá algo. Es sólo cuestión de indagar a fondo.

Ni pestañeó.

—Bertrand Rossy es un importante hombre de negocios de esta ciudad, a pesar de ser suizo. Y, tal como usted ha dicho, puede que algún día me presente a la alcaldía de Chicago. No puede hacerme daño tener apoyos en el sector empresarial, pero a mí lo que más me importa es mi propio distrito, donde me crié y donde conozco a la mayoría de la gente por su nombre de pila.

Ésa es la gente de Chicago que me necesita. Es para quienes trabajo, así que creo que lo mejor será que me vaya a una reunión que tengo con ellos.

Se bebió lo que quedaba en el vaso e hizo una señal para que le cobrasen, pero yo levanté la mano para indicarle a Jacqueline que Sal me lo apuntara en mi cuenta. No quería deberle nada al concejal Durham, ni siquiera un trago de whisky escocés.

48

Culturismo

Al final de la jornada financiera, la zona centro se vacía con rapidez. Las calles del Loop adquieren el aspecto melancólico y descuidado que se apodera de los espacios humanos después de haber sido abandonados. En las calles vacías destaca cualquier resto de basura, cualquier lata o botella. El metro, chirriando a su paso por los puentes elevados, sonaba tan remoto y salvaje como los coyotes en la llanura.

Caminé muy deprisa las tres manzanas que me separaban de mi coche, mirando todo el tiempo a mi alrededor, dentro de los portales, en los callejones y cruzando de una acera a la otra. ¿Quién vendría a por mí primero, Fillida Rossy o la pandilla de los OJO de Durham?

Durham no sólo se había librado de mí con rudeza sino que lo había hecho de un modo calculadamente ofensivo, con el fin de cabrearme. Como si tuviera la esperanza de que, al hacer hincapié en las injusticias raciales, fuera a conseguir desviar mi atención de los detalles de los crímenes en los que estaba implicado Colby Sommers.

¿Y a qué detalles se suponía que yo no debía prestar atención? Para entonces ya me había formado una idea bastante clara de por qué tenían tanta importancia los cuadernos de Ulrich. Y también de cómo habían matado a Howard Fepple. Y estaba empezando a vislumbrar la relación entre Durham y Rossy. Tenían un juego de intereses que encajaban a la perfección: Rossy le había proporcionado a Durham un importante asunto alrededor del cual podía construir su campaña, más el dinero para financiarla, y había conseguido manipular a la Asamblea Legislativa para que, al vincular el Holocausto con las indemnizaciones a los descendientes de los esclavos, todo aquello se convirtiera en algo demasiado complejo como para que los legisladores pudieran afrontarlo. Durham, a cambio, había desviado la atención pública de Ajax, de Edelweiss y del asunto de la recuperación de los bienes de las víctimas del Holocausto. Era algo maravillosamente perverso.

Lo que no entendía era qué había visto Howard Fepple en el expediente de Sommers para pensar que tenía entre manos algo que valía mucho dinero. Supuse que podría tener algo que ver con el cuaderno de Ulrich sobre las pólizas de los seguros de vida europeos. Y que Fepple, como yo, y como cualquiera que trabaje en el sector de seguros, sabía que Edelweiss no podría afrontar un riesgo tan importante como el derivado de las pólizas de las víctimas del Holocausto.

Pero eso no explicaba cómo había hecho Ulrich tanto dinero. Treinta años atrás no podía haberse dedicado a chantajear a sus jefes suizos, porque hace treinta años las cuentas bancarias y las pólizas de los seguros de vida de las víctimas del Holocausto no reclamaban el interés de las Asambleas Legislativas ni del Congreso de Estados Unidos. Ulrich tenía que haber estado haciendo algo a un nivel más de andar por casa. No tenía pinta de ser el cerebro de una organización criminal sino, simplemente, un hombre horrible que maltrataba de un modo atroz a su hijo y que había dado con una discreta fórmula para convertir una moneda de cinco centavos en un dólar de plata.

Delante de mí, un hombre salió de entre las sombras dando tumbos. Me sorprendió la velocidad con la que fui capaz de llevar la mano a mi cartuchera colgada del hombro. Me pidió dinero para comer, llenando el aire de un apestoso olor a whisky barato, mientras me corría un sudor frío por la nuca. Guardé la pistola en el bolsillo de la chaqueta y hurgué en mi bolso a la búsqueda de un dólar, pero el hombre ya había visto el arma y se fue corriendo por una calle lateral, con las piernas temblando.

Volví a mi oficina en el coche, mirando inquieta por el espejo retrovisor para ver si me seguía alguien. Cuando llegué al almacén que comparto con Tessa, aparqué lejos del edificio. Sostuve la pistola en la mano mientras abría la puerta. Antes de acomodarme ante mi mesa de trabajo, registré el estudio de Tessa, la entrada, el cuarto de baño y todas las subdivisiones de mi oficina. Es difícil entrar en nuestro edificio, pero no imposible.

Llamé por teléfono a Terry Finchley a la comisaría. Había sido el jefe de Mary Louise durante los tres últimos años que ella estuvo en la policía y siempre recurría a él para conseguir información reservada sobre las investigaciones que se estaban llevando a cabo. Yo sabía que Terry no llevaba directamente el caso de Sommers, pero lo conocía lo suficiente, ya que le había estado pasando información a Mary Louise. Bueno, daba igual, porque no estaba. Tras dudarlo un poco, le dejé un recado al sargento de guardia: «Colby Sommers anda liado con los OJO. Sabe algo sobre el asesinato de Howard Fepple y también está involucrado en el robo de Hyde Park, donde mandaste a los agentes de la científica el miércoles». El sargento me prometió que se lo daría.

Cuando encendí el ordenador, me sentí decepcionada porque Morrell no había contestado a mi correo electrónico. Aunque, claro, en Kabul era ya de madrugada. Quién sabe por dónde andaría... Y si ya se había adentrado por el país estaría en cualquier sitio, lejos de un teléfono al que conectar el ordenador. Lotty estaría en algún lugar desolado al que yo no podía acceder y

Morrell, en el fin del mundo. Me sentí terriblemente sola y me puse a compadecerme de mí misma.

El fax con el artículo de Anna Freud sobre los seis niños de Terezin había llegado. Me puse a leerlo, decidida a no regodearme en la autocompasión.

Aunque el artículo era largo, lo leí entero y con total atención. A pesar de la frialdad de la terminología clínica, afloraba con claridad la desgarradora destrucción de aquellos niños tan pequeños, privados de todo, desde el amor de sus padres hasta del idioma; unos pequeños que habían tenido que cuidarse unos a otros en un campo de concentración, uniéndose para apoyarse mutuamente.

Después de la guerra, cuando los ingleses aceptaron a un determinado número de niños procedentes de los campos de concentración para que aprendieran a vivir en un mundo libre de terror, Anna Freud se encargó del cuidado de aquellos seis. Eran demasiado pequeños para cualquiera de los demás programas de ayuda y formaban un grupito tan compacto que los asistentes sociales no se atrevieron a separarlos. Temían que la separación les causara un nuevo trauma en sus cortas vidas. Todos estaban muy unidos, pero dos de ellos habían establecido un vínculo muy especial entre sí: Paul y Miriam.

Paul y Miriam. Anna Freud... A la que Paul Hoffman llamaba su «salvadora en Inglaterra» y cuya fotografía había recortado para colgarla en el cuarto secreto. El Paul de quien hablaba Anna Freud había nacido en Berlín en 1942 y había sido enviado a Terezin a los doce meses, justo como Paul Hoffman había contado en la entrevista de la televisión. Era el único de los seis niños de cuya familia no se sabía nada. O sea que si te llamabas Paul y tu padre era un alemán que te había maltratado brutalmente, encerrándote en un vestidor y pegándote una paliza cada vez que pensaba que había algo femenino en tu actitud, quizás era lógico que creyeras que aquélla era tu historia, la de los niños de los campos de concentración.

Pero Paul y Miriam no eran los verdaderos nombres de los niños de los que hablaba Anna Freud. En su estudio sobre aquellos niños reales, había utilizado nombres falsos para proteger su intimidad. Paul Hoffman no se había dado cuenta. Se había leído el estudio, había asimilado la historia y se había imaginado a Miriam, la pequeña compañera de juegos por la que había llorado amargamente en la televisión la semana anterior.

Se me pusieron los pelos de punta. Sentí un deseo incontenible de irme a casa, meterme en la cama y alejarme de la gente con traumas que me dejaban el ánimo por los suelos. No me sentía con fuerzas para ir en coche hasta Evanston. Recogí el collar de *Ninshubur*, lo metí en un sobre acolchado y puse en él la dirección de Michael Loewenthal en Londres, con una nota para la aduana, *objetos usados carentes de valor* y, después de ponerle un sello, lo eché en un buzón de correos. Durante el trayecto a casa seguí con un ojo puesto en la carretera, pero no parecía que ni Fillida ni los chicos de OJO estuviesen siguiéndome.

Me sentí feliz cuando el señor Contreras me abordó al entrar. Al enterarse de que no había comido nada en todo el día, salvo la manzana, exclamó:

—Entonces no es extraño que estés desanimada, bonita. Tengo espaguetis en el horno. No son de los hechos en casa, como los que te gustan, pero creo que serán lo suficientemente buenos para un estómago vacío.

Lo eran. Me comí dos platos. Subimos los perros al coche, fuimos hasta el parque y les dejamos retozar en medio de la oscuridad. Me fui a dormir temprano, pero aquella noche volví a tener mi más horrible pesadilla. En ella intentaba encontrar a mi madre y no lo conseguía hasta que la estaban bajando a la tumba, envuelta en tantos vendajes y con tantos tubos que le salían de los brazos que no podía verme. Yo sabía que estaba viva, sabía que podía oírme, pero no daba muestras de ello. Me desperté llorando y diciendo el nombre de Lotty en voz alta. Estuve despierta una hora, escuchando los ruidos que venían de la calle y preguntándome qué estarían haciendo los Rossy, antes de volver a caer en un duermevela.

A las siete me levanté para ir a correr con los perros, mientras el señor Contreras me seguía con el Mustang. La idea de que podía estar en peligro le preocupaba mucho; ya veía que iba a estar pegado a mí hasta que se resolviera todo el tinglado de Edelweiss.

El lago aún estaba tibio, a pesar de que era septiembre y los días se iban acortando. Me metí en el agua con los perros y, mientras el señor Contreras les lanzaba palitos, fui nadando hasta una roca que sobresalía y volví. Cuando me reuní con ellos, estaba cansada pero me sentía como nueva y la angustia de la noche anterior se había borrado de mi mente.

Mientras volvíamos a casa, puse la radio para escuchar las noticias: *Elecciones presidenciales, blablablá, violencia en Gaza y Cisjordania, blablablá.*

«La noticia local más destacada del día de hoy: la policía ha revelado la identidad de la mujer cuyo cuerpo ha sido encontrado esta madrugada en la Reserva Forestal de Sundow Meadow. Una pareja de Countryside encontró el cuerpo cuando estaban corriendo con sus perros en el bosque, poco antes de las seis de la mañana. La policía ha informado que la fallecida era Connie Ingram, de treinta y tres años de edad y que residía en LaGrange. La fallecida vivía con su madre, que empezó a alarmarse ayer por la noche al ver que su hija no volvía de su trabajo.

«La señora Ingram comentó: "No tiene novio. Los viernes solía quedarse a tomar una copa con sus compañeras de trabajo, pero siempre se montaba en el tren de las 7.03".»

Al ver que su hija no había llegado a casa con el último tren, la señora Ingram llamó a la policía, donde le dijeron que no podía poner una denuncia antes de que hubiesen transcurrido setenta y dos horas desde la desaparición. De cualquier forma, cuando la señora Ingram llamó a la policía de LaGrange, su hija ya estaba muerta. El forense del Cook County calcula que fue estrangulada alrededor de las ocho de la tarde.

Connie Ingram llevaba trabajando en la Compañía de Seguros Ajax desde que se graduó en el instituto. Sus compañeros de trabajo relataron que en los últimos días la víctima había estado nerviosa porque la policía de Chicago la acusó de estar implicada en la muerte del agente de seguros Howard Fepple. Tanto las autoridades de Countryside como las de LaGrange estaban colaborando estrechamente con las de Chicago en la investigación.

«Otras noticias locales: un hombre del South Side resultó muerto de un disparo efectuado aparentemente desde un coche, cuando se dirigía caminando a su casa desde la estación del metro la pasada noche. Colby Sommers había participado de niño en el programa OJO del concejal Louis Durham, quien ha enviado su más sentido pésame a la familia.

»¿Se siente decaído con la llegada del final del verano? Vuelva a...»

Apagué la radio y aparqué el coche.

El señor Contreras me miró alarmado.

—¿Qué pasa, muñeca? ¿Era amiga tuya? Te has puesto tan blanca como mi pelo.

—No era una amiga... Era la joven del Departamento de Reclamaciones de la que te he estado hablando. Ayer por la mañana, cuando fui a Ajax, Ralph Devereux la acusó de ocultarle algo relacionado con esos malditos cuadernos con los que se ha largado Lotty.

Connie Ingram desapareció unos minutos cuando

iba hacia el ascensor. Yo pensé que se estaba escondiendo de mí, pero, tal vez, había ido al despacho de Bertrand Rossy para pedirle consejo.

Fepple tuvo que haber mandado a Ajax alguna muestra del material que obraba en su poder. Si no, ¿cómo iban a saber que en realidad podía hacerles chantaje? Se lo habría mandado a la pobre Connie Ingram, ya que con ella había establecido el contacto. Connie se dirigiría directamente a Bertrand Rossy, puesto que él se había interesado en persona por su trabajo con el expediente de Sommers. Aquella administrativa del Departamento de Reclamaciones tuvo que sentir una emoción casi insoportable cuando el joven y sofisticado ejecutivo de Zurich la eligió para sacarla de aquel agujero de la planta treinta y nueve. Le hizo jurar que no diría nada a nadie. Él sabía que Connie no iría a contarle a Ralph ni a su jefa, Karen Bigelow, ni a nadie, el interés que él tenía en el asunto, puesto que había captado claramente el entusiasmo que despertaba en ella.

Pero ella era una mujer fiel a su empresa y estaba preocupada cuando salió del despacho de Ralph. Quería ser leal con el Departamento de Reclamaciones, pero tenía que consultar primero a Rossy. ¿Y qué hizo Rossy? Organizar una cita secreta con ella al final de la jornada. «Ahora no podemos hablar, no tengo ni un hueco en la agenda. Pero podemos quedar en el bar de enfrente después del trabajo. No se lo digas a nadie. No sabemos en quién se puede confiar en esta empresa.» O algo así. Y se la llevó a la reserva forestal, donde ella quizá se imaginara que iba a tener sexo con el jefazo y él la estranguló cuando ella se volvió a mirarle sonriendo.

Imaginarme la escena hizo que me estremeciera de repugnancia. Si es que estaba en lo cierto. *Peppy* asomó la cabeza desde el asiento de atrás y me hizo una caricia con el hocico, gimoteando. Mi vecino me echó una toalla por encima.

—Pásate a este asiento, bonita. Yo conduciré hasta casa. Té, miel, leche y un buen baño caliente es lo que necesitas ahora mismo.

No le llevé la contraria, aunque sabía que no podría quedarme sentada mucho rato. Mientras él ponía el agua a hervir para el té y preparaba unos huevos y unas tostadas, subí la escalera para darme una ducha en mi casa.

Bajo el chorro del agua caliente, me puse a divagar y acabé pensando en lo que Ralph le había dicho a Connie el día anterior. Era algo así como «Nunca pensé que en una compañía de seguros se destruyeran documentos». Si Fepple había enviado una muestra de lo que obraba en su poder, ella tendría que haberla guardado.

Cerré el grifo bruscamente y me sequé a toda prisa. Digamos que Rossy se había encargado del archivo central de reclamaciones y lo había limpiado de cualquier manuscrito de Ulrich; que había encontrado la microficha... Nada más fácil para él que deambular por las plantas del edificio fuera del horario de trabajo, como si estuviese supervisando el trabajo, abrir el cajón pertinente, sacar la ficha y destruirla.

Pero supuse que Connie tendría un pequeño archivador de mesa... con los documentos que tenía que consultar todos los días para resolver los casos en los que estaba trabajando. Con toda probabilidad Rossy no había pensado en ello. Nunca en su vida había hecho un trabajo administrativo. Y me apostaba lo que fuera a que lo que había enviado Fepple estaba allí.

Me vestí apresuradamente: unos vaqueros, zapatillas de deporte y una chaqueta amplia para disimular la pistola. Bajé corriendo la escalera hasta la casa del señor Contreras, donde me tomé el tiempo necesario para beberme el té dulce y caliente que me había preparado y comerme los huevos revueltos. Estaba impaciente por irme, pero no podía dejar de tener la cortesía de sentarme a la mesa con él durante quince minutos.

Mientras comía le expliqué lo que pensaba hacer, desoyendo sus protestas por mi súbita partida. Conseguí convencerlo diciéndole que cuanto antes acabase con Rossy y con Ajax, antes podría empezar a buscar a Lotty.

49

Trabajo administrativo

Volví a subir corriendo a mi piso para llevarme el bolso y llamar a Ralph para saber por dónde estaba, en vez de ir dando botes de un lado a otro de la ciudad buscándolo. Cuando llegué arriba mi teléfono estaba sonando. Dejó de sonar antes de que hubiese podido abrir la puerta pero, mientras estaba hurgando en mi maletín en busca de mi agenda electrónica, volvió a sonar.

—¡Vic! —oí decir a Don Strzepek—. ¿Es que nunca escuchas los mensajes? Te he dejado cuatro en la última hora.

—Don, olvídate de eso. Dos personas relacionadas con mi investigación han sido asesinadas esta noche, lo cual es bastante más importante para mí que devolverte las llamadas.

—Bueno, pues Rhea tuvo suerte de que no la mataran anoche. Un hombre enmascarado entró en su casa buscando esos condenados cuadernos de Ulrich Hoffman. Así que deja de comportarte como una cría y sé un poco responsable: consigue que la doctora Herschel te los devuelva antes de que alguien más resulte herido.

—¿Que alguien entró en su casa? —Me había quedado horrorizada—. ¿Y cómo sabes que andaba tras los cuadernos de Ulrich?

—Porque el asaltante se los pidió. Rhea estaba aterrorizada y el hijo de puta la ató, la apuntó con una pistola, empezó a tirar cosas de los estantes de la librería y luego estuvo revolviendo entre sus cosas personales. Tuvo que decirle que los tenía Lotty.

Sentí cómo se me cortaba la respiración como si me hubieran dado una patada en el plexo solar.

—Sí, ya me doy cuenta.

Mi tono de voz había sido tan seco como el polvo que hay debajo de mi armario, pero Don estaba tan alarmado con lo suyo que no se dio cuenta. A las cuatro de la madrugada Rhea se despertó sobresaltada y vio que alguien la estaba apuntando con una pistola. Alguien con la cara cubierta con un pasamontañas, guantes y una chaqueta acolchada. Rhea no sabría decir si era un hombre o una mujer, si era blanco o negro, pero por la altura y la violencia del atacante creía que se trataba de un hombre. A punta de pistola, la obligó a bajar la escalera y la ató de pies y manos a una silla del comedor.

Y, entonces, le dijo: «Ya sabes lo que queremos. Dinos dónde los has escondido». Ella dijo que no sabía de lo que hablaba y, entonces, el tipo le gritó que quería los cuadernos de su paciente Paul Hoffman.

A Don le temblaba la voz.

—El muy gilipollas le dijo que ya había estado buscando en su consulta. Rhea dice que, en cierto modo, eso fue lo peor porque todo el rato tenía que pedirle que repitiera lo que decía. Parece que, en lugar de hablar, gruñía de un modo casi incomprensible y, por eso, ni siquiera es capaz de saber el sexo de esa persona. Bueno, ya sabes lo que pasa cuando uno está aterrorizado, sobre todo si no estás acostumbrado a sufrir una agresión física. El cerebro no puede procesar las cosas de un modo normal. Y ése..., bueno, la gente adquiere un aspecto horrible con un pasamontañas. Te paraliza ver a alguien de esa guisa. No parece humano.

Se me pasó por la mente que Rhea podría probar sus teorías hipnotizándose a sí misma para ver qué detalles podía recordar sobre el asaltante, pero todo aquel episodio me estaba resultando demasiado traumático como para cebarme con ella.

—Entonces le dijo: «No me dispare. Los tiene la doctora Herschel». El intruso estaba arrojando al suelo todas sus piezas de porcelana. Vio cómo destrozaba una tetera que había traído de Inglaterra en 1809 su tatara-buela. —La voz de Don había adquirido un tono cortan-te—. Y él, o ella o quien fuera, le dijo que sabía que era la persona más cercana a Paul Hoffman, sabía el nombre y todo, y que era la única a la que Hoffman podía haber dado los cuadernos. Así que Rhea le dijo que otra perso-na se los había llevado del hospital la noche anterior. Y, cuando el muy hijo de puta la amenazó, tuvo que darle el nombre de la doctora Herschel. No todo el mundo tie-ne tu presencia de ánimo, Vic —añadió al ver que yo no decía nada.

—Puede que no tenga importancia —dije lenta-mente—. Lotty ha desaparecido llevándose los cuader-nos. Si siguen buscándolos, eso confirma que se ha ido por voluntad propia, que nadie la ha presionado. Supon-go que la policía habrá pasado por casa de Rhea. ¿Les ha contado algo sobre su relación con Paul Hoffman?

—Sí, claro —contestó Don, mientras yo oía cómo daba una calada al cigarrillo. Y, a continuación, oí la voz de Rhea quejándose al fondo, recordándole que odiaba el humo del tabaco. «Lo siento, cariño», oí que decía al auricular, aunque no dirigido a mí.

¿Sería allí adonde había ido Fillida Rossy con tanta prisa con su bolsa de gimnasia la tarde anterior? ¿Al Wa-ter Tower Place para registrar la consulta de Rhea Wiell? Al no encontrar los cuadernos de Ulrich, los Rossy esperaron hasta medianoche, después de terminar de cenar con sus invitados. Rossy había vuelto a casa tras asesinar a Connie para ocuparse, junto con su mujer, de los invitados, derrochando sentido del humor, para des-pués volver a salir para asaltar a Rhea Wiell en su casa.

—¿Qué le ha dicho Rhea a la policía? —pregunté.

—Les dijo que tú habías estado en casa de Paul el jueves, así que es posible que recibas una visita de los investigadores del caso.

—Ay, qué simpática. Es que no para de darnos alegrías.

Entonces recordé el mensaje que con tanto cuidado había redactado para Ralph la tarde anterior... Que yo no tenía los cuadernos de Ulrich, que otra persona se los había llevado. Había estado intentando proteger a Lotty pero, con ello, sólo había conseguido poner a Rhea Wiell en peligro. Naturalmente, los Rossy —o quien estuviera tras los cuadernos— habían buscado primero a la persona más cercana a Hoffman. Tampoco podía quejarme mucho de que ella me hubiese echado a los perros.

—¡Caray, Don! Lo siento —dije, interrumpiendo sus objeciones—. Mira, quien ande detrás de esos cuadernos es alguien muy peligroso. Estoy encantada, agradecida de que no le hayan disparado a Rhea, pero, si van a casa de Lotty y no los encuentran, pueden pensar que Rhea les ha mentido. Pueden volver y entonces serán mucho más violentos. O tal vez piensen que te los ha dado a ti. ¿Puedes marcharte fuera este fin de semana? ¿No puedes irte a Nueva York o a Londres o donde puedas sentirte razonablemente seguro?

Don se asustó. Hablamos de las diferentes posibilidades durante unos minutos y, antes de colgar, le dije:

—Mira, Don, tengo más malas noticias para el proyecto de tu libro sobre la memoria recuperada. Ya sé que al ver los cuadernos de Ulrich tuviste algunas dudas, pero esa historia de Paul de que fue un niño que estuvo en Terezin al que luego llevaron a Inglaterra, donde Hoffman lo raptó, me temo que sea una historia de otro y que él la haya adaptado para sí.

Le hablé del artículo de Anna Freud.

—Si pudieras descubrir qué fue de los auténticos

Paul y Miriam... Bueno, no me gustaría nada que publicases la historia de Paul y que luego muchos lectores reconocieran el artículo de la hija de Freud y se dieran cuenta de que Paul se había apropiado de la historia de esos niños.

—Tal vez eso pruebe que tiene razón —dijo Don no demasiado convencido—. Esos niños no pueden haberse quedado en la guardería de Anna Freud toda la vida, tienen que haberse criado en algún sitio. Uno de ellos bien podría haber venido a los Estados Unidos con Ulrich, que le llamó Paul creyendo que era su verdadero nombre —siguió diciendo, mientras intentaba aferrarse a su ya maltrecha confianza en el futuro de su libro y... en Rhea.

—Puede ser —contesté dubitativa—. Te mandaré una copia del artículo. A los niños los dieron en adopción a través de un organismo que supervisaba Anna Freud. Tengo la sensación de que se preocuparían de que Paul tuviera un hogar estable, con un padre y una madre, y no que lo custodiara un emigrante viudo, aun cuando no se tratase de un *Einsatzgruppenführer*.

—Estás intentando fastidiarme el libro, simplemente porque no te cae bien Rhea —dijo con un gruñido.

Me contuve haciendo un gran esfuerzo.

—Eres un escritor respetado y yo estoy intentando evitar que hagas el ridículo con un libro al que, en el momento en que salga a la calle, le van a encontrar un montón de puntos débiles.

—Pues a mí me parece que eso es asunto mío..., mío y de Rhea.

—Venga, Don, ¡vete a freír espárragos! —le dije, ya sin el menor miramiento—. Tengo que ocuparme de dos asesinatos. No tengo tiempo para escuchar gilipolleces.

Colgué y busqué el número de la casa de Ralph Devereux. Se había mudado y ya no vivía en el apartamento de Gold Coast donde estaba cuando lo conocí, pero seguía viviendo en la ciudad, en un barrio nuevo que estaba de moda en la zona de South Dearborn. Tenía puesto el contestador automático. Como era sábado, podía estar haciendo recados o jugando al golf. Pero habían asesinado a alguien de su equipo. Aposté a que lo encontraría en su despacho.

Y, de hecho, cuando llamé al teléfono de Ajax, contestó su secretaria.

—Denise, soy V. I. Warshawski. Lamento mucho lo de Connie Ingram. ¿Está Ralph? Llegaré ahí en unos veinte minutos para hablar con él de la situación.

Intentó oponerse. Ralph estaba abajo, en una reunión con el señor Rossy y el presidente. Había convocado a todos los supervisores de reclamaciones de su departamento, que le estaban esperando en la sala de reuniones. Justo en ese momento estaba allí la policía interrogando al personal y no había manera de que Ralph pudiera atenderme. Le dije que ya estaba de camino.

Cuando llegué al edificio de Ajax tuve buena suerte. En el vestíbulo estaba el detective Finchley hablando con uno de sus subalternos. Finch, un negro delgado de treinta y bastantes años, iba siempre perfectamente trajeado. Incluso un día como aquél, un sábado por la mañana, llevaba la camisa tan bien planchada que no le hacía una sola arruga en el cuello. Nada más verme, me llamó.

—Vic, no he recibido tu recado sobre Colby Sommers hasta esta mañana. El idiota que estaba de guardia anoche pensó que no era tan importante como para llamarme a casa y ahora ese saco de mierda está muerto. Dicen que ha sido de un disparo desde un coche. ¿Qué sabes tú sobre él?

Le repetí lo que me había dicho Gertrude Sommers.

—Todo se basa en lo que le dijo el reverendo en la iglesia. La cosa es que ayer yo hablé con Durham sobre ello.

—No estarás diciendo que Durham es el responsable, ¿verdad? —dijo indignado.

—Ese reverendo de la señora Sommers dice que la mano derecha de la mano derecha de Durham no está siempre tan limpia como debería. Si Durham habló de ello con alguien de los OJO, tal vez pensaran que el fuego se estaba acercando demasiado. Voy a hablar con la señora Sommers para enterarme de quién es ese reverendo. Parece que está bien conectado con los de su barrio.

—Cada vez que estás a menos de tres kilómetros a la redonda de algún caso, todo se acaba complicando —se quejó Terry—. ¿Por qué has venido aquí esta mañana? No me digas que crees que el concejal Durham fue quien mató a Connie Ingram.

—He venido para ver al director del Departamento de Reclamaciones. Él valora mis opiniones más que tú. —Era una mentira, pero Terry se había pasado en su intento de herir mis sentimientos y yo no iba a exponerme a recibir más insultos contándole mis teorías sobre Fepple, Ulrich y los suizos.

Pero la afrenta mereció la pena: cuando lo dejé atrás para dirigirme hacia los ascensores, los de seguridad no me pararon. Creyeron que era alguna de las detectives del equipo de Terry.

Subí al piso sesenta y tres, donde la ordenanza de la planta de los directivos se hallaba en su puesto, a pesar de ser sábado. ¡Pobre Connie Ingram! Cuando estaba viva no había sido más que una minúscula pieza en el engranaje corporativo y, ahora que estaba muerta, conseguía que los ejecutivos de alto rango le dedicasen el fin de semana.

—Soy la detective Warshawski —le dije a la ordenanza—. El señor Devereux me está esperando.

—¿Policía? Creí que ya habían acabado aquí.

—Los del equipo del detective Finchley, sí, pero yo

estoy supervisando el caso completo, incluido el asesinato del agente. No es necesario que lo llame, conozco el camino hasta el despacho del señor Devereux.

No intentó detenerme. Cuando una empleada ha sido asesinada y la policía anda haciendo preguntas, hasta el personal de la planta de los directivos pierde su característico aplomo. La secretaria de Ralph me miró con el ceño fruncido y aire de preocupación, pero tampoco intentó despacharme.

—El señor Devereux sigue con el señor Rossy y con el presidente. Puede esperarlo aquí fuera.

—¿Está Karen Bigelow en la sala de reuniones? Podría hablar con ella mientras tanto.

Denise frunció el ceño aún más, pero se puso de pie y me acompañó hasta la sala de reuniones. Cuando entré, vi a siete personas sentadas ante la mesa ovalada hablando con gestos entrecortados y con aire aburrido. Levantaron la mirada con ansiedad, pero volvieron a recostarse en sus asientos cuando vieron que era yo y no Ralph. Karen Bigelow, la supervisora de Connie, me reconoció tras unos instantes y apretó los labios con gesto de pocos amigos.

—Karen, ¿recuerdas a la señora Warshawski? Le gustaría hablar un momento contigo.

Cuando la secretaria del jefe sugiere algo, equivale a una orden. Sin la menor gana, Karen Bigelow se levantó y fue conmigo a la salita contigua. Comencé por las frases convencionales que exigía el asunto, que había sentido mucho enterarme de la muerte de Connie, que sabía que sería un duro golpe..., pero ella no estaba por la labor de facilitarme las cosas.

Yo también apreté los labios.

—Muy bien, pues vayamos por el doloroso y duro camino. Todos sabemos que Connie estaba en contacto con Howard Fepple antes de que él muriera y que él le había enviado las copias del expediente que tenía en la carpeta de la agencia. Quisiera ver su archivador de mesa. Quiero ver qué es lo que Fepple le mandó.

—¿Para ir a la policía e inculpar más a una pobre chica muerta? No, gracias.

Sonreí con tristeza.

—Así que el archivador de mesa existe. No estaba segura. Si pudiéramos ir a verlo, encontraríamos la razón por la que murió Fepple y también ella. No porque ella...

—No tengo por qué escucharla —dijo Karen Bigelow, girando sobre sus talones.

Yo alcé la voz para tapar la suya y le dije a gritos:

—No porque ella tuviese nada que ver con la muerte de él, sino porque esos documentos encerraban un peligro del que ella no era consciente.

En aquel infortunado momento, Ralph entró en su despacho.

—¡Vic! —gruñó furioso—. Pero ¿qué diablos estás haciendo aquí? No, no te molestes en contestarme. Karen, ¿de qué intentaba convencerte Warshawski?

Los otros seis supervisores se habían acercado al oír mis gritos. La expresión de Ralph hizo que se escabulleran antes de que le diera tiempo de decirles que se marcharan.

—Quiere ver el archivador de mesa de la pobre Connie por lo del asunto Sommers —dijo Karen Bigelow.

Ralph se volvió hacia mí con una mirada furiosa. Alguien debía de haberle estado zurrando la badana en el despacho del presidente.

—No te atrevas, no te *atrevas* nunca jamás a entrar en este edificio para intentar presionar a mis empleados a mis espaldas.

—Tienes razón al estar furioso, Ralph —le dije con mucha calma—. Pero dos personas han sido asesinadas y hay una tercera en situación crítica por culpa de algún chanchullo de la Agencia Midway relacionado con la reclamación de Aaron Sommers. Estoy intentando averiguar qué es antes de que maten a alguien más.

—La policía de Chicago ya está trabajando en eso. Déjalos simplemente que hagan su trabajo —me dijo con los labios apretados por la ira.

—Lo haría si viese que estaban cerca de algo, pero yo sé cosas que ellos ignoran o, al menos, yo estoy relacionando cosas mientras ellos no lo hacen.

—Entonces, cuéntaselas.

—Lo haría si tuviera pruebas tangibles. Por eso quiero ver el archivador de mesa de Connie.

Se quedó mirándome con aire sombrío y luego dijo:

—Karen, vuelve a la sala de conferencias y diles a los demás que iré dentro de cinco minutos. Denise, ¿tenemos café, bollos o algo así? ¿Podrías ocuparte de eso, por favor?

La ira hacía que una vena palpitara en su sien, pero intentaba con todas sus fuerzas contenerla para no pagarla con sus empleados. Con un movimiento de cabeza me señaló el interior de su despacho: a mí no hacía falta tratarme con amabilidad.

—Muy bien, véndemelo en dos minutos y luego me reuniré con mi gente —dijo cerrando la puerta y mirando significativamente el reloj.

—El agente con el que Aaron Sommers contrató su póliza en 1971 estaba envuelto en algo ilegal —le dije—. Al menos en apariencia, Howard Fepple no lo supo hasta que se puso a mirar el expediente de Sommers. Yo estaba en su oficina con él cuando lo revisó y estaba claro que había algo, documentos, notas o lo que fuese, que le llamó la atención. Cuando pasó por fax el expediente a Connie, supongo que incluyó algo que creyó que le serviría para chantajear a la compañía de seguros.

»Nadie sabe qué era lo que aquel agente, el tal Ulrich Hoffman, tenía entre manos. Todos los documen-

tos originales de la póliza de Sommers han desaparecido. Lo único que queda es un expediente expurgado. Tú
mismo dijiste ayer que debería incluir notas manuscritas
del agente, pero han desaparecido. Si Connie se quedaba una copia en su archivador de mesa, eso sería como
encontrar oro. Y... dinamita.

—¿Ah, sí? —dijo con los brazos cruzados en actitud
intransigente.

Tomé aire.

—Creo que Connie informaba directamente a Bertrand Rossy en privado...

—¡Maldita sea! ¡No! ¿Adónde diablos quieres ir a
parar? —me gritó.

—Ralph, por favor. Ya sé que esto te debe de sonar a
déjà vu, que yo me presente aquí y acuse a tu jefe. Pero
escúchame un minuto. Ulrich Hoffman fue agente de
Edelweiss en Viena en los años treinta, cuando la compañía se llamaba Nesthorn. Vendía igualas para cubrir
los gastos de entierro a los judíos pobres. Luego vino la
guerra y quién sabe qué hizo durante ocho años pero, en
1947, apareció en Baltimore y, fuera como fuese, se tras-
ladó a Chicago y empezó a hacer el único trabajo que sabía, vender igualas para cubrir los gastos de entierro a
gente pobre que, en este caso, eran afroamericanos del
South Side de Chicago.

—Estoy seguro de que toda esta historia es fascinante —me interrumpió Ralph con gran sarcasmo—, pero
mi gente me está esperando.

—El viejo Ulrich mantenía la lista de sus clientes en
Viena. La lista de las pólizas de seguros de vida que
Edelweiss afirma que nunca vendió —dije casi entre
dientes—. Siempre han mantenido que eran una peque-
ña compañía de ámbito regional y que no estaban impli-
cados con las víctimas del Holocausto. Efectivamente,
Edelweiss *era* entonces una pequeña compañía, pero
Nesthorn era la más grande de Europa. Si los cuadernos

de Ulrich salen a la luz, toda esa charada que Rossy y Janoff montaron el martes en Springfield para conseguir que la Asamblea Legislativa abortara el proyecto de ley sobre la Recuperación de los Bienes de las Víctimas del Holocausto va a provocar una reacción más violenta que un maremoto.

—¡Maldita sea, Vic! ¡No tienes pruebas de nada de eso! —dijo Ralph dando un manotazo tan fuerte sobre su mesa de aluminio que hizo un gesto de dolor.

—No las tengo porque, por desgracia, los cuadernos de Ulrich siguen sin aparecer. Pero, créeme, Rossy anda tras su rastro. La oficina central de Zurich no se puede permitir que este asunto salga a la luz. Edelweiss no se puede permitir que alguien vea los cuadernos de Ulrich. Apuesto a que Rossy y su mujer tramaron la muerte de Howard Fepple. Apuesto a que él mató a la pobre Connie Ingram. Apuesto a que él le dijo que era un asunto muy confidencial, que tenía que trabajar sólo para él, que no le podía decir nada a nadie, ni a Karen ni a ti ni a su madre. Él era guapo, rico y poderoso y ella era una pobre Cenicienta que trabajaba a pie de obra. Probablemente para ella, él era su Príncipe Azul hecho realidad. Connie era fiel a Ajax y él era Ajax. Así que no había ningún conflicto sino una gran dosis de emoción.

Ralph se había puesto muy pálido. Inconscientemente se masajeaba el hombro derecho, donde había recibido el balazo de su antiguo jefe hacía diez años.

—Supongo que la policía ha establecido una conexión entre la muerte de Connie y Ajax. En caso contrario, no estaríais aquí todos reunidos un sábado —le dije.

—Las chicas..., las mujeres con las que solía ir a tomar una copa los viernes después del trabajo dicen que se excusó asegurando que tenía que quedarse a trabajar hasta tarde —dijo Ralph con aire de cansancio—. Según sus compañeras salió del edificio a la vez que todo el mundo y, cuando una de ellas le tomó el pelo diciendo que seguro que tenía una cita y no quería contarlo, se puso toda colorada, dijo que no era eso, pero que le habían pedido que guardase el secreto. La policía está investigando dentro de la compañía.

—Entonces, ¿me vas a dejar echar un vistazo al archivador de mesa de Connie?

—No. —Su voz no era más fuerte que un susurro—. Quiero que te vayas del edificio. Y, si estás pensando en pararte en la planta treinta y nueve para buscar esos papeles, ni se te ocurra. Voy a enviar a Karen ahora mismo a la mesa de Connie para que recoja todos sus documentos y me los suba. No vas a andar por mi departamento como si fueses un vaquero a la busca de terneros fuera de la manada.

—Prométeme una cosa. Bueno, dos cosas, en realidad. Que mirarás los papeles de Connie sin decírselo a Bertrand Rossy y que me dirás lo que encuentres.

—No te prometo nada, Warshawski. Pero puedes tener la seguridad de que no voy a poner en peligro lo que queda de mi carrera contándole semejante historia a Rossy.

50

Saltar de alegría

Antes de marcharme del despacho de Ralph le dejé otra tarjeta mía a Denise.

—Él va a querer ponerse en contacto conmigo —le dije aparentando más confianza de la que sentía—. Dígale que puede localizarme en el móvil a cualquier hora durante el fin de semana.

Casi no podía soportar no ver por mí misma el archivador de mesa de Connie Ingram, pero Karen Bigelow bajó conmigo hasta la planta treinta y nueve y me dijo que llamaría a la seguridad del edificio si la seguía hasta la mesa de Connie.

Cuando salí de allí me zambullí en un torbellino de actividad inútil. Don Strzepek había decidido no seguir mi consejo de abandonar la ciudad. Conseguí que convenciera a Rhea de que me dejase ir a visitarla a su casa de Clarendon, con la esperanza de que, si ella misma me describía a su atacante, aquello me ayudaría a dilucidar, de una forma u otra, si había sido alguno de los Rossy.

Ésa fue la primera hora que desperdicié. Don me abrió la puerta de la casa, pasamos junto a una cascada con flores de loto flotando y entramos en una terraza acristalada, donde Rhea estaba sentada en un gran sillón. Me clavó sus brillantes ojos desde el interior del capullo de chales en los que se encontraba envuelta. Mientras daba sorbitos a una infusión y Don la agarraba de la mano, me detalló los acontecimientos de la noche anterior. Cuando la atosigué un poquito para que me diera algún detalle —la altura, la complexión, el acento o la fuerza— de su atacante, se recostó en el respaldo del sillón y se llevó una mano a la frente.

—Vic, ya sé que lo haces por mi bien, pero ya he repasado esto una y otra vez, no sólo con Donald y con la policía, sino yo sola. Me induje un ligero estado de trance y grabé en una casete todo el incidente. Puedes escucharlo si quieres. Si hubiera algún detalle destacado, lo habría recordado en ese momento.

Escuché la cinta, pero Rhea se negó a volver a ponerse en trance para que yo pudiera interrogarla. Le sugerí que tal vez hubiese percibido cuál era el color de los ojos de aquel rostro cubierto por un pasamontañas, el color del pasamontañas o el de la voluminosa chaqueta del agresor. La relación que había hecho durante el trance no mencionaba nada de eso. Llegado ese punto se hartó y se puso agresiva: si hubiese pensado que esas preguntas podrían arrojar algún dato útil, ya se las habría formulado a sí misma.

—Don, acompaña a Vic hasta la puerta, por favor. Estoy agotada.

No me sobraba el tiempo como para perderlo en enfados o en discusiones. Me dirigí hacia la salida, pasando junto a los pétalos de loto, y sólo pude desahogarme lanzando un centavo contra el Buda que había en la parte superior de la cascada.

Después me fui en coche hasta el South Side, a casa de la madre de Colby Sommers, para ver si podía conseguir alguna información sobre lo que había hecho el primo de Isaiah durante su última noche en este mundo. Había varios parientes consolándola, entre ellos Gertrude Sommers, que estuvo hablando conmigo en voz baja en un rincón. Colby había sido un chico débil y también un hombre débil. Le hacía sentirse importante andar por ahí con gente peligrosa y, ahora, tristemente, había pagado por ello. Pero Isaiah... Isaiah era otra cosa, y ella quería estar segura de que me había quedado bien claro que tenía que hacer todo lo posible para que Isaiah no corriese la misma suerte de Colby.

Asentí tristemente y me dirigí hacia la madre de Colby. No había visto a su hijo durante las últimas dos semanas, no sabía en qué había estado metido. Pero me dio los nombres de algunos de sus amigos.

Cuando los localicé en una sala de billar de la zona, dejaron los tacos a un lado y me miraron con evidente hostilidad. Incluso después de que lograra traspasar la nube de canutos y resentimiento que los rodeaba, tampoco pudieron decirme mucho. Sí, Colby había estado con algunos hermanos que a veces hacían encargos para los OJO de Durham. Sí, había andado fardando con un fajo de billetes durante unos días, Colby era así. Cuando tenía pasta, la compartía con todo el mundo. Cuando estaba sin blanca, se suponía que todos tenían que mantenerlo. La noche anterior había dicho que iba a hacer algo con los hermanos del grupo OJO, pero ¿nombres? No sabían ningún nombre. No hubo soborno ni amenaza que les hiciera mella.

Me marché, frustrada. Terry no estaba dispuesto a sospechar del concejal Durham y los chicos del South Side le tenían demasiado miedo a los tipos de la OJO como para denunciarlos. Podía volver a ver a Durham, pero sería una pérdida de tiempo si no tenía nada seguro a lo que agarrarme. Y en aquel momento estaba tan preocupada por Lotty y por los cuadernos de Ulrich que era mucho más importante que intentara encontrar un modo de acorralar a los Rossy.

Estaba pensando si habría alguna forma de comprobar sus coartadas durante la noche anterior sin quedar demasiado en evidencia, cuando sonó mi teléfono móvil. Yo iba en dirección norte por la Ryan, justo a la altura del tramo donde dieciséis carriles se cruzan una y otra vez como las cintas durante la danza de la cucaña de mayo, así que no era el lugar más apropiado para distraerse. Me metí por la salida más cercana y atendí la llamada.

Esperaba que fuese Ralph, pero era mi servicio de contestador. La señora Coltrain me había llamado desde la clínica de Lotty. Era urgente, tenía que llamarla de inmediato.

¿Estaba en la clínica? Miré el reloj del salpicadero. Los sábados la clínica de Lotty estaba abierta por las mañanas de nueve y media a una. Y ya eran más de las dos.

No conozco a los que trabajan en el servicio de contestador los fines de semana. Aquel hombre me repitió el número que la señora Coltrain había dejado y colgó. Era el número de la clínica. Bueno, quizás se había quedado un poco más para terminar con algún papeleo.

La señora Coltrain suele ser una persona tranquila e incluso autoritaria. Durante todos los años que se ha ocupado de la recepción en la clínica de Lotty, sólo la he visto nerviosa una vez, y fue en una ocasión en que una muchedumbre furiosa invadió la clínica. Cuando la llamé su voz sonaba igual de nerviosa que en aquella ocasión, hacía ya seis años.

—Ah, señora Warshawski, gracias por llamar. Yo... Ha pasado algo muy raro... No sabía qué hacer... Espero que no esté... Sería bueno que usted... No quiero molestarla pero... ¿Está usted ocupada?

—¿Qué sucede, señora Coltrain? ¿Ha entrado alguien a robar?

—Es... Es sobre la doctora Herschel. Me..., me..., eh..., ha mandado una casete con instrucciones.

—¿Desde dónde? —le pregunté con tono imperioso.

—En el paquete no lo pone. Lo trajo un servicio de mensajería. He intentado... escucharlo. Ha pasado algo raro. Pero no quiero molestarla.

—Estaré ahí lo antes posible. En media hora como mucho.

Hice un giro de ciento ochenta grados en Pershing y aceleré para regresar a la Ryan, mientras calculaba por dónde ir y el tiempo que me llevaría. Estaba a quince kilómetros de la clínica, pero la autopista se desviaba bastante hacia el oeste antes de la salida de Irving Park Road. Era mejor salirse en Damen e ir hacia el norte en línea recta. Estaba a diez kilómetros de Damen, o sea, unos ocho minutos si el tráfico no se complicaba. Después tenía que hacer cinco kilómetros por el interior de la ciudad hasta Irving; otros quince minutos.

Estaba agarrando el volante con tal fuerza que tenía los nudillos blancos. ¿Qué habría pasado? ¿Qué diría aquella casete? ¿Lotty estaría muerta? ¿Habían secuestrado a Lotty y la señora Coltrain no se atrevía a decírmelo por teléfono?

La luz roja del semáforo de Damen no cambiaba nunca. Tranquilo, viejo cacharro, me reprendí a mí misma. No es necesario salir disparada y quemar los neumáticos para dejar clavados a los BMW que me rodeaban y demostrar que yo tenía la preferencia en el cruce. Cuando por fin llegué a la clínica, dejé el coche mal aparcado en una esquina y bajé corriendo.

El Eldorado plateado de la señora Coltrain era el único coche que estaba en el minúsculo aparcamiento que Lotty había construido en el lado norte de la clínica. Toda la calle tenía el aspecto somnoliento de una tarde de sábado. La única persona que vi fue una mujer con tres niños pequeños y un carrito con ropa para la lavandería.

Fui corriendo hacia la entrada principal y empujé la puerta, pero estaba cerrada con llave. Llamé al timbre de urgencias del portero automático. Después de un rato, contestó la señora Coltrain con una vocecilla temblorosa. Cuando le dije que era yo, pasó otro rato antes de que apretase el botón para dejarme entrar.

Las luces de la sala de espera estaban apagadas. Creí

que sería para evitar que los posibles pacientes pensaran que había gente dentro. Por el pavés se filtraba una luz verdosa que me hacía sentir como si estuviese debajo del agua. La señora Coltrain no estaba en su mesa, detrás del mostrador de recepción. La clínica parecía desierta, lo cual era absurdo, ya que ella acababa de abrirme la puerta desde dentro.

Abrí la puerta que daba a las salas de exploraciones y la llamé:

—¡Señora Coltrain!

—Estoy aquí al fondo, querida. —Su voz me llegó muy lejana, procedente del despacho de Lotty.

Nunca me había llamado «querida», a pesar de conocerme hacía quince años. Siempre me había dicho «señorita Warshawski». Saqué mi Smith & Wesson y corrí pasillo abajo. Estaba sentada a la mesa de Lotty, con las mejillas pálidas bajo su base de maquillaje y colorete. Al principio no me di cuenta de lo que pasaba, me llevó un segundo ver a Ralph. Estaba en el rincón más lejano, apretujado en una de las butacas que Lotty tiene para sus pacientes, con las manos atadas a los brazos de la butaca, un esparadrapo cubriéndole la boca y sus ojos grises, que parecían negros en aquel rostro tan blanco. Estaba intentando comprender qué estaba pasando allí cuando Ralph contrajo la cara e hizo un gesto con la cabeza en dirección a la puerta.

Me volví y levanté la pistola, pero Bertrand Rossy estaba justo detrás de mí. Agarró mi pistola y el tiro salió hacia un lado. Me estaba sujetando la muñeca derecha con las dos manos. Le di una patada bien fuerte en la espinilla. Aflojó la presión sobre mi muñeca. Volví a darle otra patada, más fuerte, y logré soltar la mano donde tenía la pistola.

—Contra la pared —dije, jadeando.

—*Arrestate* —dijo de repente Fillida Rossy detrás de mí—. Deténgase o le disparo a esta mujer.

Había salido de algún sitio donde estaba escondida y se había colocado detrás de la silla de la señora Coltrain. Estaba apuntándola con una pistola en el cuello. Fillida tenía algo raro. Después de un momento me di cuenta de que llevaba una peluca morena sobre su pelo rubio.

La señora Coltrain temblaba y movía la boca sin emitir palabra. Apreté los labios con furia y dejé que Rossy me quitara la Smith & Wesson. Me ató los brazos a la espalda con esparadrapo.

—Habla en inglés, Fillida. Tus últimas víctimas no entienden italiano. Acaba de decir que me detenga o que si no le disparará a la señora Coltrain —dije mirando a Ralph—. Así que me he detenido. ¿Esa pistola es otra SIG, Fillida? ¿Tus amigos del consulado te las traen clandestinamente de Suiza? Porque la policía no ha podido dar con la que usaste para matar a Howard Fepple.

Rossy me golpeó en la boca. Su encanto y su sonrisa habían desaparecido.

—No tenemos nada que decirte, ni en un idioma ni en otro, pero tú sí que tienes mucho que contarnos. ¿Dónde están los cuadernos de Herr Hoffman?

—Pues yo creo que vosotros también tenéis mucho que decirme a mí —respondí—. Por ejemplo, ¿por qué está aquí Ralph?

Rossy hizo un gesto de impaciencia.

—Era más fácil traerlo.

—Pero ¿por qué? Ay..., ay, Ralph, encontraste el archivo de Connie y se lo llevaste a Rossy. Mira que te rogué que no lo hicieses.

Ralph cerró los ojos con fuerza para no tener que mirarme, pero Rossy contestó, con impaciencia.

—Sí, me enseñó las notas de esa tonta. Esa tontita aplicada que conservaba todos los archivos en su mesa. Nunca se me había ocurrido y ella jamás me dijo ni una sola palabra.

—Claro que no —asentí—. Ella daba por sentado

que debía seguir los procedimientos burocráticos habituales y tú no tienes ni idea de cómo se trabaja a ese nivel.

Aquellos dos habían matado a tanta gente que no se me ocurría nada para convencerlos de que no mataran a tres más. Entretenlos, entretenlos hasta que se te ocurra algo. Sobre todo, mantén un tono de voz calmado, coloquial. Que no se den cuenta de que estás aterrada.

—¿Así que Fepple os amenazó con revelar que Edelweiss tenía un enorme riesgo derivado de las pólizas del Holocausto? Hasta Connie Ingram se dio cuenta de las implicaciones que conllevaba, ¿no?

—Claro que no —dijo Rossy con impaciencia—. Durante los años sesenta y setenta, Herr Hoffman empezó a presentar a Edelweiss certificados de defunción de sus clientes europeos, de aquellos a los que les había vendido seguros de vida en Viena antes de la guerra.

—¡Es increíble! —Fillida estaba indignada con la desfachatez de Hoffman—. Se quedó el dinero de los seguros de vida de muchos judíos de Viena. No sabía siquiera si estaban vivos o muertos, ¿para qué iba a seguir los procedimientos habituales?, él mismo extendía los certificados de defunción. Es un escándalo cómo nos ha robado el dinero a mí y a mi familia.

—Pero Aaron Sommers no era un judío vienés —objeté, desviando el asunto durante un momento hacia un problema menor.

Bertrand Rossy respondió, con tono impaciente:

—Ah, es que ese Hoffman se debió de volver loco. Perdió la cabeza o perdió la memoria. Resulta que había asegurado a un judío austríaco llamado Aaron Sommers en 1935 y a un negro estadounidense que se llamaba igual, en 1971. Así que mandó el certificado de defunción del negro en vez de mandar el del judío. Fue una estupidez, un disparate... y, sin embargo, para nosotros fue un golpe de suerte. Era el único agente que había vendido un gran número de pólizas a judíos antes de la guerra a quien no habíamos podido encontrar. Y resultó que al final estaba aquí, en Chicago. Aquel día en la oficina de Devereux, cuando me puse a hojear los papeles de Sommers y vi la firma de Ulrich Hoffman en el parte de trabajo de su agencia, no podía creer en mi suerte. El hombre que habíamos estado buscando durante cinco años estaba aquí, en Chicago. Todavía no salgo de mi asombro de que ni tú ni Devereux notaseis mi entusiasmo. —Hizo una pausa para regodearse de su buena actuación—. Pero Fepple era un imbécil total. Encontró una de las viejas listas de Hoffman en la carpeta de Sommers, junto con algunos certificados de defunción firmados en blanco. Pensó que podía chantajearnos con aquellos certificados de defunción falsos y ni siquiera se dio cuenta de que las demandas de indemnización derivadas de las pólizas del Holocausto eran más importantes. Mucho más importantes.

—Bertrand, ya basta de toda esa historia —dijo Fillida en italiano—. Que te diga dónde está la doctora.

—Fillida, tienes que hablar en inglés —le dije en inglés—. Ahora estás en Estados Unidos y estos dos pobres no pueden entenderte.

—A ver si tú entiendes esto —dijo Rossy—. Si no nos dices ahora mismo dónde están esos cuadernos, mataremos a tus amigos, pero no inmediatamente y de un balazo, sino despacio, para que sufran.

—Esa mujer, la psicóloga del hijo de Hoffman, dijo anoche que los tenía la doctora judía. Esos cuadernos son míos. Pertenecen a mi familia, a mi empresa. Tienes que devolvérmelos —dijo Fillida con un acento muy fuerte, en un inglés que no era tan fluido como el de su marido—. Esta recepcionista ha abierto la caja fuerte y no hay nada dentro. Todos saben que tú eres amiga de esa doctora judía, su mejor amiga. Así que dinos dónde está.

—Ha desaparecido —les dije—. Pensé que la teníais vosotros. Es un alivio saber que está a salvo.

—Por favor, no te equivoques. No somos estúpidos —dijo Rossy—. Esta recepcionista ya no nos sirve para nada después de habernos abierto la caja fuerte de la doctora.

—¿Por eso habéis tenido que matar a la pobre Connie Ingram? —le pregunté—. ¿Porque no supo decirte dónde estaban los cuadernos de Ulrich Hoffman? ¿O porque iba a decirle a Ralph o a la policía lo de los certificados de defunción falsos de Hoffman y de Howard Fepple que tanto te obsesionaban?

—Era una empleada muy leal a la compañía. Siento mucho su muerte.

—La invitaste a una cena deliciosa, la trataste con el mismo encanto con el que conquistaste a la nietecita del abuelo Hirs, que acabó casándose contigo, y después la llevaste a la reserva forestal y la mataste. ¿Le hiciste creer que te sentías atraído por ella? ¿Te levanta el ánimo pensar que una jovencita ingenua se quede prendada de ti igual que la hija de un jefe millonario?

Fillida hizo un gesto de desdén.

—*Che maniere borghese.* ¿Por qué tenía que preocuparme que mi marido complaciese las fantasías de una pobre desgraciada?

—Se está quejando de mi educación burguesa —les expliqué a Ralph y a la señora Coltrain, que miraba fijamente hacia delante con los ojos vidriosos por el miedo—. En su mundo, el que tu marido se acueste con sus empleadas no es más que un comportamiento enraizado en unas costumbres medievales. La señora del castillo no tiene por qué preocuparse de una cosa así puesto que ella sigue siendo la señora. ¿Es eso, Fillida? Como tú eres la reina puedes ir disparándole a todo el que no se incline ante ti. Como eres la reina de Edelweiss, nadie puede quedarse con dinero de la compañía y si se

579

atreve a presentar una demanda de pago, le dispararás. Necesitas controlar los asuntos de Edelweiss igual que controlas tu cubertería de plata y el pelo de tu hija, ¿verdad?

—Eres una ignorante. La compañía Edelweiss es de mi familia. La fundó el abuelo de mi madre, claro que entonces se llamaba Nesthorn. Los judíos nos obligaron a cambiarle de nombre después de la Segunda Guerra Mundial, pero no pueden obligarnos a cerrarla. Estoy protegiendo el futuro de mis hijos, de Paolo y de Marguerita, eso es todo. —Estaba furiosa, pero no dejaba de apuntar a la señora Coltrain—. Ese..., ese cretino de Howard Fepple pensaba que podía sacarnos dinero, es increíble. Y los judíos, que no hacen más que amasar dinero todo el tiempo, que creen que pueden venir a exigirnos más dinero, eso es una afrenta, un escándalo. Dilo ya de una vez. Dime dónde están los cuadernos del signor Hoffman.

Me sentía muy cansada y era plenamente consciente de lo poco que podía hacer y de la inutilidad de cualquier esfuerzo teniendo los brazos atados a la espalda.

—Ah, los judíos... Esos que le pagaban a Nesthorn un penique a la semana para que tú pudieras ir a esquiar al Mont Blanc y a comprar a Monte Napoleone. Y ahora los nietos de esos judíos, sus Paolos y Margueritas, pretenden que la compañía les pague lo que les debe. Ésa es una actitud muy burguesa. Pero ¿es que no entienden el enfoque aristocrático? ¿Que tú puedes cobrar las primas pero no tienes por qué pagar jamás las indemnizaciones? Es una pena que la policía de Chicago tenga una visión tan limitada del mundo. Cuando hayan comparado las fibras de la ropa de Bertie con las halladas en el cuerpo de Connie Ingram, bueno..., eso causará un gran impacto ante un jurado burgués, puedes creerme.

—La policía tendría que tener algún motivo para sospechar de Bertrand —dijo Fillida encogiendo sus elegantes hombros—. No veo por qué habría de fijarse en nosotros.

—Paul Hoffman podría identificarte, Fillida. Ahí se te fue el dedo del gatillo, ¿no?

—¡Ese loco! No podría identificarme ni en mil años. Cree que soy una guardiana del campo de concentración. ¿Quién se va a imaginar jamás que he estado en su casa?

—Max Loewenthal. Él está al tanto de lo que está sucediendo. Carl Tisov. La propia doctora Herschel. Bertie y tú sois como una pareja de elefantes en celo, que se persiguen por la selva. No podéis ir matando a todo el mundo en Chicago sin delataros vosotros mismos en algún momento.

Rossy miró su reloj.

—Tenemos que irnos pronto. A ver si llega el concejal Durham de una vez. Fillida, ya sabes que dijo que nada de heridas de bala, así que pártele un brazo a la recepcionista. Demuéstrale a la detective que no estamos de broma.

Fillida le dio la vuelta a la pistola y le asestó un culatazo en el brazo a la señora Coltrain. El dolor la arrancó del estado de shock que la tenía petrificada y soltó un grito. El horrible ruido del hueso hizo que todos nos volviésemos hacia ella.

Aproveché ese instante de distracción y me abalancé sobre Rossy. Me di la vuelta con rapidez y le pegué una patada en el estómago con toda mi fuerza. Volví a girar cuando arremetió contra mí y le di en la rótula. Empezó a soltarme puñetazos, pero no tenía ni idea de cómo pelear con los puños. Yo sí. Me agaché para esquivar sus brazos que parecían aspas de molino y le embestí directamente en el plexo solar.

Por el rabillo del ojo vi a Fillida apuntándome con el arma. Me tiré al suelo. Ya estaba por completo fuera de mí. Como no podía usar las manos, me quedé tumbada sobre la espalda lanzándole patadas a Rossy sin parar. Me puse a chillar de pura rabia e impotencia, cuando Fillida dio la vuelta al escritorio, colocándose delante para apuntarme con su pistola. No quería morir así, tirada en el suelo y sin poder hacer nada.

Por detrás de mí oí cómo Ralph soltaba un grito enfurecido. Se puso en pie, levantando consigo la pesada butaca a la que estaba atado y se lanzó contra Fillida, justo cuando estaba a punto de disparar. El impacto la hizo perder el equilibrio. Se le disparó la pistola y ambos cayeron al suelo. Fillida soltó un alarido cuando Ralph le cayó encima, con butaca y todo, aplastándole el abdomen.

La señora Coltrain estaba de pie detrás del escritorio.

—Acabo de llamar a la policía, señor Rossy, es ése su nombre, ¿verdad? Llegarán de un momento a otro.

La voz le temblaba un poco, pero volvía a tener las riendas de su clínica. Al oír aquel tono tan autoritario, el mismo que usaba para reprender a los niños pequeños que se ponían a pelearse en su sala de espera, me quedé tumbada en el suelo y me entró la risa.

51

El coyote astuto

Estaba sentada en el borde de la cama de Ralph, con su mano derecha entre las mías. Era sábado por la noche, ya tarde, pero la enfermera a cargo de la planta me había dicho que él no se dormiría hasta haber hablado conmigo.

—Se ve que no tengo suerte en mis relaciones con la empresa —dijo—. ¿Por qué no te habré hecho caso la segunda vez, ya que no te lo hice la primera? Toda esa gente muerta... Pobre Connie. Y yo con otra bala en el hombro. Supongo que no puedo soportar que siempre tengas razón, ¿verdad?

—Por lo menos esta vez te han dado en el izquierdo —le dije—. Ahora has quedado equilibrado. Ralph, eres una buena persona y te gusta trabajar en equipo. Deseabas creer que tu gente era tan buena como tú y yo te estaba advirtiendo de que no era así. Eres tan honrado que no puedes pensar nada malo de la gente que te rodea. Pero, de todos modos, me has salvado la vida. Sólo puedo estarte eternamente agradecida. —Acerqué su mano derecha a mis labios.

—Eres muy amable. —Cerró los ojos un momento—. Connie... ¿Por qué haría una cosa así?

—No creo que estuviese siendo desleal, ni contigo ni con la compañía, pero supongo que Rossy la confundió un poco. Allí estaba el gran jefe que había llegado representando a los nuevos dueños de Suiza, diciéndole que sólo tenía que informarle a él directamente, que no tenía que decirle a nadie lo que él le confiase porque había alguien que estaba haciendo un desfalco dentro de la compañía, alguien que podía ser cualquiera, tú, Karen, su supervisora. Supongo que eso fue lo que pasó. Cualquiera que se haya pasado catorce años trabajando duro como empleada del Departamento de Reclamaciones estaría encantada, pero además ella tenía el mérito añadido de ser una persona leal y de confianza. Él dijo que no hablara y ella no abrió la boca. Y encima él era un tipo elegante, de gustos sofisticados.

—¿Es una indirecta contra mis hamburguesas con queso? —preguntó Ralph con un atisbo de humor—. El tipo sólo es dos años menor que yo. Tendré que intentar ser más elegante con las empleadas del Departamento de Reclamaciones. Así que coqueteó con ella y después la estranguló. ¡Qué final más horrible para Connie! ¿Y eso se puede demostrar?

—Terry Finchley, el detective que está al frente de la investigación, ha conseguido una orden de registro. Van a buscar entre la ropa de Rossy, investigarán las huellas dactilares, las compararán con las marcas del cuello de Connie. Fillida y él son de una arrogancia tal que es probable que no se hayan ni tomado la molestia de ocultar las pruebas.

»Y Fillida, ésa es otra historia —continué diciéndole—. Tendrá que enfrentarse a un montón de cargos: el asesinato de Fepple, la agresión a Paul Hoffman, la agresión a Rhea Wiell. Pero es atractiva y rica. Están buscando huellas suyas, fibras de ropa o cualquier otra prueba en casa de Paul. Aunque al fiscal no le va a resultar tan fácil trincarla. Al menos esas hamburguesas con queso que te comes han dado resultado: cuando te tiraste encima de ella le partiste la pelvis. Ya no podrá esquiar en ningún sitio durante mucho tiempo.

Me sonrió levemente, con aquella sonrisa torcida que me recordaba al Ralph de los viejos tiempos, y cerró los ojos. Pensé que se había quedado dormido, pero cuando me estaba poniendo de pie volvió a levantar la mirada hacia mí.

—¿Qué estaba haciendo el concejal Durham en la clínica? Lo he visto cuando me traían en la camilla.

—Ah, es que Fillida y Bertrand se habían vuelto locos —le dije—. Pensaron que lo mejor era conseguir una bomba, hacernos volar a los tres por los aires y hacer que aquello pareciese un atentado de unos terroristas en contra del aborto. Le habían pedido a Durham que les consiguiese una bomba. Daban por sentado que ya lo tenían comprado, que no era más que otro de sus criados y que haría lo que le pidiesen.

»Rossy le había hecho algunos favores a Durham —continué explicándole—, a cambio de un poco de fuerza bruta. Rossy consiguió que la Asamblea Legislativa bloqueara la Ley sobre la Recuperación de los Bienes de las Víctimas del Holocausto hasta que no se incluyesen las indemnizaciones para los descendientes de los esclavos y también le dio dinero para que tuviese los fondos necesarios para su campaña a la alcaldía, aparte de proporcionarle un asunto de suma importancia, el de las indemnizaciones a los descendientes de los esclavos, con el que construir una plataforma que abarcase la ciudad entera. A cambio de toda esa ayuda, Durham puso a Rossy en contacto con algunos macarras del South Side, cuando necesitó que alguien entrase en el apartamento de Amy Blount para ver si tenía los cuadernos de Hoffman. Pero el concejal es un coyote astuto, nunca pone nada por escrito. Él nunca le dijo a Rossy directamente que podía proporcionarle fuerza bruta...

»Rossy pensaba que tenía comprado a Durham —continué—. Pero el concejal tiene más ganas de ser alcalde que de ser Al Capone. Así que llamó a la policía y le dijo que los Rossy querían poner una bomba en la clínica. Los policías ya estaban en camino, aunque llegaron un poco tarde.

Ahora el concejal parecía Don Perfecto. Me había dedicado una sonrisilla al pasar junto a mí. La sonrisilla de un hombre que había quedado limpio con la muerte de Colby Sommers y que, además, contaba con un buen botín para su campaña de lanzamiento en toda la ciudad. Le había confesado a Terry Finchley, más con pena que con odio, que algunos de los jóvenes de su grupo OJO no estaban tan rehabilitados como él hubiese deseado. Y Finch, que suele ser uno de los polis más rectos y sensatos de la ciudad, me soltó un sermón sobre mi tendencia a acusar al concejal. Si tuviese que ganar todos los asaltos del combate para ser feliz, sería una detective tristísima, pero la verdad es que haber perdido ése me daba una rabia tremenda.

La enfermera entró en la habitación.

—Este paciente está recuperándose de un trauma. Ya ha tenido sus cinco minutos multiplicados por dos, así que márchese ahora mismo.

Ralph se había dormido. Me incliné para besarle la frente, cubierta por un mechón de pelo gris.

Ya en el aparcamiento del hospital Beth Israel, me masajeé los hombros antes de subir al coche. Todavía me dolían por haber tenido los brazos atados a la espalda. Después de hablar con la policía me había ido a casa a descansar, pero todavía estaba molida.

Una vez en casa, había pensado que tenía la obligación moral de contarle al señor Contreras lo que había sucedido, antes de arrastrarme hasta mi cama. Había dormido unas pocas horas, pero cuando me desperté seguía reventada. Todas aquellas muertes y toda la energía que había empleado en intentar desentrañar los casos habían acabado por desvelar algo tan sórdido: Fillida Rossy, protegiendo la empresa de su bisabuelo. Protegiendo su fortuna y su posición social. No es que fuese una Lady Macbeth detrás de Bertrand, él no necesitaba que su esposa le azuzase para enfrentarse a los escollos del camino. Tenía su propia arrogancia y una idea muy particular de sus derechos.

Cuando me levanté, antes de ir al hospital a ver a Ralph, había pasado por mi oficina para mandarle un e-mail a Morrell: «¡Cómo me gustaría que estuvieses aquí! ¡Cómo necesito tus abrazos esta noche!».

Me contestó de inmediato, enviándome su amor, su comprensión y... un resumen de los artículos sobre Edelweiss que le había enviado el día anterior. No porque importase ya mucho, no era más que otro aspecto de la fortuna amasada por la familia de Fillida. Nesthorn había asegurado a un montón de peces gordos nazis durante la guerra e incluso había obligado a ciudadanos de la Holanda y la Francia ocupadas a contratar con ellos sus seguros de vida. En la década de 1960 consideraron prudente cambiar el nombre de la empresa por el de Edelweiss, ya que en la Europa Occidental todavía había mucho resentimiento contra Nesthorn.

Allí, de pie en el aparcamiento, solté una risa amarga y volví a masajearme los hombros. Una figura gigantesca apareció de entre las sombras y vino hacia mí.

—¡Murray! —dije, ahogando un grito y con la pistola en la mano, sin siquiera haberme dado cuenta de que la había sacado—. No me des estos sustos después del día que he tenido.

Me pasó un brazo por los hombros.

—Ya te estás haciendo mayor para escalar edificios tan altos, Warshawski.

—En eso tienes razón —le dije, guardando mi arma—. Sin la ayuda de Ralph y de la señora Coltrain, ahora estaría bajo una losa.

—Y no te olvides de Durham —me dijo.

—¿Durham? —pregunté—. Ya sé que ahora va por ahí de Don Limpio, pero ese pedazo de político mentiroso sabe muy bien que se ha librado por poco de que lo acusen de asesinato.

—Tal vez, tal vez. Pero esta tarde he tenido algunas palabras con el concejal. Por desgracia, con los micrófonos apagados. Pero dijo que anoche te miró a ti y miró a Rossy y decidió apostar por el talento local. Dijo que había estudiado tu ficha y que había visto que siempre te llevabas muchas patadas en el culo pero que solías caer de pie. ¿Quién sabe, Warshawski? Si llega a alcalde tal vez acabe nombrándote comisario de policía.

—Y tú dirigirás su oficina de prensa —le contesté con tono seco—. Ese tipo ha hecho un montón de cosas horribles, entre las que se incluye delatar a Isaiah Sommers achacándole el asesinato de Howard Fepple.

—No sabía que se trataba de Isaiah Sommers, o al menos eso es lo que me han dicho mis contactos en el Departamento de Policía. O sea, él no sabía que Isaiah era pariente de la misma familia Sommers a la que había ayudado en la década de los noventa. —Murray seguía rodeándome con el brazo—. Cuando se enteró, obligó a Rossy a pagarle el seguro a Gertrude Sommers. E intentó hacer que la policía no trabajase a partir de ideas preconcebidas en la investigación del asesinato. Por eso no acusaron a Isaiah Sommers. Ahora te toca a ti. Quiero ver esos misteriosos cuadernos o libretas de contabilidad o lo que fuesen, que los Rossy han estado buscando por toda la ciudad con tanta desesperación.

—Yo también querría. —Me desembaracé de su brazo y me volví para quedar de frente a él—. Lotty se ha esfumado con ellos.

Cuando le conté a Murray que Lotty había desaparecido después de su altercado con Rhea junto a la cama de Paul Hoffman-Radbuka, me miró con tristeza.

—La vas a encontrar, ¿verdad? ¿Por qué se llevó los libros?

Sacudí la cabeza.

—No lo sé. Ella veía algo en ellos... Algo que los demás no podíamos ver.

Saqué mi maletín del coche y busqué las fotocopias que había hecho del cuaderno.

—Puedes quedarte con esto y puedes reproducirlas si quieres.

Entrecerró los ojos, intentando leer lo que ponía con aquella luz tan débil.

—Pero ¿esto qué quiere decir?

Me recosté con aire cansado contra mi coche y señalé el renglón que ponía «Omschutz, K 30 Nestroy (2h.f) N-13426-Ö-L».

—Según mi entender, estamos viendo un registro de K. Omschutz, que vivía en el número 30 de la calle Nestroy, en Viena. El «2h.f» significa que vivía en el apartamento 2 f, interior. Las cifras corresponden al número de póliza y luego hay una seña que le servía para recordar que era una póliza de vida austríaca: la Ö de Österreich, que significa Austria en alemán. ¿Vale?

Tras observar el papel durante un minuto, asintió con la cabeza.

—En esta otra página sólo vienen los valores nominales de las pólizas en miles de chelines austríacos y el pago semanal acordado. No era ningún código. Significa algo muy claro para Ulrich Hoffman: sabía que le había vendido una póliza a K. Omschutz por un valor nominal de cincuenta y cuatro mil chelines contra una iguala semanal de veinte chelines. En cuanto Ralph Devereux, el de Ajax, se dio cuenta de que aquello se refería a pagos de seguros de vida anteriores a la guerra, lo asoció enseguida con el material que encontró en los archivos de mesa de la empleada del Departamento de Reclamaciones que había sido asesinada. Aquello fue lo que le hizo abandonar toda precaución y salir como un vendaval hacia el despacho de Bertrand Rossy.

Ralph me había estado contando todo aquello esa misma noche cuando llegué al hospital, torciendo la boca con una mueca burlona ante su imprudencia. Yo ya estaba cansada de todo aquel asunto, pero Murray estaba tan entusiasmado por haber conseguido en primicia unas cuantas páginas de los libros de Hoffman que casi no podía contenerse.

—Gracias por darme la exclusiva, Warshawski. Sabía que no podías estar enfadada conmigo para siempre. ¿Y qué va a pasar con Rhea Wiell y Paul Hoffman o Radbuka? Esta tarde Beth Blacksin estaba muy contrariada después de haber estado en la clínica y enterarse de que todo el asunto podía acabar siendo un fraude.

Beth Blacksin había estado revoloteando alrededor de los polis en la clínica con sus omnipresentes cámaras. En aquel momento le respondí la mayor cantidad de preguntas que pude, para no tener que someterme a ellas más tarde. Les hablé de los Rossy, de los cobros de las pólizas del Holocausto y de los cuadernos de Ulrich.

No sabía lo que Don pensaba hacer con su libro, pero no sentía ninguna gana de protegerlo. Hablé ante las cámaras de Paul Hoffman, del material relacionado con Anna Freud, del cuarto secreto de Paul. Cuando a Beth se le iluminaron los ojos de sólo pensar en la posibilidad de filmar aquel escenario, me acordé de lo furiosa que se había puesto Lotty por el modo en que los libros y las películas se ceban con los horrores del pasado. Y Don, que quería incluirlo todo en un libro para Envision Press. Y Beth, consciente de que su contrato estaba a punto de vencer, ya preveía un aumento de los niveles de audiencia para su programa si conseguía filmar los horrores íntimos de Paul. Le dije a Murray que, cuando empezaron a contarme todo aquello, me marché y les dejé con la palabra en la boca.

—No me extraña. Que nos ocupemos de la noticia no significa que tengamos que comportarnos como chacales en plena cena.

Me abrió la puerta del coche para que subiera, lo cual era una galantería inusual en él.

—¿Por qué no vamos al Glow, Vic? Tú y yo tenemos que ponernos al día en un montón de asuntos relacionados con la vida, no sólo con los seguros de vida.

Negué con la cabeza.

—Tengo que ir a Evanston a ver a Max Loewenthal. Pero te acepto la invitación para otro momento.

Murray se inclinó y me dio un beso en los labios, después cerró la puerta del coche rápidamente. Por el espejo retrovisor, lo vi quedarse allí, mirándome, hasta que mi coche desapareció por la rampa de salida.

52

El rostro de la fotografía

El Beth Israel queda bastante cerca de la autopista que tomo para ir a Evanston. Ya eran las diez, pero Max había querido que nos viésemos para hablar de todo aquel asunto. Se sentía profundamente solo puesto que Calia y Agnes ya se habían marchado a Londres, y Michael y Carl a San Francisco, para volver a reunirse con el conjunto Cellini.

Max me dio de cenar pollo asado frío y una copa de St. Emilion, un tinto que me devolvió el calor y el alma al cuerpo. Le conté todo lo que sabía, lo que sospechaba y el desenlace que preveía. Se tomó el asunto del concejal Durham con más filosofía que yo, pero estaba desilusionado de que Posner no se hubiese visto implicado en ninguno de los escándalos.

—¿Estás segura de que no ha representado ningún papel en todo esto? ¿Algo que tú puedas contar y que lo obligue a alejarse del hospital?

—Sólo es un fanático —dije, aceptando otra copa de vino—. Aunque, al final, acaban siendo más peligrosos que las personas como Durham, que siguen las reglas del juego, bueno, tomándoselas como un juego, para acceder al poder, a un alto cargo o al dinero. Pero, si damos con Lotty y encontramos los cuadernos de Ulrich, podremos hacer públicos esos seguros de vida que Edelweiss o Nesthorn contrataron durante la década de 1930. Podremos forzar a la Asamblea Legislativa de Illinois a revisar la Ley sobre la Recuperación de los

Bienes de las Víctimas del Holocausto. Y Posner y sus macabeos volverán al centro, a manifestarse delante de Ajax o del edificio del Estado de Illinois y así te lo quitarás de encima.

—Lotty y los cuadernos —repitió Max, haciendo girar la copa de vino una y otra vez entre sus manos—. Victoria, mientras Calia estuvo aquí y a mí me inquietaba tanto su seguridad, no tenía tiempo para preocuparme demasiado por Lotty. Ahora que Carl se ha marchado para retomar su gira, también me doy cuenta de que yo me estaba reprimiendo para no hacer el ridículo delante de él. Carl no ha dejado de referirse al comportamiento de Lotty en estos últimos días calificándolo de «un gran talento para el drama». Dice que su forma de desaparecer el jueves es la misma que aquella de hace tantos años en Londres. Que entonces también se dio la vuelta y se marchó sin decir una sola palabra. Que eso es lo que le hizo a él, ya sabes, y que soy un tonto si pienso que no me está haciendo lo mismo a mí. Que se va, no dice nada durante semanas o meses y que después, tal vez regrese o tal vez no, pero que jamás dará una explicación.

—¿Y tú qué piensas? —le pregunté cuando se quedó en silencio.

—Pienso que ahora ha desaparecido por la misma razón por la que desapareció entonces, sea cual sea —soltó de repente—. Si yo tuviera veinte años, como tenía Carl entonces, es probable que me sintiera más preocupado por mi propio dolor y menos por el de ella. La pasión es mucho más fuerte a los veinte años. Pero ahora estoy muy preocupado por ella. Quiero saber dónde está. He llamado a su hermano Hugo a Montreal, aunque nunca han estado muy unidos. Hacía meses que él no tenía noticias de Lotty y no tiene ni idea de lo que puede estarle pasando o adónde puede haber ido. Victoria, ya sé que estás agotada, lo veo en las arrugas que se te han formado alrededor de los ojos y de la boca. Pero ¿no podrías hacer algo para encontrarla?

Volví a masajearme los doloridos hombros.

—Por la mañana me acercaré a la clínica. Parece que, al final, Lotty sí le envió a la señora Coltrain una casete con instrucciones por mensajero. Las estaba transcribiendo cuando Fillida Rossy la atacó. La señora Coltrain dice que no hay nada que pueda indicar dónde está Lotty. Es una cinta de corta duración en la que le dicta las instrucciones a seguir durante las fechas en las que Lotty tenía que operar. Pero he quedado con la señora Coltrain mañana por la mañana en la clínica para escuchar yo misma la cinta e inspeccionar el paquete en el que llegó. La señora Coltrain confía en que yo pueda sacar algo en limpio. También me ha dicho que Lotty dejó algunos papeles sobre su mesa de trabajo y que tal vez a mí me digan algo. Aparte de eso, puedo intentar pedirle a Finch o al capitán Mallory que me faciliten el registro de llamadas del teléfono de Lotty, ahí aparecerán las llamadas que hizo la noche en que desapareció. Puedo conseguir la lista de pasajeros de las compañías aéreas. Puedo hacer más cosas, pero eso llevaría más tiempo. Espero encontrar algo entre sus papeles.

Max insistió en que me quedase a dormir en su casa.

—Estás que no te tienes en pie de sueño, Victoria. No deberías conducir así. A menos que tengas mucha urgencia por regresar a tu casa, puedes dormir en el que era el cuarto de mi hija. Incluso encontrarás algún camisón limpio allí.

Max quería que me quedase en su casa porque estaba preocupado por mí, pero también porque tenía miedo y se sentía solo, y todas eran razones importantes para mí. Llamé al señor Contreras para que no se pusiera nervioso y me alegré, realmente, de subir sólo una escalera y encontrarme ya en la cama, en lugar de tener que conducir otra media hora para llegar a la mía.

A la mañana siguiente fuimos juntos a la clínica. Habíamos quedado con la señora Coltrain a las nueve. Estaba tan bien arreglada y tan tranquila que parecía como si los Rossy y su intento de asesinato no la hubiesen alterado más que cualquiera de las pacientes o los niños chillones que acudían diariamente a la consulta. Fillida no había llegado a partirle el brazo cuando se lo golpeó con la culata, pero le había dejado un buen moretón. Llevaba el brazo en cabestrillo para protegerse la zona dañada.

Pero resultó que tampoco estaba tan tranquila como aparentaba. Cuando hizo que nos sentáramos junto a su mesa de trabajo, donde tenía el magnetófono, nos confió:

—¿Sabe una cosa, señorita Warshawski?, creo que el lunes voy a hacer que venga alguien a quitar las puertas de esos armarios que hay en la sala de exploración. Creo que no voy a poder entrar ahí sin sentir miedo de que haya alguien escondido dentro.

Eso es lo que había hecho Fillida. Se había escondido en el armario de la sala de exploración, hasta que calculó que ya no quedaría ningún paciente en la clínica y atacó a la señora Coltrain en la mesa de recepción. Cuando Fillida se dio cuenta de que los cuadernos no estaban en la clínica, obligó a la señora Coltrain a hacerme ir hasta allí.

Max y yo escuchamos la cinta pero, aunque se oía con total claridad de principio a fin y no nos movimos ni abrimos la boca en absoluto durante la media hora que estuvimos escuchando la cara B, nadie sacó nada en limpio, excepto que el doctor Barber se encargaría de las dos operaciones urgentes que tenía Lotty el martes y que la señora Coltrain tenía que coordinar el cambio de fecha de las otras con el jefe de cirugía.

La señora Coltrain nos condujo al despacho de Lotty para que yo pudiera inspeccionar los papeles que había dejado sobre su mesa de trabajo. Se me encogió el estómago cuando volví a recorrer aquel pasillo. Pensé que me encontraría con el desorden que habíamos dejado atrás la noche anterior: sillas rotas, sangre, lámparas en el suelo y, para rematarlo, el caos que la policía organizó a continuación. Sin embargo, los muebles rotos habían desaparecido, los suelos estaban fregados y limpios y los papeles perfectamente colocados sobre la mesa.

Cuando expresé mi asombro ante aquel orden, la señora Coltrain me dijo que había ido por la mañana temprano para colocarlo todo en su sitio.

—Si de pronto se presentaba la doctora Herschel, le hubiese afligido mucho encontrar ese desastre. Y, además, sabía que yo tampoco podría aguantarlo ni treinta segundos, pues me recordaría toda la violencia del día anterior. Lucy Choi, la enfermera de la clínica, vino a las ocho y entre las dos le hemos dado un buen repaso. Pero he conservado todos los papeles que se encontraban ayer sobre la mesa de la doctora Herschel. Siéntese aquí, señorita Warshawski, y mírelos.

Me pareció raro sentarme al otro lado de la mesa de Lotty, en la silla desde la que me había recibido en tantas ocasiones, algunas veces con brusquedad, pero la mayoría con cariño. Aunque, eso sí, siempre con un gran derroche de energía. Pasé las páginas. Había una carta del encargado de los archivos del Museo Nacional del Holocausto en Washington, fechada seis años atrás, en la que se le comunicaba a la doctora Herschel que lamentaban no haber podido encontrar ningún dato sobre las personas que intentaba localizar: Shlomo y Martin Radbuka, aunque sí que podían confirmarle las muertes de Rudolph y de Anna Herschel en 1943. Le recomendaban consultar diferentes bancos de datos dedicados a recabar información sobre las víctimas del Holocausto y que podrían serle más útiles. Su correspondencia con esos otros bancos de datos demostraba que no le habían aportado ninguna información que le fuese de utilidad.

Lotty también había dejado un montón de boletines informativos del Real Hospital de la Beneficencia de Londres, donde había realizado sus prácticas de medicina. Fui pasando página a página. Entre ellas encontré una fotografía. Era una foto antigua, con los bordes gastados por el roce, en la que se veía a una mujer muy joven, rubia, cuyos ojos, a pesar del gastado papel, resplandecían de vida. Llevaba el pelo corto y rizado al estilo de los años veinte. Sonreía con la provocadora confianza en sí misma, típica de alguien que se sabe querida y a la que rara vez se le ha negado un deseo. Tenía algo escrito detrás, pero estaba en alemán y con la enrevesada caligrafía característica de la Europa de principios de siglo y que yo era incapaz de descifrar.

Se la pasé a Max, que la leyó con el ceño fruncido.

—No soy muy bueno con este alemán anticuado, pero está dedicada a alguien llamado Martin, un mensaje de amor de... creo que pone *Lingerl*, escrito en 1928. Más tarde se la dedicó a Lotty: «Piensa en mí, mi pequeña y amada Charlotte Anna, y recuerda que yo siempre estaré pensando en ti».

—¿Quién es? ¿Será la madre de la doctora Herschel? —preguntó la señora Coltrain sujetando la foto cuidadosamente por los bordes—. ¡Qué joven tan guapa era! La doctora Herschel debería tenerla enmarcada sobre su escritorio.

—Tal vez le resulte demasiado doloroso ver ese rostro todos los días —dijo Max con tono grave.

Volví a los boletines. Eran igual que todas las publicaciones de su clase: estaban llenos de cotilleos sobre licenciados, logros increíbles de la facultad, el buen nivel de atención del hospital, a pesar de sufrir la reducción de gastos a la que le obligaba el menguante presupuesto destinado a la Sanidad Pública. Cuando hojeé el tercer boletín, el nombre de Claire Tallmadge me saltó a la vista:

La doctora Claire Tallmadge se ha jubilado, ha dejado la consulta y se ha trasladado a un piso en Highgate, donde recibe con agrado la visita de antiguos alumnos y colegas. La inquebrantable ética de la doctora Tallmadge le ha valido el respeto de generaciones de colegas y alumnos del Real Hospital de la Beneficencia. Todos echaremos de menos su paso erguido, enfundada en sus trajes de tweed, por las salas del hospital. Pero la beca de estudios creada en su honor mantendrá viva su memoria entre nosotros. La doctora Tallmadge continuará con su labor escribiendo la historia de la aportación femenina a la medicina del siglo XX.

La historia de Lotty Herschel

El largo camino de regreso

Cuando llegué al montículo desde el que se divisaba todo el lugar ya no pude continuar. No podía dar un solo paso más. De repente se me aflojaron las rodillas y tuve que sentarme para no caerme. Después me quedé allí, donde había aterrizado, con las rodillas apretadas contra el pecho y observando la tierra gris que se iba apagando poco a poco.

Cuando me di cuenta de que me había dejado la foto de mi madre en algún lado casi me vuelvo loca. Revisé mi maleta por lo menos una docena de veces y después llamé a todos los hoteles donde me había hospedado. Varias veces. «No, doctora Herschel, no la hemos encontrado. Sí, claro que entendemos la importancia que tiene.» Aun así, no podía resignarme a haberla perdido. Quería tenerla conmigo. Quería que me protegiese durante mi viaje hacia el este ya que no lo había hecho durante mi viaje al oeste y, al no poder encontrar su foto, casi me doy la vuelta en el aeropuerto de Wien-Schwechat. Aunque a esas alturas ya no sabía adónde volver.

Deambulé durante dos días por la ciudad, intentando descubrir tras su rostro moderno las calles de mi infancia. El piso de la Renngasse fue el único lugar que reconocí, pero, cuando llamé al timbre, la señora que ahora vive allí me recibió con una hostilidad despectiva. Se negó a dejarme pasar: cualquiera podría decir que había vivido en aquel piso de niño; no era ninguna tonta como para tragarse el cuento de alguien que busca aprovecharse de la

confianza de la gente. Ésa debía de haber sido la pesadilla de aquella familia de ocupas: que apareciera alguien
como yo de entre los muertos a reclamarles la casa.

Me obligué a ir hasta la Leopoldsgasse, pero muchos
de los edificios viejos y cochambrosos ya habían desaparecido y, aunque conocía perfectamente la esquina que
estaba buscando, nada me resultaba familiar. Una mañana mi *Zeyde*, mi abuelo ortodoxo, se había abierto paso
conmigo por aquel laberinto de calles hasta llegar a un
puesto en el que vendían jamón. Mi *Zeyde* cambió su
abrigo por un papel encerado lleno de rodajas muy finas
de carne grasienta. Él no se atrevía a probarla, pero sus
nietos necesitaban proteínas; no podíamos morirnos de
hambre sólo por respetar las leyes del *kashruth*. Mis primas y yo nos comimos aquellas rodajas rosáceas con un
placer teñido de culpabilidad. El abrigo de mi abuelo nos
alimentó durante tres días.

Intenté repetir el mismo camino que había hecho con
él, pero acabé en el canal, mirando el agua mugrienta durante tanto tiempo que un policía se me acercó para cer-
ciorarse de que no me iba a tirar.

Alquilé un coche y me fui a las montañas, hasta la
vieja granja de Kleinsee. Ni siquiera eso pude reconocer.
Ahora toda la zona es un centro turístico. Aquel lugar al
que íbamos todos los veranos, con sus días llenos de ca-
minatas, paseos a caballo, lecciones de botánica con mi
abuela, y con sus noches llenas de canciones y bailes, en
las que mis primos Herschel y yo nos sentábamos en la
escalera para fisgar desde allí el salón, donde mi madre
era siempre la mariposa dorada que atraía todas las miradas. Ahora las colinas estaban plagadas de mansiones,
de tiendas y también había un telesilla. Ni siquiera pude
encontrar la casa de mi abuelo. No sé si la habrían derri-
bado o si la habrían transformado en una de esas caso-
nas con grandes sistemas de seguridad, que no pueden
verse desde la carretera.

Así que, finalmente, me dirigí hacia el este. Si no podía encontrar ni un solo rastro de las vidas de mi madre y de mis abuelas, tendría que ir a visitar sus tumbas. Fui muy lentamente, tanto que otros conductores me gritaban todo tipo de insultos: creían que era una austríaca rica por la matrícula de mi coche alquilado. A pesar de mi lentitud no pude evitar llegar a la ciudad. Aparqué el coche y continué el camino a pie, siguiendo los carteles en diferentes idiomas.

Sé que mucha gente pasó junto a mí, sentí cómo sus cuerpos pasaban a mi lado. Algunos se detuvieron y me hablaron. Las palabras flotaban a mi alrededor, palabras en muchos idiomas, pero yo no entendía ninguno. Yo observaba los edificios al pie de la colina, las ruinas de la última morada de mi madre. No entendía las palabras, no sentía nada, no me enteraba de nada. Así que no sé cuándo llegó ella y se sentó en el suelo, junto a mí, con las piernas cruzadas. Cuando me tocó la mano, creí que era mi madre que, por fin, venía a buscarme, pero cuando me volví, deseando abrazarla... no hay palabras que puedan expresar mi enorme desilusión.

—¡Tú! —dije solamente aquella palabra sin preocuparme por disimular mi resentimiento.

—Sí —contestó ella—. No soy quien esperabas, pero aquí estoy, de todos modos. —Y allí se quedó, negándose a marcharse hasta que yo no lo hiciera. Me había traído una chaqueta y me la colocó por encima de los hombros.

Intenté ser irónica: «Eres la sabueso perfecta, que olfatea mi rastro y me encuentra incluso contra mi voluntad». Pero, como no decía nada, tuve que pincharla y preguntarle cómo había hecho para dar conmigo.

—Los boletines del Real Hospital de la Beneficencia, los dejaste sobre tu mesa de trabajo. Reconocí el nombre de la doctora Tallmadge y me acordé de que tú y Carl habíais discutido a causa de ella en casa de Max. Yo... cogí un vuelo a Londres y fui a verla a su casa de Highgate.

601

Ah, sí. Clara. La que me salvó de la fábrica de guantes. Me salvó, me salvó y me salvó, y después se deshizo de mí como si yo fuese un guante viejo. Tantos años..., tantos años pensando que había sido porque desaprobaba mi comportamiento, y ahora comprendía que había sido porque... no podía pensar en ninguna palabra que definiera aquello. Por las mentiras, tal vez.

Carl se ponía siempre furioso. Le había llevado muchas veces a tomar el té a casa de los Tallmadge, pero les odiaba tanto que al final acabó por negarse a ir. Yo estaba tan orgullosa de todos ellos, de Claire, de Vanessa, de la señora Tallmadge y del servicio de té de porcelana Crown Derby que usaban en el jardín, y él pensaba que me trataban con condescendencia, el macaco judío al que le tiraban pedacitos de manzana cuando bailaba para ellos.

Yo también estaba orgullosa de Carl. Su música era algo tan especial que estaba segura de que conseguiría que todos se diesen cuenta de que yo también era especial, en particular, Claire: un músico de gran talento estaba enamorado de mí. Pero ellos también le trataron con aire condescendiente.

«Como si yo fuese el organillero del macaco», me dijo Carl furioso, después de que le pidieran que un día fuese a visitarlos con su clarinete. Empezó a tocar una pieza de Debussy y ellos se dedicaron a hablar todo el tiempo y sólo se callaron para aplaudir cuando se dieron cuenta de que había terminado. Yo le insistí en que sólo habían sido Ted y Wallace Marmaduke, el marido y el cuñado de Vanessa. Podía admitir que ellos fueran unos ignorantes pero nunca que Claire fuese tan maleducada.

Aquella discusión tuvo lugar al día siguiente del Día de la Victoria. Yo todavía iba al instituto pero estaba trabajando para una familia en el norte de Londres a cambio de cama y comida. Claire todavía vivía en casa de sus padres. Por esa época había presentado una instancia para un puesto de médico residente, así que nuestros caminos sólo se cruzaban cuando ella se desviaba del suyo para invitarme a tomar el té a su casa, como había hecho aquel día.

Pero dos años más tarde, después de que acabase de salvarme por última vez, ya no quiso verme ni contestar a mis cartas nunca más tras mi regreso a Londres. No me contestó al mensaje que le dejé por teléfono a través de su madre, aunque, tal vez, la señora Tallmadge nunca se lo comunicó, porque antes de colgar me dijo: «¿No te parece, querida, que ya es hora de que tú y Claire emprendáis vuestras propias vidas?».

Mi última conversación con Claire fue cuando intentó convencerme de que me presentara a una beca para ampliar estudios de obstetricia en los Estados Unidos, para comenzar una nueva vida. Incluso se ocupó de conseguirme las mejores recomendaciones cuando presenté la solicitud. Después de eso, sólo la volví a ver en encuentros profesionales.

Miré a Victoria un momento, allí sentada en el suelo con pantalones vaqueros, junto a mí, observándome con el ceño fruncido y con tal intensidad, que me daban ganas de soltarle un «¡No quiero tu compasión!».

—Si has ido a visitar a Claire, entonces ya sabrás quién era Sofie Radbuka.

Me contestó con cautela, consciente de que yo era capaz de morderla si decía algún disparate, y dijo con tono vacilante que creía que era yo.

—Así que no eres la detective perfecta. No era yo, era mi madre.

Aquello la desconcertó y sentí cierto regodeo al verla así de ruborizada. Siempre yendo al grano, haciendo asociaciones, siguiendo a la gente, siguiéndome a mí. Ahora que sea ella la abochornada.

Sin embargo, yo tenía una gran necesidad de hablar. Después de un minuto de silencio dije: Era yo. Era mi madre. Era yo. Era el nombre de mi madre. La necesitaba. No sólo en aquel momento, sino cada día, cada noche, la necesitaba. Aunque en aquel momento, más que nunca. Creo que pensé que podría convertirme en ella. O que, si usaba su nombre, estaría conmigo. Ya no sé lo que pensé.

Cuando yo nací mis padres no estaban casados. Sofie, mi madre, la hija adorada de mis abuelos, la que parecía bailar por la vida como si ésta fuese un gran salón brillantemente iluminado. Era una criatura clara y etérea desde el día en que nació. Le pusieron Sofie pero la llamaban Mariposa. *Schmetterling* en alemán, que enseguida se convirtió en Lingerl o Ling-Ling. Hasta Minna, que la odiaba, la llamaba Madame Butterfly y no Sofie.

Con el tiempo la mariposa se convirtió en una adolescente y se iba revoloteando con otros jóvenes dorados de Viena a visitar los barrios bajos, la *Matzoinsel*. Como cualquier chica moderna que iba a los guetos y tenía amantes de piel oscura, ella se encaprichó de Moishe Radbuka, del círculo de inmigrantes procedentes de Bielorrusia. Lo rebautizó con un nombre occidental y siempre lo llamaba Martin. Tocaba el violín en un café y era prácticamente un gitano, aunque era judío.

Mi madre tenía diecisiete años cuando se quedó embarazada de mí. Él se hubiera casado con ella, según me enteré por los cuchicheos familiares, pero ella no quería... No se casaría con un gitano de la *Matzoinsel*. Así que todos los de la familia decidieron que debía ir a un sanatorio, tener el niño y darlo en adopción de la forma más discreta posible. Todos menos *Oma* y *Opa*, que la adoraban y le dijeron que les llevara la criatura a ellos.

Sofie amaba a Martin a su manera y él la adoraba igual que todos los demás, los que pertenecían a mi mundo o, al menos, así es como yo me lo imagino. Y no quiero que me cuenten otra cosa, no quiero que nadie me repita las palabras de la prima Minna: fulana, ramera, una putilla holgazana y siempre en celo, todas esas palabras que tuve que oír durante ocho años de mi vida en Londres.

Cuatro años después de nacer yo, nació Hugo. Y cuatro años después llegaron los nazis. Y tuvimos que irnos todos a la Insel. Supongo que has visto el barrio, ya que me has estado siguiendo. Habrás visto esos apartamentos ruinosos en la Leopoldsgasse.

Mi madre adelgazó y perdió su brillo. Aunque, en cualquier caso, ¿quién lo mantenía en esas épocas? Pero, con mi mentalidad de niña, yo creía que al vivir con mamá todo el tiempo ella me iba a prestar más atención. No podía entender por qué todo era tan diferente, por qué ella ya no cantaba ni bailaba. Dejó de ser Ling-Ling y se convirtió en Sofie.

Entonces se volvió a quedar embarazada. Estaba embarazada y enferma cuando me marché a Inglaterra, demasiado enferma como para levantarse de la cama. Pero decidió casarse con mi padre. Todos aquellos años durante los cuales le había encantado ser Lingerl Herschel, iba a quedarse a casa de sus padres cada vez que quería volver a su antigua vida en la Renngasse e iba a la Insel a vivir con Martin cuando quería estar con él. Pero cuando el puño de hierro de los nacionalsocialistas los atrapó a todos ellos, a los Herschel y a los Radbuka, y los hacinó a todos en el gueto, ella se casó con Martin. Tal vez lo hiciese por mi abuela paterna, ya que estábamos viviendo en su casa. Así que, durante un corto periodo de tiempo, mi madre se llamó Sofie Radbuka.

Durante mi infancia en la Renngasse, yo fui una niña muy querida, a pesar de que echara de menos a mi madre. A mis abuelos no les importaba que yo fuese pequeña y de piel oscura como Martin, en lugar de ser rubia y hermosa como su hija. Estaban orgullosos de lo inteligente que yo era, de que siempre era la primera o la segunda de la clase durante los pocos años que fui allí al colegio. Incluso hasta sentían un afecto condescendiente hacia Martin.

Pero pensaban que sus padres eran una vergüenza. Cuando tuvieron que dejar su piso de diez habitaciones en la Renngasse y trasladarse a vivir con los Radbuka, mi *Oma* se comportó como si le hubiesen pedido que se fuese a vivir a un establo de vacas. Se mantenía distante, se dirigía a la madre de Martin en tercera persona, tratándola de usted, en lugar de tú. Y en cuanto a mí, yo quería seguir siendo la preferida de mi *Oma* Herschel, necesitaba ese amor, allí éramos tantos viviendo hacinados, que necesitaba que alguien se preocupara por mí. Sofie estaba sumida en su propia desgracia, embarazada, enferma, no estaba acostumbrada a tantas privaciones, despreciada por las primas y las tías Radbuka, que pensaban que ella había tratado muy mal a su querido Martin —Moishe— durante todos aquellos años.

Pero ¿te das cuenta?, todo aquello hacía que fuese grosera con mi otra abuela. Si yo le demostraba a mi *Bobe*, a mi abuela Radbuka, el afecto que ella tanto deseaba recibir, entonces mi *Oma* me apartaría de ella. La mañana que Hugo y yo nos marchamos a Inglaterra, mi *Bobe*, mi abuela Radbuka, anhelaba que le diese un beso, pero yo sólo le hice una reverencia.

Reprimí los sollozos que se acumulaban en mi garganta. Victoria me alcanzó una botella de agua sin decir nada. Si me hubiese tocado le hubiese pegado, pero acepté el agua y bebí.

Así que diez años más tarde, cuando me di cuenta de que estaba embarazada, cuando aquel caluroso verano me di cuenta de que llevaba un hijo de Carl en mis entrañas, mi cabeza se llenó de oscuros pensamientos. Mi madre. Mi *Oma*, mi abuela Herschel. Mi *Bobe*, mi abuela Radbuka. Pensé que podía desagraviar a mi *Bobe*. Pensé que ella me perdonaría si usaba su apellido. El problema era que no recordaba su nombre. No sabía cómo se llamaba mi propia abuela. Noche tras noche podía ver sus bracitos delgados extendidos para abrazarme, para darme un beso de buenas noches. Noche tras noche me veía haciéndole una reverencia, avergonzada y consciente de que mi *Oma* me estaba observando. No importa cuántas noches repasé aquella escena, no pude recordar cómo se llamaba mi *Bobe*. Así que usé el nombre de mi madre.

No quería abortar, que fue lo que me aconsejó Claire al principio. En 1944, cuando yo me pasaba el tiempo pegada a Claire e intentaba estudiar toda la ciencia posible y ser como ella, ser médico, toda mi familia ya estaba muerta. Aquí mismo, delante de donde estamos, le afeitaron la cabeza a mi *Oma*. Puedo ver su cabellera plateada cayendo al suelo, rodeándola como si fuese una cascada. Mi abuela estaba tan orgullosa de ella, no se la cortaba nunca. Sin embargo mi *Bobe* ya estaba calva bajo su peluca ortodoxa. Las primas con las que compartía la cama, y que me molestaban porque yo estaba acostumbrada a tener una cama con dosel para mí sola, ya estaban muertas para entonces. A mí me habían salvado, por ninguna otra razón que no fuese el amor de mi *Opa*, que consiguió el dinero para comprar los pasajes a la libertad para Hugo y para mí.

Todos ellos, también mi madre, que cantaba y bailaba conmigo las tardes de domingo, estuvieron aquí, aquí en esta tierra y fueron reducidos a cenizas, las cenizas que ahora se elevan ante tus ojos. Quizá no queden siquiera sus cenizas, tal vez se las haya llevado gente extraña, pegadas a sus cuerpos, cubriéndoles los ojos y, después, al lavárselos, las cenizas de mi madre se habrán ido por el desagüe.

No podía abortar. No podía añadir una muerte más a todas aquellas muertes. Pero no me quedaba amor suficiente para criar a un niño. Lo único que me mantuvo viva durante la guerra, cuando vivía con Minna, era la esperanza de que mi madre viniera a buscarme. Estamos tan orgullosos de ti, Lottchen, me dirían ella y mi *Oma*, no lloraste, te portaste como una niña buena, estudiaste tus lecciones, seguiste siendo la primera de la clase incluso en un idioma extranjero, soportaste el odio de esa zorra de primera categoría que es Minna. Yo me imaginaba que acababa la guerra y que ellas me abrazaban mientras me decían todas esas cosas.

Es cierto que en 1944 ya corrían rumores en los círculos de inmigrantes sobre lo que estaba pasando, aquí y en todos los demás sitios como éste. Pero nadie sabía que eran tantos los muertos, por eso todos manteníamos la esperanza de que los nuestros se salvasen. Pero bastó el gesto de una mano y desaparecieron todos. Max los buscó. Vino a Europa, pero yo... Yo no podía afrontarlo, no he vuelto a Europa Central desde que me marché en 1939, hasta ahora. Pero él los buscó y dijo que estaban todos muertos.

Así que me sentí atrapada de un modo terrible: no abortaría pero tampoco podía quedarme con el bebé. No criaría otro rehén y se lo entregaría al destino para que pudieran arrebatármelo en cualquier momento.

No podía decírselo a Carl. Si Carl decía «Vamos a casarnos», «Vamos a criar ese bebé», él nunca hubiese entendido por qué yo no podía hacerlo. No era por mi carrera, que se hubiese hecho añicos si tenía un bebé. Ahora..., ahora las jóvenes no tienen ningún problema. No es fácil ser estudiante de medicina y madre al mismo tiempo, pero por lo menos nadie dice, «Pues, ya está, se acabó mi carrera». Créeme, en 1949 tener un hijo significaba que tu carrera de medicina se había acabado para siempre.

Si le hubiese dicho a Carl, si le hubiese dicho que no me podía quedar con el niño, me hubiese echado en cara que ponía mi carrera en primer lugar. Nunca hubiera entendido mis verdaderas razones. No podía decirle nada. Yo no quería ninguna familia. Sabía que era muy cruel por mi parte marcharme sin darle ninguna explicación, pero no podía decirle la verdad ni tampoco podía mentirle. Así que me fui sin decirle nada.

Más adelante me dedicaría a salvar la vida a las mujeres que tenían partos difíciles. En esas situaciones, cada vez que salía del quirófano no pensaba que había salvado alguna pequeña parte de mí sino de mi madre, que no llegó a vivir mucho tiempo después de dar a luz a mi hermanita.

Y mi vida continuó. No era desdichada. No vivía en el pasado. Vivía en el presente y en el futuro. Tenía mi trabajo, que me daba enormes satisfacciones. Me gustaba la música. Max y yo... Nunca pensé que volvería a amar a alguien pero, para mi sorpresa y también mi felicidad, sucedió entre nosotros. Tuve otros amigos y... a ti, Victoria. Te convertiste en una amiga muy querida sin siquiera darme cuenta. Dejé que te acercases a mí, dejé que fueses otro rehén del destino y una y otra vez me has hecho sufrir por ser tan inconsciente y tan poco cuidadosa de tu propia vida.

Victoria masculló algo por lo bajo a modo de disculpa. Yo seguía sin mirarla.

Y después apareció ese extraño ser en Chicago. Ese hombre perturbado y torpe, diciendo que era un Radbuka, cuando yo sabía que ninguno de ellos había sobrevivido. Excepto mi propio hijo. La primera vez que me hablaste de ese hombre, de Paul, se me paralizó el corazón: pensé que tal vez era mi hijo, criado por un *Einsatzgruppenführer,* como él afirmaba. Después lo vi en casa de Max y me di cuenta de que era demasiado mayor para ser mi hijo.

Pero entonces me invadió un temor aún mayor: la idea de que mi hijo pudiera haber crecido con el deseo de atormentarme. Pienso... No pensaba... No sé qué pensaba, pero imaginé que mi hijo, no sé cómo, aparecía y se aliaba para conspirar con ese tal Paul, sea cual sea su apellido, para torturarme. Así que me subí a un avión y fui a ver a Claire para exigirle que me dijera dónde estaba mi hijo.

Cuando Claire acudió en mi ayuda aquel verano, dijo que ella personalmente colocaría a mi hijo en una familia. Pero no me dijo que se lo daría a Ted Marmaduke. A su hermana y a su cuñado, que querían hijos y no podían tenerlos. Querer, tener, querer, tener. Es la historia de esa clase de gente. Todo lo que quieren, tienen que conseguirlo. Y consiguieron a mi hijo.

Claire cortó su relación conmigo para que no supiese jamás que mi hijo vivía con su hermana y su cuñado. Hizo como que la razón de nuestra ruptura era que estaba disgustada con la poca atención que yo prestaba a mis estudios de medicina, hasta el punto de haberme quedado embarazada, pero en realidad lo hizo para que no volviese a ver a mi hijo.

Para mí fue tan raro verla la semana pasada. Ella..., ella fue siempre un modelo para mí, de comportamiento, de cómo hacer las cosas correctamente, ya fuese a la hora del té o en el quirófano. No podía soportar que yo me diera cuenta de que se había comportado por debajo de aquel ideal que yo tenía forjado de ella. Todos aquellos años de frialdad, de distanciamiento, se debieron sólo al pecado inglés: la vergüenza. ¡Ah! La semana pasada nos reímos y lloramos juntas, del modo que sólo pueden hacerlo dos mujeres ya mayores. Pero una tarde de lágrimas y abrazos no alcanza para ponerte al día, después de cincuenta años sin vernos.

Ted y Vanessa le pusieron Wallace a mi hijo. Wallace Marmaduke, por el hermano de Ted que había muerto en El Alamein. Nunca le dijeron que era adoptado. Y, sin duda, nunca le dijeron que tenía sangre judía. Por supuesto que creció oyendo todos aquellos comentarios, llenos de un gratuito desdén, que yo acostumbraba a escuchar cuando me agazapaba detrás del muro del jardín de la señora Tallmadge.

Claire me enseñó un álbum de fotos que había hecho con las distintas etapas de la vida de mi hijo: tenía pensado dejármelo en caso de que muriese antes que yo. Mi hijo era un niño delgado y de piel oscura, como yo, pero resulta que también el padre de Claire y de Vanessa había sido un hombre bajo y de tez morena. Tal vez Vanessa le hubiese dicho la verdad en algún momento, pero murió cuando él tenía diecisiete años. En aquella ocasión, Claire me envió una carta, una carta tan extraña que debería haberme dado cuenta de que estaba intentando decirme algo que no podía expresar con palabras. Pero entonces yo era demasiado orgullosa como para ver más allá de las palabras.

Ted murió el pasado otoño. Así que imagínate la sorpresa que se habrá llevado Wallace cuando, ordenando los papeles de su padre, encontrara su certificado de nacimiento. Madre, Sofie Radbuka, en lugar de Vanessa Tallmadge Marmaduke. Padre, desconocido, cuando tendría que poner Edward Marmaduke.

¡Qué shock, qué escándalo familiar! Él, Wallace Marmaduke, ¿era judío? Él, que era coadjutor en la iglesia anglicana y agente electoral de los Tories, ¿cómo podía ser judío? ¿Cómo podían haberle hecho eso sus padres? Fue a ver a Claire, convencido de que debía de haber un error, pero ella decidió que ya no podía mentir hasta ese punto. «No hay ningún error», le dijo.

Iba a quemar su certificado de nacimiento, iba a destruir todo vestigio de sus orígenes para siempre, pero a su hija —¿has conocido a su hija Pamela?, tiene diecinueve años—, a ella le pareció romántico aquello de que su padre tuviese una madre desconocida, un oscuro secreto. Se llevó el certificado de nacimiento de su padre. Ella fue quien puso aquel aviso en Internet, en la página web sobre personas desaparecidas, aquel Escorpión Indagador que tú encontraste. Cuando se enteró de que yo había aparecido, fue a verme de inmediato a mi hotel, audaz como todos los Tallmadge, con la autosuficiencia que da el saber que tienes un lugar seguro en el mundo y que nunca nadie te lo arrebatará.

—Es muy guapa —se atrevió a decir Victoria—. La doctora Tallmadge la llevó a mi hotel para que yo la conociese. Pamela quiere volver a verte; quiere intentar conocerte.

—Se parece a Sofie —dije en un susurro—. Es como Sofie cuando tenía diecisiete años y estaba embarazada de mí. La pena es que perdí esa foto. Quería tenerla conmigo. Pero la perdí.

No quería mirar a Victoria. Ver esa preocupación, esa compasión. No permitiría que ella ni nadie me viese tan desvalida. Me mordí los labios con tal fuerza que sentí el gusto salado de la sangre en mi boca. Cuando acercó su mano a la mía, se la retiré bruscamente. Pero cuando bajé la mirada, la foto de mi madre estaba allí, en el suelo, junto a mí.

—La dejaste sobre tu escritorio, entre los boletines del Real Hospital de la Beneficencia —dijo Victoria—. Pensé que la querrías tener contigo. De todos modos, nunca pierdes realmente a nadie si lo llevas dentro de ti. Tu madre, tu *Oma*, tu *Bobe*, ¿no crees que, independientemente de lo que les haya pasado, tú eras un motivo de alegría para ellas? Te habías salvado. Y ellas lo sabían. Tenían ese consuelo.

Hundí mis dedos en la tierra, arrancando las raíces de los hierbajos muertos sobre los que estaba sentada. Siempre me dejaba sola. Mi madre iba y venía, iba y venía, y después se fue por mi propio bien. Ya sé que fui yo quien se marchó, que ellos me mandaron fuera del país, que me salvaron, pero para mí fue como si hubiese sido ella la que me había dejado, una vez más, para no volver.

Y después yo hice lo mismo. Si alguien me amaba, como Carl lo hizo una vez, yo lo abandonaba. Abandoné a mi hijo. Incluso ahora, he abandonado a Max, te he abandonado a ti, he abandonado Chicago. Todos los que están a mi alrededor tienen que experimentar la misma sensación de abandono que viví yo. No culpo a mi hijo de que no quiera ni verme, después de haberlo abandonado como lo abandoné. No culpo a Carl por su resentimiento, me lo he ganado, me lo he buscado. Y lo que dirá ahora, cuando le cuente la verdad, que ha tenido un hijo durante todos estos años... Me merezco todas las cosas horribles que quieran decirme.

—Nadie se merece tanto dolor —dijo Victoria—. Y tú, menos que nadie. ¿Cómo voy a estar enfadada contigo? Lo único que siento es angustia por tu dolor. Igual que Max. No sé Carl, pero Max y yo no tenemos ningún derecho a juzgarte, pero sí somos tus amigos. A la pequeña Lotty, que se fue sola de viaje con sus nueve añitos, estoy segura de que su *Bobe* la perdonó. ¿No podrías ahora perdonarte a ti misma?

El cielo otoñal estaba ya oscuro cuando aquel policía joven y desgarbado nos alumbró con su linterna. No quería molestar, dijo en un inglés entrecortado, pero deberíamos marcharnos; hacía frío y aquella colina estaba muy mal iluminada.

Dejé que Victoria me ayudase a ponerme de pie. Dejé que me guiase por el oscuro camino de regreso.

Agradecimientos

Quiero dar las gracias al Wolfson College de Oxford, donde estuve en 1997 como profesora invitada, lo cual me permitió profundizar en mis estudios sobre archivos y bibliotecas. También quiero dar las gracias al doctor Jeremy Black, que hizo posible mi estancia allí.

Los archivos de cartas y grabaciones que posee el Museo Imperial de la Guerra de Londres constituyen una fuente muy importante sobre el *kindertransport*, la generosa acogida por parte de Inglaterra en los años inmediatamente anteriores a la Segunda Guerra Mundial de diez mil niños judíos procedentes de Europa Central. Como puede decirse de casi todos los bibliotecarios, los del Museo Imperial de la Guerra fueron extraordinariamente solícitos conmigo, e incluso me permitieron consultar los archivos un día en el que el museo estaba cerrado y, por error, me presenté allí.

El Real Hospital de la Beneficencia de Londres me permitió el acceso a sus archivos, me autorizó a enviar a su Escuela de Medicina a mi personaje Lotty Herschel, y todos sus miembros me brindaron cuanta ayuda necesité.

Los doctores Dulcie Reed, Lettice Bowen, Peter Scheuer y Judith Levy, estudiantes de medicina en Gran Bretaña en torno a la misma época que Lotty Herschel, tuvieron conmigo la enorme generosidad de dedicarme su tiempo y proporcionarme información sobre ese periodo de sus vidas.

En cuanto al material recopilado, tanto el procedente de diversos archivos como el de los recuerdos de los cuatro doctores que acabo de mencionar, he evitado utilizar acontecimientos reales para convertirlos en ficción, salvo cuando describo que Lotty y sus compañeras de alojamiento se confeccionan ropa interior con la seda de un paracaídas. En realidad, se trata de una proeza increíble que llevaron a cabo la doctora Bowen y sus compañeras, y que quien haya intentado alguna vez confeccionar sus propias prendas de ropa interior sabrá apreciar.

El profesor Colin Divall del Instituto de Estudios Ferroviarios de York tuvo la gentileza de proporcionarme información sobre las rutas y los horarios de los trenes durante los años cuarenta.

Dadas las restricciones que conlleva escribir una novela que se centra en la ciudad de Chicago, en un asesinato actual y en el personaje de V. I. Warshawski, no he podido utilizar los resultados de mis investigaciones en Inglaterra con la profundidad que hubiese deseado; tal vez hallen cabida en otra historia y en otro momento.

En Chicago, Kimball Wright me asesoró sobre las armas que menciono en el libro. El doctor Robert Kirschner, médico forense, me ayudó a describir con exactitud las muertes de varios personajes desafortunados de la novela. Los hechos que se describen en los capítulos 38 y 43 son verídicos. Como siempre, Sandy Weiss me ayudó en todo lo referente a los misterios de las técnicas forenses.

Jolynn Parker llevó a cabo una inestimable labor de investigación sobre asuntos muy diversos, entre los que cabe mencionar la búsqueda de planos de los barrios judíos de la Viena de 1930. Y, lo que es más importante, su agudeza como lectora me sirvió para resolver algunos problemas espinosos que se me plantearon al desarrollar la línea argumental. Jonathan Paretsky me ayudó con el alemán, el yiddish y a observar las estrellas.

Quiero agradecer muy especialmente a Kate Jones sus perspicaces comentarios sobre esta novela, tanto en sus inicios como tras haberla concluido.

Como siempre, ha estado a mi lado mi primer lobo de mar, brindándome su consejo, animándome y regenerando sus rótulas.

Ésta es una obra de ficción. Cualquier parecido entre los personajes de esta novela y cualquier persona real, ya esté viva o muerta, ostente cargos públicos, sea miembro del consejo de administración de una empresa o se trate de gente común y corriente, no es intencionado. Todas las entidades que se mencionan, como la Compañía de Seguros Ajax, Edelweiss y Midway, son fantasmas creados por la imaginación calenturienta de la autora y no pretenden parecerse a ninguna compañía que exista en realidad. Los asuntos de las indemnizaciones a los descendientes de los esclavos y la recuperación de los bienes de las víctimas del Holocausto son absolutamente reales. Las posturas que adoptan al respecto los personajes de esta novela no reflejan necesariamente la de la autora y tampoco debe entenderse que reflejen las de las personas que debaten esos asuntos en el ámbito de la vida pública.

Nota: «Un experimento sobre la educación en grupo» de Anna Freud se encuentra en el volumen IV de sus Obras Completas. La vida que llevaron esos niños una vez adultos ha sido analizada en *Love Despite Hate* (Amor a pesar del odio) de Sarah Moskovitz.

Índice